Reader's Digest
Auswahlbücher

Reader's Digest Auswahlbücher

Verlag DAS BESTE
Stuttgart · Zürich · Wien

Die Kurzfassungen in diesem Buch erscheinen
mit Genehmigung der Autoren und Verleger

476
PRINTED IN GERMANY

ISBN 3 87070 098 X

Inhalt

DIE CAMERONS

Eine Kurzfassung des Buches von

Robert Crichton

Nach der Übersetzung von Hermann Stiehl

Illustrationen von Thomas Beecham

Deutsche Buchausgabe:
»Die Camerons« (The Camerons)
Rowohlt Verlag GmbH, Reinbek bei Hamburg

An ihrem sechzehnten Geburtstag verläßt Maggie Drum die kleine schottische Bergarbeitersiedlung Pitmungo, um sich einen Ehemann zu suchen. Sie weiß genau, was sie will; groß soll er sein, blond und – wie sie hofft – aus dem Hochland. Beim Anblick von Gillon Forbes Cameron ist ihr sofort klar: das ist er.

Gillon ist eigentlich Strandfischer, aber als Maggie zurückfährt, geht er mit. Er will Kohle hauen, bis beide genug siller *für ein besseres Leben haben.*

Dies ist die Geschichte vom erstaunlichen Lebensmut Maggies und Gillons und ihrer sieben Kinder während zwanzig Jahren. Das alte Schottland wird wieder lebendig: die Knochenarbeit im Bergwerk, die Not in den Arbeiterhäusern, der schmutzige Kohlenstaub – aber auch die Schönheit der Hochmoore und der klaren Lachsbäche und der feste Wille in den Herzen der Menschen, ihr Dasein mit Würde zu verbringen.

„... ein ganz vorzüglicher Roman, klar gebaut, voll Sachkenntnis, getragen von ungewöhnlicher Einfühlungskraft, frei von jeglicher Sentimentalität und ungeahnt aktuell."

Tages-Anzeiger, Zürich

TEIL EINS

Maggie Drum

EINS

Sie war wach.

Eben hatte sie noch fest geschlafen, nun starrte sie mit weit geöffneten Augen in die Schwärze der Zimmerdecke. Sie mochte die Nacht nicht, aber sie hatte sich gezwungen, mitten in der Nacht aufzuwachen. Es war eine Frage der Willenskraft, und auf die kam es an. So gefiel es ihr.

Sie lag zusammengekuschelt unter ihrem Federbett, und im Zimmer war es eiskalt. Ihre Mutter hatte, ehe sie zu Bett gegangen war, das Feuer noch einmal geschürt, um sich seine letzte Wärme zu stehlen.

„Selbstsüchtige Ziege", sagte sie laut.

Man sollte sie ruhig hören.

„Was ist?" fragte ihr Vater im anderen Zimmer drüben. „Was ist los?"

„Nichts. Schlaf ruhig weiter, Vadder. Es ist noch Nacht."

Das mußte sie loswerden, bis sie wiederkam. Vadder.

Vater sollte es von jetzt an heißen, auch wenn Vadder ihm für einen Schotten besser paßte.

Kein Geräusch drang von draußen her. Sie fuhr entsetzt auf. Das konnte nur bedeuten, daß Pitmungo mit seinem Kopfsteinpflaster und den Gruben unter einer dichten Schneedecke lag.

Das war gemein, dachte sie, es durfte an ihrem Tag nicht schneien.

Und jetzt rüttelte der Wind an den hinteren Fenstern. Also kam er aus dem Norden, vom Hochland herunter. Gemein, dachte sie, im April Schnee in ganz West Fife und die Cairngorm-Berge darunter begraben. Sie würde niemals zu Fuß nach Cowdenbeath gehen können, um den Zug nach Norden zu erreichen. Sie würde Mr. Japps Einspänner mieten müssen. Wieder ein vergeudeter Shilling, oder zwei, wenn er schäbig war. Sie merkte, wie ihr die Tränen kamen, was sonst nicht ihre Art war.

Der Steinfußboden war so kalt, daß ihr die Füße brannten.

Die Asche im Kamin bildete einen Kegel, der beim leisesten Stochern leblos in sich zusammenfiel.

„Selbstsüchtiges Biest", sagte sie.

„Was ist denn schon wieder?" fragte ihr Vater. Sie hatte gar nicht gemerkt, daß sie laut gesprochen hatte.

„Nichts, schlaf nur weiter, Vater."

„Vadder."

Sie schaufelte die Asche zur Seite und sah zu ihrem Erstaunen, daß plötzlich drei große Brocken wieder aufflackerten. Das mußte man Pitmungo lassen: die Kohle hier war sehr kohlenstoffhaltig. Sie legte einen Brocken nach dem anderen auf.

„Mal langsam mit der Kohle da drüben", rief ihr Vater herüber.

„Bin schon fertig, Vadder."

Ihn heute bloß nicht aufregen. Sie legte die letzten Kohlenstücke so vorsichtig auf, als verziere sie eine Torte. Dann hängte sie die Grubenkleidung ihres Vaters vor das Feuer. Die Jacke war steifgefroren und taute jetzt leise zischend auf und fing an, nach Schweiß und Grubenstaub zu riechen. Auch das würde anders werden, wenn sie wiederkam. In manchen Häusern wurde die Arbeitskleidung jeden Tag gewaschen. Bei den Drums nur einmal in der Woche.

Sie ging barfuß in die Waschküche und eilte durch den leichten Schnee zurück, in den Händen den Hasen und den Fisch, die sie dort versteckt hatte. Über Nacht gefroren, polterten die Tiere wie Steine, als sie beide auf den Tisch fallen ließ.

Es würde seine Zeit brauchen, bis beides aufgetaut war, das hatte sie nicht bedacht, und jetzt würde sie ihre Reisekleider anziehen und riskieren müssen, daß sie einen Fleck darauf bekam, denn nun würde ihr, wenn sie das Frühstück fertig hatte, keine Zeit mehr fürs Umziehen bleiben. Sie zog sich nackt aus und wusch sich mit Wasser aus dem Kochtopf. Was ihre Eltern nicht wußten, konnte sie auch nicht ärgern, und das Wasser kochte schon. Sie zog ihren Unterrock an, eine schlichte Leinenbluse, die sie sich in der Woche zuvor genäht hatte, und dann das neue Tweedkostüm, das sie sich hatte machen lassen.

Sie wußte, daß sie hübsch darin aussah – daß sie sehr hübsch darin aussah. Als sie angekleidet war, zog sie die Jacke wieder aus und arbeitete in der Leinenbluse.

Sie zog dem Hasen rasch das Fell ab, schnitt ihn in Stücke und tat die Stücke in den Topf, zusammen mit dem Lauch und den Kartoffeln, und röstete dann das Hafermehl, das der Brühe den Nußgeschmack verleihen sollte.

Als der Hase fertig war, machte sie sich an den Fisch, einen schönen goldenen Findon-Schellfisch, dessen Seiten butterblumengelb schimmerten. Sie kochte ihn zuerst, um den Fischgeschmack zu mildern, bestrich ihn dann dick mit Rahm und stellte ihn ans Feuer, bis er leise zu blubbern begann. Danach bereitete sie die Hafermehlfladen zu, die *bannocks,* die kurz vor dem Auftragen erhitzt wurden, bis sie dampften, legte die Scheiben Dunlopkäse zurecht, für die ihr diese Halsabschneider vom Konsumladen in Pitmungo einen Shilling berechnet hatten, und ging ihren Vater wecken.

„OCH, du verwöhnst deinen Vadder aber." Er lachte laut. „Das glaubt mir unten keiner. *Bawd bree* zum Frühstück. Mit geröstetem Hafermehl."

„Das ist kein *bawd bree,* das ist eine gute Hasensuppe", sagte sie.

Er sah zu, wie sie noch etwas mehr gebräuntes Hafermehl in den Suppentopf tat.

„Na schön, Maggie – was soll das alles?"

Maggie füllte zwei irdene Näpfe. Sie aßen schweigend, um der Brühe die gebührende Ehre zu erweisen, und bei seinem dritten Napf gab sie ihm Antwort.

„Also zunächst einmal ist heute mein Geburtstag."

„Oh, das hättest du uns sagen sollen. Wir hätten dir vielleicht etwas gekauft."

„Das habt ihr doch noch nie getan."

„Man kann nie wissen. Noch etwas Brühe, bitte."

Als der Napf leer war, fragte er, wie alt sie denn geworden sei.

„Sechzehn. Jetzt brauche ich keine Erlaubnis mehr."

„Erlaubnis? Wozu?"

„Zum Heiraten."

Er zeigte keine Überraschung. Er hatte sich einen *bannock* in den Mund gestopft und aß weiter. In Pitmungo zeigt keiner Überraschung: es könnte einem als Schwäche ausgelegt werden.

„Nein, das glaubt mir keiner. *Bawd bree* und heiße *bannocks* zum Frühstück! Alle halten dich für hochnäsig, weißt du? Denen will ich was erzählen!"

„Warum denn? Es stimmt ja."

Er mußte lachen. Sie hörten die Pfeife von Lady Jane Nr. 2, und aus alter Gewohnheit stand er vom Tisch auf.

„Es pfeift erst zum Wecken, noch nicht zur Arbeit. Setz dich wieder."

Sie nahm den Tontopf von der Kaminglut, und als sie den Deckel abhob, blubberte der Rahm noch immer, und der Schellfischgeruch stieg ihnen in die Nase.

„Findon?"

Sie nickte.

„Mein Leben lang hab ich gewußt, daß ich einen Findon sofort erkennen würde, wenn ich mal einen vor mir habe. Mein Leben lang hab ich mir Findon im Mund gewünscht. Jetzt kann ich sterben. Wo hast du ihn her?"

Sie sagte es ihm.

„Du bist den ganzen Weg nach Cowdenbeath runtergegangen, um ihn für mich zu kaufen?"

„Für mich, Vater. Für mich. Das ist mein Hochzeitsfrühstück, verstehst du jetzt?"

Er aß weiter, kaute genüßlich die Fischstückchen und zog sogar der Köstlichkeit zu Ehren die Grubenjacke wieder aus.

„Na schön", sagte er schließlich. „Was soll das? Wer ist der Junge?"

„Es gibt keinen, aber es wird bald einen geben. Ich weiß nur: wenn ich einen finde, wird es keiner von hier sein."

„Was hast du gegen die Jungens von hier? Ich bin auch von hier."

„Komm mit ans Fenster", sagte seine Tochter. Sie öffnete das beschlagene Fenster und deutete auf den tiefer gelegenen Teil von Pitmungo, auf die Dächer unten bei den Gruben und auf den kohlschwarzen Fluß dahinter. „Sei ehrlich. Wäre dir das genug, wenn du ein anderes Leben führen könntest?"

Obwohl die Tagschicht gerade erst begonnen hatte, würde der Schnee schon bald zu schwarzem Wasser schmelzen.

„Hier lebe ich. Hier verdiene ich Brot und Salz. Kumpel verdienen ein schönes Geld."

Er war ein guter Kumpel und war stolz darauf.

„Aber das ist es ja, Vater. Bergarbeiter verdienen Geld, aber dann sitzen sie auch, wo sie sind, in der Falle. Ich werde einen Mann heiraten, der hier sein Geld verdient, aber nicht ewig hier bleibt."

Er griff nach seiner Dose mit dem Brot und der Flasche mit kaltem Tee und setzte die Kappe mit der Talglampe daran auf.

„Na, dann heirate man einen zähen Burschen. Wir Drums sind hartnäckige Leute. Drums geben nie auf."

„Ich weiß, ich weiß."

Sie brauchte ihn nur anzusehen: klein, stämmig und dunkelhäutig, kantig wie ein Brocken Kohle und gutaussehend auf eine derbe Art. Er war noch keine vierzig und arbeitete schon seit neunundzwanzig Jahren unter Tage – gebeugter Rücken, das Gesicht blaunarbig tätowiert von kohlenstaubverklebten Schrunden. Ein Kumpel, ein Püttmann, dazu bestimmt, in der Grube zu sterben, wie ein Bergwerkssklave oder Grubensträfling der Vergangenheit.

Draußen wurde es jetzt laut. Man hörte die Nagelstiefel, als die Kumpels vorbeigingen.

„Sieh sie dir an. Düstere, vierschrötige kleine Leute, zur Welt gebracht, um Kohle zu hauen. Kleine Leute mit schwarzen Gesichtern, dazu geboren, in der Erde zu wühlen. Wie die Maulwürfe."

„Deine Leute", schrie ihr Vater sie an. „Zähe Leute."

„Bergarbeiter – das ist in ihre Zungen eingebrannt. Schon in Edinburgh versteht man sie nicht mehr. Nein, ich suche mir einen Mann, den man auch in London versteht."

„Na, was du nicht alles willst!" Er mußte sich jetzt beeilen, damit er den letzten Förderkorb noch erwischte. Er suchte den Rest seiner Sachen zusammen, aber er mochte so nicht gehen.

„Was hast du – was treibt dich denn so um, Meg?"

„Hör zu, Vater." Sie nahm seine harte Hand in ihre Hände. Sie konnte sich nicht erinnern, das jemals getan zu haben. „Erinnerst du dich noch, wie du mir von diesen Fischen erzählt hast, die nichts aufhalten kann, wenn sie zurückmüssen, an den einzigen richtigen Ort, um ihre Jungen zu haben?"

„Die Salme?"

„Ja, die Lachse. Die Lachse, Vater", sagte sie. „So geht es mir, Vater. Ich bin genau wie sie. Ich muß einfach fort, verstehst du?"

Sie trat auf ihren Vater zu und küßte ihn, was sie beide überraschte. Ein solches Maß an Gefühlsäußerung gestattete man sich sonst nicht in Pitmungo.

„Dann viel Glück, aber eines vergiß nicht", sagte ihr Vater. „Du magst auswärts heiraten, aber verleugne nie die Deinen. Am Ende sind sie alles, was du hast. Vergiß das nie, Maggie. Verleugne nie die Deinen."

Er ging zur Tür hinaus, ohne sich umzusehen, und lief los. Sie blickte ihm den gepflasterten Weg nach, bis er beim Colliers Walk die Straße zur Grube hinunter verschwand.

Sie zog ihre Jacke an und stellte sich vor den Spiegel. Die Jacke war ausgezeichnet geschnitten, und auch mit dem Gesicht, das ihr da entgegenblickte, war sie nicht unzufrieden. Es war zu braun für ihren Geschmack, aber es hatte ein kräftiges Kinn, zart geschwungene Lippen – ungewöhnlich für Pitmungo –, genau im richtigen Abstand liegende Augen und dichtes, schimmerndes Haar. Ihre Mutter war jetzt wach und beobachtete sie von der Türschwelle her.

„Also das begreife ich nicht", sagte ihre Mutter. „Was glaubst du eigentlich, wer du bist?"

Das ließ sich nicht beantworten.

Draußen versuchte eines von den Kindern einen Schneemann zu bauen, ehe der Schnee schwarz wurde. Sie rief das Kind und gab ihm einen halben Penny mit dem Auftrag, Mr. Japp zu sagen, er solle mit seinem Wagen kommen.

„Eines weißt du jedenfalls nicht", sagte ihre Mutter. „Nämlich, daß du bist, was du bist. Dein Großvater war ein Sklave mit einem Eisen um den Hals. Vergiß das nicht. Die anderen vergessen es bestimmt nicht."

Sie war schlau, ihre Mutter. Dick und nachlässig, aber schlau.

Ihre Mutter lächelte sie an. Maggie lächelte zurück.

„Das ist dein Blut und mein Blut. Aber nicht das Blut meines Mannes. Nicht das Blut meiner Kinder."

Maggie tat ihre letzten Sachen in die Reisetasche. Die roch nach Kohlenstaub und Grube. Sie war das einzige, was nicht zu ihrer Ausstattung paßte, aber das letzte eine Pfund Sterling für eine neue Tasche hatte Maggie gefehlt, und so reiste jetzt ein Stück Pitmungo mit ihr. Sie hörte Mr. Japp, wie er seinem Pferd etwas zurief.

„Und was soll in der Schule werden?" fragte ihre Mutter. „Du gehst einfach fort und läßt die kleinen Kinder im Stich? Die große, hingebungsvolle Lehrerin!"

„Mutter, ich habe diesen Kindern in zwei Jahren mehr beigebracht,

als sie früher in fünf Jahren gelernt haben. Ich habe nur unterrichtet, um zu bekommen, was ich wollte. Und ich habe es bekommen. Ich habe genug gespart, um aus Pitmungo herauszukommen und davon zu leben, bis ich einen Mann gefunden habe."

Maggie trug die volle Reisetasche zur Tür. „Ich habe dir jedenfalls etwas Frühstück aufgehoben", sagte sie. „Ich habe dir den guten Käse aufgehoben. Gibst du mir wenigstens gute Wünsche mit auf den Weg?"

„Ja", sagte ihre Mutter, „natürlich. Und wo gedenkst du diesen herrlichen Mann zu finden?"

„In Strathnairn, im Norden, wo die Menschen noch nie gebeugt worden sind."

„Ach, Unsinn, Maggie. Alle Schotten sind gebeugt worden."

Draußen hörte man das Quietschen von Bremsen und Wagenrädern. Mr. Japp war vorgefahren.

„Dann leb wohl, Mutter." Beide brachten es nicht fertig, aufeinander zuzugehen. Noch immer vermochten sie sich nicht zu rühren. „Wenn ihr mich wiederseht, bin ich Mrs. Hochland Soundso."

„Hoffentlich sprichst du dann noch mit uns!"

„Wieso denn nicht? Ich habe vor, bei euch zu leben."

Mr. Japp klopfte nicht erst an, sondern stieß, wie in Pitmungo üblich, die Tür auf.

„Dann wollen wir mal. Gib mir die Tasche, Maggie."

„Für Sie bin ich Miß Drum. Ich bin heute sechzehn geworden und damit erwachsen. Und ich bin von heute an für Sie Miß Drum."

„Tja. Wenn Sie's denn so wollen, dann soll's wohl auch so sein."

„Ich will es so."

Sie fuhren den oberen Weg entlang, von Doonietoon, der Unterstadt, hinauf über die Sportheide nach Uppietoon, der Oberstadt, weil der untere Weg überschwemmt war, und dann weiter über die Hochheide. Bevor sie den Hügelkamm überquerten, sah Maggie sich noch einmal um. Die Stadt sah klein aus von hier oben und schwarz. Ja, das war sie, schwarz, ein Fleck in der Heide. Maggie war froh, von hier fortzukommen.

ZWEI

ALS der Zug in Strathnairn hielt, bat sie den Schaffner, dafür zu sorgen, daß ihre Reisetasche hinausgetragen wurde.

„Tja, Miß, dann einen angenehmen Aufenthalt. Ist ein hübsches Fleckchen für den Urlaub."

Vom Bahnhof aus kann man ganz Strathnairn überblicken, die längste Stadt in ganz Schottland. Da die Hügel hinter ihr jäh ansteigen, zieht sich die gesamte Stadt den schmalen Landstreifen zwischen den Hügeln und dem Wasser des Moray Firth entlang. Und daher hat sie auch, so lang sie ist, nur eine einzige Straße.

Ein Träger hatte ihre Reisetasche auf die Kutsche gehoben, die Fremde zu ihren Ferienquartieren brachte.

„Zu welchem Haus woll'n Sie denn, Miß?"

Der Kutscher hielt sie trotz der Reisetasche mit den Kohleflecken für eine Dame, die hier ihre Ferien verbringen wollte.

„Ja, es ist nämlich so ... Ich wollte meine Tante besuchen, in ... Wie heißt doch die Hauptstraße hier?"

„Lovatt."

„Ja, in der Lovatt Street."

„Wir haben nur diese eine Straße. Wie heißt denn die Dame?"

„Ja, ich habe Ihren Namen vergessen, da sie inzwischen geheiratet hat, aber ich erkenne das Haus wieder, wenn ich es sehe."

Sie gab dem Mann einen Shilling, und obwohl er eigentlich nur die Ferienplätze zu bedienen hatte, half er ihr in die Kutsche, zur Stadt hinunter.

Sein schleppender Akzent störte sie.

„Was ist das für ein Dialekt?"

Der Mann war beleidigt.

„Englisch! Reines Englisch."

Er versetzte dem Pferd einen heftigen Schlag mit der Peitsche. „Stört Sie vielleicht was an meiner Sprache?"

„Nichts, gar nichts, bei Ihnen klingt das sehr schön", sagte Maggie.

Sein Zorn hatte sich etwas gelegt. „Na, jedenfalls schottisches Englisch, eben Schottisch. Warum soll man auch nicht seine Muttersprache sprechen?"

„Ich wollte nur wissen, ob alle hier so sprechen."

„Nö“, sagte er verächtlich. „Nur wir Leute aus dem Heringsviertel. Alles MacAdams. Die anderen haben nichts Besseres zu tun, als die aus dem Süden nachzuahmen. Sie lassen einen hier in den Ferienhotels nicht arbeiten, wenn man schottisch spricht. Können Sie sich das vorstellen?“ Das war erfreuliche Kunde.

„Dann gibt's da noch die Hochländer. Die kommen hier herunter, wenn sie am Verhungern sind oder wenn's zu kalt ist oder wenn sie sich untereinander nicht mehr ausstehen können.“

„Und wie sprechen die?“

„Manche sprechen gälisch, aber nicht viele. Aber schottisch sprechen sie nicht, das weiß ich.“

Sie waren jetzt den Hang hinuntergefahren und rollten die Lovatt Street entlang. Dahinter im Westen lagen die Ferienhotels und die Golfplätze.

„Sagen Sie, wo ich halten soll, Miß.“

„Ja, ich passe schon auf.“

Sie wußte genau, was sie suchte. Sie hatte sie in Dunfermline gesehen – Kaufmannshäuser, die einmal bessere Zeiten erlebt hatten, mit diskreten Schildern im Fenster, die auf freie Zimmer hinwiesen. Je mehr sie sich dem Geschäftsviertel und den großen alten Häusern näherten, um so mehr Schilder sah man, auf denen „Zimmer frei“ stand.

„Hier ist es“, sagte Maggie.

„Ach, dann heißt Ihre Tante wohl Bel Geddes.“

„Ja, ganz recht.“

„Mrs. Alexander Bel Geddes.“

„Richtig.“

„Und sie dürfte – oh – so vor acht, neun Jahren gestorben sein.“ Er grinste sie an. Es mußte die Reisetasche sein.

„Und Miß.“

„Ja, Mr. MacAdams?“

„Wenn Sie mal irgendwas brauchen, einerlei was, dann wenden Sie sich nur vertrauensvoll an Cherry MacAdams.“

Beide hatten einander verstanden.

Ihr Zimmer, das sie von dem jungen Rodney Bel Geddes, der am Empfangstisch saß, zum Vorsaisonpreis bekommen hatte, war hell und luftig. Das Bett hatte eine Eiderdaunenmatratze, die erste, auf der sie je geschlafen hatte.

An diesem ersten Abend lag sie auf dem Bett und dachte an den Mann, den sie sich einfangen wollte. Vor allem sollte er groß und blond sein. Er mußte gutes Englisch sprechen und möglichst einen alten schottischen Namen haben.

Sie hatte es auf einen Gälen aus dem Hochland abgesehen.

Das Wetter half ihr nicht, einen zu finden. Tagelang wehte der Wind heftig vom Firth herein und überzog die Steine mit Salz. Und wenn der Wind nicht wehte, kam der Nebel und füllte den langen Halbmond des Hafens mit Dunst.

Es war langweilig, an solchen Tagen im Zimmer zu hocken, und ihre Ersparnisse schmolzen dahin. Da ein Shilling, dort zwei – das *siller* entrann ihrer Börse.

Sie liebte das Wort *siller*. Das war das schottische Wort, von dem sie sich am schwersten trennen konnte. Denn *siller* war *siller*, und kein anderes Wort konnte es je wirklich ersetzen. An manchen Nachmittagen, wenn Regen und Nebel sie in ihrem Zimmer einschlossen, lag sie auf dem Bett, und dann hörte sie wieder, wie bei ihr zu Hause die Münzen in die Kassette fielen: ihr Hochzeitsgeld. Für sie hatte Silbergeld etwas Warmes.

Bei günstigem Wetter spazierte sie nachmittags durchs Villenviertel und suchte den Eindruck zu erwecken, als gehöre sie in dieses Ferienreich.

Dort sah sie den Typ von Mann, den sie sich wünschte, groß und schlank und blond, mit einem zugleich eckigen und lässigen Gebaren, einer Anmut, die den Grubenkumpels fremd war. Solche Männer sprachen in ruhigem Ton; der Akzent war so sauber und klar wie ihre Worte, der Tonfall nur leicht singend. So einen wollte sie haben.

DREI

Wenn sie äußerst vorsichtig mit ihrem Geld umgegangen wäre, so vorsichtig, daß es schon an Überspanntheit grenzte, so dachte sie später, als alles vorüber war, dann wären ihr noch zwei Wochen Zeit geblieben, als sie ihn endlich fand.

Es war für sie ein trüber Tag gewesen. Sie war nach Fiddich House hinausgewandert, dem entferntesten Ferienplatz, und dann hinunter zum Sandstrand am Firth. Der Strand lag, wie sie befürchtet hatte, verlassen da.

Es klappte nicht, mußte sie sich eingestehen. Sie war müde und hungrig. Der Gedanke, daß sie den ganzen Weg bis zu ihrer Unterkunft zurücklaufen mußte, erfüllte sie mit Verzweiflung.

Und dann war da noch der Wind von Strathnairn, der ewig von der See her blies, der sie kalt durchwehte und ihre Hoffnungen und ihr Herz frösteln ließ. Sie fand eine hohe Düne, deren Flanke den Wind abhielt und doch den Blick auf die See freigab.

Sie öffnete ihre Tweedjacke und legte sich in die Sonne, schloß die Augen und lauschte dem Wasser, das zischend den Strand hinaufjagte und unter dem Geräusch durcheinanderwirbelnder Kieselsteine wieder ins Meer zurückspülte. Als sie aufwachte, war er da. Er stand ein paar Meter draußen im Wasser und machte sich an der Seite eines großen Felsens zu schaffen. Sie beobachtete ihn und fragte sich, was er da wohl tat. Und sie wußte ohne den leisesten Zweifel, daß dies der Mann war, den sie gesucht hatte.

Er trug einen Kilt, und sie mußte lächeln.

Sie setzte sich auf, ganz langsam, um ihn nicht zu beunruhigen, so wie sich ein guter Vorstehhund im Feld bewegt, und schritt durch den Sand. Er war groß, nach Pitmungo-Maßstäben sogar sehr groß, fast einsfünfundachtzig, und selbst nach Hochlandmaßstäben schlank, aber von einer starkknochigen, windgegerbten Härte. Er konnte arbeiten, das sah sie sofort.

Sein Haar war rötlich-golden, und er trug es nach Hochlandsitte lang; wohl um es nicht so oft schneiden lassen zu müssen, dachte sie. Seine Haut war rein und hell, was für sie das Merkmal des geborenen Aristokraten war. In Pitmungo hatten alle Gesichter wie dicke Pflaumen, zu stark durchblutet und reif für einen frühen Tod.

Als er schließlich aufblickte, erschrak er vor ihr. Sein Kopf flog hoch, die Augen waren weit aufgerissen, und dann glitt er schnell um den Fels herum auf die andere Seite. In seiner Hast ließ er den Fischkorb zurück, und Maggie erkannte sogleich, daß er wieder um den Felsen herumkommen mußte, wenn sie nur wartete. Sie war an sich nicht geduldig, doch nun überkam sie eine gleichsam endlose Geduld. Das Wasser reichte ihm da, wo er jetzt stand, bis an den Saum seines Kilts, und die Flut stieg.

Es überraschte sie, daß ihr das Herz im Halse schlug. Sie ging bis zum Wasser hinunter und rief zu ihm hinüber: „Was sind denn das für gräßliche Dinger in Ihrem Korb?“ Aber er antwortete nicht.

Sie tat so, als hätte er sie nicht gehört.

„He, Sie da hinter dem Felsen, was ist das für Meeresgetier, das Sie da sammeln?"

„Das wissen Sie doch", rief er zu ihr hinüber. Er schien zornig.

„Nein. Ich habe dies Zeug noch nie gesehen."

Er kam ein wenig hinter dem Fels hervor.

„Entenmuscheln", sagte er.

„Die sind aber häßlich. Was machen Sie denn damit?"

„Was ich mit ihnen mache?" Seine Stimme klang spöttisch. Er kam ganz um den Fels herum und musterte sie.

„Ich esse sie."

Maggie sagte, sie komme nicht von der Küste. Sie sprach in einem eher gleichgültigen Ton.

„Wo kommen Sie denn dann her?" fragte er schließlich.

„Südlich von hier."

„Aha – eine Engländerin?"

Sie spielte die Beleidigte.

„Ich bin eine gute Schottin, jawohl." Sie ließ in einem leisen Ton eine Andeutung von Gefühl mitschwingen. „Aus West Fife. Ich war noch nie am Meer."

Er kam ganz um den Felsen herum, blieb aber noch im eiskalten Wasser stehen. Er schien verlegen, wegen seiner nackten Beine.

„Und wie gefällt Ihnen das Meer?"

„Sehr gut, aber ich bin noch nie darin gewesen."

„Ich liebe das Meer", sagte er, und sie bemerkte, wie sich sein Gesicht bei diesem Gefühlsausbruch rötete. Sie hatte noch nie einen Mann das Wort „lieben" so aussprechen hören.

„Warum kommen Sie nicht heraus?" sagte sie plötzlich. „Sie frieren sich ja zu Tode."

„Ja, ich komme heraus. Es gibt hier sowieso keine Entenmuscheln mehr."

Sie war überrascht, wieviel größer er wirkte, als er neben ihr stand. Schweigen senkte sich zwischen ihnen herab, und Maggie fiel nichts Vernünftiges mehr ein. Sie deutete über den Moray Firth hinweg.

„Und was sind das für Berge?"

Er blickte sie an, um zu sehen, ob sie das ernst meinte.

„Na, das ist das Hochland."

Wolkenschwaden flossen an den Bergen herunter und verliehen den bräunlichen Heidefarben einen dunklen samtenen Ton.

„Die Cromarty-Berge“, sagte er. „Meine Familie ist von dort vertrieben worden, wie Vieh von einem Feld. Die Vertreibung aus dem Hochland. Sind hierher gekommen und gestorben. Buchstäblich erfroren.“ Wieder errötete er. „Kann ich mich jetzt anziehen?“

„Oh, entschuldigen Sie.“

Sie ging um die Düne herum und wartete. In Pitmungo nahmen die Männer ihr Wannenbad im Wohnraum vorm Feuer, und hier war ein Mann, der allein sein mußte, um sich die Kniestrümpfe anziehen zu können. Sie wartete und wartete, und als sie wieder um die Düne herumging, sah sie, daß er sich den Strand entlang auf den Weg gemacht hatte, in die entgegengesetzte Richtung von Strathnairn. Sie war verabschiedet worden.

Die Dünen verliefen parallel zur Küste. Er ging auf der Seeseite der Dünen. Wenn sie auf der Landseite losrannte, mußte sie eigentlich dort, wo die Dünen endeten, auf ihn warten können. Sie rannte los. Sie stolperte durch den Sand und über die Steine, aber sie rannte weiter, damit sie vor ihm zur Stelle war.

Ihr Anblick verwirrte ihn beim zweitenmal noch mehr als beim erstenmal.

Er sah sie an und sagte endlich: „Strathnairn liegt aber dort drüben, Miß.“

Er hob sich den Korb auf die eine und dann auf die andere Schulter und war sich bewußt, daß er lächerlich wirkte.

„Ich hab noch nie einen Mann einen Kilt tragen sehen.“

Auch das ärgerte ihn.

„Viele Männer tragen ihn“, sagte er trotzig. „Dort oben.“ Er deutete auf den Cromarty. „Ich hab beim Militär gedient, bei den Cameron Highlanders, und man hat mich in dieser Kleidung entlassen und heimgeschickt.“

„Wenigstens hat es Sie nichts gekostet.“

„Das ist alles, was ich habe. Ich habe nie genug verdient, um mir etwas anderes kaufen zu können. Verstehen Sie jetzt?“

„Dort, wo ich herkomme, haben die Männer einen einzigen Anzug, und der muß fürs ganze Leben reichen. Sie werden darin in den Sarg gelegt.“

Er sah sie ungläubig an. Eine alte Mauer versperrte den Weg die Küste entlang. Er stieg über die Mauer und wollte sich von ihr verabschieden, als sie ihm die Hand hinhielt. Er ergriff die Hand und half ihr über die Steine hinüber. Dabei fielen einige Muscheln aus dem Korb. Sie bückte sich sofort und half ihm, sie aufzulesen.

„Lassen Sie das", sagte er. „Eine Dame tut das nicht."

Sie knieten inzwischen beide im Sand, und ihre Gesichter berührten sich fast. Ihr Blick fiel auf seine Hände, sie waren lang und weiß, schlank, aber kräftig.

Jetzt war sie an der Reihe, und sie drückte sich so deutlich aus, wie sie nur konnte.

„Ich bin keine Dame. Ich bin Arbeiterin."

Er betrachtete ihre Kleider, das gute Tweedkostüm, die Rüschen ihrer Leinenbluse. Und er biß sich auf die Lippen.

„Wie bereiten Sie sie zu?"

„Wir kochen sie in Meerwasser und essen sie, weil wir Hunger haben. Weil wir sonst verhungern. Man nennt sie auch Bettlerhummer."

Er machte sich auf den Weg, das Ufer entlang. Sie folgte ihm. Jetzt mußte sie etwas entgegnen, oder es war aus.

„Hunger ist ein guter Lehrmeister", sagte Maggie.

Er sah sie jetzt mit anderen Augen an, und sie war sich dessen bewußt.

Ihm gefiel das dunkle Leuchten in ihren Augen.

Er ging weiter, und diesmal ließ er sie mitkommen. Vor ihnen, geschützt am Fuß einer kiefernbestandenen Landzunge gelegen, stand eine Art Steinhaus, eine Höhle, ein geschickt aufgebauter Haufen Steine.

Dergleichen hatte sie in Schulbüchern gesehen, in denen die Behausungen der Pikten, der schottischen Ureinwohner vor tausend Jahren, abgebildet waren.

„Haben Sie das selbst gebaut?"

„Mit meinem Vater. Uns blieb nichts anderes übrig. Meine Eltern sind hier gestorben."

Sie wußten beide, der nächste Schritt hieß, ins Steinhaus hinein oder nicht. Beide rührten sich nicht, und plötzlich sagte er: „Na schön, dann kommen Sie."

Das Steinhaus war sauber. Der Fußboden war Erde, aber glatt und festgestampft. Es roch drinnen nach Fisch, aber auch nach Kiefernholz und Torf.

„Klopfen Sie den nassen Sand ab", befahl er. „Kommen Sie, ich helfe Ihnen."

Sie hob das bis zur Wade stiefelgeschnürte Bein, und sogleich überwältigte ihn die Intimität dessen, was er da tat. Er ließ ihren Fuß fallen und blickte fort.

„Entschuldigen Sie", sagte er.

„Wofür?"

Aber er konnte sie danach nicht mehr anblicken.

Seine Kleider hingen an Pflöcken, und auf einem aus Treibholz gezimmerten Regal lag ein Hut.

„Ah, Sie tragen einen Hut."

„Warum nicht?"

„Dort, wo ich herkomme, tragen nur der Graf und seine Söhne einen Hut. Bergarbeiter tragen keine Hüte."

„Nun, ich habe jedenfalls einen Hut", sagte er. Es war ein schöner brauner Hut, weich und mit einer keck herabhängenden Krempe, einem Band von Moorhuhnfedern ringsherum und einem silbernen Medaillon auf der einen Seite, hinter dem ein Büschel Haare von einem Rothirsch steckte.

„Lord Monboddo hat hier einmal eine Wildgansjagd veranstaltet. Dabei fiel einer seiner Gäste über Bord, und am nächsten Tag wurde dieser Hut von der Flut angespült."

„Und so tragen Sie also den Hut eines Toten."

Sie sahen sich an und lachten. Der Bann schien gebrochen.

Er rührte in dem über dem Feuer brodelnden Topf. Der Topf roch nach Wattenmeer.

„Kelpsuppe." Er hob etwas durchsichtigen Seetang aus dem Topf. „Gemischt mit irischem Knorpeltang – das ist der Trick dabei."

Es gab kein anderes Wort dafür: es stank.

„Ich glaube, es wird Ihnen schmecken", sagte er.

„Das glaube ich auch."

Er ging hinaus und kam ein paar Minuten später mit einer Handvoll Gemüse und Blättern zurück, die er in den Topf warf.

„Seespinat und Strandsalat", sagte er.

Er gab ihr eine Wellhornschneckenschale, die als Suppennapf diente, so wie die Armen in Pitmungo Kürbisschalen als Teller benutzten.

„Löffel hab ich nicht", sagte er. „Sie müssen die Suppe aus der Schale schlürfen. Ah, Sie müßten mal essen, was da drin war", sagte er und klopfte an das Schneckengehäuse. „Eine Delikatesse!"

Der Geruch war sehr stark. Es roch, als befände man sich in etwas, das aus dem Meer kam. Sie trank und war froh, daß es dunkel in dem Raum war und er nicht sehen konnte, wie ihr die Tränen in die Augen traten.

„Schmeckt sehr gut“, brachte sie schließlich heraus.

Sie trank noch einen Schluck und danach noch einen, und als schließlich das Gehäuse leer war, goß er ihr noch einmal ein. „Wissen Sie, daß es an der Küste Leute gibt, die das Zeug nicht anrühren?“

Der Schweiß rann ihr das Gesicht herunter. Sie wäre gern hinausgegangen. Sie hätte durch den Wind wandern mögen. Sie trat auf die Tür zu.

Er öffnete die Tür, und sie war dankbar für den frischen Wind.

„Och, der Tee.“ Er schlug sich gegen die Stirn.

„Na, dann trinken wir das nächste Mal Tee miteinander.“

„Ich bringe ein bißchen Kuchen mit.“

Er nickte.

„Dann auf Wiedersehen. Bis nächstes Mal.“

Er sah ihr nach, als sie den Pfad zum Strand hinunterging. „Warten Sie“, rief er und rannte und gab ihr etwas, das aus dem Meer stammte.

„Etwas Süßes, für den Heimweg.“

Es war ein getrockneter salzverkrusteter Rotalgenzweig.

„Man muß dauernd darauf kauen, damit der ganze Geschmack herauskommt“, sagte er, sie nickte, und beide lächelten.

„Ah, da fällt mir ein – Ich habe in Ihrem Haus gegessen und weiß nicht einmal Ihren Namen.“

„Cameron.“

„Weiter nichts? Nur Cameron?“

„Gillon Cameron. Gillon Forbes Cameron, wenn Sie es ganz genau wissen wollen.“

Sie spürte, wie ihr Herz einen Freudensprung machte. Ja, dachte sie, ich will es ganz genau wissen.

„Ein berühmter Name, ein sehr vornehmer Name.“

„Ja, ein Clan von lauter Kriegern und Adligen und Gelehrten und so.“

„Und Forbes?“

„Das gleiche. Der Name meiner Mutter. Sie ist eine Rob Roy und auch eine Sutherland.“

Das waren Namen, denen Geschichte und Bedeutung anhaftete. Nicht wie in Pitmungo, wo man ein Japp war oder ein Begg oder ein Hogg oder ein Pick. Häßliche, klumpige Namen, dumpf wie Kohle, für die

Abkömmlinge von Sklaven. Es tat nichts zur Sache, auf welcher Stufe Gillon Cameron jetzt stand. Wichtig war, daß die Familie einmal groß gewesen war und daß irgendwo in seinen Adern die Größe darauf wartete, wieder nach oben zu kommen. Sie lächelte ihn an, und er war von ihr gefangengenommen, von ihren kleinen, ebenmäßigen weißen Zähnen und ihren kleinen braunen Augen.

„Eines möchte ich noch wissen“, sagte sie. „Sind Sie ein Gäle?“

Er dachte einen Augenblick nach. Er sah zu den Bergen hinauf, die jetzt hinter den Wolken verborgen waren.

„Ja, das sind sie doch alle, nicht wahr? Dann bin ich auch einer“, sagte er, und er fragte sich, warum sie wohl so strahlend lächelte.

Er sah ihr nach, wie sie zur Bucht hinunterging und dann in Richtung Strathnairn, und da schlug er sich zum zweitenmal an diesem Tag an die Stirn. Er hatte sie nicht nach ihrem Namen gefragt.

Er rannte los. An der Bucht angelangt, wollte er den Uferpfad entlanglaufen, doch er hielt jäh inne. Ihr Rücken war ihm zugewandt. Sie hatte sich einen Halm Dünengras abgerissen und schob ihn sich vorsichtig in den Hals. Dann erbrach sie die Tangsuppe und seinen Rotalgenzweig.

Sie gab ihm drei Tage Zeit und ließ sich inzwischen am Hafenkai sehen, wo er, wie sie wußte, sich früher oder später zeigen mußte. Und sie ging die Lovatt Street auf und ab, bis sie das Gefühl hatte, ihre Beine würden sie gleich im Stich lassen.

Ihre Probleme wurden von Tag zu Tag drängender. Im Mai füllten sich die Ferienquartiere mit Sportfischern aus England. Mr. Bel Geddes machte sie darauf aufmerksam, daß er ihr demnächst die Zimmermiete erhöhen müsse: die Anglersaison war angebrochen.

Er berechnete ihr noch eine Woche lang den halben Preis.

Am Morgen des vierten Tages schlenderte sie durchs Villenviertel, dann über den windgepeitschten Golfplatz zum Meer hinunter und zum Steinhaus.

Das Steinhaus war leer und kalt. Aber im Kamin glomm noch Torf; er konnte noch keine Stunde fort sein. Und sie zürnte ihm. Er hätte sie suchen, er hätte hier auf sie warten sollen. Sie tat Stroh auf den Torf und verbrannte, als es Feuer fing, das, was von seinem Treibholz übrig war.

Die Dünen warfen lange tiefblaue Schatten, und es war viel später, als Maggie gedacht hatte, als sie ihn schließlich auf der Seeseite einer

Düne stehen und mit wildem Blick aufs Meer hinausstarren sah. Sie stieg hinauf und trat zu ihm. Sie wußte nicht, ob er ihre Gegenwart wahrnahm, so sehr war er mit sich selbst beschäftigt, aber schließlich blickte er sie an.

„Ich bin wegen des Tees gekommen", sagte sie.

Sie wußte, daß sie eine Art Ritual unterbrach. „Was gibt es da draußen zu sehen?"

„Lachse", sagte er. „Ich kann sie dort draußen sehen. Ich kann sie sogar riechen. Sie halten das für verrückt, nicht wahr?"

Sie schüttelte den Kopf – nein, sie hielt das nicht für verrückt, und er glaubte ihr.

„Ich kenne Wasser, in dem laichende Lachse waren."

Unten an der Düne reichte Gillon ihr die Hand, um ihr über eine Unebenheit hinwegzuhelfen, und als sie ihm die Hand nicht entzog, hielt er sie zu seiner eigenen Überraschung weiter fest und sah zu ihr hinunter, ob sie auch nichts dagegen hatte.

„Dann müssen Sie ja viele fangen", sagte Maggie.

„Ich hab noch nie einen gefangen. Die Lachsflüsse gehören den Grundbesitzern, und ihnen gehören auch die Lachse im Meer."

„Die Fische gehören keinem."

„Der Lachs – ich sage lieber Salm – gehört den Grundbesitzern, und die Engländer fangen ihn. Wenn man ihnen einen ihrer heiligen Fische stiehlt, kriegt man drei Monate Gefängnis, manchmal eine Tracht Prügel und fünf Pfund Strafe."

„Ich würd's tun", sagte Maggie.

Sie schwiegen während des letzten Stück Weges, aber sie wußte, womit sich seine Gedanken beschäftigten.

Als sie bei dem Haus angelangt waren, stakste er ins Wasser hinaus, um sein kleines Boot richtig festzumachen, und kam dann zur Tür zurück.

„Wie heißen Sie?"

„Maggie Drum."

„Ein hübscher Name", sagte er. „In meinem Regiment war einer, der Drum hieß. Er war Pferdeknecht."

„Natürlich."

Gillon war verlegen. Er hatte nicht gewollt, daß sich das so anhörte. Sie betraten die Steinhöhle.

„Jemand war hier", sagte er. „Ich rieche verbranntes Kiefernholz."

Sie überlegte, ob sie es ihm sagen sollte.

„Haben alles verbraucht“, sagte er. „Sie müssen stundenlang hiergewesen sein.“

Er zündete die Haifischlampe an. „Warum lachen Sie?“

„Aber das war ich doch, Dummer.“

Nun war es heraus, nämlich daß sie hier stundenlang gesessen und auf ihn gewartet hatte. Er hatte nur ihre kleinen Zähne bemerkt und wußte, daß er sie vermißt hatte. Und Maggie. Sie machte ihn nervös, aber er war glücklich, daß sie da war.

Es wurde für sie beide zu einem Nachmittagsritual: der Tee und die Suche nach Feldsalat zu dem Brot, das sie aus der Stadt mitbrachte. Ihr machte diese Jagd nach Grünzeug Spaß – etwas umsonst zu bekommen.

Und er hatte angebissen, ihr Fisch, aber er war ein scheuer Fisch, er schwamm unten am Grund des Teiches herum, so daß sie schon fast die Hoffnung aufgab, ihn an Land ziehen zu können, ehe Rodney Bel Geddes sie vor die Tür setzte. Es gab Mittel, aber sie alle waren gefährlich. Sie konnte zu Mr. Cherry MacAdams gehen, der bestimmt wußte, wie sich ein hübsches Mädchen etwas verdienen konnte.

Sie konnte natürlich auch Mr. Gillon Forbes Cameron bitten, sie auf der Stelle zu heiraten. Aber sie wußte, das würde nicht gutgehen. Hatte er auch schon angebissen – er würde sich losreißen und davonschwimmen.

Sie pflückten Geigenköpfe, auch Bettlerspargel genannt – die kleinen, fest zusammengerollten flauschigen Spitzen des Farnkrauts für ihren Tee.

„Pflücken Sie nur jede zweite ab, damit nächstes Jahr noch welches da ist“, sagte Gillon.

„Ja“, sagte Maggie, aber sie kümmerte sich nicht darum, denn es würde kein nächstes Jahr in Strathnairn geben.

„Gillon?“

„Ja?“

Er blickte angenehm berührt auf. Es war das erste Mal, daß sie ihn bei seinem Vornamen nannte.

„Wenn du einen oder zwei sehr große Lachse fangen würdest, könntest du sie dann verkaufen?“

„Oh, es gibt Leute im Heringsviertel, die würden mir so einen Fisch wohl abnehmen. Sie zahlen dem Fischereiaufseher etwas dafür, glaube ich. Aber die Sache ist sehr gefährlich.“

„Und wird gut dafür bezahlt?“

Er sah sie prüfend an. „Wenn die Fische groß genug sind, ja. Die da unten haben gern Lachse auf dem Tisch." Er deutete mit dem Kopf nach Süden, nach England.

„Gillon?"

„Ja?"

„Angenommen, ich fände einen Weg, es so einzurichten, daß du deinen Lachs oder Salm fangen und verkaufen könntest – würdest du es tun?"

„Du willst das einrichten?"

„Ja, ich. Würdest du es tun, Gillon?"

Die Lampen wurden angezündet hinter dem windgepeitschten Strand. Es war die Tageszeit, die sie hier am liebsten mochte. Der Wind legte sich am frühen Abend, bevor er sich von neuem erhob, und der Himmel schien so hoch.

„Ja", sagte er, „ich würde es tun."

VIER

Sie betrat die Steinhöhle, und bei Sonnenaufgang weckte sie ihn. Die Angelleinen waren über den ganzen Boden ausgebreitet, und sie sagte sich, daß er sicher kaum geschlafen hatte. Sie fuhr ihm mit der Hand durchs Haar – es war feiner und seidiger, als sie es sich vorgestellt hatte.

„Und was hat Mr. Drysdale gesagt?" fragte Gillon, ohne die Augen aufzuschlagen.

„Er sagte, du seist ein tüchtiger Bursche, der ab und zu ein paar Muscheln und Krebse stiehlt, aber ein guter Seemann und jemand, dem ich trauen könnte. Ein Strandbettler aus dem Hochland, hat er, glaube ich, gesagt."

„Was, zum Teufel, glaubt Mr. Angus Drysdale, der stolze und mächtige Fischereiaufseher denn, wo er selber herkommt? Seine Leute haben dort das Klo mit dem Vieh geteilt." Er stand auf. „Dreh dich bitte um."

Er wollte nicht, daß sie sah, wie er sich anzog und das Gesicht wusch – das war etwas zu Persönliches.

Er nahm eine Rolle Angelleine und trat damit vor die Tür. „Mir gefällt das gar nicht, Maggie."

„Ooh“, sagte sie sanft, „der moralische Mr. Cameron! Setz dein Freikirchengesicht auf, damit alle Welt sieht, wie brav du bist!“

Er hatte das Boot auf den Strand gezogen, und als Maggie hineingeklettert war, machte sie sich sofort daran, sich die eingefettete Leine um die Beine zu wickeln. Sie fing gleich damit an, ohne ihn zu bitten, sich umzudrehen. Es fiel ihm schwer, nicht hinzuschauen. Sie war so voll Vertrauen, und sein Kopf war so voll von Gedanken.

„Und was hat Mr. Drysdale gesagt?“

„Er hat alles geglaubt. Er wollte mich selber mit hinübernehmen.“

„Das sieht ihm ähnlich. Der Mann ist ein stadtbekannter Lüstling.“

„Ja, das weiß ich“, sagte Maggie.

Er fragte sich, was sie damit meinte, sagte aber nichts.

Es war ein guter Deckmantel für das, was sie vorhatten. Sie war als Studentin, die sich für das gälisch-keltische Kulturerbe interessierte, zu Mr. Drysdale gegangen und hatte seinen Rat, die Insel Holydeen betreffend, eingeholt. Die Insel sei eine wahre Fundgrube keltischer Überlieferung und Kulturdenkmäler. Der Fischereiaufseher hielt ihr bei einem halben Dutzend Gläsern Limonadenbier einen ausführlichen Vortrag.

„Und wäre ein Mr. Gillon Cameron ein geeigneter Bootsführer, der mich hinüberbringen könnte?“ hatte sie gefragt.

Der Fischereiaufseher schien verblüfft.

Aber jetzt hatten sie, wenn sie in den Lachsgewässern zusammen gesehen wurden, einen plausiblen Grund für ihre Fahrt und auch den Segen des Fischereiaufsehers.

„Du wirst mir dabei helfen müssen“, sagte Maggie.

Das Netz mußte um ihren Oberkörper geschlungen und dann unter Bluse und Jacke versteckt werden. Gillon wickelte es behutsam um sie herum. Trotz aller Vorsicht spürte er, daß seine Hände zitterten. Seine Lippen berührten fast ihren Nacken, und er spürte einen Wonneschauer.

„Die Frage ist ...“ Er wußte nichts zu sagen.

„Wie lange es dauern wird.“

Gillon war davongekommen. „Vier Stunden hin und vier Stunden zurück, wenn der Wind richtig weht und die Gezeiten günstig sind und wir nicht – nicht –“

„Ertrinken.“

Nach einer halben Stunde waren sie aus der Bucht heraus und

auf dem offenen Meer. Sie hatten das kleine Segel aufgezogen. Gillon legte sich kräftig in die Ruder, und so kamen sie gut voran. Seine sehnige Stärke beeindruckte Maggie.

„Solltest du nicht etwas langsamer tun, Gillon?"

„Ich kann von Sonnenaufgang bis Sonnenuntergang rudern – ohne Pausen", sagte Gillon. Er war schon der Richtige. Er war genau der Richtige.

„O Gott", sagte er plötzlich.

Maggie fragte beunruhigt: „Was ist?"

„Drysdale. Sein Boot ist draußen und hält auf uns zu."

Sie lehnte sich wieder zurück. Nur die See war ihr nicht ganz geheuer.

Ein paar Minuten später schwankte der Kutter über ihnen.

„Kümmert sich der Junge auch ordentlich um Sie?" rief Mr. Drysdale.

„Der Junge macht seine Sache gut."

„Cameron?"

„Sir?" Es war ihm wider Willen herausgerutscht.

„Passen Sie auf Miß Drum so gut auf, wie wenn sie Ihre Mutter wäre, Cameron."

Gillon nickte und bemerkte zu seinem Entsetzen, daß sich ein Teil der um Maggie gewickelten Angelleine gelöst hatte und unter ihrem Kleid hervorsah.

„Ja, Sir!" rief er.

„Miß Drum?"

Maggie lächelte hinauf.

„Miß Drum, wenn Sie sich umdrehen, sehen Sie Hardmuir aus dem Meer aufragen. Sie wissen ja, wo Macbeth und Banquo den Hexen begegnet sind."

„O ja, ganz recht."

„Der Junge hätte das doch sicher nicht gewußt", sagte Mr. Drysdale.

„Nein, das hätte er wohl nicht gewußt."

Die Leine hatte sich weiter losgewickelt, und Gillon wußte, daß er jetzt nur noch eines tun konnte, so lächerlich es auch aussehen mochte: er mußte die Ruder wieder packen und von dem Kutter fortrudern, während die beiden noch miteinander sprachen.

„Vergessen Sie nicht unseren Drink, Miß Drum. Und gute Manieren, Cameron!"

Als sie ein paar hundert Fuß weit weg waren, sagte Maggie: „Das war kindisch von dir, beleidigt davonzurudern."

Er deutete auf ihre Füße, und sie sah die Leine.

„Oh, du lieber Gott!"

„Ja, du lieber Gott."

Er ruderte weiter und ließ seinen Zorn an den Riemen und dem Meer aus.

„Der Junge. Nein, das hätte er wohl nicht gewußt", murmelte er. „Wer sind denn dieser Macbeth und dieser Banquo, von denen ich angeblich nichts weiß?"

„Ich weiß es nicht."

Da wurde er wild. „Und du sitzt da und läßt ihn in dem Glauben, du wüßtest es, und nur ich wüßte es nicht."

„Ja."

Schließlich lächelte er wieder, weil der Angeführte ja Mr. Drysdale war.

„Und was war das mit dem Drink?"

„Er hat mich zu einem Drink in die Highland Lodge eingeladen – ich soll ihm erzählen, was ich auf Holydeen entdeckt habe."

„Gehst du hin?" fragte er.

„Ja. Hast du etwas dagegen?" Ihre Worte fielen wie eine Köderfliege auf schnelles, tiefes Wasser, genauso leicht und gefährlich.

Etwa eine Meile vor der Insel wurde das Meer rauh. Gillon ruderte, daß ihm auf der Stirn die Adern anschwollen. Der Wind drehte sich, und das Segel schwang herum und entzog sie für einen Moment seinem Blick. Als das Segel wieder zurückschlug, sah er zu seinem Schrecken, daß Maggies Gesicht gelbgrün geworden war.

„Du siehst ja aus wie Meersalat."

„Dann sieh doch woandershin!"

Er sah, wie sich ihre Schultern unter dem Krampf des Erbrechens hoben und senkten. Sie war dabei so tapfer. Sie beugte sich über die Bootswand, wusch sich mit kaltem Meerwasser den Mund, und schon war es vorbei.

„Jede andere Frau –" begann er, aber sie hob die Hand und gebot ihm Schweigen. Es war ganz leicht gewesen. Sie hatte nur an die Kelpsuppe gedacht, und schon war es erledigt gewesen.

Gillon war aufgesprungen. „Jetzt sind sie rings um uns!" rief er. „Das hier ist ihr Nest, ehe sie die Flüsse hinaufschwimmen."

Sie glaubte zu spüren, wie Fische gegen den Boden des Bootes stießen. Sie blickte über die Bootswand, und da sah sie die Salme, riesige, vorübergleitende Schatten, die so groß zu sein schienen wie das ganze Boot. Und sie stieß einen Schrei aus, als einer der Schatten vor ihnen die Wasserfläche durchstieß, und einen erstaunlichen Augenblick lang beobachtete sie den silbergewölbten Sprung.

Aber es war noch zu früh am Tag zum Fischen.

Sie zogen das Boot unterhalb des Hafens von Holydeen an Land. Als sie am Ufer entlang zum Ort gingen, wartete schon ein Mann in einem leichten Einspänner auf sie.

„Sie müssen Miß Drum sein, und das ist wohl Ihr Caddy Cameron“, sagte er. „Ich bin Mr. Comyn, Ihr Führer – mit besten Empfehlungen von Mr. Drysdale.“

„Ich bin kein Caddy“, sagte Gillon.

„Wenn Sie dazu engagiert wurden, diese junge Dame von Strathnairn herüberzurudern, dann sind Sie ihr Caddy.“

Gillon war wütend, als er sah, wie sie lachend ihre Fuchszähne aufblitzen ließ.

Dann fuhr sie mit Mr. Comyn im Einspänner los, um die keltischen Monumente auf Holydeen zu besichtigen.

Sie waren weit draußen auf See. Der Wind fiel mit Wucht über sie her.

„Hättest du jetzt Lust, die Haken an die Leinen zu knüpfen?“ fragte Gillon.

„Ja, gern.“

So hatte sie wenigstens etwas zu tun, während das Wasser unter dem Boot hin und her zischte.

Sie würden eine schwere Fahrt haben, meinte Gillon, aber gefährlich sei es nicht, wenn man wisse, womit man es zu tun habe. „Man muß sich an die Regeln halten“, sagte er. „Man muß der See demütig begegnen.“

Genau das gleiche pflegte ihr Vater über die Grube zu sagen.

Sie hatten vor, noch vor Einbruch der Dämmerung etwa eine Meile vor der Mündung des Buckhorn River zu sein – zur Dämmerflut, wenn die Sonne schon das Wasser berührte und sie in ihrer golden blendenden Helle verborgen waren, aber noch genug Licht zum Fischen hatten.

Gillon war der Überzeugung, daß es irgendwo draußen zwischen dem Salzwasser der See und dem Frischwasser der Flüsse eine Stelle gab, wo die Lachse haltmachten, wo sie sich für das Frischwasser rüsteten, in Tiefen, wo sie gewöhnlich nicht von Menschen gejagt wurden.

Als sie aus dem Schutz der Insel Holydeen herausglitten, traf die Dünung sie plötzlich breitseitig, und das Boot begann zu schlingern. Gillon sah, wie Maggie aufblickte.

„Angst?“

„Hast du welche?“

„Nein.“

„Warum sollte ich dann welche haben?“

So plötzlich, wie die Dünung sie gepackt hatte, wurde er sich bewußt, daß er sie um dieser Antwort willen liebte.

„Würdest du die da jetzt an die Haken hängen?“

Er stieß eine kleine metallene Dose mit Garnelen zu ihr hin. Einige waren tot, andere zappelten um ihr Leben. Sie steckte sie, ohne eine Frage zu stellen, an die Haken. Er sah, wie sie den Kopf mit dem schweren braunen Haar nüchtern über die Arbeit beugte und kein einziges Mal aufschaute, wenn sich das Boot weit nach dieser oder jener Seite neigte. Er liebte sie auch dafür.

Als er in dem Wasser vor der Flußmündung den Seeanker fallen ließ, waren sie vom abendlichen Sonnenglanz eingehüllt. Gillon war sehr aufgeregt.

„Sie sind hier, das weiß ich“, sagte er.

Die Leine war nur wenige Minuten im Wasser, als der Fisch zustieß und die Leine aus dem Boot hinauszugleiten begann.

„Jetzt rennt er davon!“ rief Gillon. „Er hat den Haken im Maul.“

Seine Augen funkelten vor Aufregung. Als der Fisch sich so weit entfernt hatte, wie die Leine es zuließ, hielt der Haken. Der Fisch zerrte, und der Bug des Bootes wurde zum Wasser hinuntergezogen.

„Ich habe meinen Riesen!“ rief Gillon.

Er bedauerte die Art, wie er es tun mußte. Ein Angler an einem der Flüsse hätte einen Nachmittag sportlichen Kampfes gebraucht, um den Lachs an Land zu ziehen. Bei Gillon, der die Handleine benutzte, war es eine Frage der Kraft, seiner Kraft gegen die des Lachses.

Als der Lachs an die Bootswand gezogen war und das Holz an seinen Flanken spürte, sprang er, daß das feine, harte Silber seines Leibes sie mit Lichtfunken und Meeresgischt übersprühte, und mit diesem Sprung war seine Kraft erschöpft. Er lag im Wasser neben dem Boot.

„Ich glaube, ich bringe ihn nicht ins Boot hinein."

Der Fisch war so groß wie Gillon, über sechs Fuß lang, und hing mit seinem ganzen Gewicht an dem Fischhaken. Mit einem plötzlichen gewaltigen Ruck bekam Gillon den Kopf und den Oberteil des Fischs über die Bordwand, als der Fisch noch einmal ein letztes Zucken des Lebens zeigte.

„Ich kann ihn nicht halten!" schrie Gillon. „Ich verliere meinen Fisch!" Er merkte, daß etwas gefährlich nah an seinem Ohr vorbeischwang, und hörte ein hartes, nasses Aufklatschen, und der Kampf war vorüber.

Er zog seinen Lachs ganz ins Boot hinein. Und dann sah er, wie Maggie das Ruder wieder in die Klampe steckte.

„Du hättest mich beinahe getroffen", er lächelte sie an.

„Es mußte sein."

„Beinahe wäre ich dein Lachs gewesen."

Sie blickten auf den Fisch, wie er auf dem Boden des Bootes lag. Es war der bei weitem größte Lachs, den Gillon je gesehen hatte. Gillon kniete im Boot nieder und fuhr mit der Hand die glatte silbrige Seite des Fischs entlang.

„Du tust mir leid", sagte Gillon, „legst einen so weiten Weg zurück und stirbst an der Schwelle. Aber es mußte sein", sagte er und lächelte Maggie auf so gewinnende Weise an, daß sie zurücklächelte und dachte, du lieber Narr, du lieber, romantischer Mann.

„Besser, wir kriegen ihn als die", sagte sie.

Gillon kehrte ihr den Rücken zu, als er den Haken aus dem Fischmaul riß. „Eines Tages haben sie die Miesmuschelbänke am Kyle of Tongue gesperrt, und wir lebten damals von Miesmuscheln. Warum sie das getan haben, hat keiner gesagt. Und eines Abends, da hatten wir solchen Hunger, es hat gegraupelt und geschneit und war dunkel, und da ist meine Mutter bei Ebbe zu den Bänken hinausgegangen und hat ihren Korb mit Muscheln gefüllt. Und da hat sich, als sie auf dem Heimweg war, einer der Leute des Fischereiaufsehers von hinten an sie herangeschlichen und ihr die Tragriemen des Korbes durchgeschnitten. Das kam so plötzlich, daß sie dabei rückwärts ins Wasser fiel."

Er sah zu ihr auf. Sein Gesicht zeigte keinen Zorn mehr, und sie war enttäuscht.

„Als sie nach Hause kam, war sie halb erfroren. In der Woche darauf ist sie gestorben.“

„Und was habt ihr unternommen?“

Er senkte den Kopf. „Nichts.“

„Dann laß uns ihnen noch einen Lachs wegfangen.“

Wo sich Salzwasser und Süßwasser mischten, fingen sie noch drei Lachse, der kleinste noch immer größer als Maggie.

Es war eine aufregende Orgie des Tötens gewesen. Sein Leben lang hatte Gillon davon geträumt, einen großen Lachs zu fangen, und jetzt hatte er es viermal getan.

„Jetzt können wir los“, sagte er zu Maggie. „Jetzt kommt das schwierigste Stück.“

Er griff nach den Rudern.

„Kannst du schwimmen?“

„Nein.“

„Ich auch nicht.“

Darauf waren sie beide sehr still, während er die See herausforderte. Das Boot lag gefährlich tief im Wasser. Das Gute war, daß der Wind, wie Gillon gehofft hatte, abgeflaut war. Gefährlich wurde es, wenn die Sonne untergegangen und es noch nicht dunkel geworden war. Dann konnte man sie von der Küste aus sehen. Gillon legte sich in die Ruder. Er mußte sich anstrengen.

Jeder Ruderschlag brachte sie der Sicherheit ein Stück näher, aber die wahre Sicherheit, das waren jetzt eine ruhige See und die Dunkelheit. „Rühr dich nicht!“ befahl Gillon. „Duck dich, und sitz ganz still!“

Eine kalt-weiße Lichtscheibe strahlte vor ihnen auf und tastete sich über die Wellenkämme zu ihnen hin. „Er hat uns!“ sagte Gillon. Und dann kreiste Licht sie ein und wanderte weiter.

„Nichts haben sie“, sagte Maggie. „Rudern!“ Sie hörte von der Küste her rufende Stimmen.

Er ruderte weiter, aber ohne Schwung. Alles war gegen sie, das Gewicht des Bootes, das Fehlen des Segels, aber sie bewegten sich fort von der Küste und bemühten sich, aus dem Bereich des Lichts herauszukommen.

Gillon ließ plötzlich die Ruder sinken.

„Was ist jetzt?“ Sie war ärgerlich über ihn.

„Hörst du es nicht? Drysdales Kutter ist ausgelaufen.“

„Hier draußen kann er uns nicht finden. Weiter, Gillon, rudere!"

„Wir müssen die Fische loswerden", sagte Gillon. „Man darf im Boot nichts finden."

„Diese Fische wirfst du nicht raus! Wenn diese Fische über Bord gehen, dann gehe auch ich."

„Ich bin derjenige, der ins Gefängnis wandert", sagte Gillon.

„Und ich bin diejenige, die wartet, bis du wieder rauskommst."

Was meinte sie damit wohl? Gillon dachte darüber nach, ruderte aber weiter, und bald würden sie Kurs aufs Heringsviertel nehmen können. Vielleicht – er gestattet sich diese leise Hoffnung – vielleicht ... Und während er darüber nachdachte, hörte er die stampfenden Kolben von Drysdales Kutter. Das Schiff hatte eine große Lampe am Bug, und als es noch ungefähr hundert Meter entfernt war, sprang Gillon auf und zog Maggie herunter, daß sie auf die Lachse fiel.

„Keine Bewegung!" Und sie lag da, während sie in der Dunkelheit schaukelten, das Gesicht gegen die Flanken des obersten Fisches gepreßt, der Gestank von Meer war erdrückend. Gillon ließ Maggie sich erst wieder aufrichten, als die Lampe nicht mehr zu sehen war.

„Wir müssen uns beeilen", sagte Gillon. Er legte sich in die Riemen und begann energisch zu rudern. „Sie suchen das Wasser systematisch ab. Wenn wir Glück haben, sind wir fort, wenn sie zurückkommen."

„Warum hast du mich auf den Fisch geworfen?"

„Die Fischschuppen hätten sonst das Licht der Lampe widergespiegelt."

„Na gut, aber du hast mir mein schönes Tweedkostüm verdorben."

„Es mußte sein." Er überlegte, ob er ihr sagen sollte, was er vorhatte, und fand, daß sie ein Recht darauf hatte.

„Ich möchte das Segel wieder setzen. Nur besteht dann die Möglichkeit, daß wir vollaufen. Wir können durch das Segel entdeckt werden, können aber andererseits vor dem Wind gute Fahrt machen." Er wartete.

„Setz das Segel", sagte sie tapfer. Wieder wurde er sich seiner Liebe zu ihr bewußt. Als das Segel gesetzt war, traf der Wind die Leinwand wie mit einem Schlag, und das Boot begann durch das Wasser zu pflügen. Es legte sich auf die Seite, und Wasser spülte über die Bordwand, und Gillon war davon überzeugt, daß das Boot sich einfach nicht mehr geraderichten konnte. Aber dann tat es das doch, wenn auch quälend langsam, und dann schien es fast über die schaumgefleckte See zu gleiten. Gillon war in Hochstimmung. Er sah, daß sie weinte.

„Nicht weinen, jetzt. Wir haben das Schlimmste hinter uns."

„Das ist es ja nicht." Ihre Tränen flossen weiter. Er hätte zu ihr gehen und sie in die Arme nehmen mögen wie ein Kind.

„Was ist es dann?"

„Mein schönes Tweedkostüm! Es wird nie wieder gut aussehen!"

Weit voraus sah er die ersten der kleinen, blinzelnden Lichter der Fischerboote, die vor dem Heringshafen ankerten.

„Wir sind in Sicherheit", sagte Gillon. Sie hatten einen großen Sieg errungen, wie groß, würde sie nie ermessen können.

„Weißt du, was wir tun sollten, du und ich?" fragte Gillon. Er fühlte sich selbstsicher.

„Was sollten wir tun?"

„Wir sollten ..., na ja. Vielleicht hätte ich lieber nicht ..." Er hielt inne. Es war natürlich lächerlich, ein Kiltjunge und eine Frau wie sie. Ein Mann, der nicht einmal ein Pfund in der Woche verdiente.

„Ja?"

„Ach, dummes Zeug", sagte Gillon.

Er blickte zu ihr hin und dann auf den Fisch. Das war alles so verrückt. Wie kam diese Frau dazu, in seinem Boot zu sitzen und mit ihm zusammen diese Fische zu stehlen?

Sie sagte ganz ruhig: „Ich weiß, wo ein Mann in der Woche 48 Shilling verdienen kann."

Das war viel Geld. Sie sah, daß er das für unmöglich hielt.

„Was hältst du davon?"

„Ich halte eine Menge davon."

„Und nach zwei Jahren kann er es auf 60 Shilling die Woche bringen."

Er war froh, daß das Rudern ihm Zeit zum Nachdenken gab.

„Wo?" fragte er schließlich.

„Da, wo ich zu Hause bin."

„Und was für eine Art Dieb muß ich da werden?"

„So einer wie mein Vater."

Es kam näher und näher. Es war eine Art Spiel, das sie da spielten, aber er kannte die Regeln nicht. Er wußte nur, daß er gefangen war und nicht heraus wollte.

„Und was für einer ist er?"

„Ein Kumpel."

Er ließ die Ruder los. „So einer, der unten die Kohle aus der Grube heraufholt? So einer? Ein Bergarbeiter?"

Sie nickte.

Er schlug ein Ruder klatschend auf das Wasser. „Das kann er doch nicht sein!" schrie er fast. Sie glitten jetzt durch die Heringsflotte, und ein paar Männer auf einem Boot sahen zu ihnen herüber und wandten sich dann wieder ihren Netzen zu.

„Ich könnte nie so einer sein – o nein, nie. Unter der Erde, den ganzen Tag im Dunkeln! Da unten würde ich sterben. Nein, ganz ausgeschlossen. Und wie sollte ich das auch?"

„Wenn du mit mir kämst."

Sie sagte es ganz beiläufig.

„Ich habe von diesen Leuten schon gehört. Auswurf der Erde. Sie waren früher Sklaven hierzulande."

„Ich weiß."

„Warum sollte ich dann so einer werden?"

„Bergleute verdienen Geld."

Sie kamen durch die Heringsflotte nur langsam voran. Gillon stakte das von Lachsen schwere Boot zwischen den anderen hindurch. Da es besser war, erst festzumachen, wenn die Heringsboote ausgelaufen waren, ließ er den Anker fallen, und sie blieben im Dunkel der Kaianlagen verborgen und warteten.

„Ist es im Bergwerk unten heiß oder kalt?"

„Im Sommer ist es kühl, und im Winter ist es warm."

Er wußte nicht, ob er ihr glauben sollte.

„Und was ist mit der Schwärze? Geht die je ab?"

„Ich würde sie dir abwaschen."

Er spürte, wie sein Herz sich verkrampfte. Der Gedanke an ihre kleinen braunen Hände, die über seinen verschwitzten Rücken fuhren, an ihre Hände, die ihm warmes Wasser über den Kopf gossen, an das Wasser, das über ihn floß, während sie seinen Körper mit schaumiger Seife wusch, machte seine Hände zittern. Er konnte im Dunkeln sehen, wie sie ihn anlächelte.

„Sie laufen jetzt aus", sagte sie.

„O ja." Gillon tat so, als begutachtete er die Fische.

„‚Wenn ich mit dir komme', hast du gesagt. Und was meinst du damit?"

„Ah, Gillon", sagte sie. Sie lachte. „Ich fragte dich, ob du mich heiraten willst."

„Ja, das dachte ich mir."

Alle Boote verließen jetzt den Hafen.

„Wir müssen zur viertletzten Pier", sagte Maggie.

Er zog den Anker hoch und stakte das Boot zur vierten Pier. In der Schwärze fragte jemand: „Sind Sie das, Miß Drum? Wir hatten Sie schon aufgegeben. Wie ging's denn?"

„Fünf. Fünf große."

„Vier", sagte Gillon.

„Nein, ich glaube fünf", sagte Maggie. Gillon wußte nicht, was das sollte.

In dem Speicher über ihnen brannte eine trübe Lampe. Eine Leine wurde heruntergelassen und am Schwanz des ersten Lachses befestigt. Dann wurde der Fisch mit einer Winde hochgezogen.

„Och, sind die groooß", hörte Maggie jemanden sagen.

„Pst, pst", machte ein anderer, und sie beschloß, mehr als den vereinbarten Preis zu verlangen. Diese Fische waren ungewöhnlich. Sie tastete nach den Stufen und kletterte hinauf in den Speicher.

Gillon hörte den Streit, verstand aber nicht, was gesagt wurde. Als der letzte Fisch hinaufgehievt war, hörte er das Klingen von Münzen, die aus einem Kasten in eine Geldbörse geschüttet wurden.

„Na schön", sagte Cherry MacAdams. „Wir sind jetzt Komplicen. Und wenn Sie wieder was vorhaben, wissen Sie ja, wo ich zu finden bin." Und dann war sie wieder bei Gillon im Boot. Sie gab ihm drei Scheine und einen Beutel mit Silber- und Kupfermünzen.

„Ich habe noch nie eine Pfund-Note besessen", sagte Gillon.

Er stakte das Boot unter dem Speicher heraus und steuerte es an den Piers des Hafens entlang auf den Kai von Strathnairn zu. Er probierte die Worte im Geist immer wieder, aber sie wollten nicht richtig klingen, wie er sie auch zu ordnen suchte.

Gillon sprang leichtfüßig über Bord und begann das Boot auf den Strand zu ziehen, damit Maggie nicht ins Wasser brauchte.

„Ich mach's, was du vorhin gesagt hast."

„Was?"

„Was du gesagt hast."

„Mich heiraten?"

„Ja."

Er hatte ihr aus dem Boot geholfen, und sie standen jetzt am

Strand, Gillon noch im Wasser, wie damals, als sie sich kennengelernt hatten.

„Ja, gut, mir ist es schon recht."

Gillon sah zu seiner Verblüffung, daß sie sich umwandte und direkt zur Lovatt Street ging.

„Wo gehst du denn hin?" rief er ihr nach.

„Wieso? Mr. Drysdale hat mich doch zu einem Drink eingeladen."

FÜNF

FÜR Gillon war die Hochzeit eine Enttäuschung.

Er hatte gehofft, sie könnten in der *kirk* seiner Familie getraut werden, aber der Pfarrer in Strathnairn wollte, daß sie sich einen Monat vorher aufbieten ließen und am Sonntag vor der Trauung auf der Armsünderbank saßen zur Vorausbuße der Sünden, die sie nun begehen würden.

„Außerdem", hatte er gesagt, Augen wie Steine hinter eisigen Brillengläsern, „traue ich kein Kind. Wie alt bist du denn, Kind?"

„Dreiundzwanzig", hatte Maggie gesagt.

„Bist du wirklich dreiundzwanzig?" fragte Gillon sie später.

„Wenn du schon lügst, dann kräftig", sagte Maggie, und er hatte wieder etwas gelernt.

Sie wurden statt dessen in einem Haus im Heringsviertel von Reverend Archibald Bothwell, dem nicht-ordinierten Geistlichen der *Reform kirk of Nova Scotia für zurückgekehrte Hochländer* getraut.

Das Ehepaar Bothwell sang Lieder, und der Reverend tanzte einen schwerfälligen Hochland-Tanz. Vor der Zeremonie holte Mrs. Bothwell Hochzeitserfrischungen – große Gläser mit Ale und kleine mit Whisky.

„Bevor ich euch jetzt für Mann und Frau erkläre, komme ich zu meinen Schlußworten", sagte Bothwell. „Gillon Cameron, von dieser Stunde an sollst du der Herr der Verbindung sein, die ich jetzt zusammenfüge. So ist das Gesetz des Lebens, die Ordnung der Natur, der Wille Gottes. Willst du dich daran halten, Gillon Cameron?"

„Ja, ich will es."

„Und du, Margaret Drum – wenn dein Herr etwas tut, was du mißbilligst, willst du dann verständnisvoll sein und nicht mit dem Fuß aufstampfen und kein freches Gesicht machen?

Lerne, deinen Mund zu schließen und dein Herz zu öffnen. Und wisse, für dich als Frau ist stumme Unterwerfung deine wahre Schönheit. Margaret Drum – willst du dich an all dies halten?"

Sie starrte vor sich auf den Boden.

„Ja, sie will, sie will!" rief Mrs. Bothwell schluchzend, und sie umarmte Maggie und befleckte das flaschengrüne Kleid.

„So erkläre ich euch denn für Mann und Frau."

Es WAR ein merkwürdiges Gefühl, nach der Trauung müßig auf der Straße dahinzuschlendern. Sie gingen am Hafen entlang. Gillon überlegte, ob er Maggie wohl an der Hand fassen durfte, und kam zu dem Schluß, daß es nicht schicklich aussehen würde, auch wenn sie Jungvermählte waren.

„Nun, wie fühlt man sich als Mrs. Gillon Cameron?" sagte er. Er wußte, das klang recht lahm.

„Ich weiß es nicht, ich hab's noch nicht ausprobiert."

Gillon wurde ziegelrot im Gesicht.

„Das hab ich nicht gemeint."

„Aber ich", sagte Meg.

Der Wind schlug ihm die Hutkrempe auf der einen Seite hoch und verlieh ihm ein keckes, ja arrogantes Aussehen.

„Du siehst aus wie sie, Gillon."

„Wenn du einen Kiltjungen geheiratet hast, um einen von denen zu kriegen, hast du ein schlechtes Geschäft gemacht."

Maggie lächelte nur.

Von dem Lachsgeld hatte Maggie ihm einen Anzug aus Shetlandtweed gekauft, von der Farbe des Torfmoorwassers, und ein weißes Leinenhemd mit einem langen, weichen Kragen und eine breite, heidekrautfarbene Krawatte.

Sie gingen die Lovatt Street entlang, bis sie vor dem Haus von Bel Geddes standen.

„Warum willst du schon hineingehen?" fragte er sie.

„Wir gehören hierhin."

„Und was sollen wir hier?"

„Was jungvermählte Leute tun."

„Wo Mr. Bel Geddes im Haus ist?"

„Ja."

Sie wandte sich der Seitentür des Hauses zu.

„Ich tu's nicht", sagte Gillon. „Ich befehle dir, geh nicht hinein."

„Jetzt hör mir mal zu, Gillon. Wir sind Mann und Frau, nach den Gesetzen Schottlands und vor den Augen Gottes, und wir haben das Recht, dasselbe Zimmer und dasselbe Bett miteinander zu teilen. Und ich habe vor, beides zu tun." Sie nahm ihn bei der Hand. „Jetzt komm mit, wir sind hier zu Hause."

Er wünschte, er hätte das Meer nicht vom Fenster ihres Zimmers aus sehen können, doch die Glasscheibe war ausgefüllt von seinem strahlenden Blau.

Er setzte sich auf den einzigen Stuhl im Zimmer, so weit weg vom Bett wie möglich, und drehte den Hut in der Hand. Als er aufblickte, schlüpfte sie gerade aus ihrem grünen Kleid, und er wandte sich schnell wieder dem Fenster zu. Er wünschte, es wäre draußen dunkler gewesen. Dann hätte alles irgendwie natürlicher gewirkt.

„So", sagte Maggie, „jetzt kannst du ansehen, was du dir eingehandelt hast."

„Och, Maggie", sagte er. „Was soll ich also tun?"

„Mich lieben."

Er fühlte Sterbensschwere, wie einmal, als er kurz vor dem Ertrinken aus dem Wasser gekommen war.

„Und was heißt das?"

„Ich kann es nicht beschreiben, Gillon", sagte Maggie. „Es ist doch etwas ganz Natürliches."

Er konnte sich nicht dazu bringen, von seinem Hut aufzuschauen.

„Wenn es so natürlich ist, warum weiß ich es dann nicht?"

„Du weißt es. Du warst doch Soldat."

„Aber ich habe nie zugehört. Ich habe mich immer abgewandt, wenn sie davon geredet haben. Bei ihnen hat es sich so . . ., ich weiß nicht, so schmutzig angehört. Sie haben mich den heiligen Gillon genannt."

Das hatte so viel Mut gekostet wie alles andere.

Er versuchte sich richtig ins Leben einzufügen und die Dinge hier im Zimmer in Ordnung zu bringen. Und auf einmal war sie neben ihm. Sie war im Morgenrock, aber er konnte ein Stück ihres braunen Beins und ihres Schenkels sehen.

„Gillon. Leg den Hut fort."

Er ließ ihn auf den Boden fallen.

„Wenn ein Mann und seine Frau sich lieben, ist das nicht schmutzig."

Er sah ihre kleinen, braunen Zehen, die unter dem Morgenrock hervorlugten, und vielleicht weil es so persönlich und gleichzeitig so harmlos war, erregten sie ihn.

„Setz dich mit mir aufs Bett.“ Das war ein Befehl, und sie führte ihn zum Bett, ehe er wußte, wie er ihr Widerstand leisten sollte.

Sie ließen einander los und lagen dann da und sahen zur Decke auf und versuchten die Bedeutung dessen zu begreifen, was ihnen gerade widerfahren war. Er wußte nicht, ob sie das gleiche empfand wie er, und er konnte sich nicht überwinden, sie danach zu fragen. Er konnte es nur hoffen.

„Ich glaube nicht, daß andere Menschen es je so getan haben, sonst hätten wir viel mehr davon gehört“, sagte Gillon schließlich.

Ihr hatte es gefallen, aber das hatte sie nicht überrascht. Aber eigentlich kam es gar nicht darauf an, ob sie es mochte oder nicht. Die Hauptsache war, daß sie so bald wie möglich Kinder bekam. Daß damit noch eine wilde Freude verbunden war, nun, das war sozusagen noch etwas mehr Butter auf den Haferkuchen. Aber es war auch etwas lächerlich. Wenn Gott keine andere Methode eingefallen war, um die Fortpflanzung seines Ebenbildes auf Erden zu sichern, dann war seine Phantasie mehr als nur ein wenig kindlich.

Gillon rollte sich auf die Seite. Gott ist wahrhaft weise, dachte er im Einschlafen.

Sie weckte ihn einmal am Nachmittag.

„Gillon?“

Er schlug die Augen auf, rührte sich aber nicht.

„Ich möchte, daß du mir eines versprichst.“

„Ja?“

„Daß du deinen Hut trägst, wenn wir dort ankommen.“

Das war so töricht, daß er laut lachen mußte. Er fand es erstaunlich, wie ungezwungen er sich im Bett fühlte.

Als er zum zweitenmal erwachte, war es früher Abend. Sie war angekleidet, und vier kleine Fleischpasteten dampften auf einem Stuhl neben dem Bett.

„Komm jetzt. Iß sie beim Anziehen. Wir müssen gehen.“

„Gehen?“

„Ich habe Fahrkarten für den Abend besorgt, damit wir keinen Tag verlieren.“

Er stieg aus dem Bett, völlig selbstvergessen. Nackt, wie er war, biß er in eine Pastete. Er war halb verhungert.

„Oh, die sind gut", sagte er und erblickte dabei sein Spiegelbild im Fenster.

„Ich muß verrückt sein", sagte er und versuchte seine Blöße mit der Pastete zu bedecken.

Er kehrte ihr den Rücken zu und kleidete sich schnell an.

Am Bahnhof angelangt, ließ sie ihn auf dem Bahnsteig warten, ging zum Schalter und gab ein Telegramm an ihren Vater auf. Man holte Tom Drum aus der Grube, als es eintraf: ICH HABE MEINEN GÄLEN UND BRINGE IHN MIT NACH HAUSE. Zehn Worte und keines mehr.

DER Zug hatte Strathnairn kaum hinter sich gelassen, als sie an dem *loch* entlangfuhren, der eingefaßt war von tannenbewachsenen Hügeln.

In der Mitte befand sich eine Insel, auf der die Ruinen eines ausgedehnten, von der Zeit mitgenommenen Gebäudes standen. „Was ist das?" fragte Maggie.

„Ich hatte vergessen, daß man es von hier aus sehen kann. Das ist das Schloß Cameron Castle."

Das war mehr, als sie sich erhofft hatte.

„Haben wir einen Anspruch darauf?"

„Meiner Familie gehören ein, zwei Steine im Verlies."

Dann war das Schloß ihren Blicken entschwunden und der Zug im Dunkel eines Tunnels. Obwohl noch ein anderer Fahrgast im Abteil saß, wagte es Gillon, sie zu küssen.

„Das war ein ‚schmutziger' Trick", flüsterte Maggie.

„Sollte es auch sein."

Er hielt sie sogar einen Teil der Nacht in den Armen.

Am Morgen waren sie in den Cairngorm-Bergen, die tief verschneit waren, obwohl es schon fast Juni war. Als die Sonne aufging, wurden die nachtblauen Gipfel rot, und als der Tag dann heraufkam, wurden sie wieder weiß. Der andere Fahrgast im Abteil schlief.

„Was ist ein *moudiwort?*" fragte Gillon.

„Ein Maulwurf. Das war ein Spaß. *Moudiworts* – Maulwürfe – Bergleute. Bergarbeiter unter der Erde."

Das hatte Gillon tagelang beschäftigt, und sie sah es ihm an. Er machte sich Sorgen wegen der Arbeit, die ihm bevorstand.

„Bergmann zu sein ist nicht so schlecht, wie die Leute glauben", sagte Maggie.

Er mochte nicht darüber sprechen. Er wollte sich dieses Land ansehen, das er noch nie gesehen hatte. Tief unten konnte er einen sanften grünen Fluß erkennen, der sich, vom Schmelzwasser gespeist, durch eine Schlucht ergoß. An einem Hang lagen brauner Dung und helle Flecken frischen Grüns.

„Die Arbeit in der Grube ist eine Lebensanschauung. Hörst du zu?"

Gillon nickte.

„Wenn du es erst dahin kommen läßt, daß du in allem wie ein Bergarbeiter handelst, dann wirst du auch einer. Aber die Camerons werden keine Bergarbeiter."

Gillon blickte auf eine Weide mit rauhhaarigem schottischem Hochlandvieh.

„Wir werden in der Grube arbeiten, aber wenn wir genug *siller* beiseite gelegt haben, dann werden wir etwas anderes."

„Ja."

„Etwas Besseres."

Der Mann in ihrem Abteil war jetzt wach und blickte Maggie mit leicht geöffnetem Mund an.

„Weil wir vorwärts wollen", sagte sie triumphierend.

Gillon hörte gar nicht mehr zu. Sie fuhren durch fruchtbareres Farmland, als er je gesehen hatte. Der Winterweizen stand schon hoch und grün, und die Kirschbäume, die Apfelbäume blühten.

„Sieht es so ähnlich in Pitmungo aus?"

„Nein", sagte sie, „so nicht."

Sie sah den Mann lächeln, als sie das sagte.

„Kennen Sie Pitmungo?" fragte sie ihn.

„Ich weiß, wie es dort aussieht", sagte er.

Als der Zug in eine kleine dunkle Fabrikstadt ratterte, stand der Mann auf, um auszusteigen.

„Das ist ein sehr schöner Traum, den Sie da haben, Missus. Hoffentlich wird er wahr für Sie. Bei anderen ist er noch nie wahr geworden."

„Wir sind nicht wie andere", gab sie kühl zurück.

Am frühen Nachmittag fragte Maggie Gillon plötzlich etwas Merkwürdiges: „Bist du ein guter Kämpfer?"

Er sah sie verblüfft an.

„Ich meine, kannst du richtig fest zuschlagen, wenn jemand dir die Knochen zerbrechen will?“

Er dachte darüber nach.

„Das müßte ich erst mal sehen. Warum?“

Sie betrachtete sein feingeschnittenes Gesicht, die schlanke, gerade Nase, und sie schämte sich ein wenig.

„Ich reagiere schnell und habe Ausdauer“, sagte Gillon. „Beim Militär hab ich mir die anderen immer vom Leib gehalten, und wenn sie dann müde wurden, habe ich sie fertiggemacht.“

Das klang für Maggie nicht beruhigend.

Die nächste Station war Cowdenbeath, und sie mußten ihre Sachen zusammenpacken.

Sie gingen die Kinglassie Road entlang, die zum Fluß hinunterführte, und bogen dann in die Pitmungo Road ein.

„Warum stehen hier alle Häuser so in Reihen, daß man sich direkt in die Fenster starrt?“

„So werden sie hier gebaut. So ist es billiger.“

„Mir würde das nicht gefallen.“

„Du gewöhnst dich daran.“

Hinter Cowdenbeath bot sich die Landschaft recht freundlich dar, und Gillon beunruhigte nur noch der Fluß.

„Warum ist das Wasser so schwarz?“ fragte er.

„Das ist von den Gruben.“

„Wo sind die Gruben?“

„Du wirst schon sehen.“

Er folgte ihr und vermochte den Blick nicht von dem Spiel ihrer Beinmuskeln abzuwenden. Trotz der Festigkeit hatte ihr Körper eine Geschmeidigkeit, bei der ihm der Mund trocken wurde.

Rechts von der Straße, oben auf der Heide, sah er ein Buchenwäldchen. Dort würde es sicher dunkel und ruhig sein, dachte Gillon.

„Ich möchte mir die Bäume dort oben mal ansehen“, sagte er. Seine Stimme klang ein wenig unsicher. „Solche Bäume hab ich noch nie gesehen.“

Sie wußte, was er im Sinn hatte, aber sie ging mit. Sie hatte irgendwo gelesen, daß Indianer oder Afrikaner oder so sich am Vorabend eines Kampfes der Leidenschaft hingaben und sich dadurch von ihren Ängsten befreiten.

Sie ließ ihn gewähren.

Als es vorüber war, gingen sie weiter über die Hochheide, immer höher, bis sich kurz vor dem Kamm plötzlich unter ihnen der Firth of Forth ausbreitete.

„Ihr habt das Meer hier? Warum hast du mir das nicht gesagt?" Bei diesem Anblick wurde Gillon wohler.

„Keiner geht hinunter. Auch du wirst es nicht tun."

Doch, das werde ich, dachte Gillon, das werde ich. Und dann schritten sie über den Kamm hinweg, und unter ihnen lag geduckt die Stadt.

„Und was ist das?"

„Das ist es. Wir sind zu Hause. Das ist Pitmungo."

„In so einem Ort will ich nicht leben."

„Aber dort leben wir." Sie bedauerte, daß der Tag auf der Heide so schön war und Pitmungo noch schwärzer erscheinen ließ.

„Ich will nicht. Wir können auch auf andere Weise unseren Lebensunterhalt verdienen."

„Du wirst es für mich tun", sagte Maggie. „Du hast es mir versprochen."

Er ging zum Kamm zurück und blickte auf den Firth of Forth hinunter und sah Maggie alleine stehen. Sie hatte recht: er hatte es ihr versprochen und, was noch wichtiger war, er wollte bei ihr sein, und er wollte, daß sie ihm ein Kind schenkte.

„Wie lange werden wir hier leben müssen?"

„Bis wir genug haben, um ein neues Leben zu beginnen."

„Gut. Laß uns also hinuntergehen."

SECHS

ALS sie unter den knospenden Bäumen des Obstgartens heraustraten, sahen sie die Menschenmenge vor dem Tor.

„Was ist da los?"

Jetzt wurden Rufe laut. Man hatte sie gesehen.

Gillon ging langsamer.

„Geh weiter wie vorher. Laß dir kein Zögern anmerken."

Der Wind auf der Heide hatte die Krempe von Gillons Hut hochgeklappt, und Maggie fand, daß Gillon stattlich aussah. Eines stand fest – einen wie ihn hatten sie in Pitmungo noch nie gesehen. Keinen wie Mrs. Gillon Forbes Camerons Ehemann.

Ihr schlug das Herz im Hals wie ein Vogel. Sie hatte eine ungünstige Zeit gewählt. Die Schicht war vorüber, und die Kumpels waren aus der Grube heraufgekommen. Aber wenn sie ihn nicht beim Tor stellten, würden sie ihn am Schachteingang erwischen, wo sie im Jahr zuvor die Männer aus Glenrothes geschnappt und zusammengeschlagen hatten. Das lärmende Geschrei des Menschenhaufens war lauter geworden.

Gillon blieb stehen.

„Was ist das, Maggie?"

„Sie wollen nicht, daß Leute von auswärts ihre Kohle hauen."

„Aber du hast doch gesagt, es gibt hier Arbeit, viel Arbeit."

„Die gibt es auch. Die Company will noch Leute einstellen, aber die Männer schicken sie fort", sagte Maggie. Sie ergriff seine Hand. „Ich stehe zu dir, Gillon."

„Was machen sie denn? Sag es mir."

„Sie verprügeln einen, sie schlagen einen so zusammen, daß man nicht arbeiten kann."

„Das hättest du mir sagen müssen, Meg. Das hätte ich doch wissen müssen." Mit ihrem Schweigen hatte sie ihn belogen.

Sie fielen sogleich über sie her, die häßlichen, kleinen Grubenjungen, und riefen ihnen aus kurzer Entfernung unflätige Wörter zu.

„Sieht er nicht toll aus, der feine Pinkel, der da bei uns Kohlen hauen will?" kreischte einer und klatschte Gillon eine feuchte schwarze Hand auf die Tweedjacke. Ein anderer langte nach seinem Gesicht und berührte seine Lippen. Gillon schmeckte zum erstenmal Kohlenstaub.

„Sein Hut!" riefen sie. „Ran an den Hut!" Und der Ruf fand beim Tor unten ein Echo. Die Grubenjungen versuchten es, aber Gillon war zu groß für sie.

Als sie sich dem Tor näherten, wurde alles ruhig, und man beobachtete sie, wie sie weitergingen, Hand in Hand. Ein Kumpel trat vor und versperrte ihnen den Weg.

„Bis hierher und nicht weiter."

„O Gott!" sagte Maggie. Sie hätte sich auf die Zunge beißen mögen. Sie kannte den Mann: Andro Begg, Pitmungos Büttel von eigenen Gnaden. Sie zog an Gillons Hand, aber Gillon ging weiter, bis die beiden Männer fast zusammenstießen.

„Ich sagte, bis hierher und nicht weiter. Durch das Tor kommst du nicht."

„Mir ist hier Arbeit versprochen", sagte Gillon.

Der Mann schüttelte den Kopf. „Die Kohle von Pitmungo ist für die Leute von Pitmungo. Leute von auswärts kommen nicht durchs Tor."

„Und wer will mich daran hindern?" Gillon spürte, wie sein Herz schneller zu schlagen begann. Der Mann hatte die Statur eines jungen Bullen, und seine Hände sahen aus wie schwarze Felsbrocken.

„Andro Begg." Er zog seine Haue aus dem Gürtel und warf sie auf das Kopfsteinpflaster. Gillon wußte nicht, daß dies in einer Grubenstadt soviel wie ein hingeworfener Handschuh war. Als die Haue auf das Pflaster fiel, holte der Bergmann aus und versetzte Gillon einen Schlag gegen die Brust, daß ihm die Luft wegblieb. Gillon hob die Hand und begann Rock und Krawatte auszuziehen, langsam, um Zeit zu gewinnen.

Als Gillon das Leinenhemd auszog, johlte die Menge über seine weiße Hagerkeit.

„Ein Huhn gegen einen Ochsen!" rief jemand.

Gillon legte den Hut ordentlich auf seine Jacke.

Der Schlag hatte weh getan, aber er hatte Gillon auch etwas von seiner Angst genommen. Gillon schätzte seinen Gegner ab. Sein Nacken war fast so dick wie Gillons schmale Brust, und seine Arme waren wie Eichenpfosten, aber sie waren auch kurz. Der Mann hatte eine Zehn-Stunden-Schicht unter Tage hinter sich, und seine dicke Arbeitskleidung war schwer von Schweiß. Wenn er nicht zu schwer getroffen wurde, so sagte sich Gillon, und wenn er den anderen mit seiner größeren Reichweite lange genug hinhalten konnte, dann hatte er die Chance, davonzukommen und den Mann vielleicht so zu erschöpfen, daß der Kampf unentschieden endete. Als Begg ihn ein zweites Mal zu Boden schlug, begann Gillon sein Sparring, tänzelte von dem Mann weg, wartete ab. Er ließ den kleineren Mann kommen, damit er immer wieder zu Schwingern ausholte und seine Kraft verbrauchte, bis er immer keuchender atmete. Einmal traf ihn Gillon mit einer harten Geraden, die unter dem einen Auge eine Schwellung verursachte. Als Begg wieder auf ihn losging, um ihm die Schmach heimzuzahlen, hielt Gillon ihn rückwärts tänzelnd mit der ausgestreckten Linken von sich fern, so daß ihn keiner von den Schlägen traf.

Nach jedem vergeblichen Schwinger sanken die stämmigen Arme des Mannes ein wenig tiefer. Gleich einem Fisch, der unklug gekämpft hat, hatte Begg sich erschöpft und war reif für den Fanghaken. Gillon nahm die Hand, mit der er ihn auf Distanz gehalten hatte, vom Kopf des Mannes fort und tänzelte um ihn herum. Plötzlich fuhr Gillon ihm mitten ins Gesicht. Es war ein furchtbarer Schlag, den er in seinem Arm spürte.

Begg stand da und starrte Gillon mit herunterhängendem Kinn an, und Gillon erkannte, daß er es ihm gebrochen hatte. Der Mann stürzte auf ihn los, vor Wut aufschreiend, und Gillon versetzte ihm einen Schlag voll in die Nierengegend.

„Ziel auf seinen Bauch, Gillon, du hast ihn schon so gut wie erledigt. Schlag ihm in den Leib, dann ist er auch im Kopf fertig!“ schrie ihm Maggie zu.

Die Zuschauer waren, wie es für Menschenansammlungen typisch ist, zur anderen Seite übergegangen. Sie wollten jetzt, daß Begg ausgezählt wurde. Gillon warf Maggie einen Blick zu. „In den Leib, Gillon!“ hörte er sie rufen. „An seinem Kopf zerbrichst du dir die Hand. Du hast ihn, Gillon, du hast ihn!“

Er schlug ihm in den Bauch, und der Mann blieb einfach stehen. Er hatte unter beiden Augen Schwellungen so groß wie Moorhuhneier. Gillon ließ die Hände sinken. „Du kannst den Mann jetzt nicht so stehen lassen“, sagte einer zu ihm, „er muß zu Boden.“ Gillon trommelte ihm auf den Magen, bis der Mann auf den nassen Steinen in die Knie sank.

„Lassen Sie sich doch fallen, Mr. Begg, um Gottes willen, lassen Sie sich umfallen!“ sagte Gillon. Und als dieses Wrack eines Mannes den Kopf schüttelte und ihm nur Tränen aus den blinden Augen rannen, trat Gillon ihm gegen die Schulter, daß er mit dem Gesicht auf die Steine schlug.

Ein Mann ergriff Gillons Hand.

„Das war ein *brulzie,* Junge, das war ein Kampf! So was hat Pitmungo noch nicht gesehen.“

„Lassen Sie meine Hand los“, sagte Gillon.

„Aber ich bin doch dein Schwiegervater, Junge. Tom Drum.“

Er rief der Menge zu: „Ich habe immer einen Jungen haben wollen, und jetzt habe ich einen Mann bekommen!“

Gillon zog Hemd, Krawatte und Jacke an und kniete neben dem am Boden liegenden Mann nieder.

„Mr. Begg?“ Er fürchtete, der Mann könnte in seinem eigenen Blut sterben, aber sein Gesicht lag seitwärts auf den Steinen, und er atmete zwar schwer, aber gleichmäßig.

„Laß ihn liegen", sagte Mr. Drum. „Er will allein wieder zu sich kommen. So ist das hier Sitte."

Dann ist es eine scheußliche Sitte, dachte Gillon.

Einer der Jungen, die auf dem Weg zum Tor hinunter am unflätigsten geschrien hatten, kam mit seinem Hut herbeigerannt.

„Ihr Hut, Mister, wir wollten ihn eigentlich behalten", sagte der Junge.

Gillon strich sich das Haar aus der Stirn und setzte sich den Hut wieder auf den Kopf. Rufe wurden in der Menge laut.

„Was ist denn bloß mit dem Hut?" fragte Gillon.

„Wir tragen hier keine", sagte Drum. „Die Kohlenherren tragen Hüte. Wir tragen Mützen."

„Ich trage Hüte", sagte Gillon.

„Bist du bereit zu gehen, Gillon?" fragte Maggie, und sie ergriff seine Hand.

Gillon war der erste Zugezogene in der Geschichte Pitmungos, der sich das Recht zum Kohlenhauen erkämpft hatte.

„Du warst tapfer, Gillon", sagte Maggie.

„Ich werde mir nicht verzeihen, daß ich das einem anderen angetan habe."

Er hatte keine Ahnung, wie lange er im Bett lag – eine Woche oder noch länger. Er fragte sich, wer die dunkelhäutige Frau war, die ihn von der Zimmertür aus beobachtete und nie ein Wort zu ihm sagte. Maggies Mutter wahrscheinlich. Als er aufstand, spürte er ein Sausen im Kopf, und er verlor das Gleichgewicht und stürzte mehrmals zu Boden.

„Manchmal frage ich mich, wer eigentlich den Kampf gewonnen hat", sagte er zu seinem Schwiegervater.

„O nein, Junge, da brauchtest du nur Andy Begg sehen. Der wird nie wieder so, wie er mal war. Er wollte heute zur Schicht einfahren, aber Mr. Brothcock hat ihn heimgeschickt. Er wolle keinen toten Mann in der Grube."

Sie fütterten ihn mit Schafskopfbrühe und Haferbrotbrocken und mit dem ersten Gemüse aus dem Garten. Er spürte, wie ihm die Kräfte wiederkehrten. Er lernte das typische Bergarbeiterhaus kennen, das aus zwei Räumen bestand, einem vorderen mit Kamin und Küche, wo man auch badete und die Grubenkleidung wusch und zum Trocknen aufhängte und wo das Essen zubereitet und eingenommen wurde, und einem hinteren Zimmer, wo die Eltern schliefen und wo man saß, wenn Besuch kam. Gillon und Maggie schliefen im Vorderraum, und was Gillon am meisten vermißte, war ein eigenes Reich. Doch so etwas gab es in Pitmungo nicht.

Eines Nachmittags stand Gillon auf und beschloß, sich die Stadt anzusehen, in die er sich hineingeboxt hatte. Er ging mit Tom Drum und Maggie die Miners Row hinunter und den Colliers Walk hinauf, über ein Stück Heide, und weiter hinauf zu zwei Häuserreihen hoch über der Heide.

„Das ist Uppietoon, die Oberstadt", erklärte Mr. Drum. „Die Tosh-Mungo Terrace oben, und gleich unterhalb die Moncrieff Lane."

„Hier wollen alle hin, die ein bißchen Ehrgeiz haben", sagte Maggie. „Wir werden einmal hier wohnen. Du wirst schon sehen."

Sie setzten sich auf eine Bank am Rand einer Aussichtsterrasse, als sich ihnen eine Gruppe von alten Männern mit knochigen Gesichtern und harten Augen näherte.

„Runter von der Bank!" sagte einer von ihnen. „Die ist nur für Uppies."

Aber Tom Drum sagte zu ihnen, das sei der Mann, der Andy Begg zusammengeschlagen habe. Darauf wurden sie freundlicher. Es war nur einfach so, daß sie eifersüchtig auf die Privilegien achteten. Die Häuser hier oben in Uppietoon waren größer, die Luft war sauberer, das Wasser klarer.

„Da unten, das sind die *Doonies.* Taugen alle nichts", sagte ein alter Mann, die Anwesenheit der Drums ignorierend. „Die Wet Row fällt schon fast in den Fluß. Die Rotten Row – alles Bruchbuden. Und die Miners Row – da stehen noch die besten Häuser."

Zwischen Uppietoon und Doonietoon erstreckte sich eine leuchtendgrüne, offene Heide, die offiziell „Lady-Jane-Tosh-Mungo-Bergarbeiter-Erholungspark" hieß, inoffiziell aber seit über einem Jahrhundert unter dem Namen Sportheide bekannt war.

„Da werden Kirmes und Markt abgehalten, und da finden auch der Zirkus und die Rennwettkämpfe statt", sagte Tom Drum. „Und du siehst, für Fußball und Rugby und Kricket ist auch noch Platz."

„Und fürs Ringwerfen. Das ist das Schönste nach einem Tag in der Grube."

Es war Gillon klar, daß die Sportheide das Leben in Pitmungo erträglich machte. Aber seine Blicke gingen über die Sportheide und über Doonietoon hinaus dorthin, wo sich der Fluß durch das Tal wand und wo sich die großen Räder über den Kipphalden drehten. Und hinter dem Ganzen brannte ein Berg von Grubenabfall, der Schlackenhaufen, und der Rauch trieb die schwarzen Hänge hinunter.

„Was sind das für Räder, die sich über den dunklen Schuppen dort drehen?“ fragte Gillon.

Die Männer hielten es nicht für möglich, daß er das nicht wußte.

„Na, das sind die Förderräder“, sagte Mr. Drum. „Die bringen die Kohlenwagen rauf und die Kumpels runter.“

Gillon hatte ein flaues Gefühl im Magen.

„Ich glaube, ich möchte da nicht runter“, sagte er. „Ich bin Seemann.“

Die Männer lachten.

„Alle gehen runter, in die Grube, dafür sind die Männer da“, sagte ein alter Kumpel. Gillon fiel auf, daß ihm an beiden Händen Finger fehlten.

„Sie werden sich daran gewöhnen“, hörte er immer wieder – so oft, daß er daran zu zweifeln begann. Kein Mensch konnte sich je daran gewöhnen, daß er sich tausend Meter tief im Innern der Erde befand. Es war unnatürlich.

Sie gingen wieder hinunter, und als sie bei den Häuserreihen von Doonietoon anlangten, kamen einzelne Männer gerade von der Tagesschicht zurück, und ihr Anblick bedrückte Gillon, so müde und so schmutzig sahen sie aus. Was aber noch schlimmer war: durch die offenen Türen sah er die Kinder in ihren Zinkwannen sitzen, traurig und zornig aussehende Kinder, viel zu klein für die Arbeit, die sie verrichten mußten.

„Kinder sollten nicht so aussehen“, sagte Gillon unvermittelt.

„Nach einem warmen Bad sehen sie anders aus“, sagte Mr. Drum.

In der Mitte der Häuserreihen befand sich das sogenannte Geschäftsviertel. Sie kamen zur Coaledge Taverne.

„Hier ist es, Junge“, sagte Mr. Drum. „Das ‚College‘ – und der Name ist gut gewählt. Da drinnen, Junge, lernst du mehr über die Grube und das Leben hier –“ er zwinkerte Gillon zu – „als in irgendeinem Buch.“

Die Männer standen in Reihen an der Theke und an den Wänden, schwarze Hände um Einmachgläser mit Ale gelegt, fast wild in ihrem Verlangen, die Liter Flüssigkeit wieder in sich hineinzupumpen, die sie an diesem Tag vor Ort verloren hatten.

Sie gingen ein Stück weiter zu einer Stelle, von der aus man die

Schachtanlagen sehen konnte. Jenseits des Werksgeländes, hinter einer hohen Ligusterhecke versteckt, lag Brumbie Hill, wo Lord Fyffe und seine Frau, Lady Jane Tosh-Mungo, lebten und ein paar der Grubenbeamten.

„Zur Tosh-Mungo schaffst du's vielleicht, obwohl ich es stark bezweifle", sagte Mr. Drum gerade, „aber auf Brumbie Hill hinauf – und das garantiere ich dir – kommst du nie."

Gillon gewöhnte sich an das, was er später als ein Verbrechen an Menschlichkeit und Vernunft betrachten sollte.

Gillon fuhr in die Grube ein, und um sich selbst zu beweisen, arbeitete er wie ein Tier. Da er ein Neuer und obendrein ein Fremder war, schickte man ihn ins niedrigste Flöz von Lady Jane Nr. 2, obwohl er der bei weitem größte Bergmann in Pitmungo war. Er arbeitete den ganzen Tag auf der Seite liegend, in zehn, zwölf Zentimeter tiefem Wasser, und wenn er heimkam, war er anfangs zu erschöpft, um sein Bad zu nehmen, ehe er ein wenig geschlafen hatte.

Dann die Pfeife am schwarzen Morgen, die Kleider noch naß, obwohl Maggie alles tat, sie trocken zu bekommen.

„Du wirst dich daran gewöhnen, Junge, du wirst dich daran gewöhnen", sagte sein Schwiegervater immer wieder.

Den Vespertender in der Hand, Speckscheiben darin, Brote, bestrichen mit dicker, weißer Margarine, Bergmannsbutter genannt, und eine Flasche mit heißem Tee, der kalt sein würde, wenn er dazu kam, ihn zu trinken, so machte er sich auf den Weg. Den Colliers Walk entlang bewegten sich schweigende Männer auf den Schachteingang zu. Meist hörte man nur die Geräusche der Ausrüstung, Hauen und Grubenlampen, das Klappern von Holzschuhen und Gummistiefeln mit Eisenspitzen.

Die Männer sprachen nicht mit Gillon.

Er arbeitete liegend im Schlamm. Er, der unbeholfene Hochländer, lernte, die Kohle einzukerben, das Flöz zu unterhöhlen, so daß es leicht war, die Kohle aus dem Streb herauszugraben oder herauszusprengen. Er lernte, auf der Seite liegend mit der Haue fest zuzuschlagen, und konnte schließlich dank seiner langen Arme tiefer als andere eindringen und mehr Kohle hauen.

Manchmal legte Tom Drum von der Strecke aus, wo er arbeitete, fast eine Meile in gebücktem Gang zurück, um ihn zu besuchen, obwohl sie sich nie viel zu sagen hatten.

„Na, wie geht's, Junge?"

„Gut, gut, Vater."

Das hörte Mr. Drum gern. „Hast du diese Stempel aufgestellt?"

„Ja, hab ich."

„Aber die sind unten zu schmal. Da, siehst du." Und er zeigte ihm dann, wie man Schiefer und Steine zusammenpackte und die Decke mit hölzernen Grubenstempeln abstützte, damit sie nicht einstürzte.

Das Seltsame war, daß Gillon, wie ihm klarwurde, ein ebensolches Gespür für die Kohle hatte wie früher für das Meer und die Fische. Er hatte ein Gespür für den Druck, für die Richtung eines Flözes, und seine Stempel brachen nie, auch dann nicht, wenn der atmosphärische Druck anstieg und die Strebstützen ächzten unter dem neuen Gewicht.

Als eines Tages ein erfahrener Kumpel, der in einem hohen Flöz arbeitete, verletzt wurde, blieb ihnen nichts anderes übrig, als Gillon an diese neue Stelle zu versetzen und für sein niedriges Flöz einen Jungen von noch nicht einmal einsfünfzig einzuteilen, der dort ordentlich arbeiten konnte.

Gillon hielt ihn zwar für zu jung, aber er ging an seinen hohen Flöz. Es war Lochgelly Splint, eine feine, harte Kohle, und große Brocken des schimmernden Materials brachen aus den Wänden gleich einer Flut schwarzen, steinigen Wassers. Binnen eines Monats förderte Gillon mehr Kohle als irgendein Kumpel in der Lady Jane Nr. 2.

WAS Gillon liebte, war das Heraufkommen aus der Tiefe in die Welt. Wenn sie aus tausend Meter Tiefe heraufkamen in den kleinen Förderkörben, versetzte es ihn immer wieder in Erregung, ganz gleich, ob die Sonne schien, ob der Boden von Schnee bedeckt war oder ob Regen und Kälte herrschten. Er hatte dabei das Gefühl, sich einen weiteren Tag gestohlen zu haben und wieder richtig leben zu können.

Und dann freute er sich auf sein Nachmittagsbad. Obwohl Maggie wieder an der Schule der *Pitmungo Coal and Iron Company* unterrichtete, vermochte sie es so einzurichten, daß sie rechtzeitig zu Hause war und die Wanne und das heiße Wasser für ihn bereit hatte. Das Bad war es, was seinen Körper erregte. Er wußte, sie waren in ihrer Straße so etwas wie ein Skandal, weil sie sich nach dem

Bad und vor dem Essen der Liebe hingaben, noch bevor Tom Drum sich vom „College" losreißen konnte. Aber er konnte nicht anders, wenn er warm und geborgen in der Wanne saß und diese Hände auf seinen müden Gliedern fühlte.

Und dann kam der Abend, an dem sie sagte: „Nein, nicht mehr." Einfach so, ohne jede Erklärung. Er war zuerst zu gekränkt, um etwas zu sagen.

„Wie meinst du das – nein, nicht mehr?" fragte er schließlich in der Nacht.

„Es geht nicht mehr."

„Freilich geht es noch."

„Ich bekomme ein Kind."

Er sah sie so komisch an – Erstaunen und Freude vermischt mit Enttäuschung –, daß sie ihm fast ins Gesicht gelacht hätte.

GILLON begann sich für Kohle zu interessieren. Er fand ein Buch mit dem Titel *Handbuch der Kohle und ihrer Topographie im Kohlenrevier von West Fife,* und er las es mehrere Male und sah schließlich in der Kohle etwas Schönes und Geheimnisvolles. In jedem schwarzen Stein, den er aus der Wand herausschlug, war die Sonne von fünf Millionen Jahren eingeschlossen. Bisweilen nahm er ein Stück mit nach Hause, legte es aufs Feuer und beobachtete dann, wie die Sonne daraus hervorloderte und wie die blaugelben Flammen züngelten.

„Ich glaube, du weißt gar nicht, wie phantastisch das ist", sagte er einmal zu Maggie. „Ich glaube, du verstehst gar nicht, was das heißt."

„Das heißt, gute Kohle verschwenden", hatte Maggie geantwortet.

Und dann war da noch das *siller.* Auch das war ihm bald eine Befriedigung, zum Lohnbüro zu gehen, alle vierzehn Tage, und sich seine Lohntüte geben zu lassen von Archie Japp, der Mr. Brothcock bei der Auszahlung vertrat.

„Cameron, G."

„Ja."

„62 Shilling 4 Pence." Das löste immer Gemurmel aus.

„Höchster Lohn in der ganzen verdammten Grube", sagte Japp gewöhnlich. „Ein Zugezogener." Und dann schüttelte er ungläubig den Kopf.

Als er eines Abends mit der Lohntüte heimkam, stand eine große

Stahlkassette mit einem dicken Schloß im Vorderraum auf dem Fußboden.

„Was um alles in der Welt ist das?“ hatte Gillon gefragt.

„Die Kiste. Unsere Kassette. Sie wird uns hier herausbringen.“

Sie streckte die Hand nach der Lohntüte aus und begann die Kronen- und Shilling-Stücke in einen Schlitz zu werfen, und sie fielen hinunter mit einem kräftigen metallischen Kling.

„Sie wird uns auf die Tosh-Mungo Terrace hinaufbringen.“

Es entwickelte sich zu einem Ritual, das sich alle vierzehn Tage wiederholte.

Die Tür und die Fensterläden schließen, die Kassette aus dem Loch heraufholen, in dem sie vergraben lag, und das *siller* in die Kiste fallen lassen.

Sie ließen das Geld sich anhäufen, ohne daß sie die Gesamtsumme wußten. Ein Viertel von Maggies Lohn als Lehrerin und ein Viertel von Gillons Grubenlohn. „Zuerst kommt die Kiste“, war ihrer beider Losung.

DAS erste Kind war ein Junge, genau wie Maggie es gewollt hatte. Er war groß und hellhäutig – ein richtiger Cameron –, und sie nannten ihn Rob Roy, nach einem Onkel von Gillon.

Er war ein liebes und folgsames Kind, aber nach einer Weile widmete Maggie ihm nur noch die nötigste Aufmerksamkeit, da sie wußte, daß dies kein Kind war, das die Familie an ihr Ziel führen konnte. Ihm fehlte die Mischung, die Maggie sich erhofft hatte – Gillons „Stil“ und Drumscher „Mumm“.

Nach der Geburt war alles wieder wie vorher: sie begehrte Gillon wieder und kannte dabei keine Scham. Das zweite Kind war, wie geplant, ein Mädchen, Sarah, das im Hause helfen konnte, wenn die Brüder aus der Grube heimkamen. Es war wiederum ein Cameron-Baby, blond und lächelnd wie Rob Roy. Die Frauen in ihrer Straße waren eifersüchtig.

„Sie macht aus Säure Zucker“, beklagten sie sich.

Wenn ihre Brunstzeit über sie kam, wie Gillon es nannte, konnte er ihr einfach nicht widerstehen. Er wußte, daß er als Mittel zum Zweck benutzt wurde, und er konnte nichts dagegen tun.

Was ihn immer wieder verblüffte und was ihn letztlich entwaffnete, war die Echtheit ihrer Leidenschaft, ihr Wiederentdecken des Liebesspiels. Was ihn erzürnte, war die Art und Weise, wie sie es fertigbrachte, die Wahrheit ihrer Leidenschaft in dem Augenblick zu vergessen, da sie feststellte, daß sie wieder einmal schwanger war.

Das dritte Kind kam an einem 30. November, dem Tag des heiligen Andreas zur Welt. Der Junge war von Anfang an stark und energisch, und er schob sich mit einem Schrei in die Welt hinaus. Das Kind lag nicht friedlich an der Mutterbrust, wie die anderen es getan hatten; es zeigte Ungeduld.

„Wir werden ihn Andrew Drum Cameron nennen", sagte Maggie bestimmt. Sie wußte, daß sie ihre erste „Mischung" hatte.

TEIL ZWEI

Gillon Cameron

EINS

IM KOHLENREVIER vergehen die Jahre schneller als andernorts, da hier das Leben mit der Grube verbunden ist, und unter Tage herrscht immer die gleiche Jahreszeit.

Wären die Kinder, die weiter kamen und weiter heranwuchsen, nicht unbestreitbare Beweise gewesen, Gillon hätte kaum zu glauben vermocht, daß er, obwohl er nur hergekommen war, um eine kurze Strafe abzudienen, bevor er weiterzog, nun schon fast ein halbes Leben hier begraben verbracht hatte.

Nach Andrew war Sam zur Welt gekommen – eine weitere „Mischung". Aber er hatte mehr von den Drums – körperlich seinem Alter voraus und geistig lebhaft.

Dann war James gefolgt, Jemmie, ein genauer Drum, klein und schwarzhaarig und zäh. Schon wie für die Grube geschaffen.

Und nach Jemmy die Zwillinge, Ian und Emily, beide keine „Mischung", sondern eigenartig von Anfang an. Zigeuner, sagten die Leute, da komme der Zug in der Familie von Maggies Mutter zum Vorschein.

„Woher sollte Maggie denn sonst so wild sein?" hieß es zuweilen.

Gillon war nicht so gealtert wie die meisten Kumpels von Pitmungo. Sie wurden meist stämmig, Hals und Schultern verdickten sich. Gillon aber wurde „drahtig", wie es hieß: er bestand schließlich fast nur noch aus Haut und Knochen, und sein kantiges Gesicht wurde härter. Er sah noch immer gut aus, aber es bedurfte eines scharfen Auges, um das zu entdecken. Die Gruben hatten von Gillon keinen zu hohen Tribut gefordert.

Ihn bekümmerte das Schweigen der anderen. Sie weigerten sich hartnäckig, mit dem Zugezogenen zu sprechen, wenn sie nicht unbedingt mußten. Seit er seine Jungen bei sich in der Grube hatte, war es erträglicher, aber er war unglücklich darüber, daß sie nach nur sechs Schuljahren mit ihm hinuntergingen. Aber sie wollten Männer werden. So war es nun einmal üblich in dieser Stadt. Rob Roy half Gillon, die Kohle vor Ort aus der Wand zu brechen, und bald würden er und Andrew so weit sein, daß sie ihren eigenen Streb bekamen und guten Lohn nach Hause brachten. Sam arbeitete als Füller, lud Kohle in die Karren und Fördergefäße, und Jemmie sorgte als Karrenschieber dafür, daß die Kohlenkarren zum Schacht gezogen und nach oben geschafft wurden.

Die Mädchen arbeiteten über Tage. Sarah beim Förderturm, wo sie Grubenstempel und Bergwerksgerät schleppte, bis Maggie sagte, daß sie zu Hause dringender gebraucht wurde. Und Emily, die flinkste von ihnen allen, sollte bald in der Kohlenmühle arbeiten, wo die Kohlenbrocken sortiert und nach Größe geordnet werden mußten.

Gillon vermißte die Billigung seiner Arbeitskollegen. Er wollte endlich zu ihnen gehören. In der Grube teilten die Männer die Gefahr und brauchten sich gegenseitig.

Aber sie ließen ihn nicht an ihrem Leben Anteil nehmen. Und dann, am Tag vor seinem achtzehnten Christfest in Pitmungo, wurde das anders.

DIE Schicht war um, und die Männer schritten die Gänge zur Schachtsohle hinunter, fröhlich und lärmend. Sie freuten sich auf einen Tag, an dem sie den ganzen Vormittag schlafen konnten, und auf das traditionelle Weihnachtsessen: Nierenpastete und schwarze Brötchen und Scheiben süßen Selkirkkuchens, in zerlassene Butter getunkt. In diesem Augenblick fiel in der Lady Jane Nr. 2 ein Teil der Decke auf einen jungen Kumpel von der Tosh-Mungo Terrace herab. Die Kante der Platte warf den Mann nach vorn, mit dem Gesicht ins Wasser und in den Grubenschlamm. So blieb sein Oberkörper zwar verschont, aber beide Beine lagen eingeklemmt unter mehreren Tonnen Schiefer.

„Sandy Bone hat's erwischt!“ Die Nachricht eilte von Platz zu Platz, und die Männer kamen die Förderstrecken entlang zurück, schnell, aber vorsichtig, um keinen neuen Einsturz auszulösen. Sandy hatte furchtbare Schmerzen, war aber bei Bewußtsein. Über ihm hing ein zweites Stück Decke, eine große, dreieckige Schieferplatte, und sie hing so lose da, daß sie sich bewegte, als irgendwo im Gang eine Ventilationstür geöffnet und geschlossen wurde.

„Laßt sie runterfallen!“ schrie Sandy Bone. Die Männer blickten stumm zu Boden.

„Bitte, laßt sie fallen!“ Er hob den Kopf. „Habt ihr denn nicht den Mut, mich sterben zu lassen? Bitte!“

Das war mehr, als viele der Männer ertragen konnten, und sie gingen davon.

„Ihr braucht nicht näher heranzukommen. Werft doch eine Haue!“ Sie hatten so etwas noch nie gehört, dieses Betteln um den Tod. Es war allen Gesetzen der Grube zuwider. Es gab nichts, was sie hätten tun können.

„Dann schneidet mir doch die Beine ab! Mr. Japp, Sie! Archie Japp, schneiden Sie mir die Beine ab, wenn Sie nur ein bißchen Mumm haben!“

Das Gräßliche war, daß er noch immer einzelne Gesichter erkennen konnte.

„Sie haben doch das Torfmesser bei sich“, schrie der Mann. Er war eigentlich noch ein Junge, höchstens achtzehn. Und nun begann er zu schluchzen.

Gillon ging ein Stück den Gang hinunter, wo er das Weinen des Jungen nicht mehr so laut hörte. Dort fand Andrew ihn.

„Wie wär's mit der Telford-Winde, Vater?“

Gillon wußte sofort, daß Andrew recht hatte. Aber es war schrecklich gefährlich.

„Hol sie“, sagte Gillon. Die Hebewinde war so neu, daß die meisten Männer noch nicht mit ihr umgehen konnten. Aber Andrew, noch keine fünfzehn Jahre alt, hatte die Winde in der Werkstatt gesehen und in seiner neugierigen Art in Erfahrung gebracht, wozu sie diente und wie sie funktionierte.

Es konnte gutgehen, sagte sich Gillon. Wenn man ein Loch unter einer Kante der herabgestürzten Platte grub, konnte man die Winde unter die Platte schieben und sie dann, dank des langen Kurbelgriffs, gerade so weit anheben, daß man den Jungen darunter hervorziehen konnte. Am gefährlichsten würde der Augenblick sein, wenn man die Winde unter die Platte schob.

Andrew und Rob Roy kamen mit der Winde zurück. Gillon bahnte sich einen Weg zwischen den Männern hindurch, und Andrew folgte ihm.

„Wo wollen Sie hin?“ fragte Archie Japp.

„Ich will an dem Stück Decke da vorbei und die Winde unter die Platte schieben.“

„Den Teufel werden Sie tun!“ sagte Japp. „Ich will nicht zwei Menschenleben verlieren, bloß um eines zu retten, das sowieso verloren ist.“ Er stellte sich Gillon in den Weg.

Jemand nahm Japp von hinten im Polizeigriff fest.

Gillon drückte sich zentimeterweise an dem lockeren Deckenstück vorbei. Dann war er mit Andrew durch. Der junge Bone atmete kaum noch.

Die Vertiefung für die Winde war in wenigen Minuten freigeschaufelt. Die Winde wurde unter die Platte geschoben, und dann konnte sich Gillon aus dem Bereich des herabhängenden Felsens zurückziehen und mit dem Kurbeln beginnen. Als der Druck der Platte auf seinen Beinen nachließ, schrie Sandy Bone wieder laut auf.

„O Gott, hör auf, Cameron“, rief jemand, „laß doch den Jungen!“

Aber Gillon drehte weiter, und die Steinplatte hob sich mehr und mehr. Dann kroch einer zu dem Jungen hin und legte ihm ein Schleppseil um die Schultern. Andere machten sich daran, Sandy Bone unter der Platte hervorzuziehen.

„Zieht ihn raus!“ rief Gillon ihnen zu. „Die Winde hält nicht ewig!“ Und sie zogen ihn mit einem Ruck heraus. Gleich darauf knickte die Winde zusammen. Die Platte schlug dumpf auf, und auch das hängende Stück krachte herunter, nur wenige Zentimeter von den Männern entfernt, die sich um den Jungen kümmerten und ihn den Gang hinter zum Schacht schafften, wo der Förderkorb auf ihn wartete.

Als Gillon heraufkam, wollten sie den Jungen eben auf einem Kohlenwagen nach Cowdenbeath fahren. Bei jedem Schlagloch war es, als schlüge ein Hammer gegen die Felge.

Rob Roy holte statt dessen Mr. Japp mit seinem gut gefederten Fuhrwerk und bezahlte selbst dafür. „Er will Sie dabeihaben“, sagte einer der Vettern des Jungen zu Gillon.

Gillon dachte an seine Familie und kletterte dann auf den Wagen, obwohl er nicht Zeuge sein wollte, wenn der Junge unterwegs starb. Der Retter ist für den Geretteten verantwortlich.

„Erzählen Sie mir eine Geschichte. Irgendeine."

Und so kniete sich Gillon neben dem Jungen hin und hielt seine Hand und begann ihm leise zu erzählen, was ihm gerade einfiel. Er erzählte ihm von seiner Jugend auf dem Kleinpächterhof in Cromarty und von den Ausweisungen, von Rothirschen und Jagdvögeln und von der See und den Salmen. Hin und wieder brach der Junge in Tränen aus.

„Ich werde sterben, nicht wahr?" sagte der Junge.

„Nein", sagte Gillon, „bestimmt nicht. Diesmal schlägst du dem Tod ein Schnippchen."

„Aber ich kriege sie abgenommen, nicht wahr?"

„Das müssen die Ärzte entscheiden. Die bringen heutzutage Erstaunliches fertig."

Gillon blieb bei ihm in Cowdenbeath, bis es vorüber war und man dem Jungen beide Beine abgenommen und sie begraben hatte.

Er ging den unteren Weg am Fluß entlang und war bald so durchgefroren, daß er, müde, wie er war, abwechselnd hundert Schritte rennen und hundert Schritte gehen mußte, bis ihm wieder warm wurde. Es war schwarze Nacht, als er durch den unteren Teil der Stadt kam. Oben auf Brumbie Hill waren die Häuser alle erleuchtet und sahen warm und fröhlich aus, und er hörte eine Familie ein altes schottisches Weihnachtslied singen. Er wollte auf einen Whisky ins „College" gehen, besann sich dann aber anders. Er war auch bisher ohne Whisky ausgekommen. Bald würde er seiner Familie und Maggies Zorn gegenübertreten müssen. Sie hatten mit dem Abendessen nicht, wie er gemeint hatte, auf ihn gewartet, sondern waren schon fertig damit und hielten sich alle im Vorderraum auf – sie lasen oder spielten Karten, und die Mädchen spülten das Geschirr. Anscheinend hatte es Pasteten mit Ochsenfleisch gegeben.

Er hatte sich nicht getäuscht. Maggie war zornig.

„Du brauchst gar nichts zu erzählen, ich hab alles schon gehört", sagte sie. „Das war verantwortungslos von dir. Es war dumm."

„Der Junge war unter dem Fels eingeklemmt. Er wäre gestorben."

„Er hat euch angefleht, daß ihr ihn sterben laßt, hab ich gehört."

Gillon nickte.

„Aber da seht Gillon Forbes Cameron: Er hat ja auch nur sieben Kinder.“

„Er hat unter dem Fels gelegen.“ Das klang hilflos.

„Hat er eine Frau? Hat sie Kinder? Nein, aber er hatte Brüder und Vettern und Onkel in der Grube. Wo waren die denn?“

Gillon wußte es nicht. Daran hatte er überhaupt nicht gedacht.

„Es heißt, er wird nie wieder gehen können. Was hat es für einen Sinn, für so etwas das eigene Leben zu riskieren?“

Er war erstaunt, als er sah, daß sie weinte, nicht sehr, aber doch richtige Tränen.

Ihm wurde zum erstenmal ein klein wenig wohler.

Von der Ochsen- und Nierenpastete war nicht mehr viel übrig. Aber Badewasser war noch da. Gott sei Dank für das heiße Wasser, dachte Gillon. Maggie nahm ein paar Grubenjacken aus dem Kessel und ging damit hinaus ins Waschhaus, um sie zu spülen, bevor sie sie vor dem Fenster aufhängte.

„Mir ist gleich, was sie sagt“, meinte Jemmie schließlich. „Es war mutig, was du da heute gemacht hast, Vater.“

„Och, so was muß man einfach tun“, sagte Gillon.

„Ich bin stolz auf dich“, sagte Jem, und da kam Maggie wieder zur Tür herein, die noch dampfende Wäsche in den Armen.

„So, stolz bist du“, sagte sie. „Vielleicht war es mutig, ja, aber denkt daran: Klugheit kommt vor Mut. Euer Vater könnte jetzt unten im Stollen liegen, und ihr würdet mit euren Hauen nach ihm graben. Sehr mutig. Sehr tot. Sehr dumm.“

Und damit warf sie die Tür zu. Sie schwiegen. Gillon stieg aus der Wanne, trocknete sich ab und kleidete sich an. Er kam sich töricht vor, wenn er daran dachte. Es *war* dumm gewesen. Er stand in der Tür und wußte nicht recht, was er eigentlich wollte – vielleicht war die Coaledge Taverne der richtige Ort für den Heiligen Abend.

„Wo willst du denn hin, Vater?“ fragte Sarah.

Er griff nach seinem Hut. Dem weichen, vornehmen Hut, den er nicht mehr oft trug.

„Ins Coaledge. Ich denke, ich gönne mir ein Gläschen.“

„Das versteh ich“, sagte seine Tochter. „Dann geh nur“, sagte sie. Aber er hörte den unglücklichen Ton in ihrer Stimme.

„Was hast du?“

„Oh, ich hatte nur gedacht ... Ich dachte, wir könnten ein bißchen singen und musizieren, heute abend."

Sie war schüchtern, obwohl sie unter dem Mantel der Schüchternheit hartnäckig war. Und sie konnte widersetzlich werden, wie Gillon letzthin aufgefallen war. Aber sie spielte sehr schön Flöte, und manchmal spielte sie, und er sang dazu. „Mein Herz ist im Hochland" oder „Des Kumpels schöne Braut" oder „Grün ist die Heide". Und dann war sogar Maggie gerührt und bedauerte das Geld nicht, das sie für die Flöte ausgegeben hatten.

„Weil doch heute Heiligabend ist."

Da war sie wieder, die schüchterne Hartnäckigkeit.

„Ich gehe", sagte er mit einem Zorn, der ihn selbst überraschte. Maggie hatte ihn dazu gebracht, daß er sich schuldig fühlte. Er war entschlossen, ins Coaledge zu gehen und sich durch nichts daran hindern zu lassen.

„Ich verstehe, Vater."

Er schlug die Tür zu. Er mußte an den jungen Sandy Bone denken, der jetzt ohne Beine in Cowdenbeath lag. Ein feines Weihnachtsgeschenk. Wenn es einen Gott gibt, dann ist er ungerecht, dachte Gillon.

Die Fenster der Kneipe waren beschlagen, aber er hörte sie drinnen lärmen.

Er legte die Hand auf die Türklinke und ließ sie wieder los. Die Männer sollten eigentlich zu Hause sein, bei ihren Familien. Er dachte wieder an Sarah mit ihrer Flöte, keiner sang mit ihr, weil sie alle auf ihn warteten.

Die Männer da drinnen würden ihn aufziehen mit dem, was er getan hatte. Er wollte sich nicht auf ihre Es-lebe-der-Hochlandheld-Tour und ihren Spott einlassen.

Draußen vor dem neuen Raum neben der Schule brannte noch Licht. Hat wohl jemand auszumachen vergessen, dachte Gillon, aber er ging hinüber, um sich zu vergewissern. Er las das Schild über der Tür: INDUSTRIEARBEITER-LESERAUM. EINGERICHTET VON DER ANDREW-CARNEGIE-ARBEITERBILDUNGSSTIFTUNG DUNFERMLINE, FIFE, SCHOTTLAND.

Die Tür stand offen. Gillon zögerte und ging dann hinein. Ein Mann war da; seine Stimme klang wie kratzendes Metall.

„Na? Was wollen Sie?"

Gillon wußte nicht, was er wollte.

„Doch bestimmt nicht lesen."

Gillon sagte sich, daß Schweigen das beste war.

„Hunderte von Büchern, und noch keines herausgenommen."

Der Mann war klein, untersetzt und hatte schon fast eine Glatze. Sein Gesicht war rot, und er hatte kalte blaue, aber wäßrige Augen. Er roch nach Whisky.

„Die Leute haben Hemmungen, Sir. Wenn es um Bücher geht."

„Weil sie nichts wissen. Sie haben Angst vor allem, worauf sie nicht mit einer Haue losschlagen können."

Der Mann sprach mit einem solchen Abscheu, daß er Gillon zugleich Furcht und Zorn einflößte.

„Vielleicht, wenn jemand wie Sie ihnen helfen könnte . . ."

Der Mann brachte Gillon mit erhobener Hand zum Schweigen.

„All den Blödsinn hab ich schon gehört. Also, was wollen Sie. Sagen Sie schon, was Sie wollen."

Und da fiel ihm wieder ein, was ihn seit dem Lachsfang, damals, als Mr. Drysdale jenen Namen erwähnte, immer wieder beschäftigt hatte.

„Macbeth. Ich möchte gern etwas über einen Mann namens Macbeth wissen."

„Macbeth." Der Mann fixierte Gillon mit einem Blick. „Es gibt Tausende von Macbeths. Das Hochland wimmelt von ihnen. Wo Sie dort auch suchen, finden Sie einen Macbeth."

„Dieser Macbeth ist berühmter als irgendein gewöhnlicher Macbeth, glaube ich", sagte Gillon.

„Oh, glauben Sie. Glauben Sie."

Gillon errötete. Der Bibliothekar sah den Bergmann höhnisch an. „War dieser Macbeth vielleicht zufällig ein König? König von Schottland?"

„Ich weiß es nicht."

„Wie heißen Sie eigentlich?"

„Cameron", sagte er. „G. Cameron."

„Nun, Cameron, vorhin, als Sie kamen, dachte ich, da ist jemand, mit dem du reden kannst, nicht so ein Tier aus den Gruben. Sie machen mich traurig. Der Mann, von dem Sie gesprochen haben, ist die Hauptfigur eines großen Theaterstücks von einem Mann namens Shakespeare. Was wollen Sie damit?"

„Lesen."

Der Bibliothekar sah ihn prüfend an. Dann stand er auf und ging auf die Bücherregale zu. Gillon las seinen Namen auf einem Pappschild auf dem Schreibtisch. „Mr. Henry Selkirk. Bibliothekar". Er kam mit einem großen, staubigen Buch und einer Karte zurück, die Gillon unterschreiben mußte.

„Sie lesen's ja doch nicht", sagte er und begann auf eine Art zu kichern, die Gillon ärgerte.

„Ich werde es lesen."

„O ja. Im Zwei-Zimmer-Haus, wo die kleinen Kinder herumlaufen, da werden Sie es lesen."

Die Karte hatte die Nummer EINS. Gillon war der erste in Pitmungo, der sich ein Buch auslieh. Er setzte seinen Hut auf und ging zur Treppe.

„Cameron?"

„Sir?"

„Ich war ein bißchen grob zu Ihnen. Schraub deinen Mut nur bis zum Anschlag hoch, vielleicht gelingt's dir."

Wieder lachte er.

ALS Gillon ging, entkorkte der Bibliothekar wieder die braune Flasche und starrte über seinen Tisch hinweg.

Bei all seiner Weisheit muß er noch einsamer sein als ich, dachte Gillon.

Als er bei sich zu Hause zur Tür hereinkam, waren seine Augen minutenlang vom Licht geblendet. Ein Bergmannsaugenleiden entwickelte sich bei ihm, und das machte ihm Sorgen. Alle waren da, alle redeten auf ihn ein, und endlich sah er Maggie. Sie saß beim Feuer, in einem neuen bunten Umhängetuch, und sie war schön auf eine Weise, wie sie lange nicht mehr ausgesehen hatte.

„Wir haben ganz Pitmungo nach dir abgesucht", sagte Maggie. Ihre Stimme klang jedoch nicht traurig.

Er legte das Buch auf einen Tisch im dunklen Teil des Raumes.

„Ich bin zum ‚College' hinuntergerannt, Vater", sagte Sam. „Sie wollten dir einen Drink spendieren."

„Wer wollte das?"

„Die Bones. Die ganze Familie, Gillon", sagte Tom Drum. Die Drums waren schon vor langer Zeit ausgezogen, und Tom Drum war von seinem Haus ein Stück weiter unten heraufgekommen.

„Och, das hättest du sehen müssen, Gillon." Seine Stimme klang stolz. „Die ganze Familie, die Brüder, die Schwestern und seine

Eltern natürlich, sie sind alle am Heiligen Abend über die Heide heruntergekommen. So was ist noch nicht dagewesen."

Mehrere Nachbarn waren zu Gast. Es war das erste Mal.

Gillon mußte lächeln. Dieser Tag hatte lange auf sich warten lassen.

„Stell dir das vor", sagte Tom Drum. „Die Uppies kommen herunter – herunter, verstehst du –, um einen Doonie zu ehren. Nein, das hat's noch nicht gegeben."

Am Rande des Feuers dampfte ein gebratener Truthahn, die dicken Schenkel zur Decke gekehrt – eines der Geschenke der Familie Bone. Gillon hatte noch nie Truthahn gegessen.

„Was haben sie denn gesagt?" fragte Gillon.

„Gesagt? ‚Gott sei Dank für Gillon Cameron und seinen gesunden Menschenverstand und Mut' haben sie gesagt."

Mitten auf dem Tisch stand ein brauner, irdener Krug mit Whisky. Während die Jungen kleine Becher holten, nahm sich Tom Drum den Korken vor.

„Nicht verschnitten", sagte er. „Sondern acht Jahre alter Glendoon, mit reinem Malz. Aus der Gegend, wo du herkommst, Gillon."

Ein Augenblick der Ehrerbietung, und der Korken kam mit einem Knall heraus.

„Auf unseren Vater", sagte Sam, und sie tranken. „Auf meinen Sohn", sagte Tom Drum, und sie tranken. Weitere Trinksprüche schlossen sich an, und die Whiskys gingen in Gillons leerem Magen los wie kleine Leuchtraketen. Gillon ging zu Meg hinüber.

„Komm und trink einen Schluck."

Sie nickte und legte ihr Nähzeug hin. Sie hakten sich unter und tranken aus ihren Bechern.

„Ein sehr schönes Umhängetuch", sagte Gillon.

„Ein echter Paisley", sagte Maggie. „Ich hatte schon immer einen haben wollen, und jetzt hab ich ihn durch dich bekommen." Es sah so aus, als wollte sie ihn küssen – auch das hatte es lange nicht mehr gegeben –, aber der Augenblick ging vorüber, und da deutete Andrew hinunter auf seine Wellingtons, schwere Gummistiefel mit dicken Stollen auf den Sohlen, Wunschtraum jedes Kumpels in Pitmungo.

„Sieh, was du für mich verdient hast", sagte Andrew.

„Die hast du dir selbst verdient", sagte Gillon. Er zog den Arm aus Maggies Arm. Als der größte Teil des Whiskys getrunken war und die Gäste schon schwankten, wurde der Truthahn aufgeschnitten, und er war genauso herrlich, wie man Gillon immer versichert hatte – weißes Fleisch, makellos und schmackhaft, hinuntergespült mit kräftigen Schlucken Glendoon.

„Da kann einem heiße Kelpsuppe gestohlen bleiben", sagte Maggie.

„So sollte der Mensch eigentlich leben", sagte Gillon. „So sollte Weihnachten sein."

Und dann war der Whisky alle. Gillon hatte gesungen, und Sarah hatte Flöte gespielt, und schließlich waren alle nach Hause gegangen. Die Kinder hatten ihre in die Wand des Vorderraums eingebauten Betten aufgesucht und Gillon und Maggie ihr Bett im Hinterraum. Die Hähne krähten schon, und das erste Morgenlicht graute herauf.

Gillon hatte geglaubt, er sei todmüde, aber das war er nicht. Er dachte an Sandy Bone und den „Preis der Kohle", wie sie das nannten. Der Preis, zahlbar in Leibern und Blut, in Amputationen und Krankheit und Tod, als Feuer und Überflutung, Stolleneinbruch und Explosion. Und wie er hingenommen wurde – mit einem Achselzucken, der uralten Weisheit, die hinzunehmen gelernt hat, was nicht zu ändern ist.

„Gillon?"

„Ja?"

„Du hattest recht. Wenn einer von unseren Jungen unter so einer Platte liegt, möchte ich, daß ein Gillon Cameron das tut, was du getan hast."

Das gab ihm ein gutes, warmes Gefühl: so wenige und so seltene Worte, aber wenn Maggie sie sagte, das mußte er zugeben, dann waren sie es wert, weil sie ihr nicht leichtfielen und sie immer verdient waren.

ZWEI

Zum erstenmal, seit er in Pitmungo war, wurde nicht voll gearbeitet. Mehrmals hatte im vergangenen Monat die Zechenpfeife ihre klägliche Botschaft verkündet, drei lange Töne in die Schwärze des Morgens hinein – heute keine Arbeit. Anfangs legten sie sich dann wieder ins Bett, aber Maggie machte es so nervös, wenn sie Gillon und die Jungen im Haus herumliegen sah, daß sie alle sich bald anderswo eine Beschäftigung suchten. Gillon ging gewöhnlich in den Leseraum.

Macbeth war so schwierig und so langweilig, daß er sich fragte, warum er sich eigentlich damit abquälte. Aber er wollte Selkirk das Buch nicht ungelesen zurückbringen. Er las es zu Ende, eine mühevolle Seite nach der anderen, und er zwang sich dazu, noch einmal von vorn anzufangen. Manches begann dabei verständlicher zu werden.

Als er es zum drittenmal las, wurden ihm die Worte klar, wie sie es vorher nie gewesen waren. In der Grube unten ertappte er sich dabei, wie er Verszeilen laut vor sich hin sprach. Eine Stelle hatte es ihm besonders angetan, wo Duncan, der König von Schottland, sagte: *Von wannen, edler Than?* und ein Adliger namens Ross erwidert: *Von Fife, mein König, wo Norwegens Banner schlägt die Luft und fächelt kalt unser Volk.*

Und auf einmal, tausend Meter unter der Erde in völligem Dunkel, erkannte er, daß dies schön war.

Und von da an las er, wann er nur Zeit hatte, im Schein seiner Grubenlampe, wenn keine Karren zu füllen waren, oder während der Vesperzeit nach der Arbeit.

Soweit man noch von Vesperzeit sprechen konnte. Der Kurzarbeit wegen waren die Lohntüten dünner als zuvor. Bei den Camerons wechselte man auf Notrationen über. Denn wegen der Lebensmittel durfte die Kassette nicht zu kurz kommen. Die Kiste bekam ihren Anteil.

Was, anders ausgedrückt, hieß: Pellkartoffeln mit Salz und einem kleinen Klecks Butter.

„Das ist nicht genug für einen Bergmann, Mutter", sagte Sam eines Abends und warf seine Gabel zu Boden. „Das mag einem alten Mann reichen oder einem Bürohengst, aber Kumpels brauchen Fleisch auf den Rippen!"

„Unsinn", sagte Maggie. „Die Iren leben nur von Kartoffeln, und sie gedeihen ganz gut dabei."

„O ja, allerdings", sagte Rob Roy. „Du müßtest die Kartoffelesser in der Gosse unten in Cowdenbeath mal liegen sehen. Ein glorreiches Beispiel für die Kräfte des gemeinen Erdapfels zur Förderung des Menschen."

„Da hast du's", sagte Maggie. „Hast du ihn gehört?" Sie stieß Gillon am Arm, und er sah von seinem Buch auf. „Er ist so neunmalklug geworden, daß man nicht mit ihm reden kann. Das kommt alles von diesem Selkirk."

Gillon und auch Maggie kannten so etwas von zu Hause nicht. Und doch hatten er und Maggie dieses unablässige Prüfen jedes Gedankens hervorgebracht, der in ihr Haus Eingang fand.

Selkirk. Man kam nicht um die Feststellung herum, daß sich das Leben für die Camerons verändert hatte, seit der Leseraum eingerichtet war. Gillon ging in den Hinterraum und legte sich aufs Bett und erinnerte sich an den Abend, als er den Mut aufgebracht hatte, Mr. Selkirk Macbeth zurückzubringen.

„Ich bin wieder da, Sir", sagte Gillon und hielt ihm das Buch hin.

„Oh, da soll ich mich wohl freuen? Warum sind Sie überhaupt weggegangen?"

Gillon merkte, daß der Bibliothekar getrunken hatte.

„Sie haben es mir zu lesen gegeben."

„Und nun", sagte er mit einem Sarkasmus, der ihm schwer auf der Zunge lag, „wollen Sie mir erzählen, daß Sie es gelesen haben?"

Gillon nickte. „Ja, ich habe es gelesen."

Selkirk sprang auf. Sein fleckig-rotes Gesicht hatte sich verzerrt. „Wissen Sie, was ich zu Ihnen sage, Sie verdammter Kohlenbuddler? Wissen Sie, was ich zu Ihnen sage? Keiner von euch verdammten Bergarbeitern kann so ein Buch lesen!"

Gillon stand vor ihm, hochrot im Gesicht.

Der Bibliothekar schlug das Buch auf.

„Hier!" sprach er. *„Wer ist weis' und entsetzt, gefaßt und wütig, pflichttreu und kalt in einem Augenblick?"*

Gillon wußte nicht, was er von ihm wollte.

„Na?"

„Kein Mensch", sagte Gillon, und Mr. Selkirk lachte vor reiner Wonne.

Er stellte Gillon noch mit bekannteren Zitaten auf die Probe, und Gillon bestand die Prüfung gut.

„Schön, schön", sagte Selkirk schließlich, und dann – Gillon war peinlich berührt – hatte Selkirk seine kleine weiße Hand auf Gillons Hand gelegt und gejammert. Endlich hatte er das Rohmaterial eines Gefährten in dieser schwarzen Wildnis gefunden. Dann zückte er eine Nickelbrille. „Ja, was machen wir jetzt mit Ihnen?"

Er wuselte durch den Raum und nahm ein Buch aus dem Regal. Es war *Harte Zeiten* von Charles Dickens.

„Hier. Das lesen Sie als nächstes. Befehl Ihres Bibliothekars. Es muß Befehle geben, sonst hätten wir geistige Unordnung. Verstehen Sie das?"

Gillon nickte. Es hätte einer von Maggies Sprüchen sein können.

Er begann regelmäßig den Leseraum aufzusuchen. Gewöhnlich nahm er Rob Roy mit. Rob Roy und Mr. Selkirk verstanden sich von Anfang an, und es bereitete Gillon Genugtuung, einen zweiten Leser im Haus zu haben, wenn er es auch für ausgefallen hielt, daß der Bibliothekar dem Jungen das Kommunistische Manifest als Lektüre mitgab.

Rob las es mehrmals, während Gillon nie über Marx' und Engels' Vorschläge zur Abschaffung der Familie hinausgekommen war. Er wünschte, Rob Roy hätte in Gegenwart seiner Mutter, was diese Dinge betraf, den Mund gehalten. In Maggies Manifest war die Familie alles.

Am nächsten Morgen hörte Gillon die drei langgezogenen Töne der Werkspfeife – heute wieder keine Arbeit – und drehte sich auf die andere Seite. Als er wieder aufwachte, begann er das neueste Buch zu lesen, das Mr. Selkirk für ihn ausgesucht hatte. Es war ein herrliches Gefühl, im Bett zu liegen, während die Sonne hoch am Himmel stand und es im Haus still war.

Es wurde zuviel geschrien und diskutiert in seiner Familie, dachte Gillon. Es hatte irgendwie überhandgenommen.

Und Rob trank zuviel.

Er wandte sich wieder seiner Lektüre zu, bis er das Gefühl hatte, daß jemand im Haus war.

„Warum vergeudest du den ganzen Morgen mit Fußballspielen?" sagte Maggie. Gillon hörte draußen das Aufprallen des Fußballs. „Als Junge muß man sich auch mal amüsieren." Das war Andrews Stimme.

Andrew war der einzige, der so mit seiner Mutter reden konnte, da im Grunde zwischen ihnen immer Einverständnis geherrscht hatte.

„Hast du das *Handbuch des Steigers* schon ausgelesen?"

Nein, das habe er noch nicht, antwortete Andrew, es lese sich so schwer.

„Dummkopf!" sagte seine Mutter. „Wenn Archie Japp Steiger sein kann, kannst du es auch. ‚Wer sich aalt, wird nicht bezahlt.' Man kann nicht beides haben."

„Ich würde gern andere für mich arbeiten lassen und sie dafür bezahlen.“

Das wollte sie hören. Gillon wußte es. Gillon trat an die Tür zum Vorderraum. Sie buk Teekuchen und sagte zu Andrew, er solle hereinkommen und einen essen. Maggie bestrich den Kuchen mit Butter, etwas Unerhörtes in harten Zeiten, und tat obendrein noch einen Klecks Honig darauf.

Andrew schlang den Kuchen rasch hinunter und hatte ein schlechtes Gewissen, weil die anderen nicht daran teilnahmen. Gillon rührte sich nicht. Er wußte, daß er sich früher hätte bemerkbar machen sollen. Dann goß sie Andrew eine Tasse Milch ein. Er trank sie schnell hinunter und rannte hinaus.

Gillon blieb stehen und wartete darauf, daß sie ihn bemerkte. Als sie ihn sah, zuckte sie überrascht zusammen.

„Ich dachte, du wärst längst gegangen“, sagte sie. „Wenn du schon im Haus bist, könntest du uns wenigstens etwas Wasser holen.“

„Ja, etwas Wasser.“

Er nahm die Eimer und das Joch und ging die Straße hinunter zum Brunnen. Es würde ihr guttun, eine Weile allein im eigenen Saft zu schmoren, dachte Gillon, und er selbst konnte sich inzwischen den Preis ausdenken, den sie zahlen sollte. Am Brunnen, in der Schlange von Frauen und Kindern, die in Pitmungo das Wasser zu holen pflegten, bewunderte er das Haar der Tochter der Gillespies, die vor ihm stand. Er wußte jetzt, was er tun wollte.

„Ich esse zum Frühstück einen warmen Kuchen“, sagte er, wieder zu Hause. Maggie brachte ihm einen. „Mit Butter und Honig.“ So, nun wußte sie Bescheid.

Der Kuchen schmeckte in seinem Mund wie Sägemehl. Aber er aß ihn. Es war seltsam, mit ihr allein im Haus zu sein.

„Warum trägst du dein Haar so? Knüpf es auf. Laß es herunterfallen.“

Sie zog die Nadeln heraus und nahm das gewirkte Netz ab. Ihr schönes dunkles Haar fiel ihr bis zur Hüfte hinunter. Sie wandte sich ihm zu und sah sein Gesicht.

„So – und was hast du mit mir vor?“

„Jetzt gehen wir auf die Hochheide.“

Sie kam mit, weil sie sich schuldig fühlte und den Preis zahlen mußte. Sie hatte sich des für die Camerons zweitschlimmsten Verbrechens schuldig gemacht, das gleich nach dem Vernachlässigen der

Kiste kam: sie hatte ein Familienmitglied bevorzugt. „Ich kann so nicht gehen", sagte Maggie. „Ich muß mein Haar unter eine Mütze stecken."

„Gut, aber auf der Heide läßt du es wieder herunterhängen."

„Ja."

Auf der Straße starrten sie alle an. Ein Ehepaar, das einfach so dahinschlenderte – das sah man nicht oft.

„Du hättest deinen Hut aufsetzen sollen", sagte Maggie.

Am Ende der Miners Row winkte ein Bergmann Gillon beiseite.

„Ich dachte, es ist ganz gut, wenn Sie wissen, daß Sie auf Brothcocks Verdächtigenliste stehen. Agitatoren, Unruhestifter und so. Aber sagen Sie nicht, daß Sie's von mir haben. Sie und der eine Sohn von Ihnen."

„Rob Roy?"

„Ja, der."

Gillon war zornig, aber er dankte dem Mann.

Maggie und er gingen den Colliers Walk hinauf und gelangten auf die Sportheide.

„Was wollte er?" fragte Maggie.

„Ach – Grubengerede."

Sie hielten inne und sahen den Rugbyspielern zu. Sam beherrschte die Szene. Sam Cameron tauchte überall auf dem Spielfeld auf, bei jedem Zusammenprall, bei jedem Durchbruch und jedesmal, wenn es galt, dem Gegner den Ball abzunehmen. Sam hatte den stämmigen Körper der Drums und Gillons Behendigkeit und Schnelligkeit. Er bewegte sich unglaublich flink. Er hatte einmal, wie Gillon sich erinnerte, eine Forelle mit der bloßen Hand gefangen. Er hatte sie gepackt und aus dem Wasser geschnickt, wie es die Bären zu tun pflegen.

Jemmie war auch dabei, gedrungen und dunkelhaarig, ein Abwehrspieler, der den Läufern einfach in den Leib rannte, sie tief und fest traf und der an Ausdauer wettmachte, was ihm an Stil fehlte.

„Es sieht so aus, als könnte Sam für die Hearts of Cowdenbeath spielen. Aus Cowdenbeath ist eigens einer raufgekommen, um ihn spielen zu sehen."

„Wie herrlich!" sagte sie höhnisch.

„Als Berufsspieler, Maggie. Zwei, drei Pfund die Woche."

Sie drehte sich um und sah dem Spiel zu. „Wo ist dieser Mann?" fragte sie, so ehrlich interessiert, daß Gillon hätte lachen mögen.

„Er wird wiederkommen. Für die Mannschaft muß man sechzehn Jahre alt sein."

Sie schritten weiter durch Uppietoon, an der Moncrieff Lane und der Tosh-Mungo Terrace vorüber, und die Bergleute dort rekelten sich genauso vor ihren Haustüren wie die unten in Doonietoon.

„Da muß doch etwas geschehen", sagte Maggie. „Diese Verschwendung von Zeit und Menschen."

Sie meinte das nicht im sozialen Sinne, das wußte Gillon, sondern im Cameronschen Sinne: ein weiterer Tag verloren – das war, als hätte jemand Geld aus der Kiste gestohlen.

Wenn man nur im voraus wüßte, daß das Bergwerk geschlossen bleibt, sagte sie oft, dann könnte man mit den Tagen etwas anfangen. Das war ihr Wunschtraum. Es mußte doch ein Mittel geben, das herauszufinden, aber sie hatte nie eins gefunden. Die Zeche schloß die Tore und schickte die Kumpels nach Hause, auch wenn Karrenzüge leer standen oder Bestellungen auf Hunderte von Tonnen guter, harter Kohle vorlagen.

Sie gingen durch die White-Coo-Farm hinauf, und Maggie ergriff Gillons Hand. Ihm gefiel das, aber er wollte bis zum Kamm der Hochheide hinauf und den frischen, blauen Firth sehen, ehe er sie besaß. An den Apfel- und Birnbäumen zeigten sich Knospen, und als sie die Heide erreichten, sagte Gillon:

„Jetzt kannst du die Mütze abnehmen." Sie gehorchte auf eine unterwürfige Weise, die ihn erregte.

Der leichte Heidewind spielte mit ihrem Haar wie eine Brise mit dem Wasser.

„Kein Mensch würde glauben, daß du sieben Kinder hast", sagte Gillon. „Du weißt gar nicht, wie jung du aussiehst."

Sie schritten die Heide hinauf. Ihn verlangte nach ihr wie an jenem Tag, als sie auf dem Weg nach Pitmungo zum erstenmal über diese Heide gekommen waren und er den kleinen, schattigen Buchenhain entdeckt hatte. Er hätte ihr alles mögliche sagen mögen, aber nichts schien passend. Sie blieb in einer Senke stehen, wo die Sonne auf kleine Farnbüsche, auf Moos und das erste Frühjahrsgras schien. Maggie mußte an das Sandnest denken, in dem sie sich gewärmt hatte an dem Tag, als sie Gillon fand.

„Du warst mein Kiltjunge", sagte Maggie. „Das wußte ich sofort, als ich dich im Wasser sah."

Er hörte nur mit halbem Ohr. Er sagte immer wieder ja, ja und war sich bewußt, daß er zu hastig vorging.

„Sachte, Gillon", murmelte sie. „Wir haben Zeit, Gillon, viel Zeit." Und sie gab sich ihm ganz hin, weil sie sich vorgenommen hatte, daß dies ihr Abschied von den fleischlichen Freuden sein sollte und sie es darum ruhig genießen konnte. Gillon hatte das Gefühl, noch nie so glücklich gewesen zu sein. Er schlief ein paar Minuten neben ihr in der Sonne.

Als er aufwachte, sah sie auf ihren Rock. „Jetzt hast du's geschafft, Gillon Cameron. Jetzt können wir uns erst hinunterwagen, wenn es dunkel ist. In meinem Alter hast du mich noch zur Grasbraut gemacht."

Sie erklärte es ihm: man gebrauchte den Ausdruck, wenn jemand mit unschuldigem Gesicht und grünen Flecken hinten auf dem Kleid von der Heide herunterkam. Gillon erhob sich und begann auf der Heide umherzugehen.

Er suchte Steine, und als er genug gefunden hatte, schichtete er sie schnell und geschickt zu einem sauberen kleinen Steinhaus auf.

„Und was soll das sein?"

„Ein *tryst stane*", sagte Gillon. Er hatte das Gefühl, daß er sie liebte und daß so viele Dinge verziehen waren – daß sie neuen Boden gewonnen hatten. „Ein alter Brauch aus dem Hochland – jedesmal, wenn ein Mann und eine Frau zusammen ein besonderes Erlebnis hatten, läßt der Mann ein Stück Schottland zurück, das immer ihnen gehört."

Maggie überraschte ihn. Sie stellte sich auf die Zehenspitzen und küßte ihn auf den Mund und rannte dann zur Kammhöhe der Heide hinauf. Er rannte ihr nach, aber er vermochte nicht Schritt zu halten, bis er schließlich nur noch vornübergebeugt gehen konnte. Er wußte, was das war: der Kohlenstaub hatte ihn erwischt. Er bekam nicht mehr genug Luft in die Lungen.

Sie wartete oben auf ihn, und unter ihnen breitete sich das Meer aus, so weit und so verlassen wie die Heide. Der Anblick des Meeres kam für Gillon immer überraschend – in Pitmungo dachte man nie an das Meer, und es leuchtete so klar unter ihnen auf. Sie sahen zum Hafen von St. Andrews hinunter, wo die in Pitmungo geförderte Kohle verschifft wurde. Kohle bedeckte den Kai und die Lagerflächen, und Kohle häufte sich auf allen Zwei-Tonnen-Loren.

Gillon legte sich ins Gras, auf der sonnenbeschienenen Seite des

Kamms, und blickte zum Himmel auf. „Das war schön", sagte er. „Es tut gut, ab und zu einen Tag so zu verbringen."

„Aber keinen Arbeitstag. Rechne es dir in Shilling aus."

„Was ist daran so wichtig? Wie lange tun wir noch Geld in die Kassette, ohne zu wissen, wofür? Ich bin es leid, Meg, und die Kinder sind es auch. Wir wollten die Grube benutzen, um aus der Grube herauszukommen, und jetzt hab ich fast zwanzig Jahre als Kumpel gearbeitet, ein halbes Leben lang, ich, ein Seemann. Es muß doch genug in der Kiste sein, daß wir hier rauskommen."

„Raus kämen wir schon, aber nicht auf die rechte Art."

„Die rechte Art?"

„Ja, die rechte Art. Wenn wir hier fortgehen, Gillon, dann gehen wir ganz groß. Kein Süßwarenladen, Gillon, den könnten wir jetzt schon haben. Kein Mietstall, kein kleines Lebensmittelgeschäft mit 10 Shilling Verdienst am Tag."

Sie stand auf, und Gillon mußte zugeben, daß sie eindrucksvoll wirkte – das Gras reichte ihr bis zu ihren Hüften, hinter ihr dehnte sich der weite Himmel. Ihre Brüste hoben und senkten sich, und der Wind spielte mit ihrem braunen Haar.

„Wir werden etwas Solides anfangen, Gillon, ein Geschäft, das wächst, damit wir richtig leben können, wenn wir es nur richtig machen. Und wir werden es schaffen, wir werden es schaffen."

„Haben damit alle diese Briefe aus Cowdenbeath zu tun?"

„Ja."

Er ließ es großzügig dabei bewenden. Es gab Bereiche, die ein Mensch für sich allein haben sollte. So wie er seine Bücher hatte.

DAS Schiff war in den Firth eingefahren, ohne daß sie es bemerkt hatten, wie von Zauberhand getragen. Es war ein alter Viermastschoner, einst ein stolzes Schiff, wie Gillon wußte, der zum Kohlenfrachter umgerüstet worden war.

Sie gingen ein Stück den Hang hinunter, um zu beobachten, wie das Schiff in den Hafen einlief, und da sahen sie zu ihrer Überraschung eine Reihe von Männern zum Kai hinuntergehen, mit Schaufeln und Kohlenkörben auf der Schulter.

Ein primitiver Kran hob die Kohlenhunde in die Höhe und entleerte sie in einen Laderaum im Bug. Aber der größte Teil der Kohlen wurde von Kumpels auf eine Metallrutsche geschaufelt. Wolken von Kohlenstaub stiegen vom Kai auf, und die See wurde schwarz.

Maggie ging den Hang hinunter, wie von einer unwiderstehlichen Kraft angezogen, und Gillon ging ihr nach.

„Das ist des Rätsels Lösung“, sagte sie. Sie wandte sich zu ihm und packte ihn bei den Jackenaufschlägen. „Überleg doch mal, Gillon. Ihr haut manchmal Kohle, wenn keine Karren da sind, um sie fortzuschaffen.“

Gillon nickte.

„Und manchmal schließt die Grube, obwohl die Karren leer herumstehen.“

Er nickte, und sie machte ein triumphierendes Gesicht.

„Da unten hast du die Erklärung. Was in der Grube los ist, ist gar nicht wichtig. Wenn der Kai voll ist und keine Schiffe da sind, macht die Grube zu. Wenn der Kai leer ist, wird Kohle gefördert, bis er wieder voll ist, und dann schließen sie wieder, bis ein Schiff kommt.“

„Ja.“

„Da unten siehst du, wie das geht.“ Maggie deutete nach St. Andrews hinunter. „Morgen wird in der Grube wieder gearbeitet.“

„Ja, du hast recht.“

Voller Erregung blickten sie sich um und sahen einen zweiten Kohlenfrachter am Horizont näher kommen, aus Norwegen oder Dänemark, wohin Lord Fyffe seine Kohle verkaufte.

„Und jetzt werden wir sehen, wie lange zwei Schiffe die Grube offenhalten.“

Ihre Erregung wuchs noch, denn jetzt würden sie einen groben Maßstab haben, nach dem sie sich richten konnten.

„Aber da ist noch etwas“, sagte Maggie. „Sie sagen euch nicht Bescheid, weil sie es selber nicht wissen. Ehe dieses Schiff im Hafen ist, wissen sie nicht mit Sicherheit, wann es wirklich hereinkommt.“

Auch das klang überzeugend. Es ließ sich nicht vorhersagen, wann ein Kohlenfrachter, der aus einem norwegischen Hafen auslief, im Firth of Forth eintreffen würde.

„Aber wir werden Bescheid wissen“, sagte Maggie. „Wir werden es genauso früh wissen wie die Kohlenherren.“

Sie gingen die andere Seite der Heide hinunter, und als sie an dem steinernen Liebesmal vorüberkamen, sah er, daß der frühe Nachmittag ihren Gedanken längst entschwunden war.

Sie ergriff jedoch seine Hand. „Gillon?“

Er drückte ihre Hand.

„Das wird uns weiterbringen. Damit sind wir allen anderen voraus. Wenn die anderen nichts zu tun haben, werden die Camerons Arbeit haben. Wir werden *siller* in die Kiste tun."

Gillon wußte nicht, ob er das richtig finden sollte. Was hatte Rob Roy da erst gestern abend gesagt? Etwas von einem System, das die Menschen zerstörte. Statt ihren Mitmenschen zu helfen, wurden sie dazu getrieben, mit ihnen zu konkurrieren. Er war sich nicht sicher, was richtig war.

Sie hielt seine Hand fest auf dem ganzen Weg, bis sie zur Rückseite der Häuser an der Tosh-Mungo Terrace gelangt waren. Dann ließ sie sie los und steckte sich das Haar wieder unter die Mütze, was Gillon traurig stimmte.

DAS war die Geburtsstunde der Cameron-Wache. Ein so kostbares Geheimnis wie die Kiste. Als die Grubenpfeife das nächste Mal ihre gefürchteten langen drei Töne ausstieß und alle anderen Männer in Pitmungo ins Bett krochen, waren die Camerons schon auf und davon.

DREI

DEN ganzen Frühling und Sommer hindurch hatte die Grube immer wieder geschlossen. Und dann war es bis in den Herbst hinein so weitergegangen, und das hatte es noch nie gegeben. Ein, zwei Tage hintereinander gab es keine Arbeit, dann fing man plötzlich wieder an. Keiner wußte, warum, nicht einmal Mr. Brothcock, der Direktor.

Aber die Camerons wußten es. Jeden Morgen und jeden Nachmittag wurde ein Mitglied der Familie mit dem kleinen Zählapparat, den Andrew erfunden hatte, zur Hochheide hinaufgeschickt. Für je zehn Kohlenloren, die auf dem Gleis warteten, wurde ein weißer Knopf auf dem Zählbrett nach unten geschoben, für zehn weiße Knöpfe ein roter Knopf, und dann fing man wieder von vorn an. Allabendlich zogen sie Bilanz.

„320 Loren mit Kohle auf dem Gleis."

„Und Kohlenschiffe?"

„Keines im Hafen, keines im Firth."

Mittels der „Gleichung", wie sie es nannten, wußten sie dann, daß es am nächsten Morgen keine Arbeit geben würde – und auch am Tag darauf noch nicht, wenn nicht am Nachmittag ein Kohlenschiff in den Hafen einlief.

Dank ihres Geheimnisses konnten die Camerons andere Arbeit finden. Während die übrigen Bergleute in Pitmungo den Tag vergeudeten, floß bei den Camerons das *siller* weiter in die Kiste – dank harter Arbeit, dank Maggie Camerons Vorstellungsvermögen und dank Gillons und Andrews Vorausplanung.

Ihr erstes Unternehmen war der Heringshandel. Wenn der Winter seinen Höhepunkt erreicht hat, wenn er seinem Ende entgegengeht, lechzt man in einer Bergarbeiterstadt nach etwas Frischem – nach etwas, das nicht gepökelt oder geräuchert ist, nach etwas, das am Tag zuvor noch gelebt hat. Maggie war entschlossen, aus dieser Sucht Profit zu schlagen. An einem Freitagmorgen im Februar, als die „Gleichung“ besagte, daß die Grube geschlossen bleiben würde, waren Gillon, Rob Roy, Andrew und Sam schon lange, bevor die Werkspfeife ihre traurige Nachricht verkündete, auf dem Weg zum Firth of Forth, um dort in einem der kleinen grauen Fischerstädtchen ein oder auch zwei Faß frische Heringe zu kaufen. Sie hatten sich Mr. Japps Fuhrwerk samt Pferd gemietet, zu 8 Shilling den Tag.

„Bist du sicher, daß die dort Fisch zu verkaufen haben?“ hatte Maggie gefragt. „Ich will das Fuhrwerk nicht umsonst mieten.“

Gillon war in seinem Element. „Heringe haben keine Saison“, sagte er im Brustton der Überzeugung.

„Und du bist sicher“, sagte Andrew zu seiner Mutter, „daß die Leute die Fische auch kaufen, wenn wir sie hier haben? In Pitmungo ist Geld zur Zeit Mangelware.“

„Wenn die Fische im Faß zappeln“, hatte Maggie geantwortet, „wird sich das Geld schon finden.“

Gillon kaufte in Wemyss Fisch zu einem günstigen Preis.

„Ich glaube, wir sollten noch ein Faß nehmen“, sagte Andrew.

„Nimmst du's deiner Mutter gegenüber auf dich?“

„Ja, tu ich“, sagte Andrew.

VIERHUNDERT Pfund Hering. Gillon zahlte, und sie machten sich auf den Heimweg. Jetzt ging es schwerer: das Pferd war müde, und sie waren müde, und die Straße von der Küste zurück führte ständig aufwärts.

Als sie Kinglassie erreicht hatten, mußten sie den Wagen schieben helfen.

Sie erreichten eine Stunde vor Sonnenuntergang das untere Ende des Colliers Walk. Doch noch ehe sie vor dem „College" anlangten, mußten sie in einer Menschenmenge anhalten und das erste Faß aufmachen. Die Nachricht verbreitete sich in der Stadt so schnell wie die Kunde von einem Grubenunglück. Männer und Frauen kamen mit Körben gerannt. Die Camerons kratzten den Boden des zweiten Fasses leer, noch ehe sie die Lichter des „College" sahen.

Zu Hause herrschte frohe Stimmung an diesem Abend. Keine verschwitzte Grubenkleidung – und dennoch Geld im „Topf". Maggie strich ihnen frische Butter auf ihre heißen Kuchen, und zum Porridge gab es richtigen Rahm.

„Ihr habt keine für uns aufgehoben", sagte Jemmie.

„Nicht einen Schwanz, nicht eine Schuppe", sagte Sam.

„Ich hätte auch gern einen Hering zum Abendessen gegessen", sagte Sarah, was für ihre Verhältnisse schon aufsässig war.

„Fisch für die anderen", sagte Maggie, „und *siller* für uns."

Rob Roy holte sein Manifest hervor und begann zu lesen.

„Wir sind auf dem Weg in die kleinbürgerliche Hölle", sagte er. „Mit dem Blut unserer Brüder werden wir unseren Wohlstand düngen. Sie mästen uns mit ihrem Geld, wir werfen ihnen Fische hin."

Aber keiner schenkte ihm Beachtung.

IMMER hatte Maggie den rechten Einfall. Sie wußte immer, wo man hingehen mußte. Weil die Camerons in der Lage waren, sich schon bei Sonnenaufgang einzufinden, wenn die Bauern ihre Hilfskräfte einstellten, beschäftigte man sie auf dem einen Hof beim Pflanzen von Saatkartoffeln, auf dem anderen beim Rübenverziehen. Maggie arbeitete zusammen mit der Familie, und das Reden überließen sie stets ihr.

„Kennen Sie sich mit Erdbeeren aus?" fragte ein Bauer beispielsweise.

„Oh, wenn ich nur einen Penny hätte, für all die Tonnen, die wir schon gepflückt haben", log sie, denn alles, was auf dem Feld verlangt wurde, hatte man in zwei, drei Minuten gelernt.

Sie ließen sich in Naturalien bezahlen – rote Rüben und Kartoffeln und Kohlrüben, Hafer und Gerste in großen Mengen. Das war Andrews Idee. Um die Lebensmittel nach Pitmungo zu schaffen, mieteten sie Mr. Japps Fuhrwerk, und schließlich kauften sie es ihm ab und vermieteten es an ihn zurück, wenn sie in der Grube arbeiteten.

Andrew erwies sich in solchen Dingen als sehr findig. Sie ließen den Weizen und den Hafer in Wester Mungo mahlen und verkauften dann hinter ihrem Haus gutes Hafermehl und Weizenmehl, das Pfund einen Penny billiger als im Konsumladen.

Es WAR ein schlechtes Jahr für Pitmungo gewesen, aber ein gutes für die Camerons, als Sam eines Tages von der Hochheide mit der Nachricht herunterkam, der Kai sei voller Kohle und er habe kein Schiff gesehen. Gillon verkündete am Abend, gestützt auf seine Kenntnisse der See, der köstliche Weißfisch müsse sich jetzt zwischen Fife Ness und Largo Bay bewegen.

„Bleib beim Hering", sagte Maggie. „Den Hering kennst du, auf den Hering kannst du dich verlassen."

Aber Gillons Gedanken waren draußen bei den Weißfischen im Meer.

Es wurde beschlossen, daß die drei ältesten Männer – Gillon, Rob Roy und Andrew – noch vor Mitternacht mit dem Fuhrwerk zur Küste fuhren, damit sie morgens da waren, während die anderen alle zur St. Boswell's Farm hinauswanderten, um weiße Rüben zu roden.

Die Männer schliefen dann und wann auf dem Wagen, bis sie endgültig von der Sonne geweckt wurden. Es war ein schöner Herbsttag, an dem alles in goldenen Dunst getaucht wurde.

Gegen neun Uhr kamen sie um eine Straßenbiegung herum zu einem Vorgebirge, das sich oberhalb von St. Buxton-by-the-Sea hinzog.

Die Häuserwände waren mit Netzen behangen. Gillon bekam Heimweh, trotz seiner Hochstimmung.

Sie fuhren hinunter, und dabei beobachteten sie etwas Merkwürdiges. Die Frauen des Ortes trugen die Boote zum Meer hinunter und schoben sie in die Wellen hinein. Während eine Frau das Boot festhielt, trug eine andere den Mann auf dem Rücken durch das Wasser, damit er nicht naß wurde. Es war noch etwa eine Meile bis zur Stadt, und als sie auf die schmale, gewundene Straße gelangten, die zum Marktplatz führte, waren die Frauen schon wieder zurück. Sie saßen vor ihren getünchten Grausteinhäusern oder befestigten Fische zum Räuchern oder zum Trocknen an Gestellen, oder sie flickten Ersatznetze. Es waren die kräftigsten Frauen, die Gillon je gesehen hatte. Sie hatten sich die Röcke unter den Gürtel hochgesteckt und machten keine Anstalten, sie herunterzulassen, als sie die Camerons erblickten.

Nur eine oder zwei blickten von ihrer Arbeit auf.

„Die Weißfische kommen doch jetzt herein. Gibt es welche zu kaufen?"

Die Frauen schwiegen.

„Ihr seid doch Fischer hier, oder? Nun, wir sind gekommen, um Fische zu kaufen." Sie blickten nicht von ihren Netzen auf. Gillon war in Gegenwart seiner Söhne verlegen. Er zog einen Stoß Zehn-Shilling-Scheine aus der Tasche und fächerte ihn auseinander wie ein Kartenspiel. Das Geld rührte sie nicht, sie ließen sich zu keiner Reaktion bewegen.

„Was ist denn eigentlich los hier?" fragte Gillon schließlich.

Endlich trat eine Frau mittleren Alters, in Schwarz gekleidet, offensichtlich eine Witwe, auf den Wagen zu. „Wenn die Männer in den Booten sind, sprechen die Frauen nicht mit Männern", sagte sie.

Nun, da das Schweigen gebrochen war, fühlten sich die anderen freier.

„Wie die schwarz um die Augen sind", sagte eine Frau. Sie hatten keine Ahnung, wo diese Schwärze herkam, und darüber war Gillon froh.

„Ich glaube nicht, daß sie Fische zu verkaufen haben", meinte Andrew.

„Das kannst du nicht wissen", erwiderte Gillon.

Rob Roy war zum Strand gegangen, um die Verlegenheit seines Vaters nicht sehen zu müssen, und kam jetzt zurück. Er hielt mehrere große Schnecken in den Händen. „Was sind das für Dinger?"

„Wellhornschnecken", sagte Gillon. „Auch sehr gut. Im Eintopf und in der Suppe. Man kann sie auch backen. Eine genügt als Mahlzeit für eine Familie."

„Pferdebuckys sind das", sagte eine Frau. Von den anderen Frauen lachten einige, und Gillon wußte nicht, warum, als die größte Frau, der Gillon je begegnet war, herbeikam und sagte: „Wir haben keine Fische, aber die Buckys können wir Ihnen verkaufen, und wir werden Ihnen einen Preis dafür berechnen, den Sie gutheißen werden."

Sie lächelte ihn an, und Gillon kam sie schön, dramatisch und irgendwie fremdländisch vor. Es verwirrte ihn, mit ihr Geschäfte zu machen.

„Das wäre schön", hörte er sich sagen.

Sie hielt inne und betrachtete die Wellhornschnecken in seiner Hand und betätschelte sie.

„Zwei Penny das Stück wäre ein gerechter Preis“, sagte sie.

„Vater“, sagte Andrew, „nein, tu’s nicht.“

„Ist das Ihr Sohn?“ fragte die Frau, die vor Sauberkeit schimmerte.

Gillon nickte.

„Für so einen großen Jungen sehen Sie doch gar nicht alt genug aus.“

„Vater, kein Mensch in Pitmungo wird diese Dinger anrühren.“

„Wir lassen Ihnen das Dutzend zu zehn Penny, ein Seemannsdutzend.“

„Dreizehn erstklassige, frische Wellhornschnecken zu dem Preis von zwölf.“

„Vater, ich bitte dich. Tu’s nicht“, sagte Andy.

„Ich glaube, er hat recht, Vater“, sagte Rob Roy.

Gillon konnte sich später nicht erinnern, daß seine Söhne etwas gesagt hatten.

„Das scheint mir angemessen“, sagte Gillon.

Das war ein Bild: die Frauen rannten los, um Töpfe und Schüsseln zu holen, trugen die Schnecken in den geschürzten Röcken, und die jungen nahmen den alten die Schnecken ab. Sie füllten zwei Fässer und dann noch mehrere zerbrochene Hummerfallen mit Wellhornschnecken. Sie verkauften, bis keine Schnecken mehr da waren und Gillon nur noch 2 Shilling von dem Geld übrig hatte.

Die Frauen begleiteten die Camerons den Hang hinauf, halfen dem Pony ziehen und baten sie, bald wiederzukommen.

„Du hast den schlimmsten Fehler deines Lebens gemacht, Vater“, sagte Andrew, als die Frauen gegangen waren. Aber Gillon schüttelte nur den Kopf und lächelte, er war noch immer benommen.

„Nein, nein“, sagte er und glaubte daran. „Du wirst schon sehen. Es wird ein Triumph!“

Plötzlich blieb der kleine Klepper stehen. Es war keine Bockigkeit – das Pferd war einfach erschöpft.

„Wir nehmen die Deichselstangen und ziehen“, sagte Gillon.

Sie stärkten sich mit Hafermehlkuchen und Wasser – Rob gab einen Teil seiner Ration dem Pony –, und dann legten sie sich ins

Zeug und zogen. Der Abend nahte, und es kühlte rasch ab, aber sie schwitzten wie Pferde.

„Ich weiß nicht", sagte Gillon, „ich weiß nicht." Aber als sie vor sich die Berge von Pitmungo erblickten, wußte er, sie würden es schaffen.

Was ihn beunruhigte, war der Geruch vom Wagen.

Sie hatten die Wellhornschnecken in Seegras und Tang eingepackt – Gillon wollte das Zeug im Gemüsegarten als Dünger benutzen –, und er hoffte, der Geruch komme nur von dem trocknenden Tang.

„Man sollte nicht meinen, daß wir heute unten am Meer waren", sagte Gillon.

„Oh – wer eine Nase hat, merkt das schon", sagte Rob.

Gillon lief ein nervöses Zucken übers Gesicht. Er war also nicht der einzige, dem es aufgefallen war.

Dann sparten sie sich ihren Atem fürs Ziehen auf und redeten nicht mehr. Als sie den Scheitel einer Anhöhe erreicht hatten, wo eine riesige alte Eiche stand, hielten sie wie auf Verabredung an und ließen sich unter dem Baum zu Boden fallen.

„Ich würde sagen, drei Penny das Stück", sagte Andrew. „Den Preis werden wir verlangen müssen."

Rob Roy setzte sich auf.

„Verlangen müssen? Mann, wir haben sie für weniger als einen Penny das Stück bekommen, und du willst drei verlangen? Warum nimmst du da nicht gleich eine Pistole und schiebst sie deinen Mitmenschen zwischen die Rippen?"

„Sie brauchen sie ja nicht zu kaufen", sagte Andrew.

„Ja, aber man soll seine eigenen Leute nicht schinden. Wir können auch so noch genug verdienen."

„Vater?" Andrew wollte seinen Vater zum Schiedsrichter aufrufen. „Wir haben den Ort gefunden, wir haben unser Geld riskiert. Wir haben sie heimgeschafft, wir haben unsere Zeit geopfert, und wir haben geschwitzt. Für all das sind drei Penny nicht zuviel."

Gillon wußte nicht, was er sagen sollte.

„Man hat das Recht, für eine Ware so viel zu nehmen, wie man kriegen kann. Das ist das Gesetz des Lebens", sagte Andrew.

„Das ist das Gesetz des Dschungels, das uns alle unterdrückt. Läßt du ihn einfach solche Sachen sagen?" schrie Rob.

„Er hat ein Recht auf seine eigene Meinung, Rob."

„Meinung? Ich spreche von Tatsachen! Es gibt zwei Sorten Menschen auf dieser Welt, die Ausgebeuteten und die Ausbeuter. Du gehörst entweder zu den einen oder zu den andern. Du kannst es nicht so und so haben."

Gillon erkannte seine eigenen Worte wieder.

„Ich will keinen ausbeuten", sagte Andrew. „Aber ich möchte mich auch nicht gern ausbeuten lassen."

Rob trat auf seinen Bruder zu, als wollte er ihn schlagen. „Eines Tages werden sich alle Ausgebeuteten zusammentun, und dann verjagen sie die Ausbeuter, treiben sie ins Meer hinaus und ertränken sie wie die Ratten, die sie sind."

Jetzt sprang Gillon auf. „Also, Rob . . ."

„Ich meine es ernst – ertränken wie die Ratten. Zwei Seiten, mehr gibt's nicht." Er wandte sich an seinen Vater. „Und auf welcher Seite stehst du?"

Es war hoffnungslos.

„Ich bin auf der Seite derer, die diese Wellhornschnecken jetzt nach Pitmungo schaffen", sagte er und wußte, daß er den einen wie den anderen Sohn im Stich gelassen hatte. Rob Roy wandte sich ab. Er setzte sich mit dem Rücken zu den anderen. Gillon ging schließlich zu ihm.

„Wir müssen weiter, Junge."

Rob schüttelte den Kopf. „Ich kann bei dieser Sache nicht mitmachen."

„Wir schaffen es ohne dich nicht."

„Es kommt einmal der Augenblick, wo ein Mann sich entscheiden muß."

Gillon blickte zu dem Sohn hinunter. Rob schirmte mit der Hand die Augen gegen die schwache Herbstsonne ab, und Gillon sah, daß Robs junge Augen genauso werden würden wie seine. Er hätte diesen Jungen nie in die Grube hinunterlassen dürfen, ehe er sich in Sonne und Luft zur Reife entwickelt hatte. Er kniete neben Rob nieder.

„Rob, in dieser Gesellschaft ist die Familie alles, was uns gegen die anderen zusammenhält."

„Nein, ich kann das nicht länger mitmachen. Ich hab's mir vorgenommen."

Gillon stand auf. „Ich bitte dich jetzt, ich befehle dir jetzt, aufzustehen und deinen Platz am Wagen einzunehmen."

Rob blieb sitzen. Er sah nicht auf.

„Du weißt, was das bedeutet, Rob." Gillon sprach mit fester

Stimme. „Zum Essen ist heute abend dann kein Platz mehr für dich.“

„Ja, ich weiß, Vater. Ich weiß. Leb wohl, Vater.“

Es war zu weit gegangen, aber keiner von beiden wußte, wie er das Rad zurückdrehen sollte.

Jemmie fand sie auf der Straße, und danach ging es wieder leicht. Jem war kräftiger als Rob. Sam kam ihnen am unteren Ende des Colliers Walk entgegen, und als er das Gesicht seines Vaters sah, rannte er zum „College“ hinauf und kam mit zwei Liter Ale und etwas Whisky zurück.

„Das erweckt euch wieder von den Toten“, sagte Sam. „Was sind das für scheußliche Schnecken?“

„Du wirst schon sehen.“

„Wo ist Rob Roy?“

Gillon vermochte nicht zu antworten. Als sie die Zeche Lady Jane Nr. 2 erreichten, säuberten ein paar Männer gerade Rohre vor dem Pumpenhaus.

„Na, was habt ihr uns mitgebracht?“ rief einer zu ihnen herüber.

„Einen neuen Leckerbissen aus dem Meer. Früchte aus Gottes gutem Firth.“ Diesen Satz muß ich mir merken, sagte Gillon sich. Er war angeheitert. Der Whisky mit dem Ale zusammen ließ neues Leben in die Adern strömen. Er erzählte den Jungen von den Wellhornschnecken – wie man das Haus aufbrach und den dicken, elefantenartigen Fuß abschnitt und ihn mit einem Holzhammer zu Brei stampfte.

„Du kannst einem Kumpel eine Wellhornschnecke vorführen“, sagte Sam. „Aber du kannst ihn nicht zwingen, sie zu essen.“.

Gillon achtete weder auf ihn noch auf eine alte Frau, die sich, als sie an ihrem Wagen vorbeikam, die Nase zuhielt.

Sie warteten alle oben, um das „College“ herum: seine Kunden, die dort an den Mauern lehnten. Als alle ruhig waren, nahm Gillon den Deckel von dem ersten Faß und begann den Kelptang von den Wellhornschnecken zu entfernen. Ein Mann packte einen Tangzweig und begann ihn zu schwenken und damit vor den Leuten hin und her zu rennen.

Gillon hob die erste Schnecke in die Höhe, noch in leuchtendgrünen „Seesalat“ eingewickelt, so wie ein Juwelier einen Stein zum Betrachten hinhält.

„Was, um Gottes willen, ist denn das, Mann?“ rief jemand.

Gillon lächelte. „Ein Wellhorn. Pferdebucky würde ein Schotte es nennen.“

„Sieht abscheulich aus“, sagte schließlich einer.

„Das tun Aale auch, und trotzdem schmecken sie euch.“

„Was kann man denn damit machen?“

„Kochen, braten, backen, dünsten. Das Steak des kleinen Mannes aus dem Meer.“ Das war auch nicht schlecht, dachte Gillon.

„Sie riechen nicht gut.“

„So frisch wie Farbe. Heute morgen bei Sonnenaufgang aus dem Meer geholt.“

„Wie kriegt man denn die verdammten Biester raus?“

Gillon lächelte. Die Sache ließ sich gut an. „Topf mit kochendem Wasser, und sie kommen herausmarschiert wie zur Parade. Und dann kann man's auch so machen.“

Er nahm eine Schnecke aus dem Faß und zerschlug das Gehäuse – *klatsch* – an einer der eisernen Radfelgen. Das Haus zersplitterte wie Porzellan, und die Schnecke kam zum Vorschein, der dicke, fleischige Fuß baumelte herab, und die Gedärme pendelten an dem plumpen Fuß hin und her wie schlabbriger Schleim, und der hornige Deckel, der die Mündung des Gehäuses bedeckt, pulste zuckend sein Leben aus.

Selbst das wäre vielleicht noch hingenommen worden, wenn nicht eine Frau aufgeschrien hätte. Die ersten Schnecken wurden herumgereicht, als sich der Deckel bewegte und an der Hand der Frau zu saugen versuchte.

„Weg damit!“ kreischte sie und ließ das Wellhorn auf die Pflastersteine fallen, wo es zerbrach, ganz Fuß und Gedärm und Gestank. Die Leute bildeten einen Kreis um das Schaltier und starrten es an.

„Das ist ja eine Schnecke“, sagte einer schließlich.

Sie blickten eher gekränkt als erzürnt zu Gillon auf, der auf dem Wagen saß.

„Mann, wenn man so etwas ißt, kann man sterben. Das macht einem die Leber kaputt.“

„Was soll das, Cameron?“ fragte ein Mann. „Wir haben eure Fische gekauft und bezahlt, was ihr verlangt habt, und jetzt wollt ihr uns hier vergiften, nur um ein paar Pennies zu verdienen?“

Gillon hielt beide Hände hoch.

„Ich sage euch doch ... Wartet! Hier, ich esse selber eine ...“

Sie schrien ihn nieder. Sie wollten mit den Schnecken nichts zu tun haben.

„Versucht das nicht noch mal, Mann!“

Er wollte etwas sagen – der Ruf der Camerons, an einem Abend verspielt –, aber es hatte keinen Zweck. Die Leute ließen ihn stehen und gingen.

Gillon setzte sich auf den Wagen. Er fühlte sich erschöpft und voller Scham.

„Ich glaube, wir gehen lieber nach Hause, Vater“, sagte Sam.

„Die Frage ist, wer bringt es ihr bei?“ sagte Jem.

„Haben wir Geld dabei?“ fragte Gillon plötzlich. Alle zusammen verfügten sie über 8 Shilling.

„Geht hinunter“, sagte Gillon, „und holt mir eine Flasche von dem billigen Whisky.“

„Von dem billigen wird dir schlecht, Vater.“

„Geht und holt mir meinen Whisky.“

Sie saßen auf dem Wagen und nahmen hin und wieder einen kleinen Schluck aus der Flasche. Aber das Zeug brannte zu sehr. Es war „schwarzer“ Whisky, wie ihn die Alkoholiker tranken und Männer, die entschlossen waren, für ihre Sünden zu büßen.

Gillon hoffte, er werde, ehe er ganz betrunken war, den Mut finden, Maggie die Geschichte zu erzählen. Aber als er dachte, nun sei es soweit, konnte er schon nicht mehr sprechen. Sie schafften ihn auf dem Wagen die Straße hinauf, ruhig und still, und als sie das Haus erreichten, stand ihre Mutter in der Tür.

„Laßt ihn auf dem Wagen“, sagte sie, und so ließen sie ihn zwischen dem Seegras und den Wellhornschnecken liegen. In der Nacht begann es zu regnen, und bis zum Morgen war er durchnäßt.

Als sie von der Arbeit zurückkamen, lag er noch immer auf dem Wagen, und Maggie ließ noch immer nicht zu, daß sie ihn ins Haus schafften.

Doch am späten Abend ging Maggie selbst zu ihm hinaus. Er war wach und zitterte. Er wußte, daß sie da war, und allmählich fand er die Kraft, die Augen aufzuschlagen.

„Ich weiß nicht, was mehr stinkt, du oder deine Schnecken.“

„Wasser“, sagte Gillon.

„Wenn ich mit dir fertig bin. Du hast dich in Schande gebracht, ist dir das klar? Den ganzen Tag sind die Kinder gekommen, um den Trunkenbold auf seinem Schneckenwagen anzustaunen.“ Gillon stöhnte. „Du hast den Namen Cameron beschmutzt. Halt den Kopf hoch.“

Er konnte es nicht. Sie hob seinen Kopf hoch und flößte ihm mit dem Löffel heiße Fleischbrühe durch die aufgesprungenen Lippen ein.

„Unsere ganze Arbeit in diesem Jahr, das ganze Geld, das wir riskiert, das ganze Geld, das wir verdient haben – alles weg, Gillon, alles vertan.“

„Ja, ja, ich weiß.“

Ihre Stimme klang jetzt ernst: „Dempster Hogg ist heute den Schacht hinuntergestürzt.“

„Mein Gott, das tut mir aber leid.“

„Er wird in einem Klappsarg begraben. Bist du nüchtern genug – begreifst du, was das für uns bedeutet?“

Er wußte, was ein Klappsarg war – ein Sarg mit einem Boden, der Scharniere hatte und aus dem man den Leichnam ins Grab gleiten ließ, wenn die Trauergäste gegangen waren, damit der Sarg erneut verwendet werden konnte. Die Ärmsten der Armen verließen die Welt in einem Klappsarg. Aber er wußte nicht, warum sie ihm das erzählte.

„Das bedeutet, daß sie keinen Penny besitzen. Hogg hat alles versoffen.“ Die Bitterkeit in ihrer Stimme drang ihm bis ins Mark. „Das bedeutet, daß wir ihr Haus an der Tosh-Mungo Terrace haben könnten, wenn wir dir das jetzt nicht zu verdanken hätten.“ Alle ihre Träume hatte ein einziger lächerlicher Tag zerstört.

„Maggie? Was kann ich denn nur tun?“

„Jedenfalls fährst du nicht noch einmal zum Einkaufen, soviel steht fest.“

„Ja, ich weiß.“

„Und morgen schaffst du diese Dinger da fort. Sie stinken barbarisch.“

Er hörte sie über das Kopfsteinpflaster gehen, hörte, wie sie die Tür öffnete und zuschlug. Er hätte weinen mögen, aber es wollten keine Tränen kommen. Die Tür ging auf, und sie war wieder da.

„Jemand hat das Pferd draußen gelassen nach dem langen Weg. Es hat die ganze Nacht im Regen gestanden. Es war erschöpft, verstehst du. Du hast es fertiggemacht mit deinen Schneckenfässern.“

„Och, das tut mir leid. Das ist schlimm.“

„Sehr schlimm“, sagte sie. „Es ist tot.“

Und da konnte Gillon weinen. Er weinte um das arme tote Pony, und er weinte um Dempster Hogg, der den Schacht hinabgestürzt war. Er weinte wegen der verwesenden Wellhornschnecken und darüber, daß er Maggies Traum zerstört hatte. Und danach weinte er über sein Leben, das an ihm vorbeiging. Die Camerons traten alle vor die Tür, einfach um dazusein und aus Angst, er könnte sich etwas antun. Er weinte wegen des Whiskys, den er getrunken, und wegen des Schadens, den er sich selbst zugefügt hatte, und dann weinte er um Rob Roy. Er weinte, bis er keine Tränen mehr hatte, und endlich schlief er ein. Dann deckte Maggie ihn mit der Decke von ihrem Bett zu.

VIER

WÄHREND sie zum Begräbnisplatz hinter dem Sarg hergingen, konnte Maggie die Augen nicht von dem Haus dort oben an der Tosh-Mungo Terrace abwenden:

Es war jetzt nur noch eine Frage der Zeit, ungeachtet dessen, was sie zu Gillon gesagt hatte, um ihn zu strafen. Sie hörte Mr. MacCurry von dem treusorgenden Familienvater sprechen, der Dempster Hogg gewesen sei – ja, treusorgend für das Wohlergehen des „College“, dachte sie –, und noch immer ruhte ihr Blick auf dem Haus. Es war nicht einfach ein Haus an der Tosh-Mungo Terrace, sondern ein Eckhaus mit Fenstern, durch die man auf Bauernhöfe und Felder und, in der Ferne, den See blickte.

Ein- oder zweimal die Miete an die Pitmungo Coal and Iron Company nicht gezahlt, und Mrs. Dempster Hogg würde hinunterziehen in ein Haus, für das sie vom Arbeitslohn eines zehnjährigen Jungen die Miete zahlen konnte. Und dann würden die Camerons hinaufziehen, denn trotz des Pferdebucky-Fiaskos und der Anschaffungskosten für ein neues Pferd war noch immer viel *siller* in der Kiste. Sie würden die ersten echten Doonies sein, die nach Uppietoon hinaufzogen.

Sie gingen über die Heide nach Hause, und Gillon fragte, wo sie denn immerfort hingestarrt habe während der Predigt.

„Zu dem Haus der Hoggs. Sie werden bald ausziehen, und dann

ziehen wir hinauf", sagte Maggie. „Wir haben uns den Weg dort hinauf verdient."

„Ich möchte nicht irgendwohin, wo ich nicht erwünscht bin", sagte Gillon. Es war das erste Mal seit den Wellhornschnecken, daß er ihr, wenn auch nur vorsichtig, widersprach.

„Wir ziehen hinauf", sagte Maggie.

Mitte September erhielt Mrs. Dempster Hogg ihre Kündigung von der Pitmungo Coal and Iron Company, und am ersten Sonntag danach kam ihr Sohn Ross die Miners Row heruntergeschlendert, auf der Suche nach einer neuen Wohnung für seine Familie. Er schämte sich. Maggie rief ihn von der Türschwelle aus an.

„Ich glaube, du solltest dir dieses Haus hier mal ansehen."

Der Junge kam näher. „Klein", sagte er.

„Ja, aber keines ist größer, und keines ist sauberer und gepflegter."

Es war sauberer als sein Heim in Uppietoon, das wußte sie.

„Die Miete für dieses Haus beträgt zwei Pfund pro Jahr, die Miete für euer altes Haus sechs Pfund zehn Shilling. Ich nehme euer Haus, und ihr könnt dieses hier haben. Wenn deine Mutter herunterkommen kann, dann soll sie es lieber bald tun, ehe dieses Haus vergeben ist, denn hier wohnen links und rechts Familien, die es gern hätten."

„Es ist so düster hier unten", sagte er traurig. „Da oben auf dem Hügel ist es hell."

„Ja, deshalb wollen wir auch hinaufziehen."

Er sah Maggie an. „Es ist nicht leicht, von dort oben herunterzuziehen." Jetzt wirkte er wie ein sehr alter Mann, und sie empfand Mitleid mit ihm. Sie drückte dem Jungen eine Münze in die Hand.

„Und was ist das?"

„Handgeld – um den Vertrag zu besiegeln. Wann können wir einziehen?"

„Sobald wir ausziehen können", sagte er.

„Morgen nach dem Abendessen."

Es ging viel schneller, als er sich vorgestellt hatte. „Wenn Sie uns den Wagen leihen, dann morgen nach dem Abendessen."

„Gut, bis dann." So einfach war das.

Sie sagte ihrer Familie nichts, weil sie die Süße ganz auskosten wollte, ehe sie sie mit den anderen teilte. Als sie am nächsten Tag von der Arbeit kamen, stand der Wagen mit dem neuen Pony, das

Brothcock hieß, vor der Tür, und bis auf die schweren Möbelstücke war alles schon aufgeladen. Sie waren wie betäubt. Als Doonie morgens aufzustehen und als Uppie abends zu Bett zu gehen – daran mußte man sich erst gewöhnen.

„Ich will nicht fort von hier“, sagte Jemmie. „Hier gefällt's mir.“

Nur Emily freute sich. „Dann kann ich von meinem Schlafzimmerfenster aus allen Leuten unten auf den Kopf spucken“, sagte sie.

„Sei nur froh, daß dein Bruder Rob das nicht gehört hat“, sagte Sam. „Du sprichst von deinesgleichen.“

Der Gedanke an Rob Roy machte Gillon traurig. Er sah in dem Umzug zur Tosh-Mungo Terrace keinen sozialen Aufstieg, sondern einen weiteren Schritt der Trennung. Er hatte mit Rob seit jener Auseinandersetzung nicht mehr gesprochen, und jetzt würde sich die Kluft zwischen ihnen noch vergrößern. Er ging durch das Haus, das jetzt schon so nackt aussah.

Da stand das Bett, in dem Maggie geboren war, in dem Gillons Kinder geboren waren. Die Betten waren in die Wand eingebaut. Niemand hatte an einen Umzug gedacht.

„Ich möchte wissen, was dein Vater gedacht haben würde, wenn er das noch erlebt hätte.“

„Er wäre stolz gewesen. Er wäre gern hinaufgekommen, um uns zu besuchen.“

Was Gillon wieder traurig stimmte. Tom Drum war nicht mehr da, und im Haus war keine Spur von ihm zurückgeblieben. Gestorben vor ein paar Jahren im Winter. Eines Morgens war irgendeine Feder in ihm gesprungen. Er blieb im Bett liegen und starb. Und dann war auch sie gestorben, seine dunkelhaarige, fremdartige Frau. So gehen gute Bergmannsfrauen, wenn sie nicht mehr gebraucht werden.

Hundert Jahre Drums in diesem Haus und nichts sprach davon, außer den abgenutzten Bodenfliesen und den Rußschichten an den Wänden von all den Kaminfeuern.

Das konnte nicht alles sein, dachte Gillon. Es mußte noch etwas anderes geben.

Als das Haus leer und der Wagen beladen war, hob Andrew zum letztenmal den Stein aus dem Fußboden, und Maggie nahm die Kiste heraus und trug sie zum Wagen. Gillon sah Tränen in Andrews Augen, als er den Stein wieder an seine Stelle legte.

Die Männer waren noch unten im Coaledge oder in ihren Wannen, und die Frauen bereiteten in den Häusern das Essen zu, als die Camerons die Straße hinunterfuhren. So hatte es Maggie gewollt: kein Händeschütteln, kein Winken, keine scheinheiligen Abschiedsgrüße für die Camerons.

Dann ging es den Colliers Walk hinauf und über die Sportheide, und sie konnten das letzte Sonnenlicht schräg auf ihr neues Haus fallen sehen. Schatten lagen schon über der Heide. Am Ende der Heide kam der junge Tom Hope von oben herunter.

„Mr. Brothcock hat von eurem Umzug gehört. Ihm paßt das nicht", sagte er.

„Und warum nicht?" fragte Sam.

Der Junge war etwas schüchtern, da er den besten Fußballspieler von Pitmungo vor sich hatte.

„Oh, er meint, Doonies sollten keine Uppies werden. Er hat gesagt, ihr haltet euch für besser als andere und setzt den anderen Rosinen in den Kopf. Er kann Rob Roy mit seiner großen Klappe nicht ausstehen."

Der Wagen knarrte weiter den Hang hinauf.

„Vielleicht sollten wir umkehren", sagte Sarah.

Maggie schlug ihrer Tochter so fest ins Gesicht, daß Sarah das Gleichgewicht verlor. „Zurück?" schrie ihre Mutter sie an. „Hier gibt's kein Zurück!"

Danach zogen sie schweigend weiter. Alle Freude war verflogen. Warum mußten sie immer vorn sein, sich vordrängen, dahin, wo keiner sie haben wollte? Wie hatte Andrew das genannt? Die Camerons waren eine aufstrebende Familie. Und gerade das gefiel Gillon nicht. Man war so allein, wenn man den anderen voraus war.

„Wir sollten nach Amerika gehen, nicht dort hinauf", hörte er Jemmie sagen.

„Da wird ein Mensch als Mensch behandelt. Wenn man in Amerika Land haben will, dann geht man einfach und nimmt sich welches. Braucht man Holz, heißt es nur: ‚Hack dir doch einen Baum um.' Denkt nur an Andrew Carnegie."

„Ha, Carnegie", sagte Sam. „Ist der nicht zurückgekommen, ins gute alte Schottland?"

„Ja, um es zu kaufen."

Es war das erste Mal, daß Jemmie sich Sam überlegen zeigte. Ich muß mich mehr um diesen Sohn kümmern, dachte Gillon.

Als sie die Tosh-Mungo Terrace erreichten, standen die Leute auf der Straße und an den Fenstern, um die Eindringlinge zu mustern.

„Kopf hoch, jetzt", sagte Maggie. „Gebt keine Antwort, hört nicht auf sie. Geht einfach weiter."

Gillon kannte diese Worte. Er hatte sie vor langen Jahren schon gehört.

„Seht nicht zu ihnen hin, schaut nur auf euer Haus am Ende der Terrace."

Die Männer von Tosh-Mungo hatten schon gebadet und sahen frisch und sauber aus. Es war ein taktischer Fehler, hier in der verschmutzten Grubenkleidung zu erscheinen.

„Ob du's glaubst oder nicht, sie waschen sich auch", hörte er eine Frau rufen. „Jeden Dienstag."

„Na, und wo hat der große Mann seinen Hut? Wie kann denn ein Doonie ohne Hut nach Tosh-Mungo kommen?"

Über zwanzig Jahre war das jetzt her, und noch immer beschäftigte der Hut die Gemüter. Das sei bezeichnend für das kulturelle Niveau der Stadt, hatte Mr. Selkirk gesagt.

„Und wo ist der, der sich jeden Abend im ‚College' unter den Tisch säuft?"

Gillon hatte nicht gewußt, daß man schon in der Öffentlichkeit darüber redete, daß Rob Roy trank. Maggie und er sprachen nie darüber.

All dieser Haß, diese Bitterkeit, diese Bosheit. Und sie verstanden sich so gut darauf, auf diese Art, über die Straße hinweg zueinander zu sprechen, als wäre der, um den es ging, gar nicht da. Und auf dieses wissende Lächeln. Gillon ging zu Maggie vor. „Wir sollten nebeneinander gehen", sagte er.

Sie reagierte nicht unfreundlich. „Och, die laufen sich erst warm. Bis jetzt hat noch keiner mit etwas geworfen!"

Das wenige Mobiliar der Hoggs stand schon auf der Straße. Mrs. Hogg versuchte das Weinen zu unterdrücken, aber ihr kamen die Tränen. Die Camerons luden ihren Wagen ab, und jedes einzelne Stück wurde von den Leuten auf der Terrace begutachtet.

„Oh, das ist ja toll, das ist ja kolossal, so ein großer Hackklotz!"

„Das ist doch kein Hackklotz, du Idiot. Das ist der Eßzimmertisch."

„Oh. Nein, so was."

Die Jungen beluden den Wagen mit den Sachen der Hoggs, und Jemmie ergriff den Zügel des Ponys, um sie hinunterzufahren.

„Ich hoffe, Sie werden glücklich hier“, sagte Mrs. Hogg. „Ich war's nicht.“

Das Haus war schmutzig.

„Und jetzt werden wir ihnen mal zeigen, wie die Camerons arbeiten“, sagte Maggie. Die Jungen gingen mit den Wannen hinauf zur Pumpe – auf der Terrace gab es keinen Gemeinschaftsbrunnen, sondern eine Pumpe –, und die Mädchen begannen auszufegen. Gillon brachte ein kräftiges Feuer in Gang, und bald kochte das Wasser im Kessel. Sie zündeten alle Lampen und Kerzen an, die sie hatten, und arbeiteten weiter, schrubbten Fußböden und Wände, schrubbten die Treppe – die erste Treppe in einem Wohnhaus, auf der sie je gestanden hatten. Als Jem zurückkam, nahm er sich die geschwärzten Wände vor, wusch sie ab mit Vitriol und Wasser, und als sie trocken waren, tünchte er sie mit Kalk und ein wenig beigemischter blauer Farbe, so daß selbst bei den flackernden Lichtern das Innere des Hauses, von draußen gesehen, glänzte. Um Mitternacht holten die Jungen die Strohmatratzen aus dem Garten, die dort zum Lüften gelegen hatten, und dann waren sie fertig.

Sie waren jetzt, ob sie es wollten oder nicht, Leute von der Tosh-Mungo Terrace.

Es war fast zuviel, um es auf einmal erfassen zu können. Vier Räume: zwei im Obergeschoß, einer für die Mädchen, einer für die Jungen. Unten ein Hinterraum, groß genug, um als Schlafzimmer für die Eltern und als Aufenthaltsecke für Gäste zu dienen. Und ein Vorderraum mit viel Platz. Hier konnte man kochen und waschen und das tägliche Bad nehmen.

Da es ein Eckhaus war, stieß der Wind gegen die Fenster des Zimmers der Jungen und des Hinterraums, aber das störte niemanden. Gleich neben dem Haus ragte eine dunkle Waldkiefer auf, die einzige, die es noch in Pitmungo gab – Überbleibsel aus einer anderen Zeit. Sie war nun ihre Kiefer. Die schweren Äste ächzten und seufzten im Wind. Von ihrem Fenster aus konnten die Jungen durch die Zweige den Mond sehen. Ein Ast schabte gegen das Fenster, und der Mond sah hinter dem welligen Glas und den Zweigen aus, als wäre er unter Wasser.

„Teezeit!“ rief Sarah. „Kommt herunter zu unserer ersten Teezeit!“

Die Familie versammelte sich zu warmem Brot und Butter, Porridge, Tee und zur Feier des Umzugs ein wenig Whisky für den, der Lust darauf hatte. Bevor sie zu essen anfingen, hob Gillon seinen Becher.

„Ich glaube, ehe wir unsere erste Mahlzeit in diesem Haus einnehmen, wäre ein Tischgebet angebracht."

Darauf war keiner gefaßt gewesen. Dann erhob sich Jemmie.

„Ich wünschte, mein Bruder Rob wäre hier, um dieses Haus mit uns zu teilen." Darauf trank er seinen Whisky aus.

„Das ist kein Tischgebet", sagte Sam.

„Das war meine Bitte an Gott."

Wieder Schweigen. Rob Roy war ein Thema, das in der Familie nicht mehr besprochen werden konnte. Endlich erhob sich Sam. *„Der eine ist satt und hat noch zu essen, den andern tut der Hunger arg pressen. Wir sind hungrig und haben zu essen und wollen den Dank an den Herrn nicht vergessen."* Alle waren begeistert. Sie hatten ihr Tischgebet. Sam verstand es, eine Situation zu retten, was Gillon nicht von sich behaupten konnte.

Wie seine Mutter, dachte Gillon. Maggie sprach mit erregter, triumphierender Stimme: „Jetzt hört mal zu, und merkt es euch. Ihr gehört hierher. Genau hier gehört ihr her. Nicht zu denen da unten! Egal, was die anderen sagen. Und merkt euch noch eines: Wir verbeugen uns vor keinem. *Vor keinem!*"

Es war fast ein Uhr morgens, als sie in ihre Zimmer hinaufgingen. In drei Stunden würde es hell sein, ein neuer Tag, Zeit, aufzustehen und wieder in die Grube einzufahren. Die Jungen breiteten an den Wänden ihre Matratzen aus. Gleichgültig, was ihre Mutter gesagt hatte; sie gehörten nicht hierher.

Etwas mußte gesagt werden, ehe sie einschlafen konnten. „Wenn sie's nur nicht so schwernähme", sagte Sam schließlich. Ein Cameron sein, dachte Andrew, ist eine Last.

WAS sich für die Familie fast zu einer Zwangsvorstellung entwickelte, war die Frage, wer ihr „Antritt", ihr erster Besucher, sein würde. In Pitmungo und auch in anderen Gegenden Schottlands ist es für das Glück und Wohlergehen einer Familie in einem neuen Haus wichtig, daß die erste fremde Person, die die Schwelle überschreitet, ein schöner, gut gewachsener dunkelhäutiger und dunkelhaariger Mann ist. Der „Antritt" mußte außerdem ein Geschenk mitbringen, sonst würde Hunger oder gar Tod Einkehr halten. Manche Leute, die keinen Bekannten hatten, der gut genug aussah, gingen soweit, ihren „Antritt“ zu mieten.

Aber zu ihrem Haus an der Tosh-Mungo Terrace kam niemand. Jeden Morgen, nach den Speckbroten – eine Neuerung, die der neuen höheren Lebensstufe entsprach –, schritten sie hintereinander zur Tür hinaus und schärften den Frauen ein, sie sollten ja nach einem geeigneten, gutaussehenden Mann Ausschau halten. Und allabendlich fragten sie als erstes nach dem „Antritt“. Als er schließlich kam, war es ganz anders, als sie sich erhofft hatten.

Sarah war im Vorderraum und kochte Wäsche im Suppentopf über dem Feuer, als es an der Tür klopfte. Es war ein junger Mann, hellhäutig und blond, hochgewachsen und kräftig.

„Na?“ sagte er, „fordern Sie einen denn nicht auf einzutreten?“

„Ja, kommen Sie herein.“

Einen Augenblick später wurde ihr bewußt, daß dies ihr erster Besuch sein würde. Er war so gar nicht der Richtige, er war groß und blond. Freilich hielt er irgend etwas in den Händen. Dennoch, es würde Pech für die Familie bedeuten, vielleicht Unglück, Gefahr, einen Todesfall.

„Sie werden mir über die Stufe helfen müssen“, sagte er.

Er streckte die Arme aus, und da konnte sie nichts anderes tun, als auf den Mann zugehen und ihm über die Schwelle helfen.

Als sie seine Arme zu plötzlich losließ, fiel er, und sie fing ihn auf, stützte, selbst aus dem Gleichgewicht gebracht, sein Gewicht mit ihrer Brust, und einen verzweifelten Augenblick lang hielten sie sich in den Armen, bis Sarah, die vor Verlegenheit völlig benommen war, die Balance wiedergefunden hatte.

„Na, immerhin ein Vorteil, den man als Krüppel hat“, sagte er. Er konnte ganz gut gehen mit Hilfe seiner Krücken, aber als er sich setzte, sah sie die beiden Holzbeine über seinen Stiefeln, und da erkannte sie ihn: es war Sandy Bone, älter geworden und sehr verändert. Wenigstens hatte er ein Geschenk mitgebracht, eine Flasche guten Whiskys.

Sie entkorkte die Flasche und schenkte ihm ein.

„Trinken Sie nicht einen Schluck mit?“

Sie wußte nicht, ob das schicklich war, aber goß sich etwas Whisky in ihre Teetasse. Er stieß mit seinem Glas an ihre Tasse.

„Gesegnet sei dies Haus“, sagte Bone. Und da begann Sarah zu wimmern. Er war verblüfft. Sie wußte nicht, ob sie ihn mit dem Wissen belasten sollte, daß er ein Unglücksbringer war. Aber dann sagte sie es ihm doch. „Sie sind unser ‚Antritt'." Statt Bestürzung zu zeigen, lachte er.

„Wie zum Teufel kann ich euer Antritt sein, wo ich doch gar keine Füße habe", sagte er lachend. Diese Logik kam Sarah ebenso verrückt wie zutreffend vor, und nun lachte auch sie, zuerst vor lauter Erleichterung und dann auf jene Art, aus der etwas entsteht, das über das Lachen hinausgeht.

„So hab ich nicht mehr gelacht seit – ach, ich weiß nicht mehr, seit wann", sagte Sandy Bone und stieß wieder mit ihr an.

„Wann sind Sie aus dem Krankenhaus entlassen worden?"

„Das ist schon lange her. Zwei Jahre. Nein, ich glaube, noch länger. Aber ich wollte nicht nach Hause, ehe ich mit diesen Dingern da gehen konnte, verstehen Sie?"

Sie spürte den Alkohol. Er tat ihr gut. Sie wollte Sandy Bone auf einmal nicht in die Augen sehen: sie fürchtete sich vor ihnen. Es war nichts Verbittertes in ihnen, nichts von jener Scham, wie man sie in den Augen anderer junger Männer und Burschen sah, die einen Unfall gehabt hatten und herumliefen, als wäre es ihre Schuld.

„Ich bin verkrüppelt, sehen Sie? Aber ich bin doch kein Krüppel."

Sarah mußte lachen, und dieses Lachen verwirrte ihn, da er es sich nicht erklären konnte.

„Ach, ich mußte nur an meine Mutter denken. Die sagt auch immer, wir hauen Kohle, aber wir sind keine Kohlenhauer."

Er verstand das nicht, störte sich aber nicht daran. Er blickte sich im Raum um, und Sarah war froh, daß alles so ordentlich war.

„Ich hab Sie manchmal aus der Schule heimkommen sehen. Damals hatten Sie lange Zöpfe."

„Och."

„Sie waren die hübscheste von allen."

Sie schüttelte den Kopf.

„Na, dann jedenfalls die netteste."

Sarah empfand ein Gefühl der Benommenheit, des Unwirklichen – von dem Whisky ein wenig, aber vor allem von dem Gespräch.

Sie stand auf und ging an ihre Wäsche, um sich wieder zu fassen. Sie empfand Mitleid mit Sandy Bone. Für Sarah gehörte es zu einem Mann, daß er in die Grube ging.

Er schenkte sich noch einen Whisky ein. „Diese Lügner!“ sagte er. „Das ist das sauberste Haus an der Tosh-Mungo Terrace.“

„Nicht, wenn die Männer von der Grube heimkommen.“

„Och, wo ist es dann schon sauber?“

Sie sah, wie sein Gesicht ernst wurde.

„Vermissen Sie die Grube?“ fragte Sarah.

„Ach ja, schon.“ Er schien bedrückt, und sie ließ ihn trinken. „Ich fand's unten vor Ort schön, die Kohle heraushauen, immer draufloshacken, so gut man kann. Feine Kerle, da unten.“

Die schräg durch das Glas einfallende Sonne ruhte auf seinen hängenden Schultern und auf seinem blonden Haar, das vom Licht fast rot war.

„Und was machen Sie jetzt?“

Das war eine gefährliche Frage, aber aus Gründen, die ihr selbst nicht klar waren, mußte sie es wissen.

„Ich will Fördermaschinist werden. Ich lasse mich jetzt ausbilden. Wissen Sie, der Mann, der die Kumpels in den Schacht hinunterläßt und die Förderkörbe mit der Kohle und den Kumpels heraufholt. Helfen Sie mir doch mal hoch.“

Sie freute sich für ihn. Sie half ihm vom Stuhl auf und wurde sich seiner kräftigen Arme und Hände bewußt, und da fiel ihr wieder ein, was man damals bei seinem Unfall gesagt hatte, nämlich daß nur ein Bulle von einem Mann ihn hätte überleben können.

„Und dann will ich heiraten.“

„Oh?“ Abermals war sie froh für ihn. All die Krüppel unten bei den Doonies, zerstört noch vor ihrem zwanzigsten Lebensjahr.

„Na, und . . . Wollen Sie mich heiraten?“ fragte er.

„Oh, ja.“

Es kam heraus. Einfach so. Sie schlug sich mit der Hand auf den Mund vor Entsetzen über das, was sie gesagt hatte. Aber es war die Wahrheit; sie wußten es beide. Die Tränen auf ihrem Gesicht und die zitternde Erregung, die sie durchflutete – darauf kam es nicht an. Sie hatten es beide schon gewußt, als sie zu lachen begonnen hatten.

„Geben Sie mir dann einen Kuß?“

Sie wich vor ihm zurück. „Oh, nein!“

„Warum nicht? Sie wollen mich doch heiraten.“

Sie ging so weit von ihm fort, daß er sie nicht erreichen konnte. „Ich kenne Sie dazu noch nicht gut genug.“

Er schwieg so lange, daß sie schon fürchtete, sie könnte ihn gekränkt oder er könnte seine Meinung geändert haben.

„Das verstehe ich“, sagte Sandy. Er schritt auf die Tür zu. Es war alles zuviel für sie. Und sie wollte, daß er ging, bevor ihre Mutter aus dem Konsumladen zurückkam.

„Danke für den Whisky“, sagte Sarah.

„Ach so, das. Nicht weiter wichtig.“

Sarah errötete. „Und dafür, daß Sie mich gefragt haben, ob ich Ihre Frau werden will.“

„Oh, das. Ja, das ist schon was anderes. Wann kann ich mit Ihrem Vater sprechen?“

„Mit meinem Vater? Sie müssen mit meiner Mutter sprechen.“

„Nein, nein. Da fragt man immer den Vater.“

„Oh, das wußte ich nicht. Bald.“

Er griff plötzlich nach ihr und packte sie. Er küßte sie auf den Mund. „Wir kennen uns lange genug“, sagte er und lachte. Und diesmal, der Flasche Whisky ledig, kam er mit seinen Krücken allein über die Schwelle und machte sich auf den Weg zum Haus der Bones. Er drehte sich nicht um, aber er winkte einmal mit der einen Krücke.

„Wie lange war er denn hier?“ fragte ihre Mutter von der Tür her. Sarah versuchte wieder in die Zeit zurückzufinden. „Wer?“ fragte sie schließlich.

„Der Mann.“

„Mein Mann?“ Sie spürte, wie ihre Mutter ihren Arm packte. „Was ist mit dir? Dein Mann?“

„Das hab ich gesagt? Ich muß geträumt haben.“

„Ja, das mußt du wohl. Merk dir eines: wir wollen keinen Krüppel in der Familie haben. Dein Mann wird einer sein, der arbeiten und *siller* in die Kiste tun kann.“

„Ja, Mama.“

Sie erfuhren natürlich alle von dem „Antritt“, und sie waren ehrlich betroffen. Der blonde Mann war zumindest für die Dauer eines Jahres ein böses Omen.

„Wie konntest du ihn hereinlassen?“ fragte Andrew.

Sarah lächelte nur. „Wie kann man denn ein *Antritt* sein, wenn man gar keine Füße hat?“

Und das wirkte auf die anderen genauso, wie es auf sie selbst gewirkt hatte. Auch sie mußten lachen über eine so simple und offenkundige Logik.

Sie beschlossen, auf der Stelle mit diesem Aberglauben Schluß zu machen. Sam lief zur Sportheide hinunter und kam wieder zurück mit Black Willie Stuart, untersetzt und stämmig, den man für den hübschesten jungen Mann in Pitmungo hielt. Sam führte ihn über die Schwelle ins Haus und lud ihn zu einem Drink ein, und Sarah gab ihm zum Erstaunen der Familie einen Kuß.

FÜNF

IAN hörte zuerst davon. Auf rätselhafte Weise erfuhr er schlechte Nachrichten immer als erster. Er fing Sam ab, der von der Sportheide heraufkam, wo Pitmungo gerade Kinglassie geschlagen hatte. „Wie habt ihr gespielt?"

„Haben sie fertiggemacht", sagte Sam. „Einfach deklassiert."

„Na, das ist gut, denn es könnte das letzte Mal gewesen sein", sagte Ian. Ganz beiläufig, ganz gelassen.

„Was meinst du damit?"

„Die Sportheide wird geschlossen." Er schien seine Mitteilung zu genießen. „Sie nehmen sie uns weg."

„Das können sie doch gar nicht", sagte Sam. „Sie gehört uns."

„Sie tun's aber", sagte Ian.

Sam sah in Ians verkniffenes Gesicht. „Du lügst!" schrie er ihn an. „Sag, daß du lügst." Er packte ihn. „Erzähl schon – wo hast du das her?"

„Brief an Mr. Brothcock von Lady Janes Anwalt."

Brothcock stellte Grubenjungen zum Saubermachen in seinem Büro an, und er war noch nie auf die Idee gekommen, daß ein Grubenjunge vielleicht auch lesen konnte, besonders nicht nach dem Besuch der Schule von Pitmungo.

Man wolle die Sportheide einzäunen, sagte Ian, und in der Mitte einen neuen Grubenschacht hinuntertreiben. Die Abfallhalde sollte dorthin kommen, wo jetzt das Kricketfeld war, und die Kippanlage würde auf das Fußballfeld kommen, den Platz von Sams Triumphen. Die Halde, wo die frisch geförderte Kohle gelagert wurde, sollte auf dem Wurfringplatz angelegt werden. Sam ließ ihn los.

„Weißt du, was du da ganz vergißt?" Ihm war plötzlich wohler.

„Das Gelände ist Gemeindeland, und nach englischem Recht kann niemand den Leuten Gemeindeland wegnehmen, nicht einmal die große Lady Jane Tosh-Mungo oder Countess Fyffe."

Ian zuckte mit den Schultern. Das überzeugte ihn nicht.

„Zuck nicht mit den Schultern. Wir bezahlen unsere Pacht – das ist der Karren Kohle, den wir ihr jedes Jahr am Bergarbeiter-Freiheitstag geben –, da kann sie gar nichts machen."

Ian hob wieder die Schultern.

Die Sache beschäftigte Sam aber doch, und abends machte er sich manchmal Gedanken. Er nahm sich vor, zu Mr. Selkirk hinunterzugehen und ihn wegen der Rechtslage zu fragen, aber er konnte Selkirk und sein aufgedunsenes rotes Gesicht nicht ausstehen. Dieser Mann setzte seinem Vater Ideen in den Kopf, die ihn nur unruhig und unglücklich machten. Und er konnte ihm auch nicht verzeihen, daß er ihnen Rob Roy abspenstig gemacht hatte mit seinem schlauen Geschwätz.

Die Sache mit der Sportheide war nur ein dummes Gerücht, genau wie das Gerede, daß die Camerons auf der „Abschußliste" der Gesellschaft stünden.

Die Camerons hatten noch nie soviel verdient wie jetzt.

Sie mußten mit ihrem *„Antritt"* doch Glück gehabt haben. Als sich der Bergarbeiter-Freiheitstag näherte, der eigentliche Neujahrstag in den Kohlenrevieren, mit seinem alljährlichen Festzug, da hatte es kein Unglück gegeben. Und das *siller* klimperte weiter in die Kiste hinein.

Und dann, einen Monat vor dem Freiheitstag, war Sam nicht in der Lage, seinen Anteil in den Topf zu tun.

„Wo ist denn das Geld hin? Was ist damit los?" hatte Maggie gefragt.

„Ich kann es nicht sagen."

„Du begehst eine Sünde, das ist dir doch klar?"

Sam brachte jetzt soviel *siller* heim wie Gillon. Sie schrieb eine Null hinter Sams Namen und sagte bitter: „Also dann die anderen." Denn sie brauchte jetzt alles, jeden halben Penny. Die Kiste war für etwas Größeres vorgesehen, aber das wußte bisher nur sie.

SCHON seit Jahren hatte sie ein Auge darauf geworfen und festgestellt, daß es bergab mit der Firma ging. DOUGLAS OGILVIE UND SÖHNE, BERGBAUZUBEHÖR, BACK STREET, COWDENBEATH.

Das Unternehmen hatte einmal, was Grubenbedarf betraf, im Gebiet von Cowdenbeath den Markt beherrscht.

Ihren ersten Brief an den letzten überlebenden Mr. Ogilvie, unterzeichnete sie mit „M. D. Cameron“.

Nein, hatte er geantwortet, er habe keineswegs die Absicht, sein Unternehmen zu verkaufen, es sei noch immer recht einträglich. Sie hatte zurückgeschrieben, die Firma Cameron wolle sein Geschäft nicht sofort erwerben, sondern sei nur an einer Option interessiert, für den höchst unwahrscheinlichen Fall, daß ihm etwas zustoße. Die Option würde jedes Jahr erneuert und ihm bar ausgezahlt werden. Es überraschte sie nicht, als sie aufgefordert wurde, an einem Samstag zu einem Gespräch nach Cowdenbeath zu kommen. Mr. Ogilvie staunte nicht wenig, als er feststellte, daß M. D. Cameron eine Frau war.

„Eine Frau“, sagte er. Das hielt er für überaus bemerkenswert und komisch. „Eine Frau im Bergbauzubehörgeschäft.“ Er lächelte sie kopfschüttelnd an. Er hatte keinen Zahn mehr im Mund, stellte sie fest.

Sie nahm befriedigt zur Kenntnis, daß es mit Mr. Ogilvie selbst ebenso schnell bergab gegangen war wie mit seinem Geschäft. Bei genauem Hinsehen sagte sich jeder, daß ihm bald etwas Ernstes zustoßen mußte. Er musterte sie ebenfalls prüfend und lud sie zu einem Sherry ein.

Aha, da haben wir's, dachte Maggie, der wunde Punkt – er trinkt an einem Samstagvormittag. Sie hatte noch nie Sherry getrunken, aber sie erklärte sich einverstanden, um ihn in Laune zu bringen. Mr. Ogilvie lehnte sich zurück.

„Also, das steht fest, wenn Sie ins Bergbauzubehörgeschäft einsteigen, dann sind Sie die hübscheste Person in der Branche.“

Noch ein wunder Punkt, stellte Maggie fest. Womöglich machte er ihr noch irgendwelche Anträge, ehe das Dokument unterschrieben wurde.

Sie fragte sich, wieweit sie wohl bereit war, sich um der Sache willen preiszugeben.

Sich gegenseitig mit Fragen und Gegenfragen abtastend, leerten sie den größeren Teil der Flasche, ehe sie auf geschäftliche Einzelheiten zu sprechen kamen. Die Firma Cameron war bereit, Mr. Ogilvie 20 Pfund jährlich zu zahlen, solange er lebte oder solange er sein Unternehmen weiterzuführen gedachte, und handelte sich damit das Vorkaufsrecht zum Erwerb des Geschäfts bei einem Kaufpreis von 300 Pfund ein.

„Wollen Sie damit sagen, Sie zahlen mir, wenn ich noch zwanzig Jahre lebe, vierhundert Pfund allein für das Recht, mein Unternehmen für dreihundert zu erwerben?"

Maggie nickte und nippte an ihrem Sherry. Er konnte von Glück sagen, wenn er diesen Winter überstand. Sie schenkte ihm noch ein Glas ein.

„Jetzt wird mir klar, weshalb Frauen nicht fürs Geschäft taugen", meinte er. „Manche Leute würden sagen, Sie sind nicht ganz richtig in Ihrem hübschen Köpfchen."

Mr. Ogilvie unterzeichnete die Vereinbarung, und sie gab ihm fünf Pfund für das laufende Vierteljahr. Sein Name stand zusammen mit dem ihren auf dem Vertragspapier. Es gab jetzt ein Ziel für die Kiste.

Deshalb reagierte sie so erregt, als Sam kein Geld in die Kassette tat.

Nur Sandy Bone, der seinen Posten als Fördermaschinist bekommen hatte, wußte, was Sam trieb. Er ließ ihn morgens mit den anderen zusammen im Korb hinunter und holte ihn mit dem nächsten Korb wieder herauf. Abends ließ er ihn abermals in den Schacht hinunter, und eine Viertelstunde später kam Sam dann zusammen mit den Kumpels, die ihre Arbeit beendet hatten, ans Tageslicht.

Er wurde als „verletzt" geführt, und der Gesellschaft war das gleich – schließlich hatte nur er selbst durch den Lohnausfall einen Schaden davon. Sam wollte an den bevorstehenden Wettspielen teilnehmen. Er hatte angefangen, sich auf den Landstraßen draußen vor der Stadt zu trainieren. Zuerst machte er nur geringe Fortschritte. Seine Muskeln waren knotig vom endlosen Bücken und Aufrichten vor Ort. Nach einer Woche gewann er eines Nachmittags die Leichtigkeit wieder, auf die er als Junge so stolz gewesen war. In dieser Woche schmerzten ihn alle Glieder, während er die Spannkraft und Ausdauer, die beim Laufen verlangt wurden, entwickelte. Er lief, bis er jenen gewissen „Reserveatem" des Sportlers bekam, und lief weiter, bis er völlig ungeahnte Kräfte in sich entdeckte.

In der zweiten Woche übte er das Springen – Springen aus dem Stand, Weitsprung, Hochsprung, Hindernisspringen – und Gewichtwerfen. Das würde die gefährlichste Disziplin sein, denn wie hart er auch trainierte, es gab Männer wie Andro Begg in Pitmungo, die stärker waren als er. Er mußte die Stärke der anderen durch Schnelligkeit und Technik wettmachen.

Abends im Bett stellte er sich den Ablauf der einzelnen Wettkämpfe vor und wie er seine Kräfte einteilen mußte, denn es hatte keinen Sinn, einen Laufwettbewerb mit fünfzehn Meter Vorsprung zu gewinnen, wenn einer genügte.

Denn er wollte schaffen, was noch niemand geschafft hatte seit Einführung der Wettspiele im Jahre 1705 und wovon wahrscheinlich noch keiner geträumt hatte: er wollte alle Wettbewerbe gewinnen.

Alle!

Er warf sich strampelnd herum, und seine Decken waren wieder einmal vom Bett heruntergerutscht.

„Mann, was hast du denn?“ sagte Jemmie. „Was ist los mit dir? Du bist ja nervös wie ein Rennpferd.“

Das war genau das, was er hören wollte. Er beschloß, seine Absichten geheimzuhalten.

„Hör zu“, sagte Sam, „unsere Mutter hat so eine Art Traum, den sie für sich behalten will. Na ja, und ich habe auch einen Traum, den ich für mich behalten will.“

„Viel in der Grube warst du in der letzten Zeit ja auch nicht gerade.“

„Wieso?“

„Tu doch nicht so, Sam. Glaubst du, keiner hat gesehen, wie du dir Kohlenstaub ins Gesicht schmierst, damit's so aussieht, als hättest du den ganzen Tag geschuftet?“

Sam war verlegen. Das war das Dumme hier – es sah jeder auf jeden. „Ich kann dir jetzt nur soviel sagen: jeder einzelne Penny kommt wieder in die Kiste.“

„Das ist mir schnurzegal.“

„Mir aber nicht.“

Sieger in allen Wettkämpfen. Jedes Ehrenband, jede Flasche Whisky, jede Zehn-Shilling-Note, jede kleine Silbertrophäe, die Lady Jane stiftete. Wenn sie einmal wegzogen, dann sollte man hier den Namen Cameron in Erinnerung behalten: Sam Cameron.

Der Festzug war wie jedes Jahr. Die Bergarbeiterkapelle von Pitmungo, wahrscheinlich die schlechteste in ganz Schottland, stellte sich oben an der Sportheide auf, und dann ließ Wattie Chisholm, achtzig Jahre alt und noch immer vor Ort tätig, seine bebänderte

Haue sinken, und der Festzug setzte sich in Bewegung. Fünf-, sechshundert Bergleute mit ihren Familien marschierten hinter der dröhnenden Trommel her. Die Bläser schonten ihren Atem, bis sie zu den Häuserreihen von Doonietoon kamen.

Es war ein Tag der gedämpften Herausforderung, ein Tag, an dem die Kumpels ihre Einheit dokumentierten, wiewenig auch dabei herauskam. Mr. Selkirk hatte Gillon von der Zeit erzählt, als Bergleute während der Schicht Hungers starben, als Männer und Frauen zusammengekettet wurden, damit sie gleichzeitig zogen, wenn man sie vor die Kohlewagen spannte. Und wie sie mit den Ketten ins Gesicht geschlagen wurden, wenn es nicht schnell genug ging. Damals waren sie Sklaven gewesen, genauso wie irgendein Sklave aus Afrika. Sie waren an die Grube verkauft und wurden mit der Grube verkauft, und ihre Kinder waren von Gesetzes wegen verdammt, in die Grube zu gehen und dort zu sterben. Noch Maggies Vater war von seiner Mutter im Alter von sechs Monaten in der Kohlentrage mit nach unten genommen worden. Da lag er dann vierzehn Stunden in der Nässe, während sie Zentnerlasten Kohle die Leitern hinaufschleppte.

Schwarze Banner gemahnten an die schlimmsten Tage in den Gruben. „Schwarzer Dienstag 1884. Wir werden euch nie vergessen. 36 tapfere Tote."

Und noch mehr Banner, noch mehr Spruchbänder, die trotzig über den Köpfen flatterten. Am besten gefiel Sam das Banner „Haltet zusammen. Lebt zusammen. Sterbt zusammen. Triumphiert zusammen." Aber um seine Beine zu schonen, bot er beim Tragen keine Hilfe an. Hinter der Kapelle kam der Kohlenkarren mit den zwei Tonnen handverlesener und gewaschener Kohle, der Lady Jane Tosh-Mungo übergeben werden würde – der von alters her gezahlte Mietzins für die Benutzung des „Lady-Jane-Tosh-Mungo-Bergarbeiter-Erholungsparks" und die Benutzung von Brunnen und Pumpen.

Die Kohle wurde gnädig in Empfang genommen, und dann gab es Hundert-Gallonen-Fässer mit bestem schottischem Ale, mit Bändern geschmückt, und Berge von Schachteln mit Süßigkeiten für die über Tage arbeitenden Mädchen.

Die Spunde wurden eingeschlagen, das erste Ale floß, und der Tag hatte offiziell begonnen. Mr. Selkirk wurde dabei schlecht, wie er sagte. So verpuffte die geringe Wirkung, die in der Herausforderung vielleicht noch lag. Rob Roy war gekommen, sprach aber nicht mit seinem Vater. Der Kohlenherr wußte am besten: Es kam den Leuten auf das Ale an.

„Du hast gesehen, wie sie die Kohle angenommen hat“, sagte Sam zu Ian. „Das ist ein Vertrag, mein Lieber, und bedeutet, daß sie die Sportheide nicht auch noch nehmen kann.“

Aus alter Tradition saßen die Uppies und die Doonies genau wie in der Kirche auch auf der Heide getrennt. Sie würden sich bei den Wettkämpfen miteinander messen. Aber nicht beieinander sitzen, miteinander essen und reden. Maggie Cameron hatte sich eine Stelle ausgesucht, wo die Uppies saßen, doch in einem Umkreis von wenigstens fünfundzwanzig Fuß ließ sich keiner mit seinen Decken und Vesperkörben nieder. Sie saß allein auf einer grünen Insel. Es war eine öffentliche Demütigung.

„Breitet unsere Sachen aus“, befahl Maggie.

„Nur keine Angst, sie werden sich schon noch um uns drängen, ehe der Tag vorüber ist“, sagte Sam. „Die Welt hält es mit den Siegern.“

Maggie wußte nicht, wovon er sprach.

Das war ein Mittagsmahl! So etwas hatten sie noch nicht erlebt. Ein kaltes Brathähnchen und ein kleines dickes Moorhuhn, bei deren Zubereitung sie keiner beobachtet hatte. Flaschen mit Zitronenlimonade – die Sonne ließ die Bläschen wie Funken aufsprühen, wenn man sie an die Lippen hob. Schachteln mit Pfefferkuchen aus Kirkcaldy, dampfende Teekuchen und *bannocks,* bestrichen mit Heidehonig, Zitronenschaumgebäck, der Teig duftig und weiß. Sie fingen die neidischen Blicke der anderen Familien auf.

„Wem willst du eigentlich imponieren, Ma?“ fragte Sam.

„Allen. Ist das etwas Schlimmes?“

Sarah kam herauf, schüchtern in ihrer Spielmannsuniform. Sie hatte in der Kapelle Flöte gespielt.

„Die Bones haben gesagt, wir sollten uns doch zu ihnen setzen.“

„So, haben sie das? Und warum setzen sie sich nicht zu uns?“ erwiderte ihre Mutter. Und damit war diese Frage erledigt.

Ein lauter Hochruf brandete über die Heide hin. Das Ale floß wieder, und Jemmie rannte mit den zwei Familienkrügen los, um sich anzustellen. Rings um sie her trank man und aß Kartoffelsalat und Fleischpasteten und warmen Kuchen, und dann ließ man sich ins kühle Heidegras fallen und sah oben die Wolken vorüberziehen, und einer nach dem anderen – außer Sam, der kein Ale getrunken und nur ein Stück Hähnchen gegessen hatte – schliefen sie ein, und die Sonne schien herab.

Gegen vier Uhr wachte alles auf der Heide wieder auf. Die Leute packten ihre Sachen, um Platz zu machen für die Wettkämpfe, und Mr. Brothcock kam herübergeritten, stattlich im Sattel sitzend, und auf einem einspännigen Wagen folgten ihm von Brumbie Hall die Preise für die Sieger der einzelnen Wettkämpfe.

Dank seinem wochenlangen Training war Sam schlank und geschmeidig, während die Muskeln der anderen durch die Arbeit unter Tage hart und verkrampft waren. Sie waren voll des guten Essens und des starken Ales, Sam innerlich bereit und nicht vollgeladen.

Sein Sieg im Einhundert-Meter-Lauf kam nicht unerwartet. Seit Jahren machten ihn Sam und Bobbie Begg unter sich aus. Aber man war doch überrascht, wie mühelos sich Sam im Endspurt vom Feld löste, ohne außer Atem zu kommen.

Brothcock hielt den Zehn-Shilling-Schein in die Höhe.

„Gut gelaufen, Junge. Wie heißt du?"

Sam sagte es ihm.

„Da hängt ein ganzer Tag Schweiß in der Grube dran. Glück gehabt, Junge."

„Ich bin mir dessen durchaus bewußt, Sir."

„Hör doch bloß mal, wie der spricht", sagte Brothcock zu seiner Frau und äffte Sam nach, während er ihm das blaue Band ans Hemd heftete.

„Ein Held von Pitmungo."

„Vielen Dank, Mr. Brothcock, Sir."

Schmieren wir's ihm richtig ums Maul, dachte Sam.

Beim Zweihundert-Meter-Lauf war der Sieger fast immer ein anderer, weil der Sieger des ersten Laufs gewöhnlich noch zu ausgepumpt war, um den Erfolg zu wiederholen. Aber Sam schaffte es, und dann wurde zum ersten größeren Wettbewerb aufgerufen, zum traditionellen „Rund-um-die-Heide"-Lauf. Eine Flasche guten Highland-Malzwhiskys und 20 Shilling erwarteten den Sieger, manchmal noch ein Schinken.

Es war kein leichtes Rennen: Grasbüschel, versteckte Torflöcher voller Wasser, moorige Stellen, wo man plötzlich knöcheltief im Schlamm stand.

„Na, da willst du doch nicht auch noch mitmachen, Mann?“ rief jemand. „Du machst dich ja fertig, Mann.“

Sam lächelte. Er hatte zwei gefährliche Konkurrenten, Alex McMillan, der barfuß lief, weil sein Vater nicht wollte, daß er seine Schuhe verdarb, und Jemmie.

„Wo ist Jem?“ rief Sam zu den Seinen hinüber. Keiner wußte es. Keiner hatte ihn gesehen.

„Können Sie noch warten, bis ich meinen Bruder gefunden habe, Sir?“ fragte Sam. Falls er nicht gewann, sollte der Titel wenigstens in der Familie bleiben. Jem war ja ausgeruht.

Aber Mr. Brothcock ließ sich nicht darauf ein und beorderte die Teilnehmer an den Start. Es wurde kein echter Wettkampf. Der kleine Alex hatte getrunken, und Mr. Brothcock überreichte Sam seinen Whisky und seine zwei Zehn-Shilling-Scheine und heftete ihm ein weiteres blaues Band an die Brust.

„Wird schon zur Gewohnheit“, sagte Brothcock. „Wird schon etwas langweilig. Ich glaube, es wäre eine gute Idee, wenn du einmal aussetzen würdest.“

„O nein, Sir“, sagte Sam. „Ich springe so gerne.“

Vor dem Springen trabte Sam zum Picknickplatz der Familie.

„Wo ist Jem? Ohne ihn macht es gar keinen Spaß.“ Er nestelte sich die blauen Bänder ab. „Paß darauf auf“, sagte er zu seiner Mutter.

„Du fällst auf“, sagte Maggie.

„Und auch darauf“, setzte Sam hinzu und legte die vier Zehn-Shilling-Scheine zu den Bändern und der Flasche Glenlivet. Die Kinder der Uppie-Familien umdrängten die Picknickdecke der Camerons. Alle wollten einmal die blauen Bänder oder Sam anfassen.

„Weißt du vielleicht, wo Sarah ist?“ fragte ihn Gillon.

„Sie ist fortgegangen, als wir ein Nickerchen gemacht haben, und nicht wieder zurückgekommen.“

Sam hatte keine Ahnung, und dann wurden die Springer aufgerufen. Beim Dreisprung überbot er den Pitmungo-Rekord.

Es heißt, die Zuschauer schenken ihre Sympathie dem Sieger, und bis zu einem gewissen Zeitpunkt taten sie das auch. Aber dann schlug die Stimmung allmählich um. Man wartete auf die Bestätigung, daß Sam Cameron auch nur ein Mensch war. Man hoffte, daß er irgendwo versagte, wartete darauf, daß er irgendwann platt auf sein breites braunes Gesicht fiel.

Hochsprung, Weitsprung aus dem Stand, Weitsprung mit Anlauf.

„Ich weiß nicht, ob es dir aufgefallen ist", sagte Mr. Brothcock, „aber du machst dich höchst unbeliebt."

„Ich bin dazu erzogen worden, immer mein Bestes zu geben, Sir. Das lehrt man uns in der Grube, Sir."

Als nächstes kam das Steinwerfen, der letzte Wettbewerb vor dem Pitmungo-Marathonlauf, der Wettbewerb für die Schwergewichtler, die an keinem anderen Wettbewerb teilgenommen hatten, weil sie zum Laufen und Springen zu schwerfällig waren. Andro Begg stieß Sam mit seinem Finger gegen die Brust.

„Du hast meine Jungens beim Laufen fertiggemacht. Und dein Vater hat mich damals am Tor fertiggemacht." Sam nickte. „Und jetzt knöpfe ich mir dich vor, Junge, damit nicht auch sein Sohn mich fertigmacht!"

Das entlockte der Menge ein lautes Geschrei. Die Leute wollten ihr Opfer. Begg stemmte seine Füße fest in den Boden und schwang den Sechsunddreißig-Pfund-Stein an seiner Stahlkette vor und zurück, bis der wiegende Rhythmus seines Körpers mit dem Auf und Ab des Steins übereinstimmte. Dann ließ er los.

Ein Fuß pro Pfund, das garantierte in Pitmungo gewöhnlich schon den Sieg. Andro Begg hatte den Stein noch weiter geschleudert. 39 Fuß 5 Zoll war neuer Rekord für Pitmungo. Die anderen Männer warfen, lagen aber weit zurück.

Sam hob den Stein auf und war wie immer überrascht, was für ein Gewicht der Stein am Ende der Kette hatte.

Er schwang den Stein vor und zurück, fühlte, wie ihm das Gewicht vertraut wurde, und dann drehte er sich damit im Kreise, drehte sich um sich selbst, und als er spürte, wie das Gewicht des Steins seine eigene Kraft verstärkte, und als er das Gefühl hatte, daß alles so war, wie es sein mußte, daß Nacken und Schultern und Schenkel ganz aufeinander abgestimmt waren, ließ er los. Niemand machte sich die Mühe, die Aufschlagstelle zu kennzeichnen, weil der Stein so viel weiter geflogen war, weiter als je zuvor.

Es gab kein Jubelgeschrei, und es gab kein Aufstöhnen, es gab nur ein dumpfes Schweigen. Dies war kein sportliches Ereignis mehr; hier stand ein einziger gegen eine ganze Stadt, die ihm nicht Paroli bieten konnte.

Sein Vater stand neben ihm. „Was kommt jetzt noch?" fragte Gillon.

„Der Pitmungo-Marathonlauf."

„Ich möchte dich um etwas bitten. Meinst du nicht, du solltest jetzt auch einem anderen eine Chance geben?"

Sam blickte vor sich zu Boden.

„Ich weiß nicht – vielleicht", sagte Sam. Er sah zu seinem Vater auf. „Aber ich will nicht. Kannst du das verstehen, Vater? Ich will alles gewinnen. Gillon nickte, und plötzlich lächelten beide.

„Dann werde ich den Lauf also gewinnen", sagte Sam und machte sich auf den Weg zu der Stelle, wo sich die Läufer versammelten.

Gillon ging wieder über die Heide und setzte sich zu Maggie.

„Er läuft mit", sagte er. „Er läßt sich nicht zurückhalten."

„Warum sollte er nicht mitlaufen?" Sie klopfte auf die Handtasche, in der schon 100 Shilling steckten. „Dazu ist er doch hergekommen. Was ist als Preis ausgesetzt?"

„Eine Goldguinee und noch eine Flasche Whisky."

Immer wieder kamen Leute, um die Picknickdecke der Camerons zu betrachten, an die Sams neun blaue Siegesbänder geheftet waren. Die Glenlivet-Flaschen standen in einer Reihe daneben, zusammen mit einigen Silberpokalen, die der Sieger bis zu den nächsten Spielen bei sich zu Hause zur Schau stellen konnte.

Den ganzen Tag aber hatte Maggie ihren Vertrag mit Ogilvie immer wieder aus ihrer Handtasche herausgeholt und ihn gelesen. Und wenn sie ihn wegsteckte, lag Zufriedenheit in ihrem Gesicht.

„Was liest du denn da?" fragte Gillon schließlich.

„Etwas Persönliches." Anfangs belustigte es ihn, aber dann machte es ihn unruhig. Er streckte plötzlich die Hand aus nach dem Papier, nur halb spielerisch, und sie packte ihn am Handgelenk.

„Laß die Hände davon, Gillon." Ihre Stimme klang ernst, und er ließ los.

„Ich hab's gesehen", sagte er. „Den Briefkopf. Ogilvie und Söhne. Dieser alte Knacker."

„Ja, und du kannst Gott dafür danken, daß er alt ist."

Gillon verstand das nicht.

Andrew kam herbeigerannt. „Habt ihr Jem gesehen? Letzter Aufruf für die Marathonläufer." Sie hatten ihn nicht gesehen.

„Jem ist sicher fortgegangen, weil Sam alles gewinnt", sagte Gillon.

„Och", sagte Maggie, „du verstehst die Jungens überhaupt nicht. Wenn Jem fortgegangen ist, dann, weil er einen Weg sucht, wie er gewinnen kann."

VIELE starteten zum Marathonlauf, aber nur wenige erreichten das Ziel. Die Strecke führte von der Sportheide hinunter durch Doonietoon, an den Halden und Fördertürmen vorbei, durch das Zechengelände und die Low Road entlang, an Brumbie Hill vorüber nach Easter Mungo, schon im Dämmerlicht, und dann, im Dunkeln ständig bergauf wieder zurück. Der Rückweg schlauchte auch die besten Läufer.

Den Reiz des Marathonlaufs machten zum einen der Lauf und zum anderen die Nacht, das Dunkel und die Heide aus, gleichsam atavistische Herausforderungen. Es waren schon Läufer vor Erschöpfung unterwegs gestorben, andere waren ertrunken, weil sie blindlings in den Fluß gestolpert und von der Strömung fortgerissen worden waren.

„Ist mein Bruder da? Siehst du Jem irgendwo?“ fragte Sam seinen Vater. Etwa fünfzig, sechzig Läufer hatten sich hinter der Startlinie aufgestellt. Gillon glaubte, Jemmie im Hintergrund zu erkennen, aber er war sich nicht sicher.

„Ich weiß nicht, ich kann's nicht genau sagen, aber ich glaube, er ist dabei“, sagte Gillon. Und dann ertönte der Startruf, und die Läufer liefen in die Abenddämmerung hinein, anfangs alle noch beieinander, dann jedoch immer mehr auseinandergezogen. Nach und nach blieben etliche auf der Strecke und ließen sich erschöpft in einer Senke nieder, bis sie wieder aufstehen und nach Hause gehen konnten.

Sam lief ein paar Meilen mit den anderen zusammen, aber ihr Tempo war ihm zu langsam. So, wie sie liefen, würde er schwere Beine bekommen und nie jenes Stadium erreichen, das leichteres und schnelleres Laufen ermöglichte. Er ließ alle in der Dunkelheit hinter sich zurück.

In Easter Mungo gab es ein paar Leute, die mit Schwämmen und Wasser warteten, um die Läufer zu erfrischen und mit Orangenstücken zu stärken. Es gab auch Whisky für die, die ihn nötig zu haben glaubten.

„Gut gemacht“, sagte ein Mann und drückte einen Schwamm mit eiskaltem Wasser über Sams Kopf aus. „Wo sind denn die anderen? Du bist ja ganz allein, Junge.“

Sam trug sich ins Kontrollpunktbuch ein: hier war die Wendemarke. Er lief die traditionelle Marktplatzrunde, einmal um den Brunnen herum, die Kirchenstufen hinauf und hinunter, um den

Teufel abzuschütteln, an den alten Männern vorbei, die mit ihren Feuern böse Geister und Elfen fernhalten sollten, wie es die Tradition wollte.

„Gott sei mit dir!“ riefen sie ihm zu. „Sieh dich vor auf der Moorheide!“ Und dann hatte er sie schon hinter sich gelassen, rannte wieder in seinem Trancezustand dahin, allein, allein, allein, und dann hörte er zu seiner Überraschung Schritte hinter sich in der Dunkelheit.

Zuerst konnte er es nicht glauben. Aber da war jemand, da hing jemand hinter ihm und paßte sich seinem Tempo an, mit stampfenden Schritten. Sam lief auf den Fußspitzen, wie ein Läufer es sollte.

„Wer ist da?“ rief er zurück. „Sag mir, wer du bist.“

Nur die weiterstampfenden Schritte und das Keuchen. Zum Teufel, dachte Sam, kümmere dich nicht um ihn, und mach ihn bei der Steigung fertig. Alles war nachtschwarz, nur die Sterne leuchteten, und er sah die Kipphalde. Auf einmal sah er auf der Heide das lodernde Feuer vor sich. Dort hinten wartete man auf ihn. Er kam an die lange, lange Steigung, und nun wurde es schwerer.

„Du machst dich fertig!“ rief Sam nach hinten.

Da war der Fluß und der Bach, der durchquert werden mußte, dann kam man am Zechengelände vorbei, an der Ziegelei, und dann hatte er ihn abgehängt. Gott sei Dank, dachte Sam. Wer nicht ausgiebig trainiert hatte, sollte sich so etwas nicht antun.

Er erreichte das Kopfsteinpflaster, das untere Ende des Colliers Walk, und links und rechts standen jetzt die ersten Leute. Er hörte sie schon, hörte auch, wie sie seinen Namen die Reihe entlang hinaufriefen oben auf die Heide.

„Sam Cameron. Wieder der junge Cameron.“ Der süße Lohn des Sieges, dachte Sam verbittert, als sein Name durch die Stadt eilte. Ihn überkam das Verlangen aufzugeben. Er war genug gerannt. Mancher frühere Sieger hatte das letzte Stück im Schritt zurückgelegt. Auch er lief jetzt nur noch im Trab, statt richtig zu rennen. Und da hörte er plötzlich einen neuen Aufschrei, und er wurde davon so überrascht, daß er stolperte.

„Noch einer!“ hörte er. „Er holt auf, er holt auf!“

Jetzt konnte Sam ihn auch hören. Der andere kam immer näher. Sam drehte sich um, sah ihn aber nicht.

„Wer?“ rief er den Leuten zu. „Wer ist es? Wer ist es?“

Sie wußten es auch nicht. Er hörte den anderen mit letztem Atem keuchen, hörte ihn schluchzen vor Schmerz. Männer waren auf dieser

Steigung schon tot zusammengebrochen, dachte Sam. Er versuchte, wieder in seinen alten Rhythmus hineinzugelangen. Seine Muskeln gehorchten ihm zu seinem Erstaunen. Der andere Läufer war schon fast auf gleicher Höhe mit ihm.

„Hör auf", rief er. Der andere grunzte etwas Unverständliches. „Lauf langsamer, dann laufe ich auch langsamer." Aber das war nur Atemverschwendung. Und da war der andere auch schon auf gleicher Höhe und zog an ihm vorbei, so unglaublich das war. Die Leute liefen nebenher, riefen dem dunklen kleineren Läufer zu, der sich mit jedem neuen stolpernden Schritt ein Stück weiter nach vorn brachte.

„Jem!" schrie Sam. „Tu das nicht!" Und er raffte sich zusammen, zur Miners Row hinauf und dann bis zum unteren Ende der Heide. Jetzt noch dreihundert Meter aufwärts. Die jungen Leute aus der Stadt rannten neben Jemmie her, feuerten ihn an, ermunterten ihn durchzuhalten, feste, feste, feste, und einige versuchten ihn am Ellbogen zu fassen und hinaufzustoßen zu dem Freudenfeuer. Er ist von Sinnen, dachte Sam, er ist so verrückt, daß er nicht mehr weiß, was er sich abverlangt. Und dann sagte er sich, nein, ich lasse es nicht zu, und er holte das Letzte aus sich heraus. Und da holte er Jem ein, sah in das verzerrte Gesicht seines Bruders, und dann lief er an ihm vorbei, so als hätte er ihn noch nie gesehen.

Gillon wartete am Ziel, aber sonst war alles hinuntergerannt zu der Stelle fünfzig Meter vor dem Ziel, wo Jemmie zusammengebrochen war. Sie hoben ihn auf und trugen ihn über die Ziellinie, damit er wenigstens auf den zweiten Platz kam, mit einem roten Band und fünf Shilling.

„Mußtest du das tun?" fragte Gillon seinen Sohn.

„Ja, ich mußte es."

Wenigstens weinte Sam, wie Gillon sah. Er weinte über sich selbst, über das, wozu ihn eine dunkle Kraft getrieben hatte, und auch über seinen Bruder. Sam kehrte um, dorthin, wo Jem auf der Heide lag.

Der Körper seines Bruders brannte, doch seine Hände waren kalt. Das beunruhigte Sam. Er hob mit der Hand Jems Kopf an. „Warum hast du das getan, Jem? Warum bloß?" Die Augen seines Bruders hatten einen leeren Blick. Er stirbt, dachte Sam.

„Einer kann doch nicht alles haben", sagte Jem. „Man muß doch auch den anderen etwas lassen.“ Er zitterte, und Sam sagte zu einigen Jungens von der Fußballmannschaft, sie möchten doch den Wagen und Decken für Jem holen.

„Ich hätte dich beinahe geschafft“, sagte Jem. „Beinahe.“

„Geschafft? Du hast mich beinahe umgebracht, Mann!“

„Aber ich schaffe dich noch, Sam, du weißt es sehr gut. Ich schaffe dich noch.“

„Du hättest dieses Jahr den Sieg verdient“, sagte Sam.

So erschöpft Jemmie war, jetzt richtete er sich auf. Das ärgerte ihn. Das verstieß gegen die Prinzipien der Camerons.

„Wieso hätte ich verdient, Sieger zu sein, wo ich nicht gesiegt habe?“ sagte er.

Die Brüder hielten sich in den Armen, sie versuchten die Tränen zu unterdrücken. Aber daß sie immer über das Ziel, das andere sich setzten, hinausgehen mußten, selbst über das hinaus, was ihnen zustand, das konnten sie nicht unterdrücken.

Als die Jungen nach Hause kamen, war der Wagen fort und auch das Pferd. Und auch Sarah war nicht zu Hause. Und so beschloß man, daß Gillon zu den Bones gehen und dort fragen sollte, ob ihr Sohn zu Hause sei.

Auch Sandy Bone war fort.

„Ich kann es nicht glauben“, sagte Maggie. „Das kann sie mir doch nicht antun. Ich hab ihr doch gesagt, ich will keinen Krüppel hier im Haus herumhumpeln sehen.“

Gillon hatte so etwas noch nie getan, aber jetzt packte er sie am Hals. „Ich lasse es nicht zu, daß du ihn heruntermachst.“

Sie riß sich los.

„Aber Vater“, sagte Andrew.

„Wenn dieser Mann mit dem Leben zu Rande kommt, dann hat er auch einen Anspruch darauf. Wenn er dazu meine Tochter braucht, kann er sie haben“, sagte Gillon. „Wenn sie ihn geheiratet hat, dann hat sie über ihrem Stand geheiratet.“

„Sie hat's mir versprochen“, sagte Maggie. „Wie konnte sie nur die Unverschämtheit haben?“

„Herrgott, sie liebt ihn!“ rief Gillon. „Kannst du das nicht begreifen? Geht das über deinen Horizont?“

„Liebe ist nichts als Lüge“, sagte Maggie. „Nichts als gebrochene Versprechen.“

„Und das glaubst du wirklich?"

„Ja, das tu ich."

Gillon griff nach seiner Jacke. „Du tust mir leid", sagte er. „Und ich tu mir auch leid." Und er schloß die Tür hinter sich.

SECHS

Gillon freundete sich mit Walter Bone an, was ganz Pitmungo überraschte. Er hatte zunächst gezögert. Mr. Bone war Oberhaupt der ältesten und angesehensten Familie in Pitmungo. Er war in der Grube als Obersteiger beschäftigt. Steiger sprachen nicht mit gewöhnlichen Hauern. Aber Gillon überwand seine Scheu: er wollte wissen, wie es Sarah ging.

„Wie geht es meiner Tochter, Mr. Bone?" fragte er eines Tages auf dem Weg hinunter zur Schicht.

Bone war aus seinen frühmorgendlichen Gedanken aufgestört.

„Ihre Tochter", sagte er, „ist ein Segen für mein Haus."

„Dann ist sie glücklich?"

„Glücklich? Doch, ich würde sagen, sie ist glücklich, was Sie darunter auch verstehen mögen. Ihre Mutter will sie noch immer nicht wieder im Haus haben?"

„Nein, und niemals."

„O doch, glaube ich", sagte Mr. Bone. „Nach allem, was ich höre, ist Mrs. Cameron eine vernünftige Frau."

Mr. Bone, dachte Gillon, kennt Mrs. Cameron nicht.

Danach trafen sie sich öfter, auf dem Weg zur Grube und auf dem Heimweg, und sie stellten fest, daß sie vieles gemein hatten. Sie besaßen die Fähigkeit des Zuhörens und Lernens, und wie viele Schotten liebten sie den Wortstreit. Sie diskutierten gerade über den Anspruch des Arbeiters auf Unfallentschädigung, als sie die unbekannten Männer mit ihren Vermessungsgeräten zum erstenmal auf der Sportheide erblickten.

„Was glauben Sie, was diese Männer da machen?" fragte Gillon.

Es waren Gerüchte über das weitere Schicksal der Sportheide in Umlauf, und Walter Bone, der stets dazu neigte, die bestehende Ordnung zu verteidigen, gehörte zu denen, die nicht zu glauben vermochten, daß Lady Tosh-Mungo so etwas zulassen würde. Wenn man den Leuten das Heidegelände wegnahm, sah sich Mr. Bone zu dem Eingeständnis gezwungen, daß ein Teil seines Lebens auf eine Lüge gegründet gewesen war. Er konnte es sich nicht leisten, an das Gerücht zu glauben.

„Sie können da alles mögliche machen", sagte Mr. Bone. „Sie könnten zum Beispiel Vermessungen für ein neues Kricketfeld vornehmen."

Dann tat sich nichts, bis eines Nachmittags im September eine Gruppe von Arbeitern die Heide einzäunte. So viele Leute kamen zu ihm, die beruhigt werden wollten, daß Mr. Bone schließlich mit Mr. Brothcock sprechen mußte.

„Die Leute sind etwas aufgeregt, Mr. Brothcock."

„Sagen Sie ihnen, sie sollen sich keine Sorgen machen, Walter. Das Recht, die Heide zu überqueren, wird nicht angetastet. Keiner braucht einen Umweg um unsere Heide zu machen." Bone wußte, das war nicht genug.

„Mir geht es darum, ob meine Enkel weiter auf dieser Heide Fußball spielen können."

Brothcock reagierte verärgert. „Also hören Sie mal. Sie kümmern sich um die Kohle, und ich kümmere mich um die Anlage. Das ist das beste für beide Teile."

Als er herauskam, sahen die Männer Walter Bones Augen die Kränkung an.

Die Arbeit an dem häßlichen Zaun ging langsam. Die jungen Leute plagten die Arbeiter. Noch vom Spiel erhitzt, machten sie höhnische Bemerkungen über den Zaun. Schließlich sah sich Mr. Brothcock gezwungen, ihnen Einhalt zu gebieten.

„Ihr wollt es nicht anders!" schrie er die Fußballspieler an. „Alles runter von der Heide!"

Sie hielten mitten im Spiel inne. Jemmie kam über das Gras getrabt. „Wir sind mitten im Spiel, Sir. Wir spielen heute abend gegen Kinglassie."

„Das kümmert mich einen Dreck. Runter vom Gras."

„Sie sind von weither gekommen, um gegen uns zu spielen, Sir. Fünf Meilen nach einer Zehn-Stunden-Schicht. Ich weiß nicht, wie ich ihnen das beibringen soll", sagte Jem.

„Es wird dir schon etwas einfallen."

Mehr als alles andere war es Jems Haltung, die den Grubendirektor reizte – er stand breitbeinig da, auf seinen stämmigen, kurzen Beinen. „Ich habe gesagt, geht von dem Gras runter, und ich meine, was ich sage."

„Ihnen gehört die Heide nicht, Sir. Sie gehört den Leuten."

Damit war die Streitfrage zum erstenmal in Pitmungo aufgeworfen. Mr. Brothcock ging auf Jemmie zu, bis er ihn fast mit dem Bauch berührte. „Ich kenne dich. Du bist das gierige Schwein, das nie maßhalten kann."

Jemmie blickte Sam an, und das Merkwürdige war Sams Schweigen. In seinen Augen stand nicht einmal Zorn. Sam blickte abwesend vor sich hin.

„Ja, James Forbes Cameron. Die Jungen wollen wissen, was ihnen passiert, wenn wir weiterspielen."

Brothcock lächelte. „Ich würde dafür sorgen, daß du nie wieder in den Gruben hier arbeitest. Auch deine Brüder und dein Vater nicht. Und ich würde auch dafür sorgen, daß ihr bei keinem anderen Kohlenherrn in Fife Arbeit bekommt. Ist deine Frage damit beantwortet?"

Er ging wieder die Heide hinunter und stapfte gerade über eine Wurfringbahn, als der Stein an seinem Kopf vorbeipfiff. Aber das mußte man dem Superintendenten lassen: er hatte Mut; er tat den Spielern nicht den Gefallen, sich auch nur umzudrehen. Dennoch blieb es dabei, daß jemand Mr. Brothcock um der Sportheide willen fast getötet hatte.

„Warst du das?" fragte Jem seinen Bruder.

Sam gab keine Antwort. Sein Gesicht war völlig ausdruckslos.

Rob Roy war in Hochstimmung. „Da haben wir endlich unseren Streitfall", sagte er zu Mr. Selkirk.

„Ich glaube das nicht", sagte der Bibliothekar.

Rob war enttäuscht. „Sie haben Mr. Brothcock zu töten versucht!"

„Wieso sie? Einer. Wahrscheinlich einer von deinen Brüdern."

„Hoffentlich."

„Wenn sie alle auf Mr. Brothcock losgegangen wären, das wäre keine Gewalttat mehr gewesen, sondern ein revolutionärer Akt."

„Du verstehst nicht, was die Sportheide für die Leute hier bedeutet, Henry." Sie redeten sich inzwischen mit Vornamen an. „Die Heide ist Leben."

Mr. Selkirk dachte über das Problem nach.

„Nein, es muß allen an den Nerv gehen. Den Rugbyspielern geht's an den Nerv, aber die Frauen sind nicht betroffen. Wenn eine neue Grube aufgemacht wird, gibt es mehr Arbeit, mehr Kohle und mehr Lohntüten."

Rob hatte seinem Lehrer den Rücken zugekehrt.

„Erlaube mir, an Keir Hardie zu schreiben." Selkirk schwieg. „Ich möchte, daß er herkommt und eine schottische Bergarbeitergewerkschaft organisiert."

„Und wo willst du ihn unterbringen, wenn er kommt?"

Rob machte ein langes Gesicht.

„Er hat Bewährung und darf nicht gewerkschaftlich arbeiten. Ich will nicht, daß er hierherkommt, nur um eingesperrt oder von Werkspolizisten zusammengeschlagen zu werden", sagte Selkirk.

„Ich weiß, wo wir ihn unterbringen können und wie wir ihn in die Stadt bringen können, ohne daß es jemand sieht."

„Wie?"

„Ich kann es dir jetzt noch nicht sagen", sagte Rob begeistert. „Weil es eine persönliche Angelegenheit ist. Ich habe da meinen Stolz. Aber es geht. Oh, das ist der erste Schritt, Henry."

Dieser Romantiker, dachte Selkirk, ganz wie ich, als ich jung war, erfüllt von der Idee, daß die Menschen, wenn sie erst die Wahrheit hören, auch darauf antworten.

„Schreib du deinen Brief", sagte Selkirk. „Ich schreibe ein paar Zeilen zur Unterstützung."

Rob Roy wartete auf Antwort, aber andere in Pitmungo waren inzwischen nicht müßig. Zur Überraschung aller machte sich Walter Bone zu ihrem Wortführer. Unauffällig brachte er die Mittel für eine Klärung der Rechtslage in Sachen Sportheide zusammen, und eines Sonntags begab er sich nach Dunfermline, um Mr. Murdock Carnegie, einen renommierten Anwalt, zu konsultieren. Gillon wurde die Ehre zuteil, ihn zu begleiten.

Was sie von Mr. Carnegie erfuhren, der sie nicht aufforderte, Platz zu nehmen – Leute aus den Kohlengruben standen bei ihm –, klang wenig hoffnungsvoll.

Nach Mr. Carnegies Ansicht war der Zaun aufgestellt worden, weil die Familie Tosh-Mungo ihren Besitzanspruch erneuern wollte. Der Umstand, daß sie die Heide den Bergleuten zur Benutzung überlassen hatten, bedeutete nicht, daß sie auf ihre Eigentumsrechte verzichtet hätten.

„Aber wenn sie die Kohle annimmt", platzte Gillon heraus, „erkennt sie doch unseren Anspruch auf die Heide an."

Das war für die Bergleute der entscheidende Punkt.

„Nein, nein", sagte Mr. Carnegie. „Die Sache ist genau umgekehrt. Die Tatsache, daß Sie Lady Jane jedes Jahr einen Karren Kohle übergeben, beweist gerade, daß Sie ihren Besitzanspruch anerkennen."

Es gab, meinte Mr. Carnegie, eine Möglichkeit. Sie konnten beim Gericht eine Rechtsvermutungsklage einreichen – das hieß, sie konnten vorbringen, daß sie davon ausgingen, daß das Gelände, weil sie es 300 Jahre lang genutzt hatten, von Rechts wegen an sie gefallen sei.

Da aber die Bergarbeiter von Pitmungo keine juristische Person seien, könnten sie wahrscheinlich keine Klage erheben. Doch falls es ihnen gestattet werde und sie den Prozeß verlören, müßten sie mit einer Geldstrafe wegen falscher Anschuldigung rechnen und alle Anwalts- und Gerichtskosten tragen – und obendrein zögen sie sich den Zorn von Lord Fyffe zu.

Mr. Carnegie schlug vor, mit irgendeiner spektakulären Demonstration das Interesse der Öffentlichkeit zu erwecken und die Tosh-Mungos vielleicht dazu zu bewegen, ihre Grundbesitzrechte für verfallen zu erklären.

„Was für einen Schritt schlagen Sie vor, Sir?" fragte ihn Walter Bone.

Der Anwalt sah sie belustigt und überrascht an. „Erwarten Sie vielleicht, daß ich Sie zum Aufruhr ermuntere?"

Sie machten sich schweigend auf den vierzehn Meilen langen Weg zurück nach Pitmungo.

Die Worte des Anwalts gingen ihnen durch den Kopf. Aufruhr.

Bei der Versammlung hinter der Tosh-Mungo Terrace, auf dem Gelände der White-Coo-Farm, erstattete Walter Bone denen Bericht, die Geld für die Rechtsberatung beigesteuert hatten. Als er geendet hatte, war klar, daß man den Zaun einreißen oder die Heide besetzen mußte.

Sollten sie doch die *Scots Guard* schicken oder das *Black Watch Regiment* in Marsch setzen – sie würden standhalten, und ohne Kampf sollten die ihre Heide nicht bekommen.

Was sie noch nicht wußten, war, daß man einen geborenen Revolutionär zum Anführer haben muß, wenn man eine Revolte anzettelt. Das war Walter Bone nicht.

Der Zaun stand, wie er war, schwärzlichgrün, und dann gab es einen frühen Winter. Im Oktober fiel Schnee und begrub die Sportheide unter sich.

Der Verlust wirkte sich so weniger schmerzlich aus, denn die Heide nützte jetzt niemandem etwas.

Selbstzufriedenheit löschte den Gedanken an Aufruhr aus. Und dann mußte man an die Zukunft denken. Was würde geschehen, wie alte Kumpels oft fragten, wenn die eine oder andere Grube ausgebeutet war? Ein neuer Schacht würde neue Arbeitsplätze bedeuten.

Nur Sam schien sich mit dem Zaun nicht abfinden zu können. Er war ständig „abwesend" auf eine Weise, die der Familie Sorge machte. Er kam aus der Grube heim, nahm sein Bad und seinen Tee, aber er gab keine Antwort. Dann begann er alle Bücher von Rob Roy zu lesen und dann die, die Mr. Selkirk seinem Vater empfohlen hatte.

„Ich möchte wissen, was damals mit deiner Familie geschehen ist", sagte er eines Tages zu Gillon. „Ich will genau wissen, warum deine Leute von ihrem Land vertrieben wurden."

Gillon erzählte ihm, wie sie verjagt wurden von ihrem Land, das sie als ihren angestammten Grund und Boden betrachtet hatten, um Platz zu machen für Moorhühner und Fasane und Rothirsche; wie sie zur Küste hinuntergezogen waren und das Steinhaus gebaut hatten und von der Kälte und vom Hunger.

Die Geschichte von Gillons Mutter, die eines Nachts Muscheln gesammelt und der man den Korb von der Schulter abgeschnitten hatte, machte Sam zornig. Es war die erste Regung seit Monaten in Gegenwart der anderen.

„Haben sie sich zur Wehr gesetzt? Haben sie sich zusammengetan und zur Wehr gesetzt?" In Sams Stimme schwang erregte Entschlossenheit. Gillon hatte Angst. Kein Mann sieht gern, daß sein Sohn das Zeug zum Märtyrer hat. Aber es war besser, ihn so zu sehen als völlig leblos, wie vorher.

„Manche haben gekämpft; andere nicht. Wer weiß schon, wie er sich verhalten wird?"

„Ich weiß es", sagte Sam.

Die anderen überlief es kalt. Sam sagte nie etwas, das er nicht ernst meinte.

Es war ein Risiko, das Gillon auf sich zu nehmen beschloß. Er bat Mr. Selkirk, ihm die *Geschichte der Hochland-Vertreibungen* zu bestellen, und betete, daß daraus nicht der Funke spränge, der Sams Denken in Brand setzte.

IAN kam heim mit der Nachricht, daß Rob Roy seinen Vater im Schulhaus sprechen wollte. Sie trafen sich, und nach kurzem Zögern umarmten sie sich, was bei den Camerons höchst selten war. „Für einen Vater war das eine lange Zeit, die du nicht mit mir gesprochen hast“, sagte Gillon.

„Ja, aber du hast mich fortgeschickt, und ich bin gegangen.“

„Ich habe dir etwas befohlen, und du hast es nicht getan.“

Gillon lächelte und sah, wie ähnlich sie sich waren – stur auf ihre stille Art.

So behutsam, als enthüllte er den heiligen Gral, entfaltete Rob Roy einen Brief, den er aus einer kleinen, blechernen Streichholzschachtel herausgenommen hatte, wie sie die Bergarbeiter hatten.

„Du wirst es nicht glauben“, sagte er. Seine Stimme bebte vor Stolz. „Vorsicht mit dem Brief!“

Die Handschrift war ungeübt.

Lieber Genosse Cameron,
die Ungerechtigkeit, die Sie beschreiben, scheint mir Grund genug zur Bildung einer Organisation zur Wiedergutmachung eines Unrechts und unsere Bewegung voranzubringen. Erste Schritte führen zu zweiten Schritten.

Ich komme, wenn Sie mir ein Quartier stellen können, wo ich vor den Augen der Polizei und vor Werksvertretern sicher bin.

Bitte, grüßen Sie Henry Selkirk von mir. Er war einmal ein Kämpfer. Schreiben Sie mit gewöhnlicher Post an Mr. Kyle Brine, c/o Postmaster, Main Post Office, Edinburgh.

PS Es ist wohl das beste, wenn ich abends in Cowdenbeath eintreffe und dann mit dem, der mich abholt, im Schatten der Nacht zu Fuß nach Pitmungo gehe.

„Von Keir Hardie, Vater. Er schreibt einen Brief an deinen Sohn.“

Gillon war beunruhigt. Dies paßte nicht zu Rob. Er war eher ein Träumer als ein Mann der Tat.

„Überleg dir nur, Vater! Ich begleite nachts den großen Keir Hardie. Was soll ich mit ihm reden?“

„Mach dir darum keine Sorgen. Das Reden besorgt er schon."

„Ja, und die Versammlung könnte oben auf den Feldern stattfinden. Da kann er bei euch hinten zum Haus hinaus, ohne daß ihn jemand sieht."

Darauf war Gillon nicht gefaßt: Keir Hardie in seinem Haus, ein Mann, der auf der Flucht war, höchstwahrscheinlich ein Kommunistenführer.

„Deine Mutter wird es nicht erlauben."

„Wird es nicht erlauben? Dann zwing sie dazu!"

Gillon schob Maggie vor, aber eigentlich war er in Sorge wegen Sam, der am Rande von Gewalttätigem zu wandeln schien. Gillon schüttelte den Kopf. „Es geht nicht."

Zu lange hatte Rob fest damit gerechnet. „Du mußt es tun!" schrie er, und seine Stimme hallte von den Schultafeln an der Wand wider. „Ich komme zu dir gekrochen, und du läßt mich im Stich", sagte er und ging quer durch den Raum. „Weißt du, was sie manchmal sagen, wenn sie vergessen, daß ich dein Sohn bin? Daß du nicht mal Herr im eigenen Haus bist!"

Er nahm seine Sachen und wollte gehen.

„Dann schreibe ich ihm also, es tut mir leid, Mr. Hardie, aber ich kann Ihnen das Haus meines Vaters nicht zur Verfügung stellen, weil seine Frau es nicht erlaubt."

Gillon wollte Rob Roy von seinem Bruder Sam erzählen, aber er konnte es nicht. Er suchte nach einem Grund, der es ihnen leichter machen würde, die Tatsachen hinzunehmen.

„Früher oder später würden sie doch herausbekommen, daß Hardie sich bei uns im Haus versteckt hat. Alle unsere Arbeitsstellen wären in Gefahr."

„Ich sagte vorhin, die anderen vergessen manchmal, daß ich dein Sohn bin. Nun, manchmal wünsche ich, ich wäre Rob Roy und sonst nichts – irgendwer, nur nicht der, der ich bin."

„Rob, ich schreibe den Brief für dich, daß er nicht hierher kommen kann."

Und da ging Rob Roy das ganze Ausmaß seiner Enttäuschung erst richtig auf, und obwohl er seinen Vater hatte hassen wollen, stürzte er in seine Arme und schluchzte.

Rob hatte seinen Traum verloren.

GILLON wanderte um die Heide herum nach Hause, und er war drauf und dran, zu Rob zu laufen und ihm zu sagen, er solle seinen Brief abschicken und ein Datum festsetzen. Aber er sah dabei Sams Augen vor sich, die gefährlichen Augen eines gefangenen Fuchses. Falls Keir Hardie eine Bewegung organisierte, dann würde Sam, das wußte Gillon, ihr Anführer sein.

Und wenn Sam sie gut führte, würde Sam derjenige sein, der mit seinem Leben dafür bezahlte. Konnte er das Leben des einen Sohnes aufs Spiel setzen, um den Traum des anderen zu verwirklichen? Er ging nach Hause, und im heißen Wasser in der Badewanne war ihm kalt ums Herz.

IM FRÜHJAHR des nächsten Jahres, als der Schnee schmolz und grüne Inseln sich auf der Heide zeigten, kam ein Dampfbagger von Cowdenbeath herauf, von acht schweren Pferden gezogen. Er fraß sich schon lange, bevor die Männer aus den Gruben heraufkamen, in die Sportheide.

Die Frauen standen vor ihren Häusern und sahen, wie große, weiche Teppiche von Frühlingsgras in die Luft geschleudert wurden. Als die Männer heraufkamen, war das Gelände, wo der Schacht niedergebracht werden sollte, schon geräumt und der grüne Heideteppich weggerissen worden.

Die Pferde waren bereits auf dem Weg zurück, um das schwere Bohrgerät heranzuschaffen.

Also hatte man den äußersten Frevel doch begangen. Sie hatten das alte Treu-und-Glauben-Verhältnis gebrochen und den Menschen ihre Sportheide gestohlen, und nun standen die Leute am Zaun und mochten einander nicht ansehen in ihrem Unvermögen.

Bei Tisch war Sam richtig aufgeräumt und aß seine Würstchen und Haferkuchen. „Ihr glaubt nie, daß sie so etwas tun, und dann tun sie's doch, nicht wahr?“ Er tippte auf sein Buch über die Hochland-Vertreibungen. „Steht alles hier drin, man muß sie eigentlich bewundern. Wenn sie etwas wollen, dann kriegen sie es.“ Es war, als hätte endlich irgendeine Feder in Sam ihre Spannung verloren. „Und wir müssen noch lernen, das zu bekommen, was wir wollen.“

„Das versuche ich euch ja immer beizubringen“, sagte Maggie. „Verschafft euch euren Anteil.“

„EINES kann ich euch sagen“, schwor ein Bergmann, ein gewisser Beatty. „Ich werde nie Kohle unter unserer Sportheide hauen.“ Und er setzte ein Gelübdepapier auf, wie er es nannte, und ließ es in den Häusern der Stadt herumgehen, und fast alle Kumpels unterschrieben.

Im Sommer wurde an dem Sonntag, bevor Lord Fyffe Nr. 1 auf der Sportheide in Betrieb genommen werden sollte, die Grube Little Crafty geschlossen, weil sich in ihr zuviel Wasser ansammelte. Am Montagmorgen hatten 148 der 150 Kumpels von Little Crafty die Arbeit in Lord Fyffe Nr. 1 aufgenommen. Als sie abends heraufkamen, waren sie einerseits verlegen wegen des Gelübdepapiers und andererseits voller Begeisterung. Die Kohle war sechs Fuß hoch im Flöz von Lord Fyffe Nr. 1, und man konnte seine Karren beladen und einen guten Tageslohn herausarbeiten, ohne den Rücken krumm zu machen. Der eine der beiden Männer, die nicht die Arbeit in der neuen Grube aufgenommen hatten, war zu alt, und der andere war Walter Bone, der seinen Grundsätzen nicht untreu werden wollte.

IN DER neuen Grube wurde in drei Schichten rund um die Uhr gearbeitet. Bei Sommerende erhob sich, wo einst das Kricketfeld war, eine Abraumhalde und wuchs immer höher.

Zusammen mit der Abraumhalde wuchs eine zweite Halde mit Kohle empor, die schneller gefördert wurde, als man sie verladen konnte, und sich auf dem alten Ringwurffeld stapelte. Gillon war betroffen, als Sam zur neuen Grube überwechselte.

„Von dir hätte ich das nicht gedacht“, sagte Gillon.

„Warte nur, bis du die Lohntüte siehst, die ich heimbringe. Die Grube arbeitet, ob ich dabei bin oder nicht. Warum soll ich da nicht hinuntergehen und das Beste für mich herausholen?“

Seine Brüder blickten auf ihre Suppenteller. Sie schämten sich für Sam. Walter Bone war wütend auf ihn. Er kam eigens die Straße herunter, um ihm das zu sagen. „Du brauchst mir nicht mehr ins Haus zu kommen. Auf Überläufer wie dich können wir verzichten.“

„Wenn man mir anbietet, in einem sechs Fuß hohen Flöz Kohle zu hauen, dann nehme ich an“, sagte Sam.

„Lord Fyffe existiert nun einmal, Vater“, sagte Andrew.

„Auch du?“ sagte sein Vater.

„O nein, ich würde nicht hinuntergehen“, sagte Andrew. „Aber die Heide ist tot, und die Grube lebt.“

Gillon stand vom Tisch auf und ging hinaus. Ian würde hinuntergehen. Andy würde schließlich auch eine Entschuldigung finden. Kohlehauen korrumpiert, dachte Gillon, aber war die Verlockung der Lohntüte so stark, daß sogar jemand wie Sam umfiel?

Mir ist es zu Tode leid, daß ich je hierher gekommen bin, dachte Gillon.

SIEBEN

EINIGE Monate vor Weihnachten begann der Kohlepreis, der sonst um diese Zeit in die Höhe zu gehen pflegte, plötzlich zu sinken. Keiner wußte, warum.

„Kein Grund zur Beunruhigung", sagte Walter Bone. „Wenn der Preis tief genug gefallen ist, kaufen sogar Leute Kohle, die sie gar nicht brauchen." Aber diesmal fiel der Preis weiter, und niemand kaufte.

Ein Witz, dachte Gillon. Ausgerechnet jetzt, da die *Pitmungo Coal and Iron Company* mehr gute Kohle förderte als je zuvor.

Der Winter setzte mit aller Strenge ein, und bei jedem schweren Sturm sagten die Kumpels von Pitmungo:

„Jetzt müssen die Leute doch kaufen."

Als keiner kaufte, wies Lord Fyffe Mr. Brothcock an, die Produktion zu drosseln, und dann senkte er den Preis seiner Kohle um 2 Penny pro Tonne, um die Käufer anzulocken.

Wenn eine Grubengesellschaft den Kohlepreis senkt, kann sie den Gewinn kürzen, aber das war undenkbar. Oder sie kann den Lohn der Kumpels kürzen.

Von einem Tag im November an zahlte man den Kumpels zwei Penny weniger für jede Tonne Kohle.

„Ihr müßt das so sehen", rief ihnen Mr. Brothcock von der Kipphalde aus zu, als er die neue Lohnregelung verkündete. „Das Geschäft liegt darnieder, aber die Company muß weitergehen. Wenn die Company stirbt ... Nun, das will ich nicht weiter ausführen ..."

Er gab ihnen Zeit, das zu verdauen, während ihnen der Wind durch die nasse Grubenkleidung pfiff.

„Lord Fyffe erwartet, daß jedermann seine Pflicht tut. Ich danke euch. Glück auf! Gott mit euch!"

„Und was ist mit Lord Fyffe? Hat man seine Lohntüte auch gekürzt?“ rief eine junge Stimme.

„Mann aufschreiben“, sagte Mr. Brothcock.

Zwei Penny pro Tonne. Es war nicht so viel, wenn man es genau bedachte. Kein Fleisch mehr in die Fleischbrühe, kein Gelee mehr zu den Haferkuchen, keine Butter mehr zu den Kartoffeln – eben alles ein bißchen einfacher.

Aber bei Camerons war die Lohnkürzung einschneidender, da der Geldstrom in die Kassette nicht nachlassen durfte. Der Cameron-Topf kam immer an erster, das Wohlergehen der Camerons an zweiter Stelle. Es galt auch die vierteljährlichen Zahlungen an Mr. Ogilvie zu leisten.

Wenn sie auch den Lohn der arbeitenden Kinder kürzten und der über Tage tätigen Mädchen wie Emily, was sie, wie Maggie wußte, tun würden, belief sich der Einkommensverlust auf fast 18 Penny am Tag oder neun Shilling in der Woche.

Über 20 Pfund im Jahr.

Das war die Spanne, die den Unterschied zwischen einem Fortziehen von Pitmungo und dem Begrabenbleiben in seiner Kohle für alle Ewigkeit ausmachte. Sie kehrten zurück zu Pellkartoffeln, in Margarine gestippt, und dann zu Kartoffeln mit Punkt: ein Trick, den Maggie aus kargen Zeiten von zu Hause her kannte. Schüsseln mit Kartoffeln wurden mitten auf den Tisch gestellt neben ein Stück Fleisch oder Fisch. Bei jedem Bissen Kartoffel blickte man auf das Fleisch, und es war ganz erstaunlich, wie man sich nach einer Weile einbildete, man äße das Fleisch zusammen mit den Kartoffeln. So ging trotz der Lohnkürzungen die vierteljährliche Optionsgebühr nach Cowdenbeath weiter. Mr. Ogilvie hatte keine Ahnung, welcher Hunger ihm mit diesen kohlegeschwärzten Scheinen gebracht wurde.

Als der Kohlenberg neben dem Schacht von Lord Fyffe Nr. 1 das untere Ende der Tosh-Mungo Terrace erreichte, begann man Arbeiter zu entlassen. Zuerst die alten Hauer, ohne Rücksicht darauf, wie lange sie gedient hatten. Dann kamen die notorischen Trinker an die Reihe. Ihnen folgten die Unzufriedenen, die nicht zu den produktivsten Kumpels zählten. Rob Roy war einer von ihnen. Aber die übrigen Camerons gehörten zu den besten Hauern in Pitmungo, sie waren unentbehrlich.

In diesen Tagen des Drucks verkündete Brothcock, daß eine weitere Herabsetzung des Kohlepreises erforderlich war, um die Company gesund zu erhalten, aber damit kein Kumpel weniger Geld mit nach Hause nahm als vorher, hatte sich die Company großmütigerweise bereit gefunden, die Schicht von zehn auf zwölf Stunden zu verlängern. Auf dem Rückweg aus der Grube am Abend konnten diejenigen, die wollten, noch die Kohle, die sie gefördert hatten, etwas weiter die Halde hinaufschaffen oder in die Wagen verladen. Es war erhebend, konnte Mr. Brothcock berichten, wie alle Kumpels sich, müde, wie sie waren, noch freiwillig zur Arbeit an der Halde meldeten.

Mr. Brothcock hatte sie da, wo er sie haben wollte. Seine Theorie von dem Verhältnis zwischen Kommerz und Arbeitskraft war die Einfachheit selbst. Sie stand auf einem bestickten Tuch über seinem Rollpult im Lohnbüro zu lesen. *Ein Mann muß essen – oder nicht? Und eines Mannes Kinder müssen essen – oder etwa nicht?*

GILLON war der erste in der Familie, bei dem sich die Arbeit und die schmale Kost bemerkbar machten. Als er sich nach der Arbeit in der Wanne aufrichtete, wagte er kaum, an sich hinunterzusehen.

„So kann ich nicht weitermachen", sagte er. „Sie bringen mich um."

„Och, Notzeitrippen", sagte Maggie. „Du wirst alt; du kannst nicht erwarten, daß du noch so aussiehst wie die Jungen."

Du wirst alt! Das war es nicht. Es war das armselige Essen: Porridge und Wasser, Kartoffeln und Salz, Tee ohne Zucker – wer konnte da bei dreizehn Stunden Arbeit am Tag noch wohlgenährt aussehen? Gillon sah bei einem Blick in den Spiegel nach dem Bad wie ein Fünfundsechzigjähriger aus, und er war erst ein, zwei Jahre über vierzig.

„Ein Hochländer macht immer weiter", sagte Maggie.

Gillon war sich nicht mehr sicher, ob es ihm nicht so gehen würde wie den Männern, von denen Henry Selkirk gesprochen hatte – die ihre Haue hinlegten, um sich ein Weilchen auszuruhen, und nie mehr aufstanden, Hungers gestorben während der Arbeit.

Auch andere mußten gelesen haben, was Gillon selbst in seinem Gesicht gesehen hatte. Am Samstagabend, als die Kumpels aus der Grube heraufkamen und ihren Lohn in Empfang nahmen, wurde Gillon von Mr. Brothcock entlassen.

GILLON lag im Bett und sah zu, wie die Jungen sich fertigmachten. Es begann auch ihnen zuzusetzen. Ihre Bewegungen waren nur darauf ausgerichtet, Energie zu sparen. Er stand auf und frühstückte mit ihnen zusammen.

„Du hättest im Bett bleiben sollen, Vater", sagte Sam. „Wozu bist du aufgestanden?"

Das war es, wovor Gillon sich fürchtete, die Frage nach dem Wozu. Zu essen gab es wenigstens gute heiße Hafersuppe, mit Wasser und einer Messerspitze Zucker.

„Wißt ihr, was ich jetzt gern hätte? Drei schöne dicke Scheiben Speck", sagte Sam. „Nicht ganz durchgebacken."

„Und ich wäre gern auf einem Schiff nach Amerika", sagte Jemmie. Schweigen. Sie mochten ihn nicht ermutigen.

„Ihr würdet keinen einzigen amerikanischen Bergmann finden, der von drei Scheiben Speck träumt. Er ißt sechs Scheiben zum Frühstück und nimmt noch sechs in die Grube mit."

„Ist noch Hafersuppe da?" fragte Sam. „Nur ein bißchen?"

„Alle. Ihr schlingt euer Essen hinunter. Ihr müßt es in Ruhe essen und kauen, ein bißchen strecken, damit ihr länger daran habt."

Sam stand vom Tisch auf. „Ein sehr trauriger Tag für Schottland, wenn ein Junge, der arbeiten geht, keinen zweiten Teller Hafersuppe bekommen kann."

„Ihr habt sicher auch die neuen Grubenstempel gesehen, die am Samstagmorgen gebracht worden sind?" fragte Andrew. „Kiefernholz. Alle aus grünem Kiefernholz. Um einen Penny zu sparen."

„Das ist nicht gut, die werden kein Jahr halten", sagte sein Vater. „Es muß da doch Sicherheitsvorschriften geben."

Andrew schüttelte den Kopf. Er kannte sich mit den Bestimmungen aus.

„Keine Vorschriften. Nur das Gutdünken des Kohlenherrn."

„O ja, das ist gut. Sehr gut. Ist ja nicht sein Kopf, auf den die Decke runterkracht", sagte Sam.

Sie hängten sich ihre Grubenausrüstung um, und ohne sich von ihrem Vater zu verabschieden – wahrscheinlich, weil sie gar nicht daran dachten, daß er heute nicht mitkam –, stolperten sie auf die Straße hinaus. Gillon konnte sich nicht erinnern, sich je so einsam gefühlt zu haben.

„Wo gehst du hin?" fragte Maggie.

„Ich weiß es nicht."

„Ich dachte, du würdest hierbleiben und im Haus einiges reparieren.“

„Nein.“ Noch würde er sich nicht wie ein alter Mann Beschäftigung suchen.

„Dann könntest du zur Abraumhalde gehen und ein paar kleine Kohlenstücke für uns herausklauben.“

„Nein.“ Es tat gut, ihr einmal nein zu sagen. Kohlen aufklauben, zusammen mit den rheumageplagten alten Frauen – nein, noch nicht.

Er ging die Straße hinunter in die Richtung, die er fast jeden Morgen gegangen war, mehr Jahre, als er ausrechnen konnte. Jemand machte sich ein Spiegelei, und bei dem fetten Duft drehte sich ihm beinahe der Magen um. Er war hungrig, das merkte er jetzt, hungrig bis ins Mark. Als er noch arbeitete, hatte er das Hungergefühl unterdrückt. Nun brach der Hunger hervor.

Im Weitergehen bemerkte er einen eigenartigen Geruch über der Stadt, den er nicht näher bestimmen konnte. Er fragte sich, ob er ihn erst jetzt wahrnahm, weil er seine Grubensachen mit ihrem starken Geruch nicht anhatte. Es war acht Uhr morgens – und der Tag lag vor ihm wie eine Ewigkeit.

Er vermißte die Grube. Die Geräusche, die Bohrer, die sich in die Kohle hineinbissen, das Quietschen und Rattern der Karren, das stetige dumpfe Hacken in einem benachbarten Abbauraum. Er vermißte die Stille und die Gefahr, die den Kumpels Zusammengehörigkeit gab.

Er ging am Konsumladen vorbei und machte kehrt, um hineinzugehen. Er betrat den Laden fast nie. Er regte sich zu sehr über die Preise auf.

„Gillon Cameron“, sagte der Verkäufer. „Da bin ich platt. Sie sind die einzige Familie in Pitmungo, die nicht anschreiben läßt. Wußten Sie das?“

„Ja. Wir zahlen nicht gern Zinsen.“

„Was darf es sein?“

„Ein Ei. Ein Ei.“

„Ein Ei? Eins? Wie hätten Sie Ihr Ei gern, Cameron? Huhn, Taube oder Ente? Braun, Cameron, oder weiß –“

Gillon packte den Burschen an der Hemdbrust.

„Gib mir jetzt ein Ei, oder du kriegst eines über deinen dicken, fetten Rüssel!“

Es war lange her, daß er so mit jemandem geredet hatte, aber es tat wohl, genau wie es ihm wohlgetan hatte, zu Maggie nein zu sagen. Der Junge gab ihm ein großes braunes Ei für einen halben Penny. Es war schön, es in der Tasche zu fühlen, zuerst kalt und dann warm, und es war auch hübsch, sich vorzustellen, was es verborgen in sich für ihn bereithielt.

Er überquerte die ehemalige Sportheide und gelangte zur Tosh-Mungo Terrace. Er dachte über die beste Art nach, dieses Ei zuzubereiten.

Kochen brachte das wahre Wesen eines Eies zur Geltung, aber ein Omelett mit einem Schuß Milch und einem Bröckchen Käse, das konnte den Effekt von drei Eiern haben.

Es war eine schwierige Entscheidung. Walter Bone saß auf dem Aussichtsplatz am vorderen Rand der Terrace.

„So, da hat es Sie also auch erwischt", sagte Walter. Er konnte sich ein schwaches Lächeln nicht verkneifen. Daß Gillon bei seinem Alter noch weiterarbeiten durfte, hatten sie alle als ungerecht empfunden. „Na, Sie haben lange durchgehalten, Gillon, das spricht für Sie."

Großmütig, dieser Walter Bone, dachte Gillon, wirklich ein großartiger Mensch.

„Haben Sie den Geruch bemerkt? Was ist das?" fragte Gillon.

„Machen Sie Witze? Sind Sie blind? Haben Sie das Grubenaugenleiden?"

Walter Bone deutete auf die Dächer der Moncrieff Lane. „Mann, sehen Sie die Fische denn nicht. Überall Kabeljau und Rochen." Und da sah er es, überall lagen weiße, entgrätete Fische auf den Schieferdächern der Häuser, am Kopf- und am Schwanzende mit einem Stein beschwert. Fast jedes Haus hatte einen oder zwei solcher Fische auf dem Dach.

„Aber wozu? Was soll das?"

Walter Bone sah Gillon prüfend an. In ihm lebte noch immer der Argwohn, einer von auswärts könnte sich über sie lustig machen.

„Och, dann kennen Sie's also nicht? Salzrochen für Weihnachten. Wenn die Gruben zumachen und es keine Gans und keine Nierenpastete und keinen Schinken geben wird, dann kommen die Fischhändler. Denn etwas muß man zu Weihnachten ja haben."

Es waren schöne große Rochen, drei oder vier Fuß lang zum Teil. Sie waren leicht mit Salz eingerieben worden und lagen auf den Dächern, um in Sonne und Wind zu dörren.

Gillon betastete das Ei in seiner Tasche und hatte sich in seinem ganzen Leben noch nicht so hungrig gefühlt. Er hatte einen geradezu verrückten Hunger.

Zu Hause legte er das Ei auf den Tisch.

„Ich hätte dieses Ei gern gekocht. Vier Minuten. Und dazu eine Prise Salz, einen Klecks Butter und zwei Scheiben frisches Brot."

„Oh, zu Befehl, Sir." Maggie war es nicht gewohnt, Befehle entgegenzunehmen. „Wo hast du das Ei her?"

„Konsum."

„Reine Verschwendung. Sie haben dir bestimmt einen halben Penny dafür berechnet!" Sie setzte Wasser auf. „Ein einziges Ei. Die müssen aber gelacht haben."

„Nicht lange", sagte Gillon.

Sie ging sehr sorglos mit diesem Ei um und ließ es ins Wasser fallen wie eine Kartoffel.

„Das ist ein Ei!" rief er. Er war besessen von dem Gedanken, daß dieses Ei perfekt zubereitet werden sollte. Das Wasser lief ihm im Munde zusammen. Er konnte es kaum abwarten. „Hast du auch eine Eieruhr?"

„Ich weiß, wann vier Minuten um sind", sagte Maggie. „Na, wie war's denn, so herumzuspazieren wie ein feiner Pinkel?"

„Schön. Sehr schön. Die vier Minuten sind doch sicher um, Maggie."

Sie schenkte ihm keine Beachtung.

„Und wie hast du deine Zeit verschwendet? Hast wohl mit Selkirk in Kommunismus gemacht?"

„Die Zeit ‚vertan' ist der richtige Ausdruck! Und da wir gerade von Zeit sprechen . . ."

„Camerons vertun nichts, und sie verschwenden nichts."

„Und wir reden nicht über Kommunismus. Wir reden über die soziale Ordnung. Über die Neuverteilung des Vermögens. Vier Minuten sind um."

Endlich nahm sie das Ei heraus. Sie schnitt die Spitze ab und pellte das Ei. Sie strich Butter auf die zitternden weißen Seiten und streute Salz darüber. Das Ei war makellos.

„Und wieso verdienst du ein Ei, wenn die anderen keins haben?"

Sein Löffel, der gerade in die gelbe Sonne des Eies, in sein eiiges Universum hatte eindringen wollen, hielt inne.

„Weil ich Hunger habe", sagte Gillon. „Weil ich ein schrecklich hungriger Mann bin. Weil ich dieses Ei brauche."

Der Löffel zerschlitzte das Ei, und das goldene Protein ergoß sich über den Boden des erwärmten Tellers, als berste es vor Kraft. Sie hatte das Brot mit Margarine bestrichen, und er tat beides zusammen, warmes Ei und gutes Brot, und aß. Zum Schluß leckte er den Napf aus wie ein Hund. Das letzte bißchen Eigelb mit ein paar Brotkrumen schmeckte am besten.

„Geht's dir jetzt besser?"

„Viel besser. Ich hatte das nötig." Er wandte sich ihr zu. „Nein, und du weißt das auch. Ich fühl mich miserabel, als hätte ich etwas gestohlen."

Maggie legte ihm die Hand auf die Schulter. „Ich verstehe. Ich bin froh, daß du das Ei gehabt hast."

„Warum konntest du das dann nicht gleich sagen und es mir leichter machen?"

Sie zuckte mit den Schultern und nahm seinen Teller fort.

„Ich weiß nicht. Wir tun das offenbar nicht."

„Du sagst, wir hauen Kohle, aber wir seien keine Bergleute. Du sagst, unser Plan bringt uns weiter. Wann?"

„Mach die Tür zu. Komm rein, und faß das Bett mit an."

Sie hoben den Stein hoch und holten die Kassette heraus. Maggie öffnete sie mit dem Schlüssel, den sie an einer Kette um den Hals trug.

Die Kassette war dreiviertel voll mit Shillingen und Kronen und Geldscheinen.

„Das ist viel Geld", sagte Gillon schließlich. „Warum hast du uns nichts davon gesagt?"

„Weil ich Angst hatte, ihr laßt nach."

„Die Jungen haben Hunger."

„Auch nicht mehr als andere Jungen. Ich habe eine Option auf ein Geschäft erworben, dazu brauchen wir alles Geld, das wir haben."

Sie versenkten die Kiste wieder. Welche Ironie, dachte Gillon, da sollte er jetzt, nachdem er den größten Teil seines Lebens unter Tage verloren, verschwendet hatte, Besitzender werden, Kapitalist. Und dabei hatte er keinen anderen Wunsch, als zu Selkirk hinunterzugehen, um über die Aufhebung des Eigentums zu diskutieren.

„Und willst du jetzt nicht, um das Ei wieder wettzumachen, zur Halde gehen und uns einen Korb voll Kohle holen?"

Gillon nahm den Korb über die Schulter. Draußen wehte ihn wieder der Fischgeruch an, und er kam noch einmal herein.

„Warum haben wir keinen Fisch auf dem Dach wie die anderen alle?"

„Weil wir keinen wollen. Wir brauchen keinen."

„Dann wird es also bei uns zu Weihnachten nichts geben?"

„Camerons brauchen nicht alles, was andere brauchen."

An den Hängen der Abraumhalde wimmelte es von Kindern, entlassenen Grubenmädchen und alten Männern und Frauen, die Kohlebrocken aus dem Grubenabfall klaubten. Der Wind wehte Kohlenstaub auf, so daß die Menschen förmlich in Staubwolken verschwanden. Eine Frau trug einen Stock bei sich, den sie schwang, um diejenigen zu verjagen, die in ihren Bereich eindrangen. Sie knurrte wie ein wilder Hund. Sie wurden zu richtigen Tieren, dachte er.

Er schämte sich, daß er hier auf der Halde umherstöberte – so wie die Möwen vor einer Fischkonservenfabrik. Er blickte hinunter. Fische trockneten auf allen Dächern von Pitmungo, und die ganze Stadt roch nach Tod und Kohlenstaub. Im Norden konnte er Loch Leven erkennen, und hinter dem See das Gebirge, stellenweise grün und braun, wo Kiefern- oder Eschen- und Eichenwälder standen, und alles andere weiß, die Heide von Schnee bedeckt.

Dort gab es Rotwild, Tiere, die in den Nadelwäldern lebten, im Schnee nach Eicheln suchten und sich für den harten Winter, den sie kommen spürten, mästeten. Sie würden nicht hungern. Die Natur sorgte für ihre Kinder. Gillon war wieder hungrig. Rotes Fleisch, saftiges Fleisch. Er wollte Fleisch. Das hatte ihm sein Ei gesagt.

Er schüttete seine Kohlen über den Steinen aus und rannte die Halde hinunter. Daß er wieder ein Ziel hatte, machte ihn glücklich. Kein Dörrfischweihnachten für die Camerons. Die Camerons würden Weihnachten so begehen, wie eine schottische Familie es sollte, mit einer Hirschkeule, heiß und schwer.

Er lief los und hielt inne, noch auf der Halde, weil er wußte, daß er sich etwas vormachte. Er konnte keine Schlinge legen, keine Falle stellen, keinen Hirsch erlegen. Die Sonne kam plötzlich aus den Wolken, und der Loch Leven hob sich auf einmal strahlend blau vom Weiß der Schneeflächen ab.

Es gab eins, auf das er sich wirklich verstand – wie man einen Salm fand und fing.

Der König der Fische: Gillon hatte das Recht, wenigstens einmal vor seinem Tode einen ausgewachsenen Lachs auf dem Tisch zu haben. Die Camerons würden Lachs auf dem Tisch haben, oder er würde eingesperrt werden oder bei der Jagd auf den Fisch umkommen.

Gillon wußte, wo die Dezemberfische sein würden, die letzten großen Exemplare, die von der offenen See hereinkamen.

Noch an diesem Morgen würden sie im Salzwasser des Firth of Tay schwimmen und den Tay entlang in das Süßwasser des Earn und vom Earn weiter die kleinen Nebenflüsse hinauf, deren Namen er nicht kannte, ihre wilden, schneegespeisten Wasser hinauf durch die dunklen Schluchten der Leven Hills. Gillon krampfte sich das Herz zusammen bei dem Gedanken an ihren Wagemut.

Keiner durfte davon erfahren. Das stand fest. Er würde ausziehen und seinen Fisch fangen und vielleicht zum letztenmal der Ernährer der Familie sein. In diesem Jahr, in diesem schwarzen Jahr, würde er für das Weihnachtsessen sorgen.

ACHT

WENN er überhaupt Erfolg haben wollte, mußte Gillon den Bergmann innerlich und äußerlich ablegen, denn ein Bergmann in einem Lachsrevier macht sich schon durch seine bloße Anwesenheit des Jagdfrevels schuldig. Gillon ging zu Mr. Selkirk hinunter, um dessen Badewanne zu benutzen.

Gillon hatte sich im Konsumladen eine Bürste gekauft und einen Bimsstein, um sich den Kohlenstaub vom Körper zu schaben. Während er sich abschrubbte, erklärte Gillon seinem Gastgeber, wie es an den Lachsbächen zuging. Das Wesentliche war, daß in Schottland die Lachsflüsse und auch die Fische darin der Krone gehörten, die sie an die Lords und andere bevorzugte Personen vergab.

Etwas anderes hatte mit der Natur des Fischs zu tun. In dem Augenblick, in dem der Salm vom Meer ins Süßwasser kommt, hört seine Freßlust auf. Das macht es einem Angler schwer. Mit ihren Fliegen und Ködern mühten sich manche der Herren jahrelang vergeblich, und der Spaß kostete sie Hunderte von Pfund.

„Geschieht den dummen Kerlen ganz recht“, sagte Selkirk zornig.

Aber das kalte Winterwasser machte die Lachse auch träge. Erschöpft von dem Kampf gegen das Wildwasser, halten sie gern in ruhigen Becken unterhalb des rauhen Wassers inne und sammeln Kraft für den weiteren Aufwärtsweg. Ein Wilderer mit einem Greifer oder einem großen Netz konnte seinen Fisch so mühelos herausholen.

Gillon begann seine Haarwäsche damit, daß er das zweite Ei des Tages zerbrach, das Eigelb mit Borax und warmem Wasser vermischte und sich damit den Kopf einschäumte.

„Deshalb bewachen sie so eifersüchtig ihre Bäche“, sagte Gillon. „Sie beobachten jeden, der sich nähert.“

„Eifersüchtig! Sie besitzen doch alles in diesem Land. Gehen Sie hinauf, und fangen Sie einen großen Burschen, Gillon, und heben Sie mir ein schönes Stück davon auf.“

Ja, wenn das so einfach wäre, dachte Gillon. Mr. Selkirk hatte keine Ahnung, was es bedeutete, wenn man erwischt wurde. Schon das Mitführen eines Fischhakens oder einer Harpune im Lachsrevier bedeutete fünf Pfund Geldstrafe und mehrere Monate Gefängnis, abgesehen davon, daß man manchmal von den Fischereiaufsehern richtig zusammengeschlagen wurde.

„Ich weiß nicht, warum sie es eigentlich tun“, sagte Gillon, als wäre er nicht selbst im Begriff gewesen, es zu tun. „Das Risiko ist zu groß.“

Er spülte sich das Haar mit Essig und warmem Wasser aus, damit es einen weichen Glanz bekam, und Bürste und Bimsstein hatten die Farbe in seinem Gesicht wieder herausgebracht.

Es war Selkirks Idee, daß Gillon als Vogelkundler getarnt in den Norden gehen sollte, als Spezialist für das schottische Moor-Schneehuhn und den Goldadler, damit er einen Vorwand für das Umherstreifen im Bereich der Lachsbäche hatte. Der Bibliothekar las die zwei Kapitel aus dem Handbuch der schottischen Vogelwelt wieder und wieder laut vor, bis Gillon glaubte, er müsse verrückt werden. Endlich konnte er sich anziehen und heimgehen.

Die Verwandlung vom Kumpel zum Menschen hatte den ganzen Nachmittag in Anspruch genommen, aber sie war auch bemerkenswert gelungen.

„Jetzt seht nur her – was hast du denn mit dir angestellt?“ sagte Maggie.

„Man will auch mal sauber aussehen.“

„Du mußt verliebt sein. Bist du verliebt?"
„Ich bin in niemanden verliebt."
„Denk daran, Gillon – das hast du gesagt."

ALS die Jungen zur Arbeit und Maggie ins Waschhaus gegangen waren, war es an der Zeit aufzubrechen. Die Zeit war reif.

Er versteckte den Greifer im Oberteil seines Huts und nahm die Plaiddecke vom Bett, die ihm als Umhang dienen sollte. Ein wenig exzentrisch, aber nicht ausgefallen, schon gar nicht für einen Vogelkundler. Und dann ergriff er den Spazierstock mit dem Messinggriff, den er sich von Walter Bone geliehen hatte, und trat auf die Tosh-Mungo Terrace hinaus. Bis zum Loch Leven war es ein guter Tagesmarsch.

Am Nachmittag erreichte er die Schneegrenze. Eben noch nur hier und da ein wenig Schnee, und nun auf einmal knöcheltief. Ihm wurde klar, daß er einen bösen Fehler gemacht hatte, daß er die falschen Schuhe trug. Natürlich konnte er seine Bergarbeiterstiefel hier nicht tragen, aber Stiefel hätten es schon sein sollen. Als er die Lichter des Gasthofs unten am Loch Leven erblickte, waren seine Füße naß und ausgekältet. Der Gasthof war einladend, und der Schankraum war geöffnet, aber Gillon hielt auf eine der Wanderhütten am See zu. Hier fand er Decken. Gillon aß etwas Brot, rollte sich in den Decken auf einem Bett zusammen und schlief ein.

AM MORGEN konnte er vom Bett aus den See erblicken, stahlgrau und kalt wie Metallblech. Eine Wetterfront hatte sich während der Nacht von Norden genähert, und Gillon hörte den Wind in den Kiefern vor der Hütte rauschen. Er hatte sich die Socken unters Hemd geschoben, und sie waren so tatsächlich trocken geworden. Er richtete die Hütte wieder so her, wie er sie vorgefunden hatte. Dann schritt er den Weg hinauf zum Frühstück im Gasthof. Es war fünf Uhr morgens.

Er blickte sich in der verdunkelten Diele um und wollte schon wieder gehen, als ihn eine alte Frau ansprach.

„Wir erwarten hier keine Gäste vor sieben oder acht."

„Tja, dann gehe ich wohl besser."

„Nein, bleiben Sie. Ich bringe Ihnen zu essen."

Sie brachte ihm einen luftgetrockneten Schellfisch, zwei Eier, eine Scheibe Speck und getoastetes Brot und Tee mit Zucker und Milch.

Er wußte, kein Gentleman aß soviel, aber er konnte sich nicht beherrschen.

„Das ist doch nicht das normale Frühstück? Warum haben Sie mir das alles gebracht?"

Sie beugte sich vor und flüsterte ihm ins Ohr. Gillon wurde rot.

„Sieht man mir denn das gleich an?"

„Nur wer Bescheid weiß. Mein Vater war auch einer, und jetzt geht mein Sohn hinunter." Sie kam seinem Ohr mit dem Mund ganz nah. „Wollen Sie sich einen fangen? Für die Familie, zu Weihnachten?" Gillon nickte. „Einen großen?"

„Ja, einen großen."

„Gut, gehen Sie, und holen Sie sich einen." Sie machte sich nicht mehr die Mühe zu flüstern. „Holen Sie sich einen großen, und nehmen Sie ihn mit nach Hause."

„Was habe ich für das alles hier zu bezahlen?"

„Für was alles?" sagte sie, und ihre Augen begegneten sich.

„Gott sei mit Ihnen", sagte Gillon. Als er aufstand, fühlte er sich zum erstenmal seit Wochen gekräftigt.

Er ging die Straße entlang. Bei Condie bog er ab und ging den Pfad zum Lachsbach hinunter. Dort waren Angler, und ihre Gehilfen kamen und gingen. Keiner trug einen Fisch, ein gutes Zeichen, und keiner achtete auf Gillon.

Danach kam dann die Zeit von Samstagmittag bis Montagmorgen, in der es verboten war, Lachse zu fangen. Gottes Zeit, nannten sie es, zu Ehren des bevorstehenden Tages des Herrn. Aber jeder wußte, man wollte damit nur die Fischwilderer unter Kontrolle halten. Bis Leute aus Arbeiterkreisen zu den Lachsbächen gelangten, hatten sie dort nichts mehr zu suchen. Das war das Risiko, das Gillon eingehen mußte.

Sein Plan war, sich nicht verborgen zu halten, sondern bemerkbar zu machen. Der Weg am Wasser entlang war gut begangen, und an den steilen Stellen hatten die Anglergehilfen Stufen angelegt, damit die feinen Herren nicht ins Wasser rutschten. Der Fluß wurde wilder, und unterhalb von Felsbrocken, wo sich dunkle Becken mit sandigem Boden gebildet hatten, da ruhten sich Fische aus, das wußte er.

Gillon fand ein Becken, das ihm geradezu ideal vorkam, und wartete dann und tat so, als schlendere er umher, den Uferpfad hinauf und hinunter.

Dabei entdeckte ihn dann der Fischereiaufseher.

„Na, sucht man was?“ Der Fischereiaufseher berührte ihn an der Schulter mit einem Fischhaken. Gillon beglückwünschte sich dazu, daß er nicht zusammenfuhr.

„Ja, ich suche einen der ganz großen. Es soll hier überall welche geben, aber ich habe noch nie einen gesehen.“

„Ich bin Mr. Maccallum, der Fischereiaufseher. Hier wird nicht gefischt.“

Der Mann hätte Mr. Drysdale, der Fischereiaufseher von Strathnairn, sein können.

Ein und dieselbe Rasse, dachte Gillon.

„Ich will keinen fangen. Ich will einen sehen. Ich habe gehört, manche werden bis zu dreißig Pfund schwer.“

„Dreißig?“ Er sah Gillon spöttisch an. „Vierzig. Fünfzig, Mann.“ Er war stolz auf seine Fische, stolz auf seinen Bach.

„Haben Sie schon so große gesehen? Mit eigenen Augen?“

„Gesehen? Ich habe schon so große getötet. Dreiundfünfzig Pfund.“ Der Fischereiaufseher sah sich Gillon genau an.

„Wo sind sie denn zu sehen, in den Tümpeln oder in den Stromschnellen?“

Der Fischereiaufseher sah wie gebannt auf Gillons Hände.

„Sie sind Arbeiter.“

Gillon war wie betäubt, aber es gelang ihm, das Gespräch fortzusetzen.

„Tja, wie Sie, nehme ich an. Nicht wie manche von diesen feinen Pinkeln. Ich muß mir meinen Lebensunterhalt verdienen.“

„Und ein Arbeiter an einem Lachsbach ist ein Fischdieb!“

„Fischdieb?“ Gillon zwang sich zu einem belustigt klingenden Tonfall. „Wie kann man denn einen Fisch stehlen, wenn man keinen findet?“

„Da gibt’s schon Wege, da gibt’s schon Wege“, sagte der Fischereiaufseher, und Gillon spürte, daß er zu dem Schluß gekommen sein mußte, daß Gillon kein Fischdieb sei.

„Sie haben gar nicht den breiten Akzent“, sagte der Fischereiaufseher, womit er Gillon den Grund für sein Vertrauen verriet.

„Ich bin aus dem Hochland – Cromarty Hills. Wir züchten Bullen auf unserem Hof. Shorthorns gekreuzt mit Galloways. Wenn wir arbeiten, dann arbeiten wir. Und wenn Schluß ist, dann ist Schluß. Das gefällt mir so daran.“

Der Fischereiaufseher sah Gillon ein letztes Mal prüfend an. „Dann kommen Sie mal mit. Jetzt sollen Sie sich auch einen großen Burschen ansehen."

Und Gillon folgte ihm den Bach hinunter.

„Ich bin hier, um Vögel zu beobachten", sagte Gillon.

„Sehr schön, aber wenn Sie Fische sehen wollen, dann seien Sie jetzt lieber still. Fische haben Ohren."

Er zeigte Gillon Lachsweibchen in einem glasklaren Bachbecken, wo sie Sand und Kies zu einem Bett zurechtstießen, in das sie ihre Eier legen würden, und lange, hagere Tiere, die ermattet waren vom Ablaichen. Und dann kam er an Tümpel, in denen sich Männchen ausruhten, träge in dem kalten Wasser. Sie gingen weiter talwärts, der Stelle entgegen, wo die Fische waren, die noch nicht gelaicht hatten. Noch ehe der Fischereiaufseher ihn darauf hinwies, sah Gillon das Becken.

„Ruhig jetzt, und ganz langsam bewegen", sagte Maccallum, und da war der Lachs, wie Gillon es gewußt hatte, dicht über dem Boden des flachen Beckens liegend und mit seinem mächtigen Körper einen großen Schatten werfend.

Sein Fisch – Gillons Fisch. Das Bachbecken seicht genug, das Wasser klar genug, nicht gestört durch das rauschende Wasser oberhalb davon.

„Sehen Sie ihn sich an", sagte der Fischereiaufseher. Jetzt tauchte der Lachs im Wasser auf, so groß, daß Gillon fast erschrak.

„Ein Bulle", sagte Maccallum. „So einen können Sie monatelang suchen, jahrelang. Sie können ein Leben lang suchen, ohne je so einen zu töten."

„Er ist zu schön, um getötet zu werden."

„Er ist geboren, um getötet zu werden."

Gillon fragte, wie lange der Fisch wohl an dieser Stelle bleiben werde, und der Fischereiaufseher meinte, wenn das Wetter weiter so kalt bliebe, werde er dort sicher noch warten.

„Der bleibt noch einige Tage hier", sagte Maccallum. „Wissen Sie, was ich tun werde? Ich komme am Montag in aller Frühe hierher und töte ihn, bevor die feinen Pinkel da sind. Ab und zu halten wir uns bei einem kapitalen Burschen wie dem nicht so streng an die Regel."

Das Warten war das Schlimmste. Gillon baute sich einen kleinen Unterschlupf aus Kiefernzweigen oberhalb des Bachbeckens und wartete nach Einbruch der Dunkelheit auf den letzten Inspektionsgang des Fischereiaufsehers, der sich vergewissern würde, daß niemand bei Fackelschein zu fischen versuchte. Um acht Uhr, nach seiner Schätzung, kam Gillon aus seinem Versteck hervor und begann sich den Hang der Schlucht hinunterzuarbeiten.

Er war hungrig, litt wieder Hunger. Das hatte mit dem Ei begonnen und mit dem reichlichen Frühstück am Morgen. Er hatte die Kette der Entbehrungen unterbrochen und mußte jetzt dafür büßen.

Er beobachtete das Becken. Manchmal kräuselte sich das Wasser – das war gewiß der Fisch, der im Schlaf sein Gleichgewicht ausbalancierte. Gillon wartete darauf, daß der große silbrige Schatten heraufkam und den Wasserspiegel durchbrach.

Und dann kam er herauf, und das Silber seiner Kraft und Geschmeidigkeit schimmerte stolz von seinen Flanken auf, ehe er sich wieder untersinken ließ.

„Du bist mein", flüsterte Gillon zu ihm hin. Er öffnete sein Plaid, und endlich gelang es seinen steifen Fingern, auch das Hemd aufzuknöpfen. Er rollte die eingeölte Leine ab, die er sich um den Leib gewickelt hatte, und nahm den Greifer aus dem Hut. Inzwischen war er so durchgefroren, daß er den Wind nicht mehr auf dem Körper spürte, und das bereitete ihm Sorge. Als er den Greifhaken nicht an der Leine zu befestigen vermochte, ging er ein Stück bachaufwärts und tat es unter Wasser. Sein Fisch würde auf ihn warten.

„Ich mache es ganz schnell", sagte Gillon.

Dumm, so zu einem Fisch zu sprechen, dachte er, aber beruhigend. Er ließ den Greifhaken vor die Augen des Lachses herunter. Der Haken mußte den Fisch festhalten, und Gillon ließ ihn an dem silbrigen Kopf des Fisches entlanggleiten, bis er endlich am Kiemendeckel ruhte. Ganz behutsam ließ Gillon ihn hinunterrutschen, bis die Greifbacken unter den Kiemen hingen. Dann riß er an der Leine.

Er mußte dem Fisch weh getan haben. Die Widerhaken mußten ihm die Schuppen abgekratzt und sogar das Gewebe verletzt haben. Der Fisch machte einen Satz und zuckte dann auf dem Boden des Bachbeckens vor Schmerz hin und her. Gillon versuchte es noch einmal, wobei er den Greifer vor den Augen des Fischs baumeln ließ in der Hoffnung, er werde schließlich wütend werden und danach schnappen, aber Lachse haben mehr Geduld als Menschen.

Die Frage war jetzt, wie Gillon ihn töten sollte. Er hätte ihn mit einem Stein zerschmettern können, aber der Fisch hatte sich in seinem Raum gleichsam in einen Schmollwinkel zurückgezogen, und ein Stein konnte ihn dort nicht sicher treffen.

Doch das Wort „Raum“ löste eine Überlegung in ihm aus, und er verspürte ein jähes Hochgefühl. Ein erfahrener Bergmann sperrte einen „Raum“, einen Abbauplatz, ab, wenn ein Brand ausbrach oder Wasser hereinstürzte. Gillon konnte einen Teil des Bachbeckens mit einer Scheidewand aus Felsbrocken und Lehm absperren.

Er würde seinen Fisch einpferchen, und er würde es bei Nässe und Dunkelheit tun, weil er in einer Nässe und Dunkelheit gearbeitet hatte, wie sie diese Schlucht nie gekannt hatte. Nur ein hungriger Bergmann konnte diesen Fisch stehlen.

Er begann die erste Sperrmauer zu bauen, bis über die Knie im Wasser stehend. Er hatte ein Gefühl für Steine, einen Instinkt dafür, wo er den nächsten richtigen suchen mußte. Dann ging das Aufschichten so schnell, wie es nur ein Kumpel schaffen konnte. Jetzt konnte sich der Lachs nicht mehr in den tieferen, dunkleren Teil des Beckens zurückziehen.

Seine eisigen Füße begannen wieder zu schmerzen. Er wollte aus dem Bach heraus und sein Feuer anzünden, hatte aber Angst, den Schmerzen nachzugeben. Das Wasser hatte noch nicht zu gefrieren begonnen.

Solange das Wasser floß, würde sein Blut fließen. Und er machte sich an die zweite Scheidewand.

Jetzt war der Fisch von drei Seiten her eingeschlossen; vorn durch die Felsbrocken und zu beiden Seiten durch die Dämme. Er errichtete noch eine Mauer, um ihn in dem Becken einzusperren.

Nach einer Stunde war der Pferch fertig und die Zeit zum Töten gekommen.

Das Wasser im Bachbecken war einen Meter tief, zu tief, als daß Gillon den Fisch mit seinem Stock hätte erschlagen können. Jetzt war es Zeit für sein kleines Feuer, am Rand des Wassers, weil der Lachs zu ihm hingezogen werden würde. Er zündete das Feuer an und wartete, und als der silbrige Kopf seines Fischs plötzlich die Wasseroberfläche durchstieß, schlug Gillon zu.

Er glaubte ihn getroffen zu haben, war ganz sicher, aber der Kopf tauchte unter, und der Fisch schoß davon.

Gillon war zornig, weil er nicht tun mochte, was er jetzt tun mußte. Wenn er seinen Lachs haben wollte, mußte er ins Wasser steigen und ihn fangen.

Er hatte gehört, daß im Westen Schottlands die Jungen beim Mannbarkeitsritus zu den Prielen am Strand geschickt wurden, damit sie mit bloßen Händen ihren ersten Lachs töteten. Aber da war das Wasser warm gewesen, und der Lachs war nicht wild wie ein Lachs, der von seinem Fortpflanzungstrieb gejagt wurde.

Er kletterte über eine Mauer in den hinteren Teil des Beckens. Der Fisch rührte sich überhaupt nicht. Gillon tat einen Schritt und trieb den Fisch weiter, gegen die Felsbrocken am Ende seines Pferchs, bis er mit dem Maul den Stein berührte. Und ohne lange zu überlegen, sprang Gillon zu.

Die Stärke des Fischs war für Gillon ebensolch ein Schock wie die Eiseskälte des Wassers. Er hielt den Lachs in den Armen und versuchte ihn am Fels zu zerschmettern, während der Fisch zappelte und sich krümmte, um davonzuschnellen, und dies schließlich auch schaffte und auf den Boden des Beckens hinabsank.

„Es tut mir leid“, sagte Gillon.

Er fand einen spitzen Stein. Er hatte seinen Fisch nicht äußerlich verletzen wollen, aber jetzt wußte er, daß ihm nichts anderes übrigblieb.

„Es tut mir wirklich leid“, sagte Gillon und stieß ihm den Stein von hinten in den Kopf und ließ ihn ins Wasser zurücksinken. Der Fisch war wenigstens eineinhalb Meter lang und jetzt wild, wachgerüttelt aus der durch die Kälte ausgelösten Trance, bereit, um sein Leben zu kämpfen. Jetzt würde er springen. Das wußte Gillon.

Es war kein Platz zu einem weiten Sprung in dem Becken, und so sprang der Lachs fast senkrecht in die Höhe, sehr langsam und silbern funkelnd im Schein des Feuers, und Gillon schlug so heftig mit seinem Stein nach ihm, daß der Fisch fast ohne sich zu wehren in das Becken zurückfiel. Gillon sah ihn halb auf der Seite auf dem sandigen Boden liegen.

„Stirb“, sagte er. „Um Gottes willen, stirb!“

Er kam noch einmal hoch, ganz langsam, und Gillon packte ihn mit beiden Armen, tastete nach dem Maul und fuhr mit der Hand den Kopf entlang, bis er eine Kieme fühlte, und da wußte er, daß er seinen Fisch hatte. Zitternd und stolpernd trug er ihn aus dem Becken und über die glitschige Böschung. Der Fisch lag im Schnee und wartete. Er muß wissen, was mit ihm geschieht, dachte Gillon.

Er fand den Spazierstock, und mit einem sauberen, schnellen Schlag tötete Gillon seinen Salm.

„Es tut mir leid“, sagte er. „Es tut mir wirklich leid.“

Er ging zum Bach zurück und betrachtete das Gefängnis, das er gebaut hatte. Er staunte über das Werk, das er da vollbracht hatte. Er hatte die Scheidewände einreißen wollen, damit der Fischereiaufseher nicht wußte, was hier geschehen war, doch nun wollte er, daß er es wußte. Er stellte sich vor, wie die Geschichte von dem Bergmann – denn früher oder später würde man am Aufbau der Sperrmauern erkennen, daß es ein Kumpel gewesen war – in die Legende des Lachsbachs einging und erzählt würde, solange Gillon lebte und noch danach.

NEUN

EHE der Fisch gefror, zog Gillon ihm eine Schnur durch die Kiemen und krümmte ihn, Kopf und Schwanz zusammenbindend, zu einem Ring, damit er ihn an seinem Stock tragen konnte, und dann schürte er das Feuer, zog seine Kleider aus und trocknete sie. Der Schein schien meilenweit durch die Schlucht zu zucken. Aber er hatte keine Wahl: er mußte seine Sachen trocknen, oder er erfror.

Die Kleider trockneten; dumm war nur, daß seine Füße beunruhigend anzuschwellen begannen. Als er sich wieder angezogen hatte, trug er seinen Fisch zum oberen Ende der Schlucht hinauf und kam dann mit einem Kiefernast noch einmal zurück und verwischte damit die Spuren hinter sich.

Als er den Waldrand erreichte, setzte er sich nieder, um das vor ihm liegende Gelände zu überschauen. Ungefähr eine halbe Meile zu seiner Linken erblickte er ein strohgedecktes Bauernhaus. Rauch stieg aus dem Schornstein – ein erwärmender, einladender Anblick. Dort gab es Speck und Bier, das wußte Gillon, aber das Lachsrevier war noch zu nah, er durfte den Leuten nicht trauen.

Er mußte eingeschlafen sein. Er hörte den Mann nicht kommen, er spürte nur, wie jemand ihn mit dem Stiefel gegen seine geschwollenen Füße trat. Der Bauer trug eine Axt.

„Na, dann wollen wir mal“, sagte er.

„Was soll das heißen – dann wollen wir mal?“

Der Mann deutete auf den Fisch. Ein hartes, häßliches Gesicht, ein richtiges Galgenvogelgesicht, dachte Gillon.

„Der Salm da – ich will mein Teil davon haben."

Gillon war eher verblüfft als zornig.

„Sie haben den Fisch in Gewässern gestohlen, die der Krone gehören. Wollen Sie wissen, was Maccallum macht, wenn ich ihm sage, wo Sie zu finden sind?"

Er schwang ständig die Axt vor Gillons Augen hin und her.

„Vierzig, fünfundvierzig Pfund. Wie haben Sie ihn geschnappt?"

„Hab ihn im Wasser mit bloßen Händen gefangen."

„Verdammter Lügner."

In diesem Augenblick ging Gillon auf, daß ihm nie jemand die Geschichte mit dem Lachs glauben würde.

„Ach, behalten Sie Ihr Geheimnis für sich. Fünf Pfund davon, und ich habe Sie nicht gesehen."

„Fünf Pfund?"

„Fünf Pfund oder ich gehe auf der Stelle zu Maccallum."

Gillon löste den Knoten, der den Fisch krümmte. Der Fisch war so schön, wie er unter den Kiefern lag.

„Wozu schleppen Sie den Kopf mit?"

Der Mann schlug dem Fisch mit der Axt den Kopf ab.

„Schwein", sagte Gillon.

So ein Fisch war mehr, als nur etwas zu essen.

„Und der Schwanz." Wieder zuckte die Axt herunter, und ein Stück vom Schwanzende des Fischs, etwa ein Achtel des Ganzen, war abgehackt.

„Verdammt guter Lachs, das muß man Ihnen lassen. Sauber. Gerade von der See heraufgekommen. Das nächste Mal kommen Sie am besten bei Nacht hier durch."

Der Mann machte sich auf den Weg zu dem Hof hinunter.

Gillon ging über die Heide, so schnell er konnte. Der Wind wehte steif, und meilenweit erstreckte sich vor ihm das Heideland. Er fragte sich, ob er es wohl schaffen werde. Aber dann dachte er an die Frauen, die Körbe mit Kohle aus den Gruben heraufschleppten. Sie taten das jeden Tag. Er stapfte weiter.

In der Nähe des Loch Leven fand er einen großen Hof mit Wirtschaftsgebäuden und einem Gesindehaus dahinter für die Arbeiter, einem Stall für die Kühe und einem Schuppen für die Schafe. Sie hatten gerade die Kühe gemolken. Gillon hörte, wie sie sich etwas zuriefen. Es war von Rüben die Rede, die an das Vieh verfüttert werden sollten. Und dann schlug die Stalltür zu. Der Stall würde jetzt leer sein. Gillon ging geradewegs darauf zu, und dann schloß er die Tür behutsam hinter sich.

Er war in Sicherheit.

Die Gerüche, animalische Wärme und Dung, raubten ihm den Atem. Er fand die Leiter zum Heuboden, machte sich ein Nest im Heu, neben seinem Fisch, und deckte sich mit dem Plaid zu. Er betastete den Fisch, seine silbrige Flanke. Noch immer frisch, noch immer gefroren.

In ihrer Raserei, in ihrer wilden Gefräßigkeit weckten sie ihn auf. Nicht die Geräusche, nicht ihr zorniges, aufgeregtes Fiepen, sondern ihre Füße, die zuerst über seine Brust und dann sogar über sein Gesicht hinweghuschten. Zwanzig, dreißig Ratten nagten an dem steinharten Fleisch, rissen daran, krallten sich hinein.

„Macht euch fort!" schrie Gillon. „Macht euch fort! Macht euch fort!"

Aber sie fielen nur an einer anderen Stelle über den Fisch her. Er ergriff seinen Spazierstock und schlug auf die Ratten ein, da merkte er plötzlich, daß Licht hereinfiel und unten Männer auf der Schwelle standen.

„Was in Gottes Namen geht hier vor?" rief einer der Männer herauf. „Die Ratten fressen meinen Fisch!" brüllte Gillon.

Zwei Männer stürzten zur Leiter und kamen heraufgeeilt.

„Oh, der schöne Fisch! Geben Sie mir Ihren Stock!"

Die Landarbeiter eröffneten planvoll und mit wilder Freude eine regelrechte Rattenschlacht.

Als sie fertig waren, war die Rübenwanne gefüllt mit toten Ratten. Gillon zitterte vor Ekel.

„Was haben Sie denn, Mann?"

Sie konnten sich nicht vorstellen, was für ein Gefühl das war – die Ratten über seinen Fisch herfallen zu sehen!

„Das ist das Weihnachtsmahl für meine Familie."

„Ah, geben Sie mal her." Einer der Männer nahm den Fisch, und kurz darauf hörte Gillon das Geräusch einer Pumpe, und dann kam der Mann mit dem Fisch zurück, und das Blut war abgespült. Nur Spuren von Krallen und Zähnen waren zu sehen.

„Gewildert, nicht wahr?“

Gillon nickte.

„Gut gemacht. Nicht leicht, so einen Burschen zu kriegen. Sie sind Arbeiter, wie?“

„Bergmann.“

„Wo?“

„Pitmungo.“

„Könnten Sie uns dort Arbeit verschaffen? Man hört hier, sie zahlen dort nicht schlecht.“

Gillon schüttelte den Kopf. „Es gibt keine Arbeit. Ich bin ja hier, um uns ein Weihnachtsessen zu beschaffen.“

„Och, das ist hart, Mann, das ist traurig, wenn man zu Weihnachten keine Gans auf dem Tisch hat. Ohne Gans kein Weihnachten.“

Gillon war ein wenig verärgert. „Ein Salm ist ein feines Weihnachtsessen.“

„O ja? Vielleicht. Wir haben noch nie einen gegessen. Wir kriegen so was nicht, das gehört alles denen.“ Sie betrachteten den Fisch. Gillon nahm das Messer des Mannes und schnitt zwei Steaks von dem Lachs ab.

„Bratet ihn mit Butter darauf, hört ihr? Nicht kochen.“

Die Männer bedankten sich. Der eine schlang eine Schnur um den Fisch, und gleich darauf hatten sie den Lachs an einen Balken gehängt.

„Jetzt können Sie in Ruhe schlafen, Mann. Aber machen Sie, daß Sie fort sind, wenn es hell wird. Wenn der Bauer einen Mann mit einem Lachs sieht, wird er mißtrauisch.“

Gillon schlief tief und warm, im Heu geborgen, und zum erstenmal, seit er seinen Lachs getötet hatte, fühlte er sich seiner Beute sicher. Als er aufwachte, graute der Morgen, und seine Füße schmerzten nicht mehr so sehr. Er stieg die Leiter hinunter.

Die eine Hälfte, fast genau die Hälfte seines Lachses war verschwunden.

Diese gemeinen, dreckigen Hunde, in der Nacht zurückzukommen und mir meinen Fisch zu stehlen! In ohnmächtiger Wut sah er vom Balken herabbaumeln, was von seinem schönen Fisch noch übriggeblieben war.

Noch zwanzig Pfund übrig. Wer würde dem Stück ansehen, daß dies einmal ein großer Lachs gewesen war?

Trotzdem, es war die Sache wert, sagte er sich, ganz gleich, was geschehen war. Zwei Pfund Lachs für jeden, Lachs gerade von der See heraufgekommen. Das hieß Leben, dachte er, das konnte man Essen nennen. Er ging die Straße nach Cowdenbeath entlang.

Die Blase am Fuß machte sich ohne Vorwarnung bemerkbar. Eben noch bereitete ihm das Gehen keine Schwierigkeiten, und im nächsten Augenblick war der stechende Schmerz da. Als er Schuh und Strumpf auszog, erschrak er über den Anblick. Die ganze Ferse war purpurrot geschwollen. Es blieb ihm nichts anderes übrig, als sich an den Straßenrand zu setzen und darauf zu warten, daß ihn jemand mitnahm.

Die kalte Luft tat seinem Fuß gut, und das Brennen hatte nachgelassen, als ein Fuhrwerk herangehumpelt kam.

„Können Sie mich mitnehmen nach Cowdenbeath?“ Er sah, wie der Bauer seinen Fuß anstarrte. „Ich wäre Weihnachten gern zu Hause.“

„Ich weiß nicht – der alte Klepper hat schwer zu ziehen. Vielleicht, wenn Sie was für ihn übrig hätten?“

„Vielleicht hätte er gern ein Lachssteak“, sagte Gillon.

„Ja, sicher. Frisch, was? Dann hätte sein Herr auch gern eins.“

„Geben Sie mir Ihr Messer“, sagte Gillon.

In der Nähe der Stadt hob der Bauer Gillon vom Fuhrwerk herunter.

„Jetzt passen Sie mal auf“, sagte er. „Wickeln Sie Buchenlaub um den Fuß, das zieht alles raus. Na ja –“ er streckte ihm die Hand hin –, „dann mit Gott und frohe Weihnachten.“

Als Gillon zur Hochheide hinaufkam und sich umblickte, war er erstaunt darüber, wie tief die Sonne schon gesunken war. Kurz darauf kam der Mond heraus, fahl und kalt, und ihm folgten die Sterne, und es war Nacht.

In Pitmungo begannen sie jetzt das Essen zuzubereiten und kochten den knochigen Fisch. Es konnte noch immer alles gutgehen. Über einem schönen Feuer würde sein Fisch schnell gar sein, und er hatte jetzt noch eine Stunde Wegs vor sich.

Die erste Katze folgte Gillon, kurz vor der White-Coo-Farm. Sie sprang an seinem Rücken hoch, um an den Fisch zu gelangen.

„Fort mit dir!“ schrie Gillon. Doch als er sich umdrehte, sprang sie ihn erneut an. Er fühlte ihre Krallen durch das Plaid hindurch. Er würde seine Schuhe und das Plaid zurücklassen und sich, den

Fisch unter dem einen Arm haltend, der hungrigen Katzen erwehren müssen, denn inzwischen folgten ihm schon vier.

Als er durch den Obstgarten schritt, waren es bereits sechs oder acht. Sie hielten sich eben außer Reichweite seines Stocks, und ihre Augen funkelten den Fisch an.

Er gelangte zur Tosh-Mungo Terrace hinunter. In allen Fenstern brannte Licht, und in mehreren Häusern wurde gesungen – die alten schottischen Weihnachtslieder, die Gillon immer traurig stimmten. Sechzehn, siebzehn Pfund Lachs war nicht zuviel, wenn man bedachte, was er alles durchgemacht hatte und daß er im Gefängnis hätte landen können, daß er hätte draufgehen können. Er konnte das eine Bein verlieren, falls sich eine Infektion einstellte. Aber worauf es ankam: er war ausgezogen, um es zu schaffen, und hatte den Lachs in den Händen. Bei den Camerons würde man Weihnachten feiern, wie es sich gehörte.

Vor seinem Haus blieb er stehen, um seine Augen an das Licht zu gewöhnen. Durch das Fenster sah er, wie sie um den Tisch saßen. Andrew sagte etwas, einen Toast oder ein Gebet vor dem Essen – das war der Augenblick zum Hineingehen. Er stieß die Tür auf und blieb dann in der Helle des Zimmers stehen. Ihm war bewußt, was für einen Anblick er bot, das Hemd zerrissen von Ratten und Katzen, die Wangen ausgezehrt von Hunger und Kälte.

„Was haben sie denn mit dir gemacht, Vater?“ rief Sam.

„Mit mir haben sie gar nichts gemacht“, sagte Gillon. „Ich hab zur Abwechslung mal ihnen eines ausgewischt.“

Er ließ seinen Fisch auf den Tisch fallen. Es tat ihm gut, wie hart er aufschlug und wie groß er aussah, als er so auf der Holzplatte lag. So etwas Großes hatten sie noch nie im Haus gehabt.

„Er ist schön, Vater“, sagte Andrew, und die anderen drängten sich um den Tisch herum, aber Maggie starrte ihren Mann an.

„Du hast deinen Hut verloren“, sagte sie. „Deinen schönen Hut.“

Er griff sich an den Kopf, langsam, und er war überrascht, als er sein Haar fühlte. War er mit dem Hut in das Bachbecken gestiegen?

„Wen kümmert schon ein Hut?“ sagte Sam aufgeregt. „Jetzt feiern wir Weihnachten, wie es sich gehört.“ Er holte die Whiskyflasche und schenkte in Teetassen und Becher ein. Sie blickten ihren Vater an.

„Kein Dörrfisch für die Camerons“, sagte Gillon, und sie hoben ihren Whisky und tranken – auf ihren Vater und seinen Fisch.

Ein paar Tage nach Neujahr stieg Mr. Selkirk zu Gillon hinauf, um ihm einen Krankenbesuch zu machen.

„Ich will gar nichts von Ihrem verrückten Abenteuer hören. Aber das hier wird Sie interessieren."

Es war ein Ausschnitt aus dem Finanzteil des *Scotsman.*

LONDON – 3. Jan. – Lord Fyffe von *Fife and Brumbie Hall*, Pitmungo, Vorstandsvorsitzender der *Pitmungo Coal and Iron, Ltd.*, konnte heute auf der jährlichen Aktionärsversammlung von einem Nettogewinn von 54 Prozent nach Abzug aller Unkosten berichten. Mit Billigung des Aufsichtsrats wurden 14 Prozent des Nettogewinns für zukünftige Investitionen und als Rücklage abgezweigt und 40 Prozent als Dividende für alle Aktienbesitzer ausgeschüttet.

In Anbetracht der düsteren Situation auf dem Kohlemarkt im Herbst fällt der Vergleich mit der Dividende von 45 Prozent im letzten Jahr günstig aus, erklärte Lord Fyffe. Durch strenge und sinnreiche Sparmaßnahmen während dieser Periode konnte die Gesellschaft eine stabile Rendite erzielen.

Gillon las den Artikel mehrmals, um die Ungeheuerlichkeit ganz auf sich einwirken zu lassen.

„Sind Sie jetzt bereit, bei uns mitzumachen?" fragte Selkirk.

Gillon nickte.

„Und wenn Keir Hardie kommt, sind Sie dann bereit, ihn bei sich aufzunehmen?"

„Ja."

„Und wenn die Soldaten kommen, sind Sie dann bereit, sich ihnen entgegenzustellen?"

„Wenn ich bis dahin wieder stehen kann."

Er schlug die Decke zurück, aber Mr. Selkirk sah nicht hin, der Geruch genügte ihm.

„Herrgott, Mann, was haben sie denn mit Ihnen gemacht?"

Und da ging Gillon in gewisser Weise eine Wahrheit auf. Er hatte es selbst gemacht, aber sie hatten ihn dazu getrieben.

„Ich war es einfach satt, zu mir selbst immer nein zu sagen. Die Zeit ist gekommen, wo man zur Abwechslung einmal ja sagen muß."

„Wozu?"

„Zu irgend etwas, ich werd's schon wissen, wenn es soweit ist."

„Sehr gut formuliert", sagte Mr. Selkirk, „für einen Halbgebildeten."

SARAH war schließlich Gillons rettender Engel. Auf Bitten ihrer Mutter kam sie jeden Morgen vom anderen Ende der Tosh-Mungo Terrace herauf – Walter Bone hatte also doch recht gehabt – und wusch und behandelte die wunde Stelle am Fuß ihres Vaters. Als es ihm nach einer Woche noch nicht besserging, zog man Dr. Gowrie zu Rate, der meinte, man werde amputieren müssen.

„Das kommt nicht in Frage“, sagte Gillon.

„Wir haben in unserer Familie schon zwei Beine verloren“, sagte Sarah.

„Wenn es schwarz wird, werden Sie schon angekrochen kommen, Cameron. Kommen Sie nur nicht zu spät, sonst riskieren Sie Ihr Leben.“

Sarah machte einen Umschlag nach dem anderen. Ihre Geduld kannte keine Grenzen. Sie war fest entschlossen, ihrem Vater das zu erhalten, was ihr Mann verloren hatte.

Der Geruch war so übel, daß man Kaffeebohnen verbrannte, und das reinigte die Luft.

Es gab keinen einzigen Tag, an dem es Gillon besserging. Eine Zeitlang verschlimmerte sich sein Zustand, dann nicht mehr. Im Februar stand Gillon auf, und er konnte auch gehen – wenn er mit dem schlimmen Fuß nur nicht fest auftrat. Im März konnte er seine Arbeitsstiefel wieder anziehen, täglich ein paar Stunden. In der übrigen Zeit las er. Er las alles, was der Industriearbeiter-Leseraum zu bieten hatte, und fing wieder von vorn an. Oder er rückte seinen Stuhl in der ersten Frühjahrssonne vor die Tür und blickte auf den schwarzen Berg hinunter, der auf der Sportheide nun wieder emporwuchs, und dachte an die 40 Prozent Dividende, die die *Pitmungo Coal and Iron Company* auf Grund ihrer erfindungsreichen Sparmaßnahmen ausschütten konnte. Das wurde für ihn zu einer Zwangsvorstellung. Er sprach die Zahl manchmal laut vor sich hin und nahm es selbst kaum wahr.

Sein Gesicht wurde wieder voller, und indes die harten, hageren Züge verschwanden, fielen die Jahre von ihm ab, und es trat von neuem zutage, was man vergessen hatte – daß er von allen in der Familie am hübschesten aussah, daß die anderen alle etwas von den Gruben und dem Dunkel in sich aufgenommen hatten. Nur Gillon war frei davon. Der Hochländer in ihm kam wieder heraus.

Er las gerade etwas über die Verteilung der Güter, als Maggie von einer Steppdecke aufblickte, an der sie nähte, und ihn ansah.

„Du bist wieder der Mann, den ich in Strathnairn geheiratet habe“, sagte sie.

„Was hast du gesagt?“

„Ach, das kann man nicht wiederholen“, sagte Maggie, aber er hatte gehört, was sie gesagt hatte. Er wandte sich wieder seinem Buch zu, doch er las nicht darin. Manchmal blickte er zu ihr hin. Dann hätte er sie berühren oder etwas sagen mögen, das nur ihnen beiden gehörte. Aber etwas hielt ihn zurück.

Am ersten Tag im Mai, als sich in ganz Schottland die Menschen das Gesicht mit Maitau netzten, zog Gillon seine Grubensachen an und ging den Hang hinunter, um in der Grube Lord Fyffe Nr. 1 die Arbeit aufzunehmen. Es gab wieder Arbeit für alle.

Es war ganz fremd zunächst und unheimlich, doch am Nachmittag war ihm das Kohlehauen wieder genauso selbstverständlich, wie sich den Schweiß von der Stirn zu wischen.

TEIL DREI

Die Camerons

EINS

DER Mai war zur Hälfte um, als Gillon einen Unfall erlitt. Er war im Begriff, durch die Wand einer Abbaustrecke in den nächsten Raum vorzustoßen. Er vermochte nach dem Klang seiner Haue die Dicke einer Wand fast auf den Zoll genau anzugeben und hatte sich hingekniet, um sich in den leeren nächsten Raum vorzutasten, als plötzlich blitzendes Metall durch die Wand drang, an der er arbeitete. Und dann kam der überwältigende, dumpfe Schlag von Metall, das sich in seinen Körper bohrte. Gillon blieb liegen und wagte nicht, sich zu rühren. Eine Kohlenhaue hatte sich in seine Schulter gegraben.

„Oh, um Gottes willen!“ rief jemand, und die Wand brach rings um Gillon ein. Jemand zog ihn an den Füßen unter den Kohlenbrocken hervor.

„Das tut mir leid, o Gott, glauben Sie mir, das tut mir so leid“, sagte eine junge englische Stimme. „Bitte sagen Sie ihm, wie leid mir das tut!“

„Der Mann hat hier überhaupt nichts zu suchen gehabt“, sagte Brothcock. „Es ist gegen alle Regeln, Wände so durchzuschlagen.“

Gillon lag nur da und dachte, Lügner; er starrte Brothcock an. Doch die Schmach, die seinem Körper zugefügt worden war, machte sich jetzt bemerkbar, und er stieß einen gräßlichen Schrei aus, über den er keine Gewalt hatte.

„O Gott, es tut mir leid, glauben Sie mir!“ sagte die junge Stimme.

„Zieh die Haue heraus“, hörte Gillon sich sagen, als spräche er aus großer Entfernung. Der junge Engländer kniete neben Gillon nieder.

„Ich will’s versuchen“, sagte er. „Glauben Sie, Sie können es aushalten?“

„Wenn Sie ziehen, dann schnell!“

Und der Junge zog, aber nicht kräftig genug. Gillon wollte nicht schreien, aber er konnte nicht anders.

Er packte den Jungen am Handgelenk.

„Gehen Sie dort den Gang hinunter, und rufen Sie nach Sam Cameron. Ganz laut!“

„Sie brauchen sich keine Anweisungen geben zu lassen von einem –“

Aber der Junge schob den Superintendenten zur Seite und begann zu rufen. Sam kam gelaufen.

„Warum liegt er so da?“ schrie er Mr. Brothcock an.

„Schnell jetzt, Sam“, sagte Gillon.

„Ja, Vater.“

Er stemmte das Knie gegen die Brust seines Vaters, und im gleichen Augenblick, noch ehe Gillon wußte, was ihm geschah, und mit einem schrecklichen Schrei, so laut und schmerzerfüllt wie der Schrei seines Vaters, zog er die Haue heraus.

Auf dem Weg nach draußen drückte jemand nach alter Bergmannssitte eine Handvoll frischen Kohlenstaub in die Wunde, um das Blut zu stillen. Gillon hätte es nicht zugelassen, aber er merkte es nicht mehr.

„Sie haben noch Ihren Fuß, und Sie haben noch Ihren Arm, und eigentlich dürften Sie beides nicht mehr haben“, sagte der Arzt in Cowdenbeath bei Gillons Entlassung aus dem Krankenhaus. Gillon wußte nicht, ob ein Bergmann einem Arzt die Hand gab oder nicht.

„Eines kann ich Ihnen sagen“, fuhr der Doktor fort. „Sie haben zwar Ihren Arm behalten, aber Sie werden keine Kohle mehr hauen."

Sandy war mit dem Wagen gekommen, aber es wurde eine Heimfahrt unter Schmerzen.

„Wie geht's dir?" fragte Sandy. „Du siehst gut aus."

„Ich bin wie ein Vogel mit einer gebrochenen Schwinge. Man sieht mir nichts an, aber ich kann nicht fliegen."

„Du wirst schon wieder fliegen, und Mr. Selkirk hat gehört, daß der junge Herr darum gebeten hat, daß du eine anständige *croo* bekommst."

Die *croo* war eine „Genugtuung", die Entschädigung, die die Company einem Mann schuldig zu sein glaubte, der sich bei einem Arbeitsunfall eine schwere Verletzung zugezogen hatte oder ums Leben gekommen war. Es gab in Pitmungo keine festen Sätze – soundsoviel für ein verlorenes Bein oder eine zerquetschte Hand. Keiner wußte im voraus, wieviel es geben würde; keiner wußte, wer die Höhe des Betrages festsetzte. Die Höhe der Abfindungssumme schien davon abzuhängen, wie die Company den Unfall beurteilte – ob in erster Linie die Company oder der Bergmann daran schuld war oder ob es sich um eine Fügung Gottes handelte.

„Was hast du denn bekommen?" fragte Gillon seinen Schwiegersohn. Er konnte die Schiffe im Hafen von St. Andrews erkennen. Kohle war gefragt; das sollte ein gutes Omen sein, was seine *croo* betraf.

„Fünfundzwanzig Pfund", sagte Sandy. „Zwölfeinhalb pro Bein. Ich würde gern viel mehr bezahlen, wenn ich sie wiederbekäme." Gillon bewunderte Sandys Fähigkeit, sein eigenes Unglück wie ein Außenstehender zu betrachten, ja darüber zu lachen.

„Sie haben gesagt, es sei höhere Fügung gewesen. Wenn ich rechtzeitig aufgehört und nicht noch ein bißchen über die Zeit hinaus gearbeitet hätte, hätte mich die herabstürzende Decke nicht getroffen, und deshalb könnte es nicht die Schuld der Company sein. Gottes Ratschluß sei eben unerforschlich."

Und dann tauchte plötzlich Pitmungo vor ihnen auf. Für Gillon war der Anblick immer wieder eine Überraschung, wie oft er die Stadt auch von hier aus gesehen hatte, wie dunkel und tief das Tal war, wie dunkel die Häuser, wie dunkel die Straßen und – jetzt – wie dunkel die Sportheide.

„Bei mir könnte man von der Fügung eines höchsten Herrn sprechen", sagte Gillon. Das war ein Wortspiel. Der junge Mann, der ihm die Haue in die Schulter gehauen hatte, war Sir Compton Elphinstone, Herr auf Soundso, Aktionär und Aufsichtsratsmitglied der Company, obwohl er noch nicht einmal aus der Schule war oder aus dem College.

Die *croo* wurde traditionsgemäß am ersten Zahltag nach Rückkehr des Bergmanns aus dem Krankenhaus ausbezahlt. Für Gillon tat sich nichts. „Müssen wir eben noch warten", sagte Andrew.

„Wir könnten zumindest mal danach fragen", meinte Jemmie. „Sie sollen wissen, daß wir einen ordentlichen Betrag erwarten. Vielleicht ist ihnen ein Irrtum unterlaufen."

„Man kann das nicht erzwingen", sagte Andrew. „Es liegt jetzt in ihren Händen."

Sie warteten. Es war, darin stimmten alle überein, ein sehr ungewöhnlicher Unfall. Es hieß, Sir Compton oder seine Familie habe eine zufriedenstellende Regelung beschlossen und wisse wahrscheinlich nicht, wie das in Pitmungo gehandhabt wurde. Ja, das mußte es sein.

Man schaffte Gillons Bett aus dem Hinterraum in den Vorderraum, und er ließ sich von Andrew, Maggie oder Mr. Selkirk über das Wesen von Kapitalbeteiligungen aufklären. Er konnte das nicht fassen, daß Leute wie Elphinstones 1000 Pfund anlegten und der junge Mann, wenn eine Dividende von 40 Prozent ausgeschüttet wurde, 400 Pfund bekam, für die er nichts geleistet hatte.

„Wieso nichts? Er hat dir doch eine Haue in die Schulter geschlagen", sagte Sam mit einem gefährlichen Unterton.

Und Gillon wollte auch nicht recht in den Kopf, daß es mit den 400 Pfund, die der Geldgeber verdient hatte, noch nicht zu Ende war, sondern daß das immer so weiterging und daß ihm die ursprünglichen 1000 Pfund nachher noch immer gehörten, obwohl sich die Summe schon mehrfach bezahlt gemacht hatte.

„Sie können doch nicht immer nur Geld auszahlen", sagte Gillon.

„Doch, wenn weiter Kohle gefördert wird. Die Kohle ist das Geld."

„Aber die Kohle habe ich doch gehauen", sagte Gillon.

„Sehr richtig", sagte Andrew.

„Dann sag mir noch eines."

„Ja, ich will's versuchen", sagte sein Sohn.

„Wie haben wir es je dahin kommen lassen?"

Er sann darüber nach, Tag und Nacht. Jedesmal, wenn sein Arm zu pochen begann, mußte er darüber nachdenken: Die Zahl 40 ließ Gillon nicht mehr los. 40 Prozent. Und 400 Pfund. In Gillon entwickelte sich die Idee, daß 400 Pfund eine angemessene Abfindung für seine Verletzung waren und sie ihm auch zustünden. Daß der Scheck bereits ausgestellt war und es nur noch der Formalität des Einlösens bedurfte.

Vierzehn Tage vergingen, und die Männer umstanden im Halbkreis das Lohnbüro. Die Kumpels, verschwitzt und noch in ihren Grubensachen, standen dicht gedrängt unter dem weißen Licht von Brothcocks zuckender Gaslampe. Sie wurden nie in einer bestimmten Reihenfolge entlohnt. Es kam nur darauf an, schnell zur Stelle zu sein, wenn man aufgerufen wurde.

Andrew kam aus der Tür heraus.

„Hast du das Geld bekommen? Hat er's dir gegeben?" Auch Freunde umdrängten ihn. Gillons *croo* war zu einer Sache der ganzen Stadt geworden. Andrew öffnete seine Tüte, aber man hatte ihm nur den üblichen Lohn ausbezahlt.

„Er wird's schon einem von euch geben", sagte jemand, aber keiner der Camerons bekam Gillons *croo,* und Jemmie war der letzte.

„Wenn du das Geld nicht kriegst, mußt du fragen", sagte Sam.

„Ja, ich werde fragen", sagte Jem.

Er wußte, als er die Lohntüte anfühlte, daß nur der übliche Betrag darin war. „Und die *croo* meines Vaters?"

„Croo?"

„Gillon Cameron. Der Mann, dem der Herr die Haue in die Schulter gejagt hat. Er kann nicht arbeiten, und jetzt will er seine *croo.*"

„Seine *croo?* Die *croo* ist ein Geschenk, kein Recht, das einem zusteht", sagte Mr. Brothcock.

„Es muß aber eine *croo* geben. Die Haue ist ihm durch die Schulter gegangen, Sir."

„Jetzt paß mal auf. Es gibt keine *croo.*" Brothcock konnte der Versuchung nicht widerstehen. „Es gibt keine *croo* für Auswärtige. Es gibt keine *croo* für Kumpels, die im Unrecht sind. Dein Vater hatte da, wo er war, gar nichts zu suchen."

„Er hat dort gearbeitet, wo er arbeiten sollte, und das wissen Sie verdammt gut!"

„In meinem Bericht an Lord Fyffe steht es anders."

Jemmies Hände umklammerten zitternd den Hauenstiel. Er hätte ihm in die Schulter hauen mögen, genau dort, wo sein Vater getroffen worden war. Brothcock wußte, was in ihm vorging.

„Denkst du an irgend etwas?" Brothcock lächelte.

„Mir ist was eingefallen", sagte Jemmie. „Erinnern Sie sich noch an den Stein, Mr. Brothcock, Sir? Ich würde ihn an Ihrer Stelle nicht vergessen."

„Ja", sagte der Superintendent und trat so schnell zu, daß Jemmie rückwärts durch die Tür geschleudert wurde und dann die Holzstufen hinunterfiel und mit dem Hinterkopf im kohlenfleckigen Matsch landete.

Die Nachricht, daß man Gillon Cameron die Abfindung verweigerte, traf die Stadt wie ein Schock, und dann folgte die Angst. Wenn Gillon Cameron nichts bekam, wer in Pitmungo konnte dann noch mit einem Penny rechnen, wenn ihm etwas zustieß?

Den ganzen Abend hindurch bestätigten sie Gillon, wie übel man ihm mitgespielt habe.

Und dann kam Mr. Selkirk.

„Gillon, Sie sind ein Denkmal der Stupidität und Ignoranz."

„Das verstehe ich nicht."

„Natürlich verstehen Sie das nicht. Weil Sie die Rechte nicht kennen, die Gesetze Ihres eigenen Landes. Sie liegen da wie ein Bettler und warten darauf, daß die Leute kommen und Ihnen Geld in die Hand drücken."

So gesehen war das kaum abzustreiten. Sie waren allesamt Bettler. Gillon fühlte sich gedemütigt.

Als sich seine Bitterkeit erschöpft hatte, erzählte ihnen der Bibliothekar von einem Gesetz, das im Parlament verabschiedet worden war und nach dem alle Arbeiter Anspruch auf angemessene Entschädigung hatten, wenn sie bei der Arbeit infolge fehlerhafter Ausrüstung oder Verschulden seitens des Arbeitgebers einen Unfall erlitten.

„Das ist jetzt keiner Laune mehr überlassen", sagte Mr. Selkirk. „Das ist Landesgesetz."

Es waren noch andere dabei. Leute von der Terrace, und die waren sehr beeindruckt von dem, was sie da hörten – daß sie nicht mehr dem Gutdünken der Hand ausgeliefert sein sollten, die die *croo* vergab. Doch sie hatten Angst.

Ihre Vorfahren, die Sklaven, waren durch das letzte große Gesetz befreit worden. Das Gesetz hatte ihnen die Freiheit zum Verhungern geschenkt.

„Was muß ich tun?“ fragte Gillon.

„Klagen.“

Das war eine unerhörte Vorstellung. Alles schwieg. „Tu's, Vater“, sagte Sam mit belegter Stimme. „Verklag Lord Fyffe.“

Gillon wartete. Irgendwo in seinem Innern begann Gillon das Wort „Ja“ zu bilden. Es war da, wollte heraus, wartete nur auf den Augenblick, wo er aufhörte, sich selbst zu verleugnen. Seine Meinung zu sagen, indem man Lord Fyffe verklagte? War dies die richtige Methode?

„Ja, Vater“, sagte Jem, „verklag ihn.“

„Verklag ihn für das, was er mir angetan hat!“ rief Sandy Bone.

Walter Bone hatte sich erhoben und deutete hinunter, dorthin, wo einmal die Sportheide gewesen war. „Verklag ihn für das, was er uns allen angetan hat.“

Jetzt kochte der Zorn über. Männer begannen die Namen von Brüdern und Vätern zu rufen, die in den Gruben zu Krüppeln geworden waren, von Leuten, die gekrochen gekommen waren, um Lord Fyffes *croo* in Empfang zu nehmen. Der Lärm im Haus war laut und ansteckend. Er verbreitete sich schnell die Terrace entlang.

Gillon Cameron würde Lord Fyffe verklagen. Ihn vor Gericht bringen wie einen gemeinen Dieb.

Sie kamen von überall her gerannt, bis das Haus sie nicht mehr faßte, und da rief Mr. Selkirk sie zur Ordnung: „So, jetzt seid ihr euch alle sehr mutig vorgekommen“, sagte Mr. Selkirk. „Und jetzt möchte ich nur wissen, wer von euch es als erster im ‚College‘ bei seinem Ale erzählt. Wenn das Papier Lord Fyffe persönlich – persönlich – überreicht wird, dann muß das völlig überraschend kommen.“

„Ich glaube nicht, daß ein einfacher Arbeiter einen Earl vor ein gewöhnliches Gericht bringen kann“, sagte der vernünftige Andrew. „Und wenn er es kann, kann er nicht gewinnen.“

Gillon mußte die Hartnäckigkeit seines Sohnes bewundern. Es war ein durchaus berechtigter Einwand, aber er kühlte die Aufruhrstimmung ab.

„Wenn er es wirklich wagt, muß gegen den Adligen vor einer Jury von anderen Adligen verhandelt werden, und die werden nie einem gemeinen Mann recht geben.“

„Das gilt für Fälle nach dem Strafgesetz“, sagte Selkirk. „Dieser Fall hier fällt aber unter das bürgerliche Recht, und in Schottland gilt das bürgerliche Recht.“

Sie begrüßten das mit Beifall, ohne zu wissen, worüber sie klatschten.

„Und was tun wir also?“ fragte Walter Bone.

„Wir werden Lord Fyffe als den gemeinen Gesetzesbrecher, der er ist, vor das oberste schottische Zivilgericht bringen.“

Das oberste schottische Zivilgericht.

Das klang gut: ihr Lord, ihr Laird, auf derselben Anklagebank wie Trunkenbolde und Schafdiebe und Männer, die ihre Ehefrauen schlugen. „Dazu müßte es ein Mann wagen, aufzustehen und für sein Recht zu streiten.“

Gillon versuchte Maggie auszumachen, um in ihren Augen zu lesen.

„Hier oben ist ein Mann; dort unten ist ein Mann“, sagte Selkirk, in die Richtung von Brumbie Hall deutend. „Und zwischen ihnen soll die Gerechtigkeit wiederhergestellt werden.“

Es gab jetzt eine allgemeine, ehrfurchtsvolle Stille. Der Bibliothekar hob den Arm in die Höhe.

Mr. Selkirk deutete auf Gillon. „Sind Sie bereit, mit mir nach Edinburgh zu gehen und Klage einzureichen?“

„Ja, das bin ich“, sagte Gillon.

„Nein!“ hörte Gillon Maggie rufen. „Ich lasse nicht zu, daß er uns das antut!“

Die anderen stießen Hochrufe aus und achteten überhaupt nicht auf sie, aber Sam näherte sich ihr von hinten, hielt ihr die Hand vor den Mund und trug sie aus dem Zimmer. Im Hinterraum setzte er sie auf einen Hocker.

„Mein Vater wird tun, was er zu tun hat, und keiner wird ihn daran hindern“, sagte Sam, und dann nahm er die Hand von ihrem Mund. Sie schlug ihm ins Gesicht, was ihn nicht überraschte, und dann holte sie ein Tuch, um seine blutende Hand zu verbinden, in die sie fast auf den Knochen gebissen hatte.

Aber es wurde doch geredet, im „College“ und in den Gruben. Die Frage war nur, ob das Gerede den Weg nach Brumbie Hall gefunden hatte. Als Gillon und Mr. Selkirk nach Edinburgh aufbrachen und den Colliers Walk hinunterschritten, waren links und rechts die Fenster und Türen erleuchtet, und die Leute standen auf der Schwelle, um ihnen alles Gute zu wünschen, stumm, nur mit den unauffälligen Verständigungszeichen der Unterprivilegierten.

„Jetzt stehen sie hinter mir“, sagte Gillon. „Aber glauben Sie, sie halten durch?“

„Sie brauchen nicht durchzuhalten“, sagte Selkirk. „Die Sache ist jetzt eine Angelegenheit der Justiz.“

Sie erreichten die Low Road nach Cowdenbeath. Es war ein nasser, schneereicher Frühling gewesen, und der Fluß führte viel Wasser und rauschte so laut, daß eine Unterhaltung unmöglich war. Gillon war das nur recht.

Er wollte über den nächsten Tag nachdenken.

Wenn er verlor, gab es Schadenersatz und Gerichtskosten zu zahlen, aber die Kumpels von Pitmungo hatten unter Führung von Walter Bone einen Ausschuß gebildet und beschlossen, über einen Cameron-Verteidigungsfonds diese Kosten zu tragen und pro Mann und Woche einen Penny zu zahlen, um die Camerons über Wasser zu halten, bis sie eine andere Existenz gefunden hatten. Der Verteidigungsfonds nahm Gillon einen großen Teil seiner Sorgen. Aber Mr. Selkirk sah die Keimzelle für eine Organisation. Die Bergleute hatten sich zum erstenmal zusammengefunden.

Trotz Gillons Schmerzen marschierten sie die ganze Nacht, um nicht in Cowdenbeath Geld für ein Zimmer ausgeben zu müssen, und bestiegen dann in Dunfermline den Frühzug nach Edinburgh.

Sie wurden ins Wartezimmer geführt. Die Namen der beiden Anwälte standen in goldenen Buchstaben auf der dunklen Holztäfelung: ANGUS MACGREUSICH MACDONALD, ALISDAIR CALDER.

Gillon versuchte, seine Befangenheit abzulegen. Die anderen Leute im Wartezimmer gehörten den besseren Kreisen an.

„Lehnen Sie sich bequem zurück. Machen Sie sich auf eine lange Wartezeit gefaßt. Sie nehmen uns nicht vor denen da dran. Wir sind hier Almosenempfänger. Wir bitten um Hilfe.“

„Ja“, sagte Gillon, obwohl er daran denken mußte, daß sie doch eigentlich hier waren, weil sie das ewige Bitten satt hatten.

Schließlich ging die Tür auf, und die Sekretärin stand da mit einer Karte in der Hand.

„Mr. Selkirk und Cameron“, sagte sie. „Hier herein.“

Mr. MacDonald war groß und von natürlicher Schlankheit, nicht von jener, die Hunger einem Menschen aufzwingt. Er und Calder gingen um Gillon herum und musterten ihn, als wäre er ein Rennpferd, auf das sie zu wetten gedachten.

„Aber das ist doch kein Bergmann", sagte Calder schließlich.

„Ich gelte als der beste Hauer in meiner Schicht", sagte Gillon.

„Er spricht nicht einmal wie ein Bergmann."

„Um so besser", sagte MacDonald. „Äußerst glücklicher Umstand. Na schön", sagte er zu Gillon, „dann lassen Sie mal die Wunde sehen."

Der Gipsverband, der fast die ganze rechte Seite von Gillons Brustkorb bedeckte, war teilweise rot gefärbt. Die Wunde hatte wieder zu bluten begonnen, und das Blut war durch Gaze und Gips hindurchgegangen. Gillon war das peinlich.

„Entschuldigen Sie", sagte er.

„Wieso? Das ist ein Segen", sagte Calder.

„Richtig angezogen könnte er schon was vorstellen", sagte Mr. MacDonald. „Selkirk, er ist genauso, wie Sie ihn uns beschrieben haben. Ich glaube, wir haben unseren Mann gefunden."

Der Anwalt fragte Gillon, wo er zur Schule gegangen sei, weil er sich so gut auszudrücken wisse.

„Nirgendwo", sagte Gillon.

„Erstaunlich. Wußten Sie, daß Sie ein erstaunlicher Mensch sind?"

Sie fragten ihn nach dem Unfall, und als Gillon erzählte, ärgerte er sich, daß die beiden Anwälte zu lächeln begannen und schließlich in hemmungsloses Gelächter ausbrachen.

„Sie müssen entschuldigen", sagte MacDonald. „Wir lachen nur über Elphinstone. Sie müßten ihn kennen! So ein Narr! So ein Idiot! Das macht den ganzen Fall so perfekt, verstehen Sie?"

Dann erhielt Gillon seine Anweisungen. Nach den Bestimmungen des Entschädigungsgesetzes mußte der verletzte Arbeiter zunächst bei seiner Gesellschaft einen förmlichen Antrag auf Entschädigung einreichen.

„Wieviel verlangen Sie?" fragte MacDonald.

„400 Pfund."

Selbst den Anwälten erschien das sehr viel Geld.

„Schon gut, macht nichts", sagte MacDonald. „Den endgültigen Betrag setzt der Richter fest. Wir wollen ja nur die Angelegenheit vor Gericht bringen."

Wenn die Company den Antrag abgelehnt hatte, würde Angus MacDonald im Namen seines Klienten, Mr. G. Cameron, den Notar ersuchen, eine Vorladung auszufertigen, die einen gewissen C. P. S. Farquhar, besser bekannt unter dem Namen Earl of Fyffe, aufforderte, an dem und dem Tag vor dem Gericht in Cowdenbeath zu erscheinen und dem Richter gegenüber darzulegen, warum er nicht bereit war, Mr. Cameron für Verletzungen zu entschädigen, die dieser in seinen Diensten erlitten hatte.

Die Vorladung würde durch einen offiziellen Boten Lord Fyffe in Brumbie Hall persönlich zugestellt werden.

Ein dunkelhaariger, kräftig aussehender junger Mann streckte den Kopf zur Bürotür herein. „Ist das der Mann?"

Er kam herein und ergriff Gillons Hand.

„Es wird nicht leicht werden – ist Ihnen das klar?"

Gillon sagte, das wisse er. Der dunkelhaarige Mann lächelte. Er sah Gillon mit einem ganz anderen Blick an als die Anwälte.

„Ich glaube, Sie werden es schaffen." Er wandte sich an die anderen. „Weiß Gott, er wird es schaffen." Und dann öffnete er eine Seitentür und trat auf den Flur hinaus.

„Lassen Sie uns nicht im Stich", hörte Gillon ihn rufen. „Was sie auch anstellen, lassen Sie uns nicht im Stich!"

„Warum tun Sie das für uns?" fragte Gillon unvermittelt die überraschten Anwälte.

„Na, um der Sache willen", sagte Calder. „Gerechtigkeit, Menschenrechte."

„Ich tu's aus einem Schuldgefühl heraus, wenn Sie es genau wissen wollen", sagte Mr. MacDonald plötzlich. „Ich habe gesehen, was mein Vater fertiggebracht hat, damit ich das werden konnte, was ich jetzt bin. Ich will meinen Beruf nicht aufgeben, aber wenigstens einen Teil des Preises dafür bezahlen."

Es war ein etwas peinlicher Augenblick, aber Gillon spürte, daß MacDonald froh war, das gesagt zu haben.

Er ergriff Gillons Hand. „Oh, Sie werden es schaffen."

SIE beschlossen, in Edinburgh, wo sie sich nicht recht wohl in ihrer Haut fühlten, nirgendwo einzukehren, sondern nach Cowdenbeath zurückzufahren, wo man, wie sie einander versicherten, besser und billiger aß.

„Wer war der Mann, der da zum Schluß ins Büro kam?" fragte Gillon Selkirk.

„Wer das war? Das war Keir Hardie, Mann."

„Keir Hardie? Dieser Mann? Warum hat mir das keiner gesagt?"

„Keir Hardie selbst ist nicht wichtig, aber die Organisation, die er aufgebaut hat. Wegen ihm, Gillon, und ich könnte genausogut sagen, wegen Ihnen, werden eines Tages die Alten mit Würde sterben können und die Jungen ihren Anteil an der Welt bekommen."

„Wissen Sie was?" sagte Gillon. Er wunderte sich selbst über seine Entdeckung. „Sie sind der eigentliche Romantiker. Ich will nur eine etwas bessere Welt für mich und meine Kinder, aber Sie wollen ein Arbeiterparadies. Kein Wunder, daß Sie verbittert sind. Es fällt schwer, sich in Pitmungo ein Paradies vorzustellen."

„Nein, auf das Endziel kommt es an und auf sonst nichts", sagte er, und Gillon ging auf, daß Selkirk auf höchst seltsame Weise vieles mit Maggie gemein hatte. Sie strebten auf verschiedenen Wegen das gleiche Ziel an.

ZWEI

AM NÄCHSTEN Morgen gingen Gillon und Walter Bone, als Zeuge, hinunter, um den Antrag auf Entschädigung zu stellen.

Gillon las den Text von einem Blatt ab, schnell, aber gut verständlich, während Brothcock mit zorngerötetem Nacken in seinem Drehstuhl herumschwang.

Als Gillon geendet hatte, schob er das Papier Brothcock in die Hand. Der Superintendent knüllte das Blatt zusammen, öffnete den Deckel des Ofens, warf das Papier hinein und ließ es verbrennen. „Cameron, ich habe Ihren Antrag nie bekommen."

„Dieser Herr hier hat gesehen, wie ich Ihnen das Papier gegeben habe. Er hat zugehört und zugesehen." Walter Bone nickte.

„Dann ist dieser Herr ein Lügner. Sein Wort gegen meines. Was meinen Sie wohl, wem man glauben wird?"

SIE schrieben sofort Mr. MacDonald, daß der Entschädigungsantrag abgelehnt worden war und daß Mr. G. Cameron ihn beauftragte, beim Gericht in Cowdenbeath Klage einzureichen gegen den Earl of Fyffe.

Obwohl es bereits Abend war, als sie den Brief fertig hatten, lief Sam auf Gillons Bitte die fünf Meilen nach Easter Mungo, um ihn dort aufzugeben, weil man allgemein davon ausging, daß sich die

Pitmungo erreichende und verlassende Post der speziellen Aufmerksamkeit der Company erfreute. Danach ging alles schneller, als irgendeiner sich vorgestellt hatte. Niemand in Pitmungo sah den Amtsboten der Krone kommen oder gehen, so daß sich der Augenblick, zu dem Lord Fyffe die Vorladung zugestellt wurde, nicht genau bestimmen ließ. Als die Reaktion auf die Vorladung bekannt wurde, priesen manche den Boten glücklich dafür, daß er Brumbie Hall lebendig wieder verlassen hatte. Die Wirkung war ebenso unerwartet wie ernst.

Noch am gleichen Nachmittag, als die Kumpels aus ihren Stollen heraufkamen, ließ Lord Fyffe seine Zechen schließen und seine Bergarbeiter aussperren.

Als es Abend wurde, waren dreizehnhundert Männer, Frauen und Kinder arbeitslos. Am nächsten Morgen hing in allen Schachteingängen die folgende Mitteilung:

An alle meine Bergleute

Einer von Euch hat es für angebracht gehalten, Eurem Kohlenherrn eine Vorladung zustellen zu lassen, die ihn vor Gericht zerren würde wie einen gemeinen Verbrecher.

Wie Ihr alle wißt, war die Pitmungo Coal and Iron Company im äußersten Maße großzügig bei der Entschädigung derer von Euch, die das Unglück hatten, einen Arbeitsunfall zu erleiden. Darum sei dies Euch allen gesagt:

In Brumbie Hall wird jeder Arbeitsunfall zutiefst mitempfunden. Der Betreffende wird, was seine baldige Genesung betrifft, in unsere Gebete eingeschlossen, und Pläne für eine angemessene Entschädigung werden sofort in die Wege geleitet.

Das Verhältnis war, wie Seine Lordschaft glauben möchte, dem eines Vaters zu seinen Kindern ähnlich, bei dem jeder zum Wohlergehen der ganzen Familie beiträgt.

Wie in jeder Familie müssen alle leiden, wenn einer verletzt ist, und dies in besonderem Maße, wenn der Verletzte das Oberhaupt der Familie ist. Solange diese schändliche Klage nicht zurückgezogen und vom Gerichtskalender gestrichen ist, bleiben die Gruben geschlossen.

Ich schließe im Geiste des Vertrauens zwischen uns, in dem Wissen, daß Gott dafür sorgen wird, daß unsere durch ihn gefügte Familie fortbesteht.

Gott segne Euch, Gott bringe Euch Eure Arbeit wieder.

Fyffe

Jeden Tag, den die Gruben geschlossen blieben, verloren die Leute in Brumbie Hall – Mr. C. P. S. Farquhar, wie man ihn zu nennen begonnen hatte, und seine hochgewachsene, vertrocknete Ehefrau, Lady Jane Tosh-Mungo – Hunderte von Pfund. Es war die Frage, wie lange Stolz vor Profit kommen würde.

So ETWAS hatte es in Pitmungo zuvor noch nicht gegeben. Zum Teil war es die Aussperrung und die Hochstimmung des Zusammengehörigkeitsgefühls der Männer. Zum Teil war es aber auch der Juni und die Sonne. Die Kumpels hatten seit ihrer frühen Kindheit keinen Juni mehr bewußt erlebt. Die Sonne stieß in die dunklen Winkel der Stadt hinein. Fenster wurden geöffnet, und alles, was sich im Laufe eines Bergmannswinters an Verdruß und säuerlichen Gerüchen angesammelt hatte, verflog allmählich im sanften, sonnenerwärmten Wind.

Keiner machte sich zu jener Zeit wegen der Aussperrung Gedanken. Die Leute strömten aus den Häusern und badeten in der Sonne. Sie wurden von der Sonne angezogen; sie war ihnen zu lange vorenthalten worden.

Eine Feststimmung lag in der Luft, eine beinahe sorglose Kirmesatmosphäre.

Täglich gingen Männer zur Tosh-Mungo Terrace hinauf – es gab jetzt keine Uppies und Doonies mehr –, um Gillon zu versichern, daß sie hinter ihm und seinem Vorhaben standen. Sogar Andro Begg keuchte mit seiner Staublunge herauf und bat, man möge ihm Mr. Brothcock überlassen, wenn die große Abrechnung komme. Und Japp, der Gillon in der Grube so viele Jahre hindurch das Leben schwergemacht hatte, war auch heraufgekommen. „Ich kenne diese Leute besser als Sie. Wenn die Leute unten in London ihre Dividendenschecks nicht mehr kriegen, dann kommen ein paar komische Briefe nach Pitmungo. Die haben da so ihre Gewohnheiten."

Selbst Maggie brachte es fertig zu sagen: „Vielleicht tust du das Richtige, Gillon. Vielleicht doch."

„Oh, du bist wirklich großartig. Alle Leute von einiger Bedeutung in der Stadt kommen herauf, um mich ihrer Unterstützung zu versichern, und meine eigene Frau gesteht gnädigst ein, daß immerhin etwas daran sein könnte."

Überraschenderweise war Henry Selkirk der einzige Pessimist.

„Diese wohlmeinenden Leute in Edinburgh wissen nicht, was

Hunger ist. Die Leute spüren schon den enger geschnallten Gürtel, und der Kampf hat erst begonnen."

Das beunruhigte Gillon. Er ging die Terrace und die Moncrieff Lane hinauf und hinunter. Der Zeitpunkt war nicht richtig gewählt. Die Gemüsegärten waren mit Kartoffeln, Möhren, Rüben und Bohnen bestellt, aber es würde Monate dauern, bis irgend etwas davon gegessen werden konnte.

Hätte die Aussperrung im August oder September begonnen, dann hätten die Leute monatelang von den Erzeugnissen ihrer Gärten leben können.

Als Lord Fyffe noch den Konsumladen und die Bäckerei schließen ließ, gab es in Pitmungo zum erstenmal keinen Kredit. Doch dann brachte jemand von Cowdenbeath einen Brief herauf.

Lieber Cameron,

glauben Sie nicht, daß wir nicht wissen, was Sie alles durchmachen. Es ist nicht das erste Mal, daß so etwas in Schottland geschieht, aber es ist das erste Mal, daß einem solchen Kampf Erfolg beschieden sein wird. Große Siege wie der Ihre verlangen großen Mut und große Ausdauer. Nichts, was des Erringens wert ist, wird leicht errungen. Sie haben viel zu verlieren, aber die anderen haben noch mehr zu verlieren. Es ist ein Trost in schweren Zeiten, sich daran zu erinnern.

Und glaubt nicht, daß Ihr allein kämpft. Die Hoffnungen der Bergleute Schottlands ruhen auf Ihnen und den Leuten von Pitmungo.

Ihr Genosse
Keir Hardie

Kopien des Briefes durchwanderten die Häuserreihen.

„Sie werden uns helfen, wartet nur ab", sagte Walter Bone. „Die schottische Bergarbeitergewerkschaft hilft uns schon aus der Klemme."

Für Gillon war das so seltsam, dieses Umgehen von Ideen in Pitmungo. Noch vor ein paar Monaten hatte sie das Wort „Gewerkschaft" erschreckt, und jetzt wußten sie alle, daß darin ihrer aller Hoffnung lag.

Die Sonne war inzwischen nichts Neues mehr, und auch die Freude an der freien Zeit ließ nach. Und das Problem mit der Gewerkschaftsbewegung bestand darin, daß es keine gab. Man konnte nur vor der Haustür sitzen und den Prozeß abwarten. Die Männer rauchten ihre Tabakvorräte zu Ende und lauschten dem fröhlichen Ruf der Werkspfeifen drüben in Wester Mungo.

Richtig darben mußten sie erst von der zweiten Junihälfte an, als die Kohlrüben und der Hafer vom vergangenen Winter zu Ende gingen.

„Jetzt kommt die Zeit der Frauen", sagte Selkirk. „Ich hab das in anderen Städten erlebt. Man kann ihnen keinen Vorwurf machen. Wenn die Kinder anfangen, sich vor Hunger in den Schlaf zu weinen, was glauben Sie, wie klein und unwichtig einem dann Prinzipien vorkommen!"

„Nein, die Frauen hier stehen hinter den Männern", sagte Gillon und sah Maggie dabei an. Er wußte, daß sie das nicht glaubte. Aber sie hatte schließlich noch nie eine hohe Meinung von den Frauen in Pitmungo gehabt.

Am Sonntag in der Kirche nahm er die ersten Blicke wahr. Die Predigt handelte von der schweren Sünde falscher Hoffnungen – vom Ehrgeiz, über die hinwegzusteigen, denen Gott auf seiner Stufenleiter einen höheren Platz gegeben hatte. Am Ende führe das in die Katastrophe, und man geriet aus dem gottgewollten Rhythmus der Welt. Einige Leute drehten sich nach Gillon um.

Jemmie stand auf und verließ die Kirche. Auch Sam ging hinaus, und von der anderen Seite des Kirchenschiffs Sarah Cameron Bone.

Gillon spürte, wie er errötete. Und da ging auch Andrew hinaus, mit einem Gesicht, so rot wie das seines Vaters. Auch einige andere Leute verließen daraufhin die Kirche, aber nur wenige. Man hatte protestiert, und der Protest war vernommen worden. Als Gillon aus der Kirche ging, trat ihm eine alte Frau in den Weg.

„Wofür halten Sie sich denn in Gottes Namen, und worauf sind Sie eigentlich aus?" sagte sie.

Gillon fühlte sich von ihrem feindseligen Blick verletzt.

„Wissen Sie, wieviel Leiden Sie über uns gebracht haben, um Ihren Stolz zu befriedigen?"

Gillon nahm zwangsläufig auch andere wahr, die zustimmend nickten.

„Na schön. Was, meinst du, sollte ich tun?" sagte er zu Maggie. Es war seit dem Abend, als Maggie in Sams Hand gebissen hatte, das erste Mal, daß sie ernsthaft über das sprachen, was in Pitmungo vorging.

„Ich weiß es nicht. Du hast dir das selber eingebrockt. Sieh zu, wie du da wieder herauskommst."

„Ich will aber gar nicht heraus. *Sie* sollen sehen, wie sie da herauskommen."

„Du kannst es nicht so und so haben, Gillon, oder?"

„Ich kann es nicht mehr ertragen, wie sie mich anstarren, wenn ich die Straße hinuntergehe, und wie die Kinder um etwas zu essen betteln."

„Du brauchst nur nach Brumbie Hall zu gehen und deine Vorladung zurückzuziehen."

„Ich könnte nicht als Gillon Cameron wieder heraufkommen, das weißt du genau."

Sie stand von ihrer Arbeit auf und trat zu ihm. Sie berührte ihn nicht, aber sie stand dicht bei ihm.

„Na schön. Ihr habt beide euren Stolz, aber er hat ein Millionen-Unternehmen zu führen. Hast du dich nach den Schiffen erkundigt, Mann?"

„Was haben denn die Schiffe damit zu tun?"

„Du glaubst doch wohl nicht, er hätte eine Aussperrung angeordnet, wenn Kohlenfrachter am Kai liegen, oder?"

Es gibt Augenblicke, da vernimmt ein Mann die Wahrheit und weiß, daß er ein Narr gewesen ist. Sie hatten einen ganzen Monat gelitten, und die Company hatte keinen Schaden davon gehabt.

„Wenn genügend Kohlenfrachter bei St. Andrews vor Anker liegen, wird Fyffe irgendeinen Vorwand finden und Brothcock beauftragen, daß er die Grube wieder öffnet, und dann werden die Männer hinuntergehen, Gillon, weil die Frauen und die Kinder sie dazu zwingen. Nichts wird sich geändert haben."

„Aber der Streitfall. Du vergißt unseren Streitfall. Den hätten wir gewonnen. Er käme dann nie mehr darum herum."

„Und das glaubst du?" sagte Maggie traurig, aber auch verständnisvoll.

„Was tue ich jetzt?"

„O Gott, Gillon, schick einen zur Hochheide hinauf, damit er die Schiffe im Hafen zählt. Dann weißt du, woran du bist."

Es war regnerisch und kalt, eine ungewöhnlich rauhe Nacht auf der Heide.

„Bei diesem Wetter wird Jem sie von da oben nicht ausmachen können", sagte Gillon.

„Dann wird er zum Zählen eben bis zum Kai hinuntergehen müssen. Da weinen nachts kleine Kinder vor Hunger, und du willst nicht einmal, daß jemand auf der Heide ein bißchen naß wird?“

Jemmie lag zusammengerollt vor den Überresten des Kaminfeuers.

„Ich will da nicht hinaufgehen, Vater“, sagte Jemmie.

„Und warum nicht?“ Es hörte sich streng an. Maggie hatte recht.

„Ich fühle mich nicht wohl.“

„So, du fühlst dich also nicht wohl. Hast du gehört, man hat einen Jungen dabei ertappt, wie er Lehm gegessen hat, nur um etwas im Bauch zu haben. Steh auf.“ Jem stand auf. „Du siehst nicht aus, als ob dir was fehlte.“

„Das ist möglich, Vater, aber ich fühle mich nicht wohl.“

Seine Mutter legte ihm die Hand auf die Stirn.

„Dir fehlt nichts. Und wenn heute nachmittag in Cowdenbeath ein Meisterschaftsspiel wäre, würdest du hingehen? Sei ehrlich.“

Jem lächelte. „Ja, also ich versuch's mal“, sagte er.

Er zog seine Grubenjacke und seine Mütze an. „Aber ich fühle mich wirklich nicht wohl“, sagte er an der Tür. Er hatte ein eingefallenes Gesicht und atmete mühsam.

„Gute Nacht.“

Gillon spürte die Kälte durch den ganzen Raum, als die Tür aufging.

Die Straße lag jetzt verlassen da. Und so sah niemand an der Tosh-Mungo Terrace die Leute, die Kopfsteine gegen die Tür und die vorderen Fenster warfen, wobei die Scheiben und das Holz und das Blei der Fassungen zerschmettert wurden. An einem der Steine war ein Zettel befestigt.

> Du bist nicht Jesus Christus. Wir wollen nicht für deine Sünden und dein siller sterben. Zieh die Klage zurück!

Gillon vernagelte die Fenster mit Brettern, aber der Wind seufzte, und es war kalt. Der arme Jem oben auf der Heide, dachte Gillon. Ich hätte ihn nicht hinaufschicken dürfen. Alles ging plötzlich schief.

Als er erwachte, ging Gillon sofort zu den Jungen hinauf: Jem war nicht da. Er ging wieder hinunter und öffnete die Tür nach draußen. Im Osten war ein grauer Strich zu sehen, eine Andeutung von Sonne.

„Steht auf“, flüsterte er den Jungen zu. „Jemmie ist auf der Hochheide.“

Sie nahmen einen Laden vom Fenster mit und zogen sich auf der Heide weit auseinander, um nichts zu übersehen. Sam fand Jem unterhalb des Kamms der Hochheide zusammengerollt und zitternd. Er hielt mit der einen Hand seinen Hals gepackt und wollte etwas sagen, aber es kam nur ein Krächzen heraus, und schließlich hielt er sechs Finger in die Höhe.

„Was bedeutet das?“ fragte Sam.

„Sechs Schiffe“, sagte Gillon. „Er ist hinuntergegangen und hat sie gezählt.“ Ihm kamen die Tränen. Sie zogen ihre Jacken und Sweater aus und wickelten sie um Jem und banden ihn auf dem Fensterladen fest.

„Ich glaube, es ist etwas Ernstes“, sagte Andrew.

Als sie ihn ins Haus trugen, beugte Maggie sich über ihren Sohn und sah dann Gillon an.

„Er muß wirklich krank gewesen sein“, sagte sie.

Vor der Tür stand eine kleine Gruppe von Leuten, als sie Jem hineinschafften, und Gillon glaubte, sie seien gekommen, um sich die zerschlagenen Fensterscheiben anzusehen. Sie waren aber seinetwegen da.

„Mr. Brothcock wollte mit dir reden.“

Im Augenblick schien das nicht weiter wichtig.

„Lord Fyffe will dich sprechen – am Samstagnachmittag zum Tee in Brumbie Hall.“

„Holt Kohle“, sagte Maggie. „Holt so viel Kohle, wie ihr finden könnt.“

Sam und Andrew gingen mit ihren Kohlenkörben die Terrace hinunter.

„Und du“, sagte sie zu Emily, „du holst deine Schwester Sarah.“

Sie trugen das gute Bett in den Vorderraum zum Kamin. Maggie rieb Jemmie mit einem groben Tuch ab. Dann wickelte sie heiße Backsteine in Flanell und packte sie um seinen Körper herum und deckte ihn zu.

„Sorge dafür, daß er immer heiße Ziegel im Bett hat“, sagte sie zu Gillon, „bis er zu schwitzen anfängt. – Und jetzt zu dir“, sagte sie zu Ian. „Ich weiß, daß du schon im Konsum gemaust hast . . .“

„Mutter!“

„Hast du gedacht, ich weiß das nicht, Junge?“ Falls Ian überhaupt ein betretenes Gesicht machen konnte, so sahen sie es jetzt zum erstenmal. „Jedenfalls gehst du jetzt runter und tust es für deinen Bruder. Und du bringst ein oder zwei Flaschen Zitronenextrakt, eine Tüte Kandiszucker und eine Flasche Glyzerin mit. Dann gehst du ins ‚College‘ hinunter und sagst deinem Taugenichts von Bruder, er soll dir eine Flasche Whisky geben. Wie er sie kriegt, ist mir egal. Alles klar?“

„Ja.“

Das war wieder der alte Ian, den nichts erschüttern konnte.

Aus dem Speiseschrank holte Maggie ein Stück gesalzenen Speck, den sie für Notzeiten zurückgelegt hatte. Sie schnitt zwei Streifen ab und dünstete sie in heißem Essig.

Sie ließ sie ganz kurz abkühlen und packte sie Jemmie dann um den Hals.

Sarah kam herein.

„Er hat sich schwer erkältet, oben auf der Heide. Wenn wir ihn zum Schwitzen bringen können, ist alles gut“, sagte ihre Mutter.

„Was hat er denn auch nachts auf der Heide zu suchen?“

„Dein Vater hat ihn hinaufgeschickt“, sagte Maggie. Sie ging Wasser holen. Als sie zurückgekommen war, sagte sie: „Ich hab ihn hinaufgeschickt.“

Sarah war klug genug, nicht weiter zu fragen.

Rob Roy stand an der Tür mit dem Whisky.

„Kann ich hereinkommen?“

„Natürlich kannst du hereinkommen. Hier bist du ja zu Hause. Du solltest in so einem Augenblick keine dummen Fragen stellen.“

„Ich war noch nie hier oben.“

„Es ist trotzdem dein Zuhause.“

„Sollten wir nicht Dr. Gowrie holen?“ fragte Rob.

„Wir haben alles getan, was er hätte tun können“, sagte Maggie, und Sarah nickte.

Sam und Andrew kamen mit den Kohlekörben zurück und schüttelten Rob die Hand. Es bedurfte zwischen ihnen keiner Worte. Gillon stand vor dem Lager seines Sohnes und hätte ihn gern berühren mögen. Aber er hielt sich zurück, als er hörte, wie schwer Jem atmete, und dann ging er zum Tisch hinüber, und da erst sah er Rob Roy.

„Gut, daß du gekommen bist. Willkommen in deinem Elternhaus.“

Sie schüttelten sich die Hände und umarmten sich. Einige der Nachbarskinder standen auf der Schwelle.

„Ich würde die Kinder fortschicken", sagte Rob. „In dem Alter sind sie am meisten anfällig dafür."

„Wofür?" fragte Maggie.

Rob Roy schien verwundert über ihre Frage. „Na – Diphtherie. Die hat er doch – oder?"

„Was ist Diphtherie?" fragte Emily. Keiner wollte ihr antworten.

„Wie kommst du darauf?" fragte Gillon. Er war wütend auf seinen Sohn.

„Na, wie er aussieht. Und seine Stimme. Und wie er atmet. Ich hab sie doch bei uns unten in den Baracken gesehen."

Dann sagte Rob zu Gillon, um das Gespräch in eine andere Richtung zu lenken: „Du, hier bin ich, der große Schwätzer, der ich immer von Revolution geredet habe – und du bist es, der wirklich etwas zuwege bringt, der etwas tut. Du bist der Mann, den der Earl of Fyffe bitten muß, zu ihm nach Brumbie Hall hinunterzukommen zu einem Gespräch über den Zusammenbruch der kapitalistischen Gesellschaft.

Jem stöhnte.

„Weißt du noch, wie ich gesagt habe, ich möchte anders als Cameron heißen? Nun würde ich den Namen Cameron um nichts in der Welt mehr tauschen mögen." Er schrie fast, und Jemmie gab die ersten verständlichen Worte von sich: „So lieb ich dich habe, Rob, aber um Gottes willen, brüll nicht so herum."

Danach stützten sie Jem mit Kissen auf und flößten ihm eine halbe Gallone starken Tee und Zitronensaft, Glyzerin und Whisky ein, so heiß, wie man das Zeug nur hinunterbekommen konnte. Am frühen Nachmittag begann Jem zu schwitzen. Er strömte Schweiß aus, daß die gestrickten Decken zu dampfen begannen. Sie flößten ihm heißes Wasser mit Kandiszucker ein, damit er bei Kräften blieb, während Sarah ihm den heißen Kopf mit kaltem Wasser und Ebereschenextrakt wusch, damit er bei all der Hitze nicht ohnmächtig wurde. Am Abend hörte Jemmie auf zu schwitzen, und dann stellte sich auch seine Stimme wieder ein. Man wechselte seine Unterwäsche und legte ihm trockene Decken über. Das Schlimmste war überstanden, und man konnte sich wieder den anderen Dingen zuwenden.

DREI

„DIE Sache ist die", sagte Gillon. „Ich weiß nicht, wie ich ihn anreden soll. Was sage ich bloß zu ihm?" Sie spürten langsam die Bedeutung des Besuchs bei Lord Fyffe.

„Sie handeln wie ein Mann", sagte einer. „Sie gehen hinein als ein Mann, und Sie kommen heraus als ein Mann. So einfach ist das."

Allseits zustimmendes Murmeln. Aus Rücksicht auf Jemmie und die zerbrochenen Fensterscheiben bei den Camerons fand die beratende Zusammenkunft in Walter Bones Haus statt. Dreißig Bergleute insgesamt, aus allen Straßen von Pitmungo.

Die Stimmung in der Stadt war wieder einmal umgeschlagen. Der Laird hatte sich gezwungen gesehen, den Kumpel in sein Herrenhaus zu bitten! Aber Gillon empfand ein leeres Gefühl im Magen – die Nerven.

„Wenn der *Laird* Cameron zu einer Tasse Tee einlädt", sagte Archie Japp, „dann ist es egal, wenn er eine Teetasse fallen läßt. Er will eine Regelung herbeiführen. Ich sage, eine Regelung des Falles Cameron ist ein Sieg für uns alle."

Da gab es Applaus, und Gillon war wieder etwas wohler.

„Aber was soll ich denn regeln?"

„Wenn der Augenblick kommt, dann steht Gillon Cameron da und redet, was es zu reden gibt, darauf habt ihr mein Wort", sagte Walter Bone.

Bei dieser Versammlung wanderten Andrews Gedanken in einer Weise andere Wege, wie ihm das sonst noch nie widerfahren war. Sie sprachen über das Schicksal seines Vaters, aber er hörte die Männer nicht, sondern sah immer wieder zu Walter Bones jüngster Tochter hinüber, die in der Tür zum Hinterraum stand. Sein Herz klopfte ganz seltsam, und er fragte sich, was eigentlich mit ihm los war.

Alyson verschwand in dem angrenzenden Raum, und Andrew kam sich verlassen vor. Es war die Rede davon, seinem Vater bei Moffat in Edinburgh einen Maßanzug schneidern zu lassen.

Andrew mochte der Diskussion nicht folgen.

Das Mädchen kam wieder aus dem Hinterraum zurück, und Andrew spürte sein Herz abermals flattern. Er begriff, daß er in Alyson

Bone verliebt war, was ihn sehr erstaunte, da er noch nie ein Wort mit ihr gewechselt hatte.

Ihr Vater schlug mit der Faust auf den Tisch, und Andrews Gedanken kehrten wieder zu den anderen zurück.

„Das ist alles Unsinn, alles unüberlegt. Wir können ihm doch in der kurzen Zeit gar keinen Anzug besorgen."

Andrew erhob sich.

„Ich weiß, was mein Vater tragen kann und woran kein Schotte etwas aussetzen kann." Er hielt inne, um nach Alyson Ausschau zu halten.

„Nun sag schon", rief Mr. Bone.

„Deinen Kilt, Vater."

Eifriges Kopfnicken. Das war eine raffinierte Idee. Die einzige Kleidung, die klassenlos war.

„Der ist alt und schmutzig", sagte Gillon.

„Nein, er ist sauber, Vater", sagte Andrew. „In einer Strohkiste auf dem Dachboden."

„Ist das dein richtiger Kilt? Dein echtes Tartankaro, nicht bloß eine Uniform?" fragte Walter Bone.

„Ja, der Cameron-Kilt, das echte Tartan. Und der Kilt der *Seventy-ninth Cameron Highlanders.* Es ist der Kilt meines Clans, was immer das zu sagen hat."

„Das hat sehr viel zu sagen, Mann. In Schottland hat das sehr viel zu sagen, Mann."

Der Gedanke faszinierte sie – einer der Ihren, einer von ihnen würde den Colliers Walk nach Brumbie Hall hinuntergehen im Kilt seines Clans! Tausend Jahre ruhmreicher Geschichte würden den Mann begleiten. „Haben Sie eine Bluse? Eine Rüschenbluse?"

Die hatte Gillon nicht.

„Die können wir morgen früh in Dunfermline besorgen. Da ist doch der Laden für den schottischen Landadel."

„Ja, und eine Tweedjacke wäre korrekt", sagte Gillon.

Es gab Dutzende von passablen Tweedjacken in Pitmungo.

„Und dann trägt er noch seinen Hut", sagte jemand triumphierend. „Seinen großartigen Hut."

Gillon mußte sie enttäuschen.

„Ich hab ihn verloren", sagte er. Schweigen senkte sich herab. Sie hatten sich über den Hut immer lustig gemacht, aber nur, weil er eine solche Herausforderung für sie dargestellt hatte.

„Ich kann eine Glengarrymütze nehmen", sagte Gillon. „So ein Schiffchen, rot-weiß kariert an den Seiten und mit Bändern dran."

„Gleich morgen früh in Dunfermline."

„Und ich brauche Kniestrümpfe."

„Und dann die Schuhe. Sie brauchen solche Schuhe, wo die Laschen oben rausgucken", sagte John Trotter, ein verschmitzter kleiner Mann. „Was für eine Größe haben Sie?" Gillon sagte, er habe Schuhgröße zehn. „Kommen Sie zur Not auch in Größe neun rein?" Gillon nickte.

„Ich kann Ihnen heute abend ein Paar besorgen, aber fragen Sie mich nicht, wie!"

Gillon fragte sich, welchen Zusammenspiels von Umständen es bedurft hatte, ihn dazu auszuwählen, den Kampf mit dem mächtigen Kohlenherrn von ganz Fife auszufechten? Eigentlich gehörte er doch auf See.

„Hast du nicht zugehört, Mann?" sagte Bone. „Du scheinst dieser Sache nicht genügend Wichtigkeit beizumessen."

„Worum geht es denn?"

„Man hat beschlossen, daß du 100 Pfund annehmen sollst, falls sie dir angeboten werden."

„Das ist ein bißchen wenig", sagte Gillon. „Ich habe schließlich 400 Pfund gefordert." Dieser Betrag hatte die Stadt von Anfang an irritiert. „Da müßte ich arg zurückstecken."

„Aber das wäre doch eine Reaktion auf eine Forderung, nicht so, wie's dem *Laird* gerade gefällt. Überleg dir das, Cameron. Da muß *er* zurückstecken."

Die Versammlung war beendet.

Danach standen sie alle um ihn herum und boten ihm gute Ratschläge an.

„Denken Sie daran", sagte John Trotter, „wenn das Dienstmädchen Sie fragt, was Sie in Ihrem Tee haben wollen, dann sagen Sie: ‚Etwas Zitrone, bitte.' Keine Milch, keinen Zucker. Nur Bergleute nehmen Milch."

„Aber ich bin doch ein Bergmann."

„Sie sind unser Vertreter. Zitrone, klar?"

Gillon fragte sich, was Karl Marx wohl in seinen Tee getan hatte. Und dann waren sie alle fort bis auf Gillon und Andrew und Walter Bone.

„Zum Tee eingeladen in Brumbie Hall", sagte Walter Bone. „Wer hätte das gedacht, als du damals nach Pitmungo kamst! Ich bin sicher, du wirst uns gut vertreten, Gillon."

„Ich kann nur sagen, ich werde mein Bestes tun."

„Viel Glück, Mr. Cameron", sagte Alyson Bone aus dem Halbdunkel der Tür.

Ihre Stimme, so wollte Andrew scheinen, war wie ein sanfter Wind im hohen Heidegras.

„Wie spät ist es jetzt?"

„Mittag, Vater", sagte Sam. „Noch fünf Stunden."

„Das kann doch nicht sein."

„Hättest du es lieber früher oder später?"

„Ich weiß es nicht."

Gillons Magen krampfte sich wieder zusammen.

„Herrgott!" rief er plötzlich aus. „Ich gehe ja schließlich nicht zur Hinrichtung!"

Es wurde still im Raum. Sie respektierten, was er durchmachte.

Maggie brach schließlich das Schweigen. „Komisch, daß sie mich nicht auch eingeladen haben. Man lädt doch einen Ehemann nicht ohne seine Frau zum Tee ein."

„Vielleicht hat Lady Jane Absichten", sagte Mr. Selkirk. „Er ist ein kräftiges, aristokratisch aussehendes Exemplar. Es heißt, sie ..."

„Sie halten sich wohl für sehr geistreich", sagte Maggie.

Wieder Schweigen, nur die Stimme Sams, der Jem vorlas. Und jetzt seufzte der Wind in der großen Kiefer draußen. Es war ein grauer Tag, ein beklemmender Tag, aber geregnet hatte es nicht. Das war gut, dachte Gillon. Es war wichtig, daß es nicht regnete, daß er nicht mit nassem Haar und nassem Kilt in Brumbie Hall ankam.

Dann kam das Bad. Die Narbe an seinem Arm war häßlich.

„Sie sollten ohne Hemd hinuntergehen", sagte Selkirk. „Lady Jane bekäme einen Anfall. ‚Zahlt ihm das Geld, und werft ihn raus!' würde sie sagen."

„Denk dran, Vater, daß du deine rechte Hand auf keinen Fall benutzt", sagte Andrew. „Zeig ihnen, daß der Arm nichts mehr taugt."

Andrew ging los, um von der Hochheide aus zum letztenmal die Schiffe im Hafen zu zählen. Jem hatte sechs gezählt. Wenn es inzwischen acht oder zehn Frachter waren, die auf Kohle warteten, stand der Earl unter dem Zwang, die Aussperrung aufzuheben, und dieses Wissen mochte Gillons geheime Karte sein, mit der er das Spiel gewinnen konnte.

ANDERTHALB Stunden, bis Andrew oben war und die Schiffe gezählt hatte, vierzig Minuten für den Rückweg, allerhöchstens. Er hatte viel Zeit. Dennoch beschloß Andrew, einen Teil des Wegs, bis es richtig steil wurde, im leichten Laufschritt zurückzulegen. Es tat gut, im Freien zu sein, nicht mehr im Haus, wo ein ständiges Kommen und Gehen herrschte und sein Vater mit Ratschlägen überhäuft wurde. Das Laufen tat gut. Der Nachmittag hellte sich auf. Am Ende der Terrace stand Alyson Bone, als hätte sie auf ihn gewartet. Als er bei ihr war, hörte Andrew auf zu rennen.

„Das war eine gute Idee, die du da hattest", sagte Alyson.

Er wandte sich ihr überrascht zu, als hätte er sie vorher nicht gesehen.

„Oh." Er blinzelte. „Was für eine Idee?"

„Die Sache mit dem Kilt. Das ist vielleicht entscheidend."

„Na, hoffentlich." Er wußte nicht, was er noch sagen sollte. Sie war so schön, und sie war ganz anders als die Mädchen sonst in Pitmungo, die mit den Jungen nur zankten und sie beleidigten.

„Wie geht es deinem Vater heute?"

Andrew lächelte.

„Och, er ist nervös, war ja zu erwarten."

„Ich kann's verstehen. Ich wüßte gar nicht, wie ich es anfangen sollte, nach Brumbie Hall hinunterzugehen."

„Oh, dir würde das sicher nicht schwerfallen."

Sie sah ihn überrascht an: „Warum sagst du das?"

„Nun, du bist so . . . so. Du brauchst gar nicht . . ." Er hielt inne, wütend, weil er nicht sagen konnte, was er sagen wollte.

„So was? Und was brauchte ich nicht?"

„So schön", platzte Andrew heraus und schickte sich an, zur Hochheide hinaufzugehen, da er über und über rot geworden war. Sie folgte ihm.

„Was willst du damit sagen?"

Wußte sie das wirklich nicht?

„Weil du so hübsch bist. Du brauchst nur dazustehen, und alle freuen sich. Schöne Menschen sind etwas Besonderes."

Sie ging noch immer neben ihm her. Er war begeistert und auch etwas verwirrt. Es war der Tag, alles zu wagen. „Hast du Lust, mit mir zur Hochheide hinaufzugehen? Es hellt sich auf."

Er scheute sich, sie anzusehen. Sie antwortete nicht sogleich.

„Ja, warum nicht."

Sein Herz klopfte. „Fein. Dann komm", sagte er und schritt den Weg hinauf. Nach einer Weile lastete das Schweigen schwer, aber sie rettete ihn.

„Wie geht es deinem Bruder Jem jetzt?"

„Jem ist wieder in Ordnung, glaube ich. Er ist über das Schlimmste hinweg. Sarah pflegt ihn, und sie ist die beste Pflegerin, die es gibt." Er hielt inne und sah sie an. Sie war so schön, daß er es noch gar nicht fassen konnte, daß sie mit ihm auf die Heide hinaufging. Gewöhnlich gingen nur Arbeitermädchen und „Grasbräute" mit Jungen dort hinauf, die sie kaum kannten.

Hinter der Farm mußte sie rasten und sich ausruhen.

„Wenn ich dich etwas frage, würdest du es mir dann sagen?"

„O ja, gewiß. Ich denke schon", sagte Andrew.

„Warum geht ihr Camerons eigentlich immer zur Hochheide hinauf?"

Die Frage war ihm peinlich, da er wußte, daß er sie nicht ehrlich beantworten konnte.

„Um Moorhuhneier zu suchen." Das war die Antwort, die die Familie immer benutzte, aber auf diese Art konnte sich Andrew jetzt nicht herausreden.

„Die Antwort kenne ich", sagte Alyson. „Aber nun sag du mir den wahren Grund."

„Ich kann es nicht sagen", sagte er.

„Weil du mir nicht vertraust."

„O doch, das tue ich." Ich würde ihr in allem vertrauen, dachte er, aber es war das Geheimnis der Familie, es gehörte nicht ihm allein.

„Kannst du nicht verstehen, daß ich es dir nicht sagen kann?"

„Nein, ich verstehe nicht, weshalb du mir nicht vertrauen kannst." Sie kehrte um und ging den Hang hinunter.

„Geh nicht!" rief Andrew. „Bitte, geh nicht so." Er lief hinter ihr her. „Sieh, die Bones sind eine stolze Familie. Wenn ihr ein Familiengeheimnis hättet, dann würdest du es mir auch nicht verraten."

„O doch, das würde ich."

Das hatte er nicht erwartet und war ratlos.

„Weil ich dir vertrauen würde."

Und noch immer wollten die Worte nicht kommen; gerade an diesem Tag, an dem sein Vater Lord Fyffe gegenübertreten sollte, konnte er das Geheimnis nicht preisgeben, das seine Familie so viele Jahre bewahrt hatte. Sie ging weiter unter den Apfelbäumen dahin.

„Alyson? Komm zurück, ich sage es dir." Aber er ging nicht zu ihr hinunter, und er wußte, er würde es ihr nicht sagen. Die Familie kam zuerst, ohne die Familie gab es nichts. Mochten die Bones ihre Geheimnisse verraten, die Camerons taten das nie. Aber zugleich sagte er sich, daß ihn das vielleicht die große Liebe seines Lebens kosten würde.

Es SCHIEN Gillon, als säße er schon stundenlang in der Wanne. Sie wollten, daß er wie ein Krüppel aussah, und putzten ihn heraus wie einen Hochlandkrieger zur Parade.

„Wie spät?" schrie er plötzlich.

„Noch drei Stunden, bis du gehen mußt", rief Maggie herüber. Bis du gehen mußt. Henkersworte. Ihn fröstelte, und er begann sich anzuziehen, bedächtig, so wie ein Mann, der weiß, daß er es zum letztenmal tut.

Er war in seinen Kilt gestiegen und hatte ihn zugehakt, und diese Bewegung hatte ihn ihrer trostlosen Welt entrückt.

Die Falten wellten, wenn er sich bewegte, und die Tartanfarben, die in kräftigen Blau-, Rot- und Gelbtönen aufleuchteten, wirkten fremdländisch in dieser Welt, die nur Grau und Schwarz kannte. Die Rüschenbluse über dem Kilt war so weiß, wie nur gutes Leinen sein kann.

„O Vater", sagte Emily, „siehst du schön aus!"

„Ja, sie hat recht. Du siehst aus wie Schottland", sagte Sam. In seinem Kilt entsprach Gillon der Traumvorstellung.

„Jemmie will dich sehen, Vater", sagte Sarah.

Gillon ging mit Sam in den Hinterraum, wo Jem im Bett seiner Eltern lag und Sam zu sich winkte.

„Was sagt er?" fragte Gillon.

„Er sagt, wenn du nicht hinuntergehst und dort so als Mann handelst, wie du aussiehst, dann steht er auf und packt *dich* ins Bett."

Sie lachten das erste Mal wieder ungezwungen, und es verwandelte das ganze Haus. Alle wollten jetzt etwas sagen.

„Ich möchte einen Schluck Whisky haben."

„Nein, nein, auf keinen Fall", sagte Maggie.

„Und doch werde ich einen trinken."

Gillon schob seine Frau zur Seite und holte die Flasche.

„Wer mit mir trinken will, soll es tun", sagte Gillon und goß sich einen ordentlichen Schuß in seine Tasse.

„Auf Jem – daß er bald wieder gesund ist."

„Auf unseren Vater – daß er die richtigen Worte findet."

„Auf den Earl of Fyffe", sagte Gillon.

„Auf den Earl of Fyffe!" brüllten sie.

Danach kamen die Glaser, um die Bleifassungen zu richten und neue Scheiben einzusetzen. Sie nahmen den ganzen Holzrahmen heraus, und Licht flutete ins Haus. Sie konnten Leute draußen stehen sehen, die auf sie warteten.

„Ah, Cameron", sagte der Glaser und nahm seine Mütze ab. „Sie sehen prächtig aus."

„Mir ist wieder heiß wie Feuer", flüsterte Jemmie. „Sag Sarah, sie soll kommen."

Sam legte das Buch hin, aus dem er Jemmie vorgelesen hatte, und ging seine Schwester holen. Das geschah alles unauffällig, weil man den Vater jetzt nicht stören wollte.

Sarah wandte die kalten Umschläge und die beruhigende Eberesche an, aber das Fieber ging nicht herunter, und Jemmie kämpfte gegen das Delirium.

„Sowie Vater fort ist, hole ich den Doktor", sagte Sarah.

Sam war zornig. „Ich will nicht, daß dieser Metzger meinen Bruder anrührt!"

„Aber ich habe getan, was ich konnte", sagte Sarah. „Vielleicht kann er noch etwas tun."

Mr. Selkirk hatte das Gespräch mitangehört. „Wie wäre es mit Eisumschlägen? Man könnte ihn doch in Eis packen, damit das Fieber runtergeht", sagte der Bibliothekar.

„Wenn wir Eis hätten", sagte Sam.

„Ich kann Eis machen", sagte Maggie. Sie schlüpfte in den Hinterraum und warf einen Blick auf ihren Sohn. Er erkannte sie kaum.

„Hol Ian", flüsterte sie Sam zu.

Als Ian kam, schickte sie ihn zum Konsumladen, um ein paar Unzen Salpeter zu stehlen. „Und wenn das vorüber ist, dann prügle ich das Stehlen aus dir heraus, das weißt du, nicht wahr?“ Ian nickte. „Aber jetzt schicke ich dich stehlen.“

Das war der Zug, den Sam an seiner Mutter am meisten bewunderte. Wenn etwas getan werden mußte, dann tat sie es auch. Als Ian zurückkam, kochte Wasser, und Maggie goß es in die Steingutflasche und tat den Salpeter hinzu.

Sie sagte zu Andrew: „Trag die Flasche zum Brunnen auf der Heide hinunter, und tu sie tief hinein, und laß sie drei Stunden drin liegen. Hol sie ab und zu herauf wegen der Temperaturänderung.“

Sie sahen alle, wie schwer ihn das traf. Er würde den Gang seines Vaters versäumen, und er hatte Alyson verloren. Er hatte sich noch nie so leid getan.

„Hast du heute schon mal bei deinem Bruder reingeschaut?“ fragte seine Mutter. Andrew schüttelte den Kopf. „Dann solltest du das jetzt tun.“

Als er im Hinterraum gewesen war, ging er zur Hintertür hinaus, damit ihn niemand weinen sah, während er sich mit der Wasserflasche auf den Weg zur Heide machte.

Rob Roy kam durch die Tür hereingestürzt.

„Es ist soweit, Vater. Mr. Bone sagt, es ist jetzt Zeit, daß du hinuntergehst.“

Gillon stand mit übertriebener Ruhe auf. Jetzt kam die Mütze an die Reihe. Das Schiffchen mußte so aufgesetzt werden, daß die zwei Bänder über den Nacken herunterhingen. Als er fertig war, ging er noch einmal zu Jem hinein. Sam saß am Bett, und Jem schlief. Sein Atem ging schwer.

Sam blickte seinen Vater an. „Pitmungo kann froh darüber sein, wenigstens einen wackeren Mann zu haben.“

„Willst du mit mir kommen? Oder lieber bei Jem bleiben?“

„Ach, das ist gleich. Ich glaube, du solltest allein gehen.“

„Und du?“ Er sah Maggie an. „Willst du mit mir gehen?“

„Ich gehöre dort nicht hin. Dies ist dein Tag, Gillon.“

Walter Bone klopfte und öffnete dann die Tür. „Zeit jetzt.“

Gillon drehte sich herum, und der Schwung seines Kilts schien die Ärmlichkeit des Raums fast zu verhöhnen. Er schüttelte seinen Söhnen und den anderen anwesenden Männern die Hand. Er küßte seine Töchter, und dann ging er auf Maggie zu und küßte sie.

„Sieh ihm in die Augen, wenn du mit ihm sprichst, Gillon", sagte Maggie. „Denn du bist ein besserer Mensch, als er je einer war. Und wenn er dir eine anständige Regelung bietet, dann habe den Mut, darauf einzugehen."

Dann ging er hinaus zu den Männern und Frauen, die auf ihn warteten. Ihr Hochruf, als sie ihn sahen – es war eher ein Gebrüll –, ließ das neue Glas in den Fenstern erzittern.

„Was ist, was ist los?" rief Jemmie plötzlich aus.

„Nur ruhig. Vater geht gerade, um mit dem *Laird* zu sprechen."

„Sam?" flüsterte Jem. „Hat er gut ausgesehen?"

„O Jem, du wärst so stolz auf ihn gewesen. Er sieht aus wie ein Hochlandführer, der gerade den Befehl über sein Regiment übernimmt."

„Oh. Und – Sam?"

„Ja."

„Ich glaube, ich muß sterben."

VIER

GILLON konnte sich später nur verschwommen an seinen Gang die Tosh-Mungo Terrace und den Colliers Walk hinunter erinnern. Er hörte, wie die Leute ihm zuriefen, und spürte das Pflaster unter seinen neubesohlten Schuhen. Und dann in Doonietoon liefen die Kinder neben ihm her, wollten seinen Kilt anfassen, versuchten das Schwingen des Kilts nachzuahmen. Dann die Miners Row entlang, die Rotten Row und die Wet Row, und schließlich war er auf der nach Cowdenbeath führenden Low Road, die ihn nach Brumbie Hall bringen würde. Er ging wie ein Soldat auf dem Weg zur Front, dachte er. Etwas, das mächtiger war als sein eigener Wille, trieb ihn vorwärts.

Vor dem Tor trat Gillon ins hohe Gras, um sich den Kohlenschmutz von den Schuhen zu wischen. „Ein Mann ist ein Mann, trotz allem", sagte er immer wieder vor sich hin.

Er schritt durch das Tor und über den knirschenden Kies auf eine riesige Tür zu, mit Eisen beschlagen wie ein alter Schild, und Gillon blieb stehen, um sich zu sammeln. Die Tür öffnete sich. Gillon spürte, wie er errötete. Das konnte er heute gar nicht gebrauchen.

„Was wünschen Sie?" Eine Irin, der Stimme nach zu urteilen, ein kleines, freches Lächeln um die Lippen.

„Was ich wünsche? Ich wünsche gar nichts ... Das heißt, ich bin ...“

„Wen darf ich melden?“

„Ach so ... Cameron. Mister Cameron. Sagen Sie Lord Fyffe, Mr. G. Cameron sei da.“

Sie ließ ihn an der Tür stehen. Dann erschien sie wieder. Nun lächelte sie ganz unverhohlen, ein verschmitztes, listiges Lächeln, mit dem Kinder in der Schule andere Kinder ansehen, die der Lehrer gerufen hat, damit sie sich eine Tracht Prügel abholen.

„Kommen Sie herein, Kumpel“, wisperte sie. „Nach links und dann weiter zum großen Salon. Es sind keine schlechten Menschen. Nur keine Angst, Sie werden es schon schaffen. Aber, Mister?“ Er blieb stehen. „Ihre Mütze.“

„Ich glaube, die behalte ich auf. Bergleute lassen im Haus ihre Mütze auf.“ Er betrat die Halle, aber man schien ihm keine Beachtung zu schenken.

Acht oder neun Leute hielten sich hier auf, klapperten mit Tassen oder sprachen miteinander.

„Ja, wen haben wir denn da?“ rief plötzlich eine Stimme.

Gillon wandte sich um, aber der Kopf schwebte dicht hinter einer Reihe flackernder Kerzen. Er konnte das Gesicht nicht erkennen.

„Es ist der Bergmann Cameron, mein Lord.“ Diese Stimme kannte er: Brothcock.

„Hier“, sagte jemand. Eine Dame. „Geben Sie mir Ihre Mütze.“

„Ja, meine Mütze“, sagte Gillon und nahm das Glengarry-Schiffchen ab.

„Bergmann?“ Die Stimme klang nicht unfreundlich. „Er sieht aus, als käme er gerade von der Pirsch.“

„Nein, ich ...“, begann Gillon.

„Ach, kommen Sie doch einmal hier herum, damit wir Sie besser sehen können.“

Gillon trat auf die andere Seite eines großen Sessels mit hoher Rückenlehne, in dem lässig zusammengesunken der Earl of Fyffe saß.

„Brothcock hier sagt, Sie seien einer meiner Bergarbeiter, aber das glaube ich ihm nicht. Ich sage, Sie kommen gerade von einer schönen langen Jagd auf der Heide zurück und haben uns ein paar Moorhühner mitgebracht.“

Gillon wußte nicht, warum gelacht wurde.

„Ich würde nicht sagen, daß Mr. Brothcock mehr recht hat als

Lord Fyffe, aber wenn Sie sich meine Hände ansehen wollen, Sir ..."

Die Bemerkung trug ihm höfliches Lachen ein.

„Gut gegeben", sagte Lord Fyffe. „Gebt dem Mann Tee."

Jemand reichte ihm eine Tasse und fragte: „Milch und Zucker?"

„Zitrone, bitte. Etwas Zitrone genügt mir."

„Zitrone?" sagte die Stimme. Er nahm an, es war Lady Jane. „Was für ein kultivierter Geschmack. Es tut mir leid, aber wir haben keine Zitrone, wir sind eine Milch-und-Zucker-Familie." Sie sprach sehr langsam und betonte bestimmte Worte recht merkwürdig.

„Sagen Sie, Cameron", sagte Lord Fyffe, „was machen Sie in diesem ... diesem Aufzug?"

„Das ist mein Anzug für besondere Anlässe, Sir. Hochzeiten und Beerdigungen und so", sagte Gillon. „Ich hielt dies für einen besonderen Anlaß."

„Das würde ich auch sagen. Doch, das würde ich auch sagen." Eine junge Stimme. „Sie sind der erste Bergmann, der dieses Haus von innen sieht. Und der Kilt. Vom Militär, natürlich."

„Meine Familie. Mein Clan."

Darauf folgte ein Lachen.

„Stellt euch vor", sagte dieselbe Stimme, „der Kumpel hat einen Clan."

Gillon errötete, aber das ging vorüber.

„Es muß in einem Clan auch diejenigen geben, die keine Führer sind, sonst könnte es keine Führer geben", sagte Gillon. Er hatte nicht gewußt, daß er das sagen würde.

„Abgeblitzt, Warrick. Eins zu null für ihn", sagte eine andere junge Stimme. Sie hörte sich so sehr nach Lord Fyffe an, daß Gillon vermutete, der Sprecher sei sein Sohn.

„Sie sind sehr behend mit der Zunge", sagte Lord Fyffe, „und Sie sprechen gar nicht schottisch. Ich hatte diesem jungen Mann hier etwas schottischen Dialekt versprochen."

„Tut mir leid, Sir. Ich komme aus dem Hochland. Ich habe ein Mädchen aus Pitmungo geheiratet."

Gillon trank einen Schluck Tee, und er schmeckte anders als irgendein Tee, den er bisher getrunken hatte.

„Gillon Forbes Cameron", las der Earl von einer Karte ab, die Brothcock ihm gegeben hatte. „Das ist mal ein Name für einen Bergmann."

Die Stimme hatte eine Schärfe, die Gillon nicht behagte.

„Eine meiner Großmütter war eine Forbes", sagte Lord Fyffe. „Also könnte man sagen, wir sind entfernte Verwandte. In einer großen Familie sozusagen."

„In gewisser Weise – ja, Sir. Auf verschiedenen Ebenen."

„Verwandte, Clansleute. Welches ist die höchste Tugend eines Clanmitglieds, Cameron?"

Er sprach diese Worte sehr rasch.

Gillon hatte keine Antwort parat.

„Was erwartet ein Clanmitglied von einem anderen Clanmitglied in erster Linie? Sie wissen die Antwort, Cameron. Versuchen Sie's auszudrücken."

„Daß man sich in schweren Zeiten gegenseitig hilft, doch wohl, Sir?"

„Stellen Sie mir keine Frage. Beantworten Sie die meine."

„Treue, nehme ich an."

Alles wartete, beobachtete Gillon, so wie Leute einen Fisch im klaren Wasser beobachten, der gleich an den Haken zu gehen scheint.

„Sie haben mich verletzt", sagte Lord Fyffe. Er sprach mit sehr lauter Stimme, und in dem großen, stillen Raum hallte sie von den Wänden wider. „Sie haben mich tiefer verletzt, als mich je ein Mensch verletzt hat."

Gillon stand wie versteinert da und hielt wie erstarrt die Teetasse in seiner steifen rechten Hand.

„Untreue!" Das war jetzt laut gerufen. „Mangel an Vertrauen. Und Sie kommen so hierher, in den Kleidern treuer Männer. Sie haben nicht das Recht, den Kilt zu tragen."

Die letzten Worte schluchzte er fast.

„Sie hätten zu Ihrem *Laird* kommen können, zu jemandem, der Sie kennt und Sie achtet. Aber Sie haben sich von mir abgewandt und sind zu denen gegangen. Sie wollten mich vor Gericht laden. Halten Sie mich für einen gemeinen Verbrecher?"

Gillon schwieg.

„Ich habe Sie etwas gefragt. Antworten Sie."

„Antworten Sie Seiner Lordschaft", sagte Brothcock.

„Nein."

Tassengeklirr. Gillon sah, wie ihm eines der Dienstmädchen seine Tasse wieder vollgoß.

Er hatte Angst, er könnte den Tee verschütten, weil seine Hand so zitterte.

„Und was haben Sie im Hochland gemacht, ehe Sie Bergmann wurden?“ fragte eine junge Stimme.

„Ich war Seemann.“ Pause. „Sir.“

Jemand befingerte seinen Kilt. „Der Kilt ist echt.“

„Ich war nicht immer Seemann. Meine Familie wurde von ihrem Hof verjagt, während der Vertreibungen, wissen Sie, und –“

„Ach ja, das kennen wir. Und man hat euch das Dach überm Kopf angezündet und euch ins Feuer geworfen mit drei kleinen Kindern und einer Mutter mit Lungenentzündung und euer Korn den Hirschen zu fressen gegeben. So war's doch, oder?“

„Ruhig, Warrick – nur weil er dich vorhin hat abblitzen lassen?“

„Ach, ich mag nur ihre Lügen nicht. Ich kann ihre proletarischen Lügen einfach nicht ausstehen.“

Es war still in der Halle. Irgendein Zeichen schien gegeben worden zu sein, das Gillon nicht mitbekommen hatte und das alle wissen ließ, daß Lord Fyffe zu sprechen wünschte. Alle sahen wieder Gillon an.

„Was sind die zwei Hauptsorgen eines Bergmanns?“ Seine Stimme klang jetzt anders. Da sprach ein Mann von Welt in vernünftigem Ton zu einem anderen. Er wartete erst gar nicht auf eine Antwort. „Schutz vor Verletzungen und Sicherheit des Arbeitsplatzes. Was glauben Sie im Ernst, wer Ihnen beides besser verschaffen kann, die Gewerkschaftsagitatoren oder die christlichen Herren, denen Gott die Kontrolle über das Eigentum anvertraut hat, von dessen erfolgreicher Verwaltung so viel für uns beide abhängt? Antworten Sie.“

„Ich kenne keine Gewerkschaftsagitatoren“, sagte Gillon.

Lord Fyffe begann so ansteckend zu lachen, daß Gillon selber lächelte.

„Sie haben nie Keir Hardie kennengelernt?“

Gillon spürte Tränen der Demütigung an den Augenrändern. Er hatte Hardie nie wirklich kennengelernt. Aber von ihnen aus gesehen war Gillon Cameron bei einer Lüge ertappt worden.

„Nun, ich weiß, wozu ich auf die Welt gekommen und an diesen Platz gestellt worden bin. Nämlich um Kohle zu fördern, damit Geld verdient wird – und das tue ich.“ Gillon ertappte sich dabei, daß er nickte. „Wenn jeder glaubte, er habe das Recht, die Company zu verklagen, wenn irgend etwas schiefgeht, wissen Sie, was wir dann tun könnten? Wir könnten zumachen. Alles wegen der selbstgerechten Selbstsucht eines einzigen Mannes.“

Eines der Dienstmädchen am anderen Ende des Salons ließ einen Teelöffel fallen, Gillon blickte auf, und dabei wurde er sich der Größe des Raums bewußt. Er hatte die Halle noch nicht richtig erfaßt, die von den Wänden herabblickenden Ahnenporträts, die Wandbehänge mit ihren Jagd- und Festszenen. Er fühlte sich unsicher angesichts der Größe des Raums und sammelte, ohne daß er es merkte, Zorn in sich an.

„Wegen Ihrer Arroganz mußten Tausende von Menschen hungern, konnten Tausende von Pfund an Lohngeldern nicht gezahlt werden, sind Tausende von Tonnen Kohle ungefördert und unverkauft geblieben."

Wegen meiner Arroganz, dachte Gillon. Und da fühlte er die beruhigende Wärme des Zorns.

„Nun, ich möchte Ihnen einen Vorschlag machen. Was verlangen Sie von mir?"

„Vierhundert Pfund", sagte Gillon mit so leiser Stimme, daß einer es dem anderen zuflüstern mußte.

„Aber das ist ja mehr, als ich in einem Jahr auf der Universität ausgebe", sagte einer. „Was glaubt er denn, wer er ist?"

„Zieh einem Bergmann einen Kilt an, und er glaubt, er ist ein Lord."

„Das ist doch absurd, nicht? Und das wissen Sie auch, Cameron. Seht ihn euch an. Wenn er eine vernünftige Forderung vorzubringen hätte, würde er dann hier stehen müssen, mit dem Gesicht eines Mannes, der gleich aufgehängt werden wird? Oder, besser noch, ausgepeitscht?"

Zu lange hatten zu viele Blicke auf Gillon geruht.

„Wir tun das natürlich nicht mehr", sagte der Earl mit kühler Stimme, „aber es gibt Leute in Pitmungo, die es vielleicht tun würden, wenn sie sich wegen Ihnen dem Hungertod gegenübersehen."

Er machte in der eingetretenen Stille eine kurze Pause.

„Wir stellen die Peitschen zur Verfügung und Ihre Nachbarn ihre wackeren rechten Arme. Kuchen."

Ein Servierwagen mit Mürbegebäck wurde in den Kreis der Anwesenden hineingerollt, und Gillon stellte fest, daß alle mit den Fingern aßen. Das Mädchen schob den Wagen auf ihn zu, hielt aber nicht bei ihm an.

„Jetzt – dieses Vorkommnis", sagte Lord Fyffe. „Was da in der Grube passiert ist."

Es gibt kleine Dinge, die die Vorstellungen eines Menschen verändern können, so daß er einen ganz anderen Blick bekommt. In Gillons Fall war es der Kuchen, den das Mädchen aus Arbeiterkreisen an ihm vorbeirollte. Und dann das Wort „Vorkommnis“.

„Es war eine Haue, Sir. Eine Haue durch die Schulter bis in den Knochen.“

Er sagte es recht laut.

Einer der Männer schrie leise auf.

„Ah ja, eine Haue. Aber schließlich“, sagte Lord Fyffe, „können Sie wirklich nicht erwarten, daß Sie sich auf meine Kosten zur Ruhe setzen.“

„Das haben Sie bereits auf meine Kosten getan!“ Gillon vermochte kaum zu glauben, daß er das gesagt hatte.

„Verdammte Unverschämtheit, das muß ich schon sagen“, ließ sich einer der jüngeren Herrn vernehmen. „Der Bursche verdient wirklich eine Tracht Prügel.“

Lord Fyffe fuhr fort: „Mein Angebot: Vierzig Pfund, hauptsächlich wegen eines Briefes von Elphinstone, der mich bittet, großzügig zu sein – das wäre doch eine Rekord-*croo* vom Kohlenherrn, Brothcock, oder?“

„Gewiß, mein Lord.“

„Das sind vierzig Pfund mehr, als Sie sonst bekommen hätten. Ich erwarte dafür die Zurückziehung Ihrer Klage und Ihre Unterschrift auf diesem Papier.“

Er hielt ein Blatt Papier in die Höhe, und Gillon wollte danach greifen.

„Kann er lesen?“ fragte einer. „Vielleicht sollte man es ihm vorlesen. Viele von ihnen tun nämlich nur so, als könnten sie lesen, aus Stolz.“

„Er kann lesen“, sagte Brothcock. „Der hier kann auch noch das Kleingedruckte auf Verträgen lesen.“

> Ich, ..., versichere hiermit an Eides Statt, daß ich unter keinen Umständen meine Company oder meinen Kohlenherrn verklagen werde wegen irgendwelcher während meiner Arbeit für die Company und meinen Kohlenherrn erlittenen Verletzungen.
>
> Ich verlasse mich auf ihre Großzügigkeit und ihr Gutdünken wie bisher, in der Einsicht, daß sich in dieser Großzügigkeit das ausdrückt, was zum Besten sowohl für den Bergmann wie für die Company ist.

„Jeder Bergmann, der in Zukunft für mich arbeiten will, wird dieses Papier unterschreiben, ehe er in eine meiner Gruben einfährt."

Das Papier verlangte nicht mehr und nicht weniger, als daß ein Mann auf alle seine Rechte verzichtete. „Vierzig", sagte Gillon laut. Es war die Zahl, die eine wunde Stelle in seinem Denken neu entzündete, daß sie klopfte wie seine Schulterwunde.

„Ja, vierzig; damit ist Ihre Familie gut versorgt, bis Sie wieder hinuntergehen können."

„Ich werde vielleicht nie wieder hinuntergehen können", sagte Gillon. Vierzig Prozent Dividende in dem schlechten Jahr, dem Jahr, in dem sie fast verhungert waren. Er spürte, wie wieder der Zorn in ihm aufstieg.

„Unsinn. Sie werden wieder hinuntergehen. Das tun sie alle."

„Sie scheinen wirklich zu glauben, bei uns fließt kein Blut, wenn wir verletzt werden. Möchten Sie die Wunde gern einmal sehen, Sir?"

„Redet man so mit seinem Herrn?" sagte Brothcock.

„Das ist nicht mein Herr. Das ist mein Arbeitgeber."

„Was spricht er da?" sagte Lady Jane. „Wir waren immer die Herren hier."

„Ich spreche von vierzig Prozent, Ma'am", sagte Gillon. „Von vierzig Prozent Dividende, während unsere Kinder gekochtes Gras gegessen haben. Mein Gott, was haben Sie denn in den guten Jahren eingesteckt?"

„Wo haben Sie diesen Unsinn her?" sagte der Earl. „Wer füttert Sie mit solchen Lügen?"

„Ich kann lesen, Sir. Ich habe es im Scotsman gelesen, Sir. Ich kann die Stelle zitieren, wenn Sie wollen, Sir."

„Ja, was will er denn nur?" fragte Lady Jane.

„Wir verlangen ja nur, daß wir am Ende der Arbeitswoche nicht auch noch hungern müssen. Und daß wir, wenn wir Hunger haben und die Company Fett ansetzt, ein bißchen von diesem Fett abkriegen, bis es wieder bessergeht."

„Als mein Vater noch lebte", sagte Lady Jane, „pflegten wir sie zu prügeln."

„Und wir möchten feststellen, daß wir dem Gesetz unterworfen sind, nicht den Launen irgendeines Herrn, Sir. Es gibt keine Herren und Sklaven mehr in diesem Land, Sir, und dessen werden sich die Leute bewußt."

„Ist das alles?" sagte Lord Fyffe. „Sind Sie jetzt fertig?"

Gillon war sich nur bewußt, daß er in seinem Leben endlich einmal gesagt hatte, was er sagen wollte, und zwar zu dem Mann, der es hören sollte, und er bedauerte es nicht.

„Als ich hierher kam, war ich entschlossen, Ihr Angebot anzunehmen –“ begann Gillon.

„Ruhe!“ befahl Brothcock.

„Es gibt jetzt kein Angebot mehr“, sagte Fyffe liebenswürdig. „Sie werden zerquetscht werden und mit Ihnen Ihre Familie.“

„Aber vorher braucht er noch eine Tracht Prügel“, sagte jemand.

„Wir sind zivilisierte Menschen“, sagte Lord Fyffe. „Wenn die Zeit für Schläge reif ist, werden sie ihm seine eigenen Leute verabreichen, weil er so viel Elend über sie gebracht hat. Und jetzt gehen Sie. Hinaus!“

Gillon wußte nicht, wohin er sich wenden sollte. Jemand berührte seinen schlimmen Arm. Es war ein Dienstmädchen, das ihn hinausführte.

„Ach, Cameron, noch etwas.“

Das Dienstmädchen hielt ihn fest und drehte ihn zu Lord Fyffe herum.

„Wieso tragen Sie meine Schuhe?“

„Ihre Schuhe?“

Gillon stand da, offenen Mundes, verständnislos.

„Meine Schuhe.“

Gillon kniete nieder, löste unbeholfen, kaum seiner Finger mächtig, die Schnürriemen und zog einen Schuh aus. Hinten am Innenrand entdeckte er Lord Fyffes Initialen. Die andern begannen zu lachen. Es war jenes Lachen, das sich selbst nährt und wächst, und es wurde immer lauter, während Gillon auf dem Fußboden des großen Salons kniete und in den Schuh hineinstarrte und dann zu ihnen aufblickte. Er zog auch den zweiten Schuh aus und stellte ihn neben den anderen. Dann erhob er sich, verließ rückwärts den Raum und rannte den Flur entlang zur Tür. Die wollte nicht aufgehen. Das war ihr letzter Trick, dachte er, sie hatten ihn hier eingesperrt, damit er ihr Lachen hören mußte – da öffnete das Mädchen die Tür, und er war draußen und rannte den Kiesweg hinunter. Der Kies schnitt in seine Füße ein, aber er machte sich nichts daraus. Der Schmerz tat ihm gut.

„Sir“, rief das Mädchen. „Kumpel. Sie haben Ihre Mütze vergessen.“ Aber sie machte keine Anstalten, sie ihm hinauszubringen,

und er mochte keinen Schritt zurück mehr tun, und so rannte er weiter, zur Low Road hinaus. Er hatte wieder eine Kopfbedeckung verloren. Maggie würde ihm nie verzeihen.

FÜNF

„KEINE Regelung."

Die Worte eilten Gillon voraus die Straßen entlang. Gillon traf Walter Bone und die anderen Wortführer auf der Low Road und berichtete, so gut er konnte und sich zu erinnern vermochte, was sich in Brumbie Hall zugetragen hatte. Und dann gab er ihnen das Papier und ging hinunter zum Fluß und am Ufer entlang, um allein zu sein. Mr. Bone und die anderen kehrten in die Stadt zurück, um Pitmungo mitzuteilen, was sie wußten.

Für viele von ihnen war das Ergebnis traurig und für einige schrecklich. Sie hatten genug gehungert, lange genug von Nerven und Mark gelebt. Dennoch, einer der Ihren hatte dem Kohlenherrn widersprochen. Und dann war da die „Feige-Hunde-Erklärung", das Papier, das von den Kumpels den Verzicht auf alle ihre Rechte verlangte, ehe sie wieder Kohle hauen konnten. Das Papier bestärkte sie in ihrer Einigkeit. Noch ehe Gillon nach Uppietoon hinaufkam, waren die Worte „Hunde unterschreiben, Männer nicht" der Kampfruf eines neuen Widerstandes.

Auf dem Rückweg hörte Gillon die Fragen, die man ihm zurief, und er beantwortete ein paar, aber im übrigen schritt er stumm den Hang hinauf und versuchte, sich zu erinnern, wie sie zu dem Punkt gelangt waren, wo es für beide Seiten kein Zurück mehr gab. Er sah sich nur immer wieder auf Lord Fyffes Fußboden knien und die Schuhe des Earls ausziehen.

Bei ihm zu Hause herrschte Streit. Sam und Sarah und Maggie und Andrew unterhielten sich mit gepreßten Stimmen, als Gillon zur Tür hereinkam.

„Wir haben's schon gehört, Vater, wir wissen schon alles. Du hattest keine andere Wahl", sagte Andrew.

„Ja. Du hast dem da unten mal die Meinung gesagt, Vater. Oh, wir sind stolz auf dich", sagte Sam.

Maggie sah ihn nicht an. „Was hast du getan, Gillon? Was hast du heute getan?"

„Ich weiß nicht, was ich getan habe."

Andrew wechselte das Thema.

„Dr. Gowrie ist ein Esel", sagte Sarah.

„Worüber habt ihr gestritten, als ich kam?"

„Wir wollen Dr. Doomsday holen", sagte Sam.

„Dr. Gowrie hat gesagt, er wird wieder gesund", sagte Maggie.

„Dr. Gowrie ist genau das, was Sarah gesagt hat", erwiderte Andrew. „Mein Bruder liegt im Sterben. Ich weiß, wie ein Sterbender aussieht."

Keiner in Pitmungo kannte seinen richtigen Namen. Man nannte ihn Dr. Doomsday, „Dr. Jüngster Tag". Weil er einen langen Weg zurücklegen mußte und Geld kostete, wurde er immer erst dann gerufen, wenn ein Fall fast hoffnungslos war. Aber bei seiner Ankunft war den Familien wohler. Sie hatten alles getan, was sie konnten, sie hatten das letzte Opfer gebracht.

Jem, der zäheste von allen, und sterben? Gillon konnte es nicht fassen.

„Wie lange geht denn das schon? Vor meinen Augen, und ich merke es nicht. Mein Sohn stirbt, und ich sehe es nicht!"

„Er stirbt nicht", sagte Maggie. „Du gibst zu leicht auf."

„Wenn er nicht stirbt, dann haben wir um so mehr Grund, Dr. Doomsday zu rufen." Er wandte sich an Sam. „Nimm das Pferd und den Wagen."

„Ich renne lieber", sagte Sam. „Ich bin schneller als das lahme Pony. Der Doktor kann mich in seinem Einspänner mit zurücknehmen. Gib mir Geld."

Dr. Doomsday fuhr nicht los ohne vorherige Bezahlung.

Auf dem Weg, auf dem die Neuigkeit von Brumbie Hall zur Tosh-Mungo Terrace hinaufgeeilt war, wanderte jetzt die Nachricht von Jem hinunter. Die Männer, die hatten kommen wollen, um sich erzählen zu lassen, was geschehen war, blieben zu Hause und warteten.

Die Sonne war untergegangen, und die Camerons saßen schweigend da und lauschten auf Jemmies schwere Atemzüge.

„Acht Meilen bis Cowdenbeath. Jetzt müßte er dort sein."

„Zwölf", sagte Ian. Er war gerade hereingekommen und brachte gestohlene Kohle von der Halde bei Lord Fyffe Nr. 1 mit.

Gillon wußte nicht, wie weit es war, acht Meilen oder zwölf, aber er sah darin plötzlich ein weiteres Beispiel für die Art und Weise, wie sie durch Unkenntnis in Knechtschaft gehalten wurden. Sie wußten nicht einmal, wie weit sie von ärztlicher Hilfe entfernt waren.

Gillon setzte sich an den Tisch, um dem Anwalt Mr. MacDonald von der Aussperrung und von seinem Besuch in Brumbie Hall zu schreiben.

Das Kratzen der Feder half Jems Röcheln zu übertönen, und die Arbeit vertrieb die Gedanken an seinen Sohn. Die anderen saßen da und warteten.

Es war ein ruhiger Abend gewesen, aber ein Wind kam auf, und plötzlich klatschte Regen an die Fenster.

Gillon dachte an Sam im Einspänner des Doktors. Der Arzt würde seinen Schulterumhang tragen, und Sam neben ihm, naßgeschwitzt von seinem Zehn-Meilen-Lauf, holte sich im kalten Regen auch noch den Tod. Er wandte sich in plötzlichem wildem Zorn zu Maggie um. „Wir hätten ihn eben niemals auf die Heide hinaufschicken dürfen!"

Maggie erhob sich und ging zu ihrem Mann hinüber.

„Hör mal zu, Gillon. Ich will nicht, daß uns das für den Rest unseres Lebens trennt. Der Junge war krank, bevor er hinaufging."

„Ja, bevor wir ihn hinaufgeschickt haben. Bevor wir ihn hinaufgejagt haben."

„Er ist hinaufgegangen, weil er Jem war."

Sarah schluchzte. „Ihr redet von ihm, als wäre er . . ."

Maggie ging zu ihrer Tochter hinüber und legte die Arme um sie. „Damit hilfst du ihm aber gar nicht, wenn er dich hört", flüsterte sie. „Sch-sch, ganz ruhig jetzt."

„Ja. Ja, Mutter."

Sie hörten es alle, das Klipp-klopp von Hufen auf Kopfsteinen, Dr. Doomsdays kleiner Traber. Und da stand der Arzt auch schon in der Tür, den zitternden Sam halb verdeckend.

„Guten Abend", sagte er. Er war ein hochgewachsener, düster blickender Mann, der seinen Spitznamen zu Recht trug. „Einen braven Jungen haben Sie da", sagte er, auf Sam deutend. „Reiben Sie ihn trocken, dann ein Schluck Whisky, und er ist wieder in Ordnung. Nun wollen wir mal nach dem andern sehen."

Man machte Jems Oberkörper frei, und das Licht wurde dicht herangehalten. Nach dem Hals untersuchte er die geschwollenen Drüsen, und dann klopfte er ihm die Lungen ab. Einen Moment lang schlug Jem die Augen auf und blickte den Arzt an, und sie hatten den

Eindruck, er versuche zu lächeln. Dann deckte der Arzt ihn wieder zu, und sie gingen hinaus in den Vorderraum.

„Wollen Sie die Wahrheit hören, oder wollen Sie das hören, was die meisten Familien hören wollen? Ich glaube, ich weiß es, nach dem Gespräch mit dem jungen Mann, der mich geholt hat."

Gillon gefiel dieser Mann. Ihm wurde jetzt klar, weshalb er in Pitmungo gefürchtet war: er repräsentierte die Wahrheit.

„Ihr Junge leidet an Diphtherie und bronchialen Komplikationen. In seinem Hals wächst ein Häutchen, das das Atmen erschwert und sehr schmerzhaft macht."

Das Rauschen von Wind und Regen in der Kiefer draußen vor dem Fenster des Hinterraums veranlaßte den Arzt aufzublicken. „Der Krach hilft bestimmt nicht."

„Ich hacke den Baum um", sagte Sam.

„Es handelt sich um eine fiebrige Krankheit", fuhr der Arzt fort, „und sie wirkt tödlich durch Austrocknen und Auszehrung. Verstehen Sie, was ich meine?" Sie nickten. „Das Häutchen im Hals könnte man durch einen Luftröhrenschnitt umgehen – man müßte einen Schnitt in den Hals machen und ein Röhrchen einführen, damit Luft direkt in die Lungen gelangt, aber das würde den Todeskampf nur verlängern. Die Lungen sind so voller Flüssigkeit, daß der Junge, wenn ich es so ausdrücken darf, in seinem eigenen Bett ertrinkt."

Er begann seine Sachen einzupacken.

„Ich habe eine Medizin, die ein wenig gegen das weitere Wachsen des Häutchens wirkt – sie erleichtert das Atmen, und der junge Mann kann sprechen, wenn er will. Vielleicht will er aber einfach still hinübergehen, wie wir sagen."

Er reichte Maggie die Flasche.

„Und dann noch etwas, meinem Patienten zuliebe. Ich habe hier noch eine andere Medizin. Ich lasse sie neben dem Bett liegen, und wenn die Erstickungsanfälle zu schlimm werden, würde ich vorschlagen, daß einer von Ihnen so gut ist, ihm diese ... Behandlung zuteil werden zu lassen."

Sie gingen zurück in den Hinterraum. Der Arzt klappte seine Tasche auf, nahm ein Fläschchen heraus und stellte es auf den Tisch neben dem Kopfende von Jems Bett.

„Guten Abend", sagte er, als er seinen schwarzen Ölmantel anzog. „Da ist noch etwas. Scheuen Sie sich nicht zu weinen. Der Kranke hat nichts dagegen, der Kranke weiß immer Bescheid, und es ist wirklich eine sehr gute Medizin für die Angehörigen. Trockene Augen und Todesfall passen nicht zueinander."

Als Dr. Doomsday fort war, ging Sam in den Hinterraum, um nach dem Fläschchen zu sehen, das der Arzt neben Jems Bett hatte stehenlassen. Die Schrift auf dem Etikett war in dem trüben Licht schlecht zu lesen, und Sam stieß einen leisen Laut aus, als es ihm doch noch gelang.

Auf dem Etikett stand „Chloroform".

Die erste Medizin behob tatsächlich die schmerzhaften Auswirkungen des Häutchens in Jems Hals. Er konnte wieder ein wenig sprechen, und er konnte ein wenig Wasser schlucken, so daß Leben in seinen ausgetrockneten Körper floß. Er wollte Sam bei sich im Hinterraum haben.

„Hau den Baum nicht um", sagte er, und Sam spürte, wie sich ihm die Haare im Nacken sträubten.

„Dann hast du alles gehört?"

„Ja. Ihr glaubt, wenn einer nicht sprechen kann, hört er auch nichts, aber eure Stimmen sind wie Trommeln in meinem Kopf."

Die Anstrengung hatte ihn erschöpft, und er schloß dann die Augen und wachte später wieder auf. Er sah, daß Sam geweint hatte.

„Och, Mann", sagte Jem. „Glaubst du, ich hätte es nicht gewußt?"

Sam hielt die Hand seines Bruders, hatte aber das Gefühl, daß ihm das weh tat, und so ließ er sie wieder los.

„Weißt du, was mir leid tut?" sagte Sam. Jemmie sah ihn an. „Der Tag, an dem ich den Marathonlauf gewonnen habe."

„Och, Mann, du hast ihn doch gewonnen."

„Ich habe einen Trick angewandt, das weißt du genau. Ich habe wochenlang nicht gearbeitet. Ich hab mir das Herz aus dem Leib gerannt. Du hast mich fertiggemacht."

„Wie kann ich dich fertiggemacht haben, wenn du den Lauf gewonnen hast?"

Sam gab keine Antwort, und Jem glitt wieder in den Schlaf hinüber. Ein wenig später wachte er auf und verlangte nach der Medizin. Sam kam mit ihr zurück.

„Och, ich habe hundertmal daran gedacht, Jem. Tausendmal. Warum konnte ich dich nicht vorbeilassen, wo du es so sehr verdient hattest?"

Jetzt nur nicht wieder weinen, ermahnte sich Sam. Er stieß sich die Fingernägel dort in die Hand, wo seine Mutter ihn gebissen hatte, und hoffte, der Schmerz werde seine Wirkung tun.

„Du hast alles gewonnen, Sam. Das macht dir keiner mehr nach."

„Ja, ich hab dir den Marathonlauf gestohlen. Den hättest du von Rechts wegen gewinnen müssen. Oh, warum nur?"

Dann weinte er wirklich.

„Aber das ist es doch gerade, Sam. Du hast gewinnen müssen. Du hast gar nicht anders gekonnt."

In der Nacht wachte Jem einmal auf.

„Ja, ich werde also wohl nie hinkommen, wie?" sagte er.

„Wohin, Jem?"

„Na, wohin schon, Mann – nach Amerika. Werd's nicht mal zu Gesicht bekommen."

Sam ertappte sich dabei, daß er wieder weinte, aber nur so leise, daß Jemmie es nicht zu merken schien.

„Sam?"

„Ja?"

„Ich will einen Klappsarg haben."

„Och, Jem! Jemmie!"

„Ein richtiger Sarg kostet soviel wie eine Schiffskarte nach Amerika!"

Der Morgen graute. Zeit des Hahnenschreis, aber in der ganzen Stadt gab es keinen Hahn und keine Hühner mehr. Sie waren längst in den Kochtopf gewandert. Deshalb war das Morgengrauen in Pitmungo stumm.

„Ich hab's geschafft. Das ist doch die kritische Zeit, heißt es."

„Du hast es geschafft. Ich weiß nicht, Jem." Sam war plötzlich ganz erregt. „Ich weiß nicht, aber du siehst besser aus. Das meine ich im Ernst."

„Ich hab wieder Fieber, du Idiot. Sam? Du hast doch etwas vor wegen der Sportheide, nicht?" Sam nickte.

„Du willst die Grube in die Luft sprengen, ja? Ich weiß, du hast dir Schwarzpulver aufgehoben."

„Ja, ich tu's. Ich tu's für dich, Jem."

„Oh, du, das wäre schön. Och, Gott, Mann, ich wollte, ich könnte dabeisein."

Sein Zustand besserte sich nicht. Die Medizin brachte ihm für kurze Perioden während des Tages Erleichterung, und dann rief Jem jedesmal Mitglieder der Familie zu sich. Gillon ging am Nachmittag zu ihm hinein.

„Ich bin ganz stolz auf dich, Vater."

„Och, Jem, das hätte jeder in meiner Lage getan."

„Bisher hat's noch keiner getan. Versprich mir eines, Vater! Unterschreib das Feige-Hunde-Papier niemals! Auch Andy nicht. Keiner von euch!"

„Keiner. Unter keinen Umständen."

„Du bist mir ein guter Vater gewesen. Du hast mir alles mögliche beibringen wollen. Aber ich wollte nicht lernen. Ich konnte nie was mit einem Buch anfangen, Vater."

„Aber du warst doch nicht dumm, Jem. Das warst du nie."

Es fiel ihnen schwer, so miteinander zu reden, aber das Wissen vom Tod half ihnen.

Gillon saß lange Minuten schweigend da, aber schließlich stellte er die Frage, weil er die Antwort wissen mußte.

„Hast du damals den Stein nach Brothcock geworfen?"

„Nein."

„Dann war es Sam."

„Nein, Sam war's nicht. Ich weiß nicht, wer's war."

„Aber Sam hat etwas mit Lord Fyffe Nr. 1 vor, nicht wahr?"

„Nein, bestimmt nicht. Aber geht fort von hier, Vater. Hier ist kein Leben mehr übrig für uns."

„Nach dem Prozeß, Jem. Nach dem Prozeß gehen wir."

„Oh, Vater, wie gern hätte ich diesen Prozeß noch erlebt."

Danach begann er zu husten, und sie konnten ihn nur stützen und ihm den Kopf kühlen, und die draußen warteten, konnten nur ihren Stuhl umkrallen, bis die Knöchel weiß wurden.

Am Abend bat er seine Mutter: „Bring Vater nicht dazu, daß er das Feige-Hunde-Papier unterschreibt. Er wird es nicht überstehen. Er wird sterben wie ich."

„Ich werde ihn nicht darum bitten. Ich verspreche es dir."

„Weißt du, was du nie getan hast?"

„Ich habe vieles nie getan."

„Etwas, was du bei mir nie getan hast." Er legte sich zurück und blickte sie an. Er hatte es nicht eilig.

„Denk mal nach."

Maggie schüttelte schließlich den Kopf.

„Du hast mir nie einen Kuß gegeben."

Es prickelte ihr wie von Nadeln den Rücken hinauf. „Oh, Jem“, sagte sie.

„Nein, Mutter. Kein einziges Mal.“

Sie wollte sich zu ihm vorbeugen, aber Jemmie schüttelte den Kopf.

„Jetzt ist es zu spät. Jetzt möchte ich es nicht mehr.“

„Ich habe dich so sehr geliebt, wie ich nur konnte“, sagte sie. Sie sprach leise und rasch, sie wollte nicht, daß die anderen es verstanden. „Ich hab’s versucht, aber wir haben das in unserer Familie nie gelernt. Kannst du das verstehen?“

Er rührte sich nicht.

„Pitmungo macht das aus einem. Kannst du mir das glauben, Jemmie? Ich wußte nicht, wie ich meinen eigenen Sohn küssen soll.“

„Es ist zu spät, jetzt.“

„Ja, zu spät. Ich kann nicht einmal weinen, wenn man weinen müßte“, sagte Maggie, aber Jem war schon wieder eingeschlafen. Sie beugte sich über das Bett und küßte ihn auf die brennende Stirn und die knochigen Wangen.

Es war erstaunlich, wie kräftig und stark er noch schien, dem Tod so nah.

Er begann wieder zu husten, und nach jedem Husten hatte er schreckliche Mühe, Luft durch das sich schließende Häutchen in seinem Hals zu bekommen. Als der Husten aufhörte, rief er nach Sam.

„Laß mich nicht in meinem Bett ertrinken“, wisperte er. „Weißt du, in all den Jahren in der Grube hatte ich nur vor dem Ertrinken dort unten Angst.“ Wieder Husten. „Laß mich jetzt nicht ertrinken. Versprich es mir.“

„Ich verspreche es.“

„Diese Krankheit hat ein Gutes, weißt du?“

„Was?“

„Man ist froh, wenn Schluß ist.“

Sam konnte danach eine Zeitlang nicht sprechen, und so mußte Jem eine neue Anstrengung machen.

„Wir haben Schönes zusammen erlebt. Es war die Sache wert.“

Sam fühlte, wie Jemmies Hand aus der seinen glitt.

„Leb wohl jetzt, Bruder.“

„Leb wohl.“

DANACH kamen andere herein. Sam war also nicht der letzte, der an Jems Bett trat, und Jem konnte ihn nicht noch einmal an sein Versprechen erinnern. Um Mitternacht gab Maggie ihm eine reichliche Dosis von der Medizin, und jetzt wirkte sie besser als den ganzen Tag über. Das schreckliche Atmen wurde leiser, und ein überwältigendes Gefühl der Erleichterung kehrte im Haus ein. Die Spannung hatte sich ein wenig gelöst, und alle überkam der Schlaf.

Es lag wohl an der Plötzlichkeit des Geräuschs, daß Gillon davon aufwachte. Schritte. Jemand bewegte sich schnell auf den Hinterraum zu.

„Ja?" sagte er und wartete. Er hörte ein Flüstern und so etwas wie eine Antwort. Er konnte nichts verstehen, und sogleich war er sich auch bewußt, daß er nichts verstehen wollte. Dann eine Art Kampf im anderen Raum, ganz kurz, wobei das Bett offenbar ein paar Zoll über den Boden rutschte, und das leise Geräusch von Glas, das auf Stein fällt, dann wieder keinerlei Geräusch aus dem anderen Raum und dann wieder die gleichen raschen Schritte – jemand, der zurückkam. Dann wieder Schritte, weiter hinten oder auf der Treppe zum Obergeschoß, Gillon vermochte es nicht zu sagen.

„Maggie?"

Als sie nicht antwortete, stand er auf und ging zu ihrem Bett hinüber. Sie war nicht da. Die Hintertür des Vorderraums stand offen. Maggie kam plötzlich zur Tür herein.

„Was machst du denn?" fragte er.

„Und du?" Sie hielt ein nasses Bettuch in der Hand. „Ich habe das Laken gewaschen. Er braucht morgen früh ein frisches Laken."

Sie war also dort gewesen. Aber wie war das Geräusch auf der Treppe zu erklären? Er ging zu seinem Lager zurück, denn er wollte jetzt nicht zu Jemmie, und nach einer Weile fühlte er, daß sein Kopfkissen naß war von seinen Tränen. Als er vor Morgengrauen aufwachte, schlief Maggie noch. Er ging leise die Treppe hinauf. In den beiden Zimmern dort oben schliefen sie fest: Er betrachtete ihre Gesichter. Er vermochte in ihnen nichts zu lesen.

Er ging wieder hinunter und war plötzlich überzeugt, daß das, was er in der Nacht gehört hatte, nichts zu bedeuten hatte. Er lief zum Hinterraum. Er wußte jetzt, daß das Schlimmste vorüber war. Das straffe braune Gesicht würde friedlich ruhen. Irgendwann in der Nacht war die Krisis überwunden worden. Doch das Bett war zerwühlt, das Laken und das Plaid bedeckten nicht einmal ganz den

Oberkörper seines Sohnes. Auf dem Boden neben dem Bett lagen die leere Flasche und der Stöpsel.

Er zog das Plaid über Jem, zog es straff und gerade, aber nicht über das Gesicht – er hatte das nie gemocht –, und Jem sah sehr ruhig aus, wie er dort lag, ganz so, als werde er gleich aufwachen und wieder in die Grube hinuntergehen. Gillon steckte die Flasche und den Stöpsel in seine Tasche, und dann sah er zu seinem Sohn hinunter.

Wer war es, der solchen Mut besessen hatte, solche Liebe? Und dann verließ er den Hinterraum, um alle zu wecken und ihnen zu sagen, daß Jemmie tot war.

SECHS

An dem Tag, nachdem Jemmie begraben worden war, nachdem man ihn nackt in die Erde hatte fallen lassen, um *siller* für ein Totenkleid und einen Sarg zu sparen, ließ Lord Fyffe erklären, daß die Gruben wieder geöffnet seien – die Company stelle jeden treuen Bergarbeiter ein, hieß es, der das „Gegenseitige Vertrauensabkommen“ unterschreibe. Es war ein Sieg für die Camerons, das erste Mal in der Geschichte der Pitmungo Coal and Iron Company, daß man einlenkte.

Die Entschädigungsklage lief noch immer, und Lord Fyffe hatte die Aussperrung aufgehoben. Es war kein völliger Sieg, da die Bergleute die Feige-Hunde-Erklärung unterschreiben mußten, wenn sie arbeiten wollten, doch das Entscheidende war, daß sie dank ihrer Solidarität nun selbst entscheiden konnten, ob sie wieder arbeiten wollten.

Sie wollten nicht. Als die Werkspfeife am Montagmorgen ertönte, fuhr kein einziger Kumpel in eine der Gruben ein.

„Unterstützt die Camerons“ lautete noch immer das Losungswort, und Jemmies Tod verlieh ihm neuen Nachdruck. Man hatte das Gefühl, daß Jem für die gute Sache gestorben war.

„Die Camerons haben ihren Sohn für den Kampf hingegeben. Den Gürtel ein Loch enger schnallen – das ist das mindeste, was wir tun können.“

Eine Woche lang gingen die Männer jeden Morgen, wenn die

Werkspfeife ertönte, hinunter, um zu sehen, wer wohl der erste war, der Lord Fyffes Abkommen unterschrieb – keiner tat es.

Die Kumpels hielten zusammen.

Aus Edinburgh wurde eine Botschaft überbracht:

Wir wissen nicht, wie Sie es geschafft haben, aber bleiben Sie fest. Dies ist das erste Mal, daß es in einem Bergarbeiterort in West Fife eine hundertprozentige Solidarität unter den Arbeitern gegeben hat. Sie haben mit Ihrer Haltung Geschichte gemacht und ein Wunder vollbracht.

Ich hoffe, Ihre Wunde heilt gut – aber nicht allzugut. Unser Fall ist für die neue Sitzungsperiode vorgesehen. Wir werden unseren Lord schon noch vor Gericht bekommen. Halten Sie zusammen. Halten Sie durch. Halten Sie aus. Angus MacDonald

Und darunter war gekritzelt:

Wir sehen auf Euch. Wir stehen hinter Euch. K.H.

Der Brief wurde herumgereicht und machte großen Eindruck. Also waren sie nicht allein. Die Welt blickte auf sie und in ihr schwarzes Tal. Nur Selkirk war pessimistisch.

„Haben Sie ihnen auch gesagt, daß die Menschen hier bald vor Hunger verrecken?“ fragte er. „Sagen Sie diesen Leuten, sie sollen Lebensmittel heranschaffen, sonst halten die Kumpels keine Woche mehr durch.“

Am Samstagabend wurde der Konsumladen wieder geöffnet. Der Constable von Cowdenbeath baute sich zusammen mit vier bewaffneten Soldaten bei der Ladentür auf für den Fall, daß irgendwelche hungrige Kumpels auf komische Gedanken kamen.

Unbeschränkter Kredit, verkündete Mr. Brothcock von den Stufen vor der Tür aus, werde als Lohnvorschuß all denen gewährt, die das „Gegenseitige Vertrauensabkommen“ unterschrieben und am Montag zur Arbeit erschienen. Lebensmittel würden zum Selbstkostenpreis abgegeben.

„Ja, zu unserem Selbstachtungskostenpreis!“ rief Japp.

Ein Stein flog an Mr. Brothcocks Kopf vorbei und zerschmetterte die Glasscheibe hinter ihm, aber Mr. Brothcock zuckte nicht einmal mit der Wimper.

„Wenigstens können sie nicht behaupten, das sei Ihr Jem gewesen“, sagte einer.

„Mein Jem hätte getroffen“, sagte Gillon.

Sie blieben fest, aber leicht war es nicht. Gillon schrieb an die schottische Bergarbeitergewerkschaft, aber Keir Hardie war in Wales, wo er für das Parlament kandidierte, da er in Schottland nicht genug Stimmen zusammenbekam, und die Gewerkschaft hatte auf eine gerichtliche Verfügung hin ihre organisatorischen Aktivitäten einstellen müssen. Die Männer von Pitmungo gingen jeden Tag hinunter, standen am Förderschacht herum und versammelten sich dann vor dem Konsumladen. Der Anblick der Lebensmittel lockte sie herbei.

„Dieser Laden macht euch fertig“, sagte Selkirk zu Gillon. „Wenn ihr gewinnen wollt, dann zündet ihn lieber an.“

Man sprach davon, den Laden zu stürmen und sich zu nehmen, was man brauchte – worum sie betrogen worden waren. Aber es gab keine Tradition für eine solche Art der Gesetzlosigkeit in Pitmungo. Und so standen sie wartend da, atmeten die Gerüche ein, die aus dem Laden herausdrangen, und dann schlug die Stimmung der Menge um, wie Selkirk es vorausgesagt hatte.

„Wo stecken diese Leute – jetzt, wo wir sie brauchen?“ rief einer plötzlich. „Wo ist Ihr großer Keir Hardie? Warum sollen wir seinetwegen verhungern?“

Die Menschen haben ein kurzes Gedächtnis, und im Gedächtnis einer hungernden Menge hat schließlich nichts mehr Platz als der Gedanke an Essen.

„Ich möchte nur wissen“, rief ein Mann, „warum sollen wir hungern, wo es um Cameron und seinen Stolz geht?“

Zustimmendes Gemurr übertönte das Jammern hungriger Kinder, die auf den Türschwellen der Häuser saßen.

„Es geht nicht mehr um Cameron, es geht um uns!“ rief Bone, aber man hörte nicht auf ihn.

Und sie drängten vorwärts zum Colliers Walk hin.

Sie zogen weiter, nicht sehr entschlossen und ohne Ziel – eine Menge ohne Anführer, aber mit dem Bedürfnis, etwas zu unternehmen. „Tosh-Mungo!“ wurde ihr Schlachtruf. Sie wußten nicht, was sie dort tun wollten.

Maggie, die am Vorderfenster über einer Näharbeit saß, hörte sie zuerst, und sie wußte sofort, was es bedeutete. Sie nahm es gefaßt auf.

„Sie kommen zu dir“, sagte sie zu Gillon. „Ich wußte, daß sie kommen würden.“

Sie kamen die Terrace herauf, und das Geschrei wurde zum Gebrüll. „Cameron, komm raus, Cameron, komm raus!“

Im Haus bebten alle Gegenstände.

„Was soll ich denn tun?“ fragte Gillon. Er mußte schreien, um sich verständlich zu machen.

„Das ist deine Sache. Du bist dafür verantwortlich – nun sieh zu, wie du da herauskommst.“

Der Zorn in seinem Gesicht erschreckte sie.

„Und das hier ist deine Familie. Du bist für sie verantwortlich. Willst du sie zugrunde richten?“ Sie wußte, daß er recht hatte. Dies hier ging die ganze Familie an. Sie mußten zusammenhalten.

„Dann gehst du am besten zu ihnen hinaus, Gillon. Ich glaube nicht, daß sie dir etwas antun werden. Wahrscheinlich wissen sie nicht, was sie wollen.“

Gillon trat auf die Tür zu und wartete.

Da kam Maggie zu ihm und legte ihm die Hand auf die Schulter. „Komm, Gillon, du weißt schon, was du tun mußt.“ Sie öffnete die Tür, und nun blieb Gillon nichts anderes übrig, als hinauszugehen und sich ihnen zu stellen.

Als die Männer, die am nächsten standen, ihn sahen, verstummten sie, und einige schienen sich sogar zu schämen. Dann sahen ihn auch die anderen, und es wurde immer stiller, bis man nur das Geräusch der Schuhe auf den Pflastersteinen hörte.

„Weshalb seid ihr eigentlich hergekommen?“ rief Gillon.

„Unterschreib das Papier, Cameron“, brachte einer schließlich heraus.

„Die Gruben sind offen. Wer das Papier unterschreiben will, kann es tun. Nur verlangt nicht, daß ich es für euch tue.“

Einige der Männer gingen fort, den Hang hinunter.

„Die Kinder haben Hunger, Mann, die Kinder weinen.“

„Glaubt ihr, ich höre sie nicht, wenn sie nachts vor Hunger weinen? Auch ich könnte weinen, aber macht euch eines klar: ich treffe keine Entscheidungen für euch. Die Frage ist, wollt ihr für den Rest eures Lebens unter dem Gesetz oder unter der Laune des Kohlenherrn leben?" Inzwischen waren auch die anderen Camerons herausgekommen. Was immer an Kraft in dieser Ansammlung von Menschen gewesen war, es hatte sich verflüchtigt. „Wenn ihr die Feige-Hunde-Vereinbarung unterschreiben wollt, damit eure Kinder etwas zu essen bekommen, dann wißt ihr ja, wohin ihr gehen müßt. Aber das eine laßt euch noch sagen: mein Sohn Jem wird nicht unterschreiben! Meine anderen Kinder werden nicht unterschreiben! Ich werde nicht unterschreiben!" Darauf löste sich die Menge auf, und keiner drehte sich noch einmal um.

„Och, Jem wäre heute stolz auf dich gewesen, Vater", sagte Rob Roy.

„Ja, damit wäre er zufrieden gewesen", sagte Andrew.

Ein paar Tage nach dem Zug zur Tosh-Mungo Terrace hatten einige Kumpels, die den Anblick ihrer Kinder, die hungernd im Bett lagen, nicht mehr ertragen konnten, einen Härteausschuß gebildet, vor dem jeder Bergarbeiter erscheinen konnte, um den Nachweis zu erbringen, daß seine Angehörigen am Verhungern waren. Wurden die Gründe vom Ausschuß anerkannt, konnte er, ohne sein Ansehen einzubüßen, zum Konsumladen gehen und das Feige-Hunde-Papier unterschreiben und einen Korb voll Lebensmittel mit nach Hause nehmen.

„Da hast du's, Gillon", sagte Henry Selkirk. „Das ist der Riß im Damm. So ist das Leben – kein halbverhungerter Mensch kann den Geruch von schmelzendem Fett aus dem Haus seines Nachbarn ertragen, ohne diesen Nachbarn zu töten oder es ihm gleichzutun."

Über hundert Familienväter erschienen allein in der ersten Woche vor dem Härteausschuß, und am Montagmorgen fanden sich mehr als dreihundert Männer bei den Fördertürmen ein und warteten auf die Körbe, die sie hinunterbringen würden. Niemand sagte etwas zu ihnen, weder als sie einfuhren noch als sie heraufkamen. Doch nichts vermag den Geruch einer warmen Mahlzeit von einem hungernden Menschen fernzuhalten. Jeden Tag waren mehr Kumpels bereit zu unterschreiben, und gegen Ende der zweiten Woche war es vorbei, wenn auch nicht ganz. Einundzwanzig Männer weigerten sich nach wie vor zu unterschreiben. Gillon wußte, was das bedeutete. Ob es ihm gefiel oder nicht, er war jetzt Vater von 22 Familien.

„Wie sollen sie denn leben?" fragte Sam.

„Wir werden schon dafür sorgen", sagte Gillon.

Maggie verstand sofort. „Nicht mit meinem *siller!*“ schrie sie. Ihr Zorn grenzte an Wahnsinn.

„Doch, mit unserem *siller.*“

„Wenn du die Kiste anrührst, dann wird Gott verantworten müssen, was dir passiert“, sagte sie. Und zu aller Entsetzen fiel sie zu Boden und weinte ohne Tränen.

Pitmungo war wie ausgestorben, war so tot wie Jem in seinem Erdloch. Keiner wollte mehr im „College“ etwas trinken. Man hätte damit zugegeben, daß man gekuscht hatte. Und so tranken sie ihr Bier in Dunkelheit zu Hause.

Stumm und bedrückt schlichen die Männer morgens zur Arbeit. Niemand konnte die Blicke der einundzwanzig hohläugigen Männer ertragen, die vor ihren Türen standen und jeden, der zur Arbeit ging, anstarrten.

„Einen schönen Tag auch da unten bei Lord Fyffe“, riefen sie ehemaligen Freunden zu. Gillon mußte schließlich zu den Fördertürmen gehen und die einundzwanzig Männer zur Zurückhaltung mahnen.

„Es ist ihr gutes Recht. Es ist ihre Entscheidung. So wie wir unser Recht auf unsere Entscheidung haben.“

„Feine Entscheidung! Sie haben sich fürs Fett und wir haben uns für die Knochen entschieden. Ihre Kinder haben rote Backen und unsere essen Grassuppe.“

„Warum geht ihr dann nicht wieder hinunter?“ fragte Gillon.

„Ich weiß es nicht. Halten Sie mir keine Predigt, Cameron. Ich kann nicht hinunter, und das wissen Sie genau. Ich wäre kein Mann mehr. Das wissen Sie doch!“

Die Männer wußten nicht, wie sie sich um ihren Idealismus herumwinden konnten.

„Gut“, sagte Gillon. „Keiner soll verhungern oder seine Würde verlieren, solange ich *siller* im Haus habe.“

An diesem Abend nahm Gillon Maggie den Schlüssel vom Hals. Sie sagte kein Wort.

Damit fing es an.

Mr. MacDonald hatte Gillon versichert, die Männer würden ihre Arbeitsplätze bis zum Prozeß mit Sicherheit wiederbekommen, da der Richter nach dem Gesetz gezwungen war, die Feige-Hunde-Vereinbarung für gesetzwidrig zu erklären. Doch bis dahin mußte den Männern Geld gegeben werden. Auf einer Versammlung bei Walter Bone gründete man die Sportheidegesellschaft, eine Organisation, die in Zukunft für die Leute von Pitmungo mit der Company verhandeln würde.

Die Männer, die die Feige-Hunde-Erklärung unterschrieben hatten, konnten ein wenig von ihrem Stolz zurückgewinnen, wenn sie der Sportheidegesellschaft beitraten, denn dazu gehörte einiger Mut, da der Beitritt sie in offene Opposition zur Company brachte. Die einundzwanzig waren die Werber für die Gesellschaft und sollten aus dem Cameronschen „Topf" entlohnt werden – eine Art Vorschuß, der von der Sportheidegesellschaft zurückzuerstatten war, wenn sie zahlungsfähig geworden war. Einstweilen wuchs zwar die Mitgliederzahl, doch das *siller* schwand dahin.

Wenn einer bis auf die Knochen abgemagert war, ging er zur Tosh-Mungo Terrace, und dann wurde die Kassette geöffnet, und er bekam Geld in die Hand – gerade soviel, daß eine Familie nicht verhungerte. Aber es waren zweiundzwanzig Familien, und sie alle mußten essen.

Statt des vertrauten, allwöchentlich wiederkehrenden Geräuschs solider Münzen, die mit hellem Klang in die Kiste fielen, war es jetzt das gedämpfte Geräusch von Münzen, die in wartende Hände gelegt wurden. Maggie hörte zu, und ihr pochte das Blut im Kopf, wenn das *siller* weniger wurde.

Zweimal wurde das Verfahren Cameron gegen Farquhar, den Earl of Fyffe, vom Gerichtskalender abgesetzt. Und mit jeder Woche wurde die Kiste der Camerons leichter. Maggie würde die Zahlungen an Mr. Ogilvie einstellen müssen.

Keiner der Camerons sah – obwohl sie es hätten wissen und verstehen müssen –, daß dies alles ihre Mutter einem Zusammenbruch entgegentrieb.

LORD FYFFE erfuhr von den „Zweiundzwanzig", und er beschloß, die Krankheit auszumerzen, ehe sie sich ausbreiten konnte. Ohne Rücksicht auf seinen persönlichen Stolz lud er Gillon Cameron ein zweites Mal zum Tee nach Brumbie Hall ein. Die Einladung wurde von Mr. Brothcock überbracht. Der Earl wußte wohl nicht, daß er seinem Superintendenten damit einen äußerst erniedrigenden Auftrag zugemutet hatte.

Cameron,

kommen Sie morgen zum Tee. Ich glaube, daß wir zu einer besseren Verständigung kommen werden als neulich. Bis dahin,

Fyffe

Unformelle Kleidung.

Das roch nach Bestechung.

„Ich fürchte, Sie werden dem Earl ausrichten müssen, daß ich nicht kommen kann", sagte Gillon.

Brothcock hatte sich bereits wieder auf den Weg gemacht. Doch jetzt drehte er sich um. „Wenn Lord Fyffe Sie ruft, haben Sie zu kommen."

„Nicht in diesem Land. Sie müssen da an ein anderes Land denken."

Brothcock kehrte dem Cameronschen Haus den Rücken. „Sie haben soeben das Leben hier unmöglich gemacht", hörte Gillon ihn sagen.

Maggie tobte vor Zorn. „Du Narr!" schrie sie Gillon an. „Du arroganter Narr! Was glaubst du denn, wer du bist? Du bist verrückt. Du vernichtest uns." Sie sah ihn an mit einem irren Blick, der ihn mit Sorge erfüllte. „Sie werden kommen und uns bei lebendigem Leibe verbrennen. Ich kenne sie."

„Sei nicht so hysterisch", sagte Gillon scharf. „Nimm dich zusammen."

Maggie hatte recht. Geführt von Brothcock, kam ein Trupp Arbeiter am anderen Nachmittag aus Easter Mungo mit einem Wagen voller Abbruchgeräte die Terrace herauf.

„Hallo, Sie da drinnen!" rief Brothcock. „Wir geben Ihnen eine Stunde Zeit, dieses Haus zu räumen. Es ist Eigentum von Lord Fyffe, und er hat heute den Auftrag zum Abbruch erteilt."

Doch die einundzwanzig Männer standen in Bereitschaft und hatten ihre eigenen Geräte dabei: Hauen und Schneckenbohrer, sechs Fuß lange eiserne Dynamitstampfer und ein paar Körbe voller Steine. Im übrigen waren es nicht nur die einundzwanzig Männer. Von den achthundert Grubenarbeitern in Pitmungo waren nur etwa fünfzig – alles alte Leute – der Sportheidegesellschaft nicht beigetreten. Es war ein törichter Fehler von Mr. Brothcock, daß er erst nach der Tagesschicht heraufkam. Über hundert Kumpels, anonym hinter ihren schwarzen Masken aus Kohlenstaub, erwarteten ihn.

Gillon trat Mr. Brothcock entgegen. „Ich warne Sie. Dies ist mein Heim. Ich habe im voraus dafür bezahlt. Ich habe es legal für zwei Jahre gepachtet. In diesem Land darf eines Mannes Haus nicht ohne gerichtliche Verfügung betreten werden."

Die Männer begannen jetzt mit ihren Geräten zu klappern. Stahl und Eisen trafen klirrend auf Stein. Die Arbeiter von der Abbruchkolonne zogen unauffällig ab, bis Brothcock allein dastand.

„Wir brauchen keine gerichtliche Verfügung", sagte Brothcock. „Bei uns bestimmt noch immer Lord Fyffe. Sein Wort ist hier Gesetz."

„Sir?" sagte Sam. „Entschuldigen Sie, wenn ich Sie unterbreche, Sir, aber Ihr Gerätewagen ist gerade fortgerollt."

Der Wagen rumpelte die Terrace hinunter, donnerte zur Moncrieff Lane und immer weiter, und bei jeder Erderhebung flogen Geräte nach allen Richtungen durch die Luft. Schließlich durchbrach er mit einem gewaltigen Krachen den um die Sportheide gezogenen Zaun.

„Cameron!" schrie Brothcock. „Sie werden dafür büßen!"

Acht oder zehn Kumpels, alle unkenntlich in ihrer Schwärze, hoben den Superintendenten hoch und trugen ihn die Terrace und dann den Colliers Walk hinunter und weiter zu Lord Fyffe Nr. 1. Dort setzten sie ihn in einen Förderkorb und ließen ihn ohne Zwischenstation dreitausend Fuß tief bis zur untersten Sohle hinunterfahren. Mr. Brothcock kam später nie wieder zur Tosh-Mungo Terrace herauf.

MAGGIES Vertrag mit Mr. Ogilvie war, wie Maggie erkannte, wertlos geworden. Selbst wenn Mr. Ogilvie starb und sie sein Geschäft übernahmen – kein Grubenbesitzer in ganz West Fife würde bei den Camerons Bergwerksgerät kaufen.

Alles fort, dachte sie, alles dahin – das Geld, das Geschäft, der Traum vom Auszug aus Pitmungo. Um seinen Stolz zu wahren, hatte Gillon ihren Traum zerstört. Mehr noch als der Verlust des *siller* schmerzte sie, daß sich damit alles andere als vergeblich erwies. Die Arbeit, das Überlegen, all das Sparen und Einschränken. Die Selbstverleugnung, wenn sie so taten, als brauchten sie keinen Zucker im Tee oder keine Butter auf dem Brot, weil sie Camerons waren. Maggie verließ jetzt kaum noch ihr Zimmer. Sie saß im Dunkeln da und grübelte.

Es hatte Zeiten gegeben, da hatte sie daran gedacht, Mr. Ogilvie umzubringen. Das hatte sie beunruhigt. Wenn sie jetzt schweißnaß aufwachte aus ihren Träumen von leeren schwarzen Kassetten, stellte sie sich oft vor, Gillon sei tot. Sie wollte nicht töten, doch sie sah ihn tot vor sich, wohin sie sich auch wandte, tot auf einem Stuhl sitzend, tot über seinem Suppenteller zusammengebrochen, tot – vor allem – in seinem Bett. Sie mußte etwas unternehmen, wenn sie nicht den Verstand verlieren wollte. Soviel hatte sie sich noch in der Gewalt.

Es WAR ihr ein leichtes gewesen, sich anzukleiden und zur Tür hinauszuschlüpfen, ohne daß sich im Haus jemand auch nur unruhig im Schlaf geregt hätte. Der Mond war von Wolken verhangen, und auf der Sportheide war es schwierig. Alles mögliche Gerät lag herum, doch ein Stück weiter sah sie die Lichter der Förderanlage, die noch in Betrieb war.

Jetzt ging sie durch die niedriger gelegenen Häuserreihen der Miners Row, wo sie einst gewohnt hatten. Sie spürte, wie sie wieder zu sich selbst fand, wie alles Krankhafte von ihr wich, während sie durch die Dunkelheit schritt. Die Camerons würden arbeiten, bevor sie gingen, sie war entschlossen, dafür zu sorgen, und der Strom des davonfließenden *siller* würde in dieser Nacht aufhören zu fließen.

Als sie die Low Road erreichte, sah sie, daß in Brumbie Hall noch Licht brannte.

Sie konnten es sich leisten, die Lampen die ganze Nacht brennen zu lassen.

Und dann stand sie vor Brothcocks Haus. Sie fand den Klopfer und ließ ihn laut gegen die Tür schlagen. Endlich erschien am Fenster der Kopf einer Frau.

„Was wollen Sie? Was machen Sie da?"

„Ich muß sofort mit Mr. Brothcock sprechen."

„Mr. Brothcock schläft. Sie sind wohl verrückt geworden. Gehen Sie nach Hause, und kommen Sie morgen früh wieder."

„Sagen Sie, Mrs. Cameron ist da, sonst klopfe ich, bis er kommt."

Mr. Brothcock kam ans Fenster.

„Ich will das Feige-Hunde-Programm unterschreiben."

„Wie meinen Sie das – unterschreiben? Was führen Sie damit im Schilde?"

„Es ist kein Trick. Ich bin ihre Mutter und ihr gesetzlicher Vertreter. Ich kann für sie unterschreiben."

„Wir legen keinen Wert auf Ihre Söhne. Wir wollen diese Burschen nicht in unseren Gruben haben."

„Oh, das glaube ich aber doch. Von allen Namen in Pitmungo hätten Sie die bestimmt am liebsten auf Ihrer Liste."

„Einen Augenblick", sagte Brothcock, und gleich darauf wurde ein Licht angezündet, und die Tür ging auf, und Brothcock sagte, sie solle hereinkommen.

„Und jetzt erklären Sie mir das doch noch einmal", sagte er zu ihr.

Maggie tat es, und die Sache leuchtete ihm ein. Was würde aus der Durchhaltemoral der einundzwanzig Männer werden, wenn man in Pitmungo erfuhr, daß alle Söhne der Camerons das Papier unterschrieben hatten?

Daß es für sie unterschrieben worden war, gewiß. Aber eine solche Formalität würden viele nicht verstehen.

„Ich will, daß sie wieder arbeiten", sagte Maggie. „Sie stehlen mir das *siller* aus der Kassette. Sie stehlen mir mein Leben."

Er verstand nicht, wovon sie redete. Er ging mit der Lampe ins Nebenzimmer und ließ sie im Dunkeln warten. Es mußten Mäuse im Haus sein oder Ratten. Maggie hörte, wie sie das Fett von den Ziegelsteinen des Kamins abschleckten. Die Leute, die hier wohnen, sind Schweine, dachte sie und wartete. Brothcock kam mit Papieren zurück.

„Und wie denkt denn Ihr Mann über diese Sache?"

„Er weiß nichts davon. Was glauben Sie, warum ich mitten in der Nacht zu Ihnen komme?"

„Ein vornehmer Mann in seinem Kilt", sagte er spöttisch. „Oh, er hat auf Brumbie Hall eine gute Figur abgegeben. Sie haben gewiß von den Schuhen gehört. Nun gut, die Namen."

„Rob Roy Cameron."

Er schrieb den Namen langsam und deutlich hin.

„Wirklich, ein feiner Name für einen Bergmann! Sie wollten hoch hinaus, Mrs. Cameron."

„Andrew Drum Cameron."

Das Kratzen der Feder.

„Samuel Sutherland Cameron."

„Der wird eines Tages schon noch sein Fett bekommen, wenn ich so sagen darf. Ein ganz gerissener Hund, genau wie sein jüngerer Bruder."

Eine der Ratten leckte den Boden einer schmutzigen Kasserolle ab.

„Der ist tot", sagte sie.

Der Superintendent verstand nicht.

„Jemmie ist tot."

„Jetzt der nächste. Sagen Sie mir den Namen des nächsten."

„James Forbes Cameron." Sie war aufgestanden und ging zerstreut in dem von Schatten erfüllten Raum auf und ab.

„Er ist tot, verstehen Sie? Ich kann nicht für ihn unterschreiben, weil er tot ist", sagte Maggie.

„Irgend etwas stimmt mit ihr nicht", rief Mrs. Brothcock von der Treppe her. „Paß auf, komm ihr nicht zu nahe. Sie ist verrückt."

„Einer meiner Söhne hat Ihnen einmal gesagt, Sie sollten auf Ihren Kopf aufpassen. Erinnern Sie sich?" Maggie sah sich suchend nach einem Schüreisen oder einer Kohlenschaufel um, die sie ihm auf den Kopf schlagen konnte. Doch als sie ihre Waffe gefunden hatte, war es zu spät. Mr. Brothcock packte sie und drehte ihr den Arm um, bis sie das Schüreisen fallen ließ. Der Schmerz in ihrem Arm und das Klirren des Schüreisens rissen sie aus ihrem Trancezustand. Langsam rückte das Zimmer wieder in ihren Blick.

„Habe ich versucht, Sie zu schlagen? Ich wollte Sie eigentlich gar nicht schlagen. Ich wollte Ihnen danken. Sie haben mich etwas gelehrt."

Mrs. Brothcock war inzwischen die Treppe ganz heruntergekommen und öffnete die Tür.

„Raus!" rief sie. „Hier ist die Tür!"

„Ja, ja, ich sehe sie. Passen Sie auf, ich will Ihnen etwas sagen", sagte sie zu Mrs. Brothcock: „Sie waren Ihren Kindern bestimmt eine bessere Mutter als ich den meinen, und trotzdem leben Sie hier unter Ratten und mit einem Schwein wie Ihrem Mann."

„Sie sind verrückt, ist Ihnen das klar?" sagte Mr. Brothcock. „Sie sind krank. Sie sind gemeingefährlich. Ich werde Dr. Gowrie benachrichtigen, damit er Sie in eine Anstalt einweist."

„Nein, nein, es geht schon vorüber", sagte Maggie. „Alles wird jetzt vorübergehen."

Sie wußte, daß sie irgendwo gewesen war – ihr Denken oder ihr Geist oder was auch immer – und daß sie noch nicht ganz wieder zurückgefunden hatte.

„Ich wollte Ihnen den Kopf aufschlagen wie ein Ei, und ich schäme mich dafür und bitte Sie um Verzeihung."

Er schwieg und raschelte nur mit den Papieren in der Hand.

Sie hörte die letzten Worte ihres Vaters, die er zu ihr gesagt hatte, ehe sie damals nach Strathnairn aufgebrochen war.

„Verleugne nie die eigenen Leute."

„Sie müssen noch unterschreiben", sagte Brothcock.

Maggie blickte auf die Papiere und staunte, daß Mr. Brothcock so dumm war, allen Ernstes anzunehmen, sie werde sie jetzt noch unterschreiben.

„Waren Sie mit mir zusammen in diesem Zimmer? Ich war hier, und ich war nicht hier, aber Sie waren die ganze Zeit hier. Wie können Sie glauben, ich würde Papiere wie die da unterschreiben?"

Sie ging hinaus. Aber als Mrs. Brothcock die Tür hinter ihr schließen wollte, kam Maggie noch einmal zurück.

„Mein Umschlagtuch. Manche Leute vergessen Hüte, aber ich vergesse nie mein Umschlagtuch."

„Merken Sie denn nicht, daß Sie lauter Unsinn reden?"

„Das kann sein, aber das geht vorüber."

Maggie wußte, das Schlimmste war überstanden.

Die Camerons waren alle unterwegs und suchten sie, so wie sie vor ein paar Wochen Jemmie gesucht hatten. Rob Roy war von Doonietoon aus am weitesten die Low Road entlanggegangen und fand Maggie schließlich, als sie von Brothcock zurückkam.

„Och, Mutter, wir haben uns soviel Sorgen um dich gemacht."

„Tja, und ihr hattet auch Grund dazu. Aber ich glaube, jetzt geht es mir besser."

„Du siehst wirklich besser aus."

Sie wollte ihm etwas sagen und sich dadurch ein wenig von dem Druck befreien. „Ich habe Jemmie kein einziges Mal geküßt, ich habe ihn kein einziges Mal an mich gedrückt." Aber sie brachte die Worte nicht heraus. „Ich glaube, ich war eine Zeitlang krank."

„Darum bin ich damals von zu Hause fort", sagte Rob. „Ich hatte Angst, es könnte etwas passieren."

„Ja, ich verstehe. Das ist jetzt alles vorbei."

„Jems Tod und alles. Es war zuviel."

Und damit hatte er den zweiten wunden Punkt berührt. Jems Tod hatte Maggie tief getroffen, dennoch wußte sie, daß es der Verlust des Geldes gewesen war, was sie an den Rand der Verzweiflung getrieben hatte – nicht Jem, sondern das *siller*.

Sie kamen an der Zeche Lady Jane vorbei. Maggie hatte ganz vergessen, wie schwarz und schmutzig hier alles war. Über zwanzig Jahre lang hatte sie ihren Mann da hinuntergeschickt, damit die Kassette voll wurde, die er jetzt nach und nach leerte. Aber schließlich war es ja sein *siller*.

„Ich möchte, daß du wieder zu uns kommst", sagte sie zu Rob Roy. „Es ist nicht gut, daß du da unten allein bist."

Er sah sie an. Es war eine Veränderung in ihr vorgegangen, das wußte er. „Also gut, ich komme."

„Ja, komm heute nachmittag. Ja, Rob Roy?"

„Gut, heute nachmittag. Ich glaube, dir ist kalt", sagte er, da sie zitterte.

„Ich habe einen Sohn verloren, und nun will ich einen zurückhaben. Kannst du das verstehen? Ist das selbstsüchtig?"

Er sah sie lächelnd an. „Oh, sicher. Alle Mütter sollten selbstsüchtig sein."

„Wir müssen jetzt zusammenhalten. Wir haben nur noch uns." Sie nahm seine Hand. Das hatte sie noch nie getan.

Sie gingen den Colliers Walk hinauf. Und dann trafen sie nach und nach die anderen. Keiner sagte etwas wegen der Nacht zu ihr. Sie merkten, daß ihre Gedanken noch irgendwo anders waren, doch wußten sie, daß es nun nicht mehr schlimm war, daß das Schlimmste überstanden war.

SIEBEN

DAS Verfahren Cameron gegen Farquhar war nicht das, was die Camerons und die Leute von Pitmungo sich erhofft hatten.

Der Earl of Fyffe wurde nicht vor Gericht geschleppt wie irgendein gewöhnlicher Verbrecher. Er ließ sich durch einen gewissen James Riddell, den Rechtsberater der Company, vertreten.

„Ich schlage eine außergerichtliche Einigung vor. Damit ersparen wir uns alle Scherereien", sagte Mr. Riddell. „Wir zahlen Ihnen 50 Pfund und übernehmen die Gerichtskosten. Ich versichere Ihnen, das ist mehr, als Richter Finletter Ihnen zubilligen würde."

„Ich will meine Gerichtsverhandlung haben", sagte Gillon.

Richter Finletter hatte getrunken. Im Gerichtssaal roch es wie abends am Zahltag im „College". Gillons Hoffnungen sanken, zumal Mr. MacDonald nicht erschien.

„Du hast doch nicht im Ernst damit gerechnet, daß er kommt, oder?" sagte Mr. Selkirk. „Da die Einigkeit der Arbeiter nicht mehr besteht, brauchen sie dich nicht mehr."

Dann wurde Gillons Fall aufgerufen, und Gillon beschrieb klar und ausführlich, wie die Picke durch die Wand gekommen und in seine Schulter eingedrungen war.

„Ziemlich schauderhaft", meinte der Richter und bekundete plötzlich ein gewisses Interesse an dem Fall.

Mr. Brothcock wurde aufgerufen. Er versuchte zu beweisen, daß Gillon sich in jenem speziellen Abbauraum nicht hätte aufhalten dürfen.

„Warum nicht? Haben Sie irgendeinen Beweis dafür?"

„Nein, Sir, nicht im strikten Sinne des Wortes. Aber als Superintendent der Zeche weiß ich das einfach."

Die Camerons, Mr. Selkirk und einige der einundzwanzig Männer, die mit nach Cowdenbeath gekommen waren, um dabeizusein, wenn ihr Laird klein beigeben mußte, quittierten diese Antwort mit Gelächter.

„Wann waren Sie das letzte Mal in der Grube, von jenem Tag abgesehen?" fragte Richter Finletter.

Wie klug der Richter zum Kern der Sache vorstieß, dachte Gillon. Er fühlte sich ermutigt durch diese Praxis der Rechtsfindung.

„Nun", sagte Brothcock, „es gehört nicht zu meinen Pflichten, jeden Tag in die Grube einzufahren, Euer Ehren –"

Wieder Gelächter.

„Ich sollte den Leuten das Lachen verbieten", sagte der Richter, sich an niemanden im besonderen wendend, „aber es hat einen gewissen Wert. Wann?"

„Oh, vor zwanzig Jahren", sagte Brothcock jetzt.

„Und wie viele Kumpels haben Sie?"

„Ungefähr achthundert, Sir."

„Und Sie wissen, an welcher Stelle jeder einzelne von ihnen unter Tage arbeitet?"

„Ja, Sir."

„Wasser", sagte der Richter. Der Gerichtsschreiber reichte ihm ein dunkel gefärbtes Glas, so daß man nicht sehen konnte, was er trank.

Dann wurde erläutert, wie ein Bergmann beim Durchbruch von einer Abbaustrecke in die nächste zu verfahren hatte.

„Und haben Sie in der anderen Abbaustrecke nachgesehen?“

Elphinstone war jetzt im Zeugenstand.

„O nein, Sir, das haben wir nicht, wir haben gar nicht nachgesehen, Sir – in keiner Weise. Wir wurden sogar aufgefordert, kräftig auf die Wand loszuhacken. O Gott, es war schrecklich – und ausgerechnet ich war an der Reihe, als die Picke durch die Wand stieß und sich dem armen Mann da in die Schulter grub.“

„Sie können gehen, Sir“, sagte Richter Finletter.

„Es tut mir furchtbar leid“, sagte Elphinstone im Vorübergehen zu Gillon. „Ich kann Ihnen gar nicht sagen, wie leid es mir tut.“

„Was verlangen Sie?“ fragte der Richter.

„Vierhundert Pfund Entschädigung, Sir.“

„Lächerlich!“ sagte Riddell.

„Was hat man Ihnen angeboten?“

„Vierzig Pfund, Sir.“

„Lächerlich“, sagte der Richter.

„Wir haben heute morgen fünfzig Pfund angeboten, Euer Ehren“, sagte Riddell.

„Oh, dann geben Sie also zu, daß Ihre Seite die Schuld hat? Ins Richterzimmer.“

Gillon mußte die Wunde zeigen.

„Das Geld ist wichtig, Sir, aber mir geht es hier vor allem um das Recht des Arbeiters, auf Schadenersatz zu klagen. Es geht mir darum, daß er seine Entschädigung nicht je nach Lust und Laune des Arbeitgebers bekommt, sondern kraft des Gesetzes.“

„Hm. Sieht scheußlich aus. Hu. Wasser! Warum wollen Menschen nur unbedingt in die Grube gehen?“

„Hunger, Euer Ehren, ist ein guter Lehrmeister“, sagte Gillon. Das gefiel dem Richter. Sie gingen wieder zurück in den Gerichtssaal.

„Das war gut ausgedrückt“, sagte Richter Finletter. „Sie können sich gut ausdrücken für einen Bergmann. Sie haben Ihre Sache gut vorgetragen.“

„Und dann ist da noch die Sache mit den Feige-Hunde-Verträgen, Sir.“

Finletter blickte müde und bekümmert auf. Er rief Brothcock zur Richterbank, und sie sahen, wie der Superintendent nickte und „Ja,

Sir", sagte, und dann drehte Brothcock sich um und verließ das Gericht.

„So, dem hätten wir also ein Ende gemacht. Dieser Feige-Hund-Sache. Wo kommen Sie doch noch her?" sagte der Richter.

„Aus Pitmungo, Sir."

„Ich bin nie dort gewesen. Muß ja das schwarze Loch von Schottland sein. Hundertvierzig Pfund Entschädigung."

Die Zuschauer hielten den Atem an. Das war mehr, als irgendeiner gehofft hatte.

„Pitmungo. Ich mag den Namen nicht", sagte der Richter vor sich hin. „Mein Gott, das muß ein entsetzlicher Ort sein. Der nächste Fall."

NACH dem Prozeß blieb den Camerons nichts anderes übrig, als zu gehen. Das war ihnen allen klar. Es war ein Präzedenzfall geschaffen worden, und dafür mußten sie nun bezahlen. Das Gesetz mochte das Recht eines Kumpels auf seinen Arbeitsplatz gewährleisten, aber es konnte ein Leben sein, das nicht mehr lebenswert war.

Andrew wurde nach Glasgow geschickt, damit er die Schiffskarten besorgte. Alle wußten, er würde die besten Kabinen zum günstigsten Preis bekommen. Und dann würde es „Adieu Schottland" heißen. Und was ließen sie wirklich zurück?

Ein Haus, das sie nicht kaufen konnten, und eine Grabstelle auf dem Friedhof, wo Jemmie nackt in der Erde lag und selbst Erde wurde. Und sonst? Fast nichts außer einer Familiengesamtarbeitszeit von annähernd hundert Jahren.

Nein, da war nichts, worum es einem hätte leid tun müssen, nichts, worum man hätte weinen können, wenn man von einer verlorenen Jugend oder einem verlorenen Leben absah. Oder auch von einer verlorenen Liebe.

Am meisten Sorge machte ihnen Sam. Sie behielten ihn scharf im Auge. Er hatte noch ein Versprechen einzulösen, und die alte, wilde Düsterkeit war wieder über ihn gekommen. Doch während Sam Pläne schmiedete, verfiel Andrew in ein dumpfes Brüten. An dem Tag, bevor sie packen mußten, einem Sonntag, ging er die Tosh-Mungo Terrace hinunter zu Walter Bone und bat ihn um die Erlaubnis, mit seiner Tochter zu sprechen.

Er ging mit Alyson bis an den Rand der Obstplantage hinauf,

wo sie unter den Bäumen stehen und doch auf ganz Pitmungo hinunterblicken konnten. Andrew deutete auf die dunklen Hänge und die trostlosen Häuserreihen von Pitmungo.

„Genügt dir das?“ fragte er. Wie oft hatte seine Mutter das gesagt.

„Tja. Ja, mir genügt's.“

„Hier aufzuwachsen und zu leben und zu sterben? Ohne je etwas Schöneres kennenzulernen?“

„Ich glaube schon, daß mir etwas Schöneres gefallen würde. Aber ich weiß es nicht. Ich hab's noch nie versucht. Was willst du damit sagen? Worauf willst du hinaus?“

„Ich will damit sagen... Och.“ Er griff in seine Jackentasche und zog eine von den Schiffskarten heraus, die so aufregend aussahen. Ein Ozeanriese war darauf abgebildet, und darüber stand in roten Lettern: NEW YORK. Alyson betrachtete die Karte.

„Toll“, sagte sie.

„Sie gehört dir“, sagte Andrew und hielt Alyson die Karte hin. „Wenn du sie haben willst.“

„Wie meinst du das? Warum sollte mir jemand eine Schiffskarte schenken?“

„Weil er möchte, daß du mit ihm nach Amerika kommst.“

„Wer?“

„Och, Alyson. Ich.“

„Und warum möchtest du das?“

Er versuchte die Worte auszusprechen, aber sie klangen lächerlich in seinem Mund. *„Weil ich dich liebe.“* Alyson mußte gegen ihren Willen lachen.

„O Andrew, du liebst mich doch gar nicht Du wolltest mir nicht einmal das Geheimnis verraten – deine Familie kam für dich an erster Stelle. Und du hättest auch meinen Vater nicht um Erlaubnis gefragt, wenn du mich wirklich lieben würdest. Du hättest es mir einfach gesagt.

Und du hättest auch nicht versucht, mich mit einer Schiffskarte zu bestechen. Andrew. Mit Liebe hättest du bei mir alles erreicht, aber nicht mit einer Schiffskarte nach New York.“

„Es war keine Bestechung!“ sagte Andrew heftig.

Alyson wartete einen Augenblick, bis er sich beruhigt hatte. Unten im Tal gingen jetzt überall die Lichter an. Sie sahen aus wie ölige orangegelbe Flecken.

Das Rad im Förderturm Lord Fyffe Nr. 1 drehte sich, und ein Korb bewegte sich abwärts. Das durfte nicht sein, dachte Andrew, nicht am Sonntagabend. Jemand fuhr da unerlaubt in die Grube ein. Andrew dachte an Sam, und ihm wurde angst und bange.

Sie gingen ein Stück in die Plantage hinein. Andrew fürchtete, er werde gleich in Tränen ausbrechen, doch es kamen keine Tränen.

„Es ist aber wahr", sagte er im Dunkeln unter den dichtbelaubten Apfelbäumen, deren Schatten sein Gesicht verbargen.

„Was?"

„Daß ich dich liebe."

„Oh, aber begreifst du denn nicht, Andrew? Du bringst es kaum über dich, es zu sagen. Ich sage nicht, daß du nicht lieben kannst. Aber ich glaube, richtig lieben kannst du nur Camerons. Nein, ich könnte einen Jungen wie dich nicht heiraten", hörte er sie sagen. Sie wollte ihn nicht verletzen, sie stellte nur eine Tatsache fest. „Ich gehe jetzt wieder hinunter. Möchtest du mich küssen?"

„Nein, ich glaube, ich möchte nicht. Das wäre jetzt nicht recht."

Als sie aus dem Schatten der Bäume trat, sah er wieder, daß sie für ihn das Schönste in Pitmungo war.

„Ja, dann leb wohl, Andrew. Viel Glück in Amerika", sagte sie und schickte sich an, den Weg hinunterzugehen.

„Ich werde dich nie vergessen, Alyson."

Er saß noch lange unter den Bäumen und glaubte, er wünsche sich nichts sehnlicher, als mit seinem toten Bruder die Plätze zu tauschen.

Es war lange nach Mitternacht, als er nach Hause kam. Leise ging er hinauf in sein Zimmer. Sam war nicht da. Auf seinem Bett lag das Buch über die Hochlandvertreibungen, Sams gefährliches Buch. Es lag aufgeschlagen da, und auf dem Rand der Seite stand in Sams Handschrift: *Tu, was das Blut befiehlt.*

Es WAR fast Morgen, als Sam, von Kopf bis Fuß mit schwarzem Schmutz bedeckt, nach Hause kam.

„Wo warst du?" fragte Andrew.

Sam wirkte heiter und unbekümmert, aber Andrew war sich nicht sicher.

„Ich habe der Grube Lebewohl gesagt", antwortete Sam.

„Und was hast du dort angerichtet?"

„Nichts."

„Wir haben ein Recht darauf, es zu erfahren. Falls du das getan hast, was ich vermute."

Sam lief im Vorderraum hin und her und holte sich Wasser für sein Bad und zum Waschen seiner Grubensachen.

„Jetzt will ich dir mal etwas erzählen", sagte er. „Niemand wird daran gehindert werden, diese Stadt zu verlassen, und niemand wird uns in Glasgow erwarten. Nebenbei gesagt: ich weiß zwar nicht, was dir zugestoßen ist, aber du siehst krank aus und solltest schleunigst in dein Bettchen krabbeln und noch ein bißchen schlafen."

Es DAUERTE eine Stunde, bis sie den Wagen beladen hatten und losfahren konnten. Ein paar Leute standen vor ihren Häusern, um ihnen nachzusehen, aber am Colliers Walk erlebten sie eine Überraschung: Sarah und Sandy Bone warteten dort auf sie.

„Wir würden gern mit euch fahren", sagte Sandy. „Habt ihr genug Geld, daß ihr uns mitnehmen könnt? Wir zahlen es euch bestimmt zurück." Andrew tastete in seiner Jackentasche nach der zusätzlichen Schiffskarte.

„Können wir das einrichten?" fragte ihn Maggie, und er nickte.

„Helft dem jungen Mann auf den Wagen!" rief Maggie, und da wußten sie alle, daß sie sich seit jener Nacht, was immer damals mit ihr geschehen war, wirklich verändert hatte. Sie würden für Walter Bones Jungen eine Schiffskarte nach Amerika kaufen.

„Ich dachte, wir könnten noch am Friedhof vorbeifahren", sagte Gillon, „aber ich fürchte, das hält der Wagen nicht aus." Sie hatten an Jems Grab einen Schößling von der Waldkiefer eingepflanzt. Jem würde es gefallen haben. So fuhren sie über die Sportheide und weiter durch die alten Gassen.

„Etwas anders als damals bei unserer Ankunft", sagte Gillon zu Maggie. „Diesmal hält uns keiner am Tor auf."

„Weißt du noch, wie du damals meine Hand genommen hast?"

„O ja."

„Du könntest es jetzt wieder tun."

„Hast du Angst? Wie damals?"

„Ja, ich glaube schon."

„Ich auch", sagte Gillon.

Sie faßten sich an der Hand und zogen weiter, vorbei am Leseraum, wo Mr. Selkirk gewiß noch schlief, während seine besten Schüler den Weg in ein anderes Land antraten.

Die Fahrt nach Glasgow war beschwerlich, aber sie schafften den weiten Weg bis nach Clydebank, wo sie zwei Tage vor dem Auslaufen des Schiffs eintrafen. Es war ein großes Schiff, die *Clunie Castle,* ein Frachter, auf dem nur Platz für wenig Passagiere war.

Gillon fühlte sich auf dem Wasser wie neugeboren. Hier gehörte er her, er hatte es immer gewußt. Die vergangenen Monate war er sich wie ein Fremder vorgekommen. Jetzt war er in seine Welt zurückgekehrt, und er kannte sich in ihr aus. Jetzt war er auch wieder Oberhaupt seiner Familie.

Ein neues, erregendes Gefühl bemächtigte sich ihrer. Nur der Gedanke, daß der einzige von ihnen, der sich stets nach dieser Reise gesehnt hatte, in der Kohle und im Lehm von Pitmungo begraben lag, vermochte ihre Begeisterung zu dämpfen.

Am Steigen der Flut und an der Strömung im Hafen konnte Gillon ablesen, wann sie auslaufen würden.

Gegen Mittag waren sie draußen im Firth of Clyde, und hier bekamen sie ihre ersten Eindrücke, wie es auf hoher See sein würde.

Eine Zeitlang war kein Land in Sichtweite, und sie glaubten schon, es sei vorbei, doch dann, am Nachmittag, tauchte plötzlich zu ihrer Rechten die Insel Arran auf – lauter große grüne Weiden, und da stießen sie einen Jubelruf aus.

„Eine solche Landschaft werdet ihr nie wieder sehen“, sagte Gillon, und sie hörten den Stolz in seiner Stimme. „Schottisches Hochland.“

„Sieht es da, wo du herkommst, auch so aus?“ fragte Sandy Bone, und Gillon nickte.

„Warum in aller Welt bist du von dort nach Pitmungo gegangen?“ fragte Rob Roy.

Gillon sah zu Maggie hinunter. Sie lächelte. Eine Weile verdeckten Wolken die Sonne, und die See schimmerte in einem dunklen Jadegrün, wie er es bei Strathnairn so oft erlebt hatte.

„So“, sagte Andrew zu Sam, als sie allein an der Reling standen. „Was hast du unten in der Grube gemacht?“

„Ich hab’s dir doch gesagt.“

„Ich glaube dir nicht. Ich hab dich nach Hause kommen sehen. Du hast Feuer gelegt, nicht wahr? Eines von diesen Säuredingern, die sich durch den Behälter fressen und Schwarzpulver zur Explosion bringen. Ich hab doch die Bücher gesehen, die du hattest!“

Schließlich drehte Sam sich um und sah Andrew an. „Tja, es sollte einen Grubenbrand geben. Ich wollte es, aber ich hab's nicht fertiggebracht, verstehst du jetzt? Ich wollte es für uns alle tun. Für Jem. Ich hab versagt, ich hab alles verpatzt."

„Du hast das Zeug also nicht unten gelassen?" fragte Andrew ihn aufgeregt.

Sam schüttelte den Kopf. Andrew hatte seinen Bruder noch nie so traurig gesehen, nicht einmal nach Jems Tod.

„Ich wollte. Aber irgend etwas hat mich daran gehindert."

„Aber das ist es doch gerade! Begreifst du das denn nicht, Sam? Ein Cameron konnte das nicht tun. Vielleicht hättest du dadurch unschuldige Menschen getötet. Oder Hunderte von Kumpels arbeitslos gemacht."

„Jem hätte es getan", sagte Sam. „Jem hätte für Gerechtigkeit gesorgt."

Aber Andrew schüttelte nur den Kopf, und allmählich beruhigte sich Sam. Er sah ein, daß Andrew recht hatte.

„Manchmal habe ich es satt, ein Cameron zu sein", sagte Sam.

„Ja, aber du kannst nichts daran ändern." Sie lächelten sich an.

Die ganze Familie kam wieder an Deck und warf in der Dämmerung den allerletzten Blick auf Schottland.

„Wußtet ihr, daß unsere Familie einen Wahlspruch hat?"

Sie blickten noch immer zum Land, hörten ihm aber zu.

Er sagte den Spruch zuerst auf gälisch. Er war stolz, daß er das noch konnte. *„Chlanna nan con thigibh a so's gheibh sibh feoil."*

Wieder sahen sie ihren Vater voller Bewunderung an.

„Söhne der Jagdhunde, kommt her, und holt euch Fleisch."

Der Spruch sagte ihnen nicht viel, aber doch etwas: Sie hatten ihr „Fleisch" gehabt und es verloren, und jetzt waren sie unterwegs und versuchten, es wiederzuerlangen.

Am stärksten beeindruckt schien Sandy Bone.

„Ich will ein Cameron werden", sagte er. Sie verstanden ihn nicht. „Ich möchte meinen Namen ändern. Unsere Kinder werden sowieso halbe Camerons sein."

„Du willst also auch ein Sohn der Jagdhunde werden?" fragte Sam.

„Ja, das will ich."

„Dann bist du einer", sagte Gillon.

Sie verließen jetzt den North Channel und gelangten hinaus auf die offene See, und die See war rauh. Gillon spürte, wie die *Clunie Castle* leicht zu rollen begann. Er wandte sich Maggie zu. „Du wirst ja gar nicht seekrank! Dabei ist die See mindestens so rauh wie damals bei Strathnairn."

Den Jungen und Mädchen war der Reihe nach übel geworden.

„Seekrank – das wird man nur, solange man jung und lebendig ist. Solange man Lebenskraft in sich hat. Ich bin zu alt dafür. Ich bin darüber hinaus."

Gillon war zuerst voller Mitgefühl und sagte nichts, aber dann stellte er zu seiner eigenen Überraschung fest, daß er zornig auf sie war. Er zog sie von der übrigen Familie fort.

„Du bist über gar nichts hinaus", sagte er zu ihr. „Du gibst zu schnell auf. Du bist noch nicht einmal vierzig. Du hast kein Recht, so etwas zu sagen. Jetzt schuldest du mir ein paar Jahre."

Der Leuchtturm an der Spitze des Kaps blinkte auf, und sie sahen noch einen Lichtschein davon.

„Oh, ich hatte solche Angst in der Nacht damals", sagte Maggie plötzlich. „Als das Licht von Drysdales Scheinwerfer über uns hinweggestrichen ist."

„Du? Angst? Das hast du mir nie gesagt."

„Ich dachte, ich würde ertrinken."

„Das hast du mir nie gesagt."

„Nein, das hab ich dir nie gesagt."

Sie wußten, daß sie an etwas rührten, das tief in ihnen war.

„Ich hätte es dir sagen sollen", sagte Maggie. „Jetzt sehe ich das ein."

„Ich hatte auch Angst."

„Ich weiß."

„Wir hätten einander helfen können."

„Ich weiß."

Das Licht des Leuchtturms war stärker, als sie zuerst geglaubt hatten, und wenn seine Strahlen über das Schiff hinwegglitten, tauchten sie es jedesmal in einen weichen, zauberhaften Glanz.

„Von wegen nicht mehr lebendig! Du schuldest noch sehr viel mehr Leben als das", sagte Gillon.

„Wem?"

Gillon deutete auf die Kinder an der Reling, die alle in das Licht starrten. „Sie können jetzt selbst für sich sorgen." Er war zornig, daß sie ihn zwang, sich so zu offenbaren. „O Maggie. Mir. Mir."

Einige der Kinder drehten sich nach ihrem Vater um und wandten sich dann wieder der See zu, aber Rob Roy kam zu ihnen herüber.

„So, das ist vorbei", sagte er. „Leb wohl, Schottland. Bleib zurück." Er zog eine Whiskyflasche aus seiner Jackentasche. „Und du auch."

Er warf die Flasche ins Meer und sah seine Eltern an.

„Eine schöne Geste, Rob."

„Es ist keine Geste."

„Die Zeit wird es weisen", sagte seine Mutter.

„Tja, die Zeit weist immer alles."

Die anderen kamen an der Reling entlang auf sie zu. Das Wasser voraus war tiefschwarz. Es war Nacht geworden und an der Zeit hinunterzugehen. Sie sagten einander gute Nacht. Sarah hatte geweint. Den anderen schien der Abschied von der Heimat nicht so sehr zu schaffen zu machen. Sie wollten noch hinunter in den Speiseraum und Karten spielen, ehe sie sich in ihre Hängematten legten. Gillon griff nach Maggies Hand, fühlte sie aber nicht auf der Reling, und als er sich umwandte, sah er, daß Maggie ihn allein gelassen hatte. Er war traurig, und in seine Traurigkeit mischte sich eine leichte Bitterkeit. Er mochte jetzt nicht zu ihr hinuntergehen, und so blieb er an der Reling stehen und beobachtete, wie die phosphoreszierenden Wellen gegen die Schiffswand prallten und zu Sternen zerstoben. Dann hörte er Maggie die Treppe heraufkommen. Man konnte kaum etwas erkennen, da keine Lampen angezündet worden waren, aber er glaubte, eine Bewegung zu sehen, und dann sah er ganz deutlich, wie im Gefunkel einer Welle etwas aufklatschte und wie das Wasser milchig aufschäumte, ehe es sich wieder schloß.

„Was hast du getan?" sagte Gillon. „Was hast du da fortgeworfen?"

„Du weißt es."

Gillon überlegte, aber er kam nicht darauf.

„Mein Gott, Gillon. Die Kiste, Mann, die Kiste."

Wie an dem Tag, als er sie kennengelernt hatte, wußte er nichts zu sagen. Ihr Opfer ging über alle Worte, die ihm zu Gebote standen.

„Also, ich will dir sagen, was ich denke", sagte Maggie schließlich.

Gillon blickte auf die See hinaus. Es war besser, meinte er, einen Menschen, der einem etwas sagen wollte, nicht anzusehen.

„Ich habe darüber nachgedacht. Ich glaube, ich könnte glücklich werden, aber ich weiß es nicht", sagte Maggie. „Ich habe es noch nie versucht."

Vor ihnen im Dunkel der Nacht lagen die Hebriden, wie Gillon wußte, aber er würde sie jetzt nicht mehr sehen, und das war ein Jammer, denn er hatte sich immer gewünscht, sie zu sehen.

„Dann kannst du es jetzt versuchen."

„Ja, das kann ich." Sie lenkte mit ihrer Willenskraft seinen Blick auf sich. „Aber ganz so sehr kann ich mich sicher nicht ändern, verstehst du? Kannst du das verstehen, Gillon?"

„Tja, das kann ich verstehen."

Das Schiff hatte inzwischen den Schutz der Küste von Kintyre verlassen. Vor ihnen war nur der weite Atlantische Ozean und an seinem anderen Ende Amerika. Schottland war vorüber, Schottland lag hinter ihnen.

„Aber ich kann's versuchen", sagte Maggie und strich mit dem Finger über Gillons Handrücken. Dann ging sie die Treppe hinunter, um sich schlafen zu legen.

Robert Crichton

Crichton sagt, das einzig biographische an seinem Roman sei, daß seine Vorfahren wohl auch den Schwung und die Energie der Camerons besessen hätten und daß Maggie Drum tatsächlich ihr Vorbild in seiner Großmutter habe.

Robert Crichtons Großvater wanderte in den achtziger Jahren des vorigen Jahrhunderts nach Amerika aus, wo er und seine Söhne Bergarbeiter in Pennsylvania wurden. Aber Roberts Vater, Kyle Crichton, brach mit dieser Tradition, zog nach New York und wurde Schriftsteller. Robert selbst ging nach der Schule zur Armee, erlebte die Panzerschlacht in den Ardennen, schrieb jedoch später seinen ersten großen Roman *Das Geheimnis von Santa Vittoria* über Italien, das ihn damals viel mehr interessierte. Nach dem Krieg studierte Crichton in Harvard und arbeitete an seinen ersten Kurzgeschichten; aber er wartete, bis er über dreißig war, bevor er sein erstes richtiges Buch in Angriff nahm. Vielleicht haben ihn die hohen Anforderungen, die sein Vater an schriftstellerische Arbeit legte, so lange zögern lassen.

Als Vorbereitung auf die *Camerons* arbeitete Robert Crichton eine Zeitlang unter Tage; in einer Grube in Pennsylvania, die einem seiner Cousins gehört. Aber er verbrachte auch einen Monat in der schottischen West-Fife-Region. In einem Bergwerk, in dem noch sein eigener Großvater gearbeitet hatte, entdeckte er über hundert Jahre alte hölzerne Grubenhunde.

Seit 1951 ist er verheiratet. Judy, seine Frau, arbeitet fürs Fernsehen. Die Crichtons haben vier Kinder, und das Studium der beiden ältesten ist im Augenblick Familienthema.

Bruder Wildgans

Eine Kurzfassung des Buches von

MEL ELLIS

Ins Deutsche übertragen von
Annemarie Weber

Illustrationen von John Schoenherr

Lord, ein wilder Kanadaganter, hat früher in Little Lakes gelebt, dem Wohnort des Autors in Wisconsin. Gekommen war er mit einem Flug Artgenossen, die sich zwischen den Forellenteichen der Farm niedergelassen hatten. Dort fand Lord eine Gefährtin, die Kanadagans Lady, aber Lady hatte gestutzte Flügel und konnte nicht mehr fliegen. An hellen, klaren Tagen, wenn Schwärme seiner Artgenossen aufstiegen, brannte Lord förmlich darauf mitzufliegen. Viele Male geriet er in Versuchung, und viele Male flog er davon, aber er kam immer wieder. Denn Kanadagänse sind monogam, sie freien nur einmal und für immer. Als ein Hund Lady tötete, wurde der vereinsamte Lord mit seinen Jungen in ein Schutzgebiet für Wildtiere gebracht und unter Zehntausenden seiner Artgenossen freigesetzt. Soweit die Tatsachen.

Wie Lord seine Jungen mit dem Reihermoor bekannt machte, wie er mit den Gewehren der Menschen und mit Raubtieren zu tun bekam, wie er Stürme durchstand und dem drohenden Hungertod entging, das erzählt der Verfasser in dieser packenden Geschichte, die einem ebensoviel Stoff zum Nachdenken über das Wesen der Menschen wie das der Wildgänse liefert. Der vom Jäger zum Heger gewordene Mel Ellis hat zum einen wie zum anderen viel zu sagen.

Aus einem sturmbewegten Wisconsinhimmel war er auf die künstlichen Teiche niedergegangen, auf denen eine gezähmte Schar seiner Artgenossen umherschwamm; und während er auf das Abflauen des Sturmes wartete, paarte er sich mit einer der Gänse. Als der Himmel sich aufhellte und der wilde Schwarm, mit dem er gekommen war, wieder aufstieg, erhob auch er sich, und als sie ihm nicht folgte, kehrte er zurück und bestürmte sie schreiend, aufzusteigen, sich vom Winde tragen zu lassen, mit nach Norden zu kommen und ihr Nest zu bauen.

Flügelschlagend rannte sie den Damm entlang; aber die großen Schwungfedern, die den entscheidenden Schub liefern, hatte sie beim Stutzen ihres rechten Flügels eingebüßt.

Bis zur Dunkelheit und sogar noch eine Weile danach flog der Ganter dicht über ihr hin und her und schrie. Als dann offenbar wurde, daß sie nicht mitkam, spreizte er die Schwimmhäute seiner Füße, bremste mit den Flügeln, kam über das Wasser gerauscht und ließ sich neben ihr nieder.

Die Nacht über blieben sie beisammen, aber am nächsten Morgen stieg er beim Trompeten eines überfliegenden Schwarmes abermals auf, und um sie zum Mitkommen zu zwingen, flog er davon, bis selbst sie mit ihren an weite Horizonte gewöhnten Augen und ihrem Ohr, dem nicht einmal das Graben des Wurmes entging, ihn nicht mehr sehen noch hören konnte.

Sie watschelte aus dem Wasser und blieb untröstlich am Ufer hocken, den Hals eingezogen und das Gefieder so gesträubt, daß sie ganz krank aussah. Er hatte sie genommen, und jetzt war er fort; das war im Erbgut der Wildgans nicht vorgesehen; sie verbindet sich fürs Leben und manchmal – auch das kommt vor – über das gemeinsame Leben hinaus. Als ein Ganter aus der zahmen Schar auf sie zustolziert kam, übersah sie seine Annäherungsversuche. Und als er seinen langen Hals streckte und ihr einen Schnabelvoll Hornblatt aus dem Teich anbot, stieß sie nach ihm. Da besann er sich auf seinen Stolz, schwamm zur Herde zurück und sah sich nach einer andern um, die ihm ebenso gefallen könnte wie er ihr.

Es gab viele Gänse auf den Teichen des „Forellenhofs zur Silbernen Sonne", wo man unter anderm auch gegen Gebühr fischen konnte. Die Gänse, alle bald nach dem Schlüpfen flugunfähig gemacht, sollten den Anglern zu der Illusion verhelfen, sie befänden sich im Norden, wo die Forellen schwirrende Insekten schnappten statt der blitzschnell aus einem elektrischen Futterautomaten springenden Körner und Fleischkügelchen. Seit Generationen schon waren diese Gänse erdgebunden. Manchmal, wenn der Himmel von der Morgendämmerung bis zur sinkenden Nacht von ziehenden Schwärmen wie gestrichelt war, schrien sie ihnen noch sehnsüchtig nach; aber in jeder neuen Generation versank der Wille zur Freiheit tiefer in gutem Futter, bis die Tage der Sehnsucht nach dem Fliegen zu Minuten der Trauer zusammengeschmolzen waren.

Die verpaarte Gans ließ den Blick nicht vom Himmel. Der Ganter mußte ja jeden Augenblick erscheinen und sie auf immer zur Gefährtin nehmen.

Den ganzen Tag über entfernten sich Gänsepaare von der Herde und ließen sich im Obstgarten oder in einem Birkengehölz nieder, wo für ihren Nestbau Tonnen bereitgelegt waren. Die Gans aber blieb allein auf dem Wasser sitzen, obwohl nicht weit von ihr die Blinker und künstlichen Fliegen der Angler herunterkamen. Manche Angler machten Bemerkungen darüber, wie einsam sie aussähe da draußen; aber es widerspricht nun einmal dem Wesen der Kanadagans, die Liebe leichtzunehmen. Wenn es denn schon Leichtfertigkeit geben mußte, dann mochte sie den gemeinen Stockenten überlassen bleiben, die mit viel Streit und heiserem Gequake einander schamlos die Weibchen abjagten.

Kanadagänse freiten mit stiller Würde. Der Ganter beschützte die brütende Gans und hütete die Gössel, selbst wenn sie schon flügge waren und so lange, bis sie die Familie verließen, um eine eigene zu gründen.

Als nun die Dunkelheit einfiel, stand die Gans auf einem Bein und schob den Schnabel ins Federnest ihres Flügels, aber ihr ganzes Wesen blieb auf seine Stimme eingestellt, die sie, so kurz sie sie auch vernommen hatte, für den Rest ihres Lebens jederzeit augenblicklich wiedererkennen würde.

So verbrachte sie die Nacht. Die auf dem Wasser ruhende Gänseherde und die verbundenen Paare bei den Tonnen verhielten sich meist ruhig. Nur die Enten zankten im Dunkeln.

Der Morgen kam, und weil die Sturmwolken abzogen, war plötzlich ein strahlender Tag. Die Gans setzte ein Bein nieder und neigte sich eine Spur, um ins Gleichgewicht zu kommen. Sie streckte Bein und Flügel auf der einen, dann auf der andern Seite, sträubte die Federn, schüttelte sich kräftig und ging zum Wasser. Sie stieß sich vom Ufer ab, paddelte ein kleines Stückchen in den Teich hinaus, senkte den Schnabel und schöpfte einen Morgentrunk. Dann tauchte sie mit einer anmutigen Bewegung den Kopf ins Wasser, hob ihn wieder und ließ einen Silberstrom über Nacken und Rücken laufen. Nach vollendetem Bad schüttelte sie sich abermals, und die vom Gefieder sprühenden Tropfen blitzten wie Diamanten.

Die übrige Gänseschar lärmte jetzt vor Ungeduld, und sogar die Paare verließen ihre Tonnen und gingen auf den dichtumlagerten Kreis zu, wo der Mais gestreut wurde. Es war Fütterungszeit.

Mit dem Läuten der Glocke in der Forellen-Brutanlage trat Tom Rank, der kleine Vorarbeiter, aus dem langgestreckten grünen Lagerhaus, wo das Futter aufbewahrt wurde. Er trug zwei gelbe Plastikeimer, aus denen er im Gehen Maiskörner streute. Und obwohl er schon seit fast zwanzig Jahren Aufseher der Ranch war – die Ekstase der Fütterungszeit war ihm immer noch nicht zur Gewohnheit geworden. Er mochte das Trompeten der Gänse und das Quaken der Enten, und es belustigte ihn, wie die allgemeine Begeisterung sogar die Singvögel ansteckte, so daß die Kardinäle hinten am Zaun mit seinem Wildwuchs aus Weinranken, Bittersüß, Nachtschatten und wilden Gurken ihre durchdringenden Pfiffe in die Hornsignale der Gänse mischten.

Jetzt schweiften Toms Augen über die sechs Teiche hinweg zu der Stelle, wo die einzelne Gans saß. Er pfiff, weil er dachte, zum Futter werde sie kommen; aber sie wandte sich ab und schwamm langsam in entgegengesetzter Richtung davon. Tom streute den Mais aus, pfiff noch einmal und eilte davon, um die Karten der zur Arbeit antretenden Männer zu stempeln.

Auch John Mackenna, dem Besitzer der Ranch, fiel die einsame Gans auf. Er war aus dem großen weißen Haus auf die beschattete Veranda getreten und beobachtete sie schwermütig. Aus einem einzigen wilden Paar hatte er seine Herde entstehen sehen, und viele Jahre lang war das Füttern seine Sache gewesen. Oft trat er aus seinem Büro und sah den Männern bei ihren Beschäftigungen zu, weil es ihn immer wieder trieb, seine Schreibtischarbeit ein paar Augenblicke zu unterbrechen und im Geiste an den Platz zurückzukehren, von dem er ausgegangen war.

Schnell verschlang die Herde den Mais, trank aus den Teichen und entfernte sich dann vom Wasser zum Grasen. Einige Paare gingen zu den Tonnen, um am Nest zu bauen, und von den noch unverpaarten Vögeln begannen ein paar hüpfend und kreisend den Balztanz. Dies verlockte die andern Gänse, sogar die einjährigen Nichtbrüter, es ihnen gleichzutun. Die einsame Gans aber blieb, wie Mack bemerkte, abseits auf dem Teich. Unter andern Umständen hätte er vielleicht ein kleines Boot ins Wasser geschoben, sie an Land getrieben und sanft hinter Draht gelockt, um festzustellen, ob sie verletzt oder krank war. Jetzt aber wandte er sich ab.

Nach und nach wanderte die Herde, voll vom jungen Gras, das sie unter den Zäunen, wo die Ponys nicht hinkonnten, abgeweidet hatte, zum Wasser zurück; und die noch nicht soweit waren, einen eigenen Hausstand zu gründen, fanden sich zu einer fedrigen Flottille zusammen und ließen sich von der Brise treiben.

Sommer war noch nicht, aber die Sonne schien warm. Der Arbeiter in der Brutanlage wartete darauf, daß die gelben, auf Rahmen ausgebreiteten Forelleneier schlüpften und die hilflosen Jungen durch die Siebe fielen, dalagen und auf die Kraft aus ihren Dottersäcken warteten. Schilpende Spatzen trugen Gänsefedern in die Dachrinnen, und die sonst so lärmigen Krähen kamen und gingen heimlich wie schwarze Schatten zu ihrem Nest mit den Eiern in der Eiche am Zaun. Schulterfedern blitzten auf, als die Grenzstreitigkeiten der Rotdrosseln in Luftkämpfe ausarteten; männliche Wanderdrosseln schrien zwischen den Apfelbäumen hysterisch aufeinander ein; und Stockerpel überfielen die Harems ihrer Brüder und bekamen ihrerseits Hörner aufgesetzt, sobald sie den Rücken wandten.

Die Gänse aber traten friedlich in den Dienst der Natur; ihnen war, wenn man von der einsamen Gans absah, kein Zeichen von Unzufriedenheit anzumerken. Auch sie stieß nur ein einziges Mal einen Schrei aus. Als am Himmel, so hoch, daß kein Menschenauge ihn zu sehen vermochte, ein Falke gesegelt kam, fing ihr Blick den Flügelschlag ein, und eine Sekunde lang meinte sie, *er* sei zurückgekehrt. Aber die Hoffnung zerrann, und wieder starrte sie niedergeschlagen vor sich hin aufs Wasser.

Es wurde Mittag. So warm lag der Sonnenschein auf dem Ufer, daß die Veilchen erblühten, dicke Apfelknospen vorzeitiges Rosa zeigten und soeben trocken gewordene Libellen ihre Juwelenflügel blitzen ließen. Die für die Jahreszeit zu große Wärme brachte sogar die Stockenten zum Verstummen, und die Luft schwirrte von einlullendem Insektengesumm.

In diese Stille drang der Ruf – aus weiter Ferne ein hoher tragender Ton wie von einem silbernen Horn. Die einsame Gans hob den Kopf und versuchte verzweifelt aufzusteigen. Einige der andern Gänse antworteten dem Ruf. Als Mack, der die Gänse gehört hatte, herauskam, um zu sehen, was los war, hörte die einsame Gans auf, mit den Flügeln zu schlagen, und schrie sehnsüchtig auf.

Ein Flecken am Horizont, der größer wurde, bis die Gans den mächtigen Flügelschlag des Männchens vernahm, ihn den Nacken beugen und nach ihr Ausschau halten sah. Er stieß nicht sofort herab, denn jetzt, wo er wußte, daß sie ihn erwartete, gab es erst einmal anderes zu überlegen.

Er war ja ein *Wild*ganter. Außer im Notfall würde er nie in der Nähe von Bäumen niedergehen, in denen ein Feind sich verbergen mochte. Die Gebäude der Ranch, die Lastwagen und die Menschen, alles das bedeutete unabsehbare Gefahr.

Also rief er ihr abermals zu, daß sie kommen solle, ihm folgen, tausend Meilen weit nordwärts zu einem Wildwasser, wo es schmale Kiesbänke und breite Grasflecken gäbe, wohin die Elche kämen und manchmal die Wölfe; aber nur selten – wenn überhaupt je – ein Mensch.

Wieder und wieder versuchte es die Gans, bis ihr die Flügel sanken, bis der Teich schäumte und die erschreckten Forellen auf den Grund gingen. Sie versuchte, bis ihr offener Schnabel heiß den Atem ausstieß. Dann streckte sie den Hals, lag flach und konnte nicht einmal mehr seinen Ruf erwidern. Während die Leute auf der Ranch zusahen, zog er seine Kreise tiefer und tiefer, bis er über das Wasser gleitend sich ihr nähern konnte. Er berührte sie nicht. Sie hob den Kopf, und er neigte sich ein paarmal. Sie trank etwas Wasser, und wie es Gänse tun, die Gefährten sind, trank er auch. Sie schwammen zum andern Ufer, und sie ging auf die Bäume zu, um ihn zu den Grasplätzen zu führen; als er sich aber mitzukommen weigerte, kehrte sie zu ihm zurück, und sie stießen kaum hörbare Laute aus, während sie wie ein königliches Paar, das sich dem Volke zeigt, auf und ab schwammen, damit die noch ledigen Männchen – es gab hier mehr Ganter als Gänse – sähen, daß sie ein Paar vor sich hatten.

Noch einmal schwamm sie zum Ufer und schlug den Weg zum Obstgarten ein, er aber mochte sich immer noch nicht zwischen die Bäume wagen, wo vielleicht Gefahr lauerte. Die Wildgans braucht Orte, an denen sich kein Fuchs verbergen kann und wo es selbst für einen Nerz schwer sein dürfte, sich unbemerkt anzuschleichen. Die Weite einer Flußmündung liebt sie oder die Weizenstoppelfelder von Saskatchewan, die sich weit bis zum Horizont ziehen, oder unabsehbare Wasserflächen. Baumbestandenes Land kann sie sowenig ertragen wie der Wolf Ackerland oder der Elch hohe Berge oder die Wildziege breite Täler. So weit ihre Augen reichen, muß sie jede Bewegung wahrnehmen können. Als er nicht folgte, schwamm sie wieder mit ihm in die Teichmitte.

Mack ging zu Tom Rank. „Am besten sperren Sie die Gans in einen Stall; sonst führt der Ganter sie den Bach hinunter zum Fluß, und nächsten Winter erfriert sie da im Eis."

Rank ging zum Teich. Nervös schwamm der Ganter zum andern Ufer, den Kopf erhoben, zum Aufsteigen bereit; aber er wartete, daß die Gans sich zuerst erhob. „Du bist ein ganz Wilder", sagte Tom. Er sprach oft mit den Gänsen, genau wie einst Mack. Er ging zu dem kleinen Boot am Ufer, ließ es ins Wasser gleiten und begann paddelnd die Gans und den Ganter uferwärts zu treiben. Der Ganter hielt stand, bis das Boot unmittelbar auf ihn zu kam, dann erhob er sich, laut und zornig schreiend.

Mit wildem Energieaufwand brachte die Gans es fertig, über die Wasseroberfläche zu rutschen; als aber der kundige Rank das Boot neben sie trieb, mußte sie an Land gehen. Er zog das Boot ans Ufer und scheuchte sie mit ausgebreiteten Armen auf einen drahtumzäunten Auslauf neben einem kleinen Schuppen zu. Über ihnen hatte der Ganter eine Höhe von hundert Metern erklommen, begann zu kreisen und rief der Gans zu, sie solle endlich aufsteigen, ehe der Mann ihr den Garaus mache.

Am Auslauf wäre die Gans dem Aufseher entwischt, wenn er das nicht vorausgesehen hätte. Er trieb sie durch die offene Tür, die er rasch zuwarf. Hinter dem Draht lief die Gans hin und her, hob und senkte den Kopf auf der Suche nach einem Ausweg aus dem Gefängnis, während oben der Ganter schreiend kreiste. Rank ging Mais holen, und die zahme Herde begann nervös in das Geschrei des wilden Gefährten einzustimmen.

Während Tom der Gans Mais streute, flog der Ganter so weit fort, daß er auf einen Fleck am Himmel zusammenschmolz; als aber Tom den Eimer wegstellte, stürzte sich der Ganter auf den Teich hinunter und schwamm aufgeregt hin und her. Mack ging zu Rank, der ihn fragte: „Was meinen Sie, geht er wieder, oder bleibt er für den Sommer?"

„Wäre besser, er ginge, aber ich glaube, er bleibt", sagte Mack.

„Dann lassen wir sie wohl am besten raus."

„Sie wissen doch, was dann passiert. Sie gehen über Land zum Fluß, und da hat ein Vogel, der nicht fliegen kann, keine Chance. Ist doch besser, wenn sie jetzt 'n bißchen Liebeskummer hat und am Leben bleibt, als wenn sie ihm folgt und stirbt."

Rank schaute nachdenklich zu dem schwimmenden Ganter hinüber. „Möglich", meinte er. „Aber ich weiß wirklich nicht." Man brauchte ihm nicht zu sagen, warum Mack lieber Sehnsucht am Anfang verordnete als Herzeleid am Ende, denn John Mackenna hatte sein eigenes Herzeleid erlebt, und es hatte ihn verbittert. Rank forderte ihn nicht noch einmal auf, die Gans herauszulassen, denn seit dem Tode seiner Frau reagierte Mack auf Vorschläge nicht immer freundlich.

Marcia war schon beinah fünf Jahre tot, hatte aber immerhin noch erlebt, wie der Traum von einer Forellenfarm Wirklichkeit geworden war. Sie hatte schlammiges Wasser aus der Erde sickern und die Teiche füllen sehen, die von mächtigen Baggern gegraben worden waren. Sie hatte erlebt, wie der Schlamm sich setzte und die Sonne durch das drei Meter tiefe Wasser hindurchschien, wo man jetzt auf dem blaugrauen Lehmboden eine Silbermünze sehen konnte. Sie hatte das Ponypaar erlebt, dessen Nachkommen den Kindern der Angler als Reittiere dienen sollten.

Sie hatte aus dem ersten Gänsepaar eine Herde werden sehen, und nie war ihr in den Sinn gekommen, daß es eigentlich eine Sklavenherde war.

Tom Rank war in jenen Anfangstagen voll fieberhafter Geschäftigkeit Macks erster ganztägiger Angestellter gewesen. Miteinander hatten sie die Pläne gemacht und waren dann wie Buben ins Haus gelaufen, um Marcias Zustimmung einzuholen.

Abends kehrte Rank zu seiner eigenen Familie in ein wenige Kilometer von der Ranch entferntes Haus zurück, das zu einer aufgelassenen Farm gehörte und das er gekauft hatte. Und Mack und Marcia saßen dann auf ihrer Veranda mit der weiten Aussicht und überlegten, wie sich der Boden verbessern ließe, wie man neue Quellen erschließen und mit den Unzulänglichkeiten der menschlichen wie der maschinellen Kräfte fertigwerden könnte.

Ein gewaltiges Do-it-yourself-Projekt war es gewesen, angefangen mit dem Aufwerfen der Erdwälle, dem Zementieren der Abflußkanäle, dem Anpflanzen der Windschutzhecken aus Zedern und Fichten, dem Befestigen der Ufer mit Steinen oder Rasen bis zum Anlegen von Beeten mit Narzissen, Tulpen, Iris und Tigerlilien, von Ecken für wilde Blumen, Weinranken und Hundehütten, dem Anschaffen von Ponys, Enten und Gänsen und dem Erbauen eines langen kühlen, steinernen Bruthauses, wo Millionen von Eiern sich in Millionen von Forellen verwandeln sollten.

Marcia hatte noch erlebt, wie Tom Rank zum Leiter einer Mitarbeiterschar avanciert war, wie der Hypothekenbrief verbrannt wurde und das Gesicht ihres Mannes vor Glück über einen Wirklichkeit gewordenen Traum strahlte.

Und dann war er eines Tages ins Sprechzimmer des Arztes gerufen worden. Mack hatte die Diagnose Wort für Wort behalten: „Es ist Krebs. Ich will Sie nicht im unklaren lassen, John. Es sieht bös aus."

In den Jahren seit Marcias Tod waren Frauen in Macks Leben getreten und wieder verschwunden, und sosehr Tom auch gehofft hatte, eine möchte bleiben und das Haus beleben, in dem Mack jetzt allein herumwirtschaftete – es war nicht geschehen. Tom spürte, daß Macks Entschluß, die Gänse getrennt zu halten, mit seiner eigenen Verbitterung zusammenhing. Vielleicht, meinte Tom, wollte Mack nicht an die Macht der Liebe erinnert werden.

Die Sonne sank, und als sie unter den Horizont geglitten war, kamen vom Bach kühle Winde heraufgewirbelt. Auf der Suche nach der Gans überflog der Ganter die Umzäunung, in der die Gans leise vor sich hin klagte. Er stieß herab, als er aber sah, daß sie sich hinter Draht befand, flog er in einer langen schrägen Steigung schnell so hoch hinauf, daß er noch in hellem Tageslicht schwebte und die Sonne sehen konnte. Er kreiste, bis die Teiche und Wälder und der Auslauf, in dem die Gans auf ihn wartete, vom Schleier der Nacht völlig verhüllt waren.

Und erst als es ganz dunkel war, ging er lautlos nieder. Hundert Meter über dem Gehege glitt er wie ein hüpfender Stein über die Wasserfläche dahin, um im letzten Augenblick abzubremsen und auf der gestampften Erde innerhalb der Umzäunung aufzusetzen.

Sie kam an seine Seite, und im Dunkeln standen sie beisammen.

Niemand sah den Ganter im Morgengrauen wegfliegen. Die Gans rief ihm nicht nach, daß er bleiben solle, sondern hockte sich nur auf ihre Schwimmfüße nieder und sah zu, wie er aufstieg. Er flog zum entferntesten Teich.

Dort sah ihn Rank, und nachdem er die Herde und die eingesperrte Gans gefüttert hatte, ging er hin und streute am Ufer entlang etwas Mais aus.

Zum Fressen würde der Ganter an Land kommen, hoffte er.

Der Ganter aber, der in dem Mais eine Falle witterte, fraß alles Gras, das er, ohne an Land zu gehen, erreichen konnte, und knabberte Wasserpflanzenranken. Sogar kleine Steinchen für seinen Muskelmagen fand er am Ufer. Als dann nach und nach die Angestellten der Ranch zur Arbeit kamen, stieg er auf und flog ein paar hundert Meter weit weg: bis dahin, wo der Rosenfluß gemächlich sein flaches Tal durchzog.

Lange saß er auf dem Wasser, ließ sich vom Strom treiben, ging dann, seiner Einsamkeit froh, an Land und begann zu fressen. Wieder waren Gänse am Himmel, die der Wind dahintrug, und manchmal rief er nach ihnen, denn eine einzelne Gans fühlt sich wie ein verlassener Mensch. Aber wenn sie auch Antwort gaben und manchmal so weit niedergingen, daß sie sehen konnten, was denn da so Bezauberndes eine einsame Gans zurückzuhalten vermöchte – ihren Flug unterbrachen sie doch niemals. Einmal erhob sich der Ganter vom Wasser und schloß sich einer Keilformation von mehr als hundert Vögeln an. Am äußersten Ende flog er mit, bis die Teiche so weit hinter ihm lagen, daß sie aussahen wie Wassertropfen auf einem grünen Blatt. Dann aber trennte er sich mit einem kleinen Schrei von ihnen und kehrte um.

Einige der fliegenden Gänse, besonders die wenigen, die keinen Gefährten gefunden hatten, luden ihn ein mitzukommen zu einem Sommer der Erfüllung im hohen Norden, wo die niederen Bäume wuchsen. Doch riefen sie nicht so dringlich wie im Herbst, wenn die Züge südwärts flogen.

Herbstzüge, die über die Hälfte aus Jungtieren bestehen, gaben angesichts jeder grünen Wiese, jeder rastenden Herde, jeder schlammigen Bucht und sogar bei Entenkolonnen Laut wie Spürhunde. Manchmal im Herbst schlossen sich junge Schnee- und Bleßgänse, durch Jäger ihrer Eltern beraubt, den großen Kanadagänsen an. Ulkig sah das aus, wie die kleineren Vögel ganz rasend mit den Flügeln schlagen mußten, um mitzukommen, und gegen die hellen Hornstöße der Kanadas wirkte ihr aufgeregtes Geschrei lächerlich.

Jetzt im Frühling aber bildeten die Schneegänse, die Blauflügel- und Bleßgänse ihre eigenen Herden, und was die Kanadas anging – ihnen blieb keine Zeit zum Ausmachen von Stoppelfeldern, von Grasflecken oder ausgedehnten Teichen, denn jede einzelne von ihnen gehorchte dem Ruf des Schicksals, zu dem sie geboren war. Als der große Ganter zurückblieb, zögerten die andern keinen Augenblick; sie behielten ihren Nordwestkurs bei, sie rasteten nur zum Fressen und Ausruhen und ließen sich durch nichts davon ablenken, an den unter ihnen vorbeifegenden großen Strömen und Seen ihr Vorankommen zu messen.

Immer mehr fiel der Ganter zurück. Dann machte er kehrt, erreichte den Rosenfluß und flog in Baumhöhe den ganzen Weg zurück bis zu jenem Platz, an dem er gesessen hatte, als die Herde ihn überflog. Wieder fraß er, stieg dann auf einen verlassenen Bisamrattenbau, zog ein Bein an und ruhte sich aus. Flußuferläufer rannten am Ufer entlang, und Rallen umrundeten Wasserlilienblätter, die erst seit wenigen Tagen aus dem Wasser waren und noch so frisch grün, daß man sich kaum vorstellen konnte, daß sie ledrig genug wurden, um einen Ochsenfrosch zu tragen, und genügend Insekten an ihrer Unterseite ansammelten, um einen Sonnenbarsch zu ernähren.

Als die Sonne genau über ihm stand, setzte der Ganter das Bein nieder, und nachdem er seine Federn gesträubt hatte, schüttelte er sich kräftig, so daß jede an ihren Platz fiel und er so glatt aussah wie eine Gans aus Samt. Dann trat er von dem Bisamrattenbau aus verrottendem Moos herunter und jagte einer Bisamratte einen Schrecken ein, die sich den Bau gerade kritisch beäugte, als wolle sie entscheiden, ob es der Mühe wert sei, ihn instand zu setzen oder lieber anderswo einen neuen anzulegen.

Beim Untertauchen machte die Bisamratte ein solches Geplätscher, daß der Ganter unwillkürlich einen Schreckensschrei ausstieß. Dann glitt er auf den Fluß hinaus, drehte sich in den Wind und stieg auf. Er flog zur Ranch und gelangte geräuschlos über das Gehege der Gans. Keiner von beiden gab einen Laut von sich; als seien sie zu einem Einvernehmen gekommen und jede Erörterung erübrige sich.

Nachdem er festgestellt hatte, daß sie in Sicherheit war, ging er auf dem abgelegenen Teich nieder. Toms gelbglitzernder Mais lag immer noch am Ufer. Langsam, jeden Grashalm vorsichtig musternd, schwamm der Ganter darauf zu. Schließlich pickte er ein Korn auf, spielte damit herum und ließ es wieder fallen. Pickte noch eins auf und prüfte es auf der Zunge, ehe er es schluckte. Dann fraß er schnell hintereinander ein paar Körner und schwamm zur Teichmitte zurück.

Abends war er immer noch auf dem abseits liegenden Teich, und Tom Rank kam hin, um mit ihm zu reden, weil beim Klang einer gleichmäßig ruhigen Menschenstimme die Furcht wilder Tiere sich manchmal legt. „So, du bleibst also", sagte Tom. „Warum gehst du nicht zu Lady? Niemand tut dir was. Wahrscheinlich habt ihr geheiratet. Deshalb nenne ich dich Lord."

Der Name paßte gut zu ihm, denn er war ja ein prachtvoller, stolzer Vogel. Sein weißer Kehlstreifen reichte zu beiden Seiten über die Augen hinaus und wirkte wie ein Zeichen von Adel. Für einen zweijährigen Ganter war er groß, etwa zehn Pfund schwer, maß reichlich neunzig Zentimeter und konnte seinen Hals recken, bis der ganze Vogel über einen Meter hoch war. Nach unten ging sein weißes Lätzchen in Grau über, und die glatten Rückenfedern schimmerten stählern wie ein Kettenpanzer.

Während Rank redete, schwamm Lord aufgeregt hin und her, wobei er den Kopf von rechts nach links drehte, so daß er den Mann nie aus den Augen verlor.

„Ich will dir doch gar nichts", sagte Rank. „Mais hast du ja noch. Sei nur ganz, ganz ruhig ..." Der Ganter hielt im Schwimmen inne und beäugte den sanft redenden Mann.

Schließlich ging Rank wieder an seine Arbeit, und Lord schwamm zur Teichmitte zurück, um den Sonnenuntergang abzuwarten. Sobald es dunkel war, flog er leise zur Umzäunung und ließ sich neben Lady nieder. Er reckte seinen langen Hals und strich ihr über den Rücken, worauf sie sich flach auf den Boden niederließ und auf ihn wartete.

So war die Form gefunden: den Tag über lebte Lord am Fluß oder fraß am abgelegenen Teich Mais, nachts kam er zu Lady. Und das muß ihnen genügt haben, denn nie wieder untersuchte sie den Draht nach einem Fluchtweg, noch erhob er sich, um wandernden Zügen zu folgen.

Als sie etwa vierzehn Tage zusammenlebten, verließ an einem warmen Abend John Mackenna das Haus, spazierte durch den Obstgarten und schnupperte den Duft der im Sternenlicht weißschimmernden Apfelblüten. Staunend stellte er wieder einmal fest, wie die Nacht die harten Realitäten des Tages zu sänftigen vermochte. Als er den Kiespfad entlangging, der an Ladys Auslauf vorbeiführte, blieb er überrascht stehen: in einem Luftwirbel erhob sich ein großer Schatten über das Gebäude und flog westwärts zum Fluß.

Mack, den man jetzt nur selten lachen hörte, kicherte in sich hinein. Nachts also kam der wilde Ganter zu seiner Gefährtin. Am Drahtgitter blieb Mack stehen. Er schaute oben drüber und sagte: „Mach das Beste draus, Mädchen, denn wenn der Schnee tief wird, dann geht er."

Die Gans nickte, wie Gänse es manchmal tun, wenn Menschen mit ihnen sprechen, und Mack, der über sich das Flügelschwirren des Ganters hörte, ging ins Haus zurück.

Der nächste Tag war ein Samstag, und Tom Rank setzte Lady frei, damit sie Grünfutter weiden konnte, das die Kanadas brauchen, um gesund zu bleiben. Er fuhr sie an der Ponyweide vorbei zu einem schmalen Wiesenstreifen mit kurzem üppigem Gras und setzte sich unter der duftigen weißen Wolke eines blühenden Pflaumenbaumes auf eine Steinmauer. Mit hoch erhobenem Kopf wanderte Lady die schmale Wiese entlang, stieß einen Ruf aus, blieb stehen, drehte den Kopf, suchte den ganzen Himmel ab und rief abermals.

Lord unten am Fluß hörte den Ruf, stieg auf und flog dreißig Meter hoch über sie hinweg. Jetzt begann Lady zufrieden zu grasen. Da Tom sich nicht regte, landete Lord schließlich am entferntesten Ende des Wiesenstreifens. Lady begann zu laufen, mäßigte dann aber ihr Tempo und ging mit tief gestrecktem Hals und leise sich windend auf ihn zu. Als sie bei ihm war, reichte Lord ihr Gras. Dann weideten sie zusammen. Als Tom Rank am Wiesenende anlangte, flog Lord zum Fluß zurück, und Lady ging gutwillig wieder in ihr Gehege.

Froh, daß die Paarung tatsächlich vollzogen war, brachte Rank eine Tonne in den Auslauf und legte sie gegen die Schuppenwand. Sofort begann Lady sie zu untersuchen. Sie pickte an den Nagelköpfen um den Faßboden und untersuchte die Eisenreifen mit dem Schnabel. Nach wiederholten Inspektionen pickte sie einen Zweig auf und legte ihn in die Tonne.

Als nachts Lord kam, inspizierte auch er jeden Riß und jedes Nagelloch des alten Fasses. Schließlich nickte er wie zustimmend und trat zu Lady, um ihr aufs neue den Hof zu machen.

Nach und nach nahm das Nest in der Tonne Gestalt an, aber die Gänse im Obstgarten hatten schon Gössel, ehe Lady ihrem Lord das erste Ei präsentierte. Er inspizierte es ebenso genau wie die Tonne, und nachdem er es angenommen hatte, wurde er zur Schildwacht. Er umwarb sie nicht mehr so ausgiebig, sondern nahm sie schnell, stand dann mit hoch erhobenem Kopf Wache, und seine hellen Augen beobachteten alles: das Hüpfen einer Kröte, den Vorbeiflug einer Eule, den raschen Flügelschlag einer Fledermaus, den Flug eines schnurrenden Ziegenmelkers – jede Bewegung und jeden Laut bis zum Spritzen eines Tautropfens von der Dachrinne auf die Tonnenwand.

Als das fünfte Ei gelegt war, geschah es in der Stunde vor Anbruch der Dämmerung, die dunkler ist als die ganze Nacht, daß der leichte Wind, der seit dem Abend geweht hatte, sich legte und jene tiefe Stille eintrat, an der alle Wildtiere aufwachen. In ihrem Zwinger streckten sich die zusammengerollten Hunde und spitzten die Ohren. Auf der Weide senkten die Ponys, die auf drei Beinen schliefen, das vierte zur Erde. Stockenten quakten leise, und die Fasanenhähne in ihren Ställen reckten die Hälse. Lady setzte das andere Bein nieder und richtete sich auf. Nach einer kleinen Weile dann hatten alle diese Geschöpfe – außer Lord – sich mit dem Wetterwechsel abgefunden und ließen sich federnsträubend, ringelnd, lehnend oder drehend wieder zum Schlafen nieder.

Aber Lords scharfe Augen waren auf die dunkelste Stelle unter dem Überhang des Schuppendaches gerichtet. Da im Schatten war etwas, still wie ein Pelztier. So fein waren die Sinne des Ganters auf seine Umwelt abgestimmt, daß er auch Dinge, die weder wirklich zu sehen noch zu hören waren, deutlich wahrnahm, und wenn er die Gefahr auch nicht ausmachen konnte, wußte er dennoch, daß sie da war.

Dann regte das Etwas eine Pfote und noch eine, leicht und leise, wie der Samen der Gänsedistel fliegt. Angespannt wartete Lord. Als ringsum wieder die fedrigen Schlafgeräusche herrschten, löste der Nerz sich flink aus dem Schatten und näherte sich den Eiern. Lord ringelte den Hals wie eine Schlange, und sein steinharter Schnabel fuhr wie ein Pfeil auf den Nerz los, um ihm das Genick zu brechen. Im selben Augenblick schlug der Gegner zu, und seine scharfen Zähne setzten einen Halbmond auf Lords Wange. Dann wand er sich kurz und war tot. Lady kam herüber, und die beiden Gänse redeten leise miteinander. Lord packte den Nerz und schüttelte ihn, als wolle er ihn ein zweites Mal töten, Lady nickte beifällig und wollte Lord dann wieder in den Schatten locken. Der aber blieb auf Wache, denn jetzt war nicht nur Leben zwischen ihnen. Sondern auch Tod.

Als am Morgen Tom den Nerz fand, bemerkte er, daß Lady auf ihren Eiern saß. Und jetzt verließ Lord selbst am Tag öfter den Fluß und flog so niedrig, daß seine scharfen Augen erkennen konnten, ob im Dämmerlicht der Tonne alles in Ordnung war.

An einem warmen Morgen begannen die mit einem scharfen Eizahn an den winzigen Schnäbeln bewaffneten Jungen ihre Schalen aufzupicken. Im Laufe des Tages und der Nacht kamen vier schlappe, feuchte Bällchen zum Vorschein, trockneten auf den Federn, mit denen das Nest ausgefüttert war, und nahmen die Welt in Augenschein, in die sie hineingeboren waren. Ein unbefruchtetes Ei, das sich nicht öffnete, wurde von Lady mit dem Schnabel aus dem Nest gerollt.

Am Samstag der Woche war Tom krank, und so brachte Mack die vier flaumigen Gössel, lauter Weibchen, mit ihrer Mutter auf die schmale Wiese, wo Lord zu ihnen kam. Während die fünf grasten, stand der Ganter aufgerichtet, still wie eine Statue, und hielt nach Gefahren Ausschau.

Und die Gefahr kam, schneller als ein Sturmwind. Im einen Augenblick noch war die Szene eine Idylle ländlichen Friedens, im nächsten fiel der Tod wie ein Wirbelwind über die Gänse her. Schreiend sprang Mack auf, konnte aber den braunweißen Jagdhund, der die Gänse gewittert hatte, nicht mehr verscheuchen. Der noch unerzogene und undressierte, vor Angriffslust vibrierende junge Hund wich Mack aus und fiel über die Gänsefamilie her.

Mit vorgestrecktem Kopf nahm Lord den Kampf auf, indem er seine mächtigen Flügel spreizte und mit ihren knochenharten Unterseiten auf den Hund eindrosch. Aber die Kiefer des Hundes hatten sich schon um Ladys Hals geschlossen, und indem sie, um zu entkommen, wild mit den Flügeln schlug, erwürgte sie sich selbst und brach sich die Knochen. Der Hund lockerte den Biß und ging auf Lord los. Aber ehe er zupacken konnte, rann ihm das Blut in die Augen, und in seinem Entsetzen über den gehässigen Angriff des Ganters ließ er ab und rannte jaulend zum Hundezwinger zurück.

Für Lady aber war es zu spät. Mit gesträubtem Gefieder lag sie im Gras, den Hals in einem grotesken Winkel von ihrem schönen Körper abgebogen. Die erschreckten Küken scharten sich um den Ganter, und während Mack neben der toten Gans kniete, führte Lord seine Kleinen in sichere Entfernung. Als Lady nicht mitkam, gab er leise kehlige Locklaute von sich.

Mack erhob sich und ging zum Zaun am Wiesenende, damit der Ganter herankommen und selbst sehen konnte, was geschehen war. Schließlich trat Lord neben Lady, nahm ein paar ihrer Federn in den

Schnabel und zog sanft daran. Dann hob er den Kopf, stieß einen einzigen tiefen Klagelaut aus, und mit den Kleinen im Schlepptau entfernte er sich.

Mack machte keinen Versuch, sie zu halten. Sie gingen bis zum Ende der Wiese und durch das hohe Gras einer Heuwiese hinunter zum Bach, in dessen Silberflut die Steine auf dem Grund wie Juwelen glänzten, und hinein in die schwache Strömung, die Lord mit seinen Gösseln unter einer weißen Fußgängerbrücke hindurch, durch ein Zementrohr und an Weiden und Hornstrauch vorbei zum Rosenfluß trug.

JUNGE aufzuziehen bedeutete für Lord keine Extramühe, weil die Kanadaganter immer bei der Aufzucht der Jungen helfen. Lord hielt seine Familie zusammen und führte sie schließlich zu einer Bucht voller Wasserpflanzen mit Kies am Ufer für ihre Muskelmägen. Dort besuchte John Mackenna sie oft, und wenn Lord seine Jungen bei diesen Gelegenheiten auch ins Schilf manövrierte, so konnte Mack sie doch immerhin zählen und sich vergewissern, daß sie noch lebten.

Im Laufe des Sommers wurden die Gössel im Handumdrehen zu Gänsen, ihre Daunen zu Federn und die Federn zu langen anmutigen Wedeln. Als die Wedel kräftig genug waren, um halb fliegend damit übers Wasser zu schlittern, begann Lord seine Familie ab und zu allein zu lassen. Immer wieder flog er zur Forellenfarm und in geringer Höhe über die Umzäunung hinweg, in der Lady eingesperrt gewesen war. Dann ging er auf dem Teich nieder, wo er sich mit ihr gepaart hatte, und wenn er die Wiese, auf der sie gestorben war, der Länge nach überflog, berührten seine Flügelspitzen beinah seinen eigenen Schatten. Mack und Tom Rank fragten sich, ob etwas ihn *zwang,* die Farm immer wieder aufzusuchen; ob in ihm etwas lebte, was man zwar nicht verstehen, aber auch nicht abstreiten konnte, so daß auf allen zukünftigen Flugwegen seines Lebens die Erinnerung ihn begleiten und zurücklocken würde.

Als die Jungen fliegen konnten, begleiteten sie ihn auf seinen Morgen- und Abendflügen, und immer führte Lord sie über die Ranch.

Ganz allmählich wurden die warmen Tage kürzer und kühlten sich ab. Eines Nachts bekam das Gras eine silbrige Reifdecke. Lord war unruhig, und sein Drang mochte sich auf die Jungen übertragen, falls es nicht die schwindende Tageshelle war oder ein angeborener Zeitsinn. Sie dehnten die täglichen Flüge weiter aus, wobei die Jungen unentwegt schnatterten, bis sie sich aus der Ferne manchmal wie eine am Himmel jagende Hundemeute anhörten. Als die ersten Verbände von Artgenossen Lord und die Kleinen trompetend von Norden her überflogen, antwortete er ihnen, und sie riefen zurück, aber der Ganter führte seine Familie nicht zu ihnen hinauf, noch kam einer von ihnen herunter. Sie kannten ihr Ziel: sie waren unterwegs zum Reihermoor.

Jetzt waren die Ahornbäume auf dem Hügel purpurn und die Flußweiden gelb. Die Eichen auf der Ranch verfärbten sich rötlich-braun und die Birken golden. In Lord kämpfte der Drang zu reisen mit dem ebenso starken Drang, zu bleiben und die Orte der Erinnerung zu überfliegen. Er rief nach den Herden, die ein paar Tage lang in endlosen Prozessionen vorüberzogen. Und doch wartete er immer noch, und die purpurnen Ahornblätter wurden braun und taumelten zur Erde. Die Birken verloren ihre Blätter, und aus dem kalten Regen wurde Schnee. Die inzwischen ausgewachsenen Jungen, deren Gefieder genauso stählern glänzte wie das ihres Vaters, waren ganz wild vor Aufbruchsverlangen. Aus ihren dringenden Bitten an jeden vorüberfliegenden Zug wurde ein nicht mehr abreißendes Klagegeschrei.

Eines Morgens dann erhob sich Lord, und nach kurzem Pendeln über der Ranch in geringer Höhe begann er zu steigen. Lauthals bekundeten die vier jungen Gänse ihre Zustimmung, als sie höher und höher stiegen und stärkere Windströmungen erreichten; und als schließlich ein Aufwind sie in die Höhe trieb, schrien sie vor lauter Freude. Sie spreizten ihre Flügelspitzen wie Finger und schlugen rhythmisch die Luft. Jedes Luftloch war ein Abenteuer, in das sie sich hineinstürzten wie vergnügte Kinder auf der Berg-und-Tal-Bahn. Als eine Windbö sie jäh vorwärtsstieß, wußten sie sich vor Begeisterung nicht zu lassen.

Hinter sich hörten sie eine Menge Gänse rufen, so daß Lord das Tempo verlangsamte, bis ein Zug von über hundert Artgenossen aufgeholt hatte und er und seine Brut in eine Lücke im kürzeren Schenkel der Winkelformation einfallen konnten. Im Sog der voranfliegenden Vögel kamen sie leicht vorwärts, mit einer Geschwindigkeit, die sie an einem Tag Hunderte von Meilen weitertrug. Unter ihnen entglitt die Erde nordwärts, bis die Teiche der Forellenzucht nur noch nadelkopfgroße Lichtpünktchen waren und der Rosenfluß ein matter Silberfaden. Einmal wandte Lord den Kopf zurück und stieß einen leisen Ruf aus – dann war der Ort verschwunden.

Unten hatten Mack und Rank dem Zug nachgesehen, bis er nur

noch einen Fleck am Horizont bildete. Dann fragte Rank: „Meinen Sie, daß er wiederkommt?"

„Bezweifle ich", sagte Mack. „War ja schon komisch genug, daß er überhaupt hergekommen ist. Erstens hätte er ja schon seit Wochen, ehe er so weit hier nach Norden kam, eine Frau haben müssen. Zweitens, hätte nicht der Sturm den Schwarm nach unten getrieben, wäre er der Gans nie begegnet. Drittens war es ein Wunder, daß *sie* sich nicht schon gepaart hatte. Und selbst dann hätte der Trieb weiter nach Norden stärker sein müssen, als die Verpflichtung zu bleiben."

„Was wissen wir eigentlich Genaues über die Paarungsgewohnheiten der Kanadas?" fragte Rank.

„Nun", meinte Mack, „die Sachverständigen waren immer der Meinung, Kanadagänse, die ihre Gefährten verlieren, blieben allein. Heute wissen sie, daß das nicht auf alle zutrifft."

„Hübscher Gedanke", meinte Rank, „daß sie sich fürs Leben verbinden und der Überlebende womöglich sogar allein bleibt."

„Hübsch, aber nicht sehr praktisch. Ich hab eine Theorie, und wie ich höre, sind ein paar Biologen zur selben Ansicht gekommen, nämlich, daß bei den schrecklichen jährlichen Verlusten durch die Jagd das Alleinbleiben ein solches Risiko für das Überleben der Art wäre, daß es aufgegeben worden ist."

Die beiden Männer hörten die sanften Laute schwatzender Enten und dazwischen ab und zu das leise Klagen einer Gans. Bald war es Zeit, alle Vögel zum Überwintern ins Geflügelhaus zu bringen.

„Vielleicht genießt Lord sogar seine Freiheit", meinte Rank.

„Na, wenn die Jagd erst in Gang ist, dann hat er andere Sorgen. Die schlachten die Gänse wieder zu Zehntausenden, wie jedes Jahr. Grenzt an organisierte Ausrottungsfeldzüge. Ehe der Winter um ist, wünscht der arme alte Bursche vermutlich, als sonstwas geboren zu sein, nur nicht als Gans."

„Ich hoffe, er schafft's", sagte Rank.

Die große Gänseschar schoß südwärts, und wie Kinder auf einer Kindergesellschaft, wurden Lords Junge von der allgemeinen Heiterkeit angesteckt und schwatzten pausenlos. Lord blieb still, flog erfahren in der von der Gans vor ihm erzeugten Luftströmung und schuf Raum für die unmittelbar hinter ihm fliegende Tochter. Mehrere Male wandte er den Kopf, als schaue er zurück, aber seine Flügel ließen keinen Schlag aus.

Auf seinem ersten Flug war Lord so aufgeregt gewesen wie jetzt die Jährlinge. Heute aber stimmte er nicht in das laute Trompeten ein, als der Winnebago-See ins Blickfeld kam und die Herde auf die schwelende Stadt Oshkosh hinuntersehen konnte, die die Asphaltfühler ihrer Straßen und immer lockerer werdendes Häusergewirr nach Fond du Lac ausstreckte. Als ein Flugzeug nach Minneapolis seinen Schatten über die Herde warf und einige der Vögel aus der Reihe trieben, hielt er den Rhythmus.

Alles das kannte er schon: rauchende Kamine; Wagen auf gewundenen Straßen; Züge, die sich wie Schlangen auf Schienen wanden; Giftwolken, die Städte ankündigten, viel weiter südlich auf der Flugstrecke, als sie sehen konnten. Ein Chaos. Ohne Plan oder Muster. Wie Hagelkörner verstreute Häuser; Straßen, die sich in den Schwanz bissen. Keine Welt für ihn noch für irgendein Wildtier.

Als ein dünner grauer Schleier die Nacht ankündigte, neigte sich über Süd-Wisconsin das „V" abwärts wie ein zur Landung ansetzendes Flugzeug, und alle Vögel verminderten ihre Geschwindigkeit. Die Erde zog, und sie gaben willig nach, gemeinsam mit Gruppen anderer Züge, die aus nördlichen Richtungen einbogen. Von diesen Zügen hatten einige einen Nonstopflug vom Oberen See her hinter sich, aus einem Lande, wo die Bäume unmittelbar aus dem Fels wuchsen und die Bäche behende den Bergen entströmten.

Von der Erde kam ein einzelner Begrüßungsruf, dann noch einer und noch einer, bis alle zu einem nicht abreißenden Lautgebrabbel verschmolzen und die niedergehenden Züge lange Bänder von Gänsen erkennen konnten, die buchstäblich das Wasser der Kanäle verdeckten; breite Schwaden grauschwarzer Vögel auf den grünen Wiesen; lange Gänselinien, die sich unermüdlich zwischen den Maispflanzen bewegten – Tausende und aber Tausende. Das „V", in dem Lord mit seinen Töchtern flog, fing sich jäh ab. Die Vögel mußten bremsen, um einander nicht zu überrennen. Dann ließen sie Luft durch die gespreizten Flügel abfließen und rutschten erfahren seitlich ab.

Jetzt scharf nach unten wie Drachen, die aus dem Wind geraten sind. Seitwärts, gradeaus, wieder seitwärts. Auseinanderflattern. Stürzen. Der Boden hebt sich ihnen entgegen, und die Gänse bremsen kräftig, um leicht aufzukommen. Jetzt durcheinandergeratene Federn glätten. Lange Hälse strecken. Gehen, Beine lockern. Habachtstellung einnehmen und lauschen. Um sich blicken. In der sinkenden Dunkelheit langsames Ruhigwerden.

Weidende, trinkende Gänse; Gänse, die Wasser über ihren Rücken laufen lassen. Auf dem Weg Maiskörner, die sogar im Dunkeln schimmern. Mais an Kolben einer besonders auf kurze Stiele gezüchteten Art, so daß die Gänse herankönnen. Winterweizen. Lange Bahnen von kurzem Gras. Dichte Reihen von Rohrkolben. Ried glatt wie Bleistifte. Zerfetzte Wasserlilienblätter und braune, runzlige Lilienfrüchte. Paradies.

Ehedem war das Schutzgebiet ein fünfundzwanzig Kilometer langer und sieben Kilometer breiter See gewesen, von Kohlenleichtern und Ausflugsdampfern befahren. Fischer setzten Leinen und Netze. Entenjäger erbauten Klubhäuser an seinen Ufern. Gänse waren selten.

Ein Damm hielt das Wasser im See, Farmer aber behaupteten, er setze ihre Felder unter Wasser. Unternehmer, die es auf Schwemmland abgesehen hatten, stimmten den Farmern zu. Der Damm wurde zerstört, das Wasser versickerte, und aus dem See wurde eine Moorlandschaft, auf der rauhes, zähes Spartgras wuchs.

Nur kleine Wildtiere wie Kaninchen und Häher, Skunks, ein paar Frösche und eine Heuschreckenart lebten dort.

Im Sommer war das Gebiet unfruchtbares Ödland und im Winter eine Schneewüste. Schließlich kauften ein paar Leute das Land für einen Pappenstiel und verarbeiteten das harte Spartgras zu Packhüllen für Weinflaschen und Geschirr.

Aber es gab Menschen, die mit dem Land ganz anderes im Sinn hatten. Eine Fehde begann zwischen denen, die Packmaterial brauchten, und denen, die einen Ort suchten für alle wildlebenden Tiere. Und am Ende setzten die Heger sich durch. Ein neuer Damm wurde gebaut, mit dem der Wasserstand sich regulieren ließ, und es entstand eine Moorlandschaft mit Wasserlachen, Teichen, Kanälen und langen, weiten, feuchten Sümpfen.

Jetzt kamen die Gänse, anfangs nur ein paar, dann immer mehr, bis Zehntausende die genaue Lage des Schutzgebietes kannten. Mit den Gänsen kamen die Enten, die Kraniche und Reiher, die Amseln und die helläugigen Moorzaunkönige, die Teichhühner und Bleßhühner, Rallen und Schnepfen, Regenpfeifer und Meisen, die Falken und manchmal sogar Adler – bis es außer den Everglades in Florida auf dem ganzen amerikanischen Kontinent keinen Ort gab, der so von Vögeln wimmelte. Auch Wild fand sich ein und Waschbären, Opossums, Füchse, Nerze, Kaninchen und Bisamratten in solcher Zahl, daß

Männer ihren Beruf aufgaben und die Erlaubnis erwirkten, sie zu fangen. Katzenwelse und Hechte und Barsche kamen und Karpfen und Elritzen für die Eisvögel und Waschbären.

Aus einer Hälfte dieses Wildreservats machte die Regierung ein nationales Schutzgebiet, während die andere Hälfte staatlich verwaltetes Jagdgebiet sein sollte. Am Tage der Übergabe kam ein Abgesandter aus Washington und legte ein feierliches Gelöbnis ab: „Nie soll hier ein Mensch ein Gewehr tragen. Dies Land ist uns zur Bewahrung anvertraut.“ Eine edle Rede, und der Mann meinte, was er sagte, er war nur naiv.

DIES also war der Ort, die Falle, wenn man so will, wo Lord mit seinen Töchtern graste. Bald waren ihre Kröpfe voll, und als sie dorthin schwammen, wo der Mais lag, hatten sie nur noch für ein paar Körner Platz. So schwammen sie zum Bau einer Bisamratte und beschlossen, Quartier zu beziehen. Alle fünf kletterten aus dem Wasser auf das Dach des Baues, der noch im Werden war, und als die Bisamratten mit Moos zwischen den Zähnen und Rohrkolben hinter sich herziehend herankamen, streckte Lord warnend seinen keilförmigen Kopf vor. Die Bisamratten verzogen sich und begannen einen neuen Bau.

Lord hob ein Bein und suchte mit dem anderen festen Halt, schob den Schnabel zwischen die Federn und ruhte. Aber die Jungen konnten vor Aufregung nicht schlafen. Sie schwammen und tranken und fraßen grüne Wasserpflanzen, bis sie schließlich auf dem Wasser treibend doch einschliefen.

Am nächsten Morgen filterte ein goldener Nebel das Sonnenlicht und verhieß einen warmen Spätsommertag – aus dem Sumpf auftauchende Frösche und Schildkröten auf ihren Baumstämmen. Lord streckte sich, ehe er vom Bisamrattenbau zum Schwimmen, Baden und Trinken herunterstieg. Dann führte er die Jungen an einen Platz, wo sie den Maishaufen sehen konnten, der soeben von einem brummenden Lastwagen heruntergekippt wurde. Das startende Gefährt scheuchte Gänse hoch, die sich aber unmittelbar hinter ihm wieder in seine Räderspuren fallen ließen. Als Lords Töchter eine solche Maisfülle sahen, stießen sie Schreie aus, liefen an ihm vorbei und fraßen gierig.

Nachdem sich nun die erste Aufregung über den Zwischenaufenthalt gelegt hatte, bummelten Lord und seine Töchter den ganzen Vormittag umher wie Sommerfrischler in einem Ferienort. Nachmittags sättigten sie sich abermals mit Mais und tranken Wasser.

Als die Töchter schließlich unruhig wurden, erhob sich Lord, und sie folgten ihm ostwärts, wo es höhere Hügel gab. Dort konnten sie sich von leichten, warmen Aufwinden tragen lassen. Sie flogen viele Kilometer weit zu einem Feld mit Winterweizen, das sich zum Wasser hinunter erstreckte. Lord kreiste über dem angrenzenden Gebiet. Dann führte er die Jungen in die Mitte des niedrigen Feldes, wo er Gefahren aus allen Richtungen übersehen konnte. Während die Töchter die kurzen Weizenhalme abbissen, stand er reglos Wache; als die Jungen satt waren, hielt die größte der Töchter Wache, während Lord sich sättigte.

Die Sonne stand tief, bis Lord und seine Jungen aufstiegen, und es dämmerte, als sie auf dem Reihermoor landeten.

Dort lag etwas wie Unbehagen in der Luft, das Lord Klagelaute entlockte. Andere Gänse spürten es auch, und sie schnatterten leise. Als es dunkler war, drangen vom Rande des Moors Geräusche zu den Plätzen, wo jetzt unter einem heiteren Nachthimmel voll funkelnder Sterne die Gänse schliefen. Die Jagdsaison begann, und auf allen Straßen sah man Lichter. Kleine Flugzeuge summten oben vorüber. Irgendwo ging ein Schuß los, und Hunde bellten. Manchmal drang lautes Geschrei ins Moor herüber, wenn übermütige Jäger neben dem Weg Feuer entzündeten. Wildhüter fuhren die Nebenwege ab und Hilfspolizisten die Fahrstraßen, um zu schnell fahrende Leute festzunehmen. Ein paar Wagen hingen hoffnungslos in Gräben fest, und ein mit Jägern vollgeladenes Auto hatte sich um einen Baum gewickelt. Mit heulender Sirene kam ein Krankenwagen aus der Stadt Beaver Dam, und für die Ohren der Gänse schien das Geräusch überhaupt nicht mehr aufzuhören, erst ganz von fern, dann näher, dann wieder ferner, aber ununterbrochen hörbar – ein dünnes Heulen im Dunkel der Nacht.

Ein ganzes Heer, fünf Reihen tief, zwanzig Reihen tief, kam während der Nacht zusammen; und verstreut über das ganze südliche und mittlere Wisconsin, suchten weitere Jäger sämtliche Punkte auf, wo eine ermüdete Gans sich niederlassen mochte. Das Land starrte von Gewehren, und Felder, Moor und Hügel waren ein einziges Kriegslager. Die das Schutzgebiet umgebenden Schirme der Jäger waren in Abständen von hundert Metern aufgestellt, so daß für eine niedrig fliegende Gans wenig Aussicht bestand, die getarnte Barriere zu überwinden. Die Gänse schienen zu wittern, daß sie umzingelt und die Fluchtwege ihnen abgeschnitten waren, denn die ganze Nacht über fanden sie keine Ruhe. Wenn ab und zu irgendein aufgeregter Vogel seine Stimme erhob, rann jedesmal ein Erschrecken durch die Schar.

Eine Stunde vor Anbruch der Dämmerung bekamen Männer der ersten Feuerlinie – ausgewählt durch eine staatliche Verlosung – Armbinden, die ihnen bekundeten, daß sie zur Jagdelite gehörten und das Privileg hatten, die ersten Schüsse abzugeben, wenn die Gänse aufstiegen. Die Gewehre in der einen, Thermosflaschen in der andern Hand, postierten sie sich unmittelbar im Schutzgebiet selbst.

In den Ansitzen goß man Kaffee in Plastikbecher, ließ sich den warmen Dampf über die Gesichter streichen und unterhielt sich leise, als müßten die Verstecke geheimgehalten werden. Die letzte Schlinge der menschlichen Falle war zugezogen, und die Gänse begannen aufgeregt zu schreien.

Manche Männer konnten sich noch erinnern, was für ein Vergnügen die Gänsejagd ehedem gewesen war; wie sie Tage mit dem Aufbauen von Schirmen zugebracht und mit halb erfrorenen Fingern Köder verfertigt hatten, um überfliegende Züge anzulocken. In jenen Tagen war die Kanadagans eine Trophäe gewesen, und eine zu erlegen bedeutete Ruhm für den Jäger, der sie überlistet hatte. Nicht viele Männer jagten damals Kanadas, weil nur wenige solche Finessen zu erlernen vermochten wie den Ruf, der eine Leitgans veranlassen konnte, ihre Herde den Jägern entgegenzuführen.

Jedesmal, wenn diese Oldtimer an einer Massenjagd teilnahmen, schworen sie sich, nie mehr wiederzukommen. Aber manche kamen dennoch immer wieder, weil es keine andern Jagdgebiete gab und weil ihnen die Jagdlust nun einmal im Blut lag. Vielleicht hofften sie auch jedesmal wieder, es würde nicht ganz so schrecklich werden wie sonst.

Jäger im staatlichen Teil des Moores, wo das Jagen erlaubt war, aber keine Gänse lebten, scheuchten ganze Entenkolonnen aus dem Wasser, die über die sich biegenden Gräser auf die andere, die Bundesseite hasteten. Reiher, Rohrdommeln und Kraniche quakten vor Aufregung, als sie aufstiegen, um nach weniger überfüllten Plätzen Ausschau zu halten. Amseln schossen aus dem Röhricht und wirbelten wieder nieder. Wasserhühner flohen vom offenen Wasser ins Schilf. Waschbären eilten zu ihren hohlen Bäumen. Wild rannte vom weidenbestandenen Steilufer ins Farmland hinaus, um sich alsbald verängstigt wieder zwischen die Weiden zu flüchten.

Und immer neue Jäger kamen – aus Hotels, Motels und ihren Häusern in Oshkosh, Fond du Lac, Milwaukee und zwanzig, dreißig, vierzig andern Städten –, um möglichst als erste eine Wildgans zu erlegen. Es kam zu Verkehrsstauungen auf Feldwegen; Autos blokkierten die Höfe von Farmern; Tore blieben offen, und Vieh verlief sich; Drahtzäune wurden durchschnitten, und Schafe wanderten auf den Wegen umher.

Dann im Osten der erste Lichtstrahl und zugleich eine Explosion von Gewehrsalven. „Der Teufel soll sie holen!“ sagte ein Wildhüter. „Es ist doch noch zu früh!“ Bald aber öffnete sich am Osthimmel ein breiter rosafarbener Krater, und jetzt war im Reihermoor kein Lebewesen – ob bepelzt oder gefiedert – seines Lebens mehr sicher.

Wie es ihre Gewohnheit war, begannen die Gänse bei Tagesanbruch zu fliegen. Bleigeschosse bestrichen den Himmel über dem Moor, und wie von einem tödlichen Sprühmittel getroffene Fliegen fielen die Gänse in ganzen Geschwadern. Vögel mit gebrochenen Schwingen sackten herab. Manche mit Körperschüssen breiteten die Flügel aus und segelten nieder, um sich beim Aufprall auf dem harten Boden die Brust zu zerschmettern; manche fielen wie schlaffe Fetzen, andere taumelten kopfüber. Verängstigte Gänse folgten gefallenen Gefährten direkt ins Feuer. Eine Viertelstunde lang prasselten die Schüsse wie ein Waldbrand. Dann ließ die große Menge der Gänse sich wieder im Schutzgebiet nieder, und außer den vor Trauer schreienden Witwen und Witwern war die Herde ganz still.

Amseln und Enten blieben unten, und die für gewöhnlich durch nichts zu beirrenden Zaunkönige schien der Schreck in Stein verwandelt zu haben. Sogar die Männer waren stumm wie Teilnehmer an einem Leichenbegängnis. Sie brauchten zwanzig Minuten, ehe sie nach dem Angriff ihre Fassung zurückgewonnen hatten. Dann versuchten einige, die Gänse durch Gänserufe herauszulocken. Aber keine nahm die Einladung an. Die Rufe klangen beinah lächerlich menschlich.

Die verwundeten Gänse beschäftigten sich mit Flügeln, die nicht fliegen wollten, mit baumelnden Beinen, schmerzhaft brennenden Brüsten, Nacken oder Schenkeln. Manche krochen ins Schilf, streckten die Hälse und starben.

Lord und seine Töchter waren vom Bisamrattenbau heruntergestiegen und schwammen nervös hin und her. Der Ganter hatte die Seinen nicht in die Luft geführt. Er beschränkte sich aufs Beobachten und Lauschen, und wenn er die Gefahr auch nicht begriff, wußte er doch, woher das Feuer kam. Wie den meisten Kanadas war ihm jetzt klar, daß das Überfliegen einer bestimmten Linie zu einer Explosion führte. So ließen die Herden sich zum Vorhandenen nieder, fraßen Mais und Gras, tranken aus den Kanälen und schliefen.

Weil die Gänse es so gar nicht eilig hatten, herauszukommen und sich abschießen zu lassen, begannen die verärgerten Jäger sich mit lauten Zurufen über die Erbärmlichkeit der Jagd auszulassen. Von den höher gelegenen Plätzen her machten die ersten Autokolonnen sich auf den Heimweg.

Am Nachmittag erhob sich eine Brise, und mit ihr versuchte ein halbes Dutzend Herden die Feuerlinie zu überfliegen. Aber noch lagen Jäger auf der Lauer, und von den Gänsen wurden einige getötet, andere verwundet. Der Rest kehrte zurück.

Als die Sonne unterging, flammten Autoscheinwerfer auf. Hupen tönten heiser, und das Heer der Jäger begann abzurücken. An diesem Abend gab es Telefonanrufe beim Verwalter des Reservats, bei den staatlichen Naturschützern und beim Gouverneur: die Gänse würden zu gut gefüttert, so daß sie einfach nicht herauskämen, um sich erlegen zu lassen. Wie kam denn ein Mann dazu, gutes Geld für einen Jagdschein auszugeben, wenn die Jagd sabotiert wurde? Der eine oder andere rief sogar seinen Kongreßabgeordneten in Washington an.

Hunderttausende von Jägern eines Staates ergaben eine Menge Wählerstimmen, und mit dem von ihnen für Jagd- und Angelscheine bezahlten Geld finanzierte der Staat seinen Naturschutz. Der Drei-Dollar-Bundesstempel für die Entenjagd brachte jährlich Hunderttausende von Dollar ein. Das ging die Politiker an.

Am nächsten Tag aber rollten wieder die Laster aus den Lagerhäusern, den Gänsen wurde Mais gestreut, und außer ein paar unerfahrenen Jährlingen und ein paar älteren Gänsen, die nach ihren Gefährten suchten, bekamen die Jäger nichts vor die Flinte. Als der Abend kam, waren von den im Schutzgebiet versammelten Zehntausenden von Gänsen noch keine zwanzig geschossen worden. Einige Jäger schworen in ihrem Zorn, sie würden, wenn das Füttern nicht aufhörte, in das Schutzgebiet eindringen.

Der Druck auf den Verwalter wurde unerträglich. Unternehmer hatten enorme Summen in Farmen investiert, die Ansitze für die Gänsejagd vermieteten. Reiche Jäger mit Grundbesitz am Moor hatten wichtige Gäste zu einer aufregenden Jagd eingeladen. Tausende von Arbeitern verbrachten dort ihren zwei- oder dreiwöchigen Urlaub. Hunderte hatten sich Bier und Kegeln versagt, um Gewehre, Jagdkleidung und Stiefel kaufen zu können. Als der Zulauf zurückging, bekamen es die Inhaber der Restaurants zu spüren. Motelbesitzer stellten „Zimmer-frei"-Schilder heraus, und Tankstellenbesitzer stimmten in das allgemeine Klagegeschrei ein. So erreichte denn eines Tages den Verwalter des Schutzgebietes ein Anruf: „Aufhören mit dem Füttern der Gänse!"

Obwohl denn auch am nächsten Tag keine Lastwagen anrollten, gab es dennoch Futter im Überfluß. Als aber am zweiten, dritten und vierten Tag immer noch kein Futter kam, wurde die nunmehr hundertundzwanzigtausendköpfige Gänsearmada von Stunde zu Stunde hungriger.

Am sechsten Tag begannen sie auszufliegen. Indem sie möglichst rasch Höhe gewannen, kamen manche Vögel durch. Nachdem aber die erste Feuerlinie überwunden war, gerieten sie an die Jäger auf Privatjagden. Man beschoß sie von Hügeln, von Straßenrändern und aus Wiesen. Dennoch trieb die Futtersuche immer wieder welche aus dem Moor heraus.

Lord spürte quälenden Hunger; aber obwohl die vier Jungen laut jammerten, machte er keinen Versuch, die Feuerlinie zu überfliegen. Er führte die Familie zu Grasplätzen an versteckt gelegenen Buchten, zu Pfützen, Hügeln und Kämmen und suchte ihnen Eicheln, Schnekken und Würmer. Genug war es nicht, aber sie blieben bei Kräften.

In jener Nacht brachte ein Südwind für die Jahreszeit unverhältnismäßig warmes Wetter, so daß sich gegen Morgen über dem kalten Boden eine dichte Nebeldecke bildete. Da von den Jägern nicht die Spur mehr zu sehen war, verspürten die Vögel eine trügerische Sicherheit; sie begannen auszufliegen.

Lord beschloß einen Flug zu dem grünen Feld, das sie am Tage vor der Schießerei besucht hatten. In Sichtweite bekannter Landmarken hielt er sich dicht über dem Boden und geriet in einer Höhe von kaum dreißig Metern mit seiner Familie in die Feuerlinie. Um sich herum hörten sie die Kugeln zischen, ehe sie noch den Knall vernommen hatten. Eins der Jungen wurde am Bein getroffen, das herunterhing; ein anderes schrie auf, als ihm die Schrotkörner gegen das Brustbein prallten.

Lord drehte ab, und sie segelten ins Schutzgebiet zurück. Von den andern Gänsen aber, die durchzukommen hofften, gerieten Tausende in die Linie, wo die Jäger jetzt ein wahres Sperrfeuer unterhielten. Ganze Familien wurden ausgelöscht, als die Gänse zu Hunderten vom Himmel fielen; weil aber die Sicht so schlecht war, erfuhren die Jäger gar nicht, daß sie gefallen waren.

Lord beschloß, es von neuem zu versuchen. Diesmal aber gewann er sofort an Höhe, und als er das Moor hinter sich ließ, flog er so hoch, daß die Jäger unten gar nicht merkten, daß er seine Familie über ihre Köpfe hinweggeführt hatte. Höher und höher kurvte Lord aus dem Lärm der Gewehre und der verwundeten Gänse hinaus, bis der Nebel dünner zu werden begann. Endlich brachen sie in leuchtenden Sonnenschein durch, und der Nebel lag als schimmerndweiße Decke unter ihnen. Auch andere Herden waren dort hinaufgekommen.

Lord flog einen weiten Kreis, wobei er der beiden verwundeten Jungen wegen sein Tempo mäßigte. Nachdem die Sonne den Nebel aufgezehrt hatte, folgten sie einem Fluß nach Süden, bis Lord in der Nähe eines Dorfes ein grünes Feld sichtete. Er flog abwärts, und angesichts des üppigen Winterweizens begannen die Jungen begehrlich zu schnattern. Tiefer, immer tiefer ... bis sie knapp über den Baumwipfeln waren und seitlich in den Wind glitten, um in der Mitte des Feldes zu landen.

Im allerletzten Augenblick bemerkte Lord die Gefahr. Er stieß einen Warnruf aus und schlug wild mit den Flügeln, um schnell wieder sichere Höhe zu gewinnen. Die Jungen aber hatten die zertrampelte Erde rund um die getarnte Falltür nicht bemerkt. Als sie aufflog und Gewehre zum Vorschein kamen, befanden sie sich schon am Boden.

Die junge Gans mit dem verwundeten Bein hatte Mühe aufzusteigen und starb als erste. Dann bekam die Gans mit dem Schrot im Brustbein eine weitere Ladung voll in die Brust und segelte ins hohe Gras am Fluß. Eine dritte Gans wurde in den fleischigen Teil ihres Schenkels getroffen, brachte es aber dennoch fertig aufzusteigen. Während einer der Jäger dorthin eilte, wo die zweite Gans im Grase lag und mit den Flügeln schlug, brachte Lord die beiden ihm verbliebenen Töchter in die Höhe. Und während sie auf Nordkurs gingen, sah er, wie der Mann mit einem Knüppel auf die sterbende Gans einschlug, bis sie still dalag und nur ihre Flügel noch leise bebten.

Lord suchte den Fluß nach einem Platz ab, wo er nach Wasserpflanzen tauchen könnte, um seinen schrumpfenden Kropf zu füllen.

Zweimal ging er nieder, sichtete aber lediglich im Röhricht verborgene Jäger und klomm mit Warnschreien erneut auf tausend Meter Höhe. Er flog erst nordwärts, um Milwaukee zu umgehen, bog dann nach Osten ab und kam an den Michigansee. In der Tiefe konnte er die Brandung erkennen, die weißen Schaum auf den Sand fegte. Ein Erzfrachter zog gewichtig eine schwarze Rauchquaste hinter sich her, und ein Schlepper pflügte die blaue Flut. Lord sichtete Entengruppen, deren Vorhandensein Sicherheit verhieß. Müde vom langen Fasten, und weil die verwundete Tochter jammerte, ging er nieder, bis er und seine beiden Kinder schließlich auf den Wogen schaukelten.

Es war friedlich auf dem Wasser. Das rhythmische Auf und Ab der Wellen hatte etwas beinah Hypnotisches. Hier, so weit vom Land, drohte keine Gefahr; aber es gab auch kein Futter. Die Enten tauchten zehn Meter tief bis auf den Grund nach Weichtieren, und auf dem Weg nach oben bissen sie Wasserpflanzen ab. Die Gänse aber konnten nicht tauchen. Sie waren – trotz ihrer Schwimmfüße und ihres wasserdichten Gefieders – in erster Linie Landvögel.

Enten und Gänse mischen sich nur ungern untereinander; als Lord aber die Enten fressen sah, führte er seine Töchter in ihre Mitte und fischte nach treibendem Grün. Die Enten rissen manchmal ganze Pflanzen mit der Wurzel aus. Willkommene Nahrung für die drei Gänse im Gefolge der Enten, und sie fraßen, bis ihre Kröpfe voll waren. Dann begannen aus einem unerfindlichen Grund die Enten über das Wasser zu laufen, wobei sie mit ihren kurzen Flügeln einen Parademarsch trommelten.

Sekunden nachdem sie aufgestiegen waren, entschwand die Herde am Horizont.

Lord und seine Jungen ruhten aus, schliefen aber nicht. Die Sonne ging unter, und dann frischte der Wind auf, bis die Gänse wie im Galopp mit den Wellen dahinflogen. Als es völlig Nacht geworden war, ließ Lord sich mit seinen Jungen an Land tragen. Auf dem Strand verharrte er minutenlang lauschend, aber außer der Brandung war nichts zu hören. Das Junge mit dem Schrot im Schenkel sank nieder und pickte im Sand nach Kiesstückchen. Das andere Junge wanderte am Ufer entlang und hielt ebenfalls Ausschau nach Kieseln zum Zermahlen der Nahrung.

Eine Stunde lang stand Lord Wache. Als es schwarze Nacht war, und das Sternenlicht wie Feuerfünkchen glitzernd auf den Wogen tanzte, begann auch er Steinchen zu schlucken. Dann ließen die drei sich in Windrichtung nieder. Der Wind wehte kleine Sandbarrieren um sie herum, und sie schliefen behaglich und ohne Furcht.

Morgens konnte die verletzte Tochter nicht gehen. Wo sie versucht hatte, den Schmerz aus ihrem Schenkel wegzubeißen, war das Fleisch grünlich verfärbt. Seine einzige unversehrte Tochter im Gefolge, ging Lord ins Wasser und wartete. Mehrere Male mühte sich die verwundete Gans, auf ihr gesundes Bein zu kommen, sank aber jedesmal seitwärts. Ihre Anstrengungen, ins Wasser zu kommen, erregten die Aufmerksamkeit einer Frau in einem Strandhaus. Sie rief ihren Mann, der mit seinem Gewehr angerannt kam. Lord und seine flugfähige Tochter erhoben sich in die Luft. Die verwundete hinkte weiter, bis eine Ladung aus der Flinte sie in den Sand warf. Stolz zeigte der Mann die Gans seiner Frau, als habe er eine Trophäe geschossen.

In dreihundert Meter Höhe nahmen die beiden andern Kurs zurück aufs Reihermoor. Wenigstens etwas zum Leben würden sie dort finden, und wenn's nur hartes Gras war oder ein kleiner Fisch. In der Nähe des Moores ging Lord schnell nieder. Das war ein Fehler. Der erste Schuß holte die letzte ihm verbliebene Tochter vom Himmel. Statt aufzusteigen und damit aus dem Feuer herauszukommen, folgte der Ganter ihr nach unten. Er fühlte Schrotkörner gegen seine Brust prallen. Dann hatte er die Feuerlinie hinter sich und glitt zu Boden.

Er trank schon, ehe er seinen Gleitflug auf einem Graben abgebremst hatte. Dann erklomm er das Ufer und pickte an der Stelle, wo der Schrot eingedrungen war. Zwei Körner, die unmittelbar unter der Haut saßen, knabberte er heraus; vier andere aber, nicht größer als Apfelkerne, hatten sich zu tief eingegraben. Bis auf ein paar winzige Tröpfchen auf seiner grauen Brust blutete er nicht.

Die Nacht verbrachte er zwischen Schlaf und Futtersuche. In der Dämmerung weckte ihn knatterndes Schießen, das wie ein Feuer das ganze Moor umlief. In seiner Brust spürte er ein intensives Brennen. Er kroch auf einen alten Bisamrattenbau und ließ sich von der Sonne wärmen; im Laufe des Tages aber trübte sich sein Blick. Von Zeit zu Zeit schleppte er sich matt an den Rand des Baues und trank. Das Brennen breitete sich über seinen ganzen Körper aus.

Als es Nacht wurde, war Lord zu krank, um ans Wasser zu gehen. Er streckte seinen langen Hals, wie sterbende Gänse es tun, und morgens war er dem Tode näher als dem Leben. Er hob den Kopf, konnte ihn aber nicht aufrecht halten und streckte ihn deshalb so weit vor, daß er aus dem Gleichgewicht kam und ins Wasser plumpste.

Während er trank, hörte er wie aus weiter Ferne die Gewehre und das Schreien der Gänse. Lustlos paddelte er zum Ufer und knabberte Gras. Einmal kam, auf der Suche nach ihrem Gefährten, eine Gans auf ihn zugeschwommen, musterte ihn forschend und schwamm weiter.

Bei Sonnenuntergang kehrte er zum Bisamrattenbau zurück, konnte aber nicht hinaufkommen. Kraftlos schwamm er zu einer schmalen kleinen Bucht, und auf ein paar Rohrkolbenhalmen, die der Wind darüber geknickt hatte, ließ er seinen Kopf ruhen.

Urplötzlich verstummte die Schießerei. Die Jagdsaison war zu Ende, und Stille senkte sich über das Moor.

Nachdem er die Nacht fast ohne Bewußtsein auf dem Wasser verbracht hatte, war Lord am Morgen wieder so weit belebt, daß er sich auf den Bisamrattenbau hinaufziehen konnte. Die Gänse um ihn herum waren ungewöhnlich still. Nur die Witwen und Witwer flogen suchend von einem Ort zum andern. Als alle Herden inspiziert waren, flogen sie zu dem Platz zurück, wo sie den Gefährten zuletzt gesehen hatten, und begannen die Nachforschungen von vorn. Ein paar von ihnen mochten so bis zum Ende ihrer Tage weitersuchen: jedesmal, wenn ihr Zug an einem neuen Ort fremden Gruppen begegnete, würden sie wiederum die ganze Gesellschaft kontrollieren.

Lord war über jede Sorge hinaus. In seiner Fieberglut bewegte er sich nur, um zu trinken, und dann dahin zurück, wo er mit gestrecktem Hals liegen konnte. Drei Tage und drei Nächte vergingen. Er wurde so mager, daß sein Brustbein wie ein scharfer Grat die Federn nach rechts und links teilte. Am vierten Tag war er todesmatt, aber das starke Herz, das es der Kanadagans ermöglicht, tausend Meilen weit durch windbewegte Himmel zu fliegen, schlug weiter. Und half ihm, den Kampf ums Leben zu gewinnen.

Am fünften Morgen erwachte Lord mit klaren Augen, aber so geschwächt, daß er sich mit Füßen und Flügeln abstoßen mußte, um ins Wasser zu gelangen. Er knabberte ein bißchen Moos, schloß die Augen und ruhte aus. Als er die Lider wieder hob, bemerkte er im Röhricht einen lebhaftgrünen Fleck Entenflott. Den Kopf gesenkt, schöpfte er mit dem Schnabel die winzigen Pflänzchen. Er fraß auch zwei Schnecken und ein paar Fetzchen Grün, den Rest vom Mahl einer Bisamratte.

Vom Verwalter des Schutzgebietes war angeordnet worden, das

Füttern wieder aufzunehmen, und bis zur Dämmerung hatte Lord soviel Kraft gesammelt, daß er zu den Inseln schwimmen konnte, wo der Mais gestreut war. Aber er schlang nicht, weil sein Instinkt ihn mahnte, sich beim Fressen zurückzuhalten.

Die ganze Nacht hörte er über sich Gänserufe und Flügelschlagen. Morgens war das Wasser leicht überfroren, und der Rest der großen Gänseversammlung bestand aus vereinzelten Gruppen, die sich auf dem Fluß aufgereiht hatten, wo die Strömung das Wasser offenhielt. Lord füllte sich den Kropf mit Mais und ging dann langsam zum Fluß, wo im hellen Eis das Wasser schwarze Spalten bildete. Dort traf er eine kleine Gänseschar. In der Sonne war ihm warm, aber die Temperatur sank stetig. Abends brachen die letzten Gänse auf, und morgens fand Lord kein offenes Wasser mehr. Er schluckte den Reif, der das vertrocknete Gras weiß überzog, und rannte dann mit wildem Flügelschlagen vorwärts. Zum Fliegen aber reichte seine Kraft nicht, und schließlich taumelte er wie ein großes, zerbrochenes Spielzeug.

So ging er auf die Suche nach Wasser. Ab und zu rief er klagend nach seinen Jungen oder nach seiner Gans. Gegen Abend kam er an einen geschützten Platz, wo sich Bisamratten im Eis ein Luftloch geschaffen hatten. Dort trank er und schlief dann ein.

In der Nacht fielen große Schneeflocken, sanft wie Brustflaum. Der Wind trieb den Schnee zu Verwehungen zusammen, und Lord mußte öfter aufstehen und sich schütteln, um nicht eingeschneit zu werden. In der Morgendämmerung hörte der Schneefall auf, aber jetzt war das Moor trostlos. Nur seine vereisten Wasseradern glitzerten. Seine Inseln waren ungangbare Schneehügel, aus denen Baumskelette herausragten. Auf den Moorflächen rasselte trockenes Röhricht wie Totengebein. Im Licht und Schatten der windgewellten Schneeverwehungen regte sich nichts, was Pelz oder Federn trug. Und schlimmer als alles: der Mais war zugedeckt. Der Ganter machte sich auf den Marsch nach Süden, indem er sich an Gräben und Kanäle hielt, bis er an ein gepflügtes Feld kam, auf dem kein Schnee mehr lag.

Zwischen gefrorenen Furchen ging er dahin. Kleine Pfützen lieferten ihm Wasser, aber Eßbares gab es nicht. Wieder versuchte er wie rasend, in die Höhe zu kommen, aber wenn sich seine Füße auch vom Boden hoben, war er doch nicht kräftig genug, sich in der Luft zu halten. So ruhte er aus, und während er ruhte, hörte er fernes Gänsegeschnatter. Eine Sprache, die er noch nie gehört hatte; von seiner Art waren die nicht. Aber Gänse waren es, das wußte er, und wo Gänse waren, gab es auch Futter, und deshalb wagte er sich an den Erdlöchern vorbei, in denen Jäger gelauert hatten.

Wie auf einem Schlachtfeld nach dem Krieg sah es aus: überall rote Schrothülsen; im Stacheldraht ein Fäustling; Filterstücke weggeworfener Zigaretten; das Blitzen einer ausrangierten Thermosflasche. Das Gänseschnattern klang jetzt lauter, aber Lord blieb stehen. Das Geräusch kam von einer Gebäudegruppe, und Gebäude bedeuteten Gefahr.

Aber auch Lady hatte er nah bei Gebäuden gefunden, durchlief ihn ganz leise die Erinnerung. Er hatte sich noch etwas näher herangewagt, als das Zuschlagen einer Tür ihn zusammenfahren ließ. Er wollte in Richtung Moor umkehren, da vernahm er einen schnell rennenden Hund. Mit dem Schub von Beinen und Flügeln erhob sich Lord. Seine Flügel trugen ihn indes nur eine kurze Strecke, und schon war der schwarze Hund über ihm. Unter wahnsinnigem Gebelle hielt er Lord mit den Vorderpfoten am Boden.

Ein Junge kam gerannt. „Brav, Buck“, sagte er zu dem Hund; als der sich erhob, beugte der Junge sich herunter, und indem er den Ganter fest in beide Arme nahm und den langen Hals mit kräftigen Fingern sicher gepackt hielt, hob er ihn vom Boden auf. Der Hund sprang nebenher, während der Junge Lord zu einem niedrigen Schuppen trug, aus dem Gänseschnattern drang. Drinnen setzte er Lord behutsam zu Boden, ließ ihn mit einer schnellen Bewegung frei und trat zurück.

Wild mit den Flügeln schlagend, rannte Lord vorwärts und geradenwegs auf das einzige Fenster des Schuppens zu; aber das Drahtnetz davor warf ihn zurück. Nach einem Blick auf den Jungen rannte er abermals dem Licht entgegen und wurde abermals zurückgeworfen.

Der Junge ging schnell hinaus und machte die Tür hinter sich zu. Sobald er draußen war, ließ Lord sich ruhig nieder und betrachtete die mächtigen Gänse ringsum. Solche Gänse hatte er noch nie gesehen. Auf ihren Köpfen saßen kammartige Schöpfe, ihre Rümpfe berührten den Boden, und sie waren so breit und fett, daß sie unbeholfen watschelten. Jetzt versammelten sie sich zu einer Gruppe, und ihre hellen Augen musterten Lord von oben bis unten. Lord zog sich zu dem niedrigen Fenster zurück, aber wenn es auch das Sonnenlicht gefiltert durchließ, so war es doch zum Hinaussehen zu verdreckt. Er lief davor auf und ab und suchte mit gerecktem Hals nach einem Fluchtweg.

Am Abend schließlich, als eine trübe Birne dicht unter dem Schuppendach etwas Licht gab, kauerte er sich auf seine Schwimmfüße nieder. Von draußen drangen Farmgeräusche herein: Stiefelstampfen, Milcheimerklappern, rauhes Hundebellen und gedämpftere Menschenstimmen. Als die zahmen Gänse nach Futter schrien, ging plötzlich die Schuppentür auf, der Junge kam herein und machte die Tür hinter sich zu. Er goß Wasser in eine große, flache Schüssel und streute Mais. Die zahmen Gänse drängelten sich schwerfällig um das Futter, aber Lord blieb am Fenster. Nachdem die zahmen Vögel gefressen und getrunken hatten, ging er zum Futterplatz hinüber, aber der ganze Mais war vertilgt. Er nippte am Wasser, musterte mißtrauisch die fremden Schlafgenossen und schritt dann anmutig zu dem Platz am Fenster zurück, wo er sich niederließ.

So wurde die Stelle unter dem Fenster Lords Platz. Beim nächsten Füttern mischte er sich unter die zahmen Gänse, um Mais zu bekommen, aber sie vertrieben ihn, und er ging, weil er ihre Hackordnung nicht kannte. Als der Junge aber dann wieder Mais gebracht hatte, stieß Lord nach einer der Gänse, und wenn es auch nur ein leichter Stoß war, wirkte er doch im Vergleich zu dem schwächlichen Gedrängel der anderen wie ein Lanzenstoß. Die getroffene Gans taumelte, und die andern sahen zu, wie er rasch die Körner aufpickte, bis sein Kropf schwoll. Dann trank er und ging an seinen Platz zurück.

So vergingen die Tage, und Lord begriff, daß draußen harter Winter herrschte. Manchmal forderten die zahmen Gänse ihn heraus, aber nicht oft. Mit seinen Kräften gewann er auch die Fähigkeit zurück, jede von ihnen mit einem einzigen Schlag auszuschalten, und ein paar harte Körperstöße hatten auch jene eines Besseren belehrt, die sein Recht, hier zu fressen und zu ruhen, anzweifelten.

In seiner Gefangenschaft erinnerte er sich der im Süden verbrachten Winter, in denen es immer Grünfutter und frisches Wasser gab und einen ganzen weiten, wilden, windbewegten Himmel zum Fliegen. Aber wie das Verlangen nach Freiheit Teil seines Wesens war, so auch eine bei Vögeln seltene Weisheit – das Vermögen nämlich, sich allem anzupassen, was das Leben brachte. Und sie war es, die ihn dazu trieb, zu fressen und seine Flügelkräfte zu stärken. Ein Vogel oder sonst ein Tier von geringerer Intelligenz hätte sich vielleicht zu Tode gegrämt, wie es Arten geschieht, denen die Fähigkeit abgeht, den Menschen zu ertragen, und die sich in physischer Gefangenschaft keine innere Freiheit bewahren können.

Mag sein, daß ihm auch die Erinnerungen an frühere Tage Kraft gaben, daß er auf den grünen Wiesen seiner Träume lebte. Er muß sich erinnert haben: wie könnte ohne Erinnerungsvermögen eine Gans jedes Jahr zu genau dem Hügel zurückkehren, auf dem sie das Jahr zuvor genistet hat? Wie könnte sie in einem Himmel voller Zugstraßen rund um die Welt jedes Jahr den richtigen Weg zu genau der Insel wiederfinden, auf der Mais gestreut wird? Lord muß sich erinnert haben, denn warum sonst konnte er seine Gefährtin und seine vier Jungen nicht vergessen?

Wenn eine Gans sich merken kann, wo ein Fluß eine Biegung macht – kann sie dann blaues Wasser vergessen und die Art, wie es in silbrigen Bächen zärtlich ihre Federn überrieselt? Oder den frischen Wind, der ihr Gefieder durchströmt, wenn im Wunder des Vogelzugs die Herde trompetend durch den Himmel zieht? Vielleicht träumte Lord von jener Zeit, als er den Mut aufgebracht hatte, im tiefen Dunkel neben seiner Gefährtin zu landen, und jener Nacht, als auf Samtpfoten der Nerz gekommen war. Die Narbe von diesem Gefecht trug er immer noch als hellen Schnitt auf seiner Wange ...

Vielleicht hing es mit diesem Erinnerungsvermögen zusammen – eine Fähigkeit, ohne die es keine Hoffnung gibt –, daß er sogar den Jungen zu ertragen lernte, der den Mais brachte und den er zwar nicht aus den Augen ließ, vor dem er aber auch nicht mehr floh, indem er sich gegen das Fenster warf. Wer weiß ... wer weiß ...

Und dann eines Tages spürte Lord den Frühling. Zuerst im Herzen und dann am Wasser, das ihm über die Schwimmfüße sickerte, als die Schneeschmelze zwischen den Bodenplanken des Stalls kleine Rinnsale aufquellen ließ, die den Schmutz in Matsch verwandelten. Lord wurde immer unruhiger. Aus Fernen wie Südamerika kehrten jetzt Vögel zu ihren Nistplätzen zurück. Bald würden sich auch auf dem Reihermoor wieder die Gänse einfinden und, wenn sie gerastet und sich gesättigt hatten, nordwärts weiterfliegen. An manchen Tagen, bei gutem Wind, war dann der papiergraue Himmel wieder von Horizont zu Horizont gestrichelt. Und wenn die letzte Herde in weiter Ferne nur noch als feines Gekritzel sichtbar war – ob er dann zurückbleiben mußte?

Die zahmen Gänse paarten sich, er aber sah unbeteiligt zu. Dann eines Tages löste sich eine Gans ohne Ganter von der Herde und kam zu ihm herüber, um sich zur Verfügung zu stellen. Sie neigte sich und scharrte, gluckste tief in der Kehle und ließ sich dann vor ihm nieder.

Lord hob den Kopf und wich vorsichtig ein paar Schritte zur Seite, aber sie kam immer wieder und trennte sich sogar nachts von den Zahmen, um in seiner Nähe zu schlafen. Jetzt machten ihm weniger seine Träumereien zu schaffen als die Avancen der Gans, denen es auszuweichen galt.

Dann, eines Nachts, hörte er die Wildgänse. Das letzte Licht war gerade vom Fenster geschwunden, als von weither aus dem Moor das Trompeten einer niedergehenden Herde herüberscholl. Schreiend rannte Lord zur Tür, als wenn sie ihn hören und ihm helfen könnten. Dann schwieg die wilde Herde, und er ging an seinen Fensterplatz zurück, zog ein Bein an und schob den Kopf unter einen Flügel. Im Laufe der Nacht wachte er mehrmals auf und hob lauschend den Kopf. Aber er hörte nur den Wind im nackten Gezweig des Eschenahorns; einmal zirpte in der Dachrinne ein Spatz im Schlaf, und einmal schnatterte die große Gans, die ihn umwarb, und schwieg dann unvermittelt, als habe ihre eigene Stimme sie aus einem Traum geweckt.

Morgens aber wanderten neue Gänsezüge durch den Himmel. Und als einige unmittelbar über ihm dahinzogen, hörte er sie so deutlich, daß er vor Verlangen mitzufliegen ganz außer sich geriet.

Inzwischen verfolgte die fette Gans ihn weiter, aber für Lord kam eine zahme Gans als Gefährtin nicht in Frage. Als er eines Morgens angestrengt den Lauten einer fernen Herde lauschte und sie sich gegen ihn preßte, griff er sie mit solcher Wildheit an, daß die Federn flogen, und trieb sie quer durch den Verschlag gegen die Wand.

Als er seine Fassung wiedergewonnen hatte und sich abwandte, folgte ihm die ganze Herde mit zornigem Schnattern; sie drückten ihn zu Boden, hämmerten mit ihren Schnäbeln auf ihn ein, und er wäre unter ihren Schnäbeln, Flügeln und Füßen verendet, wäre nicht im selben Augenblick der Junge hereingekommen, der sie vertrieb.

Lord lag, ehe er den Kopf hob, einen Augenblick still. Auf seinem weißen Halsfleck war Blut, und seine Federn waren wirr; als er aber wieder auf den Beinen stand, schüttelte er sich wie ein Hund, und die Federn fielen genau an den richtigen Platz.

Der Junge hatte die Tür offengelassen, und die zahmen Gänse liefen schnell nach draußen. Lord wollte ihnen folgen, aber der Junge schloß schnell die Tür und kam auf ihn zu. Er hatte eine große Schere in der Hand. Lord spreizte die Flügel, um dem Jungen zu entrinnen, der aber drückte ihn in den Schmutz, schlang einen Arm um ihn und umklammerte Lords Hals.

Nachdem er ihn so bewegungsunfähig gemacht hatte, öffnete er die Tür und trat mit dem Ganter auf dem Arm nach draußen ins Helle. Ein Mann, den Lord ab und zu schon gesehen hatte, kam aus der Scheune. Der Junge sprach mit dem Mann und reichte ihm die große Schere. Dann faßte er mit seiner freien Hand Lords rechten Flügel und fächerte die Flugfedern aus. Der Mann trat neben Lord, um die Federn zu beschneiden und den Ganter so zum Haustier zu machen, aber das Geräusch der sich öffnenden Schere rüttelte Lord auf. Mit einem krampfhaften Stoß von Nacken, Schwingen und Beinen befreite er sich aus der Umklammerung des Jungen und rannte über den schmutzigen Hof.

Wie aus dem Nichts erschien der schwarze Hund und setzte ihm nach, diesmal aber war der Ganter bei Kräften. Ehe der Hund ihn herunterdrücken konnte, hatte Lord sich aufgeschwungen und stieg beinah senkrecht in die Luft.

Unten auf der Erde standen der Mann und der Junge und sahen ihm verwundert nach.

Lord schlug keine bestimmte Richtung ein, ehe er nicht über dreihundert Meter Höhe gewonnen und begriffen hatte, daß er wirklich frei war. Ein wilder Schrei entrang sich seiner Kehle, und er kreiste wieder und wieder mit dem Wind, bis er den Hof der Farm ein halbes dutzendmal umflogen hatte, während der Mann und der Junge ihm mit den Augen folgten.

Dann flog er davon, und als er nur noch als kleiner Fleck draußen über dem Moor zu sehen war, ging der Mann in die Scheune zurück und der Junge ins Haus. Die zahmen Gänse watschelten wichtigtuerisch umher, inspizierten Nistkästen und beugten sich mit sinnlosem Gebrabbel zueinander.

Sobald er sich über dem Moor befand, flog Lord zunächst dahin, wo zwei seiner Gänschen gestorben waren, strich dicht über das Feld hin, landete aber nicht. Dann wandte er sich ostwärts, durchflog den Dunst, der Milwaukee verbarg, und folgte in nördlicher Richtung der Küste bis dahin, wo das dritte Junge umgekommen war. Wieder ließ er sich tief nach unten sinken und landete doch nicht. Jetzt wandte er sich landeinwärts, flog dieselbe Route wie am verhängnisvollen Tag seiner Verwundung und kam zu der Stelle, wo das vierte Junge gestorben war. Von da aus flog er zum Zentrum des Schutzgebietes. Eine Menge Gänse waren da versammelt. Er landete und schwamm zum Bisamrattenbau, auf dem er beinah verendet wäre. Dann stand er hoch aufgerichtet und überschaute das weite Land: die ersten grünen Frühlingssprosse streiften das tote Winterbraun.

Am nächsten Tag kam der Winter zurück. Das Moor gefror, und sogar die Flüsse bekamen eine dünne Eisdecke. Wie eine Wolke wildschlagender Flügel erhoben sich die Gänse in solcher Aufregung, daß die Dorfbewohner und Farmer aus ihren Betten aufstanden, um dem Massenaufbruch zuzusehen. Lord schlug mit ihnen den Weg nach Süden ein, kehrte aber um, ging nieder und schlitterte über die glatte Eisfläche eines gefrorenen Grabens, bis er am Ufer zum Stehen kam. Wieder schien das weite Moor verlassen; den größten Teil des Tages wanderte Lord wie eine Gespenstergans von Graben zu Graben und murrte verdrossen vor sich hin. Als aber am Abend der rötlich aufgegangene Mond weiß strahlte, stieg er auf und flog nach Norden zum „Forellenhof zur Silbernen Sonne".

Ein dutzendmal kreiste er über den gefrorenen Teichen und trompetete. Im Hause drehte Mack das Licht aus und schob ein Rollo hoch, weil er hoffte, Lords Schatten gegen den Mond auszumachen, und Tom Rank auf dem Heimweg kurbelte ein Wagenfenster herunter und beugte sich hinaus. Keiner der beiden Männer zweifelte daran, daß es Lord war, wenn sie sich auch nicht erklären konnten, was ihn in einer bitterkalten Nacht hierher zurückführte. Schließlich machte Mack das Licht wieder an, und Tom startete seinen Wagen. Der Ganter, der die Scheinwerfer sah, ging auf Baumhöhe herunter und flog den Lichtern nach. Als dann der Wagen in Toms Anwesen einbog und die Scheinwerfer abgeschaltet wurden, flog der Ganter wieder südwärts zum Reihermoor.

Auf den Straßen und in den Häusern vernahmen sie seinen Schrei, und viele der Erdgebundenen beneideten den Ganter um seine Freiheit. Wie konnten sie wissen, daß etwas so Selbstverständliches wie die Nacht sogar den Falken zum Gefangenen macht oder daß selbst Lord in einem Gewebe aus Zwängen lebte, daß ein unergründlicher Drang ihn nötigte, den weglosen Nachthimmel zu durchfliegen und nach Dingen zu schreien, die lange vergessen sein müßten?

Indem er das Reihermoor hinter sich ließ, flog Lord auf einen weißen Lichterstrom zu – die Autobahn Madison–Milwaukee. Durch das offene Autofenster hörte ihn ein Lastwagenfahrer und lockerte den Griff, mit dem er den ganzen Winter das Steuerrad in Schach ge-

halten hatte; er wußte, daß der Gänseschrei balsamische Luft und leichteres Fahren verhieß. Von Stadt zu Stadt flog Lord. Junge Basketballspieler auf dem Heimweg versuchten an blendenden Straßenlaternen vorbei in den Himmel zu sehen. In einer Hütte am Fluß hörte ihn ein alter Mann, der einem alten Hund eine Hand auf den Kopf legte und an vergangene Prärietage dachte, als die Gänse noch nicht geschützt waren und die Jäger sie abschießen konnten wie Hühner. Nicht den Gänsen galt sein Bedauern, sondern den Jägern, denn er hielt die Jagd für einen durch besondere Regeln geadelten Sport. Er warf einen Blick auf die Flinte an der Wand, dachte an Sonnenaufgänge in Wiese und Moor und trauerte, weil es nur noch so wenige Orte gab, wo ein Mann eine solche Einsamkeit finden konnte.

In Sheboygan hatte eine Frau vergessen, die Wäsche hereinzunehmen, und den Korb mit den steifen Wäschestücken umgestoßen; da hörte sie den Ganter, dessen Ruf laue Winde versprach, und leise vor sich hin lachend, brachte sie das Leinzeug nach drinnen, um es wieder mitzuwaschen. Und als Lord ein Gefängnis überflog, starrten durch vergitterte Fenster Männer zum Himmel auf und hofften, einen Schimmer dieses frei fliegenden Wildvogels – eines Symbols der Hoffnung – zu erhaschen.

Dann kam Lord ins Moor zurück. Am nächsten Tag erschien dort eine Gänseherde, plusterte der Kälte wegen das Gefieder auf und ließ sich abwartend nieder. Bis Mittag hatte sich im Fluß ein Spalt geöffnet, und bis zum nächsten Abend waren die Eisflächen grau von neu eintreffenden Gänsescharen.

Lord aber blieb für sich, ein Einzelgänger, saß auf einem Bisamrattenbau oder umflog das Moor. Gelegentlich begleitete er auch eine aufbrechende Formation, und sie machten ihm an der Spitze Platz, er aber flog weit voraus – allein. Er war jetzt stark, stärker denn je. Er befand sich auf der Höhe eines Kanadagänselebens, wo er für eine Herde hätte einstehen und Entscheidungen treffen sollen, auf welchen Wiesen gelandet, wo nachts kampiert würde.

Einmal forderte ein Zug von fünfzig Kanadas ihn auf mitzukommen, und ein noch ungebundenes Weibchen glitt an seine Seite und bot sich ihm an, aber er übersah sie. Als sie nicht abließ, wandte er sich ihr zu und trieb sie zur Herde zurück. Immer waren die andern Gänse bestürzt, wenn Lord ein Weibchen abwies. Sie stießen dann scharfe kleine Zorneslaute aus, aber ihre Mißbilligung störte den

Ganter nicht. Wenn er ein verlangendes Weibchen abgewiesen hatte, flog Lord immer wieder zum Bisamrattenbau zurück, auf dem er beinah gestorben wäre, und hockte sich dort nieder.

Jeden Tag kamen mehr Gänse. Das Moorgras sproßte schneller nach, als die Gänse es abbeißen konnten. Bei solcher Fülle ringsum hätten sie bleiben können; aber das war das Geheimnis der Kanadas: mochten sie auch unterwegs die Almosen der Menschen annehmen, an dem Trieb, fern von deren spähenden Augen zu nisten, änderte das nichts.

Eines Tages knackte zweitausend Kilometer nördlich auf dem Saskatchewan die Eisdecke, ächzte und brach, wie in hundert andern Flüssen, endlich auf. In ganz Kanada vom Pazifik bis zum Atlantik geriet das Land in ungeheure Bewegung. Wie die Gänse auf dem Reihermoor davon erfuhren, ist ein Geheimnis. Jedenfalls erfuhren sie, daß es keine Gefahr mehr bedeutete, nordwärts zu fliegen, denn bis zu ihrer Ankunft würde es dort Gras im Überfluß geben. So stiegen die Herden auf, nahmen Nordkurs und verschwanden.

Mehrere Male schloß Lord sich einem dieser Züge an, aber immer wieder kehrte er zum Moor zurück. Bis die Eichenknospen aufgesprungen waren, befand er sich als einsame Gans inmitten Tausender von Enten, Schwärmen von Rotdrosseln, Bleßhühnern, Wasserhühnern, Rallen, Zaunkönigen – als der größte unter den Vögeln außer den Graureihern und, einmal, einem Adler.

Warum war er geblieben? Der doch von Natur ein Herdenvogel war. Kanadagänse lassen sich von gewissen Wünschen leiten – sie wählen zwischen diesem See oder jenem, dieser Wiese oder der nächsten, diesem Führer oder einem andern. Lord hatte also offenbar eine Wahl. Sie fiel nicht auf den Zug nach Norden, sondern auf das Bleiben hier im Moor, wo seine Jungen ihn verlassen hatten. Was auch seine eigentlichen Beweggründe sein mochten, er entwickelte sich zu einem griesgrämigen Ganter. Traf er auf eine nistende Ente, scheuchte er sie in die Luft, und wenn sie zu landen versuchte, um ihre Eier nicht kalt werden zu lassen, trieb er sie mit gerecktem Hals in die Flucht. Er jagte die Bisamratten von ihren Futterstellen und schwamm schnell hinter ihnen her, worauf sie tauchten, und dann saß Lord erhobenen Hauptes da und wartete, ob sie wieder an die Oberfläche kamen, damit er sie von neuem jagen konnte.

Das Wetter wurde schwül. Jeden Morgen ging die Sonne rotäugig auf und versank abends in einem Hitzenebel. Moskitos erhoben sich in Schwärmen zu wandernder Plage, Teiche erwärmten sich und wurden bronzefarben, das Wild hielt sich im Dickicht, wo es bis zum Bauch im Wasser stand. Lord spürte die Drohung wie ein Fieber in den Knochen. So kann es in Wisconsin Ende Mai oder Anfang Juni gehen. Urplötzlich ist glühheißer Sommer, die Erde ist auf solche Hitze nicht vorbereitet, und Naturkräfte geraten durcheinander. Falken blieben auf ihren hohen Bäumen, weil die Luft reglos stand. Die Eßlust ließ nach; ein Waschbär hatte an einem halben Dutzend Krebse genug, während er für gewöhnlich zwei Dutzend fraß. Frösche konnten ihr taktmäßiges Quaken in keinen Stimmenchor mischen. Am Abend sprenkelte die Sonne alle Wolken mit blutigem Rot, und nachts waren sogar die Grillen stumm.

Am nächsten Tag blieb der glühende Himmel bis zum Spätnachmittag wolkenlos. Dann schoben sich die ersten einen Sturm anzeigenden Wolkenfetzen über den Horizont, und bald türmte sich im Westen ein Wolkengebirge mit wogenden, von Sonnenstrahlen blendendweiß geränderten Gipfeln. Wetterstationen gaben von knisternden atmosphärischen Störungen begleitete Sturmwarnungen durch. Mütter brachten ihre Kinder ins Untergeschoß. Fischer sahen zu, daß sie an Land kamen. Die gestauten, Regen und Hagel mit sich führenden Winde flogen zu den Paukenschlägen des Donners rasch dahin. Polizei und Feuerwehr waren in Alarmbereitschaft. Wisconsin hielt den Atem an.

Vom ersten Augenblick an war der Tornado auf vollen Touren; statt des üblichen kleinen Trichters mit Peitschenschwanz, eine beinahe anderthalb Kilometer breite Windhose mit zwei weiteren im Gefolge, eine rechts, eine links, wie berittene Begleiter. Mit beinah achtzig Stundenkilometern raste er dahin und schleuderte Winde mit hundertfünfzig Stundenkilometern in alle Richtungen. Der Haupttrichter griff weit nach vorn aus, und der Wirbel verlor sich erst sechstausend Meter hoch in den Wolken.

Mit einem einzigen Schlag seines Schweifes legte er fünf Farmhäuser flach, hob vier Lastwagen hoch und ließ sie nebeneinander in einem Moor bei Beaver Dam nieder. Auch eine Kuh nahm er mit, die er auf einer fremden Weide absetzte, wo sie weitergraste, als sei nichts geschehen. Dann fuhr er mit einem wimmernden Geheul, das man über siebzig Kilometer weit hörte, auf die südliche Hälfte des Reihermoors hinunter, und weil er die Wasserlöcher samt Bewohnern aufsaugte, sah Lord eine mit Fröschen und Fischen, Wildenten, Singvögeln und einem Nerz, Stöcken, Steinen und einem Boot bevölkerte Wasserhose auf das vom Bund verwaltete Moorgebiet losstieben.

Als die Windsbraut ihn selber ergriff, sah Lord, wie sich das Boot kopfüber in den Sumpf bohrte. Um ihn herum regnete es Fische. Ehe er im Röhricht Schutz suchen konnte, hatte der Wirbel ihn gepackt und hob ihn höher, immer höher, ohne daß er sich wehren konnte. Das Moor unter ihm drehte sich vor seinen Augen. Blitze zuckten herab, und Seitenwinde schoben ihn näher und näher an die Mitte des Trichters heran. Wie ein Stein fiel er ins Auge des Tornados, aber dreißig Meter über dem Boden nahmen ihn die Winde wieder auf ihre Fittiche, und er begann zu segeln.

Immer höher erhob sich der Tornado, und Lord flog mit ihm über Oshkosh und Appleton hinweg, erst dreitausend, dann fünftausend Meter hoch. Jetzt gefror der Regen auf seinen Federn. Immer noch höher drehte und wirbelte es ihn, über fünftausend Meter hoch, wo die Temperatur zehn Grad unter Null betrug ... Sechstausend Meter, wo die Luft immer dünner wurde ... Und endlich hatte der Tornado sich in solche Höhen geschraubt, daß die Atmosphäre zu dünn war, ihn zu nähren; seine Wucht zersplitterte wie Glas, und die Winde stoben in alle Richtungen davon. Als der Ganter spürte, wie er fiel, versuchte er zu fliehen; weil er aber schon so lange zu wenig Sauerstoff bekommen hatte, verlor er die Besinnung und trudelte langsam erdwärts. Immerhin hatte er nicht zu atmen aufgehört, und so schickten bei dreieinhalbtausend Metern seine Lungen ihm wieder Sauerstoff ins Blut. Bei zweieinhalbtausend öffnete er die Augen, bei neunhundert versuchte er seine Schwingen und brachte es fertig, seinen Fall in einem Gleiten aufzufangen. Und endlich, dreihundert Meter hoch, flog er, wenn auch mit Schlagseite, weil sein rechter Flügel beschädigt war.

Mit den Winden an der Sturmfront flog er achtzig Kilometer in einer halben Stunde und sah dann dreihundert Meter vor sich eine Seenkette. Er neigte sich und begann erdwärts zu fliegen. Mit einer leichten Stockung nach jedem Flügelschlag tauchte er auf einen See hinunter und schwamm zu einer Bucht, um sich auszuruhen.

Der wilde Flug hatte ihn so um jede Orientierung gebracht, daß es dunkelte, ehe er wieder wußte, wo er war. Er entdeckte, daß er sich zwischen bleistiftglattem Schilf in einer von felsigen Ufern umgebenen Bucht mit kaltem, kristallklarem Wasser befand. Bei Sonnenaufgang begann er die Futtersuche, aber dies war ein Gletschersee ohne Wasserpflanzen, den freiwillig keine Gans je aufsuchen würde. Lord mußte sich mit ein paar Schnecken, ein paar Fliegenlarven und einem Wasserlilienblatt zufriedengeben.

Nach stundenlanger vergeblicher Futtersuche stieg er auf, wackelnd wie ein Flugzeug mit streikendem Motor. Unter ihm glitt die Obere Halbinsel im Michigansee südwärts und dann Sault Ste. Marie. Nach und nach lernte er das Versagen der Schwungfedern seines rechten Flügels dadurch auszugleichen, daß er mit dem linken Flügel entsprechend zurückhielt. Zwei volle Tage flog er nordwärts, ging gelegentlich zum Rasten und zur Nahrungssuche nach unten, für eine Gans aber war die Wildnis, die er jeweils vorfand, nur unfruchtbare Wüste. Er zog so lange weiter, bis er den vierundfünfzigsten Breitengrad überflogen hatte und unter ihm der Winisk der Hudson-Bai entgegenfloß. Als er hinunterschaute, wußte er, daß das Ziel erreicht war – das Land der Gänse.

DER launenhafte Winisk schlängelt sich durch das Land der Kri- und Odjibwa-Indianer, spärlich bewaldetes Land in jener fernen Nordwestecke von Ontario, wo Bäume nur an den Flußufern wachsen und der Tod auf menschliche Torheiten lauert. Aber für Gänse ist das Land ein Paradies. Unterhalb der Stromschnellen und rauschenden Wasserfälle des Winisk liegen zwischen den Seen weite, vom samtigen Grün jungen Grases bedeckte Sumpfebenen, und hier brüten die Kanadas.

Auf dem ganzen Weg zur salzigen Meeresbucht lagen Sammelplätze der Gänse; auf seinem Flug konnte Lord ihr ruhiges Schnattern hören und die Ganter neben brütenden Weibchen Wache stehen sehen. Lord landete an der Mündung eines Nebenflusses in den Winisk und ließ sich von der raschen Strömung einen guten Kilometer weit bis dahin tragen, wo der Strom zwischen weiten Ufern seine Wucht verliert. Hier schwamm er an Land und begann zu grasen. Unmittelbar ehe jene blasse Dämmerung einsetzte, die im hohen Norden die Sommernacht darstellt, flog er, um Kies zu finden, zu einer Sandbank. Dann rastete er am Rande des Wassers.

Dort erblickte ihn am nächsten Morgen ein Indianer. Er lenkte sein Kanu an eine Stelle, wo sich von einem Weidenast herab ins Wasser eine vibrierende Leine spannte, er zog daran und schleuderte einen dreißig Pfund schweren Stör an Land. Den band der Indianer an eine zweite Leine und das andere Ende der Leine an eine Roterle mit

Kätzchen, dann warf er den Fisch ins Wasser, um ihn lebendig zu halten, bis das Flugzeug seine wöchentliche Sammelrunde machte. Danach ließ der Indianer sein Kanu gegen den Strom schießen, um eine Flußbiegung zu umrunden.

Jetzt konnte Lord mit den beschädigten Federn schon so gut fertigwerden, daß die Schlagseite kaum mehr erkennbar war. Er unternahm einen Erkundungsflug und entdeckte auf dem hoch gelegenen Teil einer Halbinsel ein Indianerlager.

Bei seinem Flug am nächsten Morgen kreiste er stromabwärts über zwei weißen Männern neben einem Zelt. Beide schauten auf, und beide bemerkten sofort den nicht ganz gleichmäßigen Flug, obwohl unter hundert Männern nicht einem an dem Ganter irgend etwas aufgefallen wäre.

Lord flog zu dem Platz zurück, wo er die Nacht verbracht hatte, schwamm zur Sandbank hinüber und begann gemächlich, das Ufer zu untersuchen. Er drehte Steine um, bohrte den Schnabel in den Schlamm und jagte einen Schwarm kleiner Bachforellen, die in einem dünn rieselnden Bächlein angetanzt kamen, den Fluß hinunter. Er verharrte Auge in Auge mit einem Fuchs, bis der kleine Kerl wimmernd die Flucht ergriff. Lord aß saftiges Gras, schwamm hinaus und tauchte, um sein Gefieder zu baden, und versuchte die gebrochenen Federn zu putzen, damit sie glatt lagen.

Eine Woche verging, und bei seinen Flügen fiel Lord auf, daß die beiden Weißen allmählich gegen die Flußebene vorrückten, wo er sein Hauptquartier aufgeschlagen hatte. Eines Tages dann sah er ihr Kanu den Fluß überqueren, woraufhin er das flache Grasland verließ und, um ihnen aus dem Wege zu gehen, stromab zu einer andern Ebene mit kurzem Gras weiterflog.

Gegen Abend kehrte er zurück. Die Männer hatten ein Lager errichtet, und der Rauchfaden ihres Lagerfeuers spann zwischen den Bäumen einen bläulichen Nebel. Überrascht bemerkte Lord auf der Grasfläche eine Handvoll gelbglänzender Maiskörner. Lebhaft erinnerte er sich der Maisschmäuse im Reihermoor, und er wußte, daß der Mais eine Kraftquelle war, wie keine noch so große Grasmenge sie bot. Aber er war mißtrauisch und flog stromaufwärts zum äußersten Ende der Ebene, ehe er niederging. „Der ist weise“, bemerkte einer der Männer zum andern.

Als am nächsten Morgen die Sonne schon hoch stand und Lord wieder stromab flog, sah er den Mais immer noch dort liegen. Er ging tiefer und hielt Ausschau nach einer Falle. Indem er wieder ein wenig stieg, überflog er das Zelt, aber die Männer waren nicht da, und nicht einmal ihr Kanu konnte er erblicken. In ziemlichem Abstand vom Ufer flog er stromauf, und seine Augen spähten nach Verstecken, wie sie seinen Erfahrungen nach die Jäger benutzten. Aber er fand nichts.

In breiten Pendelschwüngen ging er so tief, daß seine Flügelspitzen beinah den Schlamm streiften. Dann wieder stieg er senkrecht hoch, um festzustellen, ob sein Flug irgendein verborgenes Ding in Bewegung gebracht hätte. Nichts geschah. In sechzig Meter Höhe legte er die Flügel an und stieß im Sturzflug auf den Köder hinunter. Auf dem Boden verharrte er eine volle Minute mit erhobenem Kopf wie eine Gans aus Stein.

Schließlich legte er den Kopf schief und beäugte den Mais. So leise, daß die Nackenfedern sich kaum regten, entrang sich seiner Kehle ein zitternder Laut. Er senkte den Kopf und pickte feinschmeckerisch ein Maiskorn auf. Dann probierte er das Korn auf der Zunge, wie um zu erfahren, ob sich nicht im Korn selbst eine Gefahr verbarg. Endlich beruhigt, schluckte er es, und mit dem Körnchen Befriedigung, das der Mais seinem Kropf schenkte, begann er zu fressen. Er machte einen Schritt auf den Mais zu, wobei die Schwimmhaut seines rechten Fußes auf einen leicht bedeckten Abzug geriet, der im Schlamm verborgene Geräte zur Explosion brachte. Der Doppelknall warf ihn auf seine Schwanzfedern zurück. Vor seinen Augen erhob sich ein Netz, aber ehe er noch zu einer Bewegung fähig war, schoß es im Bogen hoch und hatte ihn gefangen. Trotz aller Vorsicht war er in eine Falle gegangen, von Männern aufgestellt, die nach jahrelangem Studium die Kanadagans besser kannten als die Kanadagans sich selbst.

Er war so vom Donner gerührt, daß er weder gegen das Netz kämpfte noch das Kanu aus seinem Versteck aus Purpurweiden und Krüppelpappeln hervorschießen sah. Erst als die beiden Männer über ihm standen, begann er sich zu wehren. Aber sogleich hielten starke Arme und Hände ihn behutsam nieder. Die Männer waren Biologen und besonders erfahren als Tierfänger: von Elch und Bär bis hinunter zu Vögeln, kleiner als ein Männerdaumen.

Während der eine Mann Lord festhielt, legte ihm der andere einen gelben Plastikring um den ausgestreckten Hals. Sie untersuchten seine gebrochenen Federn, nahmen mit einer kleinen Spritze eine Blutprobe, setzten ihn in eine Tasche, die sie zum Wiegen an einen Waagebalken hängten. Sie holten ein paar Läuse aus seinen Brustfedern, befühlten die Nerznarbe auf seiner Wange und zogen aus Schwanz und Schwinge je eine Feder. Während der eine Mann in ein Notizbuch schrieb, trug der andere den Ganter ans Wasser und setzte ihn sanft nieder.

Lord war frei, aber er konnte es nicht fassen. Während die Männer zurücktraten, beobachtete er sie. Dann explodierte er und propellerte sich mit seinen Schwingen übers Wasser. Aber er stieg nicht auf. Er legte sich flach aufs Wasser, wie um sich zu verbergen, und ließ sich vom Strom mitnehmen, bis die beiden Männer am Ufer in der Entfernung undeutlich wurden. Drei Kilometer stromab klomm er auf einen herausragenden Felsen. Als er über dem Fluß stand und nach unten schaute, erblickte er sein Spiegelbild – eine große graue Gans mit einem lächerlichen gelben Halsring. Auf und nieder bewegte er den Kopf, so daß der Plastikring Risse bekam. Als er aber seinen Hals wie eine zufriedene Gans zu ringeln versuchte, ging es nicht. Er stellte sich auf ein Bein und versuchte mit den Krallen des andern Fußes den Ring abzureißen. Unter mürrischem Raunzen rang er fast zwei Stunden lang mit dem Ding, bis er als Bild der Niedergeschlagenheit endete.

Es dauerte zwei Tage, bis Lord sich so weit mit dem Halsband ausgesöhnt hatte, daß er wieder flog. Beim Fliegen war es weniger lästig, weil Lord den langen Hals dann gestreckt hielt, und als er zu einer Wiese mit verstreuten Gruppen anderer Kanadas kam, bemerkte er, daß auch von ihnen einige solche Halsbänder trugen. Falls ihnen die Markierung, mit deren Hilfe die Menschen ihre Flugwege über den Kontinent kontrollierten, zu schaffen machte, so ließen sie es sich jedenfalls nicht anmerken. Auch fielen Lord in einem Wasserloch schwimmende Entenküken auf, die statt goldbraun lebhaft rosa waren. Die Biologen hatten in jedes Ei eines Entengeleges Farbe injiziert.

Wenn das Unglück, wie es heißt, Gefährten sucht, so bildete Lord eine Ausnahme. Er konnte in der Tatsache, daß auch andere Kanadas markiert waren, keinen Trost finden. Statt dessen sah er sich nach einem Schmollwinkel um, wo er sich ohne Zeugen grämen konnte. An einem Nebenfluß des Winisk fand er einen weiten, von niedrigen Felsen umgebenen Platz. Futter gab es dort, wenn auch nicht gerade im Überfluß, und vor allem keine anderen Gänse. Die zutage liegenden Felsen bildeten einen natürlichen Schutz für die Lager von Wölfen, Füchsen und Vielfraßen. Den ziellos in der Flußmitte umherschwim-

menden Lord beobachtete von der Höhe einer Klippe herunter ein Wolfspaar, dessen fünf Junge am Eingang einer dreißig Meter entfernten Höhle spielten. Der Wolf war schwarz, die Wölfin hatte zwar einen dunklen Rücken, wurde aber zur Unterseite hin immer heller, beinah weiß. Die beiden hatten gerade den Rest eines Elchkalbes verzehrt, weshalb ihr Interesse an Lord lediglich der Neugier entsprang, obwohl beide schon verwundete oder in der Mauser flugunfähige Gänse gefressen hatten.

Lord trank, und das Wasser hatte den frischen Geschmack eines Baches nah der Quelle, wo er noch nicht so weit geflossen ist, daß er das Aroma von Wurzeln oder Steinen angenommen hat. Dann verließ er das Wasser, um die Wiese zu inspizieren.

Von hier aus unternahmen die Wölfe ihre Tundrastreifzüge. Lord konnte ihre Spur deutlich erkennen; was ihm aber nicht auffiel, war eine scharfe Abweichung an einer Stelle; hier führte die Spur um eine alte verrostete Falle herum, die irgendein Indianer längst vergessen hatte.

Zufrieden mit der Feststellung, daß genügend Gras vorhanden war, ging Lord ins Wasser zurück und ließ sich treiben. Seit ihn vor zwei Tagen die Biologen durch das Anlegen des Halsbandes entwürdigt hatten, war er kaum zum Schlafen gekommen. Jedesmal, wenn er den Hals zurückbog, um den Kopf unter dem Flügel zu bergen, knisterte und knitterte das Zeug. Immerhin hatte der Ring sich seinem Halse allmählich angepaßt. Und jetzt war er, von der Sonne erwärmt, weicher geworden, und Lord steckte den Kopf unter den Flügel und schlief. Als er aufwachte, zauderte die Sonne am Horizont. Daß es nicht richtig Nacht wurde, störte ihn nicht, weil Gänse – wie Katzen – jederzeit ein Nickerchen machen können.

Lord stieg auf und begann zu kreisen. Er sah einen Elch, ein Schneehühnerpaar und einen Schellenterich, der im Wasser neben einem hohlen Baum mit einem Loch ruhte, in dem seine Ente offenbar auf ihren Eiern brütete. Fast augenblicklich entdeckte er auch die Wolfsfamilie. Der eben von einem Jagdausflug zurückgekehrte Wolf würgte einen halbverdauten Hasen heraus, und die Jungen drängten sich wild übereinander, um ihren Anteil zu erwischen. Lord war nicht beunruhigt. Um die Wolfszähne von seiner Kehle fernzuhalten, würde die übliche Vorsicht ausreichen.

Er ging nieder und an Land. Während er graste, lagen die Wolfseltern Seite an Seite und schauten mit gespitzten Ohren von ihrem

Felsvorsprung herunter. Der anmutig umherschreitende Lord machte ihnen Spaß, aber sie hatten keinerlei Absichten auf ihn. Genaugenommen war er ihnen als Wachhund willkommen. Er konnte sehr weit sehen und erforschte auf täglichen Patrouillenflügen das Land, um sich zu vergewissern, daß sich, während er schlief, nichts Fremdes eingeschlichen hatte.

So verbrachte Lord seine Tage in einer Art Schlaftrunkenheit mit Essen, Trinken, Schwimmen, Baden, Putzen ..., und nur selten noch bemühte er sich, den Halsring zu entfernen.

Die Wolfsjungen wurden von Tag zu Tag größer und unternahmen schon Erkundungsgänge zum Wasser und zu Lords Wiese hinunter. So unglaublich es klingen mag, Lord begann eine Art Besitzergefühl für sie zu entwickeln. Vielleicht, weil er von Natur ein Familienvogel war: man weiß von zahmen Gänsen, die junge Kätzchen bewacht und dafür gekämpft haben, daß der Rest der Herde sie nicht umbrachte. Jedenfalls stieß Lord, wenn die Wolfsjungen sich zu weit in die Wiese hinauswagten, einen scharfen Laut aus, worauf die Kleinen auf ihre Hinterteile zurückfielen und mit lebhaftem Interesse über die Wiese hinweg zu der Gans hinüberschauten.

Inzwischen wuchs das Wiesengras weiter und wurde entsprechend härter. So begann Lord der Wolfsspur zu folgen, weil sich an ihren Rändern immer zarte junge Sprossen fanden. Viele Male machte er den kleinen Umweg um die Falle, die jetzt gänzlich unter Gras verborgen lag. Als er aber eines Tages wieder dem Pfad folgte, hörte er über sich ein Flugzeug dröhnen: das Fischflugzeug, das bei den Indianersiedlungen den Fluß entlang Stör aufsammelte und dabei voraussichtliche Lagerplätze von Wolfsrudeln ausmachte, wo die Trapper der Regierung vergiftete Köder auslegen konnten, ehe das Rentier kam. Die Maschine ging so tief herunter, daß der Propellersog das Gras flachlegte. Und so laut dröhnte der Motor, daß Lord vor Furcht die Federn anlegte. Überzeugt, daß der große Vogel auf ihn niederstoßen wolle, rannte er die Wolfsspur entlang, um aufzusteigen; und wo der Pfad um die Falle herumbog, rannte er geradeaus weiter. Schnapp – schlossen sich die rostigen Kiefer über zwei seiner Zehen, und er war gefangen.

Seine Stoßkraft riß ihn samt der Falle und dem verrotteten Holzknebel, an dem sie mit Draht befestigt war, von der Erde hoch, aber das große Gewicht ließ ihn zurückplumpsen, während der Pilot, der Lords peinliche Lage nicht bemerkt und erfreut festgestellt hatte, daß zwischen den Felsen nur Wolfsjunge waren, die Maschine hob und auf den Winisk zuhielt.

Zitternd hockte Lord im Gras, bis ihn Panik überfiel. Mit peitschenden Flügeln zerrte er Falle samt Knebel über die Wiese und gefährlich nah an das Wolfslager heran. Die Jungen hockten in einer Reihe am Rand des ebenen Platzes und schauten zu. Ohne sie auch nur wahrzunehmen, kämpfte Lord mit allen Kräften gegen die Falle und keuchte mit offenem Schnabel.

Als er erlahmte, kamen die Jungen näher. Jetzt erst bemerkte Lord sie, und wenn er einstmals väterlich für sie empfunden hatte, war davon nichts geblieben. Sie waren Feinde. Er zischte sie an, denn er wußte, wenn die alten Wölfe zurückkamen, dann war es aus mit ihm.

Das größte und keckste der Jungen bekam eine Flügelspitze zwischen die Zähne und begann zu ziehen. Mutig geworden, zwickte ein anderes spielerisch an Lords Schwanz, während ein drittes um ihn herumlief und auf der andern Seite ein Maulvoll Federn zu packen suchte.

Lord schlug mit den Flügeln aus, und die Jungen taumelten rückwärts. Aber mit kleinen Knurr- und Fauchlauten kamen sie wieder näher. Lord empfing sie mit einem Flügelstoß, aber das hielten sie jetzt für ein Spiel, und wenn er einen Augenblick stillblieb, griffen sie an.

Damit seinen Schwungfedern nichts passierte, legte Lord die Flügel an. Das größte Wolfsjunge sprang nach seinem Hals und hätte ihm die nadelspitzen Zähnchen in die Halsschlagader geschlagen – wäre der Plastikring nicht gewesen. So schloß das Junge die Kiefer um den Ring und schüttelte wild den Kopf. Ein anderes kam dazu, schnappte ebenfalls ein Maulvoll Plastik, und wie beim Tauziehen wurde der Ganter hin und her geworfen. Dabei dehnte sich die von der Sonne und Lords überhitzter Körpertemperatur erwärmte Plastikbereifung, so daß Lord den Kopf aus der Schlinge ziehen konnte. Knurrend versuchten die kleinen Wölfe einander das Ding zu entreißen.

Als Lord den Kopf hob, sah er die beiden erwachsenen Wölfe in der Nähe des Lagers stehen. Jetzt kamen sie heran, Lord machte eine gewaltige Anstrengung und kam hoch. Der verrottete Knebel brach ab, und Lord brachte es fertig, sich samt der an seinem Fuß baumelnden Kette und dem Draht ungefähr einen Meter hoch zu erheben. Die schwingende Kette lockte ein Junges, danach zu springen, und einen Augenblick lang hing es wie ein pelziges Pendel in der Luft. Sein Gewicht lockerte die Bügel der Falle und zog sie vom Fuß des Ganters herunter, das Tierchen stürzte zu Boden und die Falle obenauf, während Lord sich mit wilden Flügelschlägen aufschwang und dem offenen Wasser zustrebte.

Obwohl sein Fuß nicht ernstlich verletzt war, befand er sich doch in einer Art Schock. Nur seine Federspitzen bebten, als die erwachsenen Wölfe ans Ufer kamen und ihn beobachteten. Und auch als der Wolf auf ihn zuzuschwimmen begann, paddelte er nur schwach und beinah unbewußt. Aber der Schellenterich rettete ihm das Leben. Weil er glaubte, der Wolf habe es auf sein Weibchen abgesehen, wandte er blitzschnell den Kopf, sah, daß sie nicht aus ihrer Baumhöhle hervorgekommen war, startete dann platschend mit kehligem Warngequake über die Wasserfläche und stieg auf.

Und dieser Warnruf drang zu Lord durch. Wie verrückt begann er mit den Flügeln das Wasser zu peitschen und sauste stromab, während der Wolf beidrehte und ans Ufer zurückschwamm.

Lord erholte sich schnell. Seine Flügel waren nicht ernstlich beschädigt, und als die Mattigkeit nachließ, trank er und stieg auf. Sein über die Felsen gleitender Schatten veranlaßte die Wölfe aufzusehen, und die erwachsenen, denen die Zunge rot aus dem Fang hing, schienen ihm nachzugrinsen. Doch Lord war dem Tode näher gewesen als je in seinem Leben und wußte, daß er nie hierher zurückkehren würde.

Dem Winisk folgend, flog er bis zu den bei Ebbe auftauchenden Sandbänken der Hudson-Bai. Während er hier rastete, lauschte er dem Geschnatter der einjährigen Blauflügel- und Schneegänse, die unablässig die Grasplätze austauschten. Nur noch wenige Wochen würden vergehen, bis sich hier Zehntausende von Gänsen aus der östlichen Arktis und Subarktis versammeln und auf den Nordwind warten würden, der sie südwärts trüge. Hier machten sie Zwischenstation; die Nichtbrüter waren schon angelangt und ebbten und fluteten in endlosen Prozessionen mit den Gezeiten.

Für einen erwachsenen Ganter war der Ort zu turbulent, und die alte Unruhe überkam ihn, bis er eines Abends, nachdem die Sonne zu ihrem kurzen Schlummer unter den Horizont gesunken war, mit einem frischen Nordwind aufstieg und nach Süden aufbrach. Nach einem nur durch Futtern und Ausruhen unterbrochenen Flug von sechs Tagen gelangte er wieder in die Vereinigten Staaten, überflog die Obere Halbinsel im Michigansee und war zurück in Wisconsin.

Dort flog er geradewegs zur Silbersonnenranch und ließ sich auf dem entlegensten Teich nieder. Kaum hatte er sein Gefieder geputzt, als Tom Rank und John Mackenna mit einem Maiseimer ans Ufer kamen. Sie hielten sich ein wenig abseits, so daß der Ganter seinen Hunger stillen konnte.

„Struppig sieht er aus", sagte Rank. „Was ihm wohl passiert ist?"

„Ein Sturm vielleicht. Nicht ausgeschlossen, daß er in den Tornado geraten ist."

Drei Tage lang rastete Lord auf der Farm, sättigte sich und flog dann in südlicher Richtung weiter. Auf dem Reihermoor besuchte er die einzelnen Plätze, wo seine Töchter gestorben waren, und danach ließ er sich auf dem Bisamrattenbau nieder, auf dem er selbst fast sein Ende gefunden hätte.

An einem strahlenden Morgen fand Lord eine neue Gans. Er war kurz nach Sonnenaufgang zu einem Rundflug um das Moor aufgestiegen und folgte dann, statt umzukehren, dem Fluß in südlicher Richtung. Als er in geringer Höhe einen See überflog, hörte er den Ruf einer Kanadagans. Er mühte sich, Höhe zu gewinnen, um einen besseren Überblick zu bekommen, und machte eine allein schwimmende Gans aus. Nachdem er mehrmals über ihr gekreist hatte, ging er aufs Wasser nieder und glitt auf sie zu. Kurz ehe er sie erreichte, hielt er inne und musterte sie.

Als die Gans sich von einem Artgenossen entdeckt sah, gab sie leise Freudenlaute von sich. Seit die große Masse der Gänse die Reise gen Norden fortgesetzt hatte, war sie allein, ein Jagdopfer, das mehrere Schrotkörner abbekommen hatte, so daß jetzt einer ihrer Flügel verkrümmt war. Geheilt war die Wunde, aber es bestand keine Aussicht, daß sie je wieder fliegen konnte.

Lord machte keine Annäherungsversuche, flog aber auch nicht fort. Sie schwammen miteinander, bis es dämmerte, dann erhob sich Lord und forderte das Weibchen auf, ihm zu folgen. Sie rannte startend über das Wasser, konnte sich aber nicht erheben. Als sie nicht mitkam, machte Lord sich allein auf den Rückflug zum Reihermoor.

Eine Woche lang verbrachte er seine Nächte auf dem alten Bisamrattenbau, seine Tage aber schwimmend und Futter suchend mit der Gans auf dem See.

Am Morgen des achten Tages lag der See glatt wie unter einer Cellophanhaut, und Lord führte die Gans zu einem Platz mit Wasserpflanzen, den er aus der Luft gesichtet hatte. Ihre Kröpfe waren schon beinah voll, als Lord das unheilverkündende Grollen eines nahenden Motors vernahm. Von der Flußmündung her kam ein Boot und hielt genau auf die beiden zu, wobei es rechts und links Kielwasserstrudel hinterließ. Lord stieß einen Warnruf aus und schwamm schnell auf das Ufer zu. Die Gans eilte ihm nach, als er über das Wasser lief, um sich in die Luft zu erheben. Die Gans bemühte sich ebenfalls, konnte aber nicht aufsteigen. Als das Boot sie beinah überrannt hätte, warf sie sich behende nach links, und es rauschte vorbei. Rasch schwamm sie jetzt auf die moorige Küste zu, aber das Boot zog nur einen weiten Bogen und kam zurück. Der über dem Boot kreisende Lord rief laut nach ihr; ein sonderbares Verhalten für einen Wildganter, wenn er sich nicht mit der Gans gepaart hat.

Hoch aufgerichtet und mit schlagenden Flügeln rannte die verkrüppelte Gans über das Wasser, und wieder konnte sie sich erst im letzten Augenblick mit einem starken Stoß ihres unverletzten Flügels seitwärts werfen, um dem Boot auszuweichen. Wütend bog Lord den Kopf nach unten und zischte.

Aber die beiden Männer im Boot winkten ihm nur zu, als sei das Ganze ein lustiges Spielchen.

Bis das Boot wieder die Kurve genommen und zu einem neuen Lauf angesetzt hatte, war die Gans am morastigen Ufer angelangt und verschwand rasch im Röhricht. Aus der Luft konnte Lord sehen, wie sie einem Bisamrattenpfad tiefer und tiefer in den Sumpf folgte.

Zweimal noch kreiste das Boot, ehe es die Jagd aufgab und zur Flußmündung zurückkehrte. Als das Heulen des Motors schwächer wurde, ließ Lord sich neben der Gans nieder; und während sie vor Erschöpfung schlief, blieb er wach und auf der Hut. Den ganzen Tag hielt er scharf Ausschau und fraß nur, wenn sie gesättigt war und ihrerseits Wache halten konnte.

Auf diese Weise übernahm er wenigstens ein Minimum der in der Gesellschaft der Kanadagänse üblichen Verantwortlichkeiten. Weder suchte er zarte Gräser für sie, noch berührte er sie mit dem Schnabel, noch versuchte er sie vor sich herzutreiben. Er stand nur Wache. Aber in dieser Nacht blieb er und in der nächsten auch, und am dritten Tage entdeckte er, daß die Mauser ihn flugunfähig gemacht hatte. Da er nun auf Wochen praktisch zur Gefangenschaft verurteilt war, fettete er stundenlang mit dem Öl aus seiner Bürzeldrüse die Federn ein, weil er sich ja zum Trocknen nicht erheben konnte. Einen halb unter Wasser gesunkenen Baumstamm machten die beiden zu ihrem Hauptquartier, und wenn sie nicht schwammen und Nahrung suchten, standen sie hier, mit den Schwimmfüßen im Wasser.

Der Sommer verging, und eines Septembertages sahen sie den ersten Flug zurückkehrender Gänse, wobei Lord der Mais auf dem Reihermoor einfiel. Mit dem sicheren Schlag machtvoller neuer Federn stieg er auf, als aber die Gans nicht folgen konnte, kehrte er zurück. Mit ihr im Kielwasser, schwamm er über den See und in die Flußmündung hinein.

Sie schwammen den ganzen Tag und den größten Teil der Nacht gegen den Strom und rasteten dann in den Mooren. Wenn sie gesättigt waren, schwammen sie in den Strom zurück und gelangten schließlich in eine kleine Bucht unterhalb der Stadt Heron. Hier wartete Lord die Dunkelheit ab. Nachts folgten sie dann dem Fluß in die Stadt hinein, durchschwammen sie und erreichten einen Staudamm. Am Fuße ruhten sie sich aus, bis die Geräusche der Stadt verebbten. Und während die Menschen schliefen, erstiegen sie das grüne Ufer, überquerten die Asphaltstraße und gingen auf der andern Seite wieder ins Wasser. Bis am nächsten Morgen die Stadt erwachte, waren sie beinah zwei Kilometer flußaufwärts geschwommen und hatten das Reihermoor erreicht.

Sie rasteten und fraßen, ehe sie zum Nordende des Moores schwammen, wo der Mais die Gänse zusammenführte. Tag um Tag trafen aus dem Norden neue kleine Gruppen ein, bis auf dem Moor über hunderttausend Gänse versammelt waren. Und Lord und die Gans spürten, wie ihre Muskeln jeden Tag mehr Fett ansetzten und ihre Kraftreserven immer größer wurden.

Und dann kamen, wie es nicht anders sein konnte, die Jäger. Die Gänse starben zu Tausenden, aber Lord machte keine Anstalten, das Moor zu verlassen, auch dann nicht, als die tägliche Maisration ausfiel. Statt dessen führte er die verkrüppelte Gans zu Plätzen, wo an Quellen besonders viel Gras wuchs; und wenn sie auch oft hungrig blieben, so verhungerten sie doch nicht.

Unvermittelt wie die Schießerei begonnen hatte, hörte sie auch wieder auf. Von der Regierung war dekretiert worden, daß die Jäger in Wisconsin ihren Anteil Kanadagänse bekommen hätten. Es müßten auch für die welche übrigbleiben, die im südlicher gelegenen Illinois, in Kentucky, in Tennessee ... den ganzen Weg nach Süden bis Louisiana und Florida warteten.

Danach brachten die Lastwagen wieder Mais, und Lord führte die

verkrüppelte Gans zu den Futterinseln, wo sie nun im Überfluß schwelgten. Aber Lord hatte keine Ruhe mehr. In ihm regte sich die Erinnerung an einen andern Herbst, als er nicht rechtzeitig hatte fliehen können, das Wintereis ihn eingefangen hatte und er tagelang ohne Nahrung gewesen war. Aber weit über die Zeit hinaus lag mildes Herbstwetter über dem Land. Und es gab Mais die Fülle.

Dann brachte eine Nacht scharfe Kälte, und morgens trugen einige Gräben eine Eishaut. Lord wollte die Gans zum Fliegen bringen, aber sie mochte ihre Flügel jetzt nicht einmal mehr versuchen. Schließlich ließ Lord sich neben ihr nieder und senkte den Kopf, bis sein Schnabel beinah auf der Brust ruhte.

In dieser Nacht fiel Schnee, sanft in großen Flocken, und morgens waren im fleckenlosen Weiß der Umgebung die offenen Spalten im Eis schwarz. Nachdem das Paar sich gesättigt hatte, führte Lord die Gans zum Fluß. Sie glitten ins Wasser, und der Ganter schwamm gegen den Strom nordwärts. Am nördlichen Rand des Moors verbrachten sie auf einem gefrorenen Binsenhügel die Nacht. Bis zum Morgen hatten die Eisränder der Ufer sich ausgedehnt, und offen war nur noch eine schmale Rinne, da, wo der Strom schnell floß. Lord stemmte sich der Strömung entgegen, und die Gans folgte ihm. Sie schauten nicht zurück. Ihr Weg ging nach Norden.

NORDLICHTER bauten eisige Säulengänge in den Himmel, und wenn sie einen bestimmten Punkt erreicht hatten, versprühten sie Farbe, um sie am Horizont wieder zu sammeln und von neuem Säule um Säule zu errichten. Unter diesem Himmelsschauspiel rasteten die Gänse. Über das Eis kam eine Bisamratte, um sie neugierig zu betrachten, und auf Samtflügeln schwebte eine große Ohreule herab, beschloß aber vorsichtigerweise, sich das Vergnügen eines Gänseschmauses lieber zu versagen. Wie sie da, jeder auf einem Bein stehend, den weißen Hügel krönten, waren sie ein prächtiges Paar: große Vögel in einem wahren Panzer ordentlich und dicht verschränkter Federn, undurchdringlich für Zahn und Klaue, für Wind und Schnee.

So schien es wenigstens – doch wie jede andere Kreatur konnten auch sie frieren, wenn sie keine Nahrung hatten. In dieser Nacht aber war ihnen warm. Jetzt kamen ihnen die Tage des Wohllebens zustatten, und noch am nächsten Morgen – wenn sie auch Hunger hatten – litten sie doch nicht den quälenden Heißhunger nach langer Entbehrung.

Hier gab es nichts für sie zu essen. Sie gingen wieder zur offenen Rinne im Fluß, der Ganter schwamm nordwärts durch flaches Moorland und hielt Ausschau nach einem Schnabelvoll Grün. An einer Flußbiegung trafen sie unversehens auf einen Schatz. Hier hatten Bisamratten die ganze Nacht gearbeitet, um ihre Mägen zu füllen, und auf dem Strom trieben Fetzchen von Grün. Es reichte für beide.

Lord beschloß, hier zu kampieren. Am nächsten Morgen aber gab es kein Grün, weil die Bisamratten stromabwärts weitergezogen waren. So nahm Lord die Reise gen Norden wieder auf – unter Brücken, zwischen kahlen Bäumen und durch flache Moore hindurch, während der Fluß immer schmäler und die offene Wasserrinne immer enger wurde. Sie lebten von treibendem Grünzeug, das den Bisamratten entwischt war.

Und schließlich kamen sie zum Ende des offenen Wassers. Der Fluß war hier nur noch ein kleiner Bach, der sich als glitzerndes Eisband vor ihnen her schlängelte. Sie hockten zusammen am Rande des Eises und machten manchmal Gänge ans Ufer, wo sie ihre Schnäbel in den lockeren Schnee bohrten, unter dem sich etwas Grünes finden mochte, das die spürbare innere Leere füllen konnte.

Am nächsten Morgen folgten sie dem gefrorenen Bach in ein dichtes kleines Waldstück mit jungen Pappeln. Hier endete der Bach in einem Sumpfloch. Sie verließen das Eis und setzten ihren Weg nordwärts durch die Wälder fort. Der Schnee unter ihren Schwimmfüßen war weich, und sie kamen mindestens so schnell weiter wie gegen die Strömung des Flusses.

Auf einem Hügel hörte der Wald auf, und vor ihnen lagen verstreute Farmgebäude. Angstprickeln in allen Nerven, blieb Lord stehen. Dann drehte er um, und sie gingen zurück zwischen die Bäume. Unter einer Eiche begann Lord zu graben und fand eine Eichel.

Er bot sie der Gans nicht an, was er getan hätte, wären sie Ehegefährten gewesen, sondern schluckte sie selbst und indem er seinen Schnabel wie einen Miniaturschneepflug benutzte, fand er noch eine zweite. Er schaute die Gans an, aber statt die Eichel aufzupicken und ihr zu Füßen zu legen, trat er nur zurück, so daß sie kommen und sie fressen konnte. Dann gingen sie beide auf der Suche nach Eicheln hin und her.

Als es dämmerte, hätte die Gans sich gern am Baumstamm für die Nacht niedergelassen, aber ein Platz unter Bäumen war für Kanadas etwas so Ungewohntes, daß der Ganter bei jedem Mäuserascheln zusammenfuhr. Sich bei Tageslicht hier zu verbergen, war etwas ganz anderes, als zu bleiben, wenn die Dunkelheit Schutz für den Aufbruch bot.

Die Gans aber zögerte weiterzuziehen. Sie war satt, ihre Schwimmfüße schmerzten vom Eis, und obwohl die dichtstehenden Bäume auch ihr unbehaglich waren, schien der Schlaf ihr doch begehrenswert. Der Ganter trieb sie nicht an. Er entfernte sich ein Stückchen, wartete und ging, als sie nicht kam, noch ein Stückchen weiter. In der sinkenden Dunkelheit war er schon fast außer Sicht, als sie endlich auf die Füße kam und ihm folgte. Sie gingen die ganze Nacht, und als der Tag anbrach, waren sie erschöpft. Immer wieder blieb die Gans zurück, und Lord mußte pausieren, damit sie nachkam. An diesem Tag rasteten sie in einem kleinen Moor. Als es Nacht wurde, hatten sie Hunger, aber ringsum war alles verschneit; sie fraßen von dem Schnee, der sie so weit erfrischte, daß sie wieder aufbrechen konnten.

In der Morgendämmerung gerieten sie, durchnäßt und vor zunehmender Schwäche stolpernd, an eine winzige Quelle, die aus einem Gehölz junger Pappeln gerieselt kam, eine Oase in einer angsterregenden Welt. Mit Begeisterungsschreien streckte die Gans sich der Länge nach aus und ließ das Wasser ihre Kehle hinunterlaufen, während Lord, obwohl genauso durstig wie sie, Wache hielt. Als sie genug hatte, ging er zum Wasser und schöpfte es würdevoll. Dann begannen beide, Moos von den Steinen zu fressen und die wenigen Grashalme abzubeißen, die die Quelle frisch erhalten hatte. Nicht gerade ein Festschmaus, und sosehr Lord auch wachsam zu bleiben versuchte, im Laufe des Nachmittags ertappte er sich doch mehr als einmal dabei, daß er eingedöst war.

An diesem Abend zögerte die Gans abermals, sich in Bewegung zu setzen, aber irgend etwas trieb Lord. Ein halbes dutzendmal brach er auf, bis sie schließlich auf ihre Schwimmfüße kam und ihm langsam folgte. Das im Reihermoor gehortete Fett war jetzt gänzlich aufgebraucht; doch sie gingen weiter, und immer dem Polarstern nach, durch Landschaften, die wilder und wilder wurden.

Es war Mitternacht, und gerade war eine schmale Mondsichel aus den Wolken getreten, als Lord den schleichenden Schatten eines Fuchses entdeckte und im selben Augenblick seinen widerlichen Geruch wahrnahm. Mit einer leisen, scharfen Warnung an die Gans wandte er sich dem Fuchs zu, den Kopf gesenkt und die Flügel leicht gespreizt. Aber der Fuchs blieb genau außer Reichweite des Ganterschnabels und hielt nach einer Möglichkeit Ausschau, Lords Verteidigungslinie zu durchbrechen und ihm an die Kehle zu gehen. Er umkreiste ihn, doch Lord drehte sich mit, so daß der Fuchs sich schließlich auf die Gans konzentrierte. Sie machte keinerlei Anstalten, sich zu verteidigen, aber Lord trat zwischen die beiden. Immer rundum gingen sie, der Fuchs mit angelegten Ohren, vorsichtig auftretend, der Ganter manchmal zischend: zwei prächtige Kämpen, von denen jeder auf eine Blöße des andern lauerte.

Dann griff der Fuchs an. Lords Nacken ringelte sich und schoß vor. Der Schnabel traf hart, und die knochigen Flügel droschen auf den Körper des Fuchses los. Der stürzte rücklings und floh.

Gelassen ging Lord zur Gans zurück, und nachdem er seine Federn, soweit sie bei dem Kampf in Unordnung geraten waren, geglättet hatte, nahm er den Marsch gen Norden wieder auf. Die Gans taumelte jetzt immer öfter. Manchmal sank sie auf ihre Schwimmfüße und verweigerte jede Bewegung; dann ließ Lord sie ausruhen und wartete auf sie.

An jenem Morgen fand sich, als sie an einer Hecke rasteten, weder Wasser noch Nahrung. Hundertmal durchfurchten die Gans und der Ganter den Schnee vor ihren Plätzen, als hätten sie wie durch ein Wunder vielleicht einen Bissen übersehen. Aber da war nichts, und sie mußten sich mit Schnee begnügen, der ihnen auf der Zunge zu brennen begann, als sei er heiß und nicht kalt.

Als sie abends aus den Bäumen heraustraten, sahen sie vor sich – so kam es ihnen vor – ein endloses Meer von braunem Gras, das den Schnee hoch überragte, eine undurchdringliche Mauer für die entkräfteten Kanadas. Die Gans weigerte sich, es zu betreten. Sie blieb hocken, als habe sie endlich den Ort erreicht, wo sie sterben wollte.

Lord rastete mit ihr, rannte dann gegen den Wind und stieg auf. Die Gans rief ihm nach, er solle zurückkommen und sie nicht allein sterben lassen, er aber drehte eine Runde, flog nach Norden und landete auf einem breiten Fluß. Nachdem er getrunken hatte, flog er zur Gans zurück. Als sie gegen den sternklaren Himmel seinen Schatten sah, schrie sie vor Freude. Er landete, begann um den Rand des Grasmeeres herumzugehen, und jetzt folgte sie ihm. Bis sie den von Lord gefundenen Fluß erreichten, brach der Tag an. Sie glitten ins Wasser und ließen sich von der Strömung weitertragen, während sie tranken und das erfrischende Wasser über ihre Leiber rinnen ließen.

Dann putzten sie sich. Wenn jede Feder an ihrem Platz saß, war ihr Kleid wasserdicht, und sie waren vollkommen gegen die Kälte geschützt.

Weiter ging es, und sie gelangten an einen Staudamm mit großen Überhängen aus Eis, wo das Wasser in Schaumwirbeln in den Fluß gestürzt kam. Am Rande des aufgewühlten Wassers erklommen die Kanadas das steile Ufer. Sie gingen um den Damm herum zum Rande eines zugefrorenen Sees und verschliefen den Rest des Tages im Röhricht. Nachts dann folgten sie der Uferlinie wieder zum Fluß, hatten aber immer noch kein offenes Wasser erreicht. Sie hielten inne, um auszuruhen, als aber Lord sich wieder in Bewegung setzte, schaute die Gans ihm müde nach und weigerte sich aufzustehen. Wie so oft kehrte Lord auch diesmal um, sie aber legte den gestreckten Hals auf den Schnee wie eine Gans, die verwundet ist und sich verbergen möchte.

Ein dutzendmal kam der Ganter zurück, schließlich aber versetzte er ihr in einem Anfall von Zorn mit dem Schnabel einen kräftigen Stoß.

Mit einem Schrei sprang sie auf die Füße, und wieder brachen sie unterm Sternenlicht auf, weiter nach Norden, watschelnd jetzt wie zahme Gänse, bei jedem Schritt schwer aufkommend und linkisch hin und her schwankend, als sei ihnen ihr eigenes Gewicht zu schwer.

Auf einmal spürte Lord, daß der Schnee unter seinen Schwimmfüßen sich weicher anfühlte, und in seiner Aufregung darüber ließ er die Gans weit hinter sich. Dann schwamm er, und das Wasser um seine Schwimmfüße war lau, rann ihm aber kühl die Kehle herab. Als die Gans ihn eingeholt hatte, stieß sie einen Begeisterungsschrei aus, so daß Lord sich erschrocken umschaute, ob sie auch keine Gefahr auf sie beide herabgerufen hatte. Sie vergnügten sich eine Weile im Wasser, und dann schwamm Lord nordwärts, und die Gans folgte ihm.

An einem niedrigen Wasserfall untersuchten sie den Grund, fanden aber nur ein paar Weichtiere und Larven. Vor ihnen ragte jetzt eine kleine Stadt auf. Als sie näher herangeschwommen waren, merkten sie, daß sie wieder einen Damm umgehen mußten. Lord untersuchte das Ufer und hielt nach einer Möglichkeit Ausschau, wobei sie das Tageslicht überraschte. Eine Horde kleiner Jungen erspähte sie, kam zum betonierten Ufer gerannt und warf mit Steinen nach ihnen. Einer traf die Gans, woraufhin Lord sich protestierend in die Luft erhob und über der Gans kreiste, während die Buben sie von einem Ende des stehenden Wassers zum andern trieben, bis endlich die Schulglocke ihnen Beine machte und die Gans rettete.

Aber schon hatte die Anwesenheit zweier Gänse unten am Staudamm sich herumgesprochen; Leute versammelten sich in kleinen Gruppen und tauschten Meinungen darüber aus, warum das Paar so weit nördlich in Wisconsin überwinterte. Einige holten ihre Kameras und knipsten die beiden.

Aufgeregt schwamm Lord um die Gans herum. Ein Mann nahm aus einer braunen Papiertüte Brot und warf es ins Wasser. So hungrig er war, Lord ließ es vorbeitreiben, doch die Gans schnappte und verschlang es. Nach der Schule kamen die Buben wieder, um Steine zu werfen, aber ein Polizist vertrieb sie.

Unmittelbar vor Einbruch der Dunkelheit kam eine Frau zur Uferstraße und schüttete aus einer Kaffeebüchse behutsam Mais auf einen flachen Stein. Als es ganz dunkel war, schwamm Lord mit der Gans hinüber, und sie vertilgten den Mais bis zum letzten Körnchen. Es war beiden, als bekämen sie das Leben frisch zu fassen, und als sie ihre Federn ordneten, spürten sie förmlich ihre Kräfte zurückkehren. Nachdem bis auf einige die Lichter der Stadt erloschen waren, erklommen sie das Ufer beim Damm und wanderten gemeinsam die Hauptstraße entlang – zwei Wildgänse mitten auf der Fahrbahn, von Straßenlaterne zu Straßenlaterne, am Postamt vorbei, vorbei am Kolonialwarenladen, den ganzen Weg zurück zum offenen Wasser.

Die Strömung war so stark, daß sie kräftig paddeln mußten. Als der Morgen dämmerte, kamen sie an einen andern Fluß, und Lord schwamm aufgeregt in diesen neuen Wasserweg ein. Wie der Lachs, der den Fluß seiner Geburt erreicht hat, erkannte der Ganter am Geschmack oder am Geruch oder vermöge eines sechsten Sinnes, daß dieser Weg der richtige war. Es war ein Gewässer ohne viel Strömung, so daß sie gut vorankamen, bis das offene Wasser immer spärlicher wurde und schließlich unter einer Eisdecke verschwand; zu beiden Seiten lag ebenes gefrorenes Moor.

Jetzt aber gab es für Lord kein Zaudern mehr. Er hievte sich aufs Moor hinauf und marschierte los. Er muß gewußt haben, daß das Ziel nahe war, und hatte es eilig. Die Gans fiel zurück, Lord aber stieg auf und flog niedrig, bis er an den Bach kam. Die Gans eilte ihm nach, und beide schwammen den Bach hinauf.

Jetzt konnte Lord die Dächer der Brüterei und des Hauses erkennen. Und so gelassen er auf dem langen Marsch gewesen war, jetzt stieß er einen lauten Schrei aus, und von dem Platz, wo die Gänse überwinterten, antwortete ihm ein Stimmenchor. Wenn er auch nicht daheim war, so kam dies doch einem Zuhause am nächsten.

Als Rank mit Mais kam, stieg Lord nicht auf, sondern zog sich nur zum andern Bachufer zurück. Nachdem er die Körner gestreut hatte, verschwand Rank, und die Gans begann gierig zu fressen. Lord war ebenso ausgehungert wie sie, aber er wartete, bis sie nicht mehr konnte; dann erst schwamm er hinüber und fraß mit der Zurückhaltung einer wohlgefütterten Gans.

Rank blieb in einiger Entfernung, um das Paar nicht zu stören, und konnte das schier Unmögliche nicht fassen. Es war ein Wunder. Er nahm es als ein gutes Vorzeichen und konnte kaum erwarten, Mack davon zu berichten, in der Hoffnung, es werde seinem Arbeitgeber den nötigen Anstoß geben, den er brauchte, um in seinem eigenen Leben eine Hürde zu nehmen und die Jahre der Einsamkeit hinter sich zu lassen.

John Mackenna hatte seit Marcias Tod verschiedene Frauenbeziehungen gehabt, war aber neuerdings immer öfter mit einer jungen Witwe namens Sarah Greenlee zusammengekommen, einer auffallend schönen, blühenden, dunkeläugigen Frau. Auch heute war sie bei ihm, als er in den Hof einfuhr und Rank ihm mit leisem Triumph in der Stimme berichtete, Lord sei wieder da und habe eine Gans mitgebracht.

Mack nahm Sarah bei der Hand, um sie hinzuführen, und im schwindenden Licht sahen sie die erschöpfte Gans, deren verkrüppelter Flügel deutlich zu erkennen war, auf dem Bach treibend schlafen, während der Ganter mit hoch erhobenem Kopf die Zuschauer nicht aus den Augen ließ. In der Abendkälte trat die Frau näher an den Mann heran, aber er legte nicht den Arm um sie. Wenn Mack ergriffen war, dann nicht, weil Lord eine Gans mitgebracht hatte, sondern weil das Paar im Winter, schwimmend und zu Fuß die weite Strecke überwunden hatte.

„Nicht zu glauben!" sagte er, als sie sich abwandten und auf das Haus zugingen. „Sie können nur vom Reihermoor hergekommen sein. Stellt euch das vor! Über all das Eis und den Schnee!"

An diesem Abend erzählte Mack Sarah, wie es diesen Ganter immer wieder hierherzog, wo er seine Gefährtin verloren hatte, und Sarah war weise genug, ihn reden zu lassen.

Am nächsten Morgen verbrachte Mack mehrere Stunden damit, das Paar mit dem Feldstecher aus einiger Entfernung zu beobachten, und anschließend suchte er Rank in der Brutanlage auf.

„Sie sind kein Paar“, verkündete er.

„Unmöglich!“ sagte der Verwalter.

„Aber wahr“, erwiderte Mack. „Er behandelt sie nicht so, wie er’s täte, wenn sie ein Paar wären.“

„Dann werden sie es jedenfalls bald sein“, meinte der Verwalter.

„Vermutlich. Sobald das Wetter umschlägt“, sagte Mack.

Also beobachteten die beiden Männer die Gänse, und es verging kaum ein Tag, an dem die Gans dem Ganter keine Avancen machte; aber er nahm sie nicht.

Der März ging in den April über, und in den Gräben begann das Wasser zu fließen. Die Singvögel kehrten zurück, und dann war eines Tages im Eis eine Wasserspalte, und eine riesige schwarze Schnappschildkröte tastete sich gemächlich aus dem Schlamm ans Licht. Immer weiter nach Norden trieb der Frühling den Winter. Dem aufgetauten Boden entsprossen blasse, zarte Blüten, und im braunen Gewirr der toten Gräser zeigte sich ein Hauch von Grün.

Eines Tages ließ Rank die zahmen Gänse aus ihrem Winterquartier, und wild mit den Flügeln schlagend stürmten sie zu den Teichen, schreiend vor Freude über die neugewonnene Freiheit. Das Paar am Bach hörte sie, und beide erklommen höher gelegenes Land, um die Herde zu sehen.

Die Gans begann auf die befreite Herde zuzugehen, und als der Ganter nicht mitkam, blieb sie stehen und sah sich nach ihm um. Er warf den Kopf auf, machte aber keine Anstalten, ihr zu folgen. Sie kehrte um. Nebeneinanderstehend sahen sie den zahmen Gänsen zu, wie sie in ihrem Überschwang mit den Flügeln das Wasser droschen. Noch einmal lief die Gans auf sie zu. Und wieder hielt sie inne, als der Ganter nicht folgte. Ein paar Schritte machte Lord auf sie zu, dann aber senkte er leise redend den Kopf und ging wieder zum Bach.

Jetzt rannte die ungeduldige Gans flügelschlagend zur zahmen Herde, und am Nachmittag nahm sie einen Gefährten. Am nächsten Tag überflog auf dem Weg nach Norden der erste Wildgänsezug die Ranch. Lord stieg auf und schloß sich ihnen an.

Rank und Mackenna sahen ihn fortfliegen. Sie blieben stehen, bis er nur noch ein Pünktchen am Himmel und dann verschwunden war. Tom ging in die Brüterei zurück und Mack ins Haus.

Tag um Tag schauten die beiden Männer zum Himmel auf und warteten. Graureiher kamen. Ein Adler. Ein Fischadlerpaar schaute herunter. Rotschwanzbussarde benutzten die Wiese als Jagdgrund. Schwarzköpfige Nachtreiher erschienen als Silhouetten vor dem Mond. Silberreiher unterbrachen kurz ihren Flug, ebenso alle Arten großer Vögel mit weiten Schwingen. Aber kein Lord.

Es wurde Sommer, und die verkrüppelte Gans führte ihre Gössel zum Wasser. Es wurde Herbst, die Blätter fielen, und auf ihrem Weg in den Süden zogen abermals die Wildgänse durch den Himmel; doch löste sich kein Ganter aus dem Flug, um einen Besuch zu machen.

Dann war Winter, wenn aber Rank nach der Arbeit heimfuhr, brannte in dem großen weißen Hause nur ein einziges Licht: im Fenster des kleinen Büros. Sarah kam viel seltener auf die Ranch, und dann gar nicht mehr. Und falls Lord gestorben oder einer Kugel zum Opfer gefallen war, dann mußte es sein Geist sein, den Tom und Mack in Mondnächten manchmal hörten: ein heller, kühler Flötenton vom Himmel. Vielleicht war es aber auch nur ein Trick des Windes, denn zu sehen bekamen sie den Ganter niemals wieder.

Mel Ellis

Der Tierschriftsteller und Naturschützer Mel Ellis hat in den zwanziger Jahren als Jäger begonnen. Für eine Zeitung in Wisconsin schrieb er als einer der ersten in Amerika Berichte über Natur und Freizeit und arbeitete dann in Milwaukee für zwei Zeitschriften. Seine Kenntnis der Kanadagänse und seine bewundernde Liebe zu ihnen sind in harter Praxis entstanden: indem er sie über Tausende von Meilen, von Nordkanada bis Mexiko, gejagt hat. „Es gibt keinen wachsameren Vogel als die Wildgans", sagt er.

Im Laufe der Jahre indessen hat seine Jagdleidenschaft sich in eine Leidenschaft für das Hegen des Wildes gewandelt. Auf seiner fünfzehn Morgen großen bewaldeten Oase namens Little Lakes in Big Bend, Wisconsin, betreibt er mit seiner Frau eine Ranch, die praktisch ein privates Schutzgebiet für Wildvögel ist. Zahme und wilde Zugvögel vergnügen sich auf den Teichen oder schmausen in einer „Freiluft-Speisekammer", die das Ehepaar Ellis mit besonderen Büschen und Gräsern bebaute. „Wir liegen unmittelbar an der Zugstraße über die großen Seen", sagt Mel Ellis, „und bekommen deshalb viele Arten zu sehen." Auf dieser Ranch haben auch der Wildganter Lord und die gezähmte Wildgans Lady gelebt, die beiden Kanadagänse, die Mel Ellis zu seinem Buch *Bruder Wildgans* angeregt haben.

Im umgebauten alten Bauernhaus oberhalb der Teiche sitzt Ellis jeden Tag viele Stunden an der Schreibmaschine. Er hat schon über ein Dutzend Bücher veröffentlicht, außerdem Hunderte von Zeitschriftenartikeln. Sonntags bringen mehrere Zeitungen über das ganze Land eine Spalte von ihm, die sich mit Umweltschutz befaßt. Zwischendurch sieht er zahllose Veröffentlichungen auf der Suche nach Fakten zur Umweltkunde durch, die er für seine Arbeiten braucht.

„Das Umweltproblem betrachte ich optimistisch", sagt er. „Die vielgeschmähte Technologie wird uns schließlich retten. Der Wille zum Überleben ist ja beim Menschen nicht weniger stark entwickelt als bei der Wildgans."

Deutsche Buchausgabe: »Der Bastian«

Der Bastian

Eine Kurzfassung des Buches von

BARBARA NOACK

Illustrationen von Horst Lemke

Nachdem Der Bastian *zum erstenmal im Fernsehen gelaufen war, verzeichneten die Standesämter eine steigende Vorliebe für diesen Namen. Alle liebten den Fernsehbastian, obwohl er ja nun gar nicht der strebsame, tugendhafte junge Mann war, den sich so viele Eltern zum Sohn wünschen.*

Bastian hat zwar allen gutgetan, die ihm begegnet sind, von Natur ist er aber eigentlich kein Wohltäter. Nur nein sagen kann er nicht, schon gar nicht, wenn jemand ihn um Schutz bittet. Das Jasagen ist auch nicht gerade seine starke Seite, jedenfalls setzt er sein Ja nicht immer durch.

Ähnlich doppelschichtig ist es mit diesem Buch bestellt. Barbara Noack will zwar federleichte Unterhaltung schreiben – tut das auch mit großer Perfektion –, aber sie macht auch immer ein klein bißchen nachdenklich. Warum zum Beispiel lieben denn alle den Bastian? Wo er doch eigentlich nur Schwächen hat? Vielleicht weil er mit Liebe, Scharf- und Nachsicht geschaffen und an keinem zu großen Maßstab gemessen wurde? Bekäme das nicht allen Menschen gut, die in der härteren Wirklichkeit leben müssen? Wer von Liebe umgeben aufwächst, ist meist selber liebenswert und bereit zu lieben. Ob darin das Geheimnis von Bastians Erfolg liegt? Oder das Geheimnis des Charmes? Scheint fast so!

Bastian macht einen Besuch

AN EINEM Dienstagmorgen Anfang Juli stand Bastian Guthmann auf dem Viktualienmarkt vor einem Blumenstand und wußte nicht recht, was er kaufen sollte. Er zog ein Bund Margeriten zu zwei Mark aus einem Eimer, der Strauß tropfte auf seine Schuhe und erschien ihm ein bißchen wenig.

„Dann nehmen S' doch zwei", sagte die Blumenfrau.

Dies wiederum erschien Bastian ein bißchen teuer.

„Für welchen Zweck soll's denn sein?"

„Meine Großmutter", sagte er, „sie liegt im Spital."

Der Satz ging der Blumenfrau zu Herzen. „Ah geh – schlimm?"

„Nichts Gefährliches", sagte Bastian, aber genau wußte er auch nicht, was ihr fehlte. Seine Schwestern sprachen diskret von Omas Vorfall, worunter sich Bastian wenig vorzustellen vermochte. Auf alle Fälle hatte es etwas mit ihrem Unterleib zu tun.

„Ich denke, der zu zwei Mark wird genügen", sagte er, „sie kriegt ja noch von anderen Blumen."

Nachfolgend bestieg er seine „Else", einen Deux Chevaux, Baujahr 59, aber Luxusausgabe. Der Motor lief noch fabelhaft, nur der Rost hatte Elses Unterboden so gründlich aufgefressen, daß Bastian während der Fahrt das Straßenpflaster unter seinen Füßen betrachten konnte. Solange er nicht durch eine Pfütze fuhr, störte das nicht. Die Risse und Triangel im Verdeck hatte er mit Isolierband verpappt. Auf den durchhängenden Sitzen glichen Sofakissen das Schlimmste aus.

Bastian, Else und der Strauß Margeriten fuhren zum Krankenhaus, das war so gegen elf Uhr vormittags.

Die Empfangsschwester guckte streng aus ihrem Glaskasten. „Jetzt? Jetzt ist keine Besuchszeit. Kommen Sie morgen nachmittag wieder."

Bastian, nun einmal da und entschlossen, seine Blumen loszuwerden, sagte, er käme von außerhalb, er habe sich extra von seinem

Chef freigeben lassen, um seine alte Oma zu besuchen. Und er lächelte.

Bastian konnte überwältigend lächeln, wenn er wollte.

Die Schwester sagte: „Dritter Stock, Zimmer 338, Gynäkologische, links durch die Glastür, wo ‚Professor Dr. Klein‘ draufsteht. Wenn der Herr Chefarzt Visite macht, müssen Sie verschwinden, hören Sie?“

Krankenhäuser waren Bastian ein Greuel. Als kerngesunder junger Mann hatte er eine kerngesunde Scheu vor allem, was mit Leiden, Blut und Bahren zu tun hatte und mit Spritzen. Als er den Lift im dritten Stock verließ, wehte eine weiße, gewichtige Wolke an ihm vorüber – der Chefarzt mit eilfertigem Gefolge auf der Rückkehr von der Visite. Ein königlicher Aufmarsch in Weiß, weißer ging's nicht, selbst die Schuhe, alles weiß – bis auf das Gesicht des Oberarztes. Ihm sah man an, daß er schon vierzehn Tage Costa Brava hinter sich hatte.

Bastian ließ die Prozession an sich vorüberziehen, hörte im Geist Barocktrompeten und zog ergriffen einen Hut, den er nicht besaß. Dann suchte er sich an den Zimmertüren entlang.

Auf dem Gang bewegten sich blasse Patientinnen mit plattgelegenen Frisuren und geblümten Morgenröcken. Zu der Unbehaglichkeit, sich in einer Krankenanstalt zu befinden, gesellte sich nun auch noch das peinliche Gefühl, in eine verbotene, weibliche Welt eingedrungen zu sein.

Zimmer 338. Großmutter Guthmann lag mit zwei anderen Frauen in einem länglichen, hellblau gestrichenen Zimmer. Im Bett am Fenster. Sie las Zeitung.

Wie eine Leidende sah sie nicht aus.

„Grüß dich, Martha“, sagte er.

Sie nahm die Brille ab und lachte. „Der Bub ist da.“

Bastian ging an ihr Bett und küßte sie auf den Kopf. Sie duftete nach Baldrian und Kölnisch Wasser. Er wickelte seine Margeriten aus und wollte den Strauß zu den anderen Blumen stecken, die schon auf ihrem Nachttisch standen, aber Großmutter hinderte ihn daran.

„Im Krankenhaus muß jeder Strauß seine eigene Vase haben, egal, wie spillrig er ist.“ Dann stellte sie ihn den anderen Betten vor. „Das ist Bastian Guthmann, mein Enkel. – Frau Schüssle – Frau Kynast. Bastian, sag den Damen guten Tag!“

Bastian begrüßte zuerst Frau Schüssle (etwa 45) und dann Frau

Kynast (schon alt). Frau Kynast sagte: „Gestern hatte ich Geburtstag. Ich bin aus Gleiwitz."

Bastian sagte: „Herzlichen Glückwunsch."

Großmutter sagte: „Du mußt schreien. Sie ist taub wie eine Nuß."

Bastian schrie: „Herzlichen Glückwunsch nachträglich!"

Frau Kynast nickte: „Jaja, aus Gleiwitz."

Darauf zog er sich lächelnd zu Großmutters Bett zurück, schon ziemlich erschöpft. „Wie geht's dir denn?"

„Ach, gut soweit. – Hast du deine Klausuren geschrieben?"

„Ja. Hab ich."

„Na und?"

„In den nächsten Wochen kriege ich Bescheid."

„Achgottachgott!"

„Es wird schon schiefgehen", beruhigte er sie. „Aber nun erzähl mal – wie war die Operation?"

„Stell dir vor, Bub, sie geben einem eine Spritze, und eh man denkt, nun geht's los, ist es schon vorbei." Sie beugte sich vor und flüsterte: „Ich bin nicht einmal sicher, ob sie mich überhaupt operiert haben. Wie soll man das nachprüfen, wenn man schläft? Aber bezahlen muß ich."

„Ja, bist du denn in keiner Kasse?" fragte er erschrocken.

„Nein. Wozu? Soll ich die Versicherungen reich machen, wo ich bisher mit Baldrian ausgekommen bin!?"

Frau Kynast sagte: „Die jungen Schwestern taugen nichts. Sie schimpfen, wenn man Soße aufs Bett kleckert. Weil sie zu faul sind, einen neu zu beziehen."

„Aber der Chefarzt ist nett", sagte Frau Schüssle. „Er hat das Majestätische."

„Und das Fräulein Doktor Freude ist nett", sagte Großmutter.

„Hat sie auch das Majestätische?"

„Sie hat schöne Augen", sagte Großmutter.

In diesem Augenblick kam Schwester Theresa herein, und Bastian mußte auf den Flur.

„Typisch Kynast!" schimpfte Großmutter. „Kaum kriegt man Besuch, muß sie auf die Schüssel."

Bastian stand auf dem Gang herum. Eine Frau wischte den Fußboden immer dort, wo seine Füße gerade waren. Um eine Flurecke sauste ein Bett auf Rädern, eine junge Lernschwester schubste es vor sich her. In dem Bett lag eine gelbgesichtige Frau ohne Zahnprothesen, ein bestürzender Anblick für einen wie Bastian, der keinen täglichen Umgang mit Frischoperierten hatte.

Es reichte ihm. Er wollte raus hier, bloß raus. Er rannte den Flur hinunter und mußte sehr scharf bremsen, um nicht einen weißen Kittel zu überfahren, der ihm von rechts in den Weg trat – mit einer Spritze in der Hand. „Na, na!" sagte der Kittel.

Bastian wußte später nicht mehr, was es zuerst gewesen war. Auf keinen Fall die Spritze und auch nicht der Kittel. Er gehörte nicht zu den Leuten, die auf weiße Kittel standen. Im Gegenteil.

Sie war eher klein. Er liebte große Frauen. Kurze, helle Kinderhaare voller Wirbel fielen ihr ins Gesicht. Bastian hatte lieber Dunkelhaarige mit langen, seidigen Mähnen. Blond war er selber.

Nur einen Augenblick lang sah sie ihn verwundert an.

Dieser Augenblick mußte es wohl gewesen sein.

Bei ihm.

Bei ihr nicht.

Sie schlug einen Haken um Bastian und ging den Flur hinunter. Er folgte ihr verzaubert. Sie öffnete die Tür von 338, Großmutters Zimmer. Die Tür schloß sich hinter ihr.

Vergessen waren seine Fluchtgedanken, seine Krankenhausallergie. Er wartete darauf, daß sich die Tür von 338 wieder öffnen und sie herauskommen würde.

Die Tür öffnete sich, und Schwester Theresa kam mit Frau Kynasts Schüssel heraus. Schwester Theresa sagte zu ihm: „Sie können noch nicht hinein. Doktor Freude ist drin. Und überhaupt ist jetzt keine Besuchszeit. Wo kämen wir denn hin, wenn wir ständig Ausnahmen machen würden!" Sie ging den Flur hinunter. Bastian mußte die Ärztin wiedersehen. Doktor Freude hieß sie. Freude schöner Götterfunken. Doktor Freude schöner Götterfunken. – Er fand sich schon sehr albern.

Sie verließ das Zimmer 338. Bastian stellte sich ihr in den Weg. Verwunderter Blick aus weit auseinanderstehenden, bernsteingoldenen, skeptischen Augen. Die Augen waren eigentlich viel zu groß für ihr Gesicht. „Ja, bitte?"

„Wie geht es meiner Großmutter?"

„Großmutter? Welcher?"

„Frau Guthmann."

„Oh, gut. Sehr gut."

„Und ihr Vorfall?"

„Der wird ihr keine Beschwerden mehr machen." Sie wollte weitergehen.

Dazu mußte sie wieder einen Haken um ihn schlagen.

„Wie passiert denn so was?" fragte Bastian, sich an ihre Fersen heftend.

„Bei fünf Kindern kommt das schon mal vor."

„... und bei dreizehn Enkeln", sagte er verstehend.

„Die haben damit nichts zu tun, die gehen höchstens auf die Nerven." Sie blieb stehen und lachte. „Sie sind Bastian, der dreizehnte, nicht wahr?" Amüsiert betrachtete sie ihn. „Sie sind ein Siebenmonatskind."

„Ja, wieso?"

„Mit fünf Jahren fielen Sie vom Kirschbaum. Sie blieben zweimal sitzen. Meisterten Ihr Abitur mit einundzwanzig. Dann studierten Sie Maschinenbau. Liebten eine Fünfunddreißigjährige. Ihre Familie stand kopf. Sie sattelten um ..."

„Auf eine Neunzehnjährige."

„Auf Pädagogik."

Bastian legte die Hände vor sein Gesicht. „Es wird immer schlimmer mit ihr, je älter sie wird. Hat sie Ihnen auch von dem Schäfer erzählt? Von dem, der sie im Jahre 38 gesundgebetet hat, als sie die Gürtelrose hatte?"

Dr. Freude drückte die Klinke von Zimmer 331. „Nein", sagte sie, „bisher nicht. Aber ich nehme an, das wird sie noch. Ihre Großmutter ist ja noch ein paar Tage hier."

„Ein Glück", sagte Bastian, „ein solches Glück. Muß ich noch öfter zu Besuch kommen."

Die Person, die er so spontan zu lieben begonnen hatte, war schon beinah im Zimmer 331. „Hören Sie –", sagte er dringend hinter ihr her.

„Was denn noch?"

„Ich hasse Krankenhäuser."

„Dann gehen Sie doch auch zum Schäfer."

„Aber wenn es die einzige Möglichkeit wäre, Sie wiederzusehen, ließe ich mich hier einweisen. Und wenn ich Terpentin saufen müßte."

Die Ärztin betrachtete ihn kopfschüttelnd. „Für Terpentin bin ich nicht zuständig. Da müßten Sie sich schon ein Frauenleiden zulegen. Schaffen Sie das?"

Und damit schloß sich die Tür hinter ihr. Bastian war abgeblitzt.

Aber er nahm es Dr. Freude nicht weiter übel, daß sie noch so gar nichts für ihn empfand.

Bei manchen dauert das eben länger.

AM NÄCHSTEN Tag stand Bastian auf dem Viktualienmarkt vor demselben Blumenstand und kaufte sieben langstielige Rosen. Mit denen besuchte er seine Großmutter am Nachmittag zur offiziellen Besuchszeit.

Martha Guthmann saß aufrecht in ihrem Bett. Als sie die Rosen sah, die er auf ihre Bettdecke gelegt hatte, war sie sehr erschrocken. „Ja Bub! Was ist los? Du warst doch erst gestern da. Steht's denn so schlecht um mich?"

„I wo! Ich dachte nur, es würde dich freuen ..."

„Freilich", sagte sie, „aber wer besucht schon so oft eine alte Frau im Spital? Und ausgerechnet du, der sich vor Krankenhäusern fürchtet!"

„Ach", sagte Bastian, „das kommt aufs Krankenhaus an. Hier gefällt's mir ganz gut." Nun freute sie sich über die schönen Rosen.

„Soll ich dir eine Vase holen, Martha? Ich hol dir eine, Moment –" Er eilte aus dem Zimmer auf der Suche nach einer Vase, vor allem aber nach Dr. Freude.

In der Stationsküche fand er Schwester Theresa. Zur offiziellen Besuchszeit war sie bedeutend gnädiger zu ihm. Sie schloß sogar eine Kammer auf und suchte dort eine große, kristallene Vase für ihn heraus.

Bastian fragte so nebenbei nach Dr. Freude. Ob die vielleicht im Hause wäre?

„Sie hat heut Nachtdienst", sagte Theresa. „Hat sich aber noch nicht bei mir sehen lassen. Wenn Sie den Doktor Vogel sprechen möchten ..."

Bastian dankte für den Dr. Vogel und zog mit seiner Vase ab. Er durchquerte mehrmals die Flure, auf denen sich Patienten von ihren Besuchern verabschiedeten. Die Dr. Freude sah er nirgends. Dafür fiel ihm eine junge Frau auf, weil sie so allein an einem Fenster stand. Ihr Haar war strähnig, das Gesicht wirkte gedunsen. Er kannte es, aber er wußte nicht, woher.

Sie stutzte auch, und als er vorüber war, fragte sie zögernd „Bastian? Bastian Guthmann?" hinter ihm her.

Er blieb stehen.

„Erinnerst du dich nicht mehr? Ich bin Susi Schulz. Wir waren voriges Jahr auf der Party bei Freddy Kuchel zusammen."

„Ach ja, natürlich, Susi. Hab dich gar nicht erkannt." Bastian kam zurück, nicht eben überwältigt vor Freude. „Grüß dich, Susi. Was machst du denn hier?"

„Siehst du doch. Ich bekomme ein Baby." Ihre Hände verkrampften sich über dem Bauch, sie stöhnte leise.

„Gottes willen, geht's los?"

Susi Schulz versuchte ein quittegelbes wehes Lächeln und wehrte ab. „Es ist ja erst alle drei Minuten." Farbe kehrte langsam in ihr Gesicht zurück, das Lächeln wirkte gelöster.

Sie erinnerte ihn jetzt entfernt an ein zierliches, hellblaues, wehendes Geschöpf auf einer Vorortstraße. Barfuß auf dem Asphalt, in jeder Hand eine Sandalette. Susi voller Lachen, voller Schwips, voller Sommer im Morgengrauen nach der Party. Sie waren ruhestörend albern gewesen. Vor ihrer Haustür hatte Susi die Arme um seinen Hals gelegt und ihn geküßt. Bastian mochte Susi. Verliebt war er nicht, aber er hatte versprochen, sie anzurufen. Das war jetzt ein Jahr her.

„Du hast damals nicht angerufen."

„Habe ich nicht? Muß mir wohl was dazwischengekommen sein."

„Ja, schade", sagte Susi. „Vielleicht wäre sonst alles ganz anders gekommen." Sie krümmte sich in einer neuen Wehe und tat Bastian so leid. Daß man dagegen noch nichts erfunden hatte – !

Die Besuchszeit war vorüber. Eine Schwester räumte die Blumenvasen vor die Türen. „Willst du dich nicht lieber hinlegen?"

„Ich soll ja laufen –"

„Und dein Mann? Gibt's hier kein Vaterzimmer, wo er warten kann?"

„Ich hab keinen Mann", sagte Susi, als die Wehe abgeklungen war. „Ich hab ihn im Urlaub kennengelernt – vorigen Herbst. In Spanien. Da war's die große Liebe. Er ist Referendar in Köln, weißt du, und als wir uns später wiedertrafen, haben wir nur noch gestritten. Furchtbar war das. Habe ich eben Schluß gemacht. Lieber keinen Vater für das Baby, als einen, mit dem ich mich nicht versteh. Verstehst du?"

Bastian verstand.

„Aber manchmal ist es verflixt schwer so allein. Mit meiner Mutter versteh ich mich auch nicht. Sie weiß noch gar nichts von dem

Baby ...“ Susi brach ab, weil Bastian nicht mehr zuhörte, sondern einen jähen Ausbruchsversuch Richtung Lift machte. Denn dort stand sie, die Freude, aber nur sekundenlang, dann hatte der Lift sie verschluckt.

Bastian strich Susi über die verschwitzte Wange. „Mach’s gut, Mädchen. Halt die Ohren steif.“

„Werd schon.“

„Und wenn’s da ist, ruf mich an.“ Er gab ihr seine Nummer.

„Du bist sehr lieb, Bastian“, sagte Susi. „Du mit deiner Vase.“

Erst jetzt erinnerte er sich an die Kristallpracht, die noch immer unter seinem Arm klemmte – und an seine Großmutter, die noch immer auf die Vase und seine Rückkehr warten mochte. Er hatte sich gestern nicht von ihr verabschiedet, er mußte es wenigstens heute tun. Auf dem Weg zu Zimmer 338 begegnete er Schwester Theresa. „Sie sind ja noch hier!“

Bastian zuckte bedauernd die Achseln. „Ja, ich versteh das auch nicht. Ich – ich such den Lift.“

„Den Lift!“ staunte sie. „Den Lift sucht er und steht davor!“

In diesem Augenblick öffneten sich die Türen. Zwei Ärzte kamen heraus – einer davon war die Freude.

Bastian strahlte. „Hab ich ein Schwein!“

„Ach, Sie schon wieder –“ Während ihr Kollege weiterging, mußte sie stehenbleiben, das lag an Bastian, der ihr im Wege stand – nun schon zum drittenmal in zwei Tagen.

„Ich hab mir so gewünscht, Sie wiederzusehen“, sagte er und wurde daraufhin prüfend von ihr betrachtet. Wenn ihr schon einer so intensiv in die Quere kam, wollte sie wenigstens wissen, wie er aussah.

Er hatte fröhliche Augen. Blonde, frisch gewaschene Haare, die ihm immerzu in die Stirn fielen. Er war lang und eckig, trug Jeans und ein kariertes Hemd und eine Jeansjacke, deren Kragen beim Anziehen zur Hälfte nach innen geraten war. Ein ebenso sympathischer wie harmlos wirkender junger Mann mit einer Kristallvase unterm Arm.

„Sie sind verrückt“, sagte sie und ging ihrem Kollegen nach.

„Bis morgen, Doktor!“ rief Bastian. „Ich komm jetzt täglich.“

In diesem Augenblick krachte und klirrte es. Das war die Vase. Bastian zog sich hastig die Jacke aus, fegte die Scherben in sie hinein und floh per Lift.

Katharina II. von links

Es WAR so schön friedlich, als er nach Hause kam. Seit er an der Münchner PH studierte, bewohnte Bastian eine Mansardenwohnung – sie umfaßte ein Zimmer, eine Rumpelkammer, Bad und Küche – in einem Altbau nahe den Isarauen. Er war das Lieblingsthema der weiblichen Mieter im Treppenhaus. Sie hatten so ziemlich alles an ihm zu besprechen – sein Privatleben, seine Gewohnheiten, die Fenster putzte er auch nie und verlor ständig etwas, wenn er seine überfüllten Mülltüten auf den Hof hinuntertrug. Außerdem hatte er lange Haare. Insgesamt waren sie der Meinung: „Wenn das mein Sohn wär – ! Dem würd ich vielleicht – !!" – und mochten ihn trotzdem ganz gern.

Bastian ging an den Eisschrank. Im Eisschrank standen ein übriggebliebenes Marmeladebrot vom Frühstück, ein uraltes Joghurt und – welch Lichtblick – auch zwei Biere.

Bastian trank die Biere und rauchte dabei aus dem Giebelfenster auf den grünen, runden Kopf der Hofkastanie. Er war verknallt, jedoch dabei noch immer logisch. Er fragte sich, was soll ich mit einer Ärztin!? So eine Frau hat erstens kaum Zeit, und zweitens stellt sie Ansprüche. Sie würde versuchen, Ordnung in sein Leben zu bringen. Beruflichen Ehrgeiz von ihm erwarten. Bürgerliche Anzüge.

Aber was regte er sich auf? Die Freude erwartete ja gar nichts von ihm. Sie war vernünftig genug, sein Balzen nicht ernst zu nehmen.

Bastian suchte im Radio, bis er etwas fand, das einem sehnsüchtigen Sommerabend ungefähr entsprach. Als das Bier zu Ende war, ging er auf seinem Sofa zu Bett.

Irgendwann bellte eine Klingel in seinen tiefen Schlaf. Bastian schreckte hoch, wußte erst nicht, wo er war, und tappte zum Telefon. Er stieg mit dem Apparat in sein Sofabett und schimpfte „Guthmann" in den Hörer. „Was – wer? Was für 'n Krankenhaus?"

Eine dunkle, müde klingende Frauenstimme sagte: „Ich ruf Sie im Auftrag von Susi Schulz an. Ihr Baby ist da."

„Mitten in der Nacht?"

„Es ist ein Mädchen. Fast sieben Pfund. Eine ganz normale Geburt."

„Na fein", sagte Bastian. „Gratulieren Sie von mir, und vielen Dank für 'n Anruf." Plötzlich war er hellwach. „Hallo", schrie er in den Hörer, „mit wem spreche ich? Sind Sie es?"

„Wer – ich?"

„Na eben Sie –"

Kurzes Zögern, dann: „Ja, wieso?"

„Schön", sagte Bastian. „Ich bin nicht der Vater."

„Ich weiß. Frau Schulz hat mir aber gesagt, daß Sie wohl der einzige Mensch sind, der sich ein bißchen freut, wenn ihr Baby da ist."

So eine gute Meinung hatte dieses Mädchen, das ihm fast fremd war, von ihm. Eine Meinung allerdings, die beinah die Verpflichtung einschloß, sich um sie zu kümmern.

„Frau Schulz hat übrigens eine Bitte an Sie, Herr Guthmann. Sie hat fest mit einem Jungen gerechnet und keinen Namen für ein Mädchen und ob Sie nicht vielleicht einen Namen wüßten."

„So auf Anhieb?" fielen ihm seine Schwestern Leni und Rosi ein – aber dann kam ihm eine Idee. „Ich weiß einen: Wie heißen Sie?"

„Ich?" Kurzes Zögern, dann ungern: „Katharina. Aber . . ."

„Schönen Gruß an Susi Schulz, und ich fände den Namen Katharina schön."

„Aber das ist doch –"

„Bitte!" sagte er sanft.

„Ich werd's ausrichten. Gute Nacht, Herr Guthmann."

„Gute Nacht, Katharina . . ."

Er legte den Hörer auf, umarmte seine angezogenen Knie und grinste blödsinnig froh auf seine Zehen hinab.

„Katharina Freude. Katharina – Katharina . . ."

GEGEN sechs Uhr pflegte Schwester Theresa geradezu widerlich frisch die Krankenzimmertür aufzureißen und ihr „Guten Morgen! Guten Morgen!" den schlafenden Patientinnen um die Ohren zu klatschen. Sie verteilte die Thermometer und schüttelte herzhaft Martha Guthmanns Hand, als sie an ihr Bett trat. „Na, das war vielleicht eine Überraschung. Herzlichen Glückwunsch!"

Großmutter sah sie nichts begreifend an. „Wozu denn?"

Theresa drohte mit dem Finger. „Tun Sie doch nicht so scheinheilig. Sie wissen ganz genau, was ich meine."

„Was denn? Sagen Sie doch mal!"

„Sie sind Urgroßmutter geworden, Frau Guthmann."

„Ich? Schon wieder? Ich wußt ja gar nicht, daß was fällig war. Diese Familie vermehrt sich wie die Karnickel. Dreizehn Enkel hab ich, davon acht verheiratet und von denen schon wieder neun Urenkel. Einer hat immer Geburtstag. Das frißt die Pension. Wer ist es denn diesmal?"

„Na, Ihr Enkel, der Sie immer besuchen kommt!"

Großmutter richtete sich erschüttert auf. „Der Bastian? Der Bastian ist Vater geworden? Das gibt's doch nicht!"

„Ja ist der junge Mann denn überhaupt verheiratet?" erkundigte sich Frau Schüssle, nun auch hellwach.

„Nein", sagte Großmutter giftig, „ist er nicht. Kann er auch so. Aber daß er mir nichts erzählt hat!" Sie stieß Schwester Theresa, die Puls bei ihr messen wollte, beiseite. „Jetzt Puls messen? Was glauben Sie, wie der rast. Woher wissen Sie's denn?"

„Von der Nachtschwester weiß ich's. Mutter und Kind liegen auf demselben Stock. Es ist ein Mädchen."

„Hier?" Frau Schüssle war hingerissen. „Auf unserm Stock! Und Sie wissen nichts davon, Frau Guthmann, ja, was sagt man denn dazu!?" Großmutter sagte gar nichts. Sie kochte.

Zur gleichen Zeit stand Dr. Freude an Susi Schulz' Bett. Das Mädchen hatte zwar eine leichte Geburt hinter sich, aber es war jetzt niemand da, der sich mit ihr über das Neugeborene freute. Susi lag zudem zwischen zwei Wöchnerinnen, die mit Blumen und Telegrammen von strahlenden Anverwandten gefeiert wurden. Sie behandelten Susi Schulz eine Spur zu mitleidig, und Susi war nicht der emanzipierte Typ, der damit leicht fertigwurde.

„Haben Sie Bastian Guthmann angerufen?" fragte Susi.

„Hab ich. Schöne Grüße, und er freut sich sehr."

Susi lächelte getröstet. „Haben Sie ihn nach einem Namen gefragt?"

„Er meinte – vielleicht Katharina?"

„Katharina", sagte Susi erschrocken. „Ist das nicht ein bißchen lang und ernst für so ein kleines Baby? Wie ist er denn darauf gekommen?"

„Ganz blöd", lachte die Freude. „Er hat mich gefragt, wie ich heiße. Er wollte sich wohl das Nachdenken ersparen."

„Ach so."

Katharina Freude drückte kurz Susis auf der Bettdecke ruhende Hand. „Freuen Sie sich über Ihr Baby. Es ist ein ganz besonders hübsches Mädchen."

„Finden Sie?" fragte Susi ein bißchen stolz. „Ich werd's Kathrinchen rufen, das klingt nicht so ernst."

Am selben Morgen stand Bastian Guthmann auf dem Viktualienmarkt vor seinem Blumenstand, nun schon beinah befreundet mit der Standfrau.

„Ja, Sie –", begrüßte sie ihn staunend.

„Ja, ich schon wieder. Inzwischen habe ich noch einen Fall im Spital – seit heute nacht sind's sogar drei. Drei Weiber."

„Herrgottzeiten – schon drei! Sie, des muaß a Virus sein."

Anschließend ging Bastian in ein Spielwarengeschäft.

„Vielleicht ein Schlaftier oder eine Spieluhr?" fragte die Verkäuferin in der Babyabteilung.

Spieluhren interessierten ihn.

Die Verkäuferin brachte ihm zwei Modelle und zog sie hintereinander auf. Das eine war ein hölzerner Mond mit aufgemaltem Gesicht, das zweite eine Kasperlepuppe, die man schütteln mußte, damit sie „Weißt du, wieviel Sternlein stehen?" klimperte.

Bastian entschloß sich zum Mond. Der bimmelte am billigsten. Er hängte ihn in seine Else und zog ihn immer wieder auf. „Guter Mond, du gehst so stille" an einem strahlend schönen Sommermorgen.

„Katharina, ach du gehst so stihille
in dem weißen Kittel vor dich hin ...
Katharina, du mein letzter Wihille ..."

An der Rezeption des Krankenhauses hatte er Schwierigkeiten mit der Schwester. Sie wollte ihn nicht schon wieder am Vormittag hineinlassen.

Bastian zog den guten Mond auf und ließ ihn in den Glaskasten hineinbimmeln.

„Sagen Sie bloß, der ist für Ihre Oma!"

„Der ist für meine Nichte. Ich bin heut nacht in diesem Hause Onkel geworden, Schwester, seien Sie nett ... bitte ..."

„Nur in Notfällen . . ."

„Dies ist ein Glücksfall!"

„Also wissen S'!" Sie begriff sich selbst nicht. Sonst ließ sie niemand außerhalb der Besuchszeit zu den Dritte-Klasse-Patienten. Diesen Burschen nun schon zum zweitenmal.

Bastian fuhr in den dritten Stock, guckte beim Aussteigen nach rechts und links, ob er auch nicht Schwester Theresa begegnete – die hielt so gar nichts von seinem Charme. Zimmer 311 lag links vom Lift.

Er ging den Gang hinunter. Hinter einer durch Blattpflanzen abgedeckten Sitzecke lauerte seine Großmutter und fiel mit strengem Vorwurf über ihn her: „Endlich kommst du! Seit einer Stunde warte ich auf dich!"

„Woher wußtest du denn, daß ich heut herkomme? Ist was passiert?"

Seine Großmutter sah ihn an, als ob sie ihn nicht mehr leiden konnte. „Das fragst du mich?" und schmetterte ihm „Sieben Pfund" ins Gesicht. Bastian guckte dumm.

„Mit schwarzen Haaren! Auf dem gleichen Stock!! Und ich muß es von Schwester Theresa erfahren."

Manchmal war er ein bißchen begriffsstutzig.

„Du mußt sie natürlich heiraten."

Endlich fiel bei ihm der Groschen, und er fing an zu lachen.

„Lach nicht", schrie sie, „es ist eine Schande. Setzt Kinder in die Welt und drückt sich vor der Verantwortung."

Bastian fiel die Spieluhr ein. Er zog sie auf und hielt sie seiner Großmutter ans Ohr. Dadurch beruhigten sich beide. Martha Guthmanns Zorn und Bastian Guthmanns Lachreiz.

„Frau Guthmann, ich will dir mal was sagen. Ich kenne das Mädchen kaum, das heute nacht ein Kind gekriegt hat. Ich bin nicht der Vater. Das ist ein Referendar aus Köln."

„Ehrlich?"

„Ehrlich."

„Schade", sagte sie, „ich hatte mich schon an den Gedanken gewöhnt."

Schwester Theresa kam mit dem Säuglingswagen um die Ecke und war so verlegen, als sie Guthmanns sah, daß sie vergaß, Bastian von der Station zu fegen. „Da habe ich vielleicht einen Irrtum angestellt. So was Peinliches."

„Ich weiß schon“, sagte Großmutter und erhob sich, um in den Wagen zu schauen. „Ist es dabei?“

„Katharina? Ja – die zweite von links.“

„Wie das klingt! Wie Katharina II. von Rußland.“

Und damit hatte das Baby seinen Spitznamen weg: Katharina II. von links.

Martha Guthmann brach in helles Entzücken aus. „So ein goldiges Ding! Nein, so was Herziges!“ Sie nahm ihrem Enkel beinah übel, daß ihm da ein Referendar zuvorgekommen war.

Bastian interessierte weniger das Baby als der Wagen mit seiner gläsernen, aufklappbaren Kuppel, in dem fünf lebendige Päckchen nebeneinanderlagen.

„Sagen Sie, Schwester, gibt's hier Wespen?“

„Bei uns? Bei uns gibt's überhaupt kein Ungeziefer, was glauben Sie?“

„Ich frage ja nur. Wegen dem Wagen. Der Konditor in unserer Straße hat auch solchen. Da sind seine Obsttorten drin während der Wespensaison.“

Beide Frauen sahen ihn finster an.

„Stimmt aber“, verteidigte er sich. Und dann begehrte er die Mutter zu sehen, aber Schwester Theresa sagte, er müsse warten bis nach dem Stillen.

„Dauert das lange?“

„Das kommt drauf an.“

„Ist Dr. Freude im Haus?“

Theresa sagte mürrisch, sie wüßte es nicht, vielleicht sei sie fort, und verschwand.

„Ich geh dann wieder, Oma – Servus.“

Aber er durfte nicht. „Sag mal, warum kommst du eigentlich her? Gestern bist du zu mir hinein und wieder hinaus, um eine Vase zu suchen, und bist danach nicht wiedergekommen. Heute kommst du, um eine junge Mutter zu besuchen, und willst wieder gehen, ohne sie gesehen zu haben. Wen besuchst du hier eigentlich?“

„Servus, Omi.“ Weg war er wie ein geölter Blitz. Er hatte Katharina Freude am Ende des Flurs gesehen. Kurz hinter ihr zog er die Bremse. Sie wandte sich erschrocken um.

„Schwester Theresa sagte, Sie wären schon fort.“

„Wenn Schwester Theresa das sagt, wird's wohl stimmen.“ Sie wandte sich der Lifttür zu, ohne ihn zu beachten.

„Ich gehe Ihnen auf den Wecker", sagte Bastian einsichtsvoll.

„Das sagen *Sie.*"

„Und Sie denken es."

Der Lift kam. „Wiedersehen, Herr Guthmann."

Bastian zog rasch die Spieluhr auf und sang dazu:

„Katharina, ach du gehst so stille
durch das ernste, alte Krankenhaus.
Katharina, du mein letzter Wille . . ."

„Pschscht! Sind Sie verrückt?" Der Lift verschluckte Katharina. Dafür sah Bastian seine Großmutter wie ein Mahnmal neben sich stehen.

„Wolltest du nicht die junge Mutter besuchen?"

Bastian erschien es ziemlich lange, bis die Damen fertiggestillt hatten und er ins Zimmer durfte.

Susi döste vor sich hin. Er blieb am Fußende des Bettes stehen. „Na, Mütterchen?"

Susis Gesicht entspannte sich in einem Lächeln. „Na, du?"

„Katharina hab ich schon gesehen."

„Die Ärztin sagt, es wäre ein besonders hübsches Baby. Findest du das auch?"

„Goldig", sagte Bastian. Das war zwar eine ungebräuchliche Vokabel in seinem Wortschatz, aber Großmutter hatte „goldig" gesagt, und so würde es wohl stimmen. Er legte Blumen und Spieluhr auf ihren Nachttisch und setzte sich auf Susis Bettrand. „Du freust dich doch hoffentlich?"

„O ja." Sie winkte ihn zu sich herab und flüsterte: „Ich wäre bloß lieber meine Nachbarin."

Bastian sah hinüber.

„Wegen der vielen Blumen?"

„Wegen der vielen Familie, die sich mit ihr freut."

„Familie ist schön, bloß bös muß man mit ihr sein. Glaub mir, ich spreche aus Erfahrung. Ich habe mindestens sechzig Verwandte, davon sind höchstens fünf brauchbar. Nicht mal mit meiner Mutter versteh ich mich mehr, seit sie noch mal geheiratet hat. Aber bitte, es ist ihr Leben."

„Alleinsein ist schlimmer", seufzte Susi.

Er spürte, er kam mit seinen burschikosen Trostversuchen nicht an, und wurde deshalb sachlich. „Was ist mit deinen Eltern? Wissen sie es schon?"

„Nein. Niemand." Bittender, hilfloser Blick. „Kannst du es ihnen nicht beibringen?"

„Ich? Wieso ich?" Er ahnte zum erstenmal entfernt, was er sich mit seinem Kümmerposten um Susi und ihr Baby eingehandelt hatte, denn Susi ließ sich ihre Handtasche geben und zog daraus zwei vorbereitete Zettel hervor.

„Hier. Die Telefonnummer meiner Mutter in Stuttgart. Und das ist Vaters Nummer. Er wohnt mit seiner zweiten Frau in Basel." Und dann gab sie ihm alle Unterlagen, damit er Kathrinchen als neuen Staatsbürger anmelden konnte.

Bastian wurde leicht nervös. Schließlich war er nur ein zufälliger Bekannter von Susi Schulz. „Was ist mit dem Referendar aus Köln?"

Susi zog sich abwehrend in ihr Gehäuse zurück. „Den geht das gar nichts an."

„Nein? Aber schließlich ist er der Vater! Er muß zahlen!"

„Niemals! Glaubst du etwa, von dem würde ich was annehmen? Schließlich habe ich meinen Stolz."

„Hast du auch Geld?"

Nein. Geld hatte Susi nicht, aber sie würde sich schon was pumpen. Wenn er noch länger blieb, bekam er bestimmt noch mehr aufgehalst. Deshalb überreichte er Susi Blumen und Spieluhr, küßte sie auf die Stirn und türmte.

Elses Liebestod

Bastian schaukelte den Telefonapparat auf den Knien und hatte eine schrille Stimme im Ohr, die ihm weh tat. Die Stimme redete in großer Erregung und ohne Komma. Sie gehörte Susi Schulzens Mutter, die sich mit der Nachricht, Großmutter geworden zu sein, und dazu noch von einem unehelichen Kind, nicht abzufinden vermochte. Sie fragte nicht einmal nach Susi.

Schließlich wurde es Bastian zu dumm. Er brüllte in ihre langatmigen, selbstmitleidigen Klagen hinein: „Hören Sie! Wieso denn Schande? Was ist denn Schande an so einem kleinen Wurm? – Kann die Susi zu Ihnen kommen? Wenigstens für die erste Zeit? – Ja, verstehe – die Nachbarn –, natürlich. Die Nachbarn sind wichtiger. – In welchem Jahrhundert leben Sie eigentlich???" Er knallte wütend den Hörer auf.

Nun der Vater. Bastian suchte den Zettel mit seiner Rufnummer und bereitete sich seelisch auf neue Hiebe gegen sein Trommelfell vor, da läutete das Telefon.

„Guthmann“, sagte er ergeben in den Hörer.

„Hier auch Guthmann. Mit wem führst du denn Dauergespräche? Ich steh in der Zelle – seit einer halben Stunde besetzt bei dir.“

Seine Großmutter!

„Also, Bub, ich brauch dich. Komm, sobald du kannst.“

Einen Augenblick lang wünschte er sich, ein wohlhabender Kommilitone zu sein, der nach den Abschlußklausuren segeln ging, Mädchen pflückte und sich nicht mit Nachhilfeschülern und den Babys anderer Leute herumärgern mußte. Ab Montag fuhr er auch noch dreimal wöchentlich Taxe ...

Er fuhr zum Befehlsempfang ins Krankenhaus. Er suchte sich auf dem Parkplatz eine Lücke, und dabei sah er Katharina Freude. Das war so gegen Mittag um zwei.

Zum erstenmal sah er sie ohne Kittel in einem wildledernen Anzug, der ihr bezaubernd stand. Er öffnete das Klappfenster und winkte hinaus – sie sah ihn nicht. Da stieg er aus und wollte auf sie zugehen. Doch sie wandte sich einem Mann zu, der ihr gefolgt war. Das war der Chefarzt. Sie stiegen in einen Mercedes und fuhren ab.

Bastian stand da wie ein Mensch im Sonntagsanzug, an dem ein Sprengwagen vorbeigefahren ist. Er wäre bereit gewesen, ihretwegen Terpentin zu saufen. Er hatte ein Kind nach ihr benannt – Katharina II. von links. Er war verliebt in sie. Und sie? Hatte nur Augen für diesen, diesen Mercedesfahrer! Mit Hut –!

Bastian packte eine maßlose Wut. Am liebsten wäre er nach Hause gefahren, aber da stand seine Großmutter im wattierten Morgenrock hinter der Glasscheibe der Eingangstür und hatte alles mit angesehen.

„Das hätte ich dir gleich sagen können“, empfing sie ihn.

„Was?“

„Davon spricht das ganze Krankenhaus. Der Chefarzt ist hinter der Freude her.“

„Na und, na und? Was geht mich das an?“

„Du magst sie doch.“

„Wer sagt denn das? He?“

„Brüll nicht so, es hilft sowieso nichts. Der Herr Professor ist Witwer!“ – Sie nahm ihn bei der Hand. „Jetzt komm. Wir setzen uns da rüber. Bastian, ich sag dir, ich habe die junge Mutter inzwischen besucht, und sie gefällt mir nicht. Sie heult zuviel. Man muß den beiden helfen. Hörst du mir überhaupt zu?"

„Nein."

„Also, hier ist was zum Schreiben. Schreibe: 300 Gramm Babywolle – rosa. Warum schreibst du nicht?"

Er saß da, unfähig, etwas anderes zu tun, als in Gedanken Chefärzte abzumurksen.

Großmutter nahm ihm Bleistift und Papier wieder fort und schrieb selbst ihre Bestellungen auf: 3 Lätzchen mit lustigen Figuren, 3 Strampelhosen, 3 Babyhemden ... „Dann fährst du in meine Wohnung und holst den neuen Wäschekorb. Fräulein Dussler in der Schleißheimer Straße soll den Korb auspolstern, damit das Kathrinchen ein Bett hat, wenn es aus dem Krankenhaus kommt. Rosa-weiß karierten Stoff dafür kriegst du beim Oberpollinger." Sie holte Luft und fuhr fort: „Wenn du das alles gemacht hast, fährst du zu deiner Kusine Annelie und holst die Babywanne und die Waage. Sie braucht sie ja zur Zeit nicht. Das wär's. Nun fahr!"

Bastian schimpfte über seinen ehrenamtlichen Job und rollte dennoch befehlsgemäß zu Ämtern, Kaufhäusern, Kusine Annelie und Fräulein Dussler.

Elses Kofferraum und ihre hinteren Sitze füllten sich. Sein Zorn hingegen nahm mehr und mehr ab.

Als Bastian am wenigsten an Katharina Freude dachte, sah er sie im Rückspiegel. Sie saß neben dem Chefarzt im weißen Mercedes.

Das war an einer Kreuzung. Bastian hatte zwar „Grün", sah jedoch rot und trat die Bremse durch. Das konnte selbst ein Chefarzt nicht ahnen. Er schoß in Elses Hinterteil hinein und mit ihr vor sich her bis zur Mitte der Kreuzung. Dort kam der Unfall zum Stehen.

Bastian saß noch immer benommen in seiner Else, als eine Faust gegen ihr linkes Klappfenster bummerte. Eine Männerstimme überschlug sich vor Zorn. „Sie Nachtwächter Sie, Sie Hornochse! Sind Sie farbenblind? Wissen Sie nicht, was Grün ist?" Bastian blickte den Professor sanft verwundert an. Das Majestätische, das Frau Schüssle so an ihm liebte – wo war es geblieben. Der Professor riß Elses verbogene Tür auf, als wolle er Bastian herauszerren und zusammenschlagen.

„Na, na", jetzt wachte dieser langsam aus seiner Benommenheit

auf. „Anfassen ist nicht.“ Er hielt sich den schmerzenden Nacken.

„Sind Sie verletzt?“ erkundigte sich der Arzt.

Bastian schaute ihn als Antwort wütend an. „Wer auffährt, hat schuld.“

Komisch, wo plötzlich all die vielen Leute herkamen und Zeit zum Gaffen hatten. Bastian stand nun zwischen ihnen und sah zum erstenmal seine Else an. Was er noch von ihr sah, machte ihn sehr, sehr traurig. Und dann bemerkte er Katharina Freude, die ebenfalls ausgestiegen war. Er sah sie an. Sie sah ihn an. Beide sahen dann den Polizisten an, der plötzlich neben ihnen stand.

„Jemand verletzt?“

„Ja, meine Else“, sagte Bastian. „Sehn Sie doch.“

„Machen Sie keine dummen Witze“, fuhr der Chefarzt dazwischen. „Herr Wachtmeister – dieser Mensch hat bei Grün vor der Kreuzung gebremst, was sage ich, einfach angehalten, wer soll das ahnen? Ich konnte nichts mehr machen!“

„Was haben Sie dazu zu sagen?“ fragte der Wachtmeister.

Bastian wiederholte achselzuckend: „Wer auffährt, hat schuld.“

„Geben Sie zu, daß Sie aufgefahren sind?“ wandte sich der Polizist an den Professor, welcher – außer sich vor Ärger – bestätigen mußte: „Natürlich bin ich aufgefahren. Aber schuld hat der. Einwandfrei!“

Der Wachtmeister benutzte den Mercedes als Pult für sein Notizbuch.

„Zuerst mal die Personalien.“

„Hören Sie zu, Herr Wachtmeister – ich bin Professor Klein, ich bin Chefarzt. Ich kann meine Zeit nicht mit Lappalien vertrödeln. Fräulein Dr. Freude ist meine Zeugin.“ Klein beschwor Katharina: „Sag doch – sagen Sie doch was, Kollegin! Sie saßen neben mir. Sie haben gesehen, wie der Mensch bei Grün gebremst hat. – Katharina!!“

Katharina Freude sagte endlich, wie aus einem Traum erwachend: „Tut mir leid, ich habe nichts gesehen. Ich schaute aus dem Fenster. Plötzlich krachte es ...“ Sie hob bedauernd die Schulter und sah Bastian an. Der Arzt sah Bastian an. Alle Umstehenden sahen ihn an. Bastian sah Katharina an. Katharina lächelte.

„Geben Sie zu, daß Sie scharf gebremst haben, ohne behindert worden zu sein?“ fragte ihn der Polizist.

„Ja.“

„Na bitte – bitte – er gibt zu, daß er grundlos gebremst hat!" rief Klein erleichtert.

„Was heißt ‚grundlos'!" sagte Bastian und sah Katharina an.

Der ganze Vorfall dauerte etwa eine Stunde inklusive Zusammenstoß, Austausch gegenseitiger Beleidigungen und Versicherungsnummern, langwieriger Personalaufnahmen und Unfallschilderungen. Nachdem man die beiden ineinander verkeilten Autos getrennt hatte, fuhren Professor Klein und Katharina leicht verbeult vom Schauplatz.

Bastian schob und zog seine Else mit Hilfe eines Bierausfahrers an den Straßenrand. Sie tat ihm so leid. Else war reif für den Abdecker.

Er lud seine Einkäufe in die durch den Unfall verbeulte Babywanne, setzte die Waage obendrauf und stieg damit in ein Taxi.

Abgesehen von seiner tiefen Trauer um ein altes Auto und dem Ärger, von jetzt ab wieder mit der Straßenbahn fahren zu müssen, war Bastian nicht so verbittert, wie er es eigentlich hätte sein müssen. Das lag an Katharina Freude. Sie hatte nicht gegen ihn ausgesagt, auf die Gefahr hin, alle Sympathien ihres Chefarztes zu verlieren. Sie wußte, daß er ihretwegen gebremst hatte. Und das Schönste von allem – sie hatte ihn angeschaut wie eine Frau, die sich langsam und staunend verliebt.

Martha Guthmann empfing Bastian bereits in der Eingangshalle. „Wo warst du denn so lang? Ich dachte, du kommst nicht mehr, bei dir weiß man ja nie – schickt man dich um eine Vase, kommst du erst am nächsten Tag wieder. Hast du alles besorgt?"

„Zähl nach." Er wuchtete die schwere Babywanne auf einen Tisch. Sie überflog kurz ihren Inhalt.

„Und warum kommst du so spät?"

„Ich hatte eine Karambolage."

„Stell dir vor, der Chefarzt auch, sagt Schwester Theresa. War's schlimm?"

„Meine Else ist hin."

„Ah geh –", sagte Großmutter. „Aber ich hab's dir ja immer gesagt, Bub ..., du wolltest ja nicht hören: Das hast du nun von deiner Raserei!"

Ohrenwackeln

Zwei Tage später ging Bastian Guthmann zum erstenmal mit Katharina Freude aus. Aber das war erst am Abend. Am Vormittag desselben Tages wurde seine Großmutter aus dem Krankenhaus entlassen.

Sie schied wie eine Landesmutter. In den zwei Wochen ihres Spitalaufenthaltes hatte sie sich mit der gesamten gynäkologischen Station angefreundet – mit den Schwestern, Putzfrauen und den Patientinnen, ob diese wollten oder nicht. Martha Guthmann überfuhr jeden mit ihrer despotischen Herzlichkeit. Sie mochte nun mal Mitmenschen, und dieselben hatten, verdammt noch mal, Martha Guthmann zu mögen. So einfach war das bei ihr.

Als Bastian gegen elf Uhr ins Spital kam, um sie abzuholen, war nur Frau Kynast im Zimmer und eine Schwester, die Großmutters Bett abzog. „Wenn Sie Ihre Großmutter suchen, die ist auf Verabschiedungstournee. Schade, daß sie geht. Sie hat uns alle eingeladen. Nett, nicht?"

„Wissen Sie zufällig, wo sie jetzt ist?"

„Keine Ahnung. Vielleicht bei Fräulein Schulz?"

Bastian schritt wie ein Sieger durch die Flure. Denn von jetzt ab brauchte er nicht mehr durch die Gänge zu flitzen in der Hoffnung, einen erstaunten Blick von Katharina Freude zu erwischen. Von jetzt ab wählte er ganz einfach ihre Telefonnummer. Er hatte deren zwei erhalten, die private und die vom Spital, und er hatte in 24 Stunden schon fünfmal bei ihr angerufen. Er hatte sie aus dem Schlaf geholt und aus der Badewanne und aus einer Chefbesprechung, und wenn er ihre Stimme hörte, dann wußte er nicht mehr, was er sagen wollte, weil seine Gefühle und seine Phantasie schon viel zu intim mit ihr umgingen.

Vor allem aber war sie selbst noch nicht soweit. Nach der vierten Störung antwortete ihm nicht mehr die amüsiert-abwartende Stimme einer Frau, die sich den Hof machen läßt, sondern die kühle Ungeduld einer Ärztin, die Lebenswichtigeres zu tun hat, als sich halbe Sätze und verliebte Pausen am Telefon anzuhören.

Bastian grüßte nach rechts und links, als er über den Flur zu Susis Zimmer ging. Er hatte schon viele Bekannte hier.

Susi Schulz stand im rosa Morgenrock vor ihrem Bett und wischte Krümel vom Laken.

„Wer nie sein Brot im Bette aß, weiß nicht, wie Krümel pieken."

„Ach du, Bastian." Sie stand gleich darauf liebebedürftig in seiner Umarmung herum und gab ihr damit eine Bedeutung, die über eine herzlich gemeinte Begrüßung weit hinausging und Bastian verlegen machte.

Er tat, als ob er niesen müßte – so kam er am leichtesten von ihr frei. „Geht's denn, Mütterchen?"

„Ich bin ein bißchen fertig, weißt du." Susi setzte sich auf den Bettrand. „Bei jeder Kleinigkeit könnte ich heulen. Alle Probleme erscheinen mir übergroß. Ich denk immer, sie erdrücken mein Kathrinchen und mich. Die Freude sagt, das ist typisch nach einer Geburt."

„Haben sich deine Eltern inzwischen gemeldet?" fragte Bastian.

„Meine Mutter hat geschrieben, daß sie uns nicht brauchen kann. Ihre Wohnung ist zu klein. Mein Vater hat 300 Mark geschickt. Aber davon darf seine zweite Frau nichts wissen. Sie machen es sich alle so leicht." Susi sah zu ihm auf. „Wenn ich dich nicht hätte, Bastian!"

Wieso hat Susi mich? dachte er besorgt.

„Ich wünschte, du wärst Kathrinchens Vater", sagte Susi.

„Nein", sagte Bastian erschrocken, „hör zu, ich mag dich ehrlich, Susi, und wenn ich was für dich tun kann, jederzeit, aber –"

„Ich mein ja bloß, wenn du Kathrinchens Vater wärst, dann wäre deine Großmutter Kathrinchens Urgroßmutter."

„Ja und?"

Susi seufzte. „Dann hätte Kathrinchen es schön. Deine Großmutter ist wunderbar, Bastian."

Zum erstenmal tat Susi ihm mehr leid als er sich selbst in der Angelegenheit Katharina II. von links. „Wird schon werden, Susi", tröstete er schulterklopfend.

Martha Guthmanns geräuschvoller Einbruch ins Krankenzimmer beendete das Gespräch. „Hier steckst du, ich such dich! Komm mal mit." Sie ließ ihm keine Zeit, sich von Susi zu verabschieden, winkte selbst nur ein flüchtiges „Bis bald, Kindchen" in ihre Richtung und schoß aus dem Zimmer, Bastian hinterher.

„Nun sag schon!"

Martha Guthmann zog aus ihrer großen kunstledernen Hebammentasche eine Rechnung hervor. „Da, lies mal! Eine Unverschämtheit!“

„Deine Spitalrechnung. Na und? Glaubst du, hier gibt’s was umsonst?“

„Lies mal die Preise“, tobte Großmutter. „Allein für die Narkose! Ja, bin ich ein Elefant, daß sie so viel gebraucht haben, um mich umzulegen?“

„Schadet dir gar nichts. Was bist du in keiner Kasse.“

„Warum sollte ich in eine Kasse, wenn ich immer gesund war? Ich mein bloß, Bub, wo soll das mit den Preisen hin? Allein fürs Liegen dritter Klasse kann ich ins Luxushotel ziehen. Mit Bad und Frühstück!“

Im selben Augenblick sah sie zwei Patientinnen, von denen sie sich bisher noch nicht verabschiedet hatte. Ihr Zorn schlug in Herzlichkeit um. Sie nannte die beiden beim Namen, ließ einen Verlobten grüßen und lud beide Frauen ein, sie möglichst bald zu besuchen.

Vor dem Ärztezimmer blieb sie stehen, klopfte an und eilte auf den Schreibtisch zu, an dem Katharina Freude saß und telefonierte.

„Ich will nicht weiter stören, Fräulein Doktor, ich möchte mich nur verabschieden, und nochmals alles Gute.“

Katharina mußte Telefonhörer und Zigarette niederlegen, weil Großmutter beabsichtigte, ihre beiden Hände zu schütteln.

„Wenn Sie mal einen freien Nachmittag haben, dann besuchen Sie mich, ja?“

Katharina bedankte sich und verabschiedete sich von Bastian.

„Komm endlich, Bub!“

An der Tür kehrte er noch einmal um, nahm einen Bonbon aus seiner Tasche und legte ihn vor Katharina hin. „Bis heut abend.“

Sie lachte.

„Was hast du ihr gegeben?“ fragte Großmutter, als sie den Gang hinunter zu ihrem Zimmer gingen, um den Koffer zu holen.

„Einen Bonbon“, sagte Bastian.

„Bonbon? Einer Ärztin??? Ja, Bub, das kannst du doch nicht machen! Den andern bietest du keinen an, verstanden?“

„Nein“, sagte er, „den anderen Ärzten nicht.“

Während Bastian hinter seiner Großmutter zum letztenmal das Zimmer 338 betrat, wickelte Katharina Freude Bastians Bonbon aus und steckte ihn in den Mund. Sie hatte sich gerade so schön eingelutscht, als der Chefarzt hereinsah.

„Gut, daß ich dich mal allein treffe“, sagte er und zog die Tür hinter sich zu. O weh, dachte Katharina.

Klein schwang sich halb auf ihren Schreibtisch und zündete eine Zigarette an. „Sehen wir uns heute abend?“

„Heut geht's unmöglich. Ich muß zum Geburtstag. Leider.“

„Was hast du denn da im Mund?“

„Bonbon.“

„Bonbon, Bonbon“, wiederholte er gereizt. „Macht mich ganz nervös.“

Katharina nahm folgsam den Bonbonrest aus dem Mund und wickelte ihn in sein Papier zurück – eine völlig blödsinnige Handlung, fand der Professor.

„Du hast dich verändert.“

„Ich? Wieso?“

„Bei der Visite hast du aus dem Fenster geträumt.“

„Nicht nur bei der Visite. Eben schon wieder. Es ist so ein schöner Tag heut, und wir haben so gar nichts davon, nicht wahr?“

„Sag mal, Mädchen, was ist los mit dir? Bist du verliebt?“

„Ich?“

„Stell dich nicht so dumm, du weißt es ganz genau.“

Sie wußte es wirklich nicht – noch nicht.

Klein wurde vom Chef der Chirurgischen gesucht und verließ grußlos und gekränkt das Ärztezimmer.

O weh, dachte Katharina noch einmal.

Im Grunde mochte sie ihn gern. Sie hielt ihn für einen guten Arzt, von dem sie viel lernen konnte. Sie war zweimal mit ihm ausgegangen. Einmal ins Theater und einmal zu seinen Freunden aus der Schickeria, die sie wie einen Fremdkörper behandelten. (Was wollte denn die kleine Maus? Gab's nicht genügend alleinstehende Frauen in ihrer Clique für ihn?)

Und nun war ihr der junge Guthmann dazwischengekommen. Anfangs störend, dann unwiderstehlich.

Seinetwegen verließ Katharina Freude zum erstenmal den Pfad der Vernunft und marschierte richtungslos ins Grüne hinein. Na denn ...

BASTIAN stand vor seinem Kleiderschrank und zog alle hineingeknüllten Hemden aus ihm heraus; er besah sich die angeschmuddelten Kragen auf der Suche nach dem, der den saubersten Eindruck machte. Mitten in diese Entscheidung hinein schellte die Türklingel. Bastian öffnete.

Aus dem Halbdunkel des Treppenflurs trat ein hochgewachsener, schöner, naturlockiger Mann auf ihn zu, ein deutscher Achill im Sportsakko, mit Krawatte und der Selbstzufriedenheit der kaufmännisch Erfolgreichen. Sein zahntechnisches Labor beschäftigte viele Angestellte.

„Klappzahn", sagte Bastian und spürte, wie sich ihm das Gefieder sträubte. „Was willst denn du? Ich kann dich nicht brauchen, ich hab was vor. Na, komm schon rein, aber nur fünf Minuten. Hat unsere liebe Mutter geschrieben, daß du nach mir schauen sollst, ob auch was Ordentliches aus mir wird, ja?" Und ehe sein Bruder antworten konnte: „Bestell ihr schöne Grüße, es geht mir gut. Für meine Klausuren habe ich fleißig studiert. Nun muß ich mich in Geduld üben, denn vor Mitte August ist das endgültige Ergebnis nicht zu erwarten."

Sie waren ins Zimmer gegangen. Bastian hob zwei der herumliegenden Hemden auf und hielt sie seinem Bruder zur Begutachtung hin. „Welches von beiden ist das sauberste?"

Karl Guthmann sah staunend hin. „Sagtest du ‚sauber'?"

„Dann muß ich mir doch noch eins kaufen."

„Jetzt", fragte Karl, „zehn vor sieben?"

„Was mache ich denn da?"

Bastian sah seinen Bruder an: das einzig saubere Hemd in diesem Raum hatte Karl F. Guthmann an.

„Karli", sagte Bastian, „du bist doch mein Bruder."

Karl trat einen mißtrauischen Schritt zurück.

„Wir haben uns immer gut verstanden."

„Wir?" fragte Karl überrascht. „Wann war denn das?" Und wehrte Bastians Hände ab, die nach seinem Hals griffen. „Was willst du denn? Faß mich nicht an. Ja, spinnst du?"

Es WAR das erstemal, daß Karl Guthmann Schlips und Jackett auf der bloßen Haut trug, und das am Steuer seines Porsche. Es war das erstemal, daß Bastian ein elegantes Qualitätshemd trug.

Sie fuhren an der Isar entlang und dann die Maximilianstraße hinunter. Kurz vor der Oper sagte Bastian: „Halt hier an, ich geh das letzte Stück zu Fuß."

„Warum?" sagte Karl. „Ich kann dich doch bringen."

„Nein“, sagte Bastian. „Immer willst du meine Mädchen haben. Such dir selber welche.“ Er stieg aus. „Du bist nämlich genau der Typ, der zu ihr passen würde. Schönen Dank fürs Bringen.“

„Was ist mit meinem Hemd?“

„Bald“, rief Bastian hinter sich und lief davon. Karl Guthmann fuhr ihm langsam nach. Sah, wie sein Bruder auf ein altes Karmann-Ghia-Cabrio zu steuerte.

Katharina Freude hatte ein blaues Kleid mit großen weißen Punkten an und einen gestärkten Bubikragen um den Hals. Sie sah aus wie ein Kind am Sonntag.

„Warten Sie schon lange?“ fragte Bastian auf sie nieder.

„Ümüm. Ich bin grad erst gekommen.“

„Schön, daß Sie gekommen sind“, sagte er und stieg ein. Ein grüner Porsche fuhr langsam an ihnen vorbei, der Fahrer mit Schlips auf nackter Brust schaute sich Katharina gründlich an, dann winkte er und schoß davon wie auf dem Nürburgring.

„Alter Angeber!“

„Kennen Sie ihn?“

„Flüchtig. Es ist mein großer Bruder. Aber wie Brüder standen wir nie – wir hatten nur zufällig dieselben Eltern. Karl macht Zähne. Darum nenn ich ihn Klappzahn. Das ärgert ihn, wissen Sie?“

„Und wo fahren wir jetzt hin?“

„Och, irgendwohin, wo ich ungestört auf Sie einreden und Bier trinken kann.“ Er rutschte in seinen Sitz hinein und sah Katharina sehnsüchtig an. „Ich hab Ihnen ja so viel zu sagen.“

Um es gleich vorwegzunehmen – er kam an diesem Abend nicht dazu.

Im Biergarten in Grünwald unter Kastanienbäumen waren sie noch beim Lesen der Speisekarte, als ein jüngeres Ehepaar mit Hund hereinkam. Die Frau brach in Jubel aus, als sie Katharina sah.

„Nein – so ein Zufall – die Kathi – (wir haben zusammen das Abitur gemacht, Schorschi, weißt du) – ja, sag –! Lebst du in München? Und ich hab das nicht gewußt – darf ich vorstellen – guten Abend –“

Zwölf Jahre lang hatten sich die beiden Frauen weder gesehen noch vermißt. Ausgerechnet heute – !

Sie tranken Bier und aßen Spanferkel. Dabei erzählten sie von lauter Leuten, die Bastian nicht kannte. An ihn dachte niemand. Es sprach ihn nicht mal einer an.

Als er schon verzweifeln wollte, sagte Katharina: „Es wird Zeit. Ich muß früh heim. Wir operieren morgen vormittag." Und dabei sah sie Bastian zwinkernd an.

„Müssen Sie wirklich heim?" fragte er, als sie zum Wagen gingen.

„Ja, aber noch nicht gleich. – Das war kein schöner Abend für Sie."

„Zum Kotzen. Vor allem dieser Typ da, der Mann Ihrer Schulfreundin. Quatscht pausenlos von seinen Tennisturnieren. Wen interessiert denn das? Spielen Sie Tennis?"

„Ja – wenn ich Zeit habe. Und Sie?"

„Nein, aber ich kann Ohrenwackeln."

Katharina blieb stehen und sah ihm interessiert auf die Mähne. Bastian strich sie von den Ohren und konzentrierte sich.

Katharina griente.

Bastian mußte lachen. Aus war's mit dem Ohrenwackeln. Bastian hörte auf zu lachen.

„Ich mag Sie, Kathinka."

Sie sagte nichts dazu, ging um den Wagen herum, sehr zierlich und rockschwingend. Und duftete so schön. Er wäre zu gern einmal mit allen fünf Fingern durch ihr blondes, lockeres Haar gefahren, gegen den Strich natürlich.

Katharina schloß den Wagen auf, stieg ein und öffnete den Riegel von seiner Tür. In Schwabing stiegen sie aus und gingen in eine Diskothek. Es war so dunkel, daß ein junger Mann sie wie Blinde zu einem Platz führen mußte. Sie erkannten eine violette Knutschecke mit burgunderroten Knautschkissen.

Sie waren allein. Wirklich allein.

Bastian gab Kathinka Feuer für die Zigarette und sagte: „Ach, wenn Sie wüßten, was ich Ihnen alles sagen möchte."

Und Katharina, an ihrer Zigarette ziehend: „Nun sagen Sie's schon."

Bastian sagte: „Glauben Sie, daß es hier offenen Wein gibt?"

Sie hatte keine Gelegenheit mehr, seine Zweifel zu teilen, denn mit einem psychedelischen Lichtaufschrei in Russischgrün setzte die Musik ein. Bastian schrie Katharina etwas zu, was sie bei dem Krach nicht verstand. Sie hob bedauernd die Hände.

Bastian nahm die Getränkekarte und schrieb auf die Rückseite. Katharina las: „Es ist so laut hier", und schrieb „ja" darunter. Bastian schrieb: „Gehn wir?" Katharina stand sofort auf.

Der Straßenlärm kam ihnen nach den musikalischen Prügeln auf ihr Trommelfell wie süßes Säuseln vor. Sie standen vor dem Wagen.

„Und wohin jetzt?"

„Jetzt muß ich wirklich heim", sagte sie.

Auf der Leopoldstraße waren die Vorgärten der Lokale überfüllt. Bastian sagte: „Auf einen Schoppen."

Katharina sagte: „Also gut – aber wirklich nur auf einen." Sie fanden nach zehn Minuten einen Parkplatz und nach weiteren zehn Minuten zwei Stühle mit noch brühwarmer Sitzfläche an einem langen Tisch. Da saßen alte und junge Paare und zwei Mädchen neben einem italienischen Gastarbeiter, der in einem Schulheft schrieb. Nach einer Weile kam er nicht weiter und legte den beiden Mädchen sein Heft vor. Die Mädchen brüteten eine Weile über seinem Heft und gaben es dann an Bastian und Katharina weiter. Bastian erkannte auf Anhieb, um was es sich handelte: um das Vaterunser in Sütterlinschrift. Gemeinsam arbeiteten sie das Vaterunser zu Ende. Dann mußte Katharina nach Haus.

Sie fuhren die Leopoldstraße hinauf. Sahen Gammler und hochhackige Transvestiten und Pflastermaler und Schmuckhändler und Inder, die Zeitungen verkauften, und ganz verrückt geschminkte Mädchen im Trümmerfrauenlook von 1945 und nette junge Leute in Jeans.

Katharina fuhr langsam. Bastian hatte das Autoradio angestellt. Eine Gitarre spielte eine klitzekleine, nachdenkliche Melodie.

Der Wagen hielt. Bastian war zu Haus. Stieg aber nicht aus. Suchte endlich ein paar gescheite Worte.

Katharina wartete beinah fünf Minuten. Dann gab sie ihm die Hand. „Vielen Dank für den Abend."

„Er war total verkorkst."

„Fanden Sie? Ich fand ihn komisch."

„Ich hab ihn mir anders vorgestellt. Kann ich Sie morgen abend sehen?"

„Morgen habe ich noch mal Nachtdienst. Ein Kollege ist krank geworden ... Aber nächste Woche vielleicht."

„So lange halte ich's nicht aus", sagte Bastian.

„Gute Nacht", sagte Katharina.

„Ich mag noch nicht aussteigen. Ich bring Sie nach Haus und lauf dann heim."

„Gute Nacht."

„Soll ich mit den Ohren wackeln? Ja?" Er spürte ihre leichte

Gereiztheit und stieg endlich aus. „Also schön. Aber ich werde heute nacht sehr, sehr schlecht schlafen“, versprach er.

Katharina lachte und fuhr davon, ohne sich noch einmal umzusehen.

Bastian stand rundum sehnsüchtig und unzufrieden auf der Straße. Es war ihm an diesem Abend nicht einmal die Idee gekommen, die Kathinka zu küssen. Und dabei hatte er es schon so oft in Gedanken getan. Ja, in Gedanken.

Martha Guthmann verreist ... und die Folgen dieser Reise für Bastian Guthmann

Zwei Tage nach dem ersten Abend mit Kathinka Freude mußte er seine Großmutter zum Hauptbahnhof fahren, denn sie begab sich auf eine längst geplante Verwandtentournee.

Sie eilte im grauen Reisekostüm mit rosa Ausverkaufsbluse den Bahnsteig entlang, in heller Aufregung über Bastian, der ohne Eile mit ihrem Gepäck folgte.

„Nun komm schon, komm, du gehst wie hinterm Sarg! Ist das auch der richtige Zug?“

„Steht ja dran.“

„Was heißt – steht dran! Was dransteht, muß noch längst nicht stimmen.“

Sie blieb vor einem Waggon zweiter Klasse stehen und erklomm das Trittbrett mit Bastians Hilfe, der von hinten schob. Dann eilte sie den Gang hinunter und entschloß sich für ein Abteil, in dem schon eine Dame am Fenster las. Vom Bahnsteig her hörte man Türenknallen und die Aufforderung, von der Bahnsteigkante zurückzutreten.

„Siehst du, Bub. Wenn ich nicht so gedrängelt hätte – steig aus – schnell –“ Sie schaute zum Gangfenster hinaus und entsetzte sich: „Er fährt ja schon.“

„Das ist der andere, Martha“, seufzte er, „der gegenüber. Deiner geht erst in einer halben Stunde.“

„Dann bin ich vielleicht doch im falschen?“

Er sah sie verzweifelt an, verließ den Waggon und baute sich vor dem Gangfenster auf.

„Du mußt nicht warten, bis ich abfahr.“

„Wann kommst du wieder?"

„Wenn ich mit allen Verwandten zerstritten bin."

„Also noch diese Woche."

„Das ist leicht möglich", sagte sie. „Um was ich dich bitten wollte – kümmere dich um die Susi und ihr Kind. Morgen werden sie entlassen."

„Jaja", sagte Bastian.

„Nicht ‚jaja' – tu's wirklich. Weißt du, was ich mir überlegt habe? Susi wäre die richtige Frau für dich."

Bastian warf ihr einen Blick an den Kopf und wollte wortlos scheiden, aber Großmutter rief ihn zurück. „He – du! Wir haben uns noch nicht verabschiedet."

„Also schön. Gute Reise, Martha, und bleib sauber."

„Blöder Hund!"

Sie lächelte zärtlich.

Bastian ging den Bahnsteig hinunter, wie kein erwachsener Mensch zu gehen pflegt – ein wenig schlenkernd, jeden Augenblick bereit, loszurasen, immer etwas findend, was er vor sich herballern konnte.

Einmal blieb er stehen und winkte zurück.

ALS Bastian die Wohnungstür aufschloß, klingelte das Telefon. Er rannte, beladen mit Tüten, ins Zimmer und stellte die Tüten auf den Tisch. Erwartungsvoll riß er den Hörer hoch. Aber es war nicht Katharina, sondern Susis weinerliche Stimme, die fragte: „Bist du's, Bastian? Ich muß dich sprechen! Es ist was Schreckliches passiert. Ein Brief von meiner Wirtin. Sie kündigt mir das Zimmer. Fristlos."

„Kann sie doch gar nicht", sagte er.

„Wir haben ja keinen Vertrag", jammerte Susi. „Sie schreibt, Mutter mit Säugling wäre ihr zuviel. Außerdem braucht sie das Zimmer selbst." Geräuschvolles Schnauben. „Was soll ich denn jetzt machen, Bastian? Wir kommen morgen hier heraus und wissen nicht, wohin."

„Aber du hast doch die Miete für diesen Monat bezahlt. Da darf sie dich ja gar nicht rausschmeißen."

„Ich hab sie eben noch nicht bezahlt", heulte Susi. „Du mußt uns helfen. Geh du zu ihr."

Bastian unterdrückte einen Fluch.

„Fährst du?"

„Also ja –"

Sofort fiel Sonnenschein auf Susis Tränen. „Wart, ich geb dir die Adresse, hast du was zum Schreiben da? Und bitte, wenn du hingehst, zieh dir einen seriösen Anzug an, hörst du?"

WÄHREND Bastian in diplomatischer Mission bei Susis Wirtin weilte, hatte Susi ihre nervöse Spannung auf den Fluren der gynäkologischen Abteilung abgelaufen. Dabei begegnete sie Katharina Freude, die stehenblieb und sie prüfend ansah.

„Ist was? Ist Ihnen nicht gut?"

„Mir ist furchtbar", seufzte Susi. „Stellen Sie sich vor, meine Wirtin hat mir fristlos gekündigt."

„O weh", sagte Katharina. „Darf sie das überhaupt?"

„Was heißt dürfen! Selbst wenn ich mit Polizeigewalt bei ihr einziehen würde, sie fände schon ein Mittel, mich rauszuekeln."

Susis Augen füllten sich. Obgleich sich ihre äußerlichen Reize zur Zeit noch unter einer Pummelfigur im nicht ganz sauberen Morgenrock verbargen, so war doch ihre weibliche Hilflosigkeit präsent. Susi fuhr sie wie ein Geschütz auf.

Katharina, die Tüchtige, Vernünftige, Verantwortungsbewußte, beinah Emanzipierte, die sich täglich Mühe gab, ein wenig mehr von den Vorurteilen und Konventionen ihrer gutbürgerlichen Erziehung loszukommen – Katharina begegnete staunend Susis Mutterreh-Blick. So also machte es ein hilfloses Weibchen. Es zwang seiner Umgebung die Verantwortung für seine eigenen Probleme auf: Nun sorgt mal schön für mich.

Katharina sagte: „Wenn Sie nicht wissen, wohin, dann sagen Sie es mir. Meine Eltern haben ein Haus in Großgmain. Da stehen ein paar Zimmer leer, seitdem meine Schwestern und ich fort sind. Sie könnten sich dort erholen, Kathrinchen hätte es prächtig – allein die gute Luft –, und mein Vater ist Arzt." Um Susi das Dankesagen zu ersparen, fügte sie hinzu: „Ich fühl mich schließlich verpflichtet für ein Baby, dem man meinen Namen aufgezwungen hat."

Ihre Sorge – den Dank betreffend – war überflüssig gewesen. Susi sagte: „Das ist nett von Ihnen, Fräulein Doktor, aber ich hab ja den Bastian."

„Bastian?" Katharina begann nachzudenken.

„Frau Guthmanns Enkel. Er ist gerade bei meiner Wirtin und versucht, sie umzustimmen. Der wickelt jeden ein, wenn er will."

„Meinen Sie?"

„Und wenn es ihm nicht gelingt, wird er uns schon irgendwie unterbringen.“

„Na fein.“ Katharina Freude wünschte Susi viel Glück und ging den Flur hinunter.

So bekam sie nicht mehr mit, wie Bastian Guthmann aus dem Fahrstuhl stieg mit einem so eindeutig bedepperten Gesichtsausdruck, daß Susi bloß „Ach Gott“ hauchte.

„Deine Sachen sind unten im Taxi“, sagte er. „Sie hat mir alles nachgeschmissen. Der Lampenschirm hat ein Loch davon. Tut mir leid.“

Susi nickte und suchte in den Taschen ihres Morgenrocks. Gleich gibt es einen Wolkenbruch, ahnte er alarmiert, der mich am Fortgehen hindert. Ich muß aber weg. Ich fahr schließlich Taxe, um Geld zu verdienen. Ich brauche Kundschaft, nicht schon wieder Probleme.

„Was soll nun werden?“ In Susis Stimme fielen die ersten Tropfen. „Wo sollen wir morgen hin?“

„Hast du denn keine Freunde in München, bei denen du bleiben kannst, bis du was Neues hast?“

„Wer nimmt mich schon mit Baby!“

Bastian nagte an der Unterlippe. „Von deinem Vater hast du dreihundert Mark gekriegt“, erinnerte er sich. „Nimm dir ein Zimmer in einer Pension.“

„Du redest von Geld, wo ich menschliche Hilfe brauche! Wenn wenigstens deine Großmutter da wäre“, schluchzte Susi. „Sie meint es so gut mit uns! Können wir nicht bei dir, Bastian – ?“

Das war's, was er im Unterbewußtsein die ganze Zeit befürchtet hatte. „Bei mir? Du hast wohl 'n Kaiser gesehen! Das Zimmer reicht gerade für mich. Und die Kammer –“

„Die Kammer würde völlig genügen“, hakte Susi sofort ein. „Es ist ja nur für ein paar Tage – bis ich was Passendes gefunden habe.“

„Es geht wirklich nicht“, sagte Bastian und dachte an Katharina Freude. Wie sollte er mit ihr telefonieren, wenn Susi Schulz daneben saß?

„Ich ersetz dir eine Putzfrau ... kochen, abwaschen, saubermachen ... Überleg mal, was du sparst, wenn du mich hast.“

Bastian sparte nichts, weil er noch nie eine Putzfrau gehabt hatte. „Susi, so leid's mir tut, ich kann dir nicht helfen. Und ich muß jetzt auch weg. Deine Sachen gebe ich unten ab ...“

Susi sagte gar nichts. Weinte auch nicht mehr. Stand bloß da, und das war schlimmer. Eine echte Verantwortung für jeden, der ein Gewissen hatte.

Bastian gehörte nicht zu den spontan Guten, die sich fremde Schicksale freiwillig aufluden. Ihm wurden solche Schicksale vom Schicksal einfach untergejubelt, ohne daß er in seiner heiteren Unbekümmertheit anfangs etwas davon merkte. Bis sein eigenes Schicksal unter dem aufgehalsten Schicksal zu leiden begann. Immer traf es ihn. Ich bin zu gutmütig, sagte er sich, nein, gutmütig bin ich nicht. Ich bringe nur nie im entscheidenden Moment genügend Rücksichtslosigkeit auf, um das Übel von mir abzuwenden.

Aus drei Stockwerken schauten Mieterinnen zu, als er am nächsten Tag mit Susi, Kathrinchen und ihren Habseligkeiten vor seinem Haus vorfuhr. Während er Koffer, Ölbild, Babywaage, Körbchen, Stehlampe und Wanne auf den Bürgersteig lud und zuletzt Susi mit Kathrinchen auf dem Arm aus der Taxe half, schaute er einmal am Haus hoch und dachte ergeben: Na schön. Da kann ich jetzt machen, was ich will: Für unsere Haustratschen bin ich der Vater.

Nachdem sie alles in seinem Flur abgestellt hatten und wieder zu Atem gekommen waren, lernte Susi die Wohnung kennen. Küche, Bad, sein Zimmer, in dem es nicht an vielseitigstem Trödel fehlte – Verkehrsschilder zeigten die Richtung an, in der man sich in dieser Wohnung zu bewegen hatte –, wohl aber an Gebrauchsmöbeln. Es gab nur einen Tisch für alles. Und einen überforderten grüngestrichenen Schrank, der Bastians Textilien bei sich behielt, wenn man von außen die Türen schneller zuwarf, als die hineingewürgten Wäschestücke und Pullover aus ihren überfüllten Fächern herausfallen konnten.

„Hübsch", sagte Susi und legte Kathrinchen aufs Bett. Sie war sehr heiter, seitdem sie erreicht hatte, was sie wollte: bei Bastian wohnen.

Er ging vor ihr her auf den Flur und öffnete eine Tür. „Hier ist die Kammer."

Sie war handtuchschmal und voller Gerümpel. „Wenn man das Zeug zur Seite räumt, wird's schon irgendwie gehen . . ."

„Klar, wird schon", sagte Susi.

Aber auf einmal hatte er nicht mehr den Mut, ihr die Kammer anzubieten. „Vielleicht nimmst du doch lieber mein Zimmer, und ich zieh in die Kammer. Es ist ja nur für ein paar Tage. – Bettzeug findest du im Plastiksack auf dem Schrank." Er sah auf die Uhr. „Ich muß los – Servus."

„Du gehst fort?" Susi war enttäuscht. „Aber am Abend bist du doch da, ja?"

„Ich fahr Taxe. Das weißt du doch." Er reichte ihr einen Zehnmarkschein. „Hier, kauf was ein."

Susi gab ihm einen Kuß. „Danke, Bastian, für alles."

Sie hörte seine Abwärtssprünge auf der Treppe und wußte nicht, wo sie mit dem Auf- und Umräumen beginnen sollte. Es war hier zweifellos eng für zweieinhalb Personen, aber es war so die beste Lösung, auch für Bastian. Je früher er sich an Kathrinchen gewöhnte, um so lieber würde er es haben und sich als Vater fühlen. Zudem war er ein Mann, der wie alle Männer seine Bequemlichkeit liebte. Susi wollte ihm diese Bequemlichkeit schaffen. Sie wollte ihn verwöhnen, und sie wollte ihn von ihren Reizen überzeugen.

Dazu mußte sie sich erst einmal die Haare waschen und den Speck wieder loswerden, der nach Kathrinchens Geburt noch immer ihre Taille wärmte.

Es war alles nur eine Frage der Zeit und der Organisation.

Ein blitzblanker Samstagmorgen. Bastian kam vom Nachtdienst heim. Susi wickelte gerade das brüllende Kathrinchen. Ihr frisch gewaschenes Haar umwehte ihre Schultern wie ein kastanienbrauner Seidenteppich. Sie hielt ihm die Wange zum Kuß hin. Bastian machte keinen Gebrauch von ihrem Angebot. Er war zum Umfallen müde. „Warum schreit das Baby?" fragte er.

„Es hat ausgeschlafen. Ich mach uns gleich Frühstück, Bastian. Sei lieb, und hol frische Semmeln, ja?"

„Ich hole keine frischen Semmeln", sagte er. „Ich gehe schlafen."

„Ja, schlaf nur", sagte sie und zu Kathrinchen: „Daß du mir nicht den Pappi weckst."

„Den wen????"

„Den Onkel, meine ich natürlich."

Er zog sich bis auf die Unterhose aus und stieg in der Kammer auf die wacklige Gartenliege, die Susi mit seinen Betten hergerichtet hatte. Bastian streckte sich auf ihr aus, da brach ihr Fußende zusammen. Er stand wieder auf und richtete das Fußende und legte sich wieder hin und spürte etwas Hartes unter seinem Kopf. Er tastete danach und hielt ein Praliné in seiner Hand, ein Betthupferl. Susi meinte es wirklich gut mit ihm. Und auch Kathrinchen. Es untermalte seine letzten wachen Minuten mit zornigem Krähen. Das war ganz natürlich für ein gesundes Baby.

Es war nur so ärgerlich, daß sein leiblicher Vater, der Referendar in Köln, sich an diesem Samstagmorgen ausschlafen durfte, während er, Bastian, der völlig unschuldig an diesem Schreihals war, ihm zuhören mußte.

Er schlief etwa eine Stunde. Dann polterte und krachte es, und Bastian wachte auf.

Das Krachen und Poltern kam aus der Küche. Es lief was aus und plätscherte. Der Wasserhahn tutete beim Andrehen wie ein Nebelhorn, bei stärkerem Aufdrehen ging das Geräusch in knatternde Attacken über. Bastian hörte eine Weile zu, dann erhob er sich und trabte auf den Flur hinaus zur Küchentür.

An deren Rahmen gelehnt sah er zu, wie Susi saubermachte. Ihr Eifer rührte ihn. Der große Abwasch war vollbracht. Aber mußte das ausgerechnet sein, während er schlief?

Bastian versuchte mehrmals an diesem Wochenende, Katharina Freude zu erreichen. Sie war nicht da. Wo war sie? Sie entrückte ihm mehr und mehr, während Susi sein Privatleben vergewaltigte.

Susi Schulz. Ein neu erblühendes Mädchen von zweiundzwanzig Jahren, das nun, da es ein Dach über dem Kopf und einen hübschen jungen Mann als Schutz hatte, sich stündlich mehr mit dem Gedanken befreundete, Mutter zu sein. Sie war ganz verliebt in ihr Kathrinchen und sagte alle fünf Minuten: „Ich will dich ja nicht stören, Bastian, aber komm doch mal! Schnell – schnell."

Er sprang aus seinem Sessel auf, stolperte über die Babywaage, erreichte Susi, die verzückt ins Körbchen lächelte.

„Was ist denn?"

„Jetzt ist es vorbei", sagte sie bedauernd.

„Was war denn?"

„Kathrinchen hat so süß geatmet."

Fünfmal in der Stunde mußte er sich die Händchen anschauen, zweimal am Tag das Näschen, und als er sich endlich in seiner Wochenendzeitung festgelesen hatte, fragte Susi: „Ich will dich ja nicht stören, aber magst du eigentlich Spinat?"

Und dann hatte Kathrinchen ausgezeichneten Stuhlgang – ob Bastian mal sehen wollte? Bastian wollte nicht.

Bastian befand sich bald in einem nervösen Zustand, in dem er Susi entweder anbrüllte oder sie aus Reue über seinen unkontrollierten Ausbruch küßte – beides Handlungen, die fehl am Platze waren.

So verlief der Samstag. Dann kam der Sonntag. Das Frühstück in der Küche. Susis Frauchensorge: „Möchtest du noch ein Brot, ja? Ich mach dir eins."

„Ich mag nicht mehr."

„Mit Marmelade oder mit Käse?"

„Ich sag dir doch, ich mag nicht mehr." Er holte seine Zigaretten, Susi nahm ihm das Feuerzeug fort.

„Du rauchst zuviel."

„Wenn ich nicht nach dem Frühstück rauche, gerät mein ganzes System durcheinander."

„Also schön, aber nur die eine, hörst du? Nun mach nicht so ein Gesicht! Sei lieber froh, daß endlich einer da ist, der auf dich aufpaßt." Schon sprang sie auf, um abzuräumen.

„Laß doch – laß doch stehn. Sei nicht so ungemütlich", brummte er gestört. Susi antwortete mit einem waidwunden Rehblick.

„'tschuldige", sagte Bastian, „aber ich komm mir langsam wie verheiratet vor."

„Nicht wahr? Wir sind schon eine richtige kleine Familie."

Bastian wollte keine kleine Familie sein. Er wollte frei sein. Susi fing schon mit dem Stricken an. Fing bei seinen Füßen an, würde ihn, wenn er nicht sehr scharf aufpaßte, in spätestens einem Monat bis zum Hals wie eine Mumie eingestrickt haben.

Bastian sprang auf, als ob ihn was gestochen hätte. Er ging zur Mülltüte. In der Mülltüte steckte der Anzeigenteil der „Süddeutschen Zeitung", den er nur las, wenn er etwas gebraucht kaufen oder loswerden wollte. Jetzt wollte er etwas loswerden.

Bastian studierte alle Möblierte-Zimmer-Angebote und kreuzte das Passende an. „Die rufen wir jetzt der Reihe nach an. Du sagst, du bist Sekretärin, das bist du ja auch bald wieder halbtags. Du bist solide – hast ein Baby . . ."

„Ich kann das nicht." Susi war dem Weinen nahe.

Bastian schaute nicht hin. Er drehte die erste Telefonnummer und reichte Susi den Hörer.

Susi stotterte „Ja, hier Schulz" hinein. „Ich rufe an wegen des Inserats. Ich bin interessiert und halbtags solide – ich meine – mit Baby –"

Sie versuchten zwölf Nummern. Keiner wollte eine halbtagsbeschäftigte Mutter mit Kind.

„Man will uns nicht", seufzte Susi zufrieden. „Du hörst es selbst." Und sie beugte sich über das schlafende Kathrinchen – ein Bild süßen, unschuldigen Friedens.

KATHARINA FREUDE hatte das Wochenende bei ihren Eltern verbracht. Bei ihrer Rückkehr nach München hatte sie einen Sonnenbrand mitgebracht und eine echte Abneigung gegen Montag früh.

Während sie stehend einen Tee in der Stationsküche trank, erzählte ihr Schwester Theresa den Tratsch vom Wochenende.

„... und dann hat Herr Guthmann für Sie angerufen. Im ganzen neunmal."

Katharina stellte ihre Tasse ab und sagte: „Vielen Dank für den Tee." Und ging. Es war drei Minuten vor halb acht. Um halb acht war Ärztebesprechung. Von drei Minuten vor halb acht bis halb acht leistete sie sich ein ganz privates Glücksgefühl. Neunmal angerufen!

Übers Wochenende hatte es drei Neuzugänge gegeben. Eine Frau war gestorben, erst achtunddreißig Jahre alt, geschieden. Ihre drei Kinder waren mit dem Großvater gekommen. Man überließ es Katharina, mit ihnen zu sprechen. Alle schweren menschlichen Pflichten wälzte man auf sie ab.

Danach war sie fertig und froh, daß es wenigstens etwas Erfreuliches in ihrem Tagesablauf gab – den Gedanken an Bastian Guthmann. Sie rief von der Telefonzelle aus bei ihm an, um sicherzugehen, daß sie niemand dabei störte. Es tutete viermal, dann meldete sich eine atemlose junge Frauenstimme: „Hallo?"

„Ist dort nicht Guthmann?"

„Ja."

„Ist Herr Guthmann da?"

„Nein. Der ist gerad runter. Einholen. Kann ich ihm –" ein Aufschrei – „Moment, mir kocht was über –"

Katharina hängte langsam ein. Und hatte Mühe, sich an die Ernüchterung zu gewöhnen, die in ihr stattfand.

BASTIAN zog sich am Treppengeländer hoch, dabei immer drei Stufen auf einmal nehmend bis zum vierten Stock. Susi nahm ihm die Tüten ab und leerte ihren Inhalt auf den Küchentisch.

„Babypuder fehlt", stellte sie fest. „Ich geh rasch runter und hol welchen." Schon an der Wohnungstür fiel ihr ein: „Übrigens, eine Frau hat angerufen."

„Ja und?"

„Namen hat sie nicht genannt. Ihre Stimme kam mir irgendwie bekannt vor. Sie hat nach dir gefragt."

„Was hast du gesagt?"

„Daß du einkaufen bist. Dann kochte die Milch über, ich mußte in die Küche. Als ich wiederkam, hatte sie eingehängt."

Bastian hielt stöhnend den Kopf. Das konnte nur Katharina Freude gewesen sein. Ein endloses Wochenende lang hatte er auf ihren Anruf gewartet – und kaum ging er zehn Minuten aus dem Haus, da rief sie an, hörte eine Frauenstimme, glaubte, es wohne eine bei ihm, und hängte ein. „Ich geh dann jetzt", sagte Susi. „Wenn Kathrinchen aufwacht, gib ihr die Flasche, ja? Ich hab sie warmgestellt."

Bastian fuhr so rasch und wild herum, daß sie erschrocken zurückwich. „Ich geb ihr nicht die Flasche", schrie er. „Ich geb ihr die Brust!" Er riß sich das Hemd auf. „Kathrinchen kann nicht früh genug lernen, daß das halbe Leben aus Enttäuschungen besteht."

Dreimal versuchte Bastian, Katharina im Krankenhaus zu erreichen, um das Mißverständnis aufzuklären. Dann konnte er nicht mehr anrufen, weil Susi neben ihm saß und etwas Rosanes strickte, das sie nach jeder Reihe hochhielt und anschaute.

Während er noch überlegte, was er machen sollte, rief Katharina selbst bei ihm an, eine freundliche, unbefangene Katharina Freude, die ihm erzählte, daß sie das Wochenende bei ihren Eltern verbracht, und wissen wollte, weshalb er so oft im Krankenhaus angerufen habe. Bastian sah Susi an.

„Störe ich?"

„Ja", sagte er.

„Dann geh ich aufs Klo." Susi nahm ihr Strickzeug und verließ sein Zimmer.

„Ich hatte Sehnsucht", sagte Bastian in den Hörer, als sie gegangen war. „Darum hab ich angerufen." Katharina seufzte wie jemand, dem man sehr auf die Nerven geht. Bastian fragte, wann sie Zeit hätte.

Katharina sagte, im Augenblick wäre es schlecht. Der Stationsarzt hätte Urlaub. Der Chefarzt wäre zu einer Tagung. „Und bitte, rufen Sie nicht mehr an, Herr Guthmann. Ich habe deshalb nur Ärger auf der Station."

„Aber zu Haus darf ich Sie anrufen?"

„Wenn ich zu Haus bin, bin ich meistens so müde, daß ich nur schlafen möchte."

„Ist es wegen Susi?" fragte er.

„Susi? Was für einer Susi?"

„Susi Schulz. Sie wohnt bei mir mit Kathrinchen. Es ist nichts, was Sie denken. Ich kann nichts dafür. Sie haben nichts anderes gefunden."

„Ach", staunte Katharina, „wirklich nicht? Hat sie Ihnen erzählt, daß ich sie und ihr Baby bei meinen Eltern unterbringen wollte – zumindest in den ersten Wochen, wo sie noch nicht arbeiten kann . . .?"

„Was haben Sie?"

„Aber sie hat abgelehnt. – Also, alles Gute, Herr Guthmann, und bitte rufen Sie nicht mehr an. Ich habe keine Zeit. Sie geben sich falschen Hoffnungen hin. Ich finde Sie nett, aber –"

„Sie nehmen mich nicht ernst."

„Nein. Grüßen Sie Frau Schulz."

Bastian saß da, mit dem Hörer in der Hand. War völlig verdattert. Begriff nur eins: Er hatte Katharina Freudes so umständlich erworbene Sympathie wieder verloren.

Susi kam herein. Bastian stand auf. „Das war eben die Ärztin aus dem Krankenhaus, die Dr. Freude."

Susi faßte sich an den Kopf. „Jetzt weiß ich – die hat heut mittag angerufen. Die Stimme kam mir bekannt vor."

„Sie sagte, sie hätte dir angeboten, fürs erste mit Kathrinchen bei ihren Eltern zu wohnen."

„Ja, das hat sie gesagt. Aber was solln wir denn bei wildfremden Menschen!? Auf dem Land! Stell dir mal vor!"

Bastian stellte sich gar nichts vor, sondern ging aus dem Zimmer und schmiß die Tür so rabiat hinter sich zu, daß Kathrinchen aufwachte und zu schreien begann.

Der Berg ruft

Drei Tage hielt Bastian es nun schon durch, Katharina nicht anzurufen. Zu Haus fiel's ihm leicht, weil Susi um ihn herum war. Unterwegs schaute er fort, wenn er eine Telefonzelle sah.

Er war ständig unterwegs. Am Dienstag vormittag hatte er Praktikum in einer Pasinger Grundschule, nachmittags einen Nachhilfeschüler, abends ging er zum erstenmal seit einem Jahr ins Kino. Mittwoch fuhr er Taxi, Donnerstag segelte er mit einem Kommilitonen auf dem Ammersee, Donnerstag nacht fuhr er Taxi.

Freitag früh hatte er einen Nachhilfeschüler, und am Freitag nachmittag begegnete er Katharina Freude in der Fußgängerzone. Vor den Auslagen eines Schuhgeschäfts.

Er konnte es einfach nicht glauben, aber sie war's wirklich, im hellen Trenchcoat, ungeschminkt, einen Wuschel Haare im Gesicht, sich selbst so gar nicht wichtig nehmend und so wenig auf Beachtung bedacht.

Bastian spürte Herzklopfen. Er hatte genügend Zeit, sie zu betrachten.

„Katharina Freude", sagte er schließlich.

Sie sah sich um und sagte bloß: „Ach Gott."

„Erinnern Sie sich noch an mich? Ich bin der, von dem Sie nichts mehr wissen wollen. Warum eigentlich nicht, Katharina, was hab ich Ihnen getan?"

„Nichts", sagte sie, „gar nichts, wieso?"

„Ich habe Sie drei Tage nicht angerufen. Es ist mir sehr schwergefallen." Er schaute zum Himmel. „Aber das Schicksal hat uns wieder zusammengeführt."

„Wenigstens hat es diesmal keinen Verkehrsunfall dafür inszeniert", sagte sie, und das Lächeln in ihrer Stimme machte ihm wieder Mut.

Er fummelte prüfend durch seine Taschen, um sich zu vergewissern, daß er genügend Geld bei sich hatte. Es reichte für ein gemeinsames Bier. „Gehen wir irgendwohin?"

„Ich will mir Schuhe kaufen. Um vier muß ich noch mal zum Dienst."

„Darf ich mitkommen?" Bastian hielt ihr die Tür zum Schuhgeschäft auf. „Ich kann Sie vielleicht modisch beraten? Ich habe einen irren Geschmack."

Oh, wie ging er Katharina schon wieder auf die Nerven! Und wie herzlich froh war sie darüber.

Sie nahmen auf zwei Sesseln nebeneinander Platz. Eine Verkäuferin wurde vom Geschäftsführer auf sie losgelassen. „Was darf's denn sein?"

„Fräulein, wir möchten gern ...", hub Bastian an.

„. . . einen festen Wanderstiefel mit möglichst starken Profilsohlen“, vollendete Katharina.

„Sagen Sie bloß, Sie wandern!“

„Sie nicht?“

Bastian schaltete schnell. „Doch. Gerne. Wann?“

„Sonntag“, schlug sie vor. „Sagen wir so um fünf Uhr dreißig. Ich hol Sie ab.“

Als Susi am Sonntag früh in die Küche tappte, um des schreienden Kathrinchens Flasche vorzubereiten, erlebte sie eine große Überraschung. Auf dem Fensterbrett saß Bastian, rasiert, gekleidet und taufrisch.

„Du schon?“

Er zog neue Schnürbänder in seine Clarks und erklärte wichtig: „Ich geh wandern.“

Sie kam so nah an ihn heran wie eine Kurzsichtige ohne Brille. „Du gehst was?“

„Wandern. Wieso nicht?“

„Ausgerechnet du, der mit'm Auto zum Briefkasten fahren würde, bloß um nicht laufen zu müssen.“

„Laufen und wandern ist nicht dasselbe“, sagte Bastian und zog seine Schuhe an.

„Wo willst du denn wandern?“

„Das wissen wir noch nicht.“ Er band sich einen grobgestrickten Pullover um die Hüften.

„Wer wir?“

„Ein Freund und ich.“ Warum sagte er Susi nicht, daß er mit der Freude wandern ging? Hatte er Angst vor ihren schnellen Tränen? „Ich bin das letztemal in meiner Schulzeit geausflugt“, lenkte er ab. „Wie ist das eigentlich? Nimmt man dazu immer noch harte Eier mit?“

Susi wußte es auch nicht, aber sie wollte ihm gern welche abkochen – falls welche da waren. Es waren keine da.

Und selbst wenn, es wäre zu spät gewesen, denn an der Haustür klingelte es. So steckte Bastian nur den Salznapf ein. „Servus, Susi.“

„Viel Spaß.“ Mit ihrem traurigen Rehblick verdarb sie ihm all den Spaß wieder, den sie ihm gerade gewünscht hatte.

Er küßte sie auf die Wange und hatte dabei ein schlechtes Gewissen und ärgerte sich gleichzeitig, weil er eins hatte. Schließlich war er ein freier Junggeselle, der wandern durfte, mit wem er wollte. Jawohl.

Kaum war er gegangen, lief sie von Fenster zu Fenster, um auf die Straße zu sehen. Aber das Dach stand zu weit vor. So konnte sie nur akustisch seine Abfahrt miterleben – das Zuklappen der Haustür, sein Lachen – ein sehr glückliches Lachen –, dann das Zuschlagen einer Wagentür, das Geräusch eines anfahrenden Autos.

Vor ihr lag ein endloser, einsamer Sonntag, an dem sie genügend Zeit hatte, sich zu fragen, ob dieser Freund, mit dem Bastian wandern ging, vielleicht eine Frau war.

Susi beschloß, sich heute sein Schubfach mit gesammelten Briefen vorzunehmen. Den Schuhkarton mit all seinen Fotos hatte sie schon mehrmals durchgeschaut.

Bastian fand es ungeheuer, mit Katharina Freude durch den oberbayrischen Morgen zu fahren. Rundum war alles so grün, so leuchtend rot und weiß und gelb auf hölzernen Balkonen. Und so still, wo sie endlich anhielten und ausstiegen.

Während Katharina den Wagen abschloß, drehte er sich einmal um sich selbst. Hatte keine Ahnung, wo er sich befand. War ihm auch piepegal. Er breitete die Arme aus und atmete tief durch. „So riecht das also morgens auf dem Lande."

„Wie riecht es morgens auf dem Land?" fragte Katharina und kam auf ihn zu – kariertes Hemd, Bundhose, rote Wollstrümpfe und die neuen Schuhe. Es gab graziösere Sportbekleidungen für eine Frau.

„Blödsinnig gesund", sagte Bastian.

„Warten Sie." Katharina schnallte ihm einen Rucksack um – wozu denn Rucksack, es gab doch schließlich Wirtschaften. Aber anscheinend konnte sich ein echter Wanderer einen Ausflug ohne Rucksack nicht vorstellen.

„Jetzt gehen wir also immer hinein in die Gegend?" fragte er interessiert.

„O nein, Herr Guthmann. Immer hinauf."

Sie zeigte auf einen Berg, der ihm unendlich hoch erschien.

„Ist Ihnen das nicht zu hoch?" fragte er besorgt.

„Etwa Ihnen?" Katharina schaute auf die Uhr. „Jetzt ist es sieben. Zwei Stunden gehen wir –"

„Im ganzen?"

„– hinauf. Gegen neun werden wir oben sein. Um die Zeit wird es meistens sehr heiß, aber bestimmt nicht heut. Die Wolkendecke ist fast zu."

Bastian schaute die Wolkendecke an. „Ein herrlicher Morgen", sagte er blaß.

Zuerst gingen sie ein Stück an einem Rauschebach entlang, beschirmt von dichten Laubbäumen. Dann ging's über Wurzeln, die wie dicke Adern den Weg überzogen, bergan. Zuerst noch ein Stück geradeaus, dann im Zickzack. In immer kürzerem Zickzack, der Steigung entsprechend, und nirgends war ein Ende abzusehen.

Als Bastian um acht auf die Uhr schaute, war es erst zwanzig Minuten nach sieben. Noch federte er forsch voran – er war ja Treppensteigen gewöhnt, schließlich wohnte er im vierten Stock ohne Lift. Aber er war noch niemals fünfzigmal hintereinander vier Treppen hochgestiegen. Katharina lag weit zurück. Sie stieg langsam und stetig. Er blieb stehen und wartete auf sie. Und fragte, nur leicht außer Atem: „Gehe ich zu schnell?"

„Nein, nein, ich komm schon nach."

„Sie müssen es mir sagen, wenn ich zu schnell steige, ja?"

„Ich sag's."

Jetzt lagen noch anderthalb Stunden Aufstieg vor ihnen. Wieso mußten sie hinauf? Um hinterher zu sagen, wir sind da oben gewesen?

Der Abstand zwischen ihnen verringerte sich. Es kam der Moment, da Katharina an Bastian vorbeistieg und freundlich fragte: „Naa?"

„Ich schau mich um", japste er. „Will ja schließlich was von der Landschaft haben –"

Die Landschaft war überhaupt nicht da. Sie lag hinter den dichtstehenden Baumstämmen. Katharina ging anscheinend ohne Anstrengung vor ihm her. Wieso machte ihr das Steigen nichts aus? Aber das lag nur an ihren starken Profilsohlen. Die hafteten am Berg. Die dünnen Kreppsohlen seiner Clarks dagegen ... Nun verschwand sie hinter einer Biegung des Weges. Bastian lief der Schweiß von der Stirn. Milzstechen hatte er auch und dazu der Rucksack – ja, war er Luis Trenker?? Warum müssen Frauen bloß so anstrengend sein?

Da, wo der Wald aufhörte, saß Katharina auf einer steilen Alm zwischen kleinen Felsen und kurzhalsigen Blümchen. Der Wind wehte ihr Haarbüschel ins Gesicht. Sie schaute zufrieden um sich. „Na?"

Bastian warf sich neben sie und keuchte.

„Jetzt haben wir schon die obere Baumgrenze erreicht“, sagte Katharina. „Wollen wir eine Pause machen?“

„Ja.“ Er lag flach da, mit ausgebreiteten Armen, im Blick nichts als Wolken.

Katharina packte den Rucksack aus. Thermoskanne mit heißem süßem Tee. Schinkenbrote. Harte Eier – also immer noch kein Ausflug ohne harte Eier. Bastian zog den Salznapf aus der Hosentasche. Das war sein Beitrag zu diesem Picknick.

Dann saßen sie nebeneinander und kauten und guckten das Panorama an. Bastian sagte: „So steil hab ich noch nie gefrühstückt.“

„Eher würden Sie sich die Zunge abbeißen, als daß Sie zugäben, daß es wunderschön hier oben ist.“

„Es ist wunderschön, aber ist es noch weit bis zum Gipfel?“

„Höchstens eine halbe Stunde.“

„Gibt's da oben was anderes als Blick?“

„Eine Hütte.“

„Mit Bier?“

„Ich denke schon.“

Bastian trank einen Schluck Tee und stellte sich vor: „Eine einsame Hütte mit Bier, wir beide ganz allein – und in der Ferne jodelt einer.“

Die letzten hundert Meter waren geröllig, sehr steil – vor allem der Blick in den Abgrund –, nichts, woran man sich festhalten konnte, wenn man so schwindlig war wie Bastian, das Kind aus der Ebene. Katharina bemerkte sein Dilemma und nahm ihn an die Hand. Und das fand er nun wieder ganz schön. „Gleich sind wir da“, versprach sie, während sie ihn um einen Felsvorsprung herumführte.

Bastian glaubte zu träumen. Vor ihnen breitete sich ein weichgeschwungenes Plateau aus, schön grün und saftig, und darin die Hütte. Es war ein Bau mit mehreren Sonnenterrassen, auf denen Kinder kreischten, Hündchen tollten, und die Bedienung mußte so viele Bierkrüge stemmen wie auf dem Oktoberfest. Und das bereits um neun Uhr dreißig.

Bastian war erschüttert. „Wo kommen denn die vielen Menschen her? Sind die etwa alle zu Fuß?“

„Nein“, sagte Katharina, „mit der Seilbahn.“

„Man kann also ganz einfach und ohne Strapazen mit der Seilbahn hier herauf?“

„Ja. Aber das ist doch langweilig.“

Er sah sie an und konnte plötzlich nicht mehr ihre Unschuldsmiene ertragen. Ihre fabelhafte Sportlichkeit. Ihren sanften Zynismus.

„Sie haben mir eine einsame Hütte versprochen“, schrie er. „Eine einsame! Das hier ist ein Rummelplatz. Sie haben mich so richtig hochnehmen wollen. Aber auch meine Dämlichkeit hat Grenzen, Fräulein Freude, kommen Sie!“ Er packte ihr Handgelenk und stürmte, mehr rutschend als laufend, ohne Rücksicht auf seine Schwindligkeit, denselben Weg zurück, den sie gekommen waren.

Katharina stolperte hinter ihm her. „Was ist denn los? Ich denke, Sie wollten ein Bier?“

„Ein einsames Bier“, wütete er. „Mit einem einsamen Jodler.“

„Lassen Sie mich los! Ich kann nicht so schnell!“

Er gab ihr Handgelenk frei und fühlte sich im selben Augenblick seines Halts beraubt. Obgleich er es gewesen war, der sie hinter sich hergezogen hatte. Den Blick in die Tiefe vermeidend, meisterte er ein besonders steiles Stück auf dem Hosenboden. Nach Katharina Freude sah er sich nicht um.

Er war fertig mit ihr. Er hatte es satt, ihre Überlegenheit spüren zu dürfen. Sie nahm ihn nicht ernst. Sie hielt ihn wie einen jungen Hund. Sie wollte ihn nicht, er lief ihr nach. Seine unbeirrbare Anhänglichkeit rührte sie schließlich. Er durfte ihr folgen. Auf einen Berg ...

Was hatte er sich eigentlich dabei gedacht, als er sich in sie verliebte? Hatte er darüber nachgedacht, was das Leben mit Katharina bedeutete? Achtzig Prozent ihres Daseins verbrachte sie im Krankenhaus, zehn bis fünfzehn Prozent damit, sich vom harten Dienst im Krankenhaus auszuschlafen, der kümmerliche Rest war Privatleben.

Das entsprach alles so gar nicht seinen Vorstellungen von einer jungen Liebe. Er wollte ein Mädchen nicht nur zweimal in der Woche sehen, er wollte möglichst viel mit ihr zusammensein. Reden, blödeln, Zeit haben, in der Sonne liegen, segeln gehen, und wenn sie nicht da war, etliche Male am Tag mit ihr telefonieren ...

Einmal blieb er stehen und sah sich um. Keine Katharina weit und breit. Er rief ihren Namen und hörte als Antwort nur das Rauschen der Bäume.

Entweder war sie umgekehrt, oder sie lag irgendwo mit etwas Verknackstem. Auf alle Fälle war es seine Pflicht, nach ihr zu suchen. Das bedeutete, daß er ein noch ungewisses Stück Berg wieder hinaufsteigen mußte.

Er fand sie nach einer steilen Viertelstunde in einer Mulde hockend, die Beine von sich gestreckt. Sie lächelte sanft. „Die neuen Stiefel, vor allem der rechte . . ."

Bastian kniete vor ihr nieder und schnürte ihren rechten Stiefel auf. Er zog ihn vorsichtig aus. Auch den Strumpf. Gemeinsam betrachteten sie ihren Fuß, einen schmalen, kleinen Fuß mit rosalackierten Zehen und mindestens fünf großen Blasen. Am Hacken blutete er.

„Haben Sie Heftpflaster mit?"

„Ja."

„Im Rucksack?"

„Im Auto."

„Das ist gut." Er überlegte. „Haben Sie wenigstens Alkohol da?"

„Ja."

„Im Auto?"

„Auf Ihrem Rücken."

Bastian fand Marillenschnaps im Rucksack. So was Schönes hatte er nun stundenlang mit sich herumgeschleppt, ohne von seiner Existenz zu ahnen. Er hielt Katharina die Flasche hin. Sie hatte keinen schlechten Zug. Dann trank er selbst.

„Und das soll gut sein gegen Blasen?"

„Moment –" Nicht ohne Bedauern goß er vom Schnaps in ihren Wanderstiefel und schaukelte die Flüssigkeit darin herum, bis sie das ganze Innenleder angefeuchtet hatte. Dann begann er den Schuh zu kneten. Katharina sah ihm dabei zu.

Das Kleinlaute stand ihr. Sie war lieb, sanft, gefügig. Bastian durfte endlich mal Kerl sein. Er zeigte, was er konnte. Er machte den Stiefel ziemlich fertig.

Katharina schaute Bastian an. Er mußte immer wieder Haarsträhnen aus seinem Gesicht schütteln. Sein gebeugter, langer, eckiger Rücken in einem verwaschenen Jeanshemd, das wie bei kleinen Jungen aus der Hose gerutscht war und ein Stück nackte Haut freigab.

„Bastian", sagte sie.

Die unverhoffte Zärtlichkeit in ihrer Stimme machte ihn verlegen. Er hielt ihr den Stiefel hin und grinste: „Jetzt ist Ihr Schuh besoffen."

Katharina stellte den Schuh neben sich. „Komm mal her", sagte sie und nahm seinen Kopf zwischen ihre Hände und gab ihm einen Kuß.

Bastian hielt mit geschlossenen Augen still. Dann machte er die Augen wieder auf und nahm Katharina in die Arme.

Der Rucksack störte, Gestrüpp ritzte ihn, während er sich mit ihr zurücklehnte. Katharina sah zwischen hohen, schwankenden Tannenspitzen eine dunkle Regenwolke aufziehen und legte die Arme um Bastians Nacken – – –

Und beider Atem duftete nach Marillenschnaps.

Der Schnaps hatte überhaupt keine Wirkung auf den Stiefel gehabt, er blieb so unnachgiebig wie zuvor. Somit kam Katharina auf Socken zu Tal und auf Bastian gestützt – was beim Abstieg für beide recht umständlich war, aber schön.

Bevor sie ins Auto stiegen, schaute er noch einmal am Berg hoch. „Da oben war ich. Th –, glaubt mir in München kein Aas."

In einem Wirtsgarten in der Jachenau fanden sie einen schattigen Tisch. Bastian stürzte sich in ein Bier. Dann las er ihr die Speisenkarte vor wie ein Gedicht. „Rostbraten, Wiener Art – mit gemischtem Salat. Möchtest du?"

„Nein. Aber sag mir noch was Liebes."

„Rahmgulasch."

Wollte sie auch nicht.

„Kaiserschmarrn."

Das war's. Bastian legte die Karte fort und holte sich ihre Hand über den Tisch und küßte jede Fingerkuppe einzeln. Katharina sah ihm dabei zu. Es war vor allem Zärtlichkeit, was sie für ihn empfand. Ein bißchen war er auch der Bruder, den sie sich immer gewünscht hatte. Sie wollte ihn haben und behalten, solange es eben ging. Sehr lange würde es bestimmt nicht gehen, dazu waren sie zu verschieden. Der Gedanke an ein absehbares Ende gleich zu Anfang einer Liebe läßt die Liebe bewußter genießen. Es gab aber auch eine ganz einfache Erklärung: die Angst, ein plötzliches, ungewohntes Glück wieder zu verlieren.

Und dann mußte sie an Susi Schulz denken. Katharina sagte: „Ich denke gerade an Susi Schulz."

Bastian gab ernüchtert ihre Hand frei. „Ja, das ist ein Problem", sagte er. „Sie denkt manchmal wie ein Kind. Sie wünscht sich einen Vater für Kathrinchen. Sie hat zufällig mich wiedergetroffen. Sie mag mich. Schon sieht sie Kathrinchens Vater in mir und findet es ganz selbstverständlich, bei mir zu wohnen."

„Weiß sie, daß du mit mir heute unterwegs bist?"

„Nein."

„Und warum nicht?"

„Sie liegt wie ein Klotz auf meinem Gewissen", verteidigte er sich. „Kathinka, hilf mir!"

Sie nahm eine Zigarette aus seinem auf dem Tisch liegenden zerknautschten Päckchen. „Zuerst einmal machst du einen großen Fehler. Du läßt sie in dem Glauben, es gäbe keine andere Frau in deinem Leben. Damit bestärkst du sie in ihrem Vorhaben, sich bei dir einzunisten."

„Was soll ich denn machen? Sie heult ja gleich los."

Die Kellnerin kam an ihren Tisch und fragte, ob sie schon gewählt hätten.

„Kaiserschmarrn", erläuterte Katharina freundlich.

„Zu meinen Eltern wollte sie nicht. Bleibt deine Großmutter. Sie hat sich doch sehr um die beiden bemüht."

„Sie ist aber verreist", sagte Bastian. „Zu Verwandten."

„Hat sie eine Wohnung?"

„Drei Zimmer. Altbau." Bastian sprang auf. „Kathinka! Daß ich da noch nicht draufgekommen bin! Du bist ein Engel, Kathinka –"

„Wo willst du hin?"

„Telegrafieren. Ob's Großmutter recht ist, wenn ich Susi und Kathrinchen bei ihr unterbringe. Den Schlüssel zu ihrer Wohnung hab ich ja ..."

Um ein Haar hätte er die schwer tragende Bedienung umgerannt. Katharina sah ihm nach und lachte. Und räkelte sich zufrieden – bemerkte beim Räkeln zufällig ihre rotbestrumpften Füße. Hatte noch immer nicht die Blasen an ihnen verarztet.

In genau drei Stunden und siebenundzwanzig Minuten mußte sie ihren Dienst im Krankenhaus antreten. Warum bloß heute!? Warum hatte sie keinen Beruf, in dem man mal schwänzen konnte, wenn einem danach zumute war!?

KATHARINA hatte Dienst. Nach Hause mochte er nicht. Als Bastian auf offener Straße sein Notizbuch nach einem Menschen wälzte, den er am Sonntagnachmittag heimsuchen konnte, sah er seinen Kommilitonen Kaspar Hauswurz mit einem Siphon aus einer Wirtschaft kommen.

Kaspar war ein Netter. Ein ganz Ruhiger, mit Nerven wie ein

Wiederkäuer. Er war groß, dünn, dunkel, unscheinbar und kurzsichtig. Bastian lief auf ihn zu. Kaspar ahnte nicht, was er sich mit ihm auflud, als er sagte: „Komm doch auf 'n Sprung mit hinauf."

Er wohnte mit einem Chemiestudenten, einer Grafikerin und einem Maler in einer Altbauwohnung nahe dem Hauptbahnhof. Er besaß ein mageres Bett, einen Tisch, einen Schreibtisch, fünf verschiedene Stühle, ein Vertiko und ein Klavier. Und viele Bücher, die sich an der Zimmerwand hochstapelten.

Bastian bekam ein Glas Siphon mit Himbeersirup vorgesetzt. „Sie ist Ärztin, weißt du", begann er. „Im Krankenhaus. Sie hat jetzt Nachtdienst. Heute früh war ich mit ihr auf'm Berg."

Kaspar war ein guter Zuhörer. Der beste, den man sich wünschen konnte. Aber nach einer dreiviertel Stunde ging ihm das Thema Katharina – Krankenhaus – Liebe merkbar auf die Geduld. Er begann, auf seinem Stuhl herumzurutschen.

„Kann ich sie mal anrufen?"

Kaspar ging inzwischen aus dem Zimmer und traf den Chemiestudenten im Gang. „Bei mir hockt einer, der liebt einen steilen Berg mit roten Strümpfen und Blasen auf der Frauenstation von dem Krankenhaus, wo seine Oma einen Vorfall hatte. Er telefoniert gerade. Hast du was gegen Zahnschmerzen?"

Bastian öffnete die Zimmertür und sagte: „Sie ist auf Station, ich krieg sie nicht."

Er wollte zwei Zehnerl neben das Telefon legen, aber Kaspar sagte: „Ach, laß doch." Als Bastian zum viertenmal das Krankenhaus anrief, holte Kaspar von sich aus eine Untertasse aus der Gemeinschaftsküche und stellte sie neben das Telefon.

Bastian legte ein Markstück drauf. Diesmal erwischte er Katharina. Sie hatte es eilig. Ihm fiel nichts ein, was er sagen sollte, außer: „Ach. Mensch, du – warum bist du da? Warum bist du nicht hier? – Ich? Ich bin bei einem Freund – Kathinka –, war schön heut."

„Ja, Bastian, war schön –" kam ihre Stimme zurück.

„Weißt du, sie ist wundervoll", sagte Bastian, nachdem er eingehängt hatte. „Sie ist klein – bis hier geht sie mir bloß. Aber du mußt sie mal mit ihren Patienten erleben ... Sie ist so ruhig und menschlich, einfach ..."

„Wundervoll", gähnte Kaspar. Es war inzwischen halb zehn. Er bot keinen Saft mehr an, er hatte auch schon den Aschenbecher fortgeräumt.

Bastian sagte höflichkeitshalber: „Tja, dann werde ich mal gehen ...“

Kaspar stand sofort auf, damit er es sich nicht noch anders überlegte. Bastian spürte einen starken, ziehenden Schmerz in den Beinen, er konnte kaum auftreten – aua –, was war ihm denn bloß geschehen!?

„Sagtest du nicht, du warst auf einem Berg?“ erinnerte sich Kaspar.

„Meinst du, das kommt davon?“ Bastian quälte sich stöhnend am Treppengeländer hinunter.

Martha Guthmann fährt U-Bahn

Bastian schlief wie ein Toter in seiner Rumpelkammer. Er hörte weder das Telefon noch Susi, die im Nachthemd an seiner Liege stand und „Aufstehen!“ rief.

Sie trompetete schließlich in sein Ohr, wobei sie gleichzeitig heftig an ihm rüttelte. Es war, als ob sie einen Groschen in sein Ohr geworfen hätte, der unterwegs im Gehörgang hängenblieb, nach mehreren Püffen tiefer hinunterrutschte und endlich bei seinem Bewußtsein ankam. „Ja – was 'n los?“

„Du mußt aufstehen. Schnell! Gerade ist angerufen worden. Eine Telegrammdurchsage. Deine Großmutter kommt um acht Uhr vierunddreißig auf dem Hauptbahnhof an. Du möchtest sie abholen.“

Bastian war plötzlich oberhalb seines Muskelkaters voll Heiterkeit. „Sie kommt schon heute? Sagenhaft. – Wie spät haben wir's eigentlich?“

„Zwanzig vor acht. Ich mach dir schnell Tee.“

Er lahmte ins Bad und versuchte, mit beiden Händen ein Bein über den hohen Rand der Wanne zu hieven, jedoch es gelang ihm auch beim dritten Anlauf nicht. Na schön, duschte er eben morgen.

Elf Minuten vor Ankunft des Zuges war er auf dem Bahnhof. Sechs Minuten brauchte er, um eine Telefonzelle zu finden, die nicht besetzt war und dennoch funktionierte. Dann dauerte es nochmals zwei Minuten, bis er Katharinas müde, zärtliche Stimme in der Hand hielt.

„Wo bist du denn? Da ist so ein Krach ...“

„Auf dem Bahnhof", sagte er. „Meine Großmutter abholen. Sie kommt gleich selbst."

„Du, das ist fein."

„Spätestens morgen wohnt die Susi bei ihr. Ach, Kathinka – ich denke an dich –, bei jedem Schritt denke ich an dich ..."

Sie lachte zufrieden.

„Spürst du den Berg in den Beinen?"

„Du lachst. Es ist tierisch. Ich wohn vier Treppen hoch – bei jeder Stufe ruft der Berg. – Was machen deine Blasen?"

„Ich habe Schwester Theresas Jesuslatschen an. Die sind mir zwei Nummern zu groß, aber sie drücken wenigstens nicht."

„Ich glaub, der Zug fährt ein. Ich ruf dich nachher wieder an – ich ruf dich noch zehnmal an, Kathinka ..."

Er wollte den Hörer küssen, erinnerte sich aber noch rechtzeitig daran, wo er sich befand, und verließ die stinkende Zelle.

Vor der Tür ließ sich gerade eine alte Wermutschwester zur Ruhe nieder. „Na, Süßa?" Ein zahnloses, gutmütiges Grinsen in einem verwüsteten Gesicht.

„Na, Tantchen?"

Sie rief ihm noch viele unverständliche Sachen nach, während er sich den Bahnsteig suchte, auf dem seine Großmutter gerade angekommen war.

Martha Guthmann stand bereits auf dem Perron und verabschiedete sich von ihren Mitreisenden wie eine Gastgeberin nach einer gelungenen Familienfeier. Sie war so mit Händeschütteln beschäftigt, daß sie ihren mit schleifenden Schritten näher kommenden dreizehnten Enkel erst sah, als er neben ihr stand. Sie hielt ihm die Wange hin. Er nahm ihr Gepäck. Nur einen festverschnürten Karton wollte sie selbst tragen.

„Da sind sechzig frische Eier drin."

„Sechzig Eier? Gibt's keine mehr in München?"

„Doch, aber nicht so frische und dazu noch von Hofhühnern."

„Und wenn von den sechzig Eiern in zwei Wochen noch zwanzig übrig sind – sind das dann immer noch frische Landeier?"

Sie sah ihn mißbilligend an. „Was bist du frech mit mir. Ich dachte, das wären nur die andern – also, Bub, ich sag's dir – unsere Familie!! Solange sie klein sind, sind sie herzig, aber später sind sie es nicht mehr. Ich muß dir erzählen. Wo gehen wir denn hin, Bub?"

„Zur U-Bahn."

„Und die Susi ist heimatlos? Ja, wenn ich das geahnt hätte, natürlich kann sie bei mir wohnen. Wo wohnt sie denn jetzt?"

„Bei mir", sagte Bastian.

Großmutter war ganz entsetzt. „Bei dir! Aber da ist es doch viel zu eng! Da hat das Kind ja nicht mal einen Wickeltisch."

„Doch. Bloß ich hab keinen Arbeitstisch mehr."

„Das muß natürlich anders werden."

Dann saß sie in der U-Bahn, den Eierkarton auf den Knien, und schaute alles genau an. „Sind wir im richtigen Zug? Müssen wir nicht aussteigen, Bub?"

„Schön ruhig bleiben", er tätschelte ihre Hand. „Noch zwei Stationen, dann steigen wir um."

„Alles unter der Erde?"

„Ja. Bist du denn noch nie mit der U-Bahn gefahren?"

„Nein", sagte Großmutter, „aber es gefällt mir."

Am nächsten Tag zogen Susi und Kathrinchen in Martha Guthmanns Dreizimmerwohnung ein. Großmutter hatte inzwischen Schubfächer leergemacht, die Fenster geputzt und eine Chaiselongue in ihr Eßzimmer gestellt.

Großmutters Fürsorge war despotischer Natur. Ehe Susi Schulz nachdenken und über den jähen Abschied von Bastian in Rehblicke ausbrechen konnte, war sie bereits in einem humorlosen Eßzimmer zwischen Kredenz und Aufsatzbüfett etabliert. Kathrinchens Körbchen wirkte darin wie ein verlorenes Osterei.

Susi bügelte ihren Zigeunerrock, den sie früher auf Partys getragen hatte. Denn Susi ging ins Theater. Katharina hatte die Karte von einer Patientin erhalten und Bastian gegeben: „Ich hab eh keine Zeit. Schick die Susi."

Bastian stand daneben, wie Susi versuchte, ihren Rock in der Taille zuzuhaken. Das war Schwerstarbeit. „Dabei hab ich – nur noch – zwei Pfund – zuviel –."

„Warum quälst du dich? Laß das Ding doch auf, und zieh was drüber. Du hast doch so 'ne Weste." Er war wirklich sehr lieb und reich an Ratschlägen, seitdem sie nicht mehr bei ihm wohnte. Er machte ihr sogar Komplimente. „Du siehst irre gut aus."

Susi strahlte. „Danke. Aber ich find's so traurig, daß ich allein gehen muß. Kannst du nicht mitkommen?"

„Ins Theater? Unmöglich. Ich hab 'ne Einladung."

„Von einer Frau?"

Bastian überlegte. Dann sagte er mutig: „Ja, Susi."

Sie nickte bloß und biß sich auf die Lippen.

„Du hast keinen Grund, traurig zu sein. Du hast endlich eine Bleibe. Du wohnst billig und kannst fortgehen, wann du willst. Du kannst bald wieder arbeiten. Du hast immer jemand da, der dein Baby hütet." Bastian sah sich um. „Wo ist die babynarrische Omi eigentlich?"

„Keine Ahnung. Sie wollte bloß mal was ausprobieren, hat sie gesagt. Das war um vier. Jetzt ist es sieben."

„Sie wird schon kommen", tröstete er. „Sie weiß ja, daß du ins Theater gehst."

Um halb acht war Bastian bei Katharina Freude vorgesehen, zum erstenmal bei ihr zu Haus. „Ich koche", hatte sie gesagt, „sei bitte pünktlich."

Er wollte gehen, er kam sogar schon zu spät, wenn er jetzt loslief, denn es war sieben Uhr zwanzig. Und Martha Guthmann noch immer nicht zurückgekehrt.

„Ich versteh das nicht, es muß ihr was passiert sein", jammerte Susi.

„Meiner Großmutter? Das kann ich mir einfach nicht vorstellen. Komm, wir hauen ab."

„Ich kann nicht fort."

„Wegen Kathrinchen?"

„Wegen dem Hausschlüssel. Deine Großmutter hat keinen mit. Da hat man zum erstenmal nach so langer Zeit was vor und freut sich – !"

„Dann geh doch! Los, mach schon! Schmeiß dich vor ein Taxi – dann schaffst du's noch zum ersten Akt."

„Du bist so lieb, Bastian – so lieb –." Sie küßte ihn im Davoneilen. Ein Duft wie von Vanillepudding blieb von ihr zurück.

Bastian fühlte sich wie der heilige Sebastian, sein Schutzpatron, als der beschloß, Märtyrer zu werden. Er freute sich wie blöd auf Katharina. Und was widerfuhr ihm? Er saß in Omas Wohnung mit dem Säugling fest. Denn Martha Guthmann fuhr U-Bahn.

Fuhr U-Bahn wie im Rausch, kam in Gegenden, in denen sie noch nie gewesen war, stieg mehrmals um, verstieg sich, schaute zufällig einmal auf eine Uhr und wollte tot umfallen vor Schreck. Ergriff den nächstbesten Mitmenschen am Revers: „Sie!!! Ich muß heim!!! Ich such meine Linie –“

„Wo wollen S' denn hi?“ erkundigte sich der Gegriffene höflich.

„Na heim!“ rief sie in höchster Erregung.

Der Mann sah sie an und sagte behutsam: „Vielleicht nehmen S' besser ein Taxi, Oma.“

Akkurat sieben Minuten und fünf Sekunden vor acht hielt das Taxi vor dem Haus. Bastian hatte Großmutter vom Fenster aus kommen sehen und rannte ihr entgegen. Sie begegneten sich im Hausflur.

„Hier ist der Wohnungsschlüssel. Servus, Martha!“

„Wo willst du hin?“

„Zur U-Bahn!“

„O Bastian! Da wirst du was erleben!“ rief sie hinter ihm her.

ZEHN Minuten vor halb acht war Katharina mit allen Vorbereitungen fertig und erwartungsvoll. Um acht Uhr stellte sie die Herdplatten ab, die Tagesschau an, pustete die Tischkerzen aus und goß sich einen großen Schnaps ein.

Mit diesem nahm sie auf dem Sofa Platz und tat sich furchtbar leid. An ihrer Enttäuschung über Bastians Ausbleiben merkte sie, wie sehr sie sich bereits an ihn gewöhnt hatte. Seine Zärtlichkeit, Unkompliziertheit, Verehrung, seine Verspieltheit und Durchschaubarkeit. Seine Jugend.

Bisher hatte sie immer ältere Männer gekannt. Männer mit Verantwortungen. Mit Streß und einem Magenleiden. Männer mit Sorgen, wie sie ihr Geld am krisensichersten anlegen sollten, mit Steuerschulden und kleinlichem Prestigedenken. Manche von ihnen verheiratet. Unglücklich. Dachten aber gar nicht daran, sich scheiden zu lassen. Wer trennt sich schon gern von seinen langjährigen Gewohnheiten?

Katharina mußte nicht weiter im trüben herumdenken, denn es klingelte Sturm.

Ein verschwitzter Bastian, völlig außer Atem, hängte seine Arme über ihre Schultern, als sie öffnete. „Kathinka, Süße, verzeih – es ist nicht meine Schuld – es ist, weil meine Großmutter – sie beherrscht das U-Bahn-Fahren noch nicht.“

„Es ist alles verkocht“, seufzte Katharina.

Aber das störte Bastian nicht. Er war ja nicht gekommen, um bei ihr zu essen.

Bastian hält den deutschen Wald sauber

JEDE Woche einmal, am Dienstag, gab Bastian Probeunterricht in einer Grundschulklasse. Dies war das letztemal vor den großen Ferien. Anschließend, während er auf dem Parkplatz des Krankenhauses auf Katharina wartete, wurde er sehr nachdenklich. Jetzt war er nur Aushilfspauker. Wenn er sich aber vorstellte, daß er jahrein, jahraus bis zu seiner Pensionierung Unterricht geben sollte ... Warum hatte er ausgerechnet Lehrer werden wollen! Weil er sich zum Pädagogen berufen fühlte? Fühlte er sich überhaupt zu etwas berufen? Er mochte Kinder. Er konnte gut mit ihnen umgehen. Aber ob das richtig war, dieses eine Leben, das er nur hatte, der Plage mit anderer Leute Kinder zu widmen? Irgend etwas mußte er ja tun. Ausgeprägte Talente besaß er nicht. Für Büroarbeit war er nicht geschaffen. Maschinenbau war auch nicht das richtige gewesen.

Sein Bruder, Klappzahn Guthmann, pflegte zu sagen: „Der Bastian hat keine gerade Linie, kein Ziel vor Augen. Er ist der Typ, der ewig studieren möchte, um nicht einer geregelten Tätigkeit mit Aufstiegsmöglichkeiten nachgehen zu müssen." Klappzahn hatte völlig recht.

Seine Großmutter drückte ähnliches etwas zärtlicher aus. Sie sagte: „Der Bastian hat irgendwann den Zeitpunkt, erwachsen zu werden, verpaßt. Ich kenne ihn gut genug, um anzunehmen, daß er ihn bewußt verpaßt hat."

Katharina kam im weißen Kittel. An der Windschutzscheibe ihres mit Müll beladenen Wagens klemmte ein Zettel: „Ich lieg im Gras. B." Neben dem Parkgelände war eine kleine Grünanlage. Dort ruhte er unter einem Strauch und lachte ihr entgegen.

Sie blieb kopfschüttelnd vor ihm stehen. „Wie ein Penner." Sie holte eine Zigarette aus ihrer Kitteltasche. „Du mußt allein zum Schuttplatz fahren. Ich kann noch nicht weg."

Bastian stand auf und gab ihr Feuer und einen Kuß. „Ach Mensch", sagte er, „ich hab mich so gefreut. Wenn ich sehe, wie du schuftest, habe ich richtig ein schlechtes Gewissen."

„Mußt du nicht. Du hilfst mir schon dadurch, daß es dich gibt."

„Aber etwas nehme ich dir ab, nicht wahr?" Er wollte sich gern bestätigt wissen.

Darum sagte Katharina: „Ohne dich schaffte ich den Umzug nie."

Bei diesem Umzug handelte es sich um einen Wohnungstausch mit der Anästhesieärztin. Diese übernahm Kathinkas Einzimmerappartement und überließ ihr dafür ihre Zweizimmerwohnung.

„Tschau, du!" sagte Katharina. „Bis heut abend. Ich bin so um sechs zu Haus."

Nachdem sich Bastian von Katharina verabschiedet hatte, machte er den ersten großen Fehler an diesem frühen Nachmittag: Er fuhr nicht direkt zum Müllplatz, wie anfangs vorgesehen, sondern zu seiner Großmutter. Das war so gegen halb zwei. Martha Guthmann hatte gerade Bauernknödel gemacht. Dazu gab es Geselchtes.

„Komm, Bub, iß, iß tüchtig. Du hast dich ja so lange nicht bei uns sehen lassen. Die Susi fragt täglich nach dir – sie arbeitet seit Montag bei einem Anwalt – halbtags. Noch einen Knödel?"

„Ich hab schon drei", stöhnte Bastian, seinen Gürtel lockernd. „Ich platz gleich."

In diesem Augenblick kam Susi nach Hause. „Ja, sieht man dich auch mal wieder?"

„Tag, Mädchen. Komm, setz dich. Laß dich mästen. Was macht Kathrinchen?"

„Ihr Stuhlgang war heut ein bißchen hart", sagte Oma.

„Hast du ihr auch Knödel gegeben?" fragte Bastian. Großmutter schlug mit dem Handtuch nach ihm.

Er verabschiedete sich, weil er zum Müllplatz fahren wollte. Daß er diese Absicht kundtat, war der zweite Fehler an diesem Nachmittag, denn Großmutter fiel sofort das alte Federbett ein.

„Da bin ich aber froh, daß ich das loswerde. Warte, ich pack dir die Nachspeise ein und die Knödel. Brat sie dir auf. Hast du gleich was zum Abendbrot."

Die Puddingschüssel verschwand in einer Tengelmann-Tüte, die Knödel in einem Karstadt-Beutel, beides und das Bett dazu landeten in Bastians Armen.

„Die Speise nicht schief halten, hörst du? Du könntest die Susi mitnehmen. Sie hat so wenig frische Luft." Es war wirklich ein Fehler gewesen, bei Martha Guthmann vorbeizufahren.

Aber damit fing der Ärger an diesem Nachmittag erst an. Schuld war einer dieser ganz blöden Zufälle: Bastian hielt zur gleichen Zeit wie Oberarzt Weißbart an einer Kreuzung. Weißbart erkannte Bastian, erkannte nicht das hübsche Mädchen an dessen Seite, obgleich es vor kurzem seine Patientin gewesen war. Er kannte auch nicht den farbenprächtigen Müll, der den beiden dauernd ins Genick rutschte, wohl aber die Autonummer und hatte nichts Eiligeres zu tun, als Katharina Freude bei seiner Rückkehr ins Krankenhaus von seiner Begegnung zu erzählen. „Ihr Auto mit Ihrem Freund am Steuer. Und neben ihm eine schnucklige Biene. Und ein Federbett."

Katharina wollte es nicht glauben: Ihr Auto, ihr Bastian mit Biene und einem Federbett, das nicht zu ihrem Müll gehörte. Zuerst war sie verstört, dann maßlos wütend.

Die Zufahrt zu dem einzigen Bastian bekannten Schuttabladeplatz war gesperrt. Er beschloß, seine Ladung im Wald zu verlieren. Sie rollten langsam am Perlacher Forst entlang. Schließlich hielt Bastian an. Er lud zuerst das Bett, einen Lampenschirm und einen zusammengeschnürten Packen alter Ärzteblätter aus. Auf seinem Weg ins Waldinnere scheuchte er ein Liebespaar auf.

Er stiefelte weiter und kam zu einer Lichtung, die malerisch gewesen sein mochte, bevor sie mit zerfetzten Matratzen, kaputten Sesseln und Klobecken dekoriert worden war. Bastian besah sich die Idylle und stellte fest: sie gefiel ihm ganz und gar nicht.

Darauf schleppte er sein Gelump zum Auto zurück und warf alles zu Susis nicht geringem Erstaunen wieder auf den Rücksitz.

„Hast du dir mal den Wald angeschaut? Das soll noch Natur sein? Das ist ein Misthaufen, wenn man die Verbrecher kriegt, die das gemacht haben, die kann man gar nicht hoch genug bestrafen. Das nehmen wir alles wieder mit. Wir stopfen es in Mülltonnen."

Susi verstaute den Müll. Dabei entdeckte sie die gedruckte Abonnementaufschrift auf einem Ärzteblatt. „Dr. Katharina Freude. Freude?" sagte sie überrascht. „Ist das nicht die Ärztin, nach der Kathrinchen heißt?"

„Ja und?"

Susi begann zu begreifen. „Dann ist das also ihr Müll – und ihr Auto. Dann ..."

„Nun steig schon ein." Bastian vermied es während der Rückfahrt, sie anzusehen.

Plötzlich seufzte sie auf. „Warum ist bloß alles so kompliziert? Warum liebt man nur immer den Falschen?"

„Wieso? Liebst du schon wieder den Falschen?" fragte er, als ob er das nicht wüßte.

„Und du?" fragte Susi.

Er lachte bloß zur Antwort, aber sein Lachen klang ihr viel zu glücklich.

Das Loswerden von Sperrmüll auf fremden Höfen erwies sich als ein Problem. Auf manchen Höfen mußten sie an die acht Deckel heben, bis sie eine Tonne fanden, in die noch etwas hineinging. Dreimal wurden sie außerdem von mißtrauischen Mietern gestört und einmal beinah von einem Schäferhund gebissen. Schließlich sagte Susi, das hielten ihre Nerven nicht mehr aus. Sie hatten aber noch das Federbett, die Ärzteblätter, eine Tengelmann-Tüte und einen Schirmständer übrig.

Bastian überlegte und hatte eine wunderschöne Idee. Er fuhr nach Bogenhausen und hielt vor der rechten Hälfte eines Doppelhauses. Dort stieg er mit Susi aus und horchte durch die Zaunhecke in den kleinen Garten hinein.

Nichts rührte sich. Nichts war zu sehen. Der Mann, der auf der Terrasse seinen Whisky trank, war durch einen Jasminstrauch gegen Einblicke von der Straße gesichert.

„Komm", sagte Bastian, „die Luft ist rein." Er schmiß zuerst das Federbett. Dann die Ärzteblätter. Ein dumpfer Plumps kündigte ihre Landung im Garten an. Susi warf den Rest.

„So", sagte er zufrieden, „jetzt ist Feierabend", und legte seine Hand auf ihre Schulter, während sie zum Wagen zurückgingen. Im Grunde war sie ein prima Kumpel, der ohne viel Fragen alles mitmachte.

„Wem haben wir denn all die Sachen in den Garten geschmissen?" fragte sie, als sie ins Auto stiegen.

„Meinem Bruder. Dem gönn ich den Mist."

Aber schon wieder waren Bastian an diesem Tage zwei grobe Fehler unterlaufen. Erstens: das Übersehen seines whiskytrinkenden Bruders hinterm Jasminstrauch. Und zweitens und schlimmer: auf dem Bündel mit den Ärzteblättern stand Katharina Freudes Name und Adresse.

Karl Guthmann kombinierte. Das Auto, mit dem Bastian vor seinem Haus gehalten hatte, gehörte der Frau, die er auf keinen Fall hatte kennenlernen sollen, weil er „genau der Typ war, der zu ihr paßte". Ergo mochte es sich bei den Köstlichkeiten, die in seinen Garten flogen, um ihr Hab und Gut und um ihre Adresse auf den Ärzteblättern handeln.

Karl Guthmann wurde gleich darauf sehr zornig infolge eines

prüfenden Griffs in die Tengelmann-Tüte, in der sich Großmutters Nachspeise befand. Es ist nämlich ein ganz übles Gefühl, im Dunkeln in Pudding zu fassen. Karl beschloß, sich zu rächen.

Na warte, Burschi! Seit dem frühen Nachmittag sehnte Katharina den Moment herbei, wo er ihr die Autoschlüssel zurückbringen würde. Sie brauchte seine Gegenwart, um sich von ihren angestauten Anklagen zu befreien.

Sie hätte ihn auch dringend für ihren Umzug am nächsten Tag gebraucht. Zum Installieren von Lampen, zum Möbelrücken und Gardinenaufhängen. Aber damit war es jetzt natürlich vorbei.

Nachdem sie jedoch Eitelkeit, Zorn, Trotz und Rachegedanken im Laufe eines langen Nachmittags abgebaut hatte, blieb nur Enttäuschung übrig. Und Leere. Was brauchte sie jetzt noch eine größere Wohnung? Was war sie selbst ohne Bastian? Er hatte ihr seelisches Gleichgewicht und ihre anhaltende Hochstimmung während der letzten Wochen ausgemacht.

Katharina stopfte das letzte Geschirr in die Geschirrkiste, als es an der Haustür klingelte. Sie nahm den Hörer vom Haustelefon und fragte „Hallo?" hinein.

„Hier Guthmann", war die Antwort.

„Bastian!" fing sie zu schimpfen an. „Daß du dich überhaupt noch herwagst!"

„Hier ist nicht Bastian, sondern Karl Guthmann, der Bruder. Frau Dr. Freude?"

„Ja?" sagte sie verwirrt.

„Ich möchte etwas abgeben."

Katharina drückte auf den Türknopf.

Karl fragte eine Mieterin, die gerade mit ihrem Pudel Gassi gehen wollte, nach Dr. Freude.

„Fünfter Stock", sagte die Frau und sah ihm nach. Typisch für heutzutage. Angezogen wie ein feiner Pinkel, aber beladen mit irgendwo aufgegabeltem Sperrmüll. Sie verließ das Haus in dem Moment, wo ein anderer junger Mann in die Sprechanlage säuselte: „Kathinka, Liebling, drück mal, ja?"

Und darauf die aufgebrachte Stimme der Freude: „Laß mich zufrieden. Erst schickst du deinen Bruder vor. Jetzt kommst du auch noch selbst!"

„Wieso Karli?"

„Stell dich nicht so blöd. Er muß gleich oben sein."

„Wer? Was ist denn los?"

„Das fragst du mich? Fährst mit einer Biene in meinem Auto spazieren, während ich . . ."

„Aber das war doch bloß die Susi!" brüllte Bastian. „Sie hat mir geholfen, deinen Müll wegzubringen, verstehst du?"

Karl Guthmann hörte, vor Dr. Freudes Tür stehend, ihre Stimme von drinnen: „Du hast immer Ausreden! Und ich blöde Gans hab dir geglaubt! Geh nach Haus, Bastian Guthmann, ich will dich nicht mehr sehen."

Karl klingelte, Katharina riß verärgert die Tür auf.

„Fräulein Dr. Freude? Ich bin Karl Guthmann, der Bruder. Darf ich hereinkommen?"

Katharina starrte irritiert auf seine Mitbringsel. „Ja – bitte – aber Sie müssen entschuldigen – bei mir schaut's aus – ich ziehe morgen um."

Sie führte ihn ins Zimmer. Im selben Augenblick klingelte es Sturm. Katharina nahm den Hörer vom Haustelefon ab, schimpfte: „Laß mich in Ruh!" und hängte ein. Sie bot Karl einen bereits verschlossenen Umzugskarton an. „Bitte."

Er setzte sich und fragte entzückt: „Das ist doch Bastian?"

„Ja – wieso – sind Sie nicht zusammen gekommen?"

„Wir? Er und ich – gemeinsam zu Ihnen? Aber ich bitte Sie, Fräulein Doktor, bisher hat mein Bruder alles getan, um zu verhindern, daß ich Sie kennenlerne."

Es bimmelte Sturm.

Karl zeigte auf seine Mitbringsel. „Ist das Ihr's?"

„Ja, bis auf das Federbett."

„Ich war zufällig im Garten, als Bastian und noch jemand diese Sachen über meinen Zaun feuerten. Und einen Pudding dazu. Den hab ich fortgeworfen. Vermissen Sie ihn etwa?"

„Nein, nein, ich vermisse keinen Pudding . . ."

Das anhaltende Sturmklingeln störte sie beim Nachdenken. Karl hingegen genoß es. „Wußte gar nicht, daß mein Brüderchen so zäh sein kann."

„Ich glaube, es ist besser, wenn Sie jetzt gehen", sagte Katharina, „sonst macht er Skandal. Ich ziehe zwar hier aus, trotzdem . . ."

„Natürlich, Fräulein Doktor." Karl war so wunderbar verständnisvoll.

Sie brachte ihn zur Tür. „Vielen Dank für Ihre Mühe. Jetzt habe ich ja Gott sei Dank bis auf ein paar Tüten und den Lampenschirm alles wieder ...“ Sie zeigte aufs Federbett. „... und noch was dazu.“

„O bitte, gern geschehen.“ Karl küßte ihre Hand. „Wenn ich Ihnen sonst noch behilflich sein kann ...“

„Vielen Dank, aber das reicht.“

Sie schloß die Tür hinter ihm und versuchte zu begreifen, was hier vorging. Nur soviel begriff sie: Was am Nachmittag für sie als Enttäuschung begonnen hatte, war inzwischen zur Klamotte ausgeartet. Den Höhepunkt durfte sie wenige Augenblicke später von ihrem Balkon aus miterleben: das Zusammentreffen der beiden Brüder vor der Haustür.

Bastian rannte wie ein gereizter Stier in Karl hinein. Es gab einen wunderschönen brüderlichen Clinch. Kathinka hing zwischen den Balkonpetunien und fühlte sich phantastisch: Es war das erstemal, daß sich zwei Männer um sie kloppten, und dazu noch zwei so hübsche.

Karli war der stärkere von beiden und der sportlich versiertere. Bastian war vor allem sinnlos eifersüchtig und ging sehr bald zu Boden. Katharina rannte ins Zimmer, holte das Federbett und warf es ihm zu: „Zum Drunterlegen!“

Das Federbett traf den inzwischen eingetroffenen Streifenpolizisten genau auf die Mütze. Die Klamotte war perfekt.

Ende des Kampfes. Funkstille. Die Brüder schauten aufwärts. Der Polizist nahm Großmutters Federbett ab und schaute auch nach oben. Katharina zog sich aus den Petunien zurück.

Am nächsten Tag kaufte Bastian zehn Pfund Salz und ein Brot, so groß wie ein Wagenrad. Damit fuhr er gegen Mittag zu Katharinas neuer Wohnung.

Die Möbelleute waren gerade gegangen, die Tür stand noch offen. Katharina saß erschöpft auf einer Kiste, eine Flasche Bier in der Hand. Es dauerte eine Weile, bis sie ihn bemerkte und ohne Überraschung „Ach, der Bastian Guthmann“ sagte.

Er packte das Brot aus, legte einen schönen neuen Kupferpfennig drauf und sagte feierlich: „Zum Einstand.“

„So viel Salz! Wen soll ich denn damit einpökeln?“

Diese Frage blieb offen, denn der Ausfahrer eines Blumengeschäftes kam durch die offene Tür mit einem großen Strauß.

„Der ist bestimmt von Klappzahn“, giftete Bastian.

„O nein“, sagte Katharina, die Begleitkarte lesend, „der ist vom Chef. Das da drüben ist von deinem Bruder.“

Bastian betrachtete Karlis Arrangement aus Blattpflanzen. „Typisch“, sagte er. „Schenkt immer das, was lange hält, damit sich der Einsatz lohnt.“

„Hat er dich schön verdroschen, ja?“

„Das nächstemal schlag ich ihn zusammen!“ schwor Bastian und drohte mit der Faust.

Dabei fiel ihr der schmuddelige Verband an seinem Handgelenk auf. „Komm mal mit“, sagte sie und ging ins Bad, in dem die Kiste mit ihrer Hausapotheke abgeladen worden war. Es war das erstemal, daß sie ihn verarztete.

Insofern hatte sich die Keilerei für Bastian doch gelohnt.

ANSTRENGENDER Dienst, Umzug und junge Liebe waren einfach zuviel für Katharina. Sie schlief schon auf der Heimfahrt vom Krankenhaus im Auto ein. Bastian steuerte. Er hatte ihre Erschöpfung ganz gern, sie gab ihm ein Gefühl der Überlegenheit.

Der neuen Wohnung merkte man nicht mehr allzuviel vom Umzug an. Im engen Flur standen Faltkartons, die Bilder lehnten an der Wand. Bis auf eine Bücherkiste war alles ausgepackt. Bastian ging gleich in die Küche und lud seine Einkäufe ab. „Ruh dich aus, ich koche heut.“ Als er eine halbe Stunde später mit einem Tablett das Wohnzimmer betrat, saß Kathinka aufrecht im Sessel und schlief.

Bastian stellte das Tablett ab und ging vor ihr in die Hocke. „He – Kathinka ...“

Sie lächelte ein bißchen. „Ich hab wohl geschlafen ...“

„Zieh wenigstens den Mantel aus.“ Er half ihr und pries dabei die Suppe an, die er für sie komponiert hatte.

„Ich mag nicht essen.“

„Wenigstens kosten.“ Er fütterte sie. Katharina gehorchte gehorsam.

„Du bist wie eine Mutter zu mir. Wenn du jetzt noch die Bilder aufhängen würdest ...“

„Heute?“ Er war nicht sehr entzückt von der Idee. Bilderaufhängen erforderte soviel Präzision. „Lieber Samstag.“

„Samstag geht nicht. Da bin ich nicht da.“

„Du bist nicht da? Wieso? Du hast mir versprochen ...“

„Brüll nicht“, unterbrach sie ihn. „Ich muß mal nach Haus.“

„Und was wird aus mir? Ich hab überhaupt nichts von dir."

„Doch", sagte Katharina, „meine Müdigkeit." Sie sah ihm nach, wie er wütend aus dem Zimmer ging. „Wo willst du hin?"

„Hammer holen."

Während er den ersten Nagel einschlug, sagte sie: „Komm doch mit."

„Wohin? Zu deinen Eltern?" Er war fast entsetzt. „Findest du das etwa gut?"

„Nein, nicht besonders, aber es ist die einzige Chance, am Wochenende zusammen zu sein. Ich fahre Samstag nachmittag und Montag früh zurück."

„Und wenn ich mitkäme", überlegte er, „müssen wir dann mit deinen Eltern Händchen halten und uns säuberlich benehmen?"

„Ach was! Jeder macht, was er will."

„Und wenn's regnet?"

„Regnet's eben."

„Bergsteigen tun wir bestimmt nicht?"

Das mußte sie ihm fest versprechen.

Balzen

AM SAMSTAG fuhr Kathinka nachmittags zu ihren Eltern nach Großgmain. Bastian wollte am Sonntag nachkommen. Er meinte, ein Tag Familie Freude wäre für den Anfang genug.

Er war gerade beim Packen seines Koffers, als Martha Guthmann vor der Tür stand. Sie sagte, sie wäre „zufällig" in dieser Gegend gewesen, und da hätte sie sich gedacht, wo du nun schon hier bist, Martha, kannst du rasch mal nach dem Bastian schaun und Abschied von ihm nehmen.

„Abschied?" Er grinste. „Für einen Tag? Das glaubst du doch wohl selbst nicht."

Sie lenkte ab: „Für einen Tag so einen großen Koffer?" Sie hob seinen Deckel an. In dem großen schwarzen Gepäckstück fürchteten sich ein Paar Socken, ein Hemd und eine Unterhose vor einer großen Papierschere.

„Ich hab keinen kleineren", sagte Bastian und warf noch das hinein, was man unter dem Begriff „Kulturbeutel" zu kaufen pflegt.

Großmutter betrachtete ihn prüfend. „Zum Friseur hättest du noch gehen müssen."

„Ja", sagte Bastian.

„Du sagst immer ‚ja'", sagte Großmutter ärgerlich. „Und dann wollte ich dich bitten, wenn du bei den Freudes bist – red nicht über Politik, nein?"

„Warum nicht?"

„Vielleicht haben sie eine andere Einstellung als du."

„Und wenn?"

„Ich mein ja nur, schließlich bist du ihr Gast."

„Und wenn einer Gast ist, muß er die Klappe halten, ja?"

„Bitte, halt sie, Bub, und trink dir keinen an. Wenn du einen sitzen hast ..."

„Am besten, du kommst mit und paßt auf mich auf." Bastian nahm seinen Koffer und sah sich um, ob er auch nichts vergessen hatte. Großmutter sah indessen ihren Enkel an.

„Bastian", sagte sie zart. Und als er mißtrauisch guckte: „Ach, schon gut. Ich sag lieber nichts mehr."

„Dein Glück, Martha."

„Trotzdem hast du fürchterliche Socken an!"

„... UND ich möchte dich herzlich bitten, Dietmar, betrink dich nicht. Und vor allem, politisier nicht mit dem Mann, den Kathi mitbringt. Ich denke noch immer mit Schrecken an diesen jungen Menschen, den Angelika das letztemal mitgebracht hat. Was habt ihr euch gestritten!"

„Das war nicht meine Schuld. Er hat angefangen", verteidigte sich Herr Freude.

„Trotzdem. Du warst der Ältere."

„Und deswegen soll ich den Mund halten, wenn hier einer herkommt und mich als Kapitalist und Ausbeuter beschimpft, bloß weil ich von meinem Vater fünf Tagwerk Bauland geerbt habe? Ich bin gegen jeden Radikalismus – egal, ob von rechts oder von links. Und das hab ich Angelikas Freund auch gesagt. Das war mein gutes Recht. Oder?"

„Natürlich, Dietmar", sagte Frau Freude. Sie nahm in der Küche den Mixer aus seinem Fach, um Schnee zu schlagen. Ihr Mann ging durch die Küchentür über den kleinen Wirtschaftshof in den Ziergarten, wo seine Mähmaschine auf ihn wartete.

ZUERST war es mal wunderschön, Katharina auf dem Bahnsteig zu sehen und in die Arme zu nehmen.

Katharina ohne Krankenhaus im Nacken. Eine ausgeschlafene, blanke Katharina voll spröder Zärtlichkeit.

„Na du?"

„Na endlich du!"

Der Zug fuhr weiter. Sie standen noch immer da und freuten sich über einander. Sie nahm ihn schließlich an die Hand und zog ihn aus dem Bahnhofsgebäude ein Stück die Straße hinunter, dahin, wo ihr offener Wagen parkte.

An seinem Steuer saß ein Deutsch-Kurzhaar mit unbeschreiblich traurigem Gesicht, dessen Leidensausdruck seine flinken, hellen Augen Lügen straften.

„Das ist Bruder Hermann", sagte Katharina. „Er setzt sich immer ans Steuer, wenn man ihn im Auto allein läßt. Hermann, hopp, nach hinten." Nach der siebten Aufforderung nahm dieser auf dem Rücksitz Platz. „Steig ein, Bastian."

Aber Bastian mochte nicht. Weil Bruder Hermann seine leicht vergilbten Zähne entblößte und abschlägig knurrte.

„Er tut nichts", versicherte Katharina.

„Weiß Hermann das auch?"

Bastian hatte Erfahrung mit großen Hunden, seit der Zeit, wo er Aushilfsfahrer bei einer Getränkefirma gewesen war. Man trat ahnungslos in den Garten, von irgendeiner Seite schoß eine Bestie auf einen zu. Vom Haus her rief jemand beruhigend: „Kommen Sie ruhig herein. Der tut nichts!" – und überließ einen danach seinem Schicksal. Machte man einen Schritt, fuhr einem die Bestie in die Hosen.

Und nun Bruder Hermann, Bastian direkt in den Nacken hechelnd. Er saß so starr da wie seine Vorfahren beim Kreisstadtfotografen. Hermann im Nacken und Katharinas Eltern vor sich – hatte er das nötig gehabt?

Das Haus war zweistöckig, mit altmodischen Balkonen auf Eisenstelzen, an denen sich wilder Wein hochrankte.

Frau Freude empfing Bastian in der Haustür, ganz liebenswürdige Gastgeberin. „Kommen Sie herein, Herr Guthmann, ich bin Kathis Mutter, guten Tag. Hatten Sie eine angenehme Reise? Kathi, du zeigst Herrn Guthmann am besten gleich sein Zimmer. Sie wollen sich doch sicher frisch machen, nicht wahr? Mich entschuldigen Sie bitte, wir sehen uns ja beim Kaffee!" Und damit enteilte Frau Freude.

Katharina, Bastian und sein großer, fast leerer Koffer stiegen die Treppe zum ersten Stock hinauf. „Ich muß mich nicht frisch machen", sagte er.

Die Fenster des Gästezimmers standen offen. Von den Wiesen zog der Duft frisch gemähten Heus herauf. Ein liebenswert altmodisches Zimmer war das, mit Messingbett und Häkeldecke und Waschtisch mit Marmorplatte und einem Paravent. In der Mitte stand ein Tisch mit einem Feldblumenstrauß, den Kathinka heute früh gepflückt hatte.

„Gefällt's dir?"

Bastian stellte seinen Koffer ab und schloß Kathinka in weit ausholende Arme. Während er sie küßte, wanderte sein Blick zur unverschlossenen Zimmertür. Er dachte, wie schön, wenn das hier eine Frühstückspension wäre und nicht ihr respektables Elternhaus.

Unter einem Lindenbaum wurde der Kaffee getrunken mit Zucker, frisch geschlagenem Rahm und Lindenblüten.

„Noch ein Stück Strudel, Herr Guthmann?"

„Nein, danke – war sagenhaft. Aber ich platz gleich", versicherte er.

Herr Freude war der bedeutend Nettere von beiden, fand Bastian. Ein rundlicher, handfester Typ mit randloser Brille und ausgeprägter Lachbereitschaft in den Wangen. Einer von diesen unendlich geduldigen, gutartigen Ehemännern, denen es gelingt, mit einer von Kindheit an verwöhnten, engstirnigen Frau auch nach fünfunddreißig Jahren noch eine verhältnismäßig glückliche Ehe zu führen.

„Haben Sie auch was mit Medizin zu tun?" fragte Frau Freude beim Kaffeenachschenken.

„Ich werde Lehrer."

„Ach – Sie werden noch?"

„Falls ich mein Examen bestehen sollte."

Frau Freude hatte einen Augenblick mit seiner Antwort zu tun. „Studienrat?" fragte sie dann.

„Grundschullehrer", sagte Bastian.

„Ja – liegt Ihnen denn der Beruf?"

„Das kann ich jetzt noch nicht sagen. Auf alle Fälle liegen mir die vielen Ferien."

Das Interview war beendet. Frau Freude schaute mit großen, besorgten Augen ihren Mann an. Der lachte.

Sie fuhren Rad. Bastian freihändig auf einem sehr alten, schutzblechklappernden Damenrad mit Bruder Hermann an der Leine. Am Waldrand gab es eine winzige alte Wirtschaft, davor standen drei Tische mit Holzbänken und dann noch einmal zwei unter einem Baum. Dort saßen Katharina und Bastian wie ein Liebespaar, sofern sie nicht nach Mücken klatschen mußten.

„Wir sollten viel öfter fortfahren, du." Er spielte mit ihrem Haar und kraulte ihren Nacken. Kathinka hielt genußvoll still. „Auf Reisen bist du viel netter."

„Wie netter?"

„Weiblicher. Nicht so furchtbar tüchtig und pflichtbewußt. Trinken wir noch eins?"

„Ist ja schon halb sieben." Kathinka schlug eine Mücke von seinem Handrücken.

„Und wenn wir Bruder Hermann nach Hause schicken mit 'nem schönen Gruß, wir kämen später!?"

„Hermann geht wildern. Und wenn Bruder Hermann wildert, kriegt er großen Ärger mit dem Jagdpächter, und das wollen wir doch nicht."

„Kennt der Jagdpächter unseren Bruder Hermann?"

„Ziemlich. Hermann ist der Hund vom Jagdpächter."

Bastian seufzte. „Also zahlen wir. Drei Halbe, fünfunddreißig Mücken und ein kurzes Idyll mit Kathinka . . ."

Sie fuhren Hand in Hand zurück, verunglückten beinah, stiegen ab und küßten sich vor frisch gemähten Wiesen.

Die Gemütlichkeit des Wohnraumes wurde von einem riesigen schwarzen, ausgestopften Vogel mit erhobenen Schwingen und aufgerissenem Schnabel bedroht. Bastian mußte immer wieder zu ihm hinschauen. Er faszinierte ihn. „Das ist ein Auerhahn?"

„Ja." Herr Freude entkorkte eine Flasche Frankenwein.

„Der balzt, nicht wahr?"

Freude nickte.

„Und so haben Sie ihn geschossen?"

„Ja. In der Steiermark."

„Schöner Tod", sagte Bastian neidisch.

„Sie sind kein Jäger?"

„Nein." Er zeigte auf den Hahn. „Wie jagt man denn so ein Vögelchen?"

Das hätte er lieber nicht fragen sollen, denn nun stand Herr Freude auf, zog seine Jacke aus, hängte sie über die Stuhllehne und ging in Positur. „Jetzt passen Sie mal auf, Herr Guthmann!"

Die Frauen waren in der Küche. Frau Freude wusch ab, und Kathinka trocknete ab.

„Deinem Freund hat es aber geschmeckt. Ein netter Mensch. Wirklich. So natürlich." Wenn Frau Freude beim Lächeln viel Zahn sehen ließ, wußte ihre Tochter, was sie von diesem Lächeln nicht zu halten hatte. „Er sagt, was er denkt. Wie alt ist er eigentlich?"

„Siebenundzwanzig."

„Siebenundzwanzig! Vier Jahre jünger als du! Stört dich das nicht?"

„Zumindest stört es Bastian nicht", sagte Katharina.

„Bestimmt hat er einen wertvollen Charakter." Frau Freude zog den Stöpsel aus dem Abwaschbecken. „Bloß ob das ausreicht!?"

„Ausreicht? Wofür?"

„Na ja – ich meine ..." Sie war verlegen. „Für eine Ehe ist doch noch was anderes entscheidend. Beruf. Einkommen. Sicherheiten. Hat er wenigstens Vermögen?"

Kathinka lachte. „Bastian? Eine Kiste voll Bücher hat er."

„Das ist natürlich nicht viel."

„Nein. Viel ist das nicht. Aber vielleicht kauft er noch ein paar dazu."

Sie nahm das Tablett mit den „guten" Gläsern, die ihren ständigen Wohnsitz nicht im Küchen-, sondern im Bauernschrank hatten, als ihre Mutter besorgt fragte: „Kathi – ist es was Ernstes?"

Kathinka überlegte einen Augenblick. „Mit Bastian?" Sie lächelte. „Sehr ernst nicht, aber wunderschön."

Sie trug das Tablett über die knarrenden, gebohnerten Flurdielen, auf denen Fleckerlteppiche zum Stolpern einluden, bis zum Wohnraum, drückte mit der Schulter die Tür auf und blieb entgeistert stehen.

Die beiden Männer bemerkten sie nicht. Bastian, sein Glas in der Hand, schaute hingerissen zu, wie Dr. Freude ihm die Auerhahnjagd erklärte.

Gerade in diesem Augenblick war er der Hahn persönlich. Ein imponierender Auerhahn, der in Hemdsärmeln, prüfend nach links und rechts äugend, mit kleinen, schnellen Schritten durch den Raum trippelte. Dabei stieß er ein hohles „Klock – klock – klock – klock!"

aus. Erklärendes Flüstern in Bastians Richtung: „Jetzt keine Bewegung. Kein Geräusch, sonst wird der Hahn mißtrauisch und verschweigt."

Bastian, der gerade aufstehen und sein Glas füllen wollte, verharrte bewegungslos auf halber Höhe.

Nun machte Herr Freude einen langen Hals, flatterte mit den Armen, schloß die Augen und stieß ein zischendes „Tschiiiiihhhhhschiiieh" aus. Leise zu Bastian: „Jetzt dürfen Sie sich bewegen. Springen Sie den Hahn an! Schnell! Er hört nichts, wenn er schleift."

Bastian entschloß sich, die fast geleerte Weinflasche anzuspringen, goß ihren Rest mit solcher Hast in sein Glas, daß es überschwappte, da – Harregott! – ließ ihn ein heftiges „Pschscht!" erstarren. „Nicht bewegen!"

Und alles fing „klock – klockklock – klock" von vorne an.

Bastian stand, mit Glas und Flasche, auf einem Bein vornübergeneigt wie ein Eisläufer, bemüht, die Balance zu halten.

Katharina winkte ihre Mutter heran. „Hast du Papa schon mal balzen sehen?"

„Ja. Aber das ist lange her, in unserer Brautzeit."

„Komm mal mit." Katharina führte sie auf Zehenspitzen an die halbgeöffnete Wohnzimmertür.

Frau Freude, die alles sehr ernst nahm, war über das, was sich ihr bot, entsetzt. Im Vordergrund der verrenkt schwankende junge Mann aus München, und mitten im Zimmer flatterte ihr Gatte zu seltsamen Lauten.

„Dietmar!" schrie sie auf. „Dietmar, was machst du denn?"

Die Jagd war aus. Bastian lockerte seine Glieder und trank. Herr Freude zog seine Jacke wieder an und wußte nicht, ob er verlegen sein sollte. „Ich führe Herrn Guthmann gerade in die Gründe der Auerhahnjagd ein."

„Fahr Landstraße, bitte", hatte Bastian gebeten. „Autobahn sind soviel Menschen."

Nun lag er neben ihr im Liegesitz, einen feuchten Seiflappen auf der Stirn, und stöhnte: „Meine Großmutter hatte mich gleich gewarnt: ‚Trink nicht soviel.' Sie hatte ja soo recht! Wie geht's denn dir?"

„Etwas besser. Ich hatte ja auch eine Flasche weniger."

Bastian erfreute sich am Tauglitzern der Wiese im Morgensonnenschein. Irgendwie lebte er falsch. Was wollte er eigentlich in der Stadt?

„Müssen wir denn wirklich nach München? Du kannst doch auch mal krank sein, Kathinka. Ich hab schon öfter von Ärzten gehört, die plötzlich krank geworden sind."

„Bastian!" seufzte Katharina.

„Ich schweig ja schon stille. Aber es ist schade, sehr, sehr schade." Er rutschte, so nah es ging, an sie heran.

„Vielleicht fahren wir einmal wieder über ein Wochenende zu meinen Eltern. So schlimm war's doch gar nicht für dich, oder?"

„Eher komisch. Mir fehlen bloß ein paar Meter von heut nacht."

„Daran, daß du Waldhorn geblasen hast, erinnerst du dich vielleicht noch?"

„Dunkel."

„Dunkel? Ziemlich grell sogar. Dann mußten wir meinen Vater zu Bett bringen. Er hatte das Ziel der Klasse erreicht. Dann kamen wir wieder hinunter. Da saßest du Arm in Arm mit Bruder Hermann unterm Auerhahn."

Bastian war entsetzt. „Mit dem Bluthund?"

„Keine Sorge. Du hast ihn nicht gebissen. Du hast ‚Schätzchen' zu ihm gesagt. Du warst überhaupt sehr lieb."

Kathinka brachte zuerst Bastian durch den Montagfrühverkehr nach Haus. Ehe er aus dem Wagen stieg, sah er einen Augenblick so vor sich hin. Er trennte sich so schwer von ihr. Hatte bereits Heimweh nach ihr, als er nach einem weichen Kinderkuß auf ihre Wange mit seinem Koffer ausstieg. „Servus. Wir telefonieren."

Und als sie anfahren wollte, rief er laut ihren Namen. Sie schaute zurück. Bastian trippelte mit flatternden Armen und vorgestrecktem Hals um seinen Koffer herum. Er balzte zum Herzerweichen und zur Verblüffung unausgeschlafener Passanten.

Bastian hatte es gut, er konnte jetzt schlafen gehen, während für sie der Dienst im Krankenhaus begann.

Aber Bastian kam nicht zum Schlafen. Er stand gerade mit seinem zweiten Frühstück in der Küche, als die Post durch den Türschlitz fiel. Ein Brief. Bastian las den Absender und wurde blaß.

Es war soweit.

Er legte den Brief auf den Küchentisch und seine angebissene Semmel dazu. Er zündete eine Filterzigarette am falschen Ende an und drückte sie nach dem ersten Zug angeekelt aus. Dann nahm er den Brief wieder auf und sein Frühstücksmesser, um den Umschlag aufzuschneiden. Mitten in dieser schicksalhaften Handlung verlor er den Mut und legte beides auf den Küchentisch zurück.

Nein.

Nein, bitte, noch nicht. Warum sollte er sich die Laune verderben. Hatte er so lange gewartet, konnte er jetzt auch noch ein paar Tage länger in Ungewißheit bleiben.

Außerdem gab es sowieso nur zwei Möglichkeiten. Entweder enthielt der Brief die Nachricht, daß er nicht bestanden hatte – dann begann ab November die Lernerei für die Prüfung wieder von vorn. Wenn aber in dem Brief sein Zeugnis drin war und die Mitteilung, daß er es geschafft hatte, so bedeutete das seinen Abschied von München in etwa drei Wochen.

Abschied – wohin?

Auf seinem Antrag auf Zulassung zum Vorbereitungsdienst hatte er sich für den Regierungsbezirk Oberbayern gemeldet. Die meisten Studenten hatten das getan. Vielen von ihnen war schon ihr Bestimmungsort zugeteilt worden. Nix Oberbayern. Dörfer in Unterfranken waren dabei. Da gab's auch Kinder, die unterrichtet werden mußten. Aber die Zugverbindungen nach München! Es wäre ja alles nicht so schlimm, wenn es nicht Katharina gäbe. Er konnte sie doch jetzt noch nicht verlassen.

Und somit stopfte Bastian das schicksalsschwere amtliche Schreiben in seinen Schrank zwischen die Winterpullover. Wenn er in einer Woche nachschaute, war's noch früh genug.

Nie wieder siebzig

Bastian war auf dem Postamt, um für Katharina ein Päckchen aufzugeben. Da stand ein Mann neben ihm und fragte: „Welchen haben wir eigentlich?“

Der Postbeamte sagte: „Den Zwölften.“

Bastian dachte, er fiele gleich um vor Schreck. Denn am 15. August hatte Großmutter Guthmann ihren siebzigsten Geburtstag, und er hätte ihn beinah vergessen.

Er fuhr deshalb zu ihrer Wohnung, in der Hoffnung, Susi anzutreffen. Frauen wissen besser, was man Frauen schenkt und dazu noch zum Siebzigsten.

Susi war allein. Er mußte mehrmals klingeln, bis sie öffnete – ein Frottiertuch um den Kopf. „Bastian? Gibt's dich auch noch? Komm rein, ich wasch mir gerade die Haare."

„Du siehst hübsch aus, Handtuch steht dir. Mein Fräulein Großmutter nicht da?"

„Nein", sagte Susi. „Willst du Kathrinchen sehen? Sie ist gerade wach."

„Sie guckt pfiffig", stellte Bastian fest. Kathrinchen hatte sich in den letzten Wochen zu einem liebenswürdigen Menschlein entwickelt.

„Was soll ich unser aller Oma bloß zum Geburtstag schenken?" schrie er unter die Haube, unter der Susi jetzt ihre Haare trocknete. „Weißt du nicht was Gescheites?"

„Sie wünscht sich eine Tiefkühltruhe."

„Ich hab an etwas für zwanzig Mark gedacht."

„Ich gebe fünfzig dazu", sagte Susi.

„Und woher nehmen wir den Rest? So 'n Ding kostet doch ein paar hundert!"

„Du hast ja noch einen gut verdienenden Bruder."

„Klappzahn? Der Geizknochen? Der erinnert sich wahrscheinlich nicht mal daran, daß Omi siebzig wird."

„Dann mußt du ihn dran erinnern", sagte Susi.

Aber das lehnte Bastian entschieden ab. „Wenn ich zu ihm geh und sage: ‚Du mußt Oma was schenken', dann reagiert er so, als ob ich ihn anpumpen will."

„Dann geh ich eben zu ihm", sagte sie.

Bastian staunte. Susi war in den letzten Wochen nicht nur sehr hübsch geworden, sondern auch zu selbständigen Unternehmungen bereit.

Susi kannte Karl Guthmann nur aus Erzählungen. Da Bastian, der seinen Bruder nicht besonders mochte, für Susi gleich hinterm lieben Gott kam, war sie sicher, daß ihr Karl Guthmann auch nicht gefallen würde.

Äußerlich gefiel er ihr schon. Er machte mehr her als Bastian. Und er war sehr liebenswürdig.

„Vielen Dank, daß Sie mich an Großmamas Geburtstag erinnern. Ich hätte ihn glatt vergessen." Er notierte auf seinem Terminkalender „Großmama Blumen schicken".

„Nicht schicken. Selber kommen. Es ist der siebzigste“, sagte Susi, während sie sich interessiert in Karlis Wohnung umschaute. Karl hatte sich von einem Architekten einrichten lassen und tunlichst alles vermieden, was diesen unpersönlichen Eindruck durch persönliche Aperçus verwischen könnte.

Susi musterte die Wohnung, und Karl Guthmann musterte Susi mit zunehmendem Wohlgefallen.

„Sie sind also Großmamas Untermieterin? Daß wir uns da noch nicht begegnet sind . . . Komisch.“

„Gar nicht komisch“, sagte Susi. „Sie besuchen uns ja nie.“

Er bot ihr Platz an und eine Zigarette, die Susi ablehnte. Was ihm gefiel. Er mochte keine Frauen, die rauchten und tranken und burschikos auftraten. Er liebte sie anschmiegsam, schutzlos und häuslich.

„Wissen Sie, Großmama und ich hatten nie den rechten Kontakt. Sie hat immer den Bastian vorgezogen.“ Und damit hatte er ein Thema angeschnitten, das ihn offensichtlich sehr bewegte. „Sie kennen doch meinen Bruder?“

„O ja.“

„Hat er überhaupt sein Examen geschafft?“

„Ich weiß nicht. Aber wenn, hätte Frau Guthmann schon darüber gesprochen.“ Susi lachte. „Was heißt gesprochen. Sie hätte es wahrscheinlich übern Rundfunk bekanntgegeben.“

„Schaun Sie, Fräulein Schulz. Das ist so ein Beispiel. Wenn ich Klassenprimus war, fanden das alle selbstverständlich. Wenn Bastian aber einmal eine Drei schrieb statt einer Vier, wurde das als Ereignis gefeiert. Man kann ja Komplexe kriegen, wenn man sieht, wie die Frauen ihn verteidigen. Was hat er denn? Kann er Kunststücke?“

„Er – er ist halt so schön normal, verstehen Sie? Er braucht weder viele Mädchen noch ein irres Motorrad, um sich zu beweisen, daß er ein Superkerl ist. Er will gar kein Superkerl sein. Er will auch nicht immerzu was darstellen wie die meisten Männer. Er – er gibt seine Schwächen zu. Ich glaube nicht, daß er jemals Karriere machen wird.“

„Das sage ich ja – er hat keinen Ehrgeiz.“

„Nein. Viel hat er wohl nicht“, nickte Susi. „Aber darum ist er auch nicht so egozentrisch wie die Ehrgeizigen. Ich hab auch noch nie erlebt, daß er auf jemanden neidisch gewesen wäre, weil der was besessen hätte, was er nicht hat.“

Karl Guthmann hatte ihr mit wachsender Eifersucht zugehört.

„All diese Eigenschaften passiver Natur bezeichnen Sie als besondere Vorzüge?“

„Ja.“

„Fräulein Schulz! Wenn es nur solche Menschen wie meinen Bruder gäbe, dann lebten wir heut noch auf den Bäumen.“

„Er hat ja noch andere Vorzüge“, verteidigte Susi den Bastian.

„Sie also auch!“

„Ja, ich auch“, sagte Susi. „Und ich hab allen Grund dazu. Ich weiß nicht, was ohne Bastian aus Baby und mir geworden wäre.“

„Sie haben ein Baby?“ fragte er blaß. „Wie reizend.“

„Ist es auch.“

„Möchten Sie einen Drink, Fräulein Schulz?“

Susi lachte. „Haben Sie einen nötig?“

Während er zwei Campari-Soda herrichtete, fragte er: „Sind Sie gekommen, um mir von meinem Bruder vorzuschwärmen?“

„Nein. Ich bin gekommen, um zu sammeln. Für den Geburtstag. Ihre Großmutter wünscht sich eine Tiefkühltruhe, keine große. Die kleinste. Ich gebe fünfzig Mark, Bastian zwanzig. Wir dachten, daß Sie vielleicht den Rest – ?“

Karl Guthmann rechnete kopf. Dann sagte er: „Ja, gut, das läßt sich machen. Ich kriege das Ding mit dreißig Prozent Rabatt.“

„Wie schön für Sie.“ Susi stand auf und wollte sich verabschieden.

Karl sah sie besorgt an. Er mochte sie noch nicht gehen lassen. Sie gefiel ihm. „Sie haben ja noch gar nichts getrunken, Fräulein Schulz. Bleiben Sie doch noch ein bißchen. Erzählen Sie mir von sich.“

Von-sich-selbst-erzählen bedeutete für Susi ihre Handtasche öffnen und die ersten sechsunddreißig Babyfotos auf den Tisch blättern.

Bastian schlief nur noch in seiner Wohnung, wenn Katharina Nachtdienst hatte. Er brachte sie morgens mit ihrem Wagen zum Krankenhaus und holte sie auch wieder ab. Er kaufte für den Haushalt ein und kochte und verbreitete seine persönliche Note in Form von genialer Unordnung, vor allem in ihrem Bad und in der Küche.

Katharina räumte ihm anfangs alles nach, dann mahnte sie ihn, und an dem Morgen vor Großmutter Guthmanns siebzigstem Geburtstag kam es zwischen beiden zu einem handfesten Krach, in dessen Verlauf sie sämtliche Synonyma für Unordnung verwandte und er sich mit dem Schimpfwort „spießige höhere Tochter“ revanchierte.

Darauf schleuderte ihm die höhere Tochter einen Pantoffel ins Kreuz. Noch am selben Morgen zog Bastian mit Zahnbürste, Rasierzeug und Büchern aus ihrer Wohnung aus, und zwar mit der Tram.

Kathinkas Auto rührte er nicht mehr an. Schließlich hatte er seinen Stolz. Er nahm aber aus Versehen das einzige Paar Wagenschlüssel mit, so daß Katharina trotz Taxi eine halbe Stunde zu spät zum Dienst kam, und das ausgerechnet an einem Morgen, an dem mehrere Operationen angesetzt waren.

Bastian war gerade zehn Minuten zu Haus und dabei, sich einen Tee zu brühen, als es Sturm klingelte. Vor der Tür stand Susi. „Ich muß gleich weiter ins Büro."

„Was gibt's denn? Ist was passiert?"

„Deine Großmutter bäckt einen Kuchen nach dem andern."

„Und ich dachte schon, es wär was Ernstes."

„Es ist ernst. Drei Schüsseln Heringssalat stehen schon da und ein Roastbeef und Schweinsbraten . . ."

„Ich denke, sie hat keinen eingeladen", sagte Bastian und goß Tee auf.

„Sie hofft trotzdem, daß alle dran denken und kommen. Aber die denken doch nicht!"

„Nein", sagte Bastian, „die Familie denkt bloß an Omi, wenn sie was von ihr will. Was machen wir denn da?"

„Überleg dir was. Ich muß los, sonst komm ich zu spät."

Er fand einen alten Kanten Brot, einen Rest Butter im Eisschrank und Großmutters selbstgemachte Vierfruchtmarmelade, stellte alles auf ein Tablett, dazu den Teetopf, eine Tasse und ein Messer. Umrühren konnte er mit einem Bleistift und essen vom Tablett – sparte er einen Löffel, eine Untertasse und einen Teller ein.

Bastian frühstückte beim Telefonieren.

Zuerst rief er seine Schwestern an. Wie erwartet, hatte keine die Absicht gehabt, zu Großmutters Siebzigstem zu kommen.

„Typisch", kaute er vorwurfsvoll, „wenn sie eure Kinder hüten soll, erinnert ihr euch an sie. Aber wenn sie ihren Siebzigsten feiert, habt ihr keine Zeit. – Warum bringst du deinen Wurf nicht einfach mit? Schließlich ist sie die Uromi. – Dann verschieb doch den Zahnarzt! Na und? Na und? Morgen bist du hier, verstanden?" Bastian rief im Laufe des Vormittags alle Verwandten an, die telefonisch zu erreichen waren.

Zwischen zwei Gesprächen klingelte es bei ihm. Katharina war am Apparat. „Ach du, Kathinka." Er hatte völlig ihren morgendlichen Streit vergessen. „Dich wollte ich auch gerade anrufen. Meine Großmutter bäckt und kocht, als ob die Gäste morgen mit Sonderbussen anreisen. Jetzt haben wir Angst, daß sie eine fürchterliche Enttäuschung erleben wird. Kathinka, du mußt mir einen Gefallen tun. Lad deine ganze Unterleibsstation zu Omas Festtag ein. Wenn bloß fünf davon kommen, bin ich schon froh."

Sie japste hörbar nach Luft vor Zorn. „Hast du keine anderen Sorgen? Weißt du eigentlich, was du angestellt hast? Nein? – Dann faß mal in deine Hosentasche."

Bastian faßte hinein und holte ihren Autoschlüssel hervor. „Au Backe!" sagte er.

„Ich bin eine halbe Stunde zu spät zum Dienst gekommen. Der Chef hat mich angebrüllt. Das hat er noch nie getan. Du bist ein hoffnungsloser ..." Sie brach mitten im Satz ab, weil jemand ins Zimmer gekommen war. Bastian hörte das Klappen der Tür, eine Männerstimme und dann ein Klicken. Katharina hatte eingehängt.

Er holte darauf ihren Wagen ab und fuhr ihn auf den Parkplatz des Krankenhauses. Ehe er ihn abschloß und den Schlüssel bei der Empfangsschwester abgab, schmückte er den Fahrersitz mit Blüten von den spitaleigenen Blumenrabatten.

In seinem guten Anzug, mit Schlips und Blumenstrauß, stand er um acht Uhr vor Martha Guthmanns Wohnungstür.

Susi öffnete ihm. Sie sagte nur „Ach du", und das so, als ob sie jemand anderen erwartet hätte.

Martha Guthmann saß in einem lila Kleid am Küchentisch.

Bastian wickelte den Strauß aus. „Da, Omi, zu deinem Siebzigsten. Außerdem schenke ich dir noch den Griff an einer Tiefkühltruhe, die Susi und Karli dir schenken." Er küßte sie auf beide Wangen. „Alles Liebe, Schöne, Gesundheit und einen Dukatenscheißer."

Großmutter war gerührt. „Vielen Dank, Bub, danke."

Bastian schaute auf die vielen Torten und Kuchen, die in der Küche herumstanden. „Hast du zufällig ein Stück Torte?"

Erneutes Türklingeln.

„Schon wieder! Das kann ja heut noch schlimm werden!" sagte Martha Guthmann befriedigt. „Susi, gehen Sie?"

Susi kam mit einem Schmucktelegramm herein.

„Gib dem Boten ein Stück Kuchen", sagte Großmutter und öffnete den Umschlag. Sie las laut: „Frau Guthmann zum siebzigsten Geburtstag die herzlichsten Wünsche. Professor Dr. Klein.“ Sie schaute überwältigt um sich. „Der Chefarzt von dem Krankenhaus, wo ich damals gelegen hab. Der Chef persönlich gratuliert mir!“

„Und wenn man bedenkt, daß sein Titel zwei Worte gekostet hat“, lachte Bastian und liebte Kathinka für diesen Einfall. Obgleich sie böse mit ihm war, hatte sie im Namen des Chefarztes an seine Großmutter telegrafiert. Schon wieder klingelte es, Susi rannte zur Tür.

Bastian ging auf den Flur hinaus, als er Karlis Stimme hörte. Und konnte kaum glauben, was er dort sah: Karl und Susi lächelten und lächelten und lächelten sich zur Begrüßung unerschöpflich an.

„Wie geht es Ihnen?“

„Und Ihnen?“

„Und Ihnen?“

Mehr fiel den beiden nicht ein.

Bastian stand daneben und staunte. Was sollte denn das werden? Etwa ein neuer Referendar aus Köln? Klappzahn war kein Mann für sie. Viel zu egozentrisch und zu bequem. Mädchen durften keine zu hohen Ansprüche an ihn stellen. Sie durften auch nicht zu weit entfernt von ihm wohnen – wegen dem lästigen nächtlichen Heimbringen. Wenn er irgendwelche Komplikationen befürchtete, ließ er sie fallen wie eine heiße Kartoffel. Auf keinen Fall würde er eine arme Kirchenmaus mit unehelichem Kind heiraten.

Karl bemerkte Bastian zuerst. „Gut, daß du da bist. Du mußt mir helfen. Allein schaff ich das Ding nicht herauf.“

Die Brüder gingen zum Auto hinunter, um die Kühlbox zu holen. Es war die kleinste und billigste, die Karl hatte auftreiben können.

Bastian konnte sich dabei einen Kalauer nicht verkneifen. „Ich möchte wissen, was aus warmen Gefühlen wird, die mit dem Kauf einer Gefrierdingsda begonnen haben“, sagte er.

Martha Guthmanns Dreizimmerwohnung glich an diesem Tage einer Notunterkunft während eines Belagerungszustandes. Bastians Anrufe hatten siebenundzwanzig Verwandte nach München zitiert. Dazu dreizehn Personen aus der Nachbarschaft. Vom Krankenhaus kamen Schwester Theresa, die zufällig ihren freien Nachmittag hatte, und eine Lernschwester.

Zwischen den Beinen der Erwachsenen prügelten sich Urenkel in Sonntagskleidern. Eines brüllte immer. Die Torten reichten nicht.

Großmutters Schwester Meta war beleidigt, weil man ihren Erzfeind Bruno auch eingeladen hatte. Sie fuhr einen Zug früher als beabsichtigt nach Augsburg zurück. Großmutters beste Vase ging in Scherben. Keiner wollte es gewesen sein. Bereits um vier Uhr nachmittags war ihr Sohn Manfred sternhagelvoll und stänkerte mit seiner Frau, welche darüber in Tränen ausbrach. Sie hatten nicht genügend Tassen und Teller, auch wenn sie zwischendurch immer wieder abwuschen. Die Erwachsenen sagten, bloß keinen Kuchen, sie müßten an die Kalorien denken, und fraßen. Einer ging, einer kam. Jeder wollte herzlich begrüßt und herzlich verabschiedet werden.

Martha Guthmann hatte nichts lieber als Besuch, doch der hier war ihr zu viel. Das war kein Besuch, sondern ein familiärer Heuschreckenschwarm, der über sie hereingebrochen war und ihre Vorräte kahl fraß und trank und miteinander übereinander tratschte. Es war nicht mehr schön. Großmutter hatte nur die Arbeit und den Abwasch und die Sorge um den Nachschub. Ihr Portemonnaie wurde nicht mehr kalt in ihrer Hand.

Wie gern hätte sie mit Schwester Theresa über das Krankenhaus gesprochen, an das sie immer noch wie andere an Teneriffa dachte. Aber wann sollte sie?

Gegen halb sieben schied man mit dem indirekten Vorwurf an die Gastgeberin, zuviel gegessen und getrunken zu haben. Servus Martha. Und vielen Dank auch.

Martha Guthmann war fix und fertig. Rückblickend kam ihr der Tag wie ein turbulenter Alptraum vor.

„Da siehst du mal, wie das ist, wenn all die kommen, die du im Laufe eines Jahres einlädst", sagte Bastian. „Und das waren noch nicht mal alle, sondern nur ein Bruchteil."

„Ja", nickte Großmutter. „O ja –"

Sie schlief bereits in ihrem Sessel, als Katharina Freude wenig später vor der Tür stand, um ihre Glückwünsche und Blumen abzugeben.

„Na, wie war's?"

„Wie auf einer Breughelschen Bauernhochzeit. So schnell wird meine Großmutter nicht wieder siebzig", sagte Bastian. „Komm rein."

Ihren Streit erwähnten beide nicht mehr. Sie standen im Wohnzimmer und tranken auf das Wohl der leise schnarchenden Jubilarin.

Der Brief

„SAG mal, Bastian?"
„Mein Liebling?"
„Hast du noch gar nichts von der PH gekriegt?"
„Nein."
„Komisch. Die Schwester einer Freundin von mir hat zur selben Zeit wie du ihr Examen gemacht und bereits am 11. August die Mitteilung erhalten, daß sie durchgefallen ist. Heut haben wir den fünfundzwanzigsten."
„Was? Schon?"
„Und du hast noch nichts gehört? Das gibt's doch gar nicht, Bastian!"
„Wenn ich's dir sage!"
„Aber du solltest dich wirklich darum kümmern."
„Ja."
„Du sagst immer ja und tust nichts."
„Warum sollte ich? Ich kann's abwarten."
Dieser Dialog war die Ouvertüre zu ihrem ersten ernsthaften Krach, in dessen Verlauf Katharina Freude dem Bastian Guthmann folgendes vorwarf:

1. Außerhalb der Realität zu leben.
2. Die Dinge immer laufen zu lassen.
3. Keinen Ehrgeiz zu haben.
4. Es am nötigen Ernst fehlen zu lassen.
5. Überhaupt nicht an die Zukunft zu denken.
6. Eine Schlampe zu sein.

Bastian konterte darauf mit Gegenvorwürfen. „Ständig reibst du mir deine Tüchtigkeit unter die Nase. Aber du kannst nie abschalten, Kathinka. Du begreifst nicht, wie mir der Appetit vergeht, wenn du beim Abendbrot von Operationen und Brustkrebs und Frühgeburten erzählst."
„Du hast eben kein Interesse an meinem Beruf!"
„Ich hab vor allem nicht die Nerven dafür. Ich kann kein Blut sehen ..."
„Dann tu was gegen deine Zimperlichkeit."
Der Ausdruck Zimperlichkeit ärgerte ihn sehr. „Ich bin dir nicht

abgebrüht genug, wie? Da hast du allerdings recht. Ich nehme anderer Leute Leiden viel zu persönlich. Und wenn ich jemals einen zusammenschlagen würde, dann nur, weil er einen andern zu Unrecht schikaniert."

„Du Gerechtigkeitsapostel, du edler Mensch!"

„Ich bin kein edler Mensch!" schrie er.

„Edel und unsachlich!" schrie sie zurück.

Ach, was wirft man sich im Verlaufe solch eines Kraches alles an den Kopf! Und dann scheidet man mit Türenknallen und in der Hoffnung, daß der andere zuerst einrenken wird.

Es renkte aber keiner.

Bastian stellte sein Telefon auf Auftragsdienst, damit ihm während seiner Abwesenheit kein Anruf entging. Kathinka fragte fünfmal am Tag, ob kein Anruf für sie gewesen wäre. Beide hatten eine große Wut aufeinander und eine große Sehnsucht nacheinander, und beide hatten ihren blöden Stolz.

Und überhaupt ist es gar nicht so einfach, wenn man erkennt, daß man nicht zueinander paßt, und sich dennoch sehr, sehr lieb hat.

Bastian kostete dieser Ausnahmezustand seinen Job als Taxifahrer.

Und das kam so: Da war ein Fahrgast aus Berlin, der war gesprächig auf der Fahrt vom Flughafen zum „Bayerischen Hof". Er fragte zuviel. Und als er hörte, daß Bastian Student an der PH sei, meinte er, das wären doch bloß sechs Semester und dafür sei er eigentlich zu alt.

Da fuhr Bastian das Taxi an den Straßenrand und bat seinen Fahrgast auszusteigen. Samt Koffern. Denn er habe zwar ein Recht, seine Fahrweise zu kritisieren, nicht aber sein Privatleben.

Der Fahrgast beschwerte sich beim Taxiunternehmer. Bastian wurde noch am gleichen Tag gefeuert.

Schadete Katharina gar nichts, wenn er seinen Job verlor. Warum warf sie ihm vor, zimperlich zu sein und ein Taugenichts. Sie hatte kein Recht dazu ...

... da ging sein Telefon. Er hob sofort ab, in der Hoffnung, Katharina rufe an. Aber es war Martha Guthmann am Apparat. „Dein Onkel Alois ist heut hier. Er möchte gerne zu seiner Schwester Rosa nach Tutzing. Und da dachte ich, du fährst uns. Es ist ein schönes Verdienen für dich, Bastian."

„Ich kann euch nicht fahren, weil ich kein Taxi mehr habe", schrie Bastian in den Hörer. „Ich bin gefeuert, verstehst du? Warum nehmt ihr nicht den Zug? Habt ihr noch nie was von der S-Bahn gehört, nein? Laßt mich doch alle in Ruh!“ Er knallte den Hörer auf.

Punkt neun am nächsten Morgen stand Martha Guthmann vor Bastians Wohnungstür. „Ja, Bub, was war denn gestern los mit dir? So darfst du mich nicht anschreien. Du hättest mir auch freundlicher sagen können, daß du nicht mehr Taxi fährst.“ Sie packte eine Tüte mit frischen Brezeln und einen Andechser Käse auf den Küchentisch. „Hast du schon gefrühstückt?“

„Hab keinen Hunger“, brummte er.

Da zog sie ihn zum Küchenfenster und schaute ihn prüfend an. „Was ist denn los mit dir, Bub?“

„Was soll denn los sein!?“

„Du hast doch was. Bist du krank?“

„Nein.“

Sie schlug sich erschrocken die Hand vor den Mund. „Jetzt weiß ich's. Du bist durchgefallen.“

„Im Schrank liegt der Brief. Im obersten Fach.“

„Was für ein Brief? Etwa *der* Brief??“ Großmutter fand ihn gleich. „Aber Bub, der ist ja noch halb zu! Und mit dem Buttermesser bist du an solch wichtiges Dokument –“

„Es war bloß Margarine.“

Sie holte ihre Brille aus der Tasche und setzte sie mit hastigen Fingern auf. Untersuchte den Umschlag und war erschüttert. „Am Zehnten ist er abgestempelt. Bastian!“

Aber Bastian hockte auf seinem ungemachten Bett und hielt sich das Kopfkissen um die Ohren.

Einen endlosen Augenblick lang geschah gar nichts. Dann ein glücklicher Aufschrei. „Bastian!“ Sie blieb strahlend vor ihm stehen. „Bub, du hast bestanden!“

Bastian nahm das Kissen ab und saß wie erschlagen da. „Das hab ich befürchtet“, murmelte er. „Jetzt muß ich Lehrer werden.“

Während Großmutter von hinnen eilte, um die frohe Botschaft in München zu verkünden, frühstückte Bastian einen Schnaps.

Na schön. In Pädagogik vier, sonst alles Zweier und Dreier auf dem Zeugnis. Überragend war das nicht. Immerhin hatte er allen, die an ihm zweifelten, bewiesen, daß er in der Lage war, ein Studium zu Ende zu führen.

Aber was bedeutete ein bestandenes Examen. Ein Abschlußzeugnis in Theorie. Entscheidend war die Praxis. Gerade das, was ihn am

Lehrerberuf anfangs am meisten gereizt hatte – der Umgang mit Kindern –, machte ihm jetzt am meisten Sorge. Daß die Kinder mit ihm fertigwerden würden, daran zweifelte er keinen Augenblick. Aber ob er mit ihnen fertigwurde!?

Und noch war kein Bescheid vom Kultusministerium gekommen, wo man ihn einsetzen würde.

Am ersten Tag war Kathinka nur bös auf ihn und wollte ihn nie mehr wiedersehen. Am zweiten Tag war sie vor allem bös, weil er nicht anrief. Am dritten Tag war sie traurig.

Wenn er sich bis zum Abend nicht meldete, dann – also schön, dann würde sie es tun. Wozu denn auch die Bockerei? Sie hatten sich doch lieb.

Am Mittag des dritten Tages verließ sie ausnahmsweise einmal pünktlich das Krankenhaus. Sie ging zum Parkplatz. Neben dem Kühler ihres Wagens hockte Bastian auf dem Rinnstein.

„Na du?" sagte er sehnsüchtig.

„Na endlich wieder du", sagte Katharina und wäre beinah in Tränen ausgebrochen vor Erleichterung, ihn wiederzuhaben.

Katharina bezahlte das Versöhnungsessen im „Steakhouse", weil Bastian pleite war.

Eine halbe, lauwarme Augustnacht lang bummelten sie durch Schwabing. Blieben immer wieder stehen und mußten sich furchtbar küssen, so, als ob es morgen verboten würde.

Unter einer Laterne fiel ihm ein, was sein Unterbewußtsein wie Schwermut belastete. „Ich hab bestanden, Kathinka."

Sie wollte sich freuen, er schnitt ihr die Freude mit der Bemerkung ab: „Das heißt, daß ich bald fortmuß."

Kathinka lachte. „Du redest, als ob du mit'm Frühzug in den Krieg ziehen mußt. Komm, mach's nicht so dramatisch!"

„Wer weiß, wo sie mich hinstopfen werden! In welchen Schulamtsbereich."

„Vielleicht ist es ganz nah bei München", tröstete sie. „Und selbst wenn nicht, es ist ja nicht für ewig."

„Aber abends? Was mach ich abends ohne dich?"

„Hefte durchsehen. Dich vorbereiten für deine Schulstunden."

„Du bist so roh, Kathinka. Du bist wahrscheinlich froh, daß ich abends nicht mehr dasein werd."

„Ja, o ja. Da komm ich endlich einmal zum Ausschlafen." Sie zog

ihn weiter. „Was reden wir über ungelegte Eier. Warten wir's ab, Bastian. Freuen wir uns über jeden Tag, an dem wir noch nichts Definitives wissen."

Gegen zwei Uhr früh schlief sie endlich in seiner Armbeuge ein. Sie schlief so gern mit ihm, aber so schlecht. Für zwei war ihr Bett zu schmal und die Nacht zu heiß.

Ferkel züchten

WENIGE Tage später erhielt der Lehramtsanwärter Bastian Guthmann vom Kultusministerium den Bescheid, daß er der Grundschule in Regen, Regierungsbezirk Niederbayern, zugeteilt worden war.

Also Regen. Wo lag denn Regen überhaupt?

Zuerst suchte er seine Zigaretten. Die fand er. Dann suchte er seine Autokarte. Die fand er nicht, wohl aber einen geerbten Autoführer aus dem Jahre 1939. Darin war Regen als „Markt" angegeben, mit 3300 Einwohnern und zwei Gasthäusern. Im Lexikon von 1968 war aus dem Marktflecken inzwischen eine Kreisstadt mit 8500 Einwohnern geworden, mit Glas- und Textilindustrie.

Bastian fuhr mit der Tram zum Bahnhof und ließ sich eine Zugverbindung nach Regen heraussuchen.

„Wollen Sie frühmorgens oder abends fahren? Da gibt es durchgehende Züge."

„Nein, bitte mittags. Nach der Schule."

„Da hätten wir einen, der geht um 13.07 vom Starnberger Bahnhof, kommt um 14.58 in Plattling an. Um 15.16 geht er von Plattling nach Regen. Ankunft 16.11."

Drei Stunden Bahnfahrt! Wahrscheinlich hielt der Zug an jeder Milchkanne! In der Bahnhofsbuchhandlung kaufte er eine Karte von Niederbayern. Inzwischen war ihm aufgefallen, daß er sich einen Mittagszug von München nach Regen, anstatt von Regen nach München hatte geben lassen. Aber ob von München nach Regen oder von Regen nach München – die Fahrzeit blieb die gleiche. Er würde drei Stunden von Kathinka entfernt sein.

Regen! Was sollt er denn da! Da kannte er doch keinen. Und bald kam der Winter.

Bastian brauchte umgehend jemand, bei dem er sich ausweinen konnte. Kaspar Hauswurz fiel ihm ein.

Er rief ihn an. Es war aber nur ein Mädchen am Telefon; sie sagte, der Kaps äße neuerdings in einer Wirtschaft in Bahnhofsnähe zu Mittag. Bastian sollte es doch einmal dort versuchen.

Kaspar saß auf einem Platz am Fenster. Bastian setzte sich schweigend mit einem halben Hellen neben ihn.

„Na? Hast was?"

„Ich hab heut meine Einweisung gekriegt." Bastian breitete die Karte von Niederbayern über den Tisch aus. Er suchte, bis er Regen gefunden hatte. „Da. Schau dir das an, da haben sie mich hinverdonnert."

Kaspar trank von Bastians Bier. „Warst du schon da?"

„Nein. Ich kenn bisher nur die Zugverbindungen. Die reichen mir."

„Du mußt sofort deine Unterlagen hinschicken", sagte Kaps. „Du mußt dich dem Schulrat und dem Rektor vorstellen und dem Bürgermeister natürlich auch. Du mußt dir ein Zimmer suchen."

„So weit hab ich noch gar nicht gedacht", stöhnte Bastian. „Was mir da alles bevorsteht!" Er nahm sein Bier und trank, was noch davon übriggeblieben war.

Die Wirtin kam an ihren Tisch und fragte, ob er was essen wolle. Bastian wollte nur einen Schnaps und noch ein Bier. Ihm war der Appetit vergangen in Gedanken an den Abschied von Kathinka, von München und von seiner Bude, an der er hing. Ab nächsten Monat ein möbliertes Zimmer.

„Falls es dich beruhigt – ich komm in derselben Gegend nieder wie du. Nur etwa zwanzig Kilometer von Regen entfernt", sagte Kaps.

„So nah? Dufte."

„Ich bin dort Erbe. Die Gegend ist schön, wo mein Hof liegt. Schön einsam."

„Und der Hof?"

„Na ja. Die Mauern sind noch gut. Aber das Dach! Als erstes muß ich das Dach reparieren. Und den Stall. Wegen der Schweine. Ich will nämlich Ferkel züchten." Kaps sah Bastian nachdenklich an. „Ich such bloß noch einen, der mitmacht."

„Da kannst du lange suchen", sagte Bastian. „Wer geht schon freiwillig in die Einsamkeit."

„Bloß Idioten", nickte Kaps einsichtig und trank Bastians zweites Bier. „Was ist mit dir?"

„Wieso mit mir?"

„Mit'n Ferkeln. Ich mein, eh ein anderer zugreift und mein Partner wird.“

„Ich?“ fragte Bastian ungläubig. „Mit dir Ferkel züchten? Mann, Kaps, du hast wohl'n Kaiser gesehen!“

Zu den Acht-Uhr-Nachrichten schalteten sie Kathinkas Fernseher ein. Bevor der Freitagabendkrimi begann, räumte Kathinka rasch ab. Bastian entkorkte inzwischen eine Flasche Wein. Er wollte mit ihr über seine niederbayrische Zukunft sprechen. Aber Kathinka war wild auf Krimis. Bastian ging meistens aus dem Zimmer, wenn es brutal wurde. Er konnte nicht hinsehen, wenn sie einen zusammenschlugen. Das Schlimmste war für ihn, wenn einer eine Spritze in Großaufnahme bekam. Dann lieber noch ein Toter im Teppich.

An diesem Abend schaute er von Anfang an nicht zu. Er war erfüllt von dem Gespräch, das er bis in den späten Nachmittag hinein mit Kaspar Hauswurz geführt hatte. „Magst du eigentlich Ferkel?“ fragte er Katharina.

„Ob ich was?“ fragte Kathinka, den Blick starr geradeaus.

„Der Kaps – ich hab dir ja schon von ihm erzählt –, der hat einen Hof in der Nähe von Regen geerbt.“

„Ja doch.“

„Und da will er nebenher Ferkel züchten. Vormittags ist er Lehrer und nachmittags ...“

„Bastian, bitte!!!“ Katharina starrte vornübergeneigt auf eine von einem Hubschrauber unter Beschuß genommene Landstraße, wo eine schwarzgekleidete Dame lag. Mit einem Korb am Arm, aus dem Orangen rollten und noch was, das wie ein Poesiealbum aussah.

„Kaspar will erst mal klein anfangen“, sagte Bastian. „Er kauft am Anfang nicht mehr als vier Muttersäue.“

Jetzt raste ein Maserati an der Toten vorbei, ein Reifen berührte das Poesiealbum. Das Album explodierte. Das Auto flog in die Luft. Das hatte Katharina gleich gewußt.

„Wenn die zweimal im Jahr ferkeln, macht das bei vier Sauen zirka achtzig Ferkel“, sagte Bastian.

„Sei doch mal ruhig!! Ich will den Krimi sehen!!!“

„Ja gut“, sagte er und stand auf. „Hol ich inzwischen Zigaretten.“

Als er vom Automaten zurückging, öffneten sich überall die Haustüren, und Mieter kamen mit ihren Hunden auf die Straße. Wenn die Hunde Gassi gehen durften, war der Krimi zu Ende.

Katharina hatte inzwischen den Flimmerkasten abgestellt und sich auf ihrem Sofa ausgestreckt.

Bastian würde sich immer daran erinnern, wie sie so dagelegen hatte, ein buntes Kissen im Kreuz, in einer Baumwollbluse und karierten Hosen, schweigend vor sich hin rauchend und dabei ihre Zehen betrachtend, die sie ständig bewegte ... Er selbst ging zwischen Tür und Fenster auf und ab und erzählte ihr von Kaspar Hauswurz' Hof. „Die Stallungen sind ziemlich morsch, aber die können wir vorläufig nicht abreißen und neu bauen ..."

Sie staunte. „Ich wußte ja gar nicht, daß du bei der Ferkelei mitmachen willst."

„Sagte ich das noch nicht?"

„Nein." Kathinka, die das Ganze für einen Scherz hielt, stieg ernsthaft darauf ein. „Aber das find ich ja fabelhaft. Bastian als Schweinezüchter."

Angespornt von ihrer Begeisterung, legte er los. „Paß auf, wir haben uns das so gedacht. Was werd ich mich in Regen mit einer Zimmerwirtin herumärgern. Zieh ich doch zum Kaps. Er gibt mir vormittags sein Auto, damit ich nach Regen fahren kann. Für ihn sind's ja nur fünf Minuten mit dem Radl zur Schule. Ich kauf in der Kreisstadt ein, was wir an Baumaterial brauchen, und nachmittags restaurieren wir den Hof."

„Allein?"

„Kaps' nächster Nachbar ist Maurer von Beruf. Seine Tochter wird in Kaps' Klasse gehen. Was glaubst du, wie gern der uns hilft."

„Und du mauerst mit, mein Schätzchen?"

„Was dachtest denn du?"

„Erzähl weiter."

„Vorm Winter müssen wir alles dicht haben. Rüben und Kartoffeln bauen wir selber an. Dann kriegen wir noch die Abfälle vom Hotel."

„Ist denn eins in der Nähe?"

Bastian, zuversichtlich: „Bestimmt."

„Wenn nicht, baut ihr eins an."

„Und ans Hotel verkaufen wir wieder unsere Ferkel."

Katharina lachte. „Kann eigentlich gar nichts schiefgehen. Ich hoffe, du wirst mir ab und zu ein Schnitzel schicken."

„Wieso schicken?" sagte Bastian. „Du kommst doch mit."

„Ich?" Katharina zeigte sich ergötzt. „Wie lieb."

„Glaubst du, ich geh jemals ohne dich da hin?"

„Als was braucht ihr mich denn! Als Rübenzüchter oder als Ausmister?“

„Mit den Ferkeln hast du nichts zu tun. Das wird sowieso mal alles automatisiert.“

„Aha. Wenn ich mich nicht um das Viehzeug kümmern muß, was tu ich denn dann den ganzen Tag? Haushalt und Gewürzgärtlein?“

„Den Haushalt macht dreimal die Woche eine Frau aus dem Ort. Ich dachte – wir dachten, du eröffnest dort eine Praxis.“

„Au ja“, sagte Kathinka, „das wird fein. Vor allem im Winter, wenn ich nachts bei Eis und Schnee und Nebel mutterwindallein über Land zu Patienten muß, zu Einödbauern! Und wenn ich dann eine Panne habe . . .“

„Ja, glaubst du denn, ich ließe dich allein in der Finsternis fahren?“

„Also, ihr besorgt den Schulkram und die Landwirtschaft. Und ich unterbreche meine Facharztausbildung und werde Landarzt. Vielleicht mache ich noch ’nen Abendkurs in Veterinärmedizin. Stellt euch mal vor, was ihr spart, wenn ich eure Ferkel hole!“

„Daran habe ich überhaupt noch nicht gedacht“, sagte Bastian begeistert, „du bist wirklich ein Schatz!“

„Ja, nicht wahr?“ Sie hielt ihm ihr Glas hin, damit er ihr noch Wein einschenken konnte. Dann sagte sie: „Ich find’s schon sehr komisch – unser Landleben zu dritt.“

„Ich find’s dufte“, sagte Bastian.

Kathinka stellte ihr Glas ab und richtete sich auf. Die Heiterkeit ging so allmählich auf ihrem Gesicht aus wie das Licht im Filmtheater. „Sag bloß, du hast den ganzen Zauber ernst gemeint.“

Bastian sah ehrlich erstaunt aus. „Ja – an sich schon. Du nicht?“

Jetzt stand Katharina auf und stellte sich ihm in den Weg. „Du spinnst doch.“ Ihre Stimme wurde laut vor Wut. „Du hoffnungsloser Spinner!“

„Und warum?“ Er wurde jetzt auch wütend. „Ständig heißt es, ich lass’ die Dinge laufen, ich kümmer mich um nichts. Und wenn ich wirklich mal konkrete Zukunftspläne mache, bin ich ein Spinner.“

„Du machst ja gar keine Zukunftspläne! Die macht dein Freund. Du machst bloß unbedenklich mit. Sagst ‚ja‘ zu einem Projekt, ohne zu prüfen, ob es überhaupt durchführbar ist und rentabel. Ferkelzucht – ohne einen Floh in der Tasche! O Bastian! Morgen kommt vielleicht der nächste Freund und fragt an, ob du nicht sechseckige Eier mit ihm züchten willst oder karierte Maiglöckchen.“

„Na und? Immer noch besser, als jeden Tag am Fließband stehen!" verteidigte er sich.

„Du hast noch nicht einmal den Hof gesehen. Aber du verkaufst bereits Ferkel an ein Hotel, das es vielleicht gar nicht gibt und wenn, wahrscheinlich seine eigene Metzgerei hat. Und ich soll dabei mitmachen. Bastian, ja bist du denn ..." Sie brach ab und betrachtete ihn kopfschüttelnd. Ihr Zorn war verraucht. „Du wirst nie erwachsen werden, Bastian, niemals."

„Muß ich denn das?" Und als er ihrem fassungslosen Blick begegnete: „Schau, Kathinka, es gibt so viele Erwachsene. Und was richten die zum Teil für Schaden an im Vergleich zu mir. Stimmt's?" Er wollte keinen Streit mit ihr. Seine Hand fuhr versöhnlich durch ihr Haar, aber sie wich ihm aus.

„Laß das. Du hast immer eine Entschuldigung. Es ist so bequem für dich, nicht für erwachsen genommen zu werden. Der liebe, nette, putzige Junge, den jeder mag. Ach Bastian." Sie rauchte eine Zigarette an, zog nervös an ihr, sie brannte nicht, er wollte ihr Feuer geben und durfte nicht. Kathinka wandte sich ab.

Und jetzt begriff er endlich. „Du hast es satt mit mir."

„Ja."

„Schade."

„Ja, sehr schade. Ich dachte immer, du würdest eines Tages Vernunft annehmen, wenigstens mir zuliebe. Du hast dich nicht einmal bemüht."

„Und nun hast du festgestellt, daß du einen ‚richtigen Mann' brauchst. Einen, zu dem du ‚aufschauen' kannst. Der dir ‚Sicherheiten bietet' und den ‚Rahmen', den du brauchst. Zu schade, daß du meinetwegen deinen wunderbaren Chefarzt hast laufenlassen, aber vielleicht will er noch. Frag ihn mal, vielleicht ..."

„Hör doch auf", sagte sie dazwischen und wirkte plötzlich erschöpft. „Das ist es ja gar nicht."

„Was ist es denn dann, bitte schön?"

Kathinka setzte sich auf eine Sessellehne. „Ich bin einfach nicht mehr jung genug für dich und nicht genug leichtfertig, um deine Schnapsideen mitzumachen. Andererseits bin ich noch nicht so alt, um die nötige Toleranz für dich aufzubringen. Wir sind zu verschieden, Bastian. Das einzige, was wir jemals gemeinsam hatten, war unsere Verliebtheit."

„Du redest, als ob schon alles vorüber wär." Und während er das sagte, wurde auch ihm bewußt, daß dies nicht nur eine ihrer immer häufiger auftretenden Meinungsverschiedenheiten war, denen eine Versöhnung folgte. Darüber war er sehr erschrocken. „Ich hab dich doch lieb, Kathinka. Ich hatte noch nie 'ne Frau so lieb wie dich."

„Ich glaub's dir", sagte sie. „Aber es ist wohl nicht genug." Er wollte widersprechen, sie winkte ab. „Ich weiß es – und du weißt es auch."

„Kathinka." Bastian nahm sie in seine Arme und grub sein Gesicht in ihr duftendes Kinderhaar. „Meine Kathinka ..."

Katharina hielt sich an seinen oberen Hemdknöpfen fest und kam sich schon jetzt wie ein verlassener Hund vor.

„Es ist der beste Zeitpunkt", sagte sie, um Sachlichkeit bemüht. „Du gehst von München fort, ich kann nicht fort. Es ist wirklich am besten, die Sache jetzt zu beenden."

„Alles wegen der Ferkel?" fragte er unglücklich.

Beinah hätte sie gelacht. „Aber nein, Liebling, doch nicht nur deshalb."

„Du hast ‚Liebling' gesagt", machte er sie aufmerksam.

„Ich werd's auch noch eine Weile denken, Bastian, länger wahrscheinlich, als mir guttut."

Es war schon absurd. Sie sprachen über Abschied und hielten sich dabei fest, aus Angst, sich zu verlieren.

„Warum, Kathinka? Warum so schnell?"

(Sie dachte: Er hat also auch nie damit gerechnet, daß es ein Leben lang andauern könnte.)

„Wollen wir warten, bis wir alles kaputtgemacht haben, was schön war?" Sie nahm seinen Kopf zwischen ihre Hände und zwang ihn, sie anzuschauen. „Es ist das vernünftigste so, glaub mir."

„Scheiß auf deine Vernunft. Ich hab dich lieb."

„Ja glaubst du denn, mir fällt es leicht?" schrie sie ihn plötzlich an und ließ ihn stehen.

Sie redeten noch hin und her. Es war zwei Uhr früh, als er ging. Eine völlig idiotische Situation. Und so unlogisch. Wer trennt sich schon freiwillig von dem liebsten Menschen, den er hat!? Übermorgen würde er sie anrufen, und alles war wieder gut.

Nein.

Diesmal nicht. Sie gehörten beide nicht zu den Menschen, die sich dramatische Abschiedsszenen vorspielten, weil das Vertragen hinterher so schön war. Es war überhaupt nicht dramatisch zwischen ihnen zu Ende gegangen, eher zärtlich. Aber es war zu Ende.

Bastian ging zu Fuß durch die asphaltwarme, geleerte Stadt. Ging

B4567

an der Isar entlang mit ihren erleuchteten Brücken und rauschenden Bäumen und schwarzen Häusern – und Kirchensilhouetten gegen einen dunkelblauen Sternenhimmel. Die Isar-Enten schliefen auf der kleinen Insel im Wasserbecken hinter der Corneliusbrücke. Die breiten Wiesen am Fluß entlang – tagsüber voller Kinder und Hunde und alter Frauen – waren jetzt schwarz. In den Gebüschen pennten Wermutbrüder unter ihren Zeitungen.

Bastian hatte sich hier wohl gefühlt. Er dachte an Katharina, an die Abreise und daß der Sommer ja nun auch bald vorbei war.

Und er heulte vor sich hin. Es sah ja keiner im Dunkeln.

AM NÄCHSTEN Tag traf er Kaspar Hauswurz in seiner Stammkneipe. Bastian setzte sich schweigend zu ihm. „Ist dir die Petersilie verhagelt, Junge?"

„Kathinka macht nicht mit. Wir haben uns getrennt."

„Ach du Schande."

„Es war ja klar, daß es nicht ewig halten würde – aber –, na ja. Ich komm mir vor wie amputiert, verstehst du?"

Kaps nickte. „Ich hatte mal 'n Hund ..." Er brach ab in der Annahme, schon alles gesagt zu haben.

„Hör zu, Kaps, das mit den Ferkeln ..."

„Ja, das hab ich mir auch überlegt. Da warten wir noch ein bißchen mit. Champignons sind auch billiger."

Es bedurfte einiger Anfragen, bis Bastian begriff, was Kaspar Hauswurz meinte: Er beabsichtigte, statt der Ferkel Champignons in den Ställen zu züchten. Wie man das machte, wußte er zwar nicht, aber er hatte Beziehungen zu einem Champignonkulturenhersteller.

Bastian schaute Kaspar mit wachsender Skepsis an. Mit dem würde es im Laufe ihres Zusammenlebens Schwierigkeiten geben. Aber darüber mochte er jetzt noch nicht nachdenken. „Vielleicht sollten wir mal ein Buch kaufen, wo so was drinsteht", schlug er vor.

Abschied

EINES Vormittags, als Katharina im Kometenschweif des Chefarztes über die Gänge fegte, sah sie plötzlich Bastian in einer Nische stehen. Sie erschrak sehr. Als letzte betrat sie ein Krankenzimmer, kam aber gleich wieder heraus und schoß auf ihn zu. „Was willst du hier?"

„Dich noch mal sehn – ist das so schlimm?" Und als er sie anschaute, brach ihr beinah das Herz.

„Bitte, geh. Es hat keinen Sinn."

„Was heißt Sinn? Immerhin waren wir mal ganz schön glücklich. Seh ich dich mittags?"

Sie schaute nervös zur Tür des Krankenzimmers, aus dem sie sich gestohlen hatte. „Ich muß wieder hinein."

„Wenn ich dich nicht seh, komm ich wieder. Die kennen mich ja bei der Anmeldung."

„Also gut, um eins auf dem Parkplatz", versprach Katharina und lief davon, ohne sich noch einmal umzusehen.

Sie hatten seit ihrem Abschied zweimal miteinander telefoniert. Hatten sich so viel zu erzählen, so viel gelacht und darüber beinahe vergessen gehabt, daß es zu Ende war. Dieser gewaltsame Schlußstrich kam ihnen so sinnlos vor. Nun war Bastian auch noch leibhaftig wieder da. Mitten in der Entziehungskur!

Katharina lief gegen ein Uhr zum Parkplatz hinunter und fand ihn auf dem Grünstreifen sitzend und Halme kauend. „Bitte, Bastian, was soll das! Laß mich zufrieden!"

„Aber das tu ich doch, Kathinka. Ich wollt mich nur von dir verabschieden. Ich zieh morgen ab."

„Morgen schon?" Das kam ihr dann doch sehr plötzlich vor.

„Komm, setz dich 'n Augenblick. Wenigstens auf eine Zigarette. Stirbt schon keiner inzwischen." Sie ließ sich nur widerstrebend im Gras nieder. Bastian zündete eine Zigarette für sie an und schob sie ihr zwischen die Lippen. „So bald wird Fräulein Doktor nicht wieder auf einem Parkplatz sitzen."

„Nein, so bald wohl nicht", sagte Katharina.

„War 'n schöner Sommer."

„Hmhm." Und damit nur ja keine Sentimentalität aufkommen konnte, fragte sie nach dem Hof.

„Es fehlt noch so ziemlich alles. Wir haben jetzt erst mal jeder einen Kleinkredit aufgenommen, um das Haus winterfest machen zu können. Aber wenn's mal fertig ist, wird's bestimmt schön."

„Bestimmt", nickte Katharina zuversichtlich. „Hast du zufällig 'n Foto?"

„Vom Hof? Ich glaub nicht, daß der in seinen 130 Jahren schon geknipst worden ist. Aber du kannst ja rauskommen und eins machen."

„Mal sehn. Vielleicht."

„Komm wirklich mal, Kathinka. Wir haben noch viel zuwenig voneinander Abschied genommen."

Da mußte sie lachen. Es klang irgendwie getröstet. „Ich muß zurück." Sie stand auf und drückte die Zigarette aus. Er stand auch auf.

„Also dann . . ."

„Also dann . . ."

„Wann geht dein Zug?"

„Um dreizehn Uhr sieben."

„Mach's gut, Bastian. Viel Glück. Ach, und dann soll ich dich noch von meinem Vater grüßen. Ich war am Wochenende daheim."

„Er ist wahrscheinlich beruhigt, daß wir nicht mehr . . ."

„O nein, im Gegenteil. Ihm tut's leid."

„Grüß ihn wieder", sagte Bastian. „Und Bruder Hermann auch." Er küßte behutsam ihren Mund. „Behüt dich."

„Behüt dich auch, Bastian."

Er war es dann, der zuerst fortging, rasch, ohne sich noch einmal umzusehen.

Bastian war so in Gedanken, daß er niemanden sah, als er in der Ohlmüllerstraße aus der Trambahn stieg und heimging. Nicht einmal seine Großmutter und Susi Schulz, die gemeinsam an einem Paket trugen.

„Der träumt aber schön", lachte Susi. „Den könnt man glatt überfahren, ohne daß er's merkt."

Sie folgten ihm langsam, denn Großmutter mußte mehrmals auf der Treppe stehenbleiben und sich erholen.

Bastian öffnete ihnen nicht eben begeistert. „Ach ihr. Ich bin grad heimgekommen."

„Das ist uns bekannt", sagte Großmutter. „Wir bringen deine Wäsche und wollten dir packen helfen. Was wird nun mit deiner Wohnung?"

„Die übernimmt die Schwester vom Kaspar. Sie ist Gewerbelehrerin."

„Und was nimmst du denn nun alles mit?"

„Ach, Bücher und was zum Anziehen. Und Geschirr. Meine Matratze und das Bettzeug . . ."

„Ja, dann wollen wir mal", sagte Susi. „Hast du schon Kisten besorgt?"

„Wieso Kisten? Wozu?"

Die beiden Frauen schauten sich bedeutsam an.

„Wo willst du denn deine Siebensachen drin einpacken?“ fragte Großmutter behutsam.

„Es müssen noch Kartons auf dem Speicher sein“, sagte er. „Ich schau mal nach.“ Er rutschte vom Tisch.

In der Küche öffnete Martha die Büfettüren und besah sich seinen Porzellanbestand. Doll war das nicht, aber bunt. Susi packte inzwischen zwei Dutzend alte Zeitungen zum Einwickeln des Geschirrs aus.

„Ist ja ziemlich schäbig, aber was soll man machen“, sagte Großmutter und griff nach einer Teekanne – und tat sie erst mal in den Abwaschtisch.

Bastian kam mit Kartons vom Speicher.

„Was sollen die bloß auf dem Lande von dir denken, Bub!“

„Ist mir scheißegal.“

„Aber mir nicht. Schließlich bist du mein Enkel.“

Großmutter rangierte einen Tassenkopf mit verkratzten Blümchen ohne Henkel aus.

Bastian stellte ihn wieder zurück. „Der kommt mit. Da rühr ich meine Tütensuppen drin an.“

„Dafür kannst du auch eine Tasse mit Henkel nehmen“, sagte sie und rangierte ihn wieder aus.

Bastian fühlte sein Blut schrill aufrauschen. „Das Ding kommt mit, verstehst du???“

„Warum?“

„Weil ich dran hänge!“ Er rang die Hände. „Daß ich euch endlich loswerde! Dafür zieh ich gerne in den Wald. Da bin ich wenigstens kein Pflegefall von Damen mehr. Ich kann mich ganz gut allein bewegen, kapiert ihr?“

Großmutter lachte. „Ach du meine Güte. Deine Selbständigkeit! Eine Selbständigkeit, an der jeder Knopf fehlt.“

„Na und, na und? Kommt es im Leben bloß auf Knöpfe an?“

„Bei Ostwind schon“, sagte Oma, „und bei den Eltern deiner zukünftigen Schüler auch.“

„Ja, in der Kleinstadt denkt man noch sehr konservativ“, mischte sich Susi ein und zog eine Flasche Sekt aus ihrer Tasche. „Mach sie auf, ja? Bitte.“ Ihr Lächeln war bezaubernd.

Er nahm ihr die Flasche aus der Hand und fummelte an ihrem Drahtverschluß. Susi sah ihm zu und sagte: „Mir tut’s schon sehr leid, daß du fortgehst. Schließlich haben wir dir alles zu verdanken.“

„Wer?“

„Na, Kathrinchen und ich. Und Karli auch."

„Meinst du Klappzahn?"

„Wir haben uns heute verlobt", sagte Susi.

„Beim Mittagessen." Großmutters Freude darüber entbehrte nicht einer gewissen Bissigkeit. „Wer von meinen Enkeln außer Karli würde sich wohl mittags verloben, wenn er abends berufliche Termine hat."

„Richtig verlobt?" staunte Bastian. „Was sagt er denn zu Kathrinchen?"

„Er will sie adoptieren."

Bastian konnte es nicht fassen. „Siebenundzwanzig Jahre lang kenn ich den Kerl als Streber und Spielverderber. Plötzlich kriegt er sympathische Züge . . ."

„Er liebt mich eben", sagte Susi. „Das Leben ist ja so schön."

So einfach war das also.

Der Korken flog zur Küchendecke. Der Sekt strömte nach. Susi hielt ein Bierseidel unter, das sie gerade einpacken wollte, Großmutter kam mit der Blümchentasse ohne Henkel. Sie tranken auf Susi Schulz' glückliches Leben und auf Karli und auf Bastians niederbayrische Zukunft.

„Nun erzähl doch mal, Bub. Hast du den Hof schon gesehen?"

„Vorige Woche, als ich mich in Regen vorgestellt hab."

„Na und, wie ist er?"

„Ganz schön vergammelt."

„Mit Plumpsklo?" fragte sie besorgt.

„Mit Wasserspülung."

„Und dein Freund? Ist er auch vergammelt?"

„Nicht mehr als ich."

Großmutter betrachtete ihn liebevoll. „Und so was läßt man nun heutzutage auf die schulpflichtigen Kinder los. Kennst du denn schon die Schule, in der du unterrichten wirst?"

„Ja."

„Na und?"

„Wasserspülung hat sie auch", grinste Bastian und duckte sich, weil Großmutter nach ihm warf.

DER Taxichauffeur, der Bastian zum Bahnhof fuhr, meinte, das würde ein reichlich umständliches Reisen bei so viel Gepäck werden. Dabei waren noch gar nicht seine Bücherkisten und Kartons mit dem Geschirr dabei. Die würde ein Vertreter für dental-medizinischen Bedarf in seinem Kombiwagen mitnehmen, wenn er nächste Woche Niederbayern bereiste. Klappzahn hatte das arrangiert.

Mit einem Träger zusammen lud Bastian seine Habe vom Gepäckkarren in ein Zweiter-Klasse-Abteil, in dem nur ein Herr saß. Derselbe sah zunehmend besorgt zu, wie sich die Gepäcknetze über ihm und gegenüber und die Sitze um ihn herum mit verschnürten Kartons und Betten und Koffern und Tragetüten und Taschen füllten.

Bastian ging auf den Gang, zog ein Fenster hinunter und suchte den Perron ab nach einem bekannten Gesicht.

Um dreizehn Uhr sieben sollte sein Zug abfahren. Um zwölf Uhr sechsundfünfzig sah er eine schwerbepackte Truppe von der Sperre her suchend am Zug entlangeilen – voran seine aufgeregte Großmutter, dann Susi mit Kathrinchen auf dem Arm und neben ihr der lange Klappzahn. Über Susi und Kathrinchen wehte ein Luftballon mit einem Mondgesicht. Susi sah Bastian zuerst. Sie winkte ihm mit dem Luftballon zu. Bastian winkte zurück und stieg aus.

„Ach, Bub – nun gehst du wirklich fort“, sagte Großmutter.

„Es ist ja nicht bis Australien.“

„Omi hat sich schon ein Kursbuch gekauft“, sagte Susi.

„Ich muß doch nach dir schauen kommen, Bub. Aber sag mal, warum fährst du nicht morgen früh oder heut abend mit einem durchgehenden Zug?“

Das wußte Bastian auch nicht. „Wahrscheinlich, weil ich mir nur den einen hab raussuchen lassen. Kaps hat auch nicht dran gedacht.“

„Denkt ihr überhaupt?“ erkundigte sich Karli.

Großmutter hob eins ihrer Päckchen hoch. „Ihr habt bestimmt kein Bügeleisen da draußen in der Fremde.“

„Bestimmt nicht“, versicherte Bastian.

„Das dachte ich mir. Ich hab eins besorgt. Hier. Und hier ist Unterwäsche drin.“

„Hoffentlich keine lange!“

„Nur bis zum Knie. Drei Paar. Im Bayerischen Wald kann es winters grimmig kalt sein.“ Außerdem hatte sie noch zwei weiße Oberhemden gekauft.

„Wir haben auch was für dich“, sagte Susi. „Karli, gib ihm.“

Karl reichte Bastian, der schon Omas Päckchen hielt, einen größeren rechteckigen Kasten. „Eine Hausapotheke. Gegen Schmerzen jeder Art!“

... und eine schwere Tragetüte mit Weinflaschen.

„Gegen Heimweh“, sagte Susi, und dann drehte sie die Schnur des Luftballons um einen seiner Jackenknöpfe. „Der ist von Kathrinchen. Ihr ‚guter Mond‘.“

Bastian lachte: „Wo bleiben die lebenden Hühner und die Speckseiten?“

„Die brauchst du nicht, du fährst ja aufs Land“, sagte Großmutter.

„Warum haben Sie denn nicht gleich einen Gepäckwagen genommen?“ schrie der Mann, als Bastian das Päckchen mit der Wäsche und das Päckchen mit dem Bügeleisen, die Hausapotheke, das halbe Dutzend Weinflaschen und den Luftballon ins Abteil brachte. Das war nun wirklich voll.

Er stieg noch einmal aus, um sich von der Familie zu verabschieden, die sich gerade überlegte, was wohl aus ihm und seinem mitreisenden Hausstand werden würde, wenn Kaspar eine Panne hatte und ihn nicht am Bahnhof in Plattling abholen konnte.

„Dann mußt du mit allem umsteigen“, sagte Karl. „Das wird ulkig.“

„Ja“, sagte Bastian, „das wird bestimmt ulkig.“

Er schaute auf die Bahnhofsuhr. Es war dreizehn Uhr fünf.

Zur gleichen Zeit telefonierte der Chefarzt nach Kathinka. Auf dem Weg zu ihm schaute sie zufällig auf die Uhr. Da unterbrach sie ihren Weg und ging zum Flurfenster. Sie wollte ihre ganz privaten Gedanken in Sicherheit bringen, indem sie dem Spitalbetrieb den Rücken zukehrte.

In zwei Minuten ging sein Zug. Bastian – lieber Bastian.

Er hatte so viel Unordnung in ihr Leben gebracht, und vor allem hatte er sie selbst dazu gebracht, wider ihren Charakter zu leben. Manchmal war es soweit gewesen, daß sie ihren heißgeliebten Beruf als Last empfunden hatte.

Ob je wieder ein junger Mann so unermüdlich um sie werben würde? Mit den Ohren wackeln, Marillenschnaps in ihre Stiefel gießen ... So zärtlich wie ein Junge und wie ein Mann zugleich sein. Schöne, bunte Süppchen erfinden, wenn sie zu müde war, selbst zu kochen, und „Katharina“ singen, „Katharina, ach du gehst so stihille durch das ernste, alte Krankenhaus ...“

„Katharina, wo steckst du denn?“ sagte der Chefarzt hinter ihr.

Sie kehrte sich, wie aus einem Traum erwachend, zu ihm um.

„Ist was?“ fragte er.

„Ich hab grad jemand nachgewinkt. Sein Zug ist vor einer Minute abgefahren."

„Dein Freund?" fragte er.

„Ja, mein Freund."

„Habt ihr euch verkracht?" fragte er, und als sie nicht antwortete: „Man soll keinen im Zorn reisen lassen, Katharina. Warum hast du mir nichts gesagt? Du hättest zum Bahnhof fahren können."

„Ich wollte gar nicht", sagte sie. „Da sind doch die anderen. Und wir haben uns auch nicht verkracht, im Gegenteil. Wir haben uns sehr, sehr zärtlich getrennt. Er tritt seine erste Stelle als Lehrer an. In Regen. Das ist in Niederbayern." Sie schaute zu Klein auf und lächelte. „Sie kennen ihn übrigens. Er war's, der damals bei Grün gebremst hat. Meinetwegen."

„Meinst du etwa diesen ..."

„Bitte", unterbrach ihn Katharina, „sagen Sie nichts gegen ihn. Es war schön mit Bastian, aber das ist ja nun vorbei. Ich habe Schluß gemacht."

„Vernünftiges Mädchen."

„Ja" – sie seufzte –, „ich bin manchmal zu vernünftig. Aber wer kann schon aus seiner Haut!?"

Es WAR soweit.

Martha Guthmann lächelte ihren Abschiedskummer nieder. „Schreib mir, wenn du was brauchst, Bub, hörst du?"

„Ich schreib dir sogar, wenn ich nichts brauche", versicherte Bastian und küßte sie. Außer von Kathinka und von München fiel ihm dieser Abschied am schwersten. „Komm mal raus, ja?"

„Ich komm bald, Bub."

Der nächste war Klappzahn. „Tschau, altes Tränentier."

„Selber eins", sagte Bastian und konnte Susi nicht mehr küssen, weil Großmutter ihn zum Trittbrett schob.

„Bub, steig um Himmels willen ein. Beschimpfen könnt ihr euch auch durchs Fenster."

Bastian schaute nun aus dem Gangfenster auf die paar Köpfe, die sich ihm entgegenhoben. Alles Familie – richtig nette Familie.

Was einem so durch ein Abschiednehmen erst auffällt. Vor allem, wenn man nicht nach Starnberg, Garmisch oder an den Chiemsee auswandert, sondern nach Regen, mit einem Wohnsitz auf einem Hof in einem Dorf.

„Dank euch schön“, sagte Bastian und suchte in seinen Hosentaschen wie nach Abschiedspräsenten, fand aber nur drei Fruchtbonbons. Einen Bonbon reichte er Susi, die neben dem anfahrenden Zug herging. Sie dankte mit ihrem schönsten waidwunden Rehblick und hatte einen Augenblick lang vergessen, daß sie frisch verlobt war. Das tat Bastian wohl. Die übrigen zwei Bonbons steckte er wieder ein. Großmutter mochte keine, Kathrinchen war noch zu klein dazu, und mit Klappzahn stand er nicht so intim, um ihm seine Bonbons zu schenken.

„Kommt bald mal, ja? Kommt, ehe der Jet-set den Landkreis Regen entdeckt und zweckentfremdet.“

Susi und Klappzahn schwenkten Arme. Martha Guthmann stand bloß da und sah ihm nach.

Bastian fiel der Luftballon ein. Er holte ihn aus dem Abteil und stieß ihn zum Fenster hinaus in den Fahrwind. Er winkte mit ihm. Seine Familie auf dem Bahnsteig wurde immer kleiner.

Dann kam der Knick im Gleis, nach dem der Bahnhof aus dem Blickfeld der Abreisenden entschwindet. Bastian ließ den Luftballon fliegen und sah ihm nach, wie er in die Wolken stieg.

Ihm war blümerant ums Herz.

Aber dann fielen ihm die Schulanfänger ein, die er in einer Woche übernehmen sollte. Als erstes würde er sie Luftballons malen lassen – grüne, rote, blaue und gelbe mit Mondgesichtern.

Bastian begann, sich auf seine Zukunft ein bißchen zu freuen.

Barbara Noack

Barbara Noack ist eine echte Berlinerin – immer auf dem Sprung, zwischen Schreiben und Haushalt (den sie weitgehend allein bewältigt), ihrem heute sechzehnjährigen Sohn Jan und der sportlichen Afghanenhündin Natascha – früher hatte sie Meerschweinchen und einmal sogar insgesamt vierzehn Hamster! Wie sie selbst gesteht, hat sie kein Sitzfleisch und schreibt deshalb eigentlich am liebsten Feuilletons. „Zum Arbeiten brauche ich immer den Druck eines Termins", sagt sie, leicht beschämt.

Über Mangel an Terminen oder daß bei ihr zuwenig los ist, kann sie sich nicht beklagen. Drei Schreibtische im Arbeitszimmer, von denen zwei nur zum Ablegen benutzt werden. Stets im Kampf mit dem durch zuviel berufliche Post, Leserpost, Privatpost und andere papierene Unterlagen drohenden Chaos, wünscht sie sich, „nie mehr was mit Papier zu tun zu haben". Auch das Telefon kann unaufhörlich klingeln, wenn Fernsehzuschauer ihre Begeisterung über eine neue Noack-Sendung kundtun wollen. Sie wohnt in einer schönen, am See gelegenen Wohnung in Starnberg. „Ich liebe Seen, und ich liebe Süddeutschland" – deshalb zog sie 1969 nach ihrer Scheidung mit ihrem Sohn dorthin.

Schon als Kind wollte Barbara Noack Schriftstellerin werden. Doch der Weg dahin wurde ihr nicht leicht gemacht. Ihre Kurzgeschichten wollte erst keine Redaktion drucken; sie schrieb nur hie und da für ganze 12 Mark Reportagen für den Berliner *Abend,* die sie stets umarbeiten mußte. „Heute bin ich dankbar für diese harte Schule", sagt sie dazu, „denn ich habe dabei sehr viel gelernt." Ihr scheinbar so leicht hingeworfener, knapper Stil ist wohl das Ergebnis der damaligen mühsamen Arbeit.

In den fünfziger Jahren kam dann endlich der große Durchbruch mit dem Buch *Die Zürcher Verlobung,* das ein Bestseller und von Helmut Käutner verfilmt wurde. Von da an riß die Kette der – noch immer vielgelesenen – Bücher nicht ab: *Valentine heißt man nicht, Italienreise – Liebe inbegriffen* (ebenfalls verfilmt), *Ein gewisser Herr Ypsilon, Geliebtes Scheusal, Danziger Liebesgeschichte, Was halten Sie vom Mondschein?, . . . und flogen achtkantig aus dem Paradies* – jenes Genre heiter-schwungvoller Romane mit spritzigen Dialogen und einem oft ernsten Grundproblem, das ihre besondere Begabung ausmacht. Für das Fernsehen erfand sie u. a. die liebenswerte Figur des „Bastian"; wegen des großen Erfolgs dieser Serie machte sie später ein Buch daraus.

Ihr Sohn Jan und seine Freunde inspirierten Barbara Noack zu zahlreichen Geschichten über Kinder, die sie dann in den Büchern *Eines Knaben Phantasie hat meistens schwarze Knie* und *Ferien sind schöner* zusammenfaßte. Geschichten über Kinder schreibt sie schon seit langem für die Zeitschrift *Eltern;* „man kann damit", meint sie (ihr wird manchmal zuviel Verständnis für die Jugend vorgeworfen), „die Eltern gut erziehen." Auf die Frage, woher sie die Stoffe zu ihren Büchern nimmt, antwortet sie, ihre Geschichten seien meist nicht reine Erfindung. „Was ich schreibe, muß immer auf dem Boden der Wirklichkeit stehen. Eine Idee ist da, der Rest ergibt sich beim Schreiben."

Der Erfolg ist Barbara Noack hartnäckig treu geblieben. Was ist der Grund? „Vermutlich, weil ich mich selbst auch nicht so ernst nehme und meine eigenen Schwächen sehe", sagt sie lächelnd.

Duell ohne Waffen

Eine Kurzfassung des Buches von
RUSSELL BRADDON

Ins Deutsche übertragen von
Karl Berisch

Illustrationen von Michael Johnson
Deutsche Buchausgabe: »Duell ohne Waffen« (The Thirteenth Trick)
Rowohlt Taschenbuchverlag GmbH, Reinbek bei Hamburg

Die Leiche eines dreiundzwanzigjährigen Mädchens wurde vor einer knappen Stunde in der letzten Reihe eines Kinos gefunden . . . Die Polizei nimmt mit Sicherheit an, daß es sich um das vierte Opfer des Mörders handelt, den man den „Autobahn-Unhold" nennt. . . Sie vermutet ferner, daß jemand weiß, wer der Mörder ist, und ihn schützt.

„Würdest du mich schützen?" fragte Mark seinen Bruder, als sie die Radiomeldungen über die Morde hörten. „Eine lächerliche Frage", erwiderte Robbie. Aber als Kriminaldirektor Sheadle, der sich dümmer stellt, als er ist, und sein scheinbar beschränkter Sergeant das Duo ins Gebet nehmen, erweist sich Marks Frage als gar nicht so absurd. Robbie, der sich schon als Sieger glaubt, behandelt das Verhör wie ein Kartenspiel und ist fest entschlossen, jeden Stich zu gewinnen.

Mittwoch, vierzehn Uhr dreißig

Sie hatte sich so an die Straße gestellt, daß sie jedes ankommende Auto auf etwa vierhundert Meter sehen konnte – um den richtigen Wagen, den richtigen Fahrer anzuhalten.

Sie trug die verschossenen Jeans ihres Bruders, scharlachrote Schuhe, ein Voilehemd, das oben aufgeknöpft und mit den Zipfeln über dem nackten Bauch geknotet war, dazu einen purpurfarbenen Schlapphut. Über ihrer Schulter hing eine Riementasche. Ihr Daumen hakte in der Hosentasche, in Erwartung des richtigen Wagens, des richtigen Fahrers.

Acht fuhren vorüber – sechs warfen nicht einmal einen flüchtigen Blick auf sie, zwei mehr als einen flüchtigen Blick. Beide lehnte sie ab, indem sie den Kopf mit dem Purpurhut zurückwarf. Aber der neunte, das fühlte sie, als sie ihn noch weitab auf der leeren Straße sah, war der Richtige; und als sie Kopf und Schultern des Fahrers genauer erkennen konnte, wußte sie es.

Zweimal hob sie den kecken Daumen. Und blieb bewegungslos stehen, als er vorbeifuhr. Dreißig Meter weiter hielt er und öffnete die Tür, ohne zurückzublicken. Das gefiel ihr; sie mochte selbstbewußte Männer. Sie schlenderte auf den Wagen zu, die Tasche schwingend. Mit der Hüfte stieß sie die Tür auf, bückte sich, steckte den Kopf in den Wagen und fragte: „Fahren Sie weit?"

„Weit genug." Er blickte in den Rückspiegel, auf die leere Straße. „Entschließen Sie sich."

„Bißchen despotisch, was?" sagte sie spöttisch. Aber sie schlüpfte hinein, neben ihn.

Es begann zu regnen, und er stellte den Scheibenwischer an. Dann drehte er sich zu ihr und legte den Arm um ihre Schulter und die andere Hand auf ihren Leib.

„Verschwenden Sie nicht Ihre Zeit", sagte sie gutmütig.

Ohne zu antworten, zog er die Hand zurück und küßte sie. Sie hielt die Augen geschlossen und konnte nicht sehen, daß seine geöffnet waren und seine Hand zum Handschuhfach griff.

Mittwoch, fünfzehn Uhr zehn

So unberechenbar, wie er begonnen hatte, hörte der Regen auf. Die Sonne schien, und die Blätter, Grashalme und die Tropfen an der Windschutzscheibe glitzerten. Aber Mark Gifford war an sonnenblinkendes Wasser gewöhnt. Unbeirrt steuerte er seinen Wagen von der schmalen Landstraße durch die Toreinfahrt seines Bruders.

Die Garage am Ende der betonierten Auffahrt war geöffnet, doch der Morris 1100 seines Bruders stand draußen. Als Mark seinen Wagen daneben auf dem Rasen parkte und den Motor abstellte, runzelte er die Stirn – nur kurz. Dann nahm er einen Koffer vom Rücksitz, stieg aus, schlug die Tür zu, straffte sich und schritt über das nasse Gras.

Er schob die Glastür an der Seitenfront des kleinen Landhauses auf und trat ein. Lauter, als er eigentlich wollte, rief er: „Robbie?"

„Wer ist da?" erklang es von der Vorderseite des Hauses. Er war beruhigt.

„Mark, du Witzbold", antwortete er. Er stellte den Koffer ab und warf die Autohandschuhe drauf. „Wen sonst hast du erwartet?"

„Och ... Elizabeth und Richard und Margaret und Tony. Die übliche Sippschaft, du weißt schon."

„Wo bist du, im Schlafzimmer oder auf dem Lokus?" Die Toilette rauschte. Er blickte sich in dem vertrauten Zimmer um. Hinten, am Ende, die Einbauküche; zu beiden Seiten des Kamins die mit Chintz bezogenen Sessel, gegen den Kamin gelehnt ein Fechtsäbel, davor das Sofa, auf dem Kaminsims die elektrische Uhr, die er Robbie zu Weihnachten geschenkt hatte, ein Foto von ihm in seiner Offiziersuniform und das Transistorradio, auch ein Geschenk von ihm, zu Robbies Geburtstag. Ein Apparat, den sein Bruder offenbar nie benutzte, denn sonst hätte er auf dem niedrigen Tisch vor dem großen Lehnsessel gestanden, neben der Whiskyflasche.

Mark ging zum Kamin und stellte das Radio an. Er war fünfundzwanzig und liebte die Stille nicht, die der neueste Hit schrill zerschmetterte, als Robbie in seinem Rollstuhl ins Zimmer gefahren kam.

Soweit überhaupt möglich, sah Robbie noch besser aus als Mark – die Schultern noch breiter, die Kleidung nicht weniger zwanglos elegant, und sein Teint ebenso glatt. Doch sein Gesichtsausdruck war verschlossen, während der seines Bruders von liebenswürdiger Offenheit war.

„Ordinäres Wort, Lokus", sagte er tadelnd, während er geschickt mit seinem Rollstuhl manövrierte. „Warum sagst du nicht Klo, wie jeder andere auch?" Und als ob es ihm erst jetzt einfiele, reichte er Mark die Hand.

„Hallo, Robbie!" Trotz ihrer Ungezwungenheit klang die Begrüßung herzlich. Vielleicht zu herzlich, denn Robbie zog plötzlich seine Hand zurück, während er ihn von oben bis unten ansah.

„Mensch, bist du braun!" sagte er klagend. „Und viel zu früh! Fünf Uhr, hast du gesagt." Er warf einen Blick auf die Uhr, die erst Viertel nach drei zeigte. „Oder ist das blöde Ding wieder kaputt?"

„Nein", sagte Mark und verglich mit seiner Armbanduhr, „es ist –" Aber Robbie, der sich zum Kamin gerollt hatte, um die Uhr zu prüfen, unterbrach ihn.

„Nicht kaputt. Sie geht. Ich werde nie die Elektrizität begreifen. Ich meine" – er drehte sich herum, um Mark anzusehen –, „wie kann ein und dasselbe Zeug machen, daß Uhren ticken, Wasserkessel kochen, Kühlschränke frieren, Radios sprechen und Fernseher dich ansehen?"

Mark lachte. Nach jeder Reise, jedesmal, wenn er nach Hause kam, immer das gleiche. Ein paar Minuten spöttisches Geplänkel, um keine Vertraulichkeit aufkommen zu lassen. „Willst du's wirklich wissen?"

„Nein. Aber wenn alle Kessel in Großbritannien plötzlich Poplieder plärren und die Fernseher frieren – sag nicht, daß ich dich nicht gewarnt habe."

„Wie geht's dir denn, Robbie?"

„Gut." Doch er drehte ostentativ das Radio ab.

„Es klingt ein bißchen ..." Mark ließ den Satz unvollendet.

„Es war eine lange Zeit", erklärte Robbie mit einem Anflug von Zerknirschung. „Ich war gerade beim Reinemachen – und dann bist du fast zwei Stunden früher gekommen."

„Beruhige dich, Robbie. Tut mir leid, daß ich zu früh bin. Du hast eine Menge im Haus zu tun gehabt und mußtest aus dem Haus gehen –"

„Einkaufen. Ein Steak zum Essen? Bleibt dir wohl nichts anderes übrig, denn es ist nichts weiter da. Wie war's in Sydney? Und warum, um Gottes willen, setzt du dich nicht?" Es klang abgerissen, sogar für Robbie.

Mark ließ sich in einen Sessel fallen und fragte: „Was ist los?"

Endlich lächelte Robbie. „Du kennst mich doch." Er zuckte die Achseln. „Das Ding hier macht mir wirklich nichts aus" – er strich fast zärtlich über die Räder seines Rollstuhls –, „solange ich die Leute davon abhalten kann, sich zu fragen, wie ich mit dem Klo zurechtkomme. Wieso bist du übrigens so früh hier?" Es klang umgänglich.

Mark zögerte nur eine Sekunde, bevor er antwortete. „Bin heute zu spät aufgestanden, um noch zum Zahnarzt zu gehen, was ich eigentlich vorhatte. Da habe ich ein bißchen zu Hause rumgetrödelt und mich dann auf den Weg gemacht."

Robbies Spannung hatte sich gelockert. „Wie war die Fahrt?"

„Mörderisch. Regen und Hagel und eine schreckliche Mieze als Anhalter."

„*Du* hast 'ne Mieze aufgegabelt?" Robbie machte ein bekümmertes und zugleich amüsiertes Gesicht, und Mark wünschte, er hätte es nicht erwähnt.

„Eine mannstolle Type", murmelte er. „Aber sie lag an der Straße in diesem geradezu tropischen Regen, und ich dachte, die hat einer angefahren und dann liegen lassen, und kaum hatte ich die Tür aufgemacht, da war sie schon reingehopst." – Robbie lachte. – „Sie sagte, das wirkt immer, und ob ich sie zur Post in Aylesbury mitnehmen könnte, da wäre sie mit ihrer Tante verabredet."

„Klingt plausibel", meinte Robbie.

„Es war eine männerfressende Blondine, minderjährig, aber die Augen zurechtgemacht wie eine Nutte, und ein Intelligenzquotient von minus unendlich."

„Bei solchen Chancen wundert's mich, daß du überhaupt so früh hier bist."

„Männerfressende Mädchen sind nicht mein Fall."

„Sind überhaupt irgendwelche Mädchen dein Fall?"

Wieder beim alten Thema, dachte Mark. „Ich weiß schon", sagte er, „ich bin fünfundzwanzig, nicht liiert und rede nie über Sex. Also, du tätest es auch nicht, wenn du immer mit einer Meute auf See wärst, die von nichts andrem redet."

„Du meinst“, verbesserte Robbie gelassen, „ich täte es auch nicht, wenn *du* hier im Rollstuhl säßest, praktisch ein Eunuch, wie ich.“

Mark blickte seinem Bruder in die Augen. „Ich spreche über so was nicht mit dir, weil du mein Bruder bist, den ich immer verehrt habe“, sagte er schlicht.

Zu schlicht für Robbie. „Da hast du auch ganz recht. Ich bin außerordentlich verehrungswürdig. Habe ich dir übrigens erzählt, daß ich für die Olympiade aufgestellt worden bin?“

„Nein!“ Mark war hoch erfreut. „Im Bogenschießen?“

„Bogenschießen, Speerwerfen und Fechten.“ Eine wilde Genugtuung glänzte in seinen Augen, daß er auserwählt war, Großbritanniens gelähmte Sportler in drei verschiedenen Disziplinen zu vertreten; Genugtuung, wie Mark inne wurde, nicht nur der Beste in drei Sportarten zu sein, sondern auch drei Rivalen von ihren Plätzen in einem olympischen Team verdrängt zu haben.

Einen Augenblick mißfiel ihm solcher Mangel an Großzügigkeit. Doch dann vergegenwärtigte er sich den Robbie seiner Jugend: den hervorragenden Sportler, den freudigen Mitstreiter, den Medizinstudenten in seinen letzten Semestern, dem ein Platz in Englands Tennismannschaft gewiß gewesen war, bis er bei einem Zusammenstoß auf dem Sportplatz hinstürzte – und zum Krüppel wurde.

Aber noch immer ein Sportler, noch immer ein Wettkämpfer. Das Stoke-Mandeville-Krankenhaus, ein Zentrum für Querschnittgelähmte, war für seinen Kampfgeist berühmt, doch nie hatte es einen unerbittlicheren Kämpfer hervorgebracht als Robert Gifford. Dafür mußte man ihn bewundern, und Mark erkannte es an.

Er gratulierte seinem Bruder. „Robbie, das ist ja großartig. Warum hast du's mir nicht geschrieben?“

„Hab ich nicht?“ Robbie ging darüber hinweg, daß er niemals schrieb. „Dann habe ich's aber bestimmt vorgehabt ... Die Leute von den Elektrizitätswerken sollten mal eine Maschine erfinden, die Briefe schreibt, wenn man sie denkt.“ Er zeigte auf die Steckdose neben dem Kamin. „Meinst du, du kriegst einen Brief, wenn ich die Finger da hineinstecke?“

„Ja. Von deinem Anwalt, daß du verschmort bist.“

Jetzt waren sie glücklich, wo sie mit Worten spielen und die Wirklichkeit umgehen konnten.

„Vielleicht dampfe ich nur“, entgegnete ihm Robbie, „oder ich leuchte.“

Er steuerte auf die Küche zu. „Möchtest du ’n Tee? Habe leider nichts Härteres da. Muß mich an meinen Etat halten.“

Mark stand auf. „Ich habe Whisky mitgebracht. Er ist draußen im Wagen.“

Robbie drehte sich jäh um, sah ihn an. „Laß ihn, wo er ist!“ rief er schroff. Dann nahm er sich sichtlich zusammen und sagte, während er den Kessel aufsetzte: „Ich meine, du hast mir schon genug gekauft. Von diesem eleganten Stuhl bis zu meinem Prachtwagen und dieser bescheidenen Hütte, was dich ’ne schöne Stange Geld gekostet haben muß.“

„Es war ja nicht mein Geld.“

„Der alte Herr hat die Zwanzigtausend dir hinterlassen.“

„Für uns beide. Er –“ Mark war im Begriff fortzufahren: „wollte, daß ich mich um dich kümmere“, sagte jedoch schnell: „Er wußte, daß du in Geldangelegenheiten eine Niete bist.“

„Unsinn. Er hat dir das Geld vermacht, weil du sein Liebling warst; weil er nicht wollte, daß es ein zweites Mal durch einen Haufen Erbschaftssteuer verplempert wird, wenn ich vor dir sterbe, und weil er wußte, daß ich mindestens vierzig Jahre vor dir sterbe.“

„Also, wer redet jetzt Unsinn?“

Robbie öffnete einen Schrank und nahm behutsam Tassen heraus. „Eines Tages werden mir meine Nieren den Rest geben. Das Berufsrisiko der Querschnittgelähmten. Ich weiß es, du weißt es, und der Alte wußte es auch.“ Er nahm eine Teekanne aus einem anderen Fach. „Und als vernünftiger Anwalt hat er alles dir vermacht.“ Er stellte die Kanne neben den Kessel und drehte den Stuhl herum, so daß er seinen Bruder ansehen konnte. „Und du hast sehr großzügig eine Menge davon für mich ausgegeben. Aber genug ist genug. Ich will weiter nichts, als dich gelegentlich sehen – wenn du die Zeit erübrigen kannst.“

„Robbie, ich freue mich immer darauf. Jedesmal, wenn ich zu Hause bin.“

Robbie goß heißes Wasser in die Kanne. „Ich bin erstaunt, daß du dir die Mühe machst“, murmelte er.

„Aber Robbie!“ Mark ging zu dem Rollstuhl, stellte sich dahinter und faßte seinen Bruder an den Schultern. „Ich freue mich wirklich – auf dich und zu Hause. Mir gefällt’s hier.“

„Das müssen sich auch all diese Blondinen denken, die den Weg hierher säumen und den Daumen heben“, spöttelte Robbie und fuhr etwas sachlicher fort: „Obwohl ich mich an deiner Stelle in Zukunft mehr an Brünette halten würde."

„Du meinst, sie haben ihn noch immer nicht gefaßt?"

Robbie schüttelte gleichmütig den Kopf. „Die ganze Gegend wimmelt von ermordeten Blondinen, und sie haben anscheinend immer noch keine Spur." Er öffnete den Kühlschrank und nahm eine Tüte Milch heraus.

„Willst du wirklich keinen Whisky?" fragte Mark.

„Wirklich nicht. Nimm ihn wieder mit zu deinen Gammelbrüdern in deiner Londoner Höhle."

Mark verbarg seine Enttäuschung. „Sie hängen mir zum Hals raus."

„Kannst ja umziehen."

„Es ist bequem und billig, und ich bin ja kaum da."

„Also schön." Er goß den Tee in die Tassen, irgendwie mißbilligend. „Es ist dein Leben. Aber für mich wäre eine Wohnung mit drei andern Typen kaum das, was ich mir unter einem Liebesnest vorstelle."

Das alte Thema. Sprechen wir von etwas anderem. Doch nicht zu auffällig. „Nester sind meistens schmutzig."

„Dann also Lager." Hartnäckig und streitsüchtig.

„Lager stinken."

Robbie stellte die Kanne geräuschvoll auf das Abwaschbrett.

„Du läßt dich einfach nicht festlegen, nicht wahr?"

„Auf was?" Es klang abwehrend, denn der versäumte Besuch beim Zahnarzt war eine Lüge gewesen. Was er versäumt hatte, war ein Mittagessen mit seiner Freundin – mit der er einen zermürbenden Streit gehabt hatte, weil er drei von sechs Urlaubstagen bei Robbie verbringen wollte. Aber das konnte er ihm nicht erzählen, nicht dem Robbie, den die Krankenschwestern seiner Studienzeit einen Draufgänger genannt hatten und den die Mädchen jetzt nicht mehr beachteten.

„Auf das, was du denkst, was du dir erhoffst, was du liebst –"

Dem mußte ein Ende gemacht werden. „Ich denke an meine Arbeit, ich hoffe, Kapitän zu werden, und ich liebe dich."

Wieder lockerte sich die Spannung. Mit einem gezwungenen Lächeln sagte Robbie: „Ja, das hast du immer getan, das ist das Merkwürdige." Er reichte Mark eine Tasse Tee.

„Was ist daran merkwürdig?"

„Deine Eltern haben mich adoptiert."

„Sie haben dich *gewählt*. Mich haben sie gemacht, und da mußten sie mich wohl oder übel behalten."

„Bekümmert dich das?"

„Hab nie darüber nachgedacht. Bekümmert es dich, daß du adoptiert worden bist?"

Nun war es an Robbie, das Thema zu wechseln. „Es tut mir leid. Ich bin ein gemeiner Hund, nicht wahr? Und man sollte meinen" – er schlug mit der Hand auf ein Rad seines Rollstuhls –, „daß ich mich nach sechs Jahren daran gewöhnt hätte. Aber es gibt immer noch Zeiten –"

„Trink deinen Tee."

Sie schlürften nachdenklich, und das Schweigen umgab sie fast greifbar, wie eine mit Glasscherben bestückte Mauer.

„Wenn du fertig bist", schlug Mark vor, „kann ich ja die Scheibe aufstellen." Es war das erste, was ihm einfiel.

Ein Funke der Begeisterung leuchtete in seines Bruders grauen Augen auf und erstarb wieder. „Du würdest dich zu Tode langweilen."

„Lassen wir's drauf ankommen." Mark nahm die Scheibe, die an der Wand lehnte, und trug sie zur Gartentür. „Hol deinen Bogen und die Pfeile."

Robbie rollte sich am Telefon vorbei in die Diele, zwischen dem Badezimmer rechts und der Tür zur Garage links in sein Schlafzimmer, während Mark die Schießscheibe über den breiten Rasen trug und gegen die Hecke stellte.

Dann erschien Robbie in der Gartentür und plazierte seinen Stuhl so, daß ein Rad in der Fuge zwischen der zweiten und dritten Fliese stand. Es waren gut fünfundvierzig Meter bis zur Scheibe; Mark hatte die Entfernung irgendwann einmal für Robbie gemessen. „Okay! Geh beiseite!"

„Ich werd dich nicht kritisieren." Mark blieb stehen, wo er war, ein paar Meter rechts von der Scheibe.

„Tu, was ich dir sage. Mein Nacken ist ein bißchen steif geworden, und ich könnte vorbeischießen. Was würden die Leute sagen, wenn ich dich umbrächte?"

Überrascht, weil Robbie ihn früher nie gewarnt hatte, und beunruhigt, weil Robbie bisher nie über einen steifen Nacken geklagt hatte, trat er ein paar Meter zur Seite und beobachtete, wie sein

Bruder den Bogen spannte – den zu spannen ihm selbst immer zu schwer gefallen war –, wie er die gespannte Sehne fünfzehn Sekunden festhielt und dann schoß.

Nach dem letzten Schuß zog Mark sechs Pfeile aus der Scheibe und kam mit ihnen zu Robbie zurück. „Nicht übel", sagte er. „Und einmal ins Schwarze."

„Du hast recht, es war nicht übel; aber für einen angeblichen Meisterschützen einfach miserabel."

„Nicht für einen, der einen steifen Nacken hat. Wie lange hast du das schon?"

Robbie überhörte die Frage und schoß eine zweite Serie von Pfeilen ab.

Wieder sammelte Mark sie ein. „Zwei. Du wirst besser."

„Nicht gut genug", brummte Robbie. „Bring die Scheibe rein."

Mittwoch, fünfzehn Uhr dreißig

Den Bogen über die Armlehnen seines Stuhls gelegt, sah Robbie seinem Bruder entgegen, der die Scheibe mit einer Hand festhielt und auf dem Kopf balancierte. Er ist kräftig, dachte er, und sieht gut aus, warum kommt er bloß immer wieder her? Noch die alte Heldenverehrung? Wem macht er etwas vor? Und warum lächelt er? Was gibt's zu belächeln? Aber wenn man solche Zähne hat, die besonders zur Geltung kommen bei dieser unverschämten Bräune, warum soll man sie nicht zeigen? Er wollte zum Zahnarzt gehen, hat er gesagt.

„Hast du Zahnschmerzen?" fragte er, als Mark die Scheibe an ihm vorbeitrug.

„Nein. Nur eine Routineuntersuchung." Hatte er gezögert, bevor er antwortete? „Tut dir der Nacken weh?"

„Nein. Aber die Schießerei von der Tür aus ist nicht das richtige. Ich sollte zur Klinik fahren und ordentlich üben."

„Warum nicht? Ich könnte dich begleiten."

„Ach, Unsinn. Du bist ja gerade erst gekommen."

„Hör mal, du möchtest trainieren, nicht wahr? Aber du willst nicht, daß ich mitkomme?"

Er sah mehr bestürzt als gekränkt aus.

Paß auf deine Worte auf, dachte Robbie. „Glaubst du mir", sagte er verlegen, doch mit jenem selbstverächtlichen Lächeln, das nie seine

Wirkung verfehlte, „wenn ich sage, daß du mich aus der Fassung bringst?"

Marks Gesicht hellte sich auf. In einer Schulaufführung war er selbstsicher und gut gewesen, bis seine Augen denen Robbies begegneten. Da war er ins Stocken geraten und mußte sich vom Souffleur weiterhelfen lassen. „Kannst du dich an die letzte Schulaufführung erinnern?"

„Du warst der beste Macbeth, den ich je gesehen habe. Sag nur nicht, *ich* hätte *dich* aus der Fassung gebracht?"

Mark nickte. „Wann bist du also zurück?"

„Um sechs", erwiderte Robbie so schnell, daß Mark merkte, sein Bruder hatte längst die Absicht gehabt, nach Stoke Mandeville zum Krankenhaus zu fahren. Doch er hatte es bezeichnenderweise so gedreht, daß ihm seine Fahrt aufgezwungen zu sein schien.

„Ich bringe dir die Sachen in den Wagen." Mark griff nach Robbies Bogen.

„Nein!" Es kam so heftig, fast feindselig heraus, daß Mark verstört zurückschreckte. Robbie nahm sich zusammen. „Ich mache alles selber, Mark, das weißt du doch."

Ja, Mark wußte es seit dem Tag, an dem er Robbie zum erstenmal in der Klinik besucht hatte. „Lassen Sie den Stuhl los, zum Teufel, und *stehen* Sie!" So hatte die Krankengymnastin Robbie angeherrscht, als Mark ankam. Er hätte sie am liebsten geohrfeigt, weil sie ein Wrack, das keine hundert Pfund mehr wog, so anschrie. Ein krankes, schönes Kind von einem Mann, der nach fünf Operationen ohne seine Rückenstütze nur noch eine Puppe war, dessen einst so prächtige Beine ohne Schienen hoffnungslos schlaff herabhingen.

„Stehen Sie!" hatte das Mädchen geschnauzt. Der stöhnende Robbie war krampfhaft und vergeblich bemüht gewesen, zu gehorchen, doch als Mark herantrat, um ihm zu helfen, hatte er auch geschnauzt: „Untersteh dich! Und wenn ich verrecken sollte – laß das bleiben!"

Und er stand.

Ja, er wußte, Robbie tat alles selbst. „War nur 'ne Höflichkeitsgeste", entschuldigte er sich. „Wie wenn man jemand die Tür aufmacht."

„Ich weiß. Entschuldige, daß ich so grob war. Aber wenn ich erst mal anfange, mir bei allem und jedem helfen zu lassen, tue ich bald überhaupt nichts mehr selber. Laß mich zu Bett bringen, ins

Auto und wieder herausbugsieren, das Haus saubermachen ..., wie ich diese Plackerei mit dem Auto hasse."

„Hast du mal daran gedacht, daß es zuviel sein könnte?"

„An dem Tag, wo ich merke, daß ich das nicht mehr alles machen kann, nehme ich die da", gelobte Robbie und wies auf ein Fläschchen mit Luminaltabletten, das auf dem Tisch stand.

„So etwas darfst du nicht sagen." Es war ein Thema, das Mark haßte.

„Es ist *mein* Leben", sagte Robbie, der keine Angst vor dem Tod hatte. „Wenn es aufhört, interessant zu sein – wozu es fortsetzen?"

„Kommt darauf an, was man interessant nennt."

„Gewinnen! Siegen!" Robbie grinste. „Wenn's geht, Goldmedaillen bei der Olympiade und den Commonwealth-Spielen. Ob sie wohl die Commonwealth-Spiele weitermachen, wenn sie eines Tages endlich dahinterkommen, daß es kein Commonwealth mehr gibt?"

Mark sah ihn überrascht an. Seit seinem Unfall war Robbies Interesse an der Politik gleich Null gewesen. Er hörte keine Nachrichten und las keine Zeitungen. „Die Bemerkung sieht dir gar nicht ähnlich."

„Es sind die Spiele, die ich vermissen werde, nicht das Commonwealth." Ein Zeichen, wie leer sein Leben war, vom Sport abgesehen.

„Vielleicht" – er überlegte, was ein Pfleger kosten würde – „solltest du nicht allein leben?"

„Und vielleicht", sagte Robbie höhnisch, „hätte mein Vater mir nicht den Rücken brechen sollen, als ich vier war, so daß mich zwanzig Jahre später ein Bums auf dem Tennisplatz in einen Rollstuhl befördert. Aber er hat's getan. Und wenn er's nicht getan hätte, dann wäre ich nie in das gekommen, was man ‚Fürsorge' nennt, und deine Eltern hätten mich nie adoptiert, und ich hätte nie richtig sprechen gelernt oder Tennis spielen und wäre nie mit dir zusammen aufgewachsen. Und so wendet sich alles zum besten in dieser Mistwelt, und man sollte sie ruhig so lassen, wie sie ist."

„Ich wußte nicht", murmelte Mark, „daß du Sprechunterricht gehabt hast."

„Das erste, was deine Eltern gemacht haben, als sie mich kriegten – mich zu einem Sprachlehrer zu schicken." Er lachte. „Ich glaube, sie haben kein Wort von dem verstanden, was ich gesagt habe. Aber nett von ihnen, daß sie's dir verschwiegen haben."

„Wir könnten leicht jemand bekommen, der dir Gesellschaft leistet.“

„Wirklich, Kleiner, ich bleib lieber allein. Wir sind ganz schön ernst, was? Na, ich mach mich lieber auf den Weg. Was machst du?“

„Mich aufs Ohr legen.“

„Dann schlaf gut.“ Er rollte sich zur offenen Haustür. „Also, bis um sechs.“

Mark wanderte ruhelos in dem leeren Zimmer umher; stellte das Radio an; nahm Robbies Expander zur Hand und zog eine Grimasse, als er ihn nur viermal strecken konnte; ergriff Robbies Säbel und schlug damit durch die Luft; fand sich albern und öffnete seine Aktenmappe, nahm ein Taschenbuch heraus und stellte fest, daß er es schon gelesen hatte; hörte Robbie die Wagentür zuschlagen und den Motor starten; lauschte, bis er ihn nicht mehr hören konnte – dann ging er zur Vordertür hinaus.

Und kehrte, zwei Minuten danach, durch die Terrassentür zurück. Er trug einen Beutel mit einem langen Riemen, einen purpurfarbenen Schlapphut und den Körper eines blonden Mädchens in Jeans. Er legte die Tote aufs Sofa, trat zurück und ließ sich, ohne den Blick von ihr zu wenden, in einen Sessel fallen.

Mittwoch, fünfzehn Uhr fünfzig

Mit angespannten, doch ausdruckslosen Zügen blieb er unbeweglich sitzen, bis er des toten Mädchens Augen gewahr wurde. Sie starrten durch die getuschten Wimpern. Er stand auf und bedeckte das wächserne Gesicht mit dem roten Hut. Dann knotete er die Blusenzipfel auf, zog sie hinunter und verdeckte so die blutige Wunde unter dem Brustbein. Kehrte zum Sessel zurück, saß regungslos, versuchte, seine Gedanken zu ordnen.

„Zuerst“, hatte ihm sein Tutor vor jeder Prüfung eingeschärft, „mußt du dich vergewissern, daß du die Frage richtig gelesen und verstanden hast.“ Also, hier war die Frage: *Wie entledigt man sich der Leiche eines Mädchens, ohne Verdacht auf sich zu lenken, und macht dabei gleichzeitig deutlich, daß sie das vierte Opfer eines gesuchten Mörders ist, der als der Autobahn-Unhold bekannt ist?*

Mit anderen Worten: Wie entledigt man sich einer Leiche, vorsichtig genug, daß man nicht dabei erwischt wird, doch so bedenken-

los, daß das Verbrechen unmißverständlich als das Werk eines Mannes erscheint, dessen frühere Opfer alle in herausfordernder Weise vor Polizeirevieren abgeladen worden sind?

Was war, wenn jemand auf sie wartete? Und sie in diesem Augenblick als vermißt meldete? Er sprang auf.

„Lassen Sie sich nie aus der Fassung bringen", hatte ihm sein erster Kapitän eingeschärft. „Sonst können Sie nicht mehr logisch denken." Also unterdrückte er die aufsteigende Angst und versuchte zu überlegen.

Wenn irgend jemand sie erwartete, war vielleicht ein Brief in der Tasche. Er schüttete den Inhalt auf den Teppich vor dem Sofa. Eine Sonnenbrille, ein Metallkamm, ein Eisernes Kreuz an einer Kette, eine lange blonde Perücke, ein kleines Portemonnaie, das Foto eines wildhaarigen Popsängers mit dem Autogramm *„Für Janine Talbot mit Dank und besten Wünschen, Randy Horn"* – und auf der Rückseite ihr Name und ihre Adresse; ferner zwei Schlüssel, Kosmetika und ein Fläschchen Parfüm.

Zum Teufel, der Stöpsel war herausgefallen, und das Parfüm tropfte auf den Teppich. Er lief zum Spülstein, machte das Geschirrtuch naß, kniete sich auf den Teppich und rieb aus Leibeskräften. In der rechten Hand den Lappen, in der linken das offene Fläschchen, das nun seinen letzten Inhalt auf seine Hose verspritzte. Nun, es würde trocknen. Jetzt die Fingerabdrücke von dem Fläschchen wischen und zurück damit in die Tasche. Er trug das Geschirrtuch wieder an seinen Platz, trocknete sich die Hände und zog seine Autohandschuhe an. Keine Fingerabdrücke mehr.

Kein Brief, also wartete vielleicht niemand auf sie. Doch Robbie würde in eindreiviertel Stunden zurückkehren. Und keine Leiche auf dem Sofa erwarten.

Robbie ... Ein Rollstuhl – das war die Antwort.

Nun, da er wußte, was er zu tun hatte, bewegte sich Mark rasch und kaltblütig. Aus der Garage Robbies alten Rollstuhl holen; aus Robbies Schlafzimmer eine Autodecke. Dann hob er das Mädchen vom Sofa, setzte sie in den Rollstuhl, legte ihre Hände um die Enden der Armlehnen und stopfte die Decke fest um ihre Beine, um die schlaffen Knie zusammenzuhalten. Der Kopf jedoch fiel herab. Noch einmal in Robbies Zimmer und eine Nackenstütze geholt. Fünf Minuten später war der Kopf aufrecht, das Kinn erhoben. Dann kämmte er ihr das Haar, setzte ihr die Sonnenbrille auf die Nase und rückte den Hut so zurecht, daß die weiche Krempe die starren Augen beschattete. Er trat einen Schritt zurück, um sein Werk zu betrachten.

Ausgezeichnet. Nun kam er selbst an die Reihe.

Er legte Schuhe, Hose und Hemd ab; entnahm seinem Koffer ein Paar Jeans und zog sie an, dazu ein weißes T-shirt und Tennisschuhe aus Robbies Schlafzimmer. Hängte sich das Eiserne Kreuz des Mädchens um den Hals, stülpte sich die blonde Perücke aus ihrer Tasche über den Kopf und band das Ende mit einem Gummiband nach Hippie-Art zu einem Pferdeschwanz zusammen. Dann setzte er Robbies horngefaßte Polaroidgläser auf und prüfte sich im Badezimmerspiegel. Fürchterlich, aber wirkungsvoll.

Er stellte das Radio ab, packte alles wieder in die Tasche des Mädchens, legte sie auf dessen Schoß, steckte sich zwei Pfundscheine in eine Tasche seiner Jeans, warf noch einen Blick ins Zimmer und schob den Rollstuhl zur Hintertür hinaus und über den Rasen zu seinem Wagen.

Dort öffnete er die Tür und hob das Mädchen mit den plaidumwickelten Beinen auf den Vordersitz. Sie schien ganz bequem und lässig zu sitzen, halb gegen die Wagentür, halb ins Polster gelehnt. Er klappte den Rollstuhl zusammen, legte ihn auf den Rücksitz und stieg neben dem Mädchen ein. „Tut mir leid, meine Liebe", sagte er zu ihr, während er auf die Straße hinausfuhr, „aber bis wir da sind, wohin wir wollen, muß ich mit dir reden, damit die Leute denken, du bist am Leben."

Und so, pausenlos sprechend, wobei er laut seinen Plan hersagte, fuhr er mit ihr nach Aylesbury hinein. Es war fünfundzwanzig Minuten nach vier.

EINE Stunde später legte Robbie seinen Bogen über die Knie und ruhte sich aus. Er war mit seinen Treffern zufrieden.

Er freute sich besonders über seine Leistungsfähigkeit, als er so die neuen Patienten des Krankenhauses betrachtete, die gekrümmt und verzweifelt in ihren Stühlen hockten, und schüttelte den Kopf bei dem Gedanken an die Kämpfe, die noch vor ihnen lagen. Doch keinem, das wußte er, würde man erlauben, auch nur daran zu denken, aufzugeben; denn in der Stoke-Mandeville-Klinik half jeder jedem. Die Starken in ihren Stühlen zogen die Schwachen. Und das Klinikpersonal ermutigte sie alle. Zweihundertfünfzig verkrüppelte Leiber auf dem Gewaltmarsch in ein neues Leben.

„Wie geht's, Robbie?" Es war Charlie, der Physiotherapeut.

„Danke, gut, Charlie."

„Sie waren in Gedanken?"

„Ich hab darüber nachgedacht..." Er warf einen Blick auf die kräftigeren unter seinen Leidensgefährten. „Sie tun hier Wunder, Charlie."

Der Physiotherapeut grinste. „Erinnern Sie sich? Als Sie ungefähr ein halbes Jahr hier waren, sagten Sie zu mir ‚Charlie, ich hab das alles satt!' Und ich habe Ihnen auf den Rücken geklopft. ‚Ich möchte am liebsten mit was schmeißen', sagten Sie."

„Und Sie sagten: ‚Gut. Kommen Sie um Viertel vor zwei auf den Sportplatz.' Und dort haben Sie mir einen Speer gegeben, und ich hab mich selber aus dem Stuhl geworfen! Und da gaben Sie mir eine Acht-Pfund-Kugel und sagten, ich soll sehen, ob ich damit besser zurechtkomme."

„Sie könnten den Weltrekord brechen, wenn Sie nicht so blöd gewesen wären, Ihr Training zu vernachlässigen und Ihren Nacken zu verkorksen."

„Heute nachmittag nicht. Ich habe meinen Bruder allein zu Hause gelassen. Nicht sehr gastfreundlich von mir, nicht wahr? Ich wollte ihn vor ungefähr einer Stunde anrufen, um mich zu entschuldigen, aber entweder war die Leitung nicht in Ordnung, oder er war so verschnupft, daß er nicht an den Apparat gegangen ist."

„Er ist jetzt auch schon erwachsen. Ach du liebe Zeit – sehen Sie mal, wer da kommt."

„Charlie!" stöhnte Robbie. „Bleiben Sie um Himmels willen, und schützen Sie mich!"

„Schützen Sie sich selber", flüsterte Charlie. „Wenn's nicht anders geht, schießen Sie –" Und überließ ihn seinem Schicksal.

Es nahte sich in Gestalt einer älteren Dame und ihres noch älteren Gatten.

„Robert!" krähte Mrs. Lipton. „Wie reizend!" Ihre Lippen waren zu rot, ihr Haar zu gelb, und die Figur war völlig aus der Form geraten.

Robbie begrüßte sie kühl. „Tag, Mrs. Lipton – Tag, Mr. Lipton."

„Mein lieber Junge!" sagte Mr. Lipton, dessen zierliche Hüften, in braunes Wildleder gehüllt, einen mit grünem Satin bedeckten Schmerbauch vor sich her trugen.

„Sie müssen einmal zum Abendessen zu uns kommen", befahl

Mrs. Lipton. „Und unseren funkelnagelneuen Swimmingpool taufen. Was machen Sie heute abend?"

„Mein Bruder ist bei mir."

„Dann bringen Sie ihn mit. Wir wollten ihn schon immer kennenlernen. Rufen Sie ihn gleich an, und fragen Sie ihn."

Von den Liptons begleitet, fuhr Robbie sich zum Telefon und wählte. Er ließ es dreizehnmal klingeln, bevor er einhängte. „Keine Antwort. Die Leitung muß nicht in Ordnung sein."

„Vielleicht haben Sie eine falsche Nummer gewählt?" fragte Mrs. Lipton.

Robbie wählte noch einmal. Und wieder keine Antwort. „Tut mir leid. Bestimmt nicht in Ordnung. Ich fürchte, wir müssen die Einladung verschieben."

Mrs. Lipton zog einen Schmollmund. „Das sagen Sie immer."

„Wie spät ist es?" fragte Robbie.

„Genau halb sechs", sagte sie nach einem Blick auf ihre diamantenbesetzte Uhr.

„O Gott!" rief Robbie aus. „Ich habe mich verspätet. Vielen Dank für die Einladung!"

Und er rollte eilig zu seinem Wagen.

Im gleichen Augenblick kam Mark in den Bungalow zurück. Er trug einen zusammengeklappten Rollstuhl, einen purpurroten Schlapphut, eine Decke und eine Nackenstütze – aber er hatte die Perücke und das Eiserne Kreuz abgelegt. „Verflucht", murmelte er, als er nach der Uhr sah. Robbie hatte gesagt, er wäre um sechs zu Hause. Und Robbie kam immer pünktlich auf die Minute. Also blieben ihm noch dreißig Minuten.

Die ersten davon benutzte er dazu, zu überlegen, was zu tun war. Dann arbeitete er mit Präzision. Er zog Robbies Tennisschuhe und T-shirt und seine eigenen Jeans aus, packte die Jeans in den Koffer und zog Hemd und Hose an, in denen er gekommen war. Decke, Sonnenbrille, Nackenstütze, T-shirt und Tennisschuhe brachte er in Robbies Schlafzimmer zurück. Er wischte den Rollstuhl mit einem Küchentuch ab, streute etwas Staub aus dem Staubsauger darüber und trug ihn in die Garage. Entfernte den Staub, der auf den Boden gefallen war, und stellte den Staubsauger wieder in die Besenkammer. Zog die Handschuhe aus, bürstete sie ab und warf sie auf den Koffer. Goß Benzin auf den roten Hut und verbrannte ihn im Garten.

Als er wieder ins Haus trat, war es zwei Minuten vor sechs. Er drehte das Radio an, brachte sein Haar in Unordnung, legte sich, Gesicht nach unten, aufs Sofa und atmete tief, als schliefe er. Als die Uhrzeiger eine Senkrechte bildeten, hörte er, wie Robbies Wagen von der Straße abbog und in die Garage fuhr.

Mittwoch, achtzehn Uhr

Robbie beförderte seine hundertsechzig Pfund vom Fahrersitz in den Rollstuhl – ein Manöver, das ihn gewöhnlich erschöpfte; doch heute war er so neugierig, weshalb Mark seinen Anruf nicht beantwortet hatte, daß es ihm mit Leichtigkeit gelang. Er fuhr sich ungeduldig um sein Auto herum, durch die Tür ins Wohnzimmer, wo er stirnrunzelnd haltmachte.

Mark lag auf dem Gesicht. Das Zimmer roch nach Parfüm, und das Radio kreischte.

Mit einem Ruck stieß Robbie vor zum Kamin, stellte das Radio ab, dann rief er freundlich zu Mark hinüber: „Brüderlein, wo in aller Welt hast du gesteckt?"

Mark war in höchster Alarmstimmung, so daß es ihm nicht schwerfiel, so zu tun, als erwache er plötzlich.

„Was ist?" fragte er schlaftrunken und setzte sich auf. „Was hast du gesagt?"

„Ich sagte" – mit gespielter Präzision –, „wo in aller Welt hast du gesteckt? Hier stinkt's nach Parfüm." Er schnupperte. „Und Benzin."

„Ach ja, ich – ich habe Rasierwasser auf dem Teppich verschüttet und versucht, es mit Benzin herauszureiben. Wollte ein Buch aus meinem Koffer nehmen, dabei ist die Flasche rausgefallen."

Robbie blickte auf den Teppich. „Du hast einen häßlichen hellen Fleck gemacht. Warum benutzt du Rasierwasser, das, entschuldige bitte, wie Vanillepudding aus der Tüte stinkt?"

„Hab's von einem Passagier bekommen. Wundert mich, daß du's noch immer merkst. Ich rieche es schon nicht mehr."

„Ich habe eine Nase wie ein Spürhund." Er starrte noch immer auf den Teppich. „Bist du weggewesen?"

Reifenspuren auf dem feuchten Rasen, dachte Mark. Die habe ich übersehen. Ob er sie bemerkt hat? Sicher ist sicher ... „Der Motor stotterte", erklärte er. „Hab daran rumgepolkt und dann eine Runde gedreht. Es wurde aber eher noch schlimmer. Da hab ich gedacht, rutsch mir den Buckel runter."

„Warum?"

„Weiß nicht." Ihm fiel so schnell kein Grund ein. „Werd wohl müde gewesen sein." Er stand auf und stellte das Radio an. Er wirkte gereizt.

„Mach dir nichts draus." Robbie rollte sich zum Kamin, um das Radio wieder abzuschalten. „Ich hatte nicht die Absicht zu spionieren."

„Ich möchte die Nachrichten hören", sagte Mark schroff.

Robbie zog eine Grimasse. „Möchte wissen, warum." Ihm war gleichgültig geworden, wollte er andeuten, was die Gesunden offenbar für lebenswichtig hielten. Aber er ließ das Radio an.

Die Stimme des Nachrichtensprechers meldete: „Zwei weitere liberianische Tanker stießen heute nachmittag vor den Goodwin-Sandbänken zusammen. Damit erhöhte sich die Zahl in diesem Monat auf sechzehn. Beide Schiffe sinken." Der Sprecher räusperte sich. „Und nun eine Sondermeldung. Wie die Polizei von Aylesbury soeben meldet, ereignete sich ein neuer Anhaltermord. Die Leiche der dreiundzwanzigjährigen Janine Talbot aus Kings Langley wurde vor knapp einer Stunde in der letzten Reihe eines Lichtspieltheaters in Aylesbury aufgefunden."

Robbie rollte sich zum Kühlschrank und goß sich ein Glas Milch ein, deutlich gelangweilt von der gewalttätigen Welt derer, die heile Glieder hatten.

„Die Mutter des Mädchens, die fünfundvierzigjährige Mavis Talbot, sagte vor wenigen Minuten bei der Polizei aus, daß Janine heute kurz nach vierzehn Uhr die Wohnung verließ, um per Anhalter nach Aston Clinton zu fahren, wo sie ihren derzeit arbeitslosen Freund treffen wollte. Die Polizei nimmt mit Sicherheit an, daß sie das vierte Opfer – innerhalb eines Jahres – des Mörders ist, der inzwischen als der Autobahn-Unhold bekannt ist. Sie weist darauf hin, daß das Opfer wiederum auf der A 41 zwischen der Abzweigung der M 1 und Aylesbury zugestiegen ist und daß es sich wiederum um eine blonde Frau Mitte Zwanzig handelt. Wie in den früheren Fällen wurde das Opfer durch einen Stich ins Herz unterhalb des Brustbeins getötet und weder beraubt noch vergewaltigt. Wiederum gelang es dem Mörder, die Leiche an einen öffentlichen Ort zu bringen, ohne Aufmerksamkeit zu erregen.

Laut Kriminaldirektor Sheadle, der seit vierzehn Monaten die Fahndung nach dem sogenannten Autobahn-Unhold leitet, ist der Mörder ein Mann, der junge Frauen haßt und weitermorden wird, bis man ihn faßt. Er bat uns, darauf hinzuweisen, daß mittlerweile wahrscheinlich jemand diesen gefährlichen Menschen identifiziert hat und ihn dennoch schützt."

„Müssen wir uns denn das Gesabber anhören?" fragte Robbie unwillig.

„Die Polizei hat jedoch endlich einen Anhaltspunkt", fuhr der Nachrichtensprecher fort und nahm einen hoffnungsvollen Ton an. „Sie ist bemüht, Verbindung mit einem jungen Mann aufzunehmen, ungefähr einsfünfundsiebzig groß, mit langem blondem Haar, dunkler Brille, Jeans, einem Trikot und Tennisschuhen, der ungefähr um sechzehn Uhr dreißig gesehen wurde, als er das Rex-Kino in Aylesbury betrat. Dieser Mann und jeder, der Auskunft über ihn geben kann, wird gebeten, sich bei der Polizeidienststelle in Aylesbury zu melden. Eine baldige Verhaftung ist nach Meinung von Kriminaldirektor Sheadle zu erwarten."

Robbie schaltete verächtlich das Radio aus. „Tut mir leid, Mark, aber wenn du den Rest deiner sogenannten Nachrichten hören willst, mußt du in deinen Wagen gehen. Eine baldige Verhaftung! Was wissen sie denn jetzt von ihm, das sie nicht schon vorher gewußt haben, als er die andern vor den Polizeirevieren abgeladen hat?"

„Danach" – Mark klopfte auf das stillgewordene Radio – „haben sie jemand, der ihnen bei den Nachforschungen helfen kann."

„Haben sie den nicht immer? Und kommt er jemals zum Vorschein? Er müßte ja verrückt sein. Die würden ihn sofort festnehmen."

„Und da ist einer" – er starrte auf den Apparat –, „der ihn schützt."

Robbie blickte scharf auf seines Bruders abgewandten Kopf. „Und warum sollte das jemand tun?"

„Würdest du mich nicht auch schützen?"

„Du meinst, wenn ich wüßte, daß *du* dieser Teufel bist? Das ist eine hypothetische Frage und völlig absurd. Selbst wenn du's getan ..." Robbie runzelte die Stirn.

„Was getan?" fragte Mark.

Robbie strebte der Küche zu. „Wird Zeit, daß wir essen. Ich sterbe vor Hunger."

„*Was* getan hätte, Robbie?" Er schlug mit der flachen Hand auf den Kaminsims.

„Mir erzählt hättest, du hättest eine blonde Nymphomanin aufgelesen und das Abenteuer wäre ‚mörderisch' verlaufen."

Mark ließ sich in einen Sessel fallen. „Weißt du", gestand er, „daß du mich erschreckt hast? Eine Minute hab ich gedacht, du hättest mich tatsächlich im Verdacht."

„Du?" Robbie schnaubte verächtlich. „Du ein Mörder? Du kannst nicht mal lügen und bist so unschuldig, daß es schon zum Weinen ist. Wenn du je mit einem Mord zu tun haben solltest, dann als Opfer, nicht als Täter, das gebe ich dir schriftlich."

Mark wurde rot. „Bloß gut, daß ich den ganzen Nachmittag hier war, nicht wahr? Nicht, daß ich es beweisen könnte, wenn ich danach gefragt würde."

„Und warum sollte dich irgend jemand danach fragen?"

„Ich bin zu der Zeit über die A 41 gefahren, als das Mädchen dort war, wie sie gerade gesagt haben."

„Und hundert andere auch. Aber wenn man dich auffordert, zu beweisen, daß du den ganzen Nachmittag hier warst, schwöre ich, daß ich mit dir zusammen war."

„Und du sagst, *ich* kann nicht lügen", spottete Mark. „Wie viele Leute haben dich in der Klinik zwischen vier und halb sechs trainieren sehen?"

„Richtig. Dann würde ich sagen, ich hätte dich hier um halb fünf angerufen, und wieder kurz vor halb sechs, und beide Male mit dir gesprochen."

„Warum?"

„Weil ich nicht will, daß du durch einen blöden Zufall in eine Mordsache verwickelt wirst."

„Ich meine, warum hättest du mit mir telefonieren sollen?"

„Um dir vorzuschlagen, zum Krankenhaus zu kommen, weil ich eingesehen habe, daß du mich doch nicht aus der Fassung bringen würdest. Wie klingt das?"

„Sehr gut. Und warum wolltest du ein zweites Mal mit mir sprechen?"

„Um dich zu fragen, ob du zu diesen schrecklichen Liptons zum Essen mitkommen willst."

„Und wie würdest du *die* davon überzeugen?"

„Das wäre gar nicht nötig. Die Liptons haben mich eingeladen, und ich habe dich als Ausrede gebraucht. Da sagten sie: ‚Bringen Sie ihn mit', und ich mußte dich auf der Stelle anrufen."

„Du hast mich also wirklich angerufen?"

„Zweimal. Die Leitung war nicht in Ordnung, aber das habe ich den Liptons nicht gesagt. Das Telefon hat nicht geklingelt, oder?"

„Ich hab nichts gehört." Er zögerte. „Ich bin also anscheinend außer Verdacht?"

„Natürlich, du Idiot. So lange, wie keiner gesehen hat, daß du die Nymphomanin aufgelesen hast. Und bist du da sicher?"

„Ja."

„Gut." Robbies Spannung schien nachzulassen, doch gleich darauf fragte er: „Hat dich jemand gesehen, wie du sie abgeladen hast?"

„Hm, vermutlich", antwortete Mark verdrießlich. „Es war immerhin vor der Post. Obwohl es wahrscheinlich niemandem wirklich aufgefallen ist. Ich meine, so etwas fällt nicht weiter auf, nicht?"

„Wer kümmert sich schon darum? Wenn keiner weiß, daß du ein Mädchen mitgenommen hast, warum sollte die Polizei den Beweis haben wollen, daß du sie abgeladen hast."

„Mußt du immer ‚abgeladen' sagen? Klingt wie ein toter Hund oder dergleichen."

Robbie dachte darüber nach. „Könnte man denken, nicht wahr? Die unschuldigsten Wörter können Fallen sein. ‚Mörderisch' hab ich gesagt. Nichts als eine harmlose Redensart. Bis man eine Blondine ermordet auffindet. ‚Hat dich jemand gesehen, wie du sie abgeladen hast?' hab ich gefragt. Klingt auch ganz harmlos. Bis jemand, der eine Blondine im Auto mitgenommen hat, nicht beweisen kann, was er mit ihr gemacht hat."

„Es sei denn", verbesserte Mark, „du hättest ‚abgesetzt' gesagt, nicht ‚abgeladen'."

„Weißt du, daß du recht hast?" Robbie war geradezu höflich.

„Eine Fehlleistung?" fragte Mark vorwurfsvoll.

„Die bedeuten würde, ich nehme unbewußt an, daß du, Brüderlein, der berühmte Autobahn-Unhold bist? Ich hab dir doch gesagt", fuhr Robbie kopfschüttelnd fort, „daß du es gar nicht sein kannst. – Dein Whisky-Angebot von heute nachmittag – gilt es noch?"

„Ich geh ihn holen."

Gelassen sah Robbie ihm nach, dann fuhr er sich zu dem Fleck auf dem Teppich. Er beugte sich hinab und tippte mit dem Finger drauf, schnupperte mißtrauisch daran, während seine Blicke über das

Sofa flatterten. Dann drehte er das Gesicht zur Tür, die in den Garten führte, und saß bewegungslos, bis Mark zurückkehrte.

„Nur einen kleinen", bat er.

Mark goß vorsichtig ein und reichte seinem Bruder das Glas. „Genug?"

Er war so lange draußen geblieben, bis er sich wieder gefaßt hatte – und sich in Erinnerung gerufen hatte, was er seinem verkrüppelten Bruder schuldig war.

Einen Augenblick vorher wäre er beinahe gewalttätig geworden. Es durfte nicht wieder vorkommen.

„Ausgezeichnet." Robbie nippte anerkennend. „Weißt du, was ich heute abend gerne tun möchte?"

„Scrabble? Bridge zu zweit?"

Robbie schüttelte den Kopf. „Nein. Ins Kino gehen."

„Läuft irgendwas Besonderes?" Er war selbst überrascht, wie ungezwungen und liebenswürdig er die Frage herausbrachte.

„Nur der Fellini im Rex."

„Den hab ich schon gesehen", sagte Mark, noch immer äußerlich ungezwungen, doch nicht mehr so freundlich.

„Wirklich?" Robbie machte ein überraschtes Gesicht. „Wann?"

„Auf der letzten Fahrt." Hör auf damit, Robbie, dachte er, hör auf.

„So was Blödes", brummte Robbie. „Das Rex ist das einzige Kino, wo ich den Stuhl reinkriege. Na dann..." Und Mark wußte, daß er sich bereit zeigen mußte, den Schauplatz vom Nachmittag aufzusuchen.

Ohne die Augen von Robbie zu lassen, sagte er: „Gut, wir werden zu dem Fellini gehen" – er brachte es nicht über sich, „ins Rex" zu sagen –, „wenn du wirklich willst."

Robbie wollte nicht nur, er war fest entschlossen. „Es macht dir doch nichts aus?" fragte er.

„Warum? Es ist ein erstklassiger Film, und ich habe beim ersten Mal nicht alles mitgekriegt." Mark hatte das Gefühl, sie spielten russisches Roulett, nur daß von sechs Worten fünf geladen waren. Da gab es nur einen sicheren Weg: zurück zum altvertrauten Umgangston zweier Brüder, die sich ein paar Tage zusammen auf dem Lande vergnügen, und alle Gesprächsthemen außer den trivialsten vermeiden.

„Zeit zu essen", sagte er zu Robbie. „Keine Widerrede. Geh und wasch dir dein schmuddeliges Gesicht, und ich werde inzwischen unsere Steaks vulkanisieren." Er öffnete den Kühlschrank.

„Zu Befehl. Verflucht – ich habe vergessen, Gemüse zu kaufen."

„Wir haben einen Kopf Salat und ein paar Tomaten. Ich mache Salat."

„Guter alter Mark!" Robbie grinste und wandte sich zum Badezimmer. „Was würde ich ohne dich tun? Und was kann ich tun, um mich würdig zu erweisen?"

Abgang Robbie, nicht ohne eine letzte Granate zu werfen, dachte Mark. Allmählich überkam ihn Verzweiflung.

Mittwoch, neunzehn Uhr dreißig

Doch die Mahlzeit verlief ruhig. Robbie tischte seinem Bruder den neuesten Klatsch aus der Nachbarschaft auf. „Ich komme mir den Liptons gegenüber ein bißchen gemein vor", gestand er, als er das Geschirr abtrocknete, das Mark gespült hatte. „Sie und Stanley haben eine Menge für die Leute aus der Klinik getan. Und mir haben sie den Bogen gekauft."

„Wie kam das?"

„Als ich es auf hundertzehn Pfund gebracht hatte, aber immer noch sterben wollte, weil Charlie mich mit einem Bogen üben ließ, den ich nicht spannen konnte, kam Rose eines Nachmittags an und sagte: ‚Wenn Sie noch vierzig Pfund ansetzen, Robert, werde ich Stanley dazu bringen, Ihnen den besten Bogen zu schenken, den es gibt.' Von da an war ich nicht mehr zu halten. Und genau an dem Tag, wo ich hundertfünfzig schaffte, kamen Rose und Stanley mit meinem Bogen! Und das gleiche hat sie mit Dutzenden von uns gemacht; und dabei kann niemand von uns sie ausstehen. Fertig?" Er stellte die Bratpfanne beiseite.

„Ja. Wie wär's, wenn wir die Verwandtschaft für morgen abend zum Bridge einladen würden?"

„Wenn ich gegen dich spielen kann."

„Gegen?" Gewöhnlich spielten sie zusammen.

„Ich zwinge gern zum Abwerfen", sagte Robbie. „Margaret und Andrew haben keine Ahnung davon, da macht's keinen Spaß, sie zu zwingen. Hallo, es ist zwanzig vor acht."

Sie fuhren in Robbies Wagen, dessen Spezialhebel er umsichtig bediente, und unterhielten sich den größten Teil der Fahrt nach

Aylesbury über die Vor- und Nachteile der schwachen und starken Eröffnung.

„Na ja, du hast immer die Karten“, schloß Mark, als sie sich dem Rex näherten, „da ist die starke Eröffnung ganz richtig, aber sollte ich jemals zwölf Punkte kriegen, will ich eröffnen.“

„Halt du dich lieber zurück, und überlaß mir die Scherereien“, riet Robbie.

„Nanu“, sagte Robbie mit einem Seitenblick, als sie vor dem Rex anlangten. „Es wimmelt ja hier von Polizei!“

„Es ist immerhin jemand ermordet worden.“

„Vor vier Stunden“, nörgelte Robbie und steuerte auf den Parkplatz zu. „Was glauben die hier zu finden? Daß der Mörder an den Ort seiner Tat zurückkehrt?“

Mark antwortete nicht. Er stieg aus und wartete, bis Robbie sich in seinen Stuhl gemüht hatte. Dann näherten sie sich gemeinsam dem Kino.

Ein großer Mann mittleren Alters, in einem zerdrückten Anzug, mit glatt zurückgekämmtem grauem Haar, das anklebte, als sei er in Glyzerin gefallen, wies sie mit Amtsmiene vom Eingang zum Foyer zurück. Worauf Robbie prompt hindurchrollte.

„Sind Sie blind?“ knurrte der Mann.

„Nur verkrüppelt“, versetzte Robbie. „Und Sie?“

„Ich bin Polizeibeamter und leite eine Morduntersuchung.“

Kriminaldirektor Sheadle, dachte Mark, der sich an die Radiomeldung erinnerte.

„Freut mich für Sie“, sagte Robbie. „Wann fängt der Film an?“

„Das Kino ist geschlossen, mein Herr.“

„Sie scheinen auf Ihrer Annahme bestehen zu wollen, daß Rollstühle für Blinde sind. Da ich jedoch gottlob mein Augenlicht besitze, entgeht mir selbstverständlich nicht die Tatsache, daß dieses Kino geschlossen ist. Was ich Sie fragte, war: Wann wird es wieder geöffnet? Oder mit anderen Worten: Wann wird sich dieses Aufgebot von aufgescheuchten Häschern zerstreuen, damit gesetzestreue Bürger sich der schöpferischen Kunst Herrn Fellinis erfreuen können?“

„Keine Ahnung“, brummte der Kriminaldirektor.

„In diesem Fall, Herr Wachtmeister“, sagte Robbie, sein Gegenüber genüßlich degradierend, „bringen Sie mich bitte zu jemandem, der eine hat.“

„Sergeant!" bellte der Kriminaldirektor. Ein ein Meter achtzig großer Mann mit ausdruckslosem Gesicht und blonden Haaren, in der unvermeidlichen großkarierten Jacke, tauchte neben ihm auf.

„Jetzt geben Sie gefälligst meinem Sergeanten Ihren Namen und Adresse", sagte Sheadle, „und dann verschwinden Sie, oder ich lasse Sie festnehmen, weil Sie die Polizei in der Erfüllung ihrer Pflicht behindern."

„Ist das des Rätsels Lösung?"

„Ihren Namen und Adresse, Herr!" brüllte der Kriminaldirektor.

„Rudolph Valentino, zuletzt wohnhaft in Hollywood", sagte Robbie.

Jetzt hatte Mark genug. „Gib sie ihm, Robbie." Robbies geradezu wahnwitzige Frechheit erschreckte ihn.

„Robert Stephen Gifford", seufzte Robbie. „Brewers Lane. Etwa viereinhalb Kilometer auf dieser Straße, kurz vor St. Penelope rechts, und Sie können's nicht verfehlen."

„Aylesbury?"

„Aston Clinton", berichtigte Mark.

„Danke", sagte Sheadle.

Mark drückte seinem Bruder auf die Schulter, als Warnzeichen, daß er weit genug gegangen war. „Ich warte mit dem Wagen an der Ecke auf dich. Guten Abend, Herr Kriminaldirektor."

„Guten Abend."

Mark ging zum Parkplatz zurück, während Robbie sich in die schwach beleuchtete Seitenstraße fuhr, um dort zu warten.

Wenige Minuten später kam Mark vorgefahren, rutschte auf den Beifahrersitz und wartete schweigend, bis Robbie zuerst sich selbst und dann seinen zusammenklappbaren Rollstuhl im Auto verfrachtet hatte. Schweigend fuhren sie nach Hause. „Verdammter Reinfall", sagte Robbie schließlich.

„Es ist ein Mädchen ermordet worden", erinnerte Mark ihn noch einmal.

„Mädchen werden ermordet, junge Männer bekommen Querschnittslähmung – und das Leben geht weiter."

„Tut mir leid, daß du deinen Film nicht zu sehen gekriegt hast."

Es klang sarkastisch, fand Mark und war erleichtert, daß sein Bruder es nicht übelnahm. Statt dessen lächelte Robbie entschuldigend.

„Ich bin kindisch, nicht wahr? In gewisser Beziehung bin ich's wirklich. Ich freue mich wie ein Kind, wenn du mich besuchst. Denke immerzu: Mark kommt! Mit Geschichten aus der großen, weiten Welt. Und ich denke wie ein Kind, vielleicht geht er mit mir aus, ins Kino, irgendwohin, ganz egal, wenn wir nur ausgehen. Lächerlich, nicht?"

„Nein", murmelte Mark und erinnerte sich, wie oft er nicht daran gedacht hatte, mit Robbie auszugehen, weil er nach seinen Reisen froh gewesen war, bloß zu Hause zu sitzen und zu schwatzen.

Robbie steuerte auf die Hauptstraße, und Mark wartete, bis er weitersprach. Aber Robbie wechselte ganz bewußt das Thema. „Ich komme über diese vielen Polypen nicht hinweg. Was haben die gesucht?"

„Spuren, vermutlich."

Mark fragte sich, wieviel Schaden Robbie wohl angerichtet hatte, als er den Kriminaldirektor provozierte.

„Ist eine davon mein Name und meine Adresse?"

„Du hast es ziemlich bunt getrieben. Und den Kriminaldirektor Wachtmeister genannt."

„Ich werde auf Unzurechnungsfähigkeit plädieren", sagte Robbie, während er in die Garage fuhr. „Oder sagen, ich hätte eine Bewußtseinsstörung gehabt." Er sah seinen Bruder verzagt aus dem Wagen steigen. „‚Euer Ehren', werde ich sagen" – er schob ächzend seinen Stuhl durch die offene Wagentür – „‚es tut mir leid'" – er manövrierte sich in den Stuhl –, „‚aber alles, was ich sehen konnte, war eine schreckliche Fratze, die auf mich hinunterstarrte und brüllte: ‚Wann haben Sie zuletzt Ihren Bruder gesehen?' Und das ist alles, woran ich mich erinnern kann, Euer Ehren.'"

Robbie war geradezu hoffnungslos frivol.

Mittwoch, einundzwanzig Uhr fünf

Während Mark duschte, hatte Robbie Tee gemacht. Sie hatten ihre erste Tasse getrunken, und Mark, nur in einem kurzen, blauen Bademantel, bemühte sich jetzt, ein Feldbett aufzustellen. Robbie sah seines Bruders erfolglosen Versuchen zu.

„Du meinst, ich bin bei dem Bullen zu weit gegangen?" fragte er schließlich.

Mark wollte einen Streit vermeiden und wählte seine Worte sorgfältig. „Ich meine, du hast dich nicht gerade lieb Kind gemacht."

„Hätte ich das sollen?“ fragte Robbie herausfordernd, als ob er einen Streit wünschte.

„Du hast deinen Standpunkt klargemacht – daß du die Bobbys nicht leiden kannst –, warum hast du ihnen dann nicht einfach Namen und Adresse gegeben und es gut sein lassen?“

„Habe ich ja.“

„Rudolph Valentino. Aus Hollywood. Und St. Penelope – eine Kirche, die's gar nicht gibt.“

„Und dieser Stumme, der Sergeant, hat's aufgeschrieben!“ triumphierte Robbie.

Die Türklingel läutete. Mark ging zur Diele.

„Wenn es Margaret ist oder Andrew“, rief Robbie ihm nach, „laß sie rein.“

„Es ist nicht Margaret oder Andrew“, sagte Mark, als er zurückkam.

„O Gott“, stöhnte Robbie. „Sie kommen meinetwegen!“

„Kriminaldirektor Sheadle und Kriminalhauptwachtmeister Robinson“, stellte Mark vor.

„Ich hoffe, meine Hinweise waren Ihnen von Nutzen?“ fragte Robbie.

„Offen gestanden glaube ich, mein Sergeant muß sich verhört haben“, sagte Sheadle.

Der Sergeant verzog keine Miene. „Kann er denn hören?“ fragte Robbie.

„O ja“, erwiderte Sheadle und blickte ihn fest an.

„Herr Kommissar“, sagte Robbie, „ich kann es nicht leiden, wenn ich angeglotzt werde.“

Sogleich wandte Sheadle die Augen ab. „Verzeihung.“

In verändertem Ton erklärte Robbie: „Also, was ich auch immer getan haben soll, ich berufe mich auf Bewußtseinsstörung und das fünfte Gebot. Oder wirkt das nur in den USA?“

Sheadle lächelte. „Ich glaube nicht, daß es Ihnen bei Gericht viel nützen wird; aber tatsächlich bin ich nicht wegen etwas gekommen, das *Sie* getan haben, Mr. Gifford.“ – Robbie nickte gnädig. – „Da ist etwas, was *ich* getan habe. Ich fürchte, ich war ein bißchen grob zu Ihnen.“

„Ich hab auf dem ganzen Heimweg geweint.“

„Armer Mr. Gifford. Ich kann nur sagen, daß ich gerade von Scotland Yard gekommen war, daß alles schiefging und die Presse

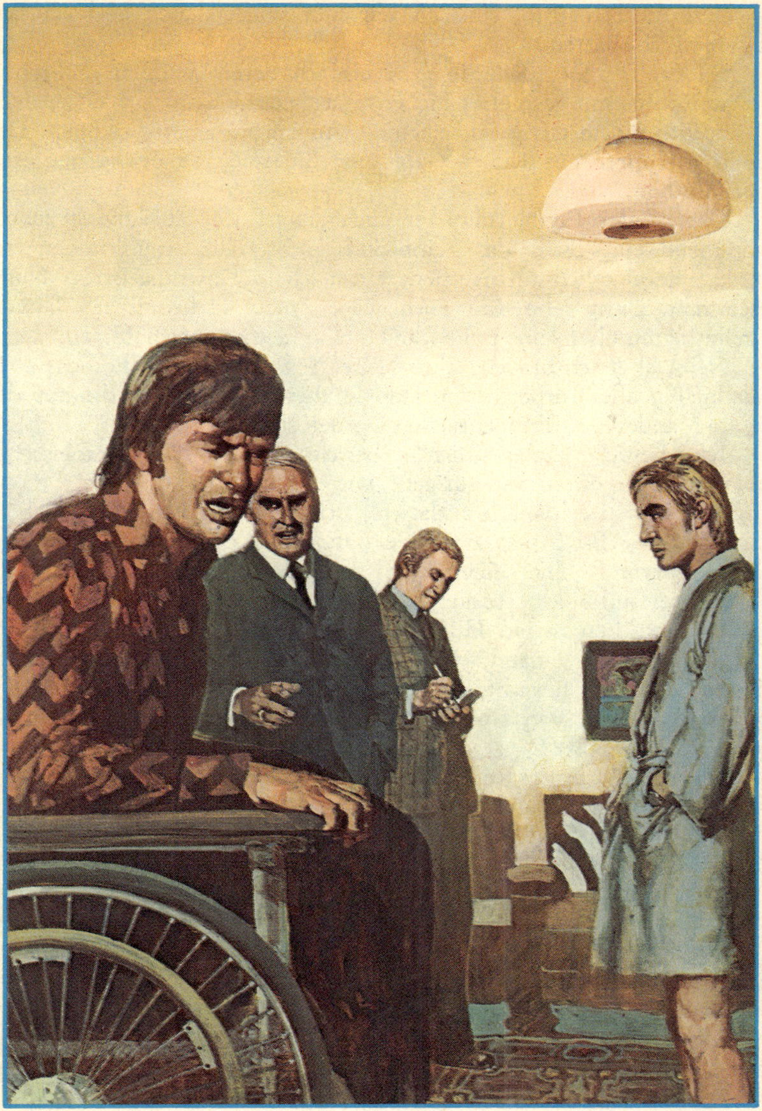

mich verrückt machte. Und als wir hier vorbeikamen und ich sah, daß Sie Licht hatten –"

„Da fühlten Sie, daß Sie ganz einfach hereinkommen mußten?" fragte Robbie mit gespielter Liebenswürdigkeit.

Sheadle nickte eifrig und sagte: „Um mich zu entschuldigen. Der Geschäftsführer des Kinos sagte mir, Sie seien so etwas wie eine Berühmtheit."

„Das ist der Premierminister auch", warf Robbie äußerst zuvorkommend ein, „aber das heißt noch nicht, daß ich mich genötigt fühle, ihn plötzlich aufzusuchen, wenn ich in Downing Street Nummer zehn Licht sehe, um mich wegen meiner chronischen Unverschämtheiten über seine politische Unfähigkeit zu entschuldigen."

„Nein, aber ich brauche Ihre Hilfe. Soviel ich weiß, besuchen Sie regelmäßig alle Körperbehinderten in dieser Grafschaft, die aus der Stoke-Mandeville-Klinik entlassen worden sind?"

„Ich besuche gelegentlich", berichtigte Robbie herablassend, „einige, denen es nicht so gut geht, wie es sein sollte."

Sheadle, den es danach verlangte, sich zu setzen, schielte zum Sofa hinüber. Die Bitte war unmißverständlich. Ebenso unmißverständlich dirigierte Robbie seinen Stuhl zwischen das Sofa und den nächsten Sessel und blockierte auf diese Weise beide.

„Sie brauchen meine Hilfe?" fragte Robbie, befriedigt lächelnd.

„Jawohl. Als jemand, der gelegentlich einige Körperbehinderte dieser Grafschaft besucht, denen es nicht so geht, wie es sein sollte – was würden Sie von einer Person halten, die sich in ihrem Rollstuhl *schieben* läßt?"

„Aufwärts?" fragte Robbie, wider Willen interessiert.

„Nein, abwärts."

„Das ist ganz und gar nicht so, wie es sein sollte. Wer ist diese Person?"

„Das wollte ich Sie fragen."

„Ich habe keine Ahnung." Er sah ostentativ nach der Uhr.

Sheadle übersah den Hinweis. „Der Freund der betreffenden Person, oder vielleicht ihr Bruder, sieht gut aus, ist mittelgroß, im Hippie-Stil gekleidet, hat langes blondes Haar –"

„Ist Mitte Zwanzig und wird von Ihnen gesucht, um Ihnen bei Ihren Nachforschungen zu helfen", sagte Robbie auf. „Das haben wir im Radio gehört."

„Aha. Daher wußte Ihr Bruder vorhin vor dem Rex meinen

Namen." Sheadle lächelte. „Sie haben meinen Aufruf in den Nachrichten gehört?"

„Ja."

„Aha. Also, lassen Sie mich das Mädchen im Rollstuhl kurz beschreiben: blond, schlank, ziemlich hübsch, trug einen purpurroten Schlapphut."

„In dieser Grafschaft", erklärte Robbie entschieden, „gibt es keine solche Person, die gelähmt ist."

„Aber sie wurde *gesehen,* wie sie von ihrem langhaarigen Freund ins Rex geschoben wurde."

„Und wenn sie von Prinz Philip in den Buckingham-Palast geschoben worden wäre – das ist mir völlig egal. Es gibt keine solche *Sie* in ganz Buckingham*shire*."

„Und was ist mit dem Mann? Könnte er ein regelmäßiger Besucher der Klinik sein? Fällt Ihnen bei der Beschreibung etwas ein?"

„Er könnte es, aber mir fällt nichts ein."

„Er ist Schotte. Klingelt's jetzt?"

„Wieso? Hat er karierte Jeans getragen?"

Sheadle ließ sich nicht provozieren. „Die Kassiererin erinnert sich an seinen Akzent."

„Wie schön von ihr. Aber es hat immer noch nicht geklingelt." Und er blickte wieder nach der Uhr.

„Nur noch eins", seufzte Sheadle und tat so, als habe er die Aufforderung verstanden. Robbie wurde zugänglicher. „Wenn Sie den Film heute abend gesehen hätten – wie hätten Sie das Rex verlassen?"

„Durch die Seitentür."

„Nicht durchs Foyer? So, wie Sie gekommen wären?"

„Zum Seitenausgang geht's abwärts, Mr. Sheadle, und die Straße davor ist meistens leer. Es ist eine ziemliche Angelegenheit für mich, in den Wagen zu steigen und meinen Rollstuhl hineinzubugsieren, und – wie Sie wissen – kann ich es nicht leiden, wenn man mich anglotzt."

„Ja, ich weiß." Sheadle wandte sich an Mark. „Und Sie? Wie wären Sie aus dem Kino gegangen?"

„Durchs Foyer."

„Sie hätten nicht zuerst Ihrem Bruder durch die Seitentür geholfen?"

„Nein. Das hätte mein Bruder nicht zugelassen. Im übrigen wäre es darauf angekommen, ihm den Wagen so schnell wie möglich vor die Tür zu bringen, damit er sich nicht erkältet."

„Wir fühlen die Kälte nicht, Mr. Sheadle", erklärte Robbie, als belehre er einen Schwachsinnigen, „aber wir sind empfindlich dagegen."

Sheadle warf seinem Sergeanten einen Blick zu.

„Nun ja", sagte er, „ich glaube, damit wäre das geklärt, nicht wahr, Sergeant?"

Der Kriminalhauptwachtmeister hatte die ganze Zeit unbeweglich dagestanden. Auch jetzt sah er so beseelt aus wie eine Wachsfigur aus Madame Tussauds Kabinett.

„Mir scheint", flüsterte Robbie, „er kann Ihnen nicht ganz folgen. Ich übrigens auch nicht. Wäre *was* geklärt?"

„Warum niemand im Foyer gesehen hat, wie das Mädchen im Rollstuhl von ihrem Freund hinausgeschoben wurde. Und warum die Platzanweiserin schwört, sie habe ein Mädchen mit einem roten Schlapphut allein in einem Rollstuhl aus dem Seitenausgang fahren sehen."

„Wozu dann", platzte Robbie heraus, „diese ganzen blöden Fragen? Erzählen Sie mir nicht, Sie hätten das nicht auch allein rausgekriegt."

„Ich fürchte, nein, Mr. Gifford", sagte Sheadle entschuldigend. „Doch in erster Linie habe ich gehofft, Sie könnten das Mädchen oder den Burschen identifizieren."

„Und was hätte Ihnen das genützt?"

„Vermutlich eine ganze Menge. Die beiden haben im Parkett in der letzten Reihe gesessen, und als der Film aus war – kurz nachdem sie das Kino verlassen hatten –, wurde Janine Talbot tot in der Mitte dieser Reihe gefunden. Wir glauben, sie könnten ihren Mörder gesehen haben."

„Sie sind gegangen, bevor der Film aus war?" fragte Robbie.

„Und gekommen, nachdem er angefangen hatte."

„Klingt nach scheußlichem Film." Robbie drehte seinen Stuhl herum, um seinen Bruder anzusehen. „Mir scheint, du hast doch gesagt, er war erstklassig?"

Sheadle wandte sich an Mark. „Sie haben den Film schon gesehen?"

Mark nickte. „Zum Teil. Während meiner letzten Reise, auf der *Canberra.* Ich mußte zum Dienst, ehe Schluß war."

„Sind Sie schon lange auf der *Canberra?* Ich sehe aus Ihrem Foto auf dem Kamin, daß Sie Schiffsoffizier sind."

„Zwei Jahre. Zweiter Offizier."

„Beneidenswert. Na, wir wollen nicht länger stören. Ich danke Ihnen für Ihre Unterstützung, meine Herren, Sie waren mir von großem Nutzen."

„Das tut mir aber leid", sagte Robbie.

„Ich bringe Sie hinaus", griff Mark schnell ein.

Einen bedrohlichen Augenblick lang zögerte der Kriminaldirektor, dann nickte er kurz. „Danke. Gute Nacht, Mr. Gifford."

Der Sergeant steckte Notizbuch und Kugelschreiber ein, und Mark geleitete die beiden Beamten in die Diele.

„Wenn ich den sachverständigen Rat Ihres Bruders weiter benötigen sollte", murmelte Sheadle besorgt, „glauben Sie, er hat was dagegen, wenn ich noch einmal vorspreche?"

„Jederzeit, wenn Sie Licht sehen!" rief Robbie, der sich bemüht hatte, die letzten Worte des Kommissars zu verstehen.

Mittwoch, einundzwanzig Uhr fünfundfünfzig

Mark sah den Polizeiwagen abfahren, schloß die Tür und blieb einen Augenblick nachdenklich in der Diele stehen. Er wäre jetzt gern allein gewesen. Aber er mußte Robbie gegenübertreten. Barfuß tappte er ins Wohnzimmer zurück.

„Du mußt sehr müde sein", sagte er, in der Hoffnung, Robbie würde zu Bett gehen.

„Im Gegenteil. Ich fühle mich ausgesprochen munter."

Mark zwang sich zu einem geselligen Lächeln, als er sich seitwärts in einem der Sessel niederließ und die Beine über die Armlehne baumeln ließ. Robbie drehte seinen Rollstuhl herum und betrachtete stirnrunzelnd seinen Bruder.

„Du machst ein so skeptisches Gesicht wie Chef Ironside", sagte Mark gezwungen.

„Ich dachte gerade, was für ein Idiot dieser Sheadle ist. *Pomade* – heutzutage!"

„Ist er nur deshalb ein Idiot, weil er sich Pomade ins Haar tut?"

„Nein, aber weil er nicht herauskriegen kann, wie das tote Mädchen in die letzte Reihe vom Rex gekommen ist."

„Dann bin ich auch ein Idiot." Mark mimte Bestürzung.

„Du bist kein Kommissar und hast nicht ein Jahr lang die Jagd nach dem Autobahn-Unhold angeführt. Aber er –, und er kapiert immer noch nicht, daß das tote Mädchen das Mädchen sein muß, das von seinem angeblichen Freund ins Kino geschoben wurde."

Mark brauchte Zeit zu antworten. Er mußte sich auch genau vergewissern, wieviel Robbie wußte. „Sheadle sagt, die Platzanweiserin hat gesehen, wie sich das Mädchen selber hinausgerollt hat", wandte er ein.

„Ach, Mark! Du kennst doch das Rex."

Allerdings, dachte er, denn er wußte ebenso wie Robbie, daß die Platzanweiserin alles andere tat, als Plätze anzuweisen. Sie begnügte sich damit, die Billetts abzureißen, und setzte sich dann auf ihr Stühlchen, um zu stricken, während sich die Besucher im Dunkeln die Beine brechen konnten. Und der Seitenausgang war der am weitesten von ihr entfernte.

„Von da, wo sie sitzt", fuhr Robbie fort, „hätte sie weiter nichts sehen können als einen Rollstuhl von hinten und einen Schlapphut."

„Und das besagt?"

„Das besagt, daß die Person im Rollstuhl nicht das Mädchen war; es war der Typ, der sich ihren Hut aufgesetzt hat, nachdem er das Mädchen – das tot war – in der Mitte der letzten Reihe deponiert hatte."

„Du willst sagen, er hat sie erstochen, als sie neben ihm saß, hat sie in die Mitte der Reihe gezerrt und ist dann verduftet, ohne daß jemand etwas gesehen oder gehört hat?"

„Ich will sagen, daß sie tot war, als er sie hineinschob."

„Und das soll niemand bemerkt haben?"

„Niemand", erklärte Robbie mit dem ganzen Dogmatismus der Erfahrung, „bemerkt irgend etwas bei irgend jemandem in einem Rollstuhl."

„Jeder bemerkt, wenn Leichen in den letzten Reihen von Kinos hin und her gekarrt werden."

„Nicht im Rex. Nicht an einem Mittwochnachmittag."

Mark hörte auf zu widersprechen. Das wäre zuviel des Protests. Er hatte das Rex gerade deshalb gewählt, weil am Nachmittag niemals mehr als ein halbes Dutzend Rentner im Zuschauerraum saßen.

„Ich wundere mich nur", fuhr Robbie hartnäckig fort, „daß er sich solche Mühe gemacht hat. Es wäre doch einfacher gewesen, sie hinter eine Hecke zu schmeißen."

Mark ließ ihn reden; doch er mußte herausfinden, wieviel Robbie wußte. „Fragst du dich nicht, was der Kerl mit dem Rollstuhl gemacht hat, als er draußen war?"

„Er ist sitzen geblieben, bis niemand in der Nähe war, dann ist er aufgestanden, hat seinen Rollstuhl zusammengeklappt und sich dünngemacht", erklärte Robbie ungeduldig. „Bewundernswert. Er hat Schneid. Und er wird davonkommen."

Also wußte Robbie alles. Jetzt mußte Mark erkunden, was er beabsichtigte. „Er wird, wenn du nicht die Polizei informierst."

„Sehe ich so aus?" Ihre Augen – Marks Blick war prüfend – trafen sich.

„Meinst du nicht, du solltest es tun?"

„In meiner Lage", murmelte Robbie und verzog das Gesicht, „bietet man nicht freiwillig Lösungen für solche Rätsel an. Es kann leicht denjenigen beunruhigen, den's angeht. Der dann leicht dafür sorgt, daß man ihn nicht länger beunruhigt."

Mark ignorierte diese kühle Logik. „Du willst also den Mund halten?"

„Gewiß."

„Willst du, daß er davonkommt?"

Einen Augenblick trübte Zweifel Robbies Augen. Dann schob er sich zum Kühlschrank. „Offen gestanden, es ist mir egal." Er goß sich ein Glas Milch ein. „Willst du auch eins?"

Mark schüttelte den Kopf. „Vier Mädchen", betonte er, „sind ermordet worden."

„Nein, wirklich", sagte Robbie, „– aber warum? Weißt *du,* warum?"

„Ich wollte, ich wüßte es. Aber was auch der Grund ist, es bleibt doch Mord."

„Vier Mädchen", sagte Robbie beipflichtend, „alle auf derselben Straße im Auto mitgenommen. Aber andere, wie die, die du heute nachmittag aufgelesen hast, werden weiter die A 41 unsicher machen und den Daumen heben, wenn ein einzelner Mann vorbeifährt, als ob sie scharf darauf wären zu sterben. Und wenn es wirklich das ist, was sie wollen" – er lächelte sarkastisch –, „wer ist da verantwortlich zu machen, wenn es passiert?"

„Du kannst so leidenschaftslos darüber sprechen?"

„Nachdem mir Leidenschaft seit langem versagt ist – ja. Aber ich will es anders ausdrücken. Wenn diese Anhalterinnen von Sex besessen wären – würde einer von uns den Mann verurteilen, der ihnen den Gefallen tut?"

„Das ist ganz etwas anderes, Robbie. Dieser Mann will keinen Sex."

„Wahrscheinlich *will* er auch nicht morden."

„Du meinst, er kann nicht umhin, blonden Mädchen, die zu sterben wünschen, gefällig zu sein?"

„So ungefähr."

Mark schüttelte resigniert den Kopf. „Okay, noch eine letzte Frage. Du glaubst also ehrlich, daß an diesem Menschen mehr gesündigt wurde, als er selbst gesündigt hat?"

„Ja, das glaube ich", erwiderte Robbie. „Zufrieden?"

„Eine ganze Menge zu beißen."

„Aber du bist noch hungrig?" spottete Robbie.

„Du warst immer unergründlich."

„Unergründlich? Mein Vater hat mich beinahe umgebracht, und meine Mutter war auf seiner Seite. *Deine* Eltern waren fabelhaft; aber dann kamst du."

„Warst du etwa eifersüchtig?"

„Ich hätte dir den Hals umgedreht, wenn ich geglaubt hätte, es würde was nützen. Bis ich merkte, daß ich nicht anders behandelt wurde als du, und was für ein netter Junge du warst." Er schüttelte den Kopf. „Glückliche Kinderzeit."

„Doch sogar damals ging's eine Zeitlang schief zwischen uns, nicht wahr?"

„Du wurdest größer", erklärte Robbie, „hast Freunde aus der Schule mitgebracht und dich für Mädchen interessiert . . ."

Mark runzelte die Stirn. „Und du warst wieder eifersüchtig?"

„Ich war an deine Bewunderung gewöhnt. Und als ich von der Universität nach Hause kam, hatte ich sie an deine engelhaften Freundinnen verloren, an Annabel und –"

„Du hattest sie nicht verloren."

„Oder mußte sie teilen. Wie ich das gehaßt habe! Aber ich habe mich angepaßt."

Nein, dachte Mark, es waren die engelhaften Freundinnen, die sich dir angepaßt haben – Annabel, Deborah, Kusine Margaret. „Warum?" fragte er.

Robbie verstand sofort. „Meine natürlichen Eltern wollten mich nicht haben, und meine neuen Eltern hatten mich bloß adoptiert. Du warst der einzige Verwandte, an den ich glaubte, und ich wollte dich nicht verlieren, an niemanden, Brüderlein."

Mark vergaß die lang vergangenen Treubrüche und fühlte nur Gewissensbisse, daß er niemals seines Bruders unersättliches Bedürfnis nach Besitz und Sicherheit erkannt hatte. „Du bist wirklich unergründlich, nicht wahr?"

„Fast bodenlos manchmal. Und dann wieder" – er bekam plötzlich einen sonderbaren Gesichtsausdruck – „schwerelos. Wie ein Astronaut, der in seiner kleinen Kapsel schwebt" – er hob beide Arme von den Lehnen seines Stuhls –, „und nichts verbindet ihn mehr mit seiner Vergangenheit als die treue Stimme aus Houston."

„Du fühlst dich schwerelos, wenn du so sitzt?"

„Wenn ich nicht mit den Armen oder Händen etwas fühle oder greife – ja, natürlich."

„Du lieber Gott!" Mark, der sich seines Körpers immer voll bewußt war, hatte nie an diesen Aspekt der Querschnittslähmung gedacht.

„Warum Gott? Ich vertraue meiner kleinen Kapsel, und in meinem Bruder Mark habe ich meine anhängliche Stimme."

„Ach Robbie!"

„Ich wollte dich nicht deprimieren. Ich wollte nur sagen, daß du mir den Antrieb gibst, schwerelos dahinzugleiten bis zum Absturz. Meine seltsame Verwandtschaft mit dir und meine unfeine Leidenschaft zu siegen sind alles, was mich in Gang hält."

„Du hast eine Menge erklärt." Mark sah beinahe unbeschwert aus.

Robbie grinste. „Jetzt verstehst du mich, nicht wahr?"

„Ich fange an." Mark lächelte zurück, als wenn sie gemeinsam ein Unglück verhütet hätten.

„Erzwinge es nur nicht. Um etwas so Kompliziertes wie einen Menschen zu verstehen, braucht man nicht nur Logik, sondern auch Intuition. Deshalb wird dein Freund Sheadle auch nie seinen Autobahn-Unhold überführen können."

„Warum nicht?"

Robbie fuhr sich zum Kamin und nahm seinen Expander zur Hand. „Setz dich." Mark nahm Platz, und Robbie spannte den Expander ohne sichtliche Mühe ein halbes dutzendmal. „Sheadle möchte den langhaarigen Hippie ausfindig machen, stimmt's?"

„Stimmt."

„Und er besitzt Logik, aber keine Intuition, stimmt's?"

„Wenn du meinst."

„Ja, das meine ich –" Er ließ den Expander klirrend fallen und nahm seinen Säbel in die Hand. „Wenn er Intuition hätte, dann würde er sie dazu benutzen, sich die Aussage der Platzanweiserin zu erklären, die angeblich ein *Mädchen* gesehen hat, das im Rollstuhl aus dem Seitenausgang des Rex fuhr."

Er berührte Mark leicht mit der Säbelklinge am Oberschenkel. „Die bloße Logik zwingt ihn, anzunehmen, daß die Platzanweiserin tatsächlich gesehen hat, was sie zu sehen glaubte. Ich bin ja auch nicht dagewesen, aber die Intuition sagt mir, daß in Wirklichkeit das tote Mädchen in der letzten Reihe liegengeblieben ist, und daß es ihr Begleiter war" – er tippte Mark auf die Brust –, „den die Platzanweiserin im Rollstuhl verduften sah. Mit anderen Worten: Sheadle betrachtet den schottischen Hippie nur als einen Zeugen, und nicht einmal Bullen beschuldigen Zeugen eines Mordes, und also –"

„Also glaubst du nicht, daß sie diesen Hippie festnehmen?"

„Nicht mal, wenn sie herauskriegen, wer es ist."

„Und deine Intuition sagt dir, wer es ist?"

Robbie schüttelte den Kopf. „Nein. Meine Logik."

„Red weiter."

„Nein. Ich geb dir die Fakten, und du ziehst die Schlüsse."

„Okay."

Robbie spielte die Rolle des Anklägers, der jemanden ins Kreuzverhör nimmt, und sein Bruder ging darauf ein. „Der Bursche, den wir suchen, kennt die Lokalitäten und die Zuschauergewohnheiten im Rex genau, stimmt's?"

„Angenommen, daß er sich der Leiche entledigt hat und nicht nur ein Zeuge war – ja."

„Wir wollen es annehmen. Und er weiß, daß die Leute es vermeiden, jemandem in einem Rollstuhl ins Gesicht zu sehen?"

„Ja."

„Er weiß, wo er einen Rollstuhl findet, und hat ein Auto, stimmt's?"

„Ja."

„Er ist Mitte Zwanzig, kräftig und mittelgroß, stimmt's?"

„Ja."

„Er ist erfinderisch und ein guter Schauspieler."

„Wieso Schauspieler?"

„Wer es fertigbringt, ein totes Mädchen in einem Rollstuhl in ein Kino zu fahren und an der Kasse zwei Billetts zu kaufen – muß der nicht ein guter Schauspieler sein?"

„Ich verstehe, was du meinst."

„Und da er ein so erfinderischer Mensch ist und weiß, daß sich die Frau an der Kasse an ihn erinnern wird, weil sie den ganzen Nachmittag nur ein halbes Dutzend Plätze verkauft hat und einen davon für ein auffälliges Mädchen in einem Rollstuhl – was wird er tun?"

„Keine Ahnung."

„Er wird dafür sorgen, daß sie sich auf einen Kerl besinnt, der nicht so aussieht und nicht so spricht wie er selber."

„Wie?"

„Indem er sich verkleidet, einen schottischen Akzent annimmt, eine dunkle Brille und eine blonde Perücke aufsetzt. Also" – und wieder tippte er Mark auf die Brust –, „wer ist es?"

„Wozu soll ich versuchen, das rauszukriegen?" bluffte Mark. „Denn deine Grundvoraussetzung ergibt keinen Sinn. Angenommen, er wollte eine Leiche loswerden – warum schmeißt er sie nicht, wie du selber gesagt hast, hinter die nächste Hecke?"

Robbie seufzte. „Okay. Dann werde ich dir die Richtigkeit meiner Theorie beweisen. Der Autobahn-Unhold hat heute die vierte Blondine umgebracht, und sie wurde im Rex gefunden, stimmt's?"

„Ja."

„Ziemlich dreist – so dreist wie bei den anderen, die er vor den Polizeiwachen abgelegt hat, nicht?"

„Ja."

„Doch das war immer nachts, im Dunkeln. Um vier Uhr nachmittags – wo gibt's da sonst noch sowohl Dunkelheit als auch ein hohes Risiko außer in einem Kino?"

Mark biß sich auf die Lippen. „Nirgends", gab er zu.

„Und wer sonst außer dem Mädchen im Rollstuhl kann das Mädchen sein, das nachher tot aufgefunden wurde?"

Mark gab jeden Widerstand auf. „Niemand."

„Und wer außer diesem schottischen Burschen könnte sie dorthin gebracht haben, und warum hat er sie so leichtsinnig dorthin gelegt, wenn er nicht beweisen wollte, daß es das Werk des Autobahn-Unholds war?"

Während des langen Schweigens, das nun folgte, stellte Mark fest, daß sein Gehirn nicht mehr arbeitete. „Du weißt alles, nicht wahr?“ fragte er langsam.

„Nur nicht“ – Robbie deutete mit der Säbelspitze auf Marks Kopf –, „woher er die Perücke hatte.“

„Sogar, warum er es getan hat?“

„Wir beide wissen, warum er es getan hat“, erwiderte Robbie sanft.

Mark versuchte nachzudenken. Er hielt sich den ganzen Fragenkomplex noch einmal vor Augen und sagte sich, es müsse eine Antwort geben, sagte sich auch, daß sie ausnahmsweise viel Zeit hatten, sie zu finden. Aber es kam keine Antwort, nur Verzweiflung – weil jetzt, da die Wahrheit heraus war, das Leben nie mehr das gleiche sein konnte.

„Was sollte er als nächstes tun?“ fragte er schwerfällig.

„Nichts“, sagte Robbie. „Die Polizei wird es nie herausbekommen, und du erwartest sicher nicht von mir, daß ich es für sie tue.“

„Nein, aber ich wünschte fast, du tätest es.“

Robbie warf den Kopf hoch. „*Du* wirst doch wohl nichts Törichtes tun, nicht wahr?“ Und fuhr schroff fort: „Etwa der Polizei dein Herz ausschütten?“

Mark war nicht imstande, Robbies unversöhnliche Blicke zu erwidern, und schüttelte niedergeschlagen den Kopf. Befriedigt stellte Robbie den Säbel an den Kamin zurück. Doch es schien ihm zu mißfallen, daß Mark, den Kopf in den Händen, zusammengesunken in seinem Stuhl saß. „He!“ rief er, seines Bruders Aufmerksamkeit heischend, „ich weiß, du haßt dich selber, aber das darfst du nicht. Um meinetwillen. Was geschehen ist, Kleiner, ist geschehen.“

Mark sprang auf, pflanzte sich vor Robbie auf und blickte finster auf ihn nieder. „Und wie oft“, rief er aus, „wird es noch geschehen?“

Robbie ließ sich nicht einschüchtern. „Das hängt von dir ab, nicht wahr? Ein Telefongespräch mit diesem Affen von Scotland Yard, und deine Sorgen sind zu Ende.“

So unerwartet, wie er aufgebraust war, fiel Mark wieder in sich zusammen. „Du weißt, ich kann es nicht.“

„Nun, solltest du es dir anders überlegen, ich werde nicht versuchen, dich zurückzuhalten“, versprach Robbie. „Und jetzt will ich baden.“

Mittwoch, zweiundzwanzig Uhr fünfundvierzig

Selbst wenn Mark versucht gewesen wäre, Sheadle anzurufen, es hätte keinen Zweck gehabt. Der Kriminaldirektor war in dem Gasthaus, das die Querschnittsgelähmten der Stoke-Mandeville-Klinik aufzusuchen pflegten, und unterhielt sich mit Patienten in Rollstühlen. Doch er erreichte nichts. Keiner erinnerte sich an eine ehemalige Kranke, die dem Mädchen ähnelte, das sich selber aus dem Rex gerollt hatte.

Und alle bestritten, daß eine von ihnen jemals einen Hippie zum Freund gehabt hatte.

Trotzdem drängte es Sheadle nicht, an seinen Schreibtisch zurückzukehren. Jede andere Spur war von seinen Leuten verfolgt worden. Der Freund des toten Mädchens wurde nochmals befragt; und man hatte den Popsänger Randy Horn, dessen Bild mit Autogramm in der Tasche der Ermordeten gefunden worden war, ersucht, sich für eine Unterredung bereitzuhalten. Die Abendzeitungen hatten einen Aufruf gebracht, daß alle Mädchen, die sich an diesem Nachmittag auf der A 41 von einem Auto hatten mitnehmen lassen, das nächste Polizeirevier verständigen sollten.

Dank Randy Horn und der Tageszeit, die der Unhold diesmal für seine Tat gewählt hatte (die Leiche konnte bereits kurz nach 17 Uhr identifiziert werden), konnte Sheadle diesmal auf die Mithilfe von Presse und Rundfunk zählen. Bei jedem der drei früheren Morde waren die Opfer zu spät entdeckt worden, um den Fall noch in die Morgenzeitungen zu bringen. Und am Mittag – wenn die Abendblätter ihm lange Spalten widmeten – war die Spur bereits kalt und Sheadles Bitte um Unterstützung nutzlos geworden.

Doch diesmal hatte er schon um Viertel nach fünf den Bericht, daß man die Leiche gefunden hatte, und er gab eine Meldung an die Zeitungen und auch an alle Rundfunk- und Fernsehsender, so daß sie noch in die Abendnachrichten kam.

Und so fühlte sich Sheadle befugt, in Ruhe ein Glas Bier mit den netten Leuten aus der Klinik zu trinken. Er wandte sich an ein Mädchen in den Zwanzigern: „Ein ganzes Ende für 'n Gläschen Bier vom Krankenhaus bis hierher, was?"

„Gut ein Kilometer."

„Ich glaube nicht, daß ich das in einem Rollstuhl schaffen würde."

Das Mädchen lächelte. „*Sie* vielleicht nicht. Aber mit der Zeit bekommt man die Muskeln dafür."

Als das Mädchen und seine Leidensgefährten aufbrachen, fuhr Sheadle, um ihre Sicherheit besorgt, langsam dem wunderlichen Konvoi von Rollstühlen hinterher. Die Stühle der Schwächeren wurden seitlich zwischen denen der Stärkeren verhakt, und so ging es fröhlich die Landstraße entlang. Als die letzten in das Klinikgelände rollten, wendete er den Wagen und beeilte sich, in sein Hotel in Aylesbury zu kommen. Wenn die Blonde, dachte er, die man das Rex hatte verlassen sehen, tatsächlich eine ehemalige Patientin des Stoke-Mandeville-Hospitals gewesen war, dann wäre sie also sehr wohl imstande gewesen, sich im Rollstuhl bis Edinburgh zu fahren.

Mittwoch, dreiundzwanzig Uhr fünfzehn

Robbie zog den Stöpsel heraus und wartete, bis das Badewasser, das er nicht spüren konnte, abgelaufen war. Dann trocknete er sich sorgfältig ab und wischte ebenso sorgfältig die Wanne aus, denn es war gefährlich, aus einer schlüpfrigen Wanne zu steigen.

In der trockenen Badewanne sitzend kreuzte er die Beine wie ein Jogi, stemmte sich mit beiden Händen auf die Wannenränder und schwang sich empor, so daß er sich auf dem Rand parallel zu seinem Rollstuhl, von dem er eine Armlehne hochgeklappt hatte, niederlassen konnte. Dann streifte er ein Nachthemd über den Kopf – einen Augenblick war sein schwankender Leib ohne Unterstützung, denn er mußte beide Arme heben –, stützte sich mit der einen Hand auf die entferntere Lehne seines Stuhls, mit der anderen auf den Badewannenrand, stemmte seinen Körper vom Rand in den Rollstuhlsitz, zog seine fühllosen Beine aus der Wanne nach und ließ sie auf das Fußbrett fallen, klappte die Armlehne hinunter, löste die Bremse und rollte sich ins Wohnzimmer.

Die Anstrengung und Konzentration hatten ihn erschöpft. Und noch lag vor ihm das mühevolle Manöver, aus dem Stuhl in sein Bett zu gelangen.

Und dann mußte er alle zwei Stunden seinen Schlaf unterbrechen, um sich im Bett umzudrehen.

Mark sah ihn mit einem Wecker hantieren, und trotz des Grauens, das nun zwischen ihnen stand, empfand er das alte Mitgefühl.

„Das leidige Umdrehen?" fragte er.

Robbie nickte, resigniert lächelnd. „Manchmal denke ich, Wundliegen wäre das kleinere Übel."

„Müde?"

„Es war ein langer Tag."

„Laß den Wecker. Ich drehe dich heute nacht um."

„Willst du etwa alle zwei Stunden aufstehen?"

„Wahrscheinlich werde ich ohnehin nicht schlafen."

Höflich, doch bestimmt erwiderte Robbie: „Nun, das ist deine Sache, aber das Umdrehen ist meine. Und jetzt entschuldige mich bitte" – er nahm die Uhr auf den Schoß –, „es ist höchste Zeit, daß ich in die Klappe gehe."

Mark sah ihm nach und kam, wieder allein, auf das Problem zurück, wie er seinen verkrüppelten Bruder bewachen sollte. Oder wie er ihn, was das Barmherzigste wäre, töten könnte.

Kann ich ihn ständig beaufsichtigen? fragte er sich und schüttelte den Kopf.

„Also *mußt* du ihn umbringen", sagte er sich – laut, zu seiner Bestürzung. Hatte Robbie es gehört? Er stellte das Radio an und lief im Zimmer umher. Nahm den Säbel in die Hand und schüttelte den Kopf; einen Pfeil, das war auch nichts; die Luminaltabletten, und legte sie wieder zurück. Dann fiel ihm ein, was Robbie selber über diese Pillen gesagt hatte. Sie waren natürlich das Richtige, wenn seines Bruders Tod wie Selbstmord aussehen sollte.

Aber wie konnte man, aus Barmherzigkeit, ein ganzes Fläschchen Luminaltabletten einem Mann in die Kehle stopfen, der zwei der kräftigsten Arme in ganz England besaß?

„Du kannst es nicht", sagte Mark zu sich, wieder zu laut. Und warf sich auf das Feldbett.

Die Musik war nicht laut genug, das Bett war nicht lang genug, und das Kissen war zu dick. Er warf es auf den Boden und lag mit dem Gesicht auf dem Laken. Dann stützte er sich mit den Ellbogen auf und nickte kraftlos, weil es so einleuchtend war. Babys erstickten in Kissen; warum nicht ein Krüppel? Nicht einmal Selbstmord. Ein Unfall. Aber vielleicht war es eine schreckliche Art zu sterben?

Er drehte sich auf den Rücken, ergriff das Kissen und drückte es sich auf Mund und Nase, drückte fester und zählte die Sekunden. Dreizehn, vierzehn, fünfzehn – muß atmen. Luft. Keine Luft. Rote Blitze, Donner. Muß atmen. Muß –

Entsetzt warf er das Kissen fort und stöhnte: „Robbie, o Robbie", während Robbie, der hereingekommen war, um sich über das Radio zu beklagen und statt dessen eine sofort erkennbare Probe seiner eigenen Hinrichtung sah, sich schweigend in sein Schlafzimmer zurückfuhr.

Mark – nachdem er Radio und Licht ausgeschaltet hatte – lag auf dem Rücken, ohne zu schlafen. Und als er, zwei Stunden später, Robbies Wecker hörte, sprang er auf, um seinem Bruder beim Umdrehen zu helfen.

Aber Robbie hatte seine Tür verschlossen.

Donnerstag, zehn Uhr

Sheadle war seit sieben auf und seit acht bei der Arbeit. Janine Talbots Freund hatte sich als unschuldig, wenn auch untreu erwiesen: Von seiner Freundin Nummer zwei war bezeugt worden, daß er am Tag vorher zwischen halb zwei und dreiviertel drei Uhr nachmittags mit ihr im Bett gelegen hatte. Auf den Sitzen in der letzten Reihe des Kinos hatten sich Hunderte von Fingerabdrücken gefunden, doch stimmte keiner mit einem in den Akten überein.

Drei Mädchen, die am vergangenen Nachmittag auf der A 41 von einem Auto mitgenommen worden waren, hatten der Aufforderung Folge geleistet, sich zu melden. Zwei waren aus der Stadt und hatten nichts Besonderes bemerkt; und auch die dritte, eine Stenotypistin aus London, hatte weiter nichts erlebt als eine harmlose Fahrt mit einem Lastwagenfahrer.

Blieb noch Randy Horn, der es sich (auf Anraten seines Managers) nicht nehmen ließ, nach Aylesbury zu fahren, statt die Fragen in einem Londoner Polizeirevier zu beantworten. Er sollte um Viertel nach zehn kommen, und schon wartete gut die Hälfte aller Fotografen Englands vor Sheadles Büro.

Der Kriminaldirektor hatte auch ohne ihn genug zu tun – Telefongespräche, Diktate, Anordnungen – und Randy erschien um elf. Er mißfiel Sheadle auf den ersten Blick.

„Mann“, rief Randy aus, „diese Fotografen sind wirklich irre. Bin ganz daneben. Brandy, bitte, kein Hasch. Möchte nicht noch einmal eingelocht werden.“

Aber Drogen waren nicht Sheadles Problem. Sein Problem waren Mordfälle. „Mr. Horn, ich nehme an, Sie wissen, weshalb wir Sie sprechen wollen?“

„Genau. Die Biene mit meinem Foto, und wo ich gestern nachmittag gewesen bin, stimmt's?"

„Also, wo waren Sie? Als der Polizeibeamte in London Sie fragte, sagten Sie, Sie könnten sich nicht erinnern."

„Na ja, ich war grade aufgestanden, wissen Sie. Aber jetzt kann ich mich erinnern."

„Vermutlich haben all diese Fotografen Ihr Gedächtnis geklärt?"

„Jaaa. Ich hatte Aufnahmen für die EMI. Die Leute da können es Ihnen bestätigen."

„Ich werde sie fragen", versprach Sheadle, ärgerlich, daß jemand eine Morduntersuchung benutzte, um die Werbetrommel für sich zu rühren. „Auf Wiedersehen, Mr. Horn."

„Ist das alles?"

„Ja. Wenn Sie nicht noch mein Autogramm haben wollen –"

Randy Horn ging, von Fotografen und Reportern umringt. „Kein Kommentar", erklärte er. „Nicht, bevor ich mit meinem Anwalt gesprochen habe." Das gibt eine Schlagzeile, dachte er, und ein prima Foto!

Allein in seinem Büro, resümierte Sheadle, daß es also der Freund nicht gewesen sein konnte und Horn leider auch nicht. Nicht, daß er einen der beiden für schuldig gehalten hätte – aber sicher ist sicher.

„Sergeant!" rief er. „Unser junger Freund, der Seemann, hat nun Zeit genug gehabt nachzudenken. Wir werden ihn heute nachmittag besuchen."

Donnerstag, vierzehn Uhr dreißig

Robbie und Mark verbrachten den Vormittag und das Mittagessen mit scheinbarer Liebenswürdigkeit, da jeder entschlossen war, sowohl das Mordthema als auch, soweit möglich, das andere zu vermeiden. Mark hatte seinen Wagen gewaschen, Robbie mit seinen Gewichten und seinem Expander trainiert; Mark hatte mit ihrer Kusine telefoniert, um den Bridge-Abend zu verabreden, Robbie mit der Klinik, um ein Bogenschießen zu vereinbaren. Es hatte nach außen hin keine Reibungen gegeben, doch innerlich waren sie unversöhnlich. Für Mark war der Zusammenbruch ihrer Beziehung ein Schock, für Robbie eine Tatsache. Etwas, womit er leben mußte, wie seine Lähmung. Er hatte sechs Jahre seinen toten Rumpf und seine toten Beine geschleppt, und nun mußten Mark und er für den Rest ihres Lebens den Leichnam ihres brüderlichen Vertrauens schleppen und sich auf Anstand und Humor verlassen, um ihr Schicksal erträglich zu machen.

Nach dem Essen hatte Robbie gesagt, er müsse jetzt die Wohnung weiter saubermachen, und Mark hatte gefragt, ob er ihm dabei helfen könnte; doch Robbie hatte abgelehnt, und zwar in einem Ton, der jede peinliche Erinnerung an Marks gestrige vorzeitige Ankunft ausschloß.

„Dann drehe ich ein paar Runden", sagte Mark. „Ich habe wieder mal die Zündung neu eingestellt, aber am besten probiere ich es auf der Straße aus."

„Was du auch zünden willst, Kleiner, geh und probier's aus."

So war Robbie allein und zog den Staubsauger in der Diele hinter sich her, als das Telefon klingelte. „Verdammt!" murmelte er. Um an den Apparat zu gelangen, hätte man seinen Stuhl umdrehen müssen, was er allein in der engen Diele nicht fertigbrachte. Er stieß also die Haustür auf, fuhr sich, den Staubsauger immer im Schlepptau, hinaus, wendete auf dem Gartenweg und kehrte zum beharrlich läutenden Telefon zurück. „Ja?" rief er in den Hörer. „Wer?" Er hatte vergessen, den Staubsauger abzustellen. „Entschuldigung, wer ist da?"

„Richard Fairburn", tönte es aus dem Hörer.

„Ach Sie, Doktor. Was kann ich für Sie tun?"

„Ich bin gerade meine Notizen durchgegangen. Wie geht's Ihrem Nacken?"

„Gut. Wie kommen Sie darauf –"

„Bloß so. Meine Eintragungen –"

„Das können Sie einem dümmeren Patienten erzählen, aber nicht mir."

„Seien Sie nicht so empfindlich. Nur eine gutgemeinte Erkundigung."

„Ach, lassen Sie das!" Robbie war alarmiert. „Sie machen nicht einfach gutgemeinte Erkundigungen. Entweder Sie sagen mir die Wahrheit, oder – ich weiß: Mark ist bei Ihnen, stimmt's?"

Hinter ihm tauchten Kriminaldirektor Sheadle und der Sergeant in der Haustür auf und blieben stehen.

„Nein, er ist nicht bei mir", versicherte Fairburn. „Aber er hat mich angerufen –" „Das klingt schon anders." – „... und mir gesagt, daß Sie über einen steifen Nacken klagen. Es hindert Sie beim Schießen, haben Sie ihm gesagt. Er schlägt vor – und ich stimme mit ihm überein –, daß Sie für eine Weile wieder zu uns kommen, sich ausruhen und untersuchen lassen. Sie haben Schäden im Nacken."

„Ich weiß, daß ich Schäden im Nacken habe."

„Mir ist immer noch schleierhaft, wie jemand, der in solchen Dingen so erfahren ist wie Sie, so verrückt sein konnte –"

„Einen Fernsehapparat vom Tisch zu heben und auf den Schoß zu nehmen, und das bei runtergeklappten Armlehnen. Ich weiß, Sie brauchen mir nichts zu sagen. Aber das blöde Ding war zum hundertsten Mal kaputtgegangen, und der Monteur hatte mir gezeigt, wie ich es in Ordnung kriege."

„Haben Sie in letzter Zeit wieder daran hantiert?"

„Nein. Wollen Sie noch was wissen? Sie halten mich beim Staubsaugen auf."

„Nein, Robbie, sonst nichts."

„Gut. Dann auf Wiedersehen." Er warf den Hörer auf die Gabel und blickte das Telefon finster an. Bis die Türklingel läutete.

„Darf ich eintreten?" fragte Sheadle.

Ärgerlich wandte Robbie den Kopf und starrte auf die Männer in der Tür. „Ich bin zufällig vorbeigekommen", erklärte Sheadle liebenswürdig.

„Und haben meine Tür offen gesehen und gedacht, da kann ich ja mal hereinschauen. Also kommen Sie schon rein." Seine grauen Augen musterten griesgrämig den unbeteiligt blickenden Kriminalhauptwachtmeister. „Und bringen Sie Ihren Buster Keaton da mit."

Die beiden Polizisten schlossen die Tür hinter sich und folgten ihm ins Wohnzimmer. „Tut mir leid, das mit Ihrem Nacken", sagte Sheadle teilnahmsvoll.

„Wir haben ein bißchen gehorcht?"

„Sie haben telefoniert, und ich konnte nicht umhin . . . Alles wieder in Ordnung?"

„Mein Nacken?"

„Der Fernseher." Seine forschenden Blicke schweiften im Zimmer umher.

„Hab ihn abgeschafft. Ich hatte mehr Ärger damit, als das Ding wert war."

„Hoffentlich haben Sie noch einen guten Preis dafür erzielt."

„Ich habe ihn der Firma zurückgegeben, von der ich ihn *gemietet* hatte", sagte Robbie scharf. „Und Sie sind bestimmt nicht gekommen, um sich mit mir über meine Feierabendbeschäftigungen zu unterhalten."

„Nein. Eigentlich wollte ich Ihren Bruder sprechen. Aber wie ich hörte, ist er bei Ihrem Arzt?"

„Warum fragen Sie nicht bei dem an?"

Sheadle schien gegen Sarkasmus unempfindlich. „Das ist eine sehr vernünftige Idee. Wie heißt doch der Doktor?"

„Fairburn. Richard Fairburn."

„Hier am Ort?"

„Ja. In der Klinik."

„Dann werden wir uns auf den Weg machen", log Sheadle. Er tat, als wolle er aufbrechen, dann blickte er auf Robbies Rollstuhl. „Recht beachtlich, wie Sie das Ding handhaben können. Wir haben Sie mit dem Staubsauger hinter sich aus der Tür und wieder ins Haus flitzen sehen. Einen Augenblick lang haben wir geglaubt, jemand will Ihnen was antun, nicht wahr, Sergeant?"

„Das Telefon hat geklingelt. Wenn ich in der Diele staubsauge und den Apparat im Rücken habe, geht es so am schnellsten."

„Sehr einfallsreich. Sie machen alles selber, nicht wahr?"

Er wirkte ehrlich interessiert und schien sich nur wenig einschmeicheln zu wollen. Wider Willen empfand Robbie eine etwas geringere Feindseligkeit. „Ja", sagte er.

„Und alles nur mit den Armen?"

„Und damit." Er klopfte, bescheiden lächelnd, auf die Räder seines Rollstuhls.

Sheadle sagte reumütig: „Entschuldigen Sie, ich war taktlos. Ich wollte Sie nicht in Verlegenheit bringen."

Robbie lachte, einen Arm auf den Magen gedrückt. „Herr Kriminaldirektor", beteuerte er, „mich bringt nichts in Verlegenheit. Und wenn ich Ihnen erzählte, *wie* ich alles gemacht habe, wäre die Verwirrung auf Ihrer Seite."

„Ich glaube, ich verstehe nicht ganz."

„Um es nicht zu kraß auszudrücken: von der Brust abwärts ist alles tot. Da geht nichts mehr. Es sei denn unfreiwillig, und das möchte man ja nicht. Wenn man also will, daß da unten" – er machte eine unbestimmte Geste – „etwas funktioniert, muß man etwas dazu tun."

Sheadle machte ein sehr verwirrtes Gesicht. „Sie meinen –"

„Sachte, sachte! Nehmen wir mal das Zwerchfell. Es arbeitet

nicht, und das bedeutet, daß ich weder lachen noch husten kann."

„Aber Sie können!" widersprach Sheadle. „Gerade erst vor einer Minute."

„Wissen Sie, wie ich das gemacht habe?" Sheadle schüttelte den Kopf. „Ich habe den rechten Arm aufs Zwerchfell gelegt und gedrückt. So." Er lachte. „Oder so." Er hustete.

„Mr. Gifford", sagte Sheadle respektvoll, „ich ziehe den Hut vor Ihnen!"

„Die Bräuche unserer Zunft, Herr Kriminaldirektor. Aber es ist nicht so leicht, wie es aussieht. Wir Querschnittsgelähmten sind nur hundertprozentig sicher, wenn wir beide Arme auf den Lehnen oder beide Hände auf den Rädern haben, verstehen Sie, sonst kippen wir leicht um."

Sheadle runzelte die Stirn.

„Sie meinen, wenn Sie beide Arme von den Lehnen oder beide Hände von den Rädern nehmen, laufen Sie Gefahr, aus dem Stuhl zu fallen?"

„Große Gefahr. Es sei denn, ich bin vollkommen ausbalanciert." Er demonstrierte. „Kopf hoch und schön zurück."

„Dann überrascht es mich gar nicht, daß Sie sich Ihren Nacken verletzt haben. Wirklich" – es klang fast vorwurfsvoll –, „sich mit ungestützten Armen nach vorne zu beugen und einen Fernsehapparat vom Tisch auf den Schoß zu heben! In Zukunft, wenn Sie wieder einmal etwas Schweres zu heben haben, rufen Sie bitte die Polizei."

Einen Augenblick schien Robbie fassungslos. Dann, einen Arm aufs Zwerchfell gedrückt, lachte er laut heraus. „Die Polizei rufen?" Er schien vor Lachen zu ersticken und schwankte gefährlich hin und her.

„Kopf zurück, Mr. Gifford!" beschwor ihn Sheadle. „Und halten Sie sich fest!" Mit Mühe erlangte Robbie sein Gleichgewicht und seine Fassung wieder. „Sie sollten wirklich vorsichtiger sein", schalt Sheadle und fuhr sich nervös über das glatt zurückgekämmte Haar. „Wenn ich sage, Sie sollen die Polizei rufen, wenn Sie was Schweres hochheben müssen, dürfen Sie nicht glauben, daß ich scherze."

„Davon bin ich überzeugt", gab Robbie zu. Er war wütend auf Sheadle, weil es ihm gelungen war, ihn mit Schmeicheleien aus der Reserve zu locken.

Der Kriminaldirektor sah auf die Uhr. „Meine Güte! Ihr Bruder wird jetzt sicher nicht mehr bei Dr. Fairburn sein, was meinen Sie?

Ich hätte nicht hier schwatzen sollen, wo's so viel zu tun gibt."

„Die Pflicht ruft?" spottete Robbie.

„O ja. Vierzehn Monate sind wir nun schon damit beschäftigt –"

„Und zu keinem Ergebnis gekommen." Draußen wurde eine Autotür zugeschlagen. „An Ihrer Stelle würde ich alle Anhalterinnen verhaften."

Mark erschien in der Tür.

„Ich kann Ihnen nicht ganz folgen", sagte Sheadle.

„Keine Opfer", sagte Robbie, „keine Morde."

„Ja, aber der Unhold würde ungestraft davonkommen, und das können wir doch nicht dulden, oder?"

„Warum nicht, wo es doch so aussieht, als täten wir das bereits?" fragte Robbie. Und ehe Sheadle zu dieser Ketzerei etwas sagen konnte, rief er: „Komm rein, Mark. Ich kann nicht leiden, wenn sich einer an der Tür rumdrückt."

Mark nickte den zwei Beamten zu.

„Wir sprachen gerade über des armen Mr. Sheadle fleißige Untersuchungen", berichtete Robbie ihm, „und obwohl er keine Ahnung hat, wen er sucht, bohrt er rücksichtslos weiter."

Jetzt ließ Sheadle jede Jovialität fallen. „Im Gegenteil, Mr. Gifford", sagte er. „Wir wissen genau, wen wir suchen, und genau, wo wir ihn finden werden."

Robbie hob langsam den Kopf und blickte den Kriminaldirektor herausfordernd an. „Und warum gibt's keine Verhaftung?"

„Weil wir erst herausbekommen müssen, wie und warum er alle diese Morde begangen hat. Ich suche Motive und Beweise. Es hat keinen Zweck, den Schuldigen zu verhaften, wenn ich ihn nicht überführen kann, klar?"

„Nein, nicht sehr. Schade, daß Sie keine Zeugen haben."

„Zufällig haben wir unseren Zeugen. Oder besser gesagt" – er starrte wie unabsichtlich auf die Schießscheibe –, „wir wissen, wer dieser Zeuge ist. Und wir sind überzeugt, daß er früher oder später reden wird, wenn auch vielleicht nur aus Furcht; denn er steht dem Mörder sehr nahe, und der Mörder weiß, daß er alles weiß. Apropos" – er wandte sich an Mark –, „könnten Sie mir ein wenig Ihrer kostbaren Zeit opfern?"

„Ich glaube nicht, daß ich Ihnen irgend etwas sagen kann", wandte Mark ein.

„Man kann nie wissen. Vielleicht haben Sie etwas gesehen, als Sie von London hergefahren sind. Nein, nein" – er hob abwehrend die Hand –, „antworten Sie mir nicht jetzt. Denken Sie nur darüber nach. Ich habe noch eine Menge Schreibtischkram zu erledigen; also sagen wir halb fünf? Dann kann auch Sergeant Robinson noch in Ruhe seinen Nachmittagstee trinken."

„Wenn Ihnen auch vier paßte", schlug Robbie in einem plötzlichen Stimmungswechsel vor, „könnten Sie mich zweifellos dazu bringen, ihm eine Tasse Tee zu machen."

„Nicht im Dienst. Ich danke Ihnen, Mr. Gifford. Kommen Sie, Sergeant!" Und sie gingen.

Mark ging zur offenen Haustür und sah den beiden Polizisten nach. Sie untersuchten den Rasen bei seinem Wagen. Dann verschwanden sie, und er kehrte zu Robbie zurück. „Sie sind uns auf die Schliche gekommen", sagte er.

„Ja", sagte Robbie ruhig. „Ich glaube auch. Aber soviel verspreche ich dir, Brüderlein: ich werde nicht dulden, daß sie dich verhaften."

Donnerstag, sechzehn Uhr fünfzehn

Sheadle, der mit Dr. Fairburn gesprochen hatte, seufzte, als sein Wagen aus dem Tor der Klinik fuhr.

„Tut mir leid, daß Sie nun doch auf Ihren Tee verzichten müssen, Sergeant", sagte er entschuldigend. „Aber er hat ein bißchen viel geredet, nicht wahr?" Sergeant Robinson widmete seine Aufmerksamkeit der Fahrbahn und schwieg. „Wir könnten uns zwar ein paar Minuten gönnen, doch wir sollten zuerst in die diversen Geschäfte gehen. Ja. Also nach Aylesbury, so schnell Sie können. Und dann zu den Giffords."

Während der Fahrt dachte er über all das nach, was ihm Dr. Fairburn erzählt hatte. Das Gespräch war vorgeblich zu dem Zweck geführt worden, die Identität des Mädchens festzustellen, das ins Rex geschoben worden war, doch wußte Sheadle die Rede geschickt bald auf Mark, den ergebenen Bruder, zu bringen und auf Robbie, den Starpatienten des Krankenhauses und, leider, künftigen Tetraplegiker.

„Tetraplegiker?" hatte Sheadle gefragt.

„Jemand, der alle vier Glieder nicht gebrauchen kann, zum Unterschied von dem, der nur an zweien gelähmt ist", hatte Fairburn erklärt.

„Weiß er, daß diese Nackenschäden der Anfang davon sind?"

„O ja."

„Und wann wird es kommen?"

„Irgendwann in den nächsten Monaten. Höchstwahrscheinlich nachts. Er wird eines Nachts aufwachen und merken, daß er kein Glied mehr rühren kann."

„Und dann?"

„Vielleicht geht's noch ein Jahr. Mark will natürlich, daß er sofort hierher zurückkommt. Er meint, sein Bruder macht zuviel, und das muß das Unvermeidliche beschleunigen, womit er recht hat."

„Und das ist alles die Folge dieser Nackenschäden?"

„Ganz recht."

„Hat Mr. Mark Ihnen gesagt, was er zu tun gedenkt, wenn es eintritt?"

„Er hat gesagt, er will den Dienst quittieren und bei seinem Bruder leben."

„Und was wird das für ein Leben sein?"

„Für Mark die Hölle. Für Robbie noch ärger."

„Mich wundert, daß er nicht selber Schluß macht", murmelte Sheadle. „Wenn man sich das vorstellt – ein Kopf auf einem Leichnam!"

„Manche kommen erstaunlich gut damit zurecht und sind sogar glücklich", sagte Fairburn.

„Das will ich gar nicht bezweifeln", sagte Sheadle. „Nur scheint mir Robert Gifford nicht gerade der Typ zu sein, der glücklich sein kann, wenn er derart hilflos ist."

„Da haben Sie allerdings recht", gab der Doktor zu.

„Eine kostspielige Hölle für Mr. Mark und eine demoralisierende für Mr. Robert. So sieht's also aus, Herr Doktor?"

„Ja, so könnte man's nennen."

Plötzlich wünschte sich Sheadle, er hätte die Giffords nie kennengelernt.

Donnerstag, siebzehn Uhr fünf

Zum hundertstenmal sah Mark nach der Uhr. „Halb fünf, hatten sie gesagt. Wo bleiben sie?"

„Vielleicht stehen sie draußen und warten auf deinen ersten hysterischen Schrei."

Robbie war der Wahrheit näher, als er ahnte. Einer von Sheadles Experten war tatsächlich draußen auf dem Rasen, kniete neben Marks Wagen und löffelte sorgfältig Gips auf die Spuren.

Mark ging hin und her. „Um Himmels willen!“ platzte Robbie heraus, „nimm dich zusammen!“

Mark blieb stehen. „Heb deine Verachtung für die Polizei auf, Robbie. Du solltest mich lieber bewundern. Ich habe Mumm, hast du gesagt. Und übrigens, der Kriminaldirektor ist nicht der Trottel, für den du ihn hältst. Er hat dich zum Sprechen gebracht. Als ich hereinkam, warst du ganz entspannt und hast *geredet*. Ich wollte, ich wüßte worüber.“

Robbie machte ein mürrisches Gesicht. „Ich weiß, was ich tue.“

„Ich bitte dich immer wieder, behandle den Mann mit Respekt.“

„Respekt? Vor einem Bullen? Weißt du nicht, was passiert ist, als ich mir das Rückgrat brach?“

„Ich weiß, dein Vater hat dich gegen die Tischkante geschleudert. Was hat das mit den Bullen zu tun?“ Die Türklingel läutete.

„Ich erzähle es dir später. Inzwischen werde ich unserem Kriminaldirektor nichts verraten, was er nicht schon weiß, also mach dir keine Sorgen. Los, laß sie rein.“

Mark führte die Beamten durch die Diele, und Sheadle grüßte Robbie höflich. „Guten Abend. Entschuldigen Sie, daß wir so spät kommen.“

„Sie kommen spät? Wir haben es gar nicht bemerkt. Hat Ihr Sergeant sich seinen Tee schmecken lassen?“

„Es war so viel zu tun, daß er leider darauf verzichten mußte.“

„Wie schade“, sagte Robbie und rollte in die Küche. „Und jetzt dürfen wir ihm vermutlich keinen anbieten, weil er wieder im Dienst ist.“ Er setzte den Kessel auf den Herd.

„Können wir uns setzen?“

„Bitte.“

Sheadle nahm seitwärts auf dem Sofa Platz, so daß er Robbie im Auge behalten konnte; der Sergeant aufrecht in einem Sessel, Augen geradeaus, so daß er niemanden anzusehen brauchte.

Sheadle fragte: „Sie haben Ihren Teppich gereinigt, Mr. Gifford?“

Mark kam Robbie schnell zuvor und sagte: „Ich habe Rasierwasser verschüttet.“ Und setzte sich auf den Sessel dem Hauptwachtmeister gegenüber.

Sheadle strahlte ihn an. „Über sich selber wohl auch, scheint mir?“

Mark runzelte die Stirn und fragte sich, ob Robbie der Informant gewesen war.

„Mein Sergeant hat es gestern gerochen, als wir uns vor dem Rex trafen. Er sagte, es roch wie –"

„Vanillepudding", fiel Robbie ein. „Habe es auch bemerkt, sofort, als ich hereinkam."

„War das bevor oder nachdem Sie in die Klinik fuhren, um zu trainieren, Mr. Robert, wenn ich fragen darf?"

Robbie zögerte, deutlich mit sich zu Rate gehend, ob es ratsam wäre zu lügen; dann sagte er wahrheitsgemäß: „Danach." Doch er fügte rasch hinzu: „Mark hat das Zeug von einem undankbaren Passagier bekommen."

Sheadle wandte sich an Mark: „Wann genau haben Sie es verschüttet?"

Marks Gesichtsausdruck war von ungetrübter Offenheit. „Gestern nachmittag."

„Gleich nachdem Sie hier angekommen waren?"

„Vielleicht eine halbe Stunde später."

„Das wäre ungefähr . . . halb vier?"

„Ungefähr halb vier, ja."

„Sie sind also gegen drei hier angekommen?"

„Zehn nach drei genau."

„Und über die A 41?"

„Über die M 1 und dann die A 41." Robbie reichte ihm eine Tasse Tee. „Danke, Robbie."

„Sie besuchen Mr. Robert regelmäßig, nicht wahr?"

„Jedesmal, wenn er nach Hause kommt", antwortete Robbie statt seiner. Er hatte sich neben seinen Bruder gefahren und balancierte Tasse und Untertasse auf seinem Schoß. „Und wenn er weg ist, schreibt er dauernd. Er ist ein Musterbruder."

„Und Sie kommen direkt von Ihrem Boot hierher, Mr. Mark?"

„Nein. Zuerst rufe ich Robbie von meiner Wohnung in London aus an."

„Würden Sie mir die Adresse geben?"

„Cornwall Crescent elf, London, Südwest fünf."

Sheadle wartete, bis der Sergeant es notiert hatte. „Also", fuhr er fort, „Sie verlassen Ihr Boot –" Mark runzelte die Stirn. „Stimmt etwas nicht?"

„Schiff!"

„Nicht Boot? Ich weiß so etwas nie. Gut, gut. Sie verlassen also Ihr Schiff, fahren nach London und rufen Ihren Bruder an?"

„Ja, denn er ist oft unterwegs."

„Ohne Zweifel bei seinen diversen Wettkämpfen. Mein Sergeant hat mir erzählt" – er drehte sich mit einem verbindlichen Lächeln zu Robbie –, „Sie halten den Weltrekord im Speerwerfen und haben Goldmedaillen im Fechten und Bogenschießen gewonnen?"

Aber bei Robbie konnte man sich nicht einschmeicheln, nicht noch einmal.

„Ihr Sergeant ist nicht untätig gewesen", sagte er.

„Kann jemand in Ihrer Verfassung", fragte Sheadle spöttisch, seine Taktik ändernd, „wirklich einen Speer werfen?"

„Bringen Sie mir Ihren besten Polizeisportler", konterte Robbie, „setzen Sie ihn in einen Rollstuhl, und ich wette einen Zehner mit Ihnen, daß ich ihn um sechs Meter schlage."

Sheadle schüttelte den Kopf. „Ich denke, ich werde meinen Zehner sparen." Und wandte sich wieder Mark zu. „Sie sind also diesmal ungefähr um drei gekommen?"

„Um zehn nach drei genau, wie ich Ihnen schon sagte." Er fing an, Robbies Grobheit zu verstehen. Sheadles offensichtlich scharfsinnige, doch scheinbar unzusammenhängende Fragen forderten wirklich dazu heraus.

„Ja, das haben Sie", stimmte Sheadle zu, der den disziplinierten Verstand zu erkennen begann, der hinter Marks Lächeln lag. „Und wo waren Sie zwischen halb fünf und sechs gestern nachmittag?"

Leichter, als er es für möglich gehalten, beantwortete Mark die Frage, die er gefürchtet hatte. „Ich habe hier geschlafen."

Sheadle wartete wieder, bis der Sergeant es mitgeschrieben hatte, dann nahm er sein Verhör wieder auf. „Das war also, nachdem Sie das Rasierwasser verschüttet hatten?"

„Ja."

„Was für ein Rasierwasser war es, welche Marke?"

„Vanille, wie Puddingpulver", sagte Robbie. „Sagen Sie bloß, Sie wollen es sich kaufen?"

Im klaren darüber, daß Robbie sich eingemischt hatte, um seinem Bruder Zeit zu geben, sich den Namen eines Rasierwassers einfallen zu lassen, bemühte sich Sheadle, nicht nur seinen Ärger zu verbergen, sondern sogar ein amüsiertes Gesicht zu machen. „Mein Sergeant hat Gefallen daran gefunden, nicht wahr, Sergeant?"

„Nun, über Geschmack läßt sich nicht streiten", sagte Robbie nachdenklich. „Mark, schenk ihm doch den Rest."

Jetzt war es an Mark, seinen Ärger zu verhehlen, da Robbies scheinbare Ablenkung sich als hinterhältiger Überfall erwiesen hatte. „Ich hab's weggeworfen", sagte er trotzig.

„Armer Sergeant", spottete Robbie. „Kein Tee und kein Rasierwasser."

Es war Zeit, entschied Sheadle, Robert Gifford in seine Schranken zu weisen. „Es tut mir leid, daß Ihnen unsere Anwesenheit nicht paßt, aber dies ist nun einmal ein schwieriger Fall."

Doch Robbie war nicht gesonnen, Vorwürfe einzustecken. „Davon bin ich überzeugt, Sie liebenswürdiger Witzbold. Doch bin ich ebenso überzeugt, daß das angebliche Interesse des Herrn Kriminalhauptwachtmeisters an Wohlgerüchen Ihre Untersuchungen in keiner Weise fördert."

„Dann können wir vielleicht", schlug Sheadle vor, „zur Sache zurückkehren?"

„Zweifellos können Sie das", stimmte Robbie zu.

Sheadle blickte nachdenklich Mark an. „Sie sagten, daß Sie gestern nachmittag zwischen halb fünf und sechs geschlafen haben?"

„Ja."

„Die ganze Zeit?"

Mark zögerte den Bruchteil einer Sekunde, nicht so Robbie. „Wahrscheinlich sogar länger. Er hat sich ungefähr um halb vier hingelegt, bevor ich wegfuhr, und später habe ich ihn zweimal mit dem Telefon geweckt. Um halb fünf und dann wieder um halb sechs."

„Darf ich nach dem Anlaß dieser Anrufe fragen?"

„Sie dürfen. Beim ersten wollte ich ihm vorschlagen, zur Klinik nachzukommen, weil es mir – wie ich gerade unserem Physiotherapeuten erzählt hatte – leid tat, daß ich ihn hier allein gelassen hatte. Und beim zweiten wollte ich ihn fragen, ob er Lust hätte, mit einem langweiligen Ehepaar namens Lipton zu Abend zu essen, da sie darauf bestanden, ihn einzuladen."

„Das wären Mr. und Mrs. Stanley Lipton, nicht wahr?"

„O Gott!" stöhnte Robbie. „Sagen Sie jetzt bloß nicht, das ist Ihre Schwester."

„Nein, nichts dergleichen. Aber die Liptons wohnen an der A 41, und als wir sie damals, als der dritte Mord passierte, befragten, waren sie sehr gefällig."

Robbie blickte zerknirscht drein. „Und ich war sehr widerspenstig, nicht wahr?"

„Äußerst freundlich", beschwichtigte Sheadle ihn. „Sie haben uns eine Menge erzählt, Mr. Robert. Und Sie, Mr. Mark, können Sie sich erinnern, gesehen zu haben, daß jemand an folgenden Tagen ein Mädchen im Auto mitgenommen hat?" Er zog ein Notizbuch aus der Tasche: „Am vierten August vergangenen Jahres nachmittags? Am Abend des neunundzwanzigsten April und des zehnten Juli dieses Jahres? Oder gestern nachmittag etwa halb drei?"

„Ich habe gestern niemanden irgend jemanden mitnehmen sehen", erwiderte Mark mit fester Stimme. „Und was die andern Tage betrifft, so könnte ich nicht einmal sagen, wo ich damals war."

„An den andern Tagen, Sir", erinnerte ihn Sheadle, „lag Ihr Schiff in Southampton, und Sie befanden sich in diesem Teil der Welt. Wir haben uns bei der Schiffahrtslinie erkundigt."

„Dann könnte ich gut hierher unterwegs gewesen sein. Aber ich kann es wirklich nicht beschwören." Und hätte nicht ehrlicher aussehen können. Der junge Mark, dachte Sheadle, war der Offizierstyp, den die Kapitäne vorschicken würden, um den Passagieren zu sagen, es sei kein Grund zur Aufregung, wenn das Schiff sank, die Rettungsboote zerschmettert waren, die Funkanlage in die Luft geflogen und der dritte Weltkrieg gerade ausgebrochen war.

Es herrschte Schweigen, während der Kriminalhauptwachtmeister schrieb und der Kriminaldirektor nachdachte, ein Schweigen, das von Robbie gebrochen wurde, der sich endlich hilfsbereit zeigte. „Das können wir leicht feststellen." Er beförderte sich zu seinem Schreibtisch und holte zwei Tagebücher heraus. „Welcher Tag letztes Jahr, sagten Sie?"

„Vierter August", erwiderte Sheadle.

Robbie überflog die Seiten, fand den vierten August, las seine Eintragung für diesen Tag und verlangte das nächste Datum. „Neunundzwanzigster April dieses Jahr. Und der zehnte Juli."

Robbie sah Mark mißbilligend an. „Du bist an allen diesen Tagen hergekommen. Hast du wirklich niemanden gesehen, der jemanden mitgenommen hat?"

Mark konnte nur den Kopf schütteln. Obwohl er es nicht zeigte, fühlte er sich so verloren und den Tränen nahe wie damals in der Nacht im Pazifik, als er das Kabel las: MUTTER HEUTE MORGEN ENTSCHLAFEN. UNSERE GEDANKEN SIND BEI DIR. ROBBIE UND VATER.

Wie damals, als er seinen Vater sterben sah – und Robbie ihm von seinem Rollstuhl aus teilnahmsvoll die Hand entgegenstreckte.

„Kann ich diese Tagebücher sehen?“ hörte er Sheadle fragen, und wie in Trance sah er, wie Robbie sie ihm reichte. Hörte Sheadle sagen – zu ihm: „Ich sehe, Mr. Mark, daß Sie an den Abenden des neunundzwanzigsten April und des zehnten Juli gleich nach Ihrer Ankunft wieder gegangen sind. Um die ‚Verwandtschaft‘ zu besuchen, wie Mr. Robert Ihre Kusine und Ihren Vetter nennt?“

Er wußte, worauf Sheadle hinauswollte: an jedem dieser Abende war die Leiche eines Mädchens vor ein Polizeirevier gelegt worden. „Ich besuche sie meistens, wenn ich hier bin“, sagte er müde. „Wir sind zusammen aufgewachsen.“

„Und Sie, Mr. Robert, begleiten Ihren Bruder niemals?“

„Sie kommen mindestens zweimal in der Woche zu mir“, erwiderte Robbie. „Und außerdem soll ich abends nicht lange aufbleiben.“

„Da Sie das wissen, Mr. Mark, erwarten Sie also nicht, daß Mr. Robert sich Ihnen anschließen würde, wenn Sie vorschlügen, Ihre Verwandten beispielsweise nach dem Abendessen zu besuchen?“

Mark wußte, daß es keinen Zweck hatte zu kämpfen. Er nickte widerstandslos und war überrascht, als Sheadle, statt ihn zu verhaften, sich wieder Robbie vornahm. „Ich nehme an, Sie sind begütert, Mr. Robert?“

„Wie kommen Sie darauf?“

„Nun – dieses Haus, Ihr Morris 1100 mit Spezialausstattung, Ihre Kleidung, Ihre Sportausrüstung –“

„Hat mir Mark gekauft. Er hat alles gekauft.“

„Das ist sehr großzügig von Ihnen, Mr. Mark.“

Eine Falle argwöhnend, erwiderte Mark kurz: „Mein Vater hinterließ mir sein Geld unter der Voraussetzung, daß ich für meinen Bruder sorge.“

„Was Sie wahrlich getan haben. Tatsächlich“ – er blickte im Zimmer umher – „scheint es, daß Ihr Bruder nur zu bitten braucht, und Sie geben.“

„Mein Bruder“, widersprach Mark, jetzt ganz sicher, daß Sheadle ihm eine Falle stellte, „hat nie um etwas *gebeten.* Ich *gebe,* weil er mein Bruder ist und weil mir sein Wohlergehen wichtig ist.“

„Dann darf ich vorschlagen, daß Sie ihm das nächste Mal einen tragbaren Fernsehapparat schenken?“

„Ich habe Ihnen doch gesagt“, fuhr Robbie wütend dazwischen,

„daß ich ihn gemietet hatte. Also machen Sie Mark keinen Vorwurf. Wenn Sie es genau wissen wollen – ich hatte alle Mühe, ihn davon zurückzuhalten, mir eines von diesen Farbdingern zu schenken.“

„Erfreut, das zu hören“, sagte Sheadle und war es keineswegs, denn seine Falle war zugesprungen, ohne daß jemand hineingegangen war. „Außerordentlich fesselnd, dies Farbfernsehen. Ihr Speerwerfen würde dabei zu kurz kommen. Oh – das erinnert mich –, da ist eine Sache im Zusammenhang mit dem letzten Mädchenmord, die uns wirklich zu schaffen macht: Wo hatte der schottische Bursche den Rollstuhl her, mit dem er das tote Mädchen ins Kino gekarrt hat?“

„*Tote* Mädchen? Sie sagten doch, sie hat sich selber aus dem Rex gerollt!“ Robbie sah gekränkt aus, als hätte man ihn absichtlich irregeführt.

„Das habe ich allerdings. Aber wir wissen jetzt, daß es nicht der Fall war.“

„Wieso?“

„Weil sie nicht existiert. Das haben Sie uns doch selber erzählt! Es gibt in der ganzen Grafschaft kein solches gelähmtes Mädchen, haben Sie gesagt. Und die Autopsie hat ergeben, daß sie ungefähr um halb drei gestorben ist. Woraus wir ferner schließen mußten, daß der schottische Jüngling sich irgendwo einen Rollstuhl besorgt hat, um die Leiche besser transportieren zu können.“

„Sind Sie ernsthaft der Ansicht, daß er sie an der Straße winken sah, ihr anbot, in einen Rollstuhl einzusteigen, sie unterwegs abgemurkst und dann etwa 24 Kilometer nach Aylesbury geschoben hat, um sie schließlich im Rex zu deponieren?“

„Nein, Sir. Sie wurde von einem Auto mitgenommen und fast im selben Augenblick, in dem sie einstieg, ermordet. Wir sind der Ansicht, daß sie hinterher in den Rollstuhl gesetzt wurde. Aber wo hatte der Bursche nur den Stuhl her?“

Robbie schlug die Augen zum Himmel auf. „Krankenhäuser haben Rollstühle, Luftfahrtgesellschaften und die Britische Eisenbahn haben welche, und viele Krüppel besitzen zwei.“

„Haben Sie zwei Rollstühle, Mr. Robert?“

„Ja, seit Mark mir diesen neuen gekauft hat.“

„Dann darf ich mir die Bitte erlauben, uns Ihren alten zu leihen?“

„Ich kann mir nicht vorstellen, was er Ihnen nützen könnte“, sagte Robbie widerwillig. „Aber wenn Sie ihn haben wollen, er ist in der Garage.“ Er zeigte die Richtung. „Durch diese Tür.“ Der

Sergeant ging hinaus. „Aber Sie täuschen sich. Ein totes Mädchen in einem Rollstuhl – ihr Kopf würde wackeln. Und *das* würde auffallen."

Sheadle nickte. „Das haben wir uns auch gedacht. Aber die Autopsie hat ergeben, daß der schottische Jüngling ihren Kopf mit irgend etwas gestützt hat. Sie haben nicht zufällig auch noch eine Nackenstütze?"

„Warum sollte ich?"

„Nun, Ihre Nackenbeschwerden – nachdem Sie den Fernsehapparat gehoben hatten –"

„Gut", sagte Robbie mürrisch, „ich habe also eine Nackenstütze."

„Dürften wir sie sehen?" fragte Sheadle, als der Sergeant mit Robbies altem Rollstuhl zurückkam.

„In meinem Kleiderschrank", sagte Robbie seufzend zum Sergeant. „Im obersten Fach. Brauchen Sie sonst noch was?"

„Noch eine kurze Zusammenfassung, wenn Sie gestatten. Sie, Mr. Mark, kamen also gestern um zehn nach drei hier an, über die M 1 und die A 41?"

„Ja." Die blauen Augen waren wachsam, abwägend.

„Und sind den ganzen Nachmittag hier geblieben?"

„Außer", schränkte Mark ein, der seine Geistesgegenwart wiedererlangt hatte, „für vielleicht fünf Minuten, als ich die Straße rauf- und runterfuhr, um meinen Motor auszuprobieren."

„Aha! Es freut mich, daß Sie sich daran erinnern. Das erklärt zwei von drei Reifenspuren Ihres Wagens, die wir heute nachmittag auf dem Rasen entdeckt haben. Könnten Sie mir jetzt vielleicht etwas über die dritte sagen?"

„Bin heute wieder Probe gefahren. Ich hatte die Zündung nicht richtig eingestellt."

„Ich verstehe." Er schien zufrieden. „Und Sie, Mr. Robert, waren zwischen vier und sechs auf dem Hinweg zum Stoke-Mandeville-Krankenhaus, dann in der Klinik selbst und später auf dem Rückweg? Und zweimal, um halb fünf und um halb sechs, haben Sie Ihren Bruder hier angerufen und beide Male mit ihm gesprochen?"

„Ja."

„Dann will ich Sie im Augenblick nicht weiter stören. Sie haben doch hoffentlich nichts dagegen, nicht wahr, daß wir Ihren alten Rollstuhl und Ihre Nackenstütze mitnehmen? Wir haben ein kleines Experiment vor."

„Bedienen Sie sich."

„Sehr freundlich von Ihnen. Kommen Sie, Sergeant." Und zu Mark: „Sie sind doch morgen hier, nicht wahr, Mr. Gifford?"

„Bis sieben."

„Ausgezeichnet. Es ist schön für Mr. Robert, daß er Sie so lange da hat. Ich werde Ihnen die Sachen morgen zwischen fünf und sieben zurückbringen, Mr. Robert."

„Jederzeit, nur heute abend nicht. Da spielen wir Bridge."

„Ich hörte es von Ihrer Kusine Margaret", bemerkte Sheadle heiter. „Viel Vergnügen beim Spiel. Ich freue mich, Sie beide morgen wiederzusehen."

Donnerstag, siebzehn Uhr vierzig

Robbie fuhr sich zum Spültisch, um seine Teetasse abzuwaschen, und sagte: „Ich dachte schon, die würden überhaupt nicht mehr gehen."

„Robbie, worauf willst du hinaus? Die Tagebücher, der alte Rollstuhl . . ."

„Du hast gesagt, ich soll ihn mit Respekt behandeln."

„Und du hast mir gesagt, du würdest ihm absolut nichts verraten."

„Was er nicht schon wüßte", schränkte Robbie ein.

„Und dazu gehören die genauen Daten meiner Besuche?"

„Glaubst du ernsthaft, er hätte sie nicht selber ausgegraben? Ich habe sie ihm freiwillig gegeben und ihn damit entwaffnet."

„Nachdem du ihn zuerst aufs schändlichste provoziert hast? Hast ihn einen Witzbold genannt und literweise Tee vor den verdursteten Kehlen der beiden getrunken. Und du hättest ihm nicht die alberne Geschichte vorzusetzen brauchen, daß du zweimal mit mir telefoniert hast."

„Dir wäre vermutlich lieber gewesen, ich hätte ihm erzählt, daß du den ganzen Nachmittag unterwegs warst, um eine unerwünschte Leiche wegzuschaffen?"

Marks Wut war erloschen. Er war nur noch tief verzweifelt. „Aber Robbie, das hast du ihm ja im Grunde genommen erzählt. Warum bloß, warum?"

„Hör bitte", sagte Robbie. „Ich weiß, du bist ganz schön in der Klemme, aber einer von uns muß einen kühlen Kopf behalten.

Sheadle hat nicht nur so dahergeredet, als er mich fragte, wo du einen Rollstuhl herkriegen könntest, das weißt du."

„Wo der *Schotte* einen herkriegen könnte!"

„*Wenn*", gab Robbie zu bedenken, „es ein Schotte war. Ich habe jedenfalls nichts weiter getan, als seinen Verdacht auf Krankenhauspförtner und Flugzeugstewards zu lenken."

„Du hast ihn auf deinen Stuhl und auf mich gelenkt", berichtigte Mark.

„Aber er hat uns doch gesagt, er weiß, wer der Unhold ist und wer sein Zeuge war. Wir mußten bluffen. Verstehst du das nicht?"

„Ich verstehe überhaupt nichts mehr."

„Glaubst du im Ernst, ich würde nach allem, was du für mich getan hast, zulassen, daß er dir die Morde anhängt?"

„Ich versuche, es nicht zu glauben."

„Schon besser."

Er straffte sich ein wenig und fuhr fort: „Ich nehme an, du hast ihre Fingerabdrücke vom Stuhl gewischt?"

Mark nickte.

„Hast du meine Nackenstütze genommen?"

„Ja."

„Auch abgewischt?"

Wieder nickte Mark. „Und ihren Hut verbrannt."

„Und die Perücke?"

„Es war ihre. Ehe ich aus dem Kino ging, hab ich sie ihr aufgesetzt."

„Dann werden sie dich nicht verhaften."

„Jedenfalls werden sie mich nicht gerade in den Adelsstand erheben."

„Ich wußte gar nicht, daß du es auf einen Adelstitel abgesehen hattest."

„Laß die Witze, Robbie."

„Ich wollte nur, daß du wieder zu dir kommst. Margaret und Andrew werden in einer Stunde hier sein zum Bridge."

„Sag ab."

„Damit Sheadle denkt, wir machen uns Sorgen?"

„Ich *mache* mir Sorgen."

„Mark! Er hat keine Zeugen gefunden, keine Mordwaffe und kein Motiv. Er kann dich gar nicht verhaften."

Plötzliche Tränen schimmerten auf Marks gebräunten Wangen.

Ärgerlich wischte er sie fort und rief: „Aber es kann so nicht weitergehen!“

„Was kann so nicht weitergehen?“

„Daß Mädchen ermordet werden.“

„Wir waren uns einig“, mahnte ihn Robbie, „daß es ganz von dir abhängt.“

„Ist das alles, was du dazu sagen kannst?“ – als ersuche er ihn flehentlich, sich näher dazu zu äußern.

„Was ist sonst noch zu sagen?“

„Daß vier Mädchen tot sind. Und es könnten bald fünf sein, oder sechs ...“

„Oder sieben oder acht oder neun“, stimmte Robbie zu. „Aber sie alle sind nicht so wichtig wie wir beide.“ Er rollte sich in die Diele.

„Robbie!“ rief Mark ihm nach. „Warum gehst du nicht zu Sheadle? Und machst ein Ende?“

„Das ist dein Vorrecht“, rief Robbie zurück. „Stell den Spieltisch auf, ja? Und hol schon die Karten und den Block zum Anschreiben heraus.“

Donnerstag, achtzehn Uhr dreißig

Sheadle hielt den Telefonhörer am Ohr, wartete, mit den Fingern trommelnd, auf Antwort.

„Mr. Lipton? Hier Kriminaldirektor Sheadle.“

„Hallo, Herr Kriminaldirektor. Wie geht's?“

„Viel Arbeit. Deshalb rufe ich Sie an. Wir haben eine Spur. Kann Ihnen leider keine Einzelheiten sagen ...“

„Natürlich nicht, verstehe vollkommen.“

„... außer, daß das Alibi des Verdächtigen davon abhängt, ob die Telefonverbindungen nach Aston Clinton am Mittwoch nachmittag gestört waren, wie er angibt, oder nicht“, log Sheadle leichthin.

„Ja?“ Mr. Lipton schien nicht ganz zu folgen.

„Sehen Sie, niemand außer dem Verdächtigen in Aston Clinton hat offenbar sein Telefon um genau diese Zeit benutzt, daher ist es schwierig, seine Aussage zu überprüfen, und unsere einzige Hoffnung scheint ein Mr. Robert Gifford –“

„Kenne ihn gut. Großartiger Bursche.“

„Ja, das ist er wohl. Nun, Mr. Gifford sagte uns, Sie seien so freundlich gewesen, ihn und seinen Bruder am Mittwoch zum Abendessen einzuladen –"

„Das stimmt, Herr Kriminaldirektor. Er hat seinen Bruder in Aston Clinton genau halb sechs angerufen, und die Leitung war tatsächlich nicht in Ordnung."

„O nein!" stöhnte Sheadle. Doch er lächelte zufrieden.

„Habe ich Ihrem Verdächtigen ein Alibi gegeben?" fragte Lipton ängstlich.

„Ich fürchte, ja. Hat er wirklich ‚nicht in Ordnung' gesagt – nicht ‚keine Antwort'?"

„Ich bin ganz sicher, daß er ‚nicht in Ordnung' gesagt hat", bestätigte Lipton.

„Also wieder eine Spur im Eimer!" sagte Sheadle. „Trotzdem vielen Dank."

„Keine Ursache, Herr Kriminaldirektor. Guten Abend."

Sheadle legte auf. „Dieselbe Geschichte wie beim Physiotherapeuten", sagte er zu Kriminalhauptwachtmeister Robinson. „Leitung angeblich nicht in Ordnung. Vielleicht war sie's wirklich nicht; jedenfalls steht fest, daß Mr. Robert den Nachmittagsschlaf unseres Seemanns nicht gestört hat. Nicht um halb fünf und nicht um halb sechs. Hat überhaupt nicht mit ihm gesprochen. Interessant, aber nicht ausreichend."

Er zog einen Briefumschlag aus der Hosentasche, las die Notizen auf der Rückseite und gab ihn dem Sergeanten. „Ja, das dürfte genügen", sagte er. „Am besten, Sie fangen von unten an. Nehmen Sie den Rollstuhl, und setzen Sie unser Mädchen hinein. In Zivilkleidung, mit roter Nase, schwarzen Zähnen und einer großen Schleife im Haar."

Robinson nickte und ging. Sheadle rief das Wetteramt an. „Ich möchte die Niederschlagsmenge in Aston Clinton gestern nachmittag wissen ... Zwischen vierzehn vierzig und fünfzehn Uhr zehn ... Danke."

Dann einen Beamten in Scotland Yard. „Bis morgen mittag brauche ich das Testament des verstorbenen Francis Robert Marcus Gifford aus Chichester. Ich möchte wissen, wieviel er hinterlassen hat."

Schließlich sprach er mit Glasgow. „Was haben Sie herausgekriegt?" fragte er und lauschte aufmerksam. „Verstehe. Wo ist er jetzt? ... Okay. Danke."

Er ging ins Nebenzimmer, wo eine befangen wirkende Polizistin in Robbies altem Rollstuhl saß, die Nase mit Lippenstift rot bemalt, die Vorderzähne schwarz und im Haar eine ulkige Schleife.

„Wie heißen Sie mit Vornamen?“ fragte er sie.

„Iris.“

„Wenn wir miteinander sprechen, werde ich Iris zu Ihnen sagen und Sie zu mir Ted. Klar? Halten Sie den Kopf hoch, Iris, so ist's gut. Jetzt die Füße zusammen, die Unterarme auf die Lehnen, die Finger nach unten. Schön. Los geht's!“

Eine halbe Stunde lang schob er sie durch Aylesbury und stellte fest, daß die Leute ausnahmslos überall hinsahen, nur nicht in das auffallende Gesicht des Mädchens.

„Sie hätte tot sein können“, berichtete er dem Sergeanten, als sie zurück waren, „und niemand hätte es bemerkt.“

Er las eine Notiz auf seinem Schreibtisch. „Drei Millimeter Regen in dreißig Minuten ... Übernehmen Sie das, Sergeant.“ Er blickte aus dem Fenster. „Noch ganz hell draußen; es ist erst halb acht.“

Donnerstag, neunzehn Uhr dreißig

Margaret und Andrew gegenüber gaben sich die Brüder Gifford als ein friedliches und einiges Paar. „Hallo – Jung Andrew!“ begrüßte ihn Robbie, die Initiative ergreifend. „Welch Unheil ist dir widerfahren?“

„Mir?“ quäkte Andrew. Er war erst einundzwanzig und ein passionierter Bergsteiger, sonst interessierte ihn nichts.

„Ja, dir!“ sagte Robbie anklägerisch. „Die Polizei ist den ganzen Nachmittag hier gewesen und hat versucht, deine Alibis zu knacken, weil du diese drei Mädchen ermordet und hinterher behauptet hast, du hättest dich jedesmal zu der Zeit mit Mark unterhalten.“

„Sie glauben, *ich* war es?“

„Sei unbesorgt. Mein Tagebuch beweist, daß Mark wirklich bei dir war.“

„Aber sie haben *mich* nach Mark gefragt.“

„Und Mark nach mir“, sagte Robbie. „Diese Saukerle!“ Robbie lächelte seinen Vetter ermutigend an. „Mach dir keine Sorgen. Sie tun nur ihre Pflicht.“ Damit war das unangenehme Thema des Massenmordes abgetan. „Wie geht es, holdes Gretchen?“

„Ich bin wirklich erleichtert“, gestand sie errötend. „Dieser Kriminaldirektor Schädel oder wie der heißt –“

„Sheadle, meine Liebe."

„Wir dachten, *er* dachte, Mark –"

„Mark? Keinesfalls. Nein, der gute Sheadle streckt nur die Fühler in jede denkbare Richtung aus, nach dem Prinzip, daß er seinen Mörder ja nicht ewig verfehlen kann. Er hat's sogar beim alten Stanley Lipton probiert. Aber genug davon. Andrew, wollen wir beide gegen die andern spielen?"

Und dann spielten sie Bridge, drei Stunden lang – Andrew vorsichtig, Mark geschickt, Margaret schwerfällig, Robbie brillant.

„Sechs Karo", eröffnete Robbie beim letzten Spiel. Er hatte sieben hohe Karo, drei hohe Cœur und drei Pik bis zur Dame in der Hand, und er merkte an der Art, wie Margaret die Stirn runzelte, als sie ihre Karten ordnete, daß auch sie eine Hand zum Bieten hatte. Margaret runzelte immer die Stirn, wenn sie genug zum Bieten hatte, was in diesem Falle nur die Honours von Treff – in denen er selber blank war – und Pik sein konnten. Also würde Margaret kontrieren, und er würde rekontrieren; und Margaret, die immer zuerst ihre längste Farbe ausspielte, würde ihr Pik-As hinlegen, und er würde seine Pik-Dame draufgeben; und Margaret (die, wenn sie den König hatte, denken würde, er hätte keine weiteren Pik, und wenn sie den König nicht hatte, sicher glaubte, daß er ihn hätte) würde eine andere Farbe anspielen – und damit hätte er seine Schäfchen im trocknen.

Margaret kontrierte, er rekontrierte; sie spielte ihr Pik-As, er legte die Dame drauf; sie zögerte – und spielte das Treff-As.

Er nahm den Trick mit einem kleinen Trumpf, holte die Trümpfe mit As und König herein, spielte Herz-As und blickte finster drein, ehe er die nächste Karte gab. Margaret lächelte, überzeugt, seine Schwäche läge in Herz, wovon sie vier bis zum Buben hatte.

Robbie seufzte, als ob seine Niederlage unausweichlich sei, spielte vier Karo hintereinander und beobachtete Margaret, wie sie vier Pik bis zum König und Treff-König abwarf. Dann spielte er Herz-König und die Dame. Damit blieben zwei kleine Pik auf dem Tisch und zwei noch kleinere in seiner Hand. Klein-Schlemm, Kontra, Re, Gefahrenzone – gewonnen.

Er legte seine letzten zwei auf den Tisch, sagte „Entschuldige, Gretchen", schlug sich aufs Zwerchfell und brach in Lachen aus.

„Ach Robbie", klagte sie, „wie konntest du nur!" Sie lächelte tapfer, und zehn Minuten später verabschiedeten sie und Andrew sich.

„Eigentlich hat sie recht“, sagte Mark vorwurfsvoll, während er die Karten wegpackte. „Du hättest sie nicht so um den Finger wickeln sollen.“

„Ich hab sie in die Enge getrieben. Ist das verboten?“

„Du hast dir einen Spaß daraus gemacht, sie zum Narren zu halten . . ., und dabei hat sie dich immer verehrt.“

Robbie blieb ungerührt. „Ich gewinne gern, und ich treibe die Leute gern in die Enge.“

„Mit fünf Karo hättest du den Robber gemacht.“

„Fünf Karo hätte ich nicht gemacht. Ich hatte eine Karoflöte und war blank in Treff. Margaret mußte in Pik und Treff eröffnen. Wäre sie mit Pik herausgekommen, wärst du wahrscheinlich blank gewesen . . .“

„Ich hatte ein Single.“

„Wenn ich also auf fünf bleibe, riskiert sie ihren Pik-König nach dem As; du wirfst ab, sie spielt noch einmal aus, du stichst – und schon bin ich einen runter. Ich konnte nur einen Klein-Schlemm bieten. Und das war der einzige Kontrakt, der sich lohnte.“

„Weil er riskant war?“

„Eine Herausforderung! Es ist das einzige, was ich noch habe – die Freiheit zur Herausforderung!“

„Und deshalb provozierst du Sheadle nach Strich und Faden?“

Robbie grinste. „Gegen Sheadle spiele ich Dreihand-Bridge, mit dir als Drittem: Ich biete auf Groß-Schlemm; ich bin in Gefahrenzone, und er hat zwei Asse; aber ich bringe ihn dazu, beide abzuwerfen. Mit deiner ersten Karte, die du ausgespielt hast – als du Miß Talbot im Rex deponiertest –, hatte ich meinen Kontrakt.“

„Und was sind seine zwei Asse?“ fragte Mark.

„Er weiß, wer der Mörder ist“, flüsterte Robbie, „und wer ihn deckt.“ Er sah nach der Uhr. „Verdammt, ist das spät geworden. Weißt du was: während ich mir die Zähne putze, machst du uns einen Schlaftrunk, und wir werden auf den Groß-Schlemm von morgen trinken.“

Mark nickte, doch als er Robbie nachsah, der ins Badezimmer rollte, wußte er, daß er das morgige Spiel nicht riskieren durfte. Was Robbie auch Sheadle abzuwerfen zwingen würde – *beide* Asse wären es nicht. Also mußte das Spiel abgeblasen werden.

Er goß zwei große Gläser Whisky ein und leerte in das eine den Inhalt des Luminalfläschchens. Robbie kam aus dem Badezimmer und nahm das Glas, das Mark ihm reichte. „Auf meinen Groß-Schlemm!“ sagte er und sah Mark herausfordernd durch das Glas hindurch an. Dann zögerte er stirnrunzelnd und hielt sein Glas gegen das Licht. „Komisch“, sagte er, „der Whisky ist voller Bodensatz.“ Er stellte das Glas auf den Tisch zurück. „Laß dir dein Geld wiedergeben.“ Er rollte sich schnell in sein Schlafzimmer und schloß sofort die Tür hinter sich.

Als Mark seine Fassung wiedergefunden hatte, eilte er ihm nach und drehte den Türknopf, doch die Tür war verschlossen. „Robbie!“ rief er und klopfte.

„Was willst du?“

„Wir *müssen* miteinander reden.“

„Morgen“, rief Robbie zurück. „Und da werde *ich* reden.“

Freitag, acht Uhr

Sheadle wusch sich den Rest der Rasierseife vom Gesicht und glättete sorgfältig sein graues Haar. Er sah frisch aus, obwohl er nicht geschlafen hatte. Und er war mit sich zufrieden. Heute, wenn er sich nicht gewaltig irrte, würde er den Fall des Autobahn-Unholdes abschließen. Und so abschließen, wie noch nie ein Kriminalkommissar eine Morduntersuchung zu Ende geführt hatte.

Zwar brauchte er noch ein paar Fakten, doch er zweifelte nicht, daß er sie im Laufe des Tages erhalten würde. Wichtiger als Fakten war der richtige Zeitpunkt. Er mußte das Haus genau im richtigen Augenblick betreten und für jedes Wort und jede Bewegung den passenden Moment abwarten. Ein falsches Wort, und die Brüder Gifford würden ihn in eine Sackgasse locken.

Ein faszinierendes Brüderpaar, dachte er, als er in sein Büro ging. Der Seemann – so ehrlich, daß er nicht mehr als zwei Lügen auftischen konnte, aber so findig, daß er die Stirn hatte, mit einer Leiche im Rollstuhl ein Kino zu betreten. Und der Krüppel wußte im Verhör so blendend zu antworten, daß beinahe jedes Wort zwei Bedeutungen hatte.

Und doch würde es Mr. Robert sein, der den Fehler machte. Niemand konnte auf die Dauer jedem Wort zwei Bedeutungen geben, die Polizei mit ihren eigenen Waffen schlagen, ohne schließlich doch einen Fehler zu begehen. Und genau in diesem Augenblick würde er, Sheadle, das letzte, entscheidende Gespräch beginnen.

Er rief Kriminalhauptwachtmeister Robinson, der sofort zur Stelle war. „Ich weiß, Sergeant, es ist sterbenslangweilig, immer stumm dabeizusitzen, während ich die ganzen Fragen stelle, aber Sie müssen's durchstehen. Es macht Mr. Mark unruhig und Mr. Robert wütend. Und genau so will ich sie haben." Er blickte in sein Notizbuch. „Also, ehe wir die Jungens besuchen, möchte ich mich mit Miß Margaret unterhalten. Mich interessiert das Bridgespiel von gestern abend."

Freitag, vierzehn Uhr dreißig

Zum sechsten oder siebenten Mal an diesem grauen, regnerischen Tage klopfte Mark an seines Bruders Tür; und zum sechsten oder siebenten Mal erhielt er keine Antwort. „Robbie!" rief er. „Um Himmels willen, ich hab das Gefühl, du bist jetzt fast vierundzwanzig Stunden da drin. Laß dir wenigstens was zu trinken bringen."

„Du hast mir gestern abend etwas zu trinken gebracht", sagte Robbie, der endlich sein Schweigen brach.

„Bitte, Robbie, komm raus!"

„Erst, wenn Sheadle da ist."

„Dann ist es zu spät, und das weißt du. Wir müssen miteinander sprechen, bevor er kommt, und das können wir nicht durch die verschlossene Tür."

„Ich komme raus", versprach Robbie schließlich, „wenn du bis zum andern Ende vom Garten gehst –"

„Warum, zum Teufel?"

„Damit du mich nicht überrumpelst. Geh durch den Garten und ruf, wenn du unten an der Hecke bist. Und ruf immer weiter."

„Ich kann doch nicht stundenlang an der Hecke stehen und rufen."

„Dann singe. So lange, wie ich dich hören kann und sicher bin, daß du nicht auf der Lauer liegst. Und nimm die Schießscheibe mit. Vielleicht schlage ich zwei Fliegen mit einer Klappe."

„Ich rufe, wenn ich sie aufgestellt habe."

„Tu das."

Robbie – ein Sportjackett über seinem Sommerhemd, eine Decke über den Beinen – rollte sich zur verschlossenen Tür und hörte seinen Bruder in der Ferne rufen. Lautlos lachend schloß er auf und bugsierte sich durch die Diele.

„Mit dem Pfeil, dem Bogen –", sang Mark.

Robbie legte seinen Bogen über die Armlehnen des Rollstuhls, hängte den Köcher mit den Pfeilen über die Schulter.

„... durch Gebirg' und Tal –"

„Es ist gut", rief Robbie von der Tür, die zum Garten führte. Er stellte seinen Stuhl seitwärts und sperrte die Räder. „Du kannst aufhören."

„... kommt der Schütz gezogen –"

„Es ist genug, Mark!"

„... früh am Morgenstrahl."

Ein Pfeil zischte über Marks Schulter und blieb zitternd in der Scheibe stecken. „Ich habe gesagt", rief Robbie krächzend, „du sollst aufhören! Jetzt geh beiseite. Und was du mir sagen willst, sag von dort, während ich übe."

„Ich wollte sagen, daß mir leid tut, was gestern abend geschehen ist, und daß ich dich zurückgehalten hätte, wenn du den Whisky hättest trinken wollen."

Ein zweiter Pfeil sauste in die Scheibe – ins Schwarze.

„Wahrscheinlich glaubst du mir nicht", fuhr Mark fort. „Es kommt sowieso nicht darauf an. Worauf es ankommt, das ist Sheadle. Tu, was du gesagt hast – sorge dafür, daß er nicht genug Beweismaterial hat, um mich zu verhaften."

Der dritte Pfeil zischte und saß fest. Wieder ins Schwarze. „Und wenn ich's tu?"

„Dann wirst du sicher sein, ich verspreche es dir."

„Sicher vielleicht" – er legte den vierten Pfeil an –, „aber von Polizisten gezwiebelt." Der Bogen war gespannt. „Die werden nie nachlassen." Er schoß den Pfeil ab – kein Volltreffer. „Verdammt!"

„Aber es ist noch das Beste, was wir erhoffen können, nicht wahr?"

Robbie grinste und schoß abermals – zum drittenmal ins Schwarze. „Klingt schon besser. Komm rein."

„Du hast erst fünf geschossen."

„Den sechsten halte ich parat. Jetzt gehst du schön artig und langsam hinein – nein, langsamer. Wir wollen unsere Unterhaltung drinnen beenden." Und als Mark auf ihn zu kam, wich er zurück und stellte seinen Rollstuhl so hin, daß er seitlich zwischen der Terrassentür und dem Sessel links vom Kamin stand.

Als Mark durch die Tür eintrat, hob Robbie den Bogen und legte den sechsten Pfeil an. „Setz dich", befahl er und zeigte mit dem Kinn auf den Sessel.

Doch Mark blieb stehen, erstaunt, daß er keine Angst empfand. Er wußte, daß Robbie ihn töten wollte. Wußte, daß er sich entweder hinsetzen und sich umbringen lassen oder unverzüglich das Weite suchen mußte. Doch er fühlte nur eine sonderbar passive Neugierde. Nicht auf den Tod, sondern auf Robbie: ob er es wirklich tun konnte.

„Jetzt dreh dich um.“ Robbies Stimme war sanft, aber fest. „Du wirst dich in keiner Richtung auch nur einen Zentimeter bewegen, wenn dir nicht dieser Pfeil ins Herz gehen soll. Meine Arme sind kräftig, und meine Augen sind nie besser gewesen.“

Mark machte kehrt, den Rücken dem Pfeil zugewandt.

„Greif mit der Hand nach hinten“, befahl Robbie.

Mark gehorchte und fühlte die Sessellehne. Er tastete sich herum, und als er sich umdrehte, um Robbie ins Gesicht zu blicken, berührte nicht die Spitze des Pfeils, sondern des Säbels seine Brust.

„Ich habe gewechselt“, sagte Robbie spöttisch, „während du mir den Rücken zugekehrt hast. Du hättest dich aus dem Staub machen können.“ Er stach ganz leicht zu.

Der Säbel kitzelte nackte, sonnenbraune Haut, wo das Hemd geöffnet war. „Setz dich.“

Mark setzte sich, die Säbelspitze ein paar Zentimeter vor seiner Brust, auf der einige Blutstropfen hinunterliefen. Doch immer noch empfand er nichts als Neugier.

„Kissen!“ sagte Robbie anklagend. „Und Luminaltabletten! ‚Ich werde dich heute nacht umdrehen‘“, äffte er zornig nach. „Umgelegt hättest du mich, nicht umgedreht.“

„Was hast du vor?“ fragte Mark.

„Das weißt du.“

Mark schüttelte den Kopf. „Sei nicht dumm, Robbie.“

„Ich bin alles mögliche, aber nicht dumm.“ Robbie war gefährlich gereizt.

„Was könntest du Dümmeres tun, als dich verhaften zu lassen, weil du mich umgebracht hast?“

„Ich werde dich nicht umbringen“, versicherte Robbie, „sondern dich zufällig töten. Ein bedauerlicher Unfall.“

„Wer in einem Sessel sitzt, wird nicht zufällig mit einem Säbel getötet, Robbie.“

„Deshalb werde ich dich, wenn du tot bist, über die Armlehnen meines Stuhls ziehen, dir den sechsten Pfeil ins Herz bohren, dort, wo der Säbel zustach, und dich vor die Scheibe legen. Wenn man zufällig vor einer Schießscheibe steht, kann man leicht von einem Pfeil getroffen werden."

„Und du meinst, die Polizei wird es glauben?"

„Nein. Die Polizei wird denken, der Autobahn-Irre hat Selbstmord begangen. Weil er wußte, daß seine Verhaftung unmittelbar bevorstand."

„Und wie willst du, ein Meisterschütze, erklären, daß du jemand getroffen hast, der mehrere Meter links von der Scheibe stand?"

„Ich erzähle ihnen, du hättest die Scheibe aufgestellt und an der Seite gestanden, während ich fünf Pfeile abschoß, und gerade, als ich den sechsten losließ, bist du – zu meinem Schrecken – direkt in die Schußlinie getreten. ‚Warum hat er es getan?' werde ich jammern, ‚hat er gedacht, ich hätte schon alle sechs abgeschossen?' Und dann wird Sheadle vor dem Kamin stehen und sagen: ‚Nein, nein, Mr. Robert, Sie dürfen sich keine Vorwürfe machen. Sie haben alles getan, ihn zu schützen; aber er war ein Mörder, und er wußte, daß sich das Netz um ihn zuzog.'"

Mark nickte. Er war nicht mehr neugierig; er wollte nur, es wäre schon vorüber.

Aber Robbie ließ sich nicht drängen. „Was sonst kann ich tun? Du wirst mich umbringen, wenn ich dich nicht umbringe. Und ich kann mich nicht Tag und Nacht schützen, nicht wahr? Was wäre die andere Möglichkeit? Dich von Sheadle verhaften zu lassen?"

„Du hast gesagt, die Polizei würde mich niemals verhaften." Marks Teilnahmslosigkeit war endlich dem Willen zum Leben gewichen. Zugleich fühlte er sich bedrückt. „Du hast gesagt, sie würde mich nie überführen, weil sie kein Motiv findet."

„Ich fürchte, ich habe die Polizei unterschätzt. Mittlerweile hat sie festgestellt, daß du jedesmal in der Nähe des Verbrechens warst und daß du, hier im Hause, Zugang zu allen Hilfsmitteln hattest, die du für dein Bravourstück im Rex brauchtest. Da hat sie die Gelegenheit und die Methode, und offenbar verläßt sie sich darauf allein. Reiner Zufall, aber das scheint sie nicht zu stören."

„Du vergißt mein Alibi."

„Meine Anrufe? Die hat Sheadle inzwischen kassiert. Weil ich sowohl Charlie als auch den Liptons gesagt habe, daß ich dich nicht erwischt hätte."

„Jetzt hast du mich erwischt, was?"

„Sheadle hat dich erwischt."

„Robbie, unterschätze Sheadle nicht. Ich weiß, du denkst, ich sage das nur, weil ich Angst habe –“

„Hast du denn keine?“

„Schreckliche, wirklich. Besonders“ – er zeigte mit dem Kinn auf den Säbel – „davor.“

„Du wirst nichts fühlen.“

„Darauf kommt es nicht an. Ich werde tot sein. Aber du ..., sie werden dich kriegen.“

„Niemals. Sie können in spätestens zwei Stunden hier sein; ich habe reichlich Zeit. Ich habe alles genau ausgerechnet.“

„Und die kriegen dich trotzdem. Dann wirst du, im Rollstuhl, für den Rest deines Lebens im Gefängnis sitzen, und nichts wird dir dieses Leben erträglich machen. Kein Bogenschießen mehr, Robbie, kein Speerwerfen, keine Medaillen, kein Auto, überhaupt kein Privatleben mehr.“

„Hör auf!“ rief Robbie, so erregt, daß die Klinge seines Säbels zitterte. Er tat einen tiefen, schweren Atemzug; dann fuhr er ruhig, doch unerbittlich fort: „Es hat keinen Zweck, Kleiner. Wir sind schon zu weit gegangen, du, ich und Sheadle.“

„Es gibt eine andere Möglichkeit. Laß mich bleiben und für dich sorgen.“

„Schön würdest du für mich sorgen“, erwiderte Robbie höhnisch.

„Tu's nicht, Robbie. Wir könnten glücklich sein. Viel Bridge, jemand, der dir im Haus hilft und mit dir ins Kino geht, wenn ich nicht da bin. Du würdest jede Medaille bei der Olympiade gewinnen.“

Ein Irrtum! Für Robbie würde es keine Olympiade geben, und beide wußten es.

„Wir sind schon zu weit gegangen“, wiederholte Robbie mit steinernem Gesicht.

„Dann mach ein Ende!“

„Wenn *ich* es für richtig halte, nicht du. Gestern hast du zu mir gesagt, ich soll die Polizei respektieren, erinnerst du dich?“

„Ja, aber Sheadle kam dazwischen, und da konntest du mir nicht mehr erzählen, warum du sie verachtest.“

„Also, es fing an“, begann Robbie gelassen zu berichten, „als ich vier Jahre alt war. Es war spätabends und ich schlief, als ich plötzlich von etwas – ich wußte nicht, was – geweckt wurde. Ich setzte mich auf, völlig verstört, und drüben auf dem Doppelbett auf der anderen Seite der winzigen Zimmerhöhle waren mein lieber Papa und meine liebe Mama" – er schluckte – „nackt, und er drückte sie hinunter, und ihr Kopf ging immer von einer Seite zur andern."

Alle Farbe war aus seinem Gesicht gewichen, und seine Augen, nach innen gekehrt, schienen blind. Nimm ihm die Klinge weg, dachte Mark, von seines Bruders leeren Augen gelähmt. Doch sie konzentrierten sich plötzlich und machten jede Hoffnung zunichte.

„Das war's, was mich geweckt hatte", erklärte Robbie. „Meine Mutter schrie ‚nein' und ‚du tust mir weh!', und ich konnte mir nicht vorstellen, was sie machten."

Jetzt wäre es ein leichtes gewesen, ihn zu entwaffnen. Doch Mark vergaß die Klinge und murmelte „Oh, Robbie!"

Sein Bruder nickte. „Ich dachte, er ermordet sie, und rief ‚Laß sie los!' Aber er gab keine Ruhe. Hat mich überhaupt nicht gehört. Und sie auch nicht. Und so" – er zog zitternd den Atem ein – „versuchte ich, ihn wegzureißen ... Er unterbrach sich nur so lange, um zu knurren, ‚hau ab', und setzte seine Gewalttat fort."

Robbie legte seine freie Hand auf die Stirn und drückte Daumen und kleinen Finger gegen die Schläfen, als könne er damit die Erinnerung in seinem Schädel auslöschen. „Ich war starr vor Entsetzen. Nicht meinetwegen, sondern wegen meiner Mutter. Er sah so gewaltig und gnadenlos aus, und ich wußte nicht, was ich tun sollte, und da sprang ich ihm auf den Rücken. Er schlug nicht einmal nach mir, sondern schüttelte mich einfach ab, und als ich ihn an den Haaren zog, warf er mich auf den Boden. Da habe ich ihn ins Bein gebissen.

Er brüllte auf, packte mich mit einer Hand am Genick, mit der andern am Bein, hob mich in die Höhe und schleuderte mich durchs Zimmer." Robbie lächelte jetzt, als erzähle er eine fremde Geschichte. „Ich stieß gegen die Tischkante, landete auf dem Boden und wollte zu schreien anfangen, als meine Mutter rief: ‚Und bleib gefälligst, wo du bist.'

Und das tat ich auch, aus dem einfachen Grunde, weil ich mich nicht bewegen konnte. Und ich schrie nicht, weil ich nichts fühlte. Ich lag nur da, während sie sich nicht stören ließen." Er drückte auf sein Zwerchfell und hustete. „Es schien Stunden zu dauern, bis sie aufhörten und meine Mutter sich um mich kümmerte. Zuerst, das weiß ich noch, rauchten sie eine Zigarette. Und dann war alles, was sie sagte, weil ich nun doch weinte: ‚Hör mit dem blöden Geflenne auf!'

Mein Vater sagte, ich solle mich wieder ins Bett scheren. Das konnte ich natürlich nicht, und das trug mir eine neue Tracht Prügel ein. Schließlich dämmerte es ihnen, daß etwas mit mir nicht in Ordnung sein könnte, und mein Vater ging auf die Straße, um nach einem Krankenwagen zu telefonieren, und inzwischen sagte meine Mutter zu mir: ‚Du bist aufgestanden, während deine Eltern schliefen, und die Treppe hinuntergefallen. Wenn du dem Doktor etwas anderes erzählst, Robbie, drehe ich dir den Hals um.‘

Also sagte ich dem Doktor: ‚Ich bin die Treppe runtergefallen.‘ Und ich sagte dem Jugendamt: ‚Ich bin die Treppe runtergefallen.‘ Und das Jugendamt sagte der Polizei, das sei der himmelschreiendste Fall von Kindesmißhandlung, der ihnen seit Jahren vorgekommen ist; aber sie könnten es nicht beweisen, wenn die Polizei nicht meinen Vater oder meine Mutter zum Reden bringt.

Und jetzt, Brüderlein, kommen wir zur Moral dieser erbaulichen Geschichte. Weißt du, was die Polizei getan hat?“ Mark schüttelte den Kopf. „Nichts hat sie getan, überhaupt nichts. Und du willst *mir* sagen, ich soll sie respektieren –“ Er stieß dreimal leicht mit dem Säbel zu, und jedesmal perlte ein Tröpfchen Blut.

„Warum hast du es mir nicht schon früher erzählt?“ fragte Mark.

Robbie schien überrascht. „Ich hab es nie jemandem erzählt. Zuerst, weil ich nicht zugeben wollte, daß meine Eltern mich nicht riechen konnten, dann, weil ich es vergessen wollte, und schließlich – als der Sturz auf dem Tennisplatz vollendete, was mein Vater begonnen hatte –, weil ich merkte, daß ich nichts weiter wollte, als es für mich behalten – und davon leben. Und das tat ich. Und es hat mir die Kraft gegeben, dieses lächerliche Leben zu ertragen.“

„Und ich – ‚deine treue Stimme aus Houston‘?“

„Ich hab dir doch gesagt, Kleiner, du hast meinem Leben die Richtung gegeben. Aber mein Treibstoff“ – der Arm, der den Säbel hielt, straffte sich – „war Haß. Und jetzt, fürchte ich“, – er zog die Waffe ein paar Zentimeter zurück, um besser zielen zu können – „ist der Augenblick der Abrechnung gekommen.“

„Noch nicht“, murmelte Mark. „Wir sind nicht allein.“

Und als Robbie sich langsam umwandte, sah er Sheadle.

„Hallo, Herr Kriminaldirektor“, grüßte er herzlich und legte den Säbel beiseite, „Sie tauchen immer zu den unpassendsten Zeiten auf, nicht wahr?“

Sheadle grinste. Er hatte während der letzten drei Minuten ungesehen in der Diele gestanden. Aber jetzt trieb es ihn ins Zimmer.

Es hätte des dringlichen „Jetzt" gar nicht bedurft, das man ihm durch den Miniaturempfänger, den er am Ohr trug, zuflüsterte. Der Ton, in dem Mr. Robert „Abrechnung" gesagt hatte, hatte genügt. Doch zugleich machte ihn derselbe junge Herr Robert lachen.

Noch ein richtiger Junge, dachte er. Allerdings nicht anders als sein Bruder. Weil Mr. Mark, der sich ungezwungen die nackte Brust rieb, gerade aufgestanden war, um ihn mit einem unbefangenen Lächeln zu begrüßen.

„Tappen Sie immer noch mit Volldampf im dunkeln?" fragte Robbie spöttisch.

„Erst mußte ich hierher. Und zwar schnell. Wissen Sie, daß einer meiner Leute mir durch sein Sprechfunkgerät zugefunkt hat, daß Sie im Begriff waren, Ihren Bruder zu ermorden?"

„Nanu!" sagte Robbie. „Wie kommt er denn darauf? Und wo ist dieser Mann mit seinem Zauberkasten?"

„Dort auf dem Baum." Sheadle zeigte auf eine Ulme. „Mit einem Feldstecher. Oder hat er sich geirrt?"

Robbie wandte sich an Mark und fragte ironisch: „Hat er sich geirrt?"

Mark ging auf den Ton ein.

„Bin ich tot?"

„Es scheint also", sagte Robbie mit Nachdruck, „daß Ihr Mann sich geirrt hat." Der Sergeant klopfte an die Glastür. „Kommen Sie herein. Ich habe gerade Sheadle gesagt, daß sich sein Mann geirrt hat. Sie sind umsonst gekommen, ausgesprochen begabt, ich muß schon sagen."

Wir werden es ja sehen, dachte Sheadle. Es würde ein scheußlicher Kampf werden. Er wünschte beinahe, er könnte Pardon geben. Doch er war ein passionierter Jäger. Und Robbie hatte ihn Sheadle genannt, ganz einfach Sheadle, ohne Titel. Er sagte, unterwürfig lächelnd: „Wir haben es gut gemeint, Sir. Mein Gewährsmann konnte Ihr Gesicht nicht genau erkennen, aber er hat deutlich gesehen, daß Ihr Bruder in den Sessel da zurückwich. Und er hat erschreckt ausgesehen."

„Mein Bruder ist ungewöhnlich tapfer", sagte Robbie bissig. „Er würde nie erschreckt aussehen."

Sheadle blickte Mark an. „Und warum sind Sie zurückgewichen?"

„Eine kindische Gewohnheit, die ich nicht lassen kann", versicherte Mark, gerührt über Robbies Loyalität.

„Und warum haben Sie Mr. Mark mit einem Degen bedroht?" fragte Sheadle Robbie.

„Ich habe ein paar Stöße geübt. Und es ist kein Degen, sondern ein Säbel."

„Und was haben Sie gesagt, als Sie Ihre Stöße übten?"

„Kann Ihr Klettermaxe mit dem Zauberkasten nicht von den Lippen lesen?"

„Leider nein."

„Dann werden Sie nie die Geschichte meines ungewöhnlichen Lebens kennenlernen."

„Erzählt ein Bruder dem andern seine Lebensgeschichte?"

„Wenn es Abschnitte gibt, die der andre nicht kennt."

„Das wäre in Ihrem Fall", unterfing sich Sheadle zu fragen, „die aufregende Zeit, ehe Sie adoptiert wurden?"

„Und wie", fragte Robbie unbewegt, „haben Sie das herausgekriegt?"

„Miß Margaret deutete so etwas an, als ich sie heute mittag sprach. Ein nettes Mädchen. Sie meint, Sie halten sie für beschränkt."

„Kann mir nicht denken, wieso."

„Ach – der Klein-Schlemm gestern abend, zum Beispiel."

Robbie machte ein überraschtes und zugleich unsicheres Gesicht. „Sie spielen Bridge?"

Sheadle nickte. „Ziemlich gut, wenn ich so sagen darf. Sie hätten den Schlemm nicht bekommen, wenn ich ausgespielt hätte."

Robbies Unsicherheit war verschwunden. „Wenn Sie ausgespielt hätten, hätte ich nicht gereizt, Sie Spaßvogel. Bei Ihnen hätte ich gewartet. Bis ich auf Groß-Schlemm hätte reizen können." Er zwinkerte Mark zu.

„Schade, daß wir keine Zeit für ein Spiel haben", sagte Sheadle bedauernd. Er hatte keine Ahnung von Bridge außer den wenigen Ausdrücken, die er von Margaret aufgeschnappt hatte.

„Aber spielen wir denn jetzt nicht Bridge?" fragte Robbie listig.

„In gewisser Beziehung, ja."

„Dann machen wir also den Kontrakt von sieben Pik", sagte Robbie herausfordernd.

„Pik?" fragte Sheadle.

„Bedeutet nicht die Pik-Dame Tod?"

„Ach ja", sagte Sheadle. Er nahm die Herausforderung an. „Natürlich."

„Sie sind sich doch klar, daß Mark Ihr Partner ist; er hatte die Vorhand, und das halbe Blatt ist schon gespielt?"

„Das ist mir klar."

„Haben Sie kontriert? Ich kann mich nicht erinnern."

„Nein." Er entsann sich, was er von Margaret gehört hatte. „Sie sind in der Gefahrenzone, und es ist ein Freundschaftsspiel. Ich lege keinen Wert auf Strafpunkte."

„Wie großzügig. Sie sagten, ich sei adoptiert worden."

„Ja. Einer meiner Leute brachte mir den Bericht des Jugendamtes in Glasgow über den Fall eines vierjährigen Knaben namens Robert Stephen Thomson – das sind Sie."

„Ihr Interesse an meinem Kindheitstrauma kommt ein Vierteljahrhundert zu spät. Und was sonst, bitte schön, haben Ihre Leute zusammengetragen?"

„Einer ließ sich von der Schiffahrtslinie die Auskunft geben, daß Mr. Mark ein sehr einfallsreicher Offizier sei. Ein anderer hat sich erkundigt, was es mit Ihrem Fernsehapparat auf sich hatte. Wieder andere befragten den Physiotherapeuten im Krankenhaus und die Liptons wegen dieser Telefongespräche, die das Alibi Ihres Bruders für mehrere ziemlich wichtige Stunden am Mittwoch waren."

„Ach du liebe Zeit!"

„Ja, Sie sind nicht ganz aufrichtig zu uns gewesen, nicht wahr? Aber können wir jetzt die Wahrheit erfahren?"

„Verhören Sie mich nur."

Statt dessen fragte Sheadle mit eklatanter Heuchelei: „Ist Ihnen auch nicht kalt, Sir?"

„Ich sagte Ihnen schon einmal, uns ist nie kalt. Und selbst wenn, darin" – er zupfte am Aufschlag seiner Jacke – „würde ich nicht frieren." Er sprach schroff, durch Sheadles Trittwechsel aus der Fassung gebracht.

„Freut mich zu hören", sagte Sheadle sanft. Und dann, in plötzlich verändertem Ton: „Als Sie am Mittwoch hierher telefonierten – mit wem haben Sie wirklich gesprochen?"

„Mit niemandem", antwortete Robbie mürrisch.

„Und was war der Grund, Ihrer Meinung nach?"

„Wahrscheinlich hat Mark es nicht klingeln hören. Seeleute schlafen wie Murmeltiere."

Sheadle hob den Kopf und sah Mark an. „Schlafen Sie wie ein Murmeltier?"

„Ja. Und ich habe das Telefon nicht gehört."

Sheadle grinste. Mark hielt sich wie immer an die wörtliche Wahrheit. Also griff er lieber auf den zurück, der mit Halbwahrheiten hausierte. „Mr. Robert, als Sie am Mittwoch nachmittag Ihren Bruder hier allein ließen, wie sind Sie – genau – abgefahren?"

„Mit einem Hubschrauber. Es hatte geregnet, und ich hab nasse Straßen nicht gern."

„Es hatte tatsächlich geregnet", murmelte Sheadle. „Aber was ich meinte, war: durch welche Tür sind Sie weggegangen?"

„Durch die da –" Er zeigte auf die Tür zum Garten, leicht verdutzt, weil Sheadle nicht so spielte, wie er es erwartet hatte.

„Und dann zu Ihrem Hubschrauber, der wo wartete?"

„Auf dem Zementstreifen vor seinem Hangar."

„Und wo hatten *Sie* Ihren – hm – Ihre Maschine geparkt, Mr. Mark?"

„Auf dem Rasen neben seinem Hubschrauber."

„Sie rollten sich also neben den Wagen Ihres Bruders auf dem Rasen, Mr. Robert, und taten was?"

„Drehte mich in die Höhe", sagte Robbie gelangweilt.

„Ich verstehe. Und als Sie am Wagen Ihres Bruders vorbeikamen – haben Sie bemerkt, ob er leer war oder nicht?"

„Sie meinen, abgesehen von den fünf illegalen Pakistani, die im Kofferraum versteckt waren?"

„Von denen abgesehen, ja."

„Soweit ich sehen konnte, war er ganz leer. Aber ich hätte" – er grinste – „vom Rollstuhl aus ohnehin nichts gesehen. Er hätte ein halbes Dutzend Leichen auf dem Rücksitz liegen haben können."

Sheadle wandte sich an Mark und fragte trocken: *„Hatten* Sie ein halbes Dutzend Leichen in Ihrem Wagen verborgen?"

„Nicht, daß ich wüßte", antwortete Mark ebenso trocken.

„Ich verstehe. Dann weiter, bis achtzehn Uhr, Mr. Robert. Wie sind Sie wieder ins Haus gelangt, als Sie von der Klinik zurückkehrten? Ich meine: durch welche Tür?"

„Durch die von der Garage."

„Und als Sie hineinkamen, wo war Ihr Bruder?"

„Auf dem Sofa. Er schlief."

„Ist das korrekt, Mr. Mark?"

„Ich lag auf dem Sofa."

Wieder lächelte Sheadle. Worüber? fragte sich Robbie.

„Und als Sie das Zimmer betraten, bemerkten Sie, wenn ich Ihre Aussage richtig behalten habe, einen ungewöhnlichen Duft?"

Robbie hob verächtlich eine Augenbraue. „Das war kein Duft, Sheadle, das war Rasierwasser."

Jetzt wandte Sheadle seine Aufmerksamkeit Mark zu. „Sie haben Ihr Rasierwasser verschüttet, so sagten Sie, glaube ich, bevor Sie – hm – sich schlafen legten?"

„Ja."

„Überrascht es Sie, zu hören, daß das ermordete Mädchen im Rex das gleiche Rasierwasser benutzt hat? Und daß jemand auf einem leeren Fläschchen davon sorgfältig alle Fingerabdrücke abgewischt hatte?" Mark wollte sich nicht provozieren lassen. „*Sie* haben sie im Kino zurückgelassen, nicht wahr?" Wieder keine Antwort. „Und haben sich selber in dem alten Rollstuhl Ihres Bruders aus dem Kino gefahren und sind hierher zurückgekehrt, nicht wahr?" Schweigen. „Mr. Gifford, warum haben Sie so ungewöhnliche Vorkehrungen getroffen, um sich der Leiche von Miß Talbot zu entledigen?"

„Lassen Sie ihn in Ruhe!" rief Robbie. „Sie haben kein Recht zu diesem Katz-und-Maus-Spiel, ohne einen Haftbefehl."

„Oh, ich habe einen Haftbefehl", versicherte Sheadle. „Doch im Augenblick wird nichts, was Sie sagen, als Beweis gegen ihn verwendet."

„Worauf also", verlangte Robbie zu wissen, „wollen Sie hinaus?"

„Ich muß *verstehen,* warum Ihr Bruder so handelte, wie er gehandelt hat."

„Dann sind Sie noch schwerer von Begriff, als ich dachte. Weil jeder Idiot – sogar Sie – begreifen müßte, daß Mark so gehandelt hat, wie es ihm gemäß war." Zum erstenmal sah Sheadle Mark erschüttert.

Auch Robbie sah es. „Ich sage ihm nichts, was er nicht schon weiß, Mark."

„Du und deine Versprechungen", war Marks einzige Antwort; doch er sah plötzlich gefährlich aus.

„Versprechungen? Wenn er einen Haftbefehl für dich hat? Und ich mich vor dir fürchten muß? Was erwartest du eigentlich von mir? Daß ich diese Bluthunde mit meinem Säbelchen in Schach halte, während du dich dünnmachst?"

Finster blickend murmelte Mark: „Ich wollte, du hättest mich tatsächlich erwürgt, als du noch ein Kind warst."

„Hat er's versucht?" fragte Sheadle gutmütig.

Doch es war Robbie, der antwortete. „Er spielt auf meine etwas zwiespältige Reaktion auf seine Geburt an."

„Sie hätten ihn gern erwürgt, nicht wahr?"

„Im übertragenen Sinne, oft. Ich habe es ihm am Mittwoch gestanden; und das ist vermutlich der Grund, weshalb er es jetzt, wo er in der Tinte sitzt, aufs Tapet bringt."

„Was Sie abzuwenden hofften, indem Sie Beweismaterial unterdrückten, das zu seiner Verhaftung hätte führen können, Mr. Robert? Sie wissen, wer das Mädchen ins Rex gebracht hat."

„Ich bin schließlich sein Bruder, nicht wahr?"

„Aber heute nachmittag waren Sie im Begriff, ihn umzubringen. Mein sprechfunkender Mann im Baum hat es gesehen."

„Um ihn vorm Gefängnis zu bewahren. Ich wußte, Sie würden kommen, um ihn zu verhaften, und ich wußte, es ist Ihnen egal, daß Sie kein Tatmotiv nachweisen können."

„Es ist mir auch egal, wenn ich ehrlich sein soll", gab Sheadle gleichmütig zu, doch insgeheim frohlockte er. Robert hatte zuviel gesagt – ohne daß er es merkte. Bald würde er einen Fehler machen. „Und Sie haben recht: ich wüßte nicht einmal, wo ich anfangen sollte, um das Tatmotiv Ihres Bruders nachzuweisen."

„Genau. Und so mußte ich ihn vor der Verhaftung retten."

„Und hätten Sie die Methode eingestanden, mit der Sie ihn gerettet hätten?"

„Natürlich nicht. Sie hätten ihn vor meiner Schießscheibe gefunden, einen Pfeil im Herzen, und mich in Verzweiflung, weil ich ihn aus Versehen getötet habe."

„Aus Versehen?"

„Sehen Sie sich die Scheibe an." Folgsam wandte Sheadle den Blick dorthin. „Wieviel Pfeile stecken drin?"

„Hm ... fünf."

„Man schießt immer sechs. Ich hätte Ihnen gesagt, Mark müsse sich verzählt haben und mir in die Schußlinie gelaufen sein, als ich den letzten Pfeil abschoß. Und Sie hätten natürlich auf Selbstmord erkannt."

„Ich weiß nicht."

„Nun, zunächst hätten Sie Zweifel gehabt, doch mit der Zeit, wenn es keine Autobahnmorde mehr gegeben hätte, wären Sie zu dem Schluß gekommen, es müsse Selbstmord gewesen sein."

„Ja, natürlich. Wie außerordentlich geschickt von Ihnen", sagte er, dankbar für den lange erwarteten Fehler. Er wandte sich liebenswürdig an Mark. „Es ist doch ganz gut, daß ich gerade im rechten Augenblick gekommen bin, nicht wahr? Es wäre unverzeihlich gewesen, wenn ich Sie hätte umbringen lassen. Das wäre ja Todesstrafe gewesen. Und die ist ein Überbleibsel aus unserer barbarischen Vergangenheit, nicht wahr?"

„Offenbar eins, dessen Hinschwinden Sie bedauern", sagte Mark feindselig.

„Die Abschaffung des gerichtlichen Mordes bedauere ich nicht, aber Selbstmord –" Sheadle machte eine unbestimmte Geste, um anzudeuten, es spräche, seiner Meinung nach und in gewissen Fällen, einiges dafür, daß sich ein Schuldiger selbst aburteilt. Aber er ließ den Gedanken unausgesprochen.

Mark verstand sehr gut und fragte finster: „Wohin gehen wir von hier? Aufs Revier? Mit einer Decke um meinen Kopf?"

„Apropos Kopf", sagte Sheadle, der sich Zeit ließ, „als Sie das Rex betraten, haben Sie da die Perücke der Toten getragen?"

„Habe ich."

„Und haben Sie sich das Rex deshalb ausgesucht, weil Sie damit, wie Mr. Robert betonte, dem Tod der Miß Talbot das Siegel des Unholdes aufdrückten?"

„Ja."

„Und als ich Sie fragte, ob Sie auf der A 41 jemand gesehen haben, der ein Mädchen mitnahm, und Sie nein sagten – haben Sie da gelogen?"

Mark brauchte volle fünfzehn Sekunden, um zu antworten. „Ich konnte *mich* nicht sehen, wie ich ein Mädchen mitnahm."

„Aber Sie haben eins mitgenommen?"

„Ja."

„Um welche Zeit?"

„Ich glaube, fünf vor drei."

„War sie allein?"

„Ja."

„Sind Sie verheiratet?"

„Nein."

„Freundin?"

„Das geht Sie nichts an."

„Er spricht nie von diesen Dingen", erklärte Robbie.

Sheadle überhörte es. „Und wann, genau, haben Sie die Details

Ihres Plans, Miß Talbot im Rex zu deponieren, ausgearbeitet?“

„Nachdem Robbie zum Krankenhaus gefahren war.“

„Erst dann?“

„Ich hätte es kaum tun können, solange er hier war.“

„Haben Sie die Leiche zu irgendeinem Zeitpunkt – ehe Sie mit ihr ins Rex fuhren – aus Ihrem Wagen entfernt?“

„Ich habe sie hier hereingebracht.“

„Warum?“

„Es war zu gefährlich, sie in meinem Wagen zu lassen. Es hätte jemand vorbeikommen können. Auf jeden Fall mußte ich einen Plan machen.“

„Wobei Sie ihr Parfüm verschüttet haben?“

„Ja.“

„Haben Sie die andern auch hierher gebracht?“

Wieder zögerte Mark, fast, als habe er die Frage nicht verstanden. „Sie erwarten doch nicht ernstlich von mir, daß ich davon erzähle, nicht wahr?“

„Nein, eigentlich nicht. Außer, daß Sie uns von Miß Talbot erzählt haben.“

„Sie wußten von ihr.“

„Seitdem mein Sergeant das Parfüm vor dem Rex gerochen hat. An Ihnen. Das war in vierzehn Monaten unsere erste Spur.“

Schließlich wandte er sich wieder an Robbie. „Ihre Rolle war schwierig, nicht wahr?“

Robbie hielt sich im Zaum. „Tun Sie nicht so herablassend, Sheadle.“

„Nein, ich meine es wirklich: Ihre Rolle war sehr, sehr heikel. Und Sie haben sie hervorragend gespielt.“

„Ich weiß nicht, wovon Sie reden“, sagte Robbie ablehnend.

„Nun, einmal die verschiedenen Hinweise auf die Schuld Ihres Bruders. Sie mußten uns gerade soviel erzählen, um ihn zu erschrekken, aber nicht so viel, daß wir ihn verhaften konnten, nicht wahr?“

„Ich dachte, wenn ich ihn vom Morden abhalten und zugleich vor Ihrem Zugriff schützen könnte, wäre ich gerechtfertigt.“

„Doch für den Fall, daß wir den Hinweis nicht verstehen würden, haben Sie dem Physiotherapeuten und den Liptons erzählt, daß Ihr Bruder gerade angekommen ist und Sie ihn telefonisch nicht erreichen können?“

„Ja.“

„So daß, wenn es zum Schlimmsten käme und Sie zu beweisen hätten, daß Ihr Bruder Miß Talbot im Rex gelassen haben *könnte,* Sie uns an den Physiotherapeuten und die Liptons hätten verweisen können?“

„Ja.“

„Doch zu dem Zeitpunkt, am Mittwoch nachmittag, als Sie mit dem Physiotherapeuten und den Liptons sprachen, *wußten Sie nicht,* daß Ihr Bruder ein totes Mädchen in seinem Wagen hatte! Ich habe Sie gefragt. Und Sie sagten, nein, alles, was Sie gesehen hätten, seien fünf Pakistani im Kofferraum gewesen.“

„Natürlich wußte ich's. Zum hundertstenmal, er ist mein Bruder.“

„Sie meinen, Sie haben auch da seinetwegen gelogen?“

„Ich meine“, sagte Robbie mürrisch, „ich habe ihre Leiche auf dem Vordersitz seines Wagens gesehen, als ich mich vorbeirollte, um in meinen eigenen zu kommen.“

„Sie saß kerzengerade, nicht wahr?“

„Zuerst hab ich nur ihren Hut gesehen. Und ich dachte, das ist aber komisch; Mark trägt doch keine roten Hüte! Da habe ich die Tür aufgemacht. Und da lag sie und blutete ein wenig aus einer Wunde in der Zwerchfellpartie; doch sie war mausetot.“

„Nun ja, das ist anzunehmen. Die Mordwaffe ist unmittelbar unter dem Brustbein in den Körper gedrungen, ging ungehindert nach oben und hat sie auf der Stelle getötet. Genauso wie bei den drei andern Mädchen. Warum, glauben Sie, hat Ihr Bruder diese vier Mädchen ermordet?“

„Ich bezweifle, daß er es selber weiß.“

„Aber Sie waren entschlossen, ihn vor der Anklage zu bewahren?“

„Ja.“

„Glauben Sie, was Ihr Bruder sagt, Mr. Mark?“

„Er wollte mich vor der Anklage bewahren“, bestätigte Mark.

„Wissen Sie, warum?“

„Ja.“

„Mr. Robert“, fragte Sheadle, jetzt wieder bedachtsamer, „hatten Sie nur deshalb vor Ihrem Bruder Angst, weil *er* wußte, daß *Sie* wußten, daß Janine Talbots Leiche Mittwoch nachmittag in seinem Wagen war?“

„Ich bekam erst Angst“, erwiderte Robbie ebenso überlegt, „als ich davon überzeugt war, daß er die Absicht hatte, mich umzubringen. Mittwoch nacht sah ich, wie er es mit einem Kissen ausprobierte, und gestern abend hat er mir Luminaltabletten in den Whisky geschüttet."

„Also hat *er* versucht, *Sie* umzubringen; und als ich heute nachmittag hereinkam, waren *Sie* dabei, *ihn* zu erdolchen?"

„Wir waren immer", sagte Robbie lächelnd, „eine traute Familie."

Doch Sheadle lächelte nicht zurück. Er kam sich vor wie ein Jongleur mit zehn Bällen, der genau wußte, daß alle zu Boden fallen würden, wenn seine Aufmerksamkeit den Bruchteil einer Sekunde nachließ. Jedenfalls war es Zeit, sich wieder Mr. Mark vorzunehmen. „Haben Sie versucht, Ihren Bruder zu töten?" fragte er ihn.

„Ich habe daran gedacht."

„Warum?"

„Ist nicht die Motivforschung *Ihre* Sache?"

„Also gut", seufzte Sheadle und fügte den zehn Bällen einen elften hinzu. „Vielleicht paßt dies: Sie haben diese Morde in unmittelbarer Nähe des Hauses Ihres Bruders begangen, in der sicheren Erwartung, daß der Verdacht schließlich auf ihn fallen würde?"

Mark schwieg und wartete, daß Sheadle seine Frage beendete; doch Robbie platzte heraus: „Nicht einmal Sie", schrie er Sheadle an, „sind so dämlich, zu glauben, ein Krüppel könne vier gesunde Mädchen abmurksen und ihre Leichen hier, da und sonstwo abladen."

Als ob Robbie überhaupt nicht gesprochen hätte, nahm Sheadle, noch immer an Mark gewendet, seinen Faden wieder auf. „Sie haben alle diese Mädchen erstochen, als sie neben Ihnen in Ihrem Wagen saßen – wohl wissend, daß sogar ein Krüppel es tun konnte. Später, immer zu einer Zeit, wo es leicht einzurichten war, daß Mr. Robert allein war, weil Sie Ihre Verwandten besuchten, haben Sie jedes der ersten drei Mädchen unterm Schutz der Dunkelheit vor einem Polizeirevier aus dem fahrenden Wagen gestoßen – wohl wissend, daß auch ein Krüppel, so kräftig und entschlossen wie Ihr Bruder, es tun konnte.

Und schließlich, als es uns nicht gelungen war, Ihren Bruder nach drei Morden als den Täter zu identifizieren, haben Sie einen vierten verübt, sich der Leiche in einer für den Täter charakteristischen Weise entledigt, aber so ungeschickt, daß Sie unsere Aufmerksamkeit auf sich selber gezogen haben. Sie hofften, uns davon zu überzeugen, daß Sie nur ein Helfershelfer waren. Ein treuer Helfershelfer in der Tat, der seinen Mörderbruder von einer lästigen Leiche befreit. Und das zu einer Zeit, wo besagter Mörderbruder, da er woanders war, ein Alibi zu haben schien.

Aber es war alles zu perfekt, Mr. Mark. Ich meine, warum sind Sie zum Rex zurückgekehrt, wo Sie so penetrant nach dem Parfüm des toten Mädchens rochen? Warum, wenn nicht, um uns hierher zu Ihrem Bruder zu lenken?

Nachdem dies geschehen war, hat Ihr Bruder natürlich Maßnahmen ergriffen, sich zu schützen. Hat Andeutungen fallenlassen, bei allen und jedem. Aber das hat Sie nicht beunruhigt, denn je mehr er andeutete, desto mehr schien er nur Sie, seinen Helfershelfer, belasten zu wollen.

Und das gab Ihnen freie Hand, ihn umzubringen und dann zu uns zu sagen: ‚Ich mußte es tun. Ich konnte nicht zulassen, daß Sie einen Bruder, den ich liebte und der ein Krüppel war, einsperren.' Nun, was sagen Sie dazu?"

Sheadle hatte seinen Vortrag beendet. Alle elf Bälle waren wieder heil in seiner Hand. Er lehnte sich zufrieden zurück, als ob er Beifall erwartete.

„Ausgezeichnet!" Robbie applaudierte ironisch. „Schlauer Mark, schlauer Kommissar! Ihr verdient einander."

Doch Mark sagte nichts. Er grübelte noch schwerfällig über die Frage nach. Sheadle entschloß sich, ihn vollends durcheinanderzubringen; es ließ sich nicht umgehen. „Wieviel hat Ihr Vater Ihnen hinterlassen?" fragte er von oben herab.

Mark runzelte die Stirn. „Hinterlassen? Ungefähr zwanzigtausend."

„Genau", verbesserte Sheadle, „einundzwanzigtausend Pfund und achtundfünfzig Pence. Netto. Wir haben recherchiert. Und er hat Ihnen das Geld unter der Bedingung vermacht, daß Sie für Ihren Bruder sorgen?"

„Natürlich."

„Wieviel hat Ihr Bruder Sie bis jetzt gekostet?"

„Ungefähr achteinhalbtausend."

„Und wieviel setzen Sie jährlich für Mr. Robert aus?"

„Fünfzehnhundert. Nach Abzug der Steuern."

„Nach Abzug der Steuern, aha. So daß, selbst wenn die verbleibenden zehntausend gut angelegt sind, in sieben Jahren nichts mehr übrig sein wird?"

„Ja, und . . .?"

„So daß, wenn Sie ihn aus dem Weg schafften, Sie um zehntausend besser dastünden, als wenn Sie ihn am Leben ließen. Wäre das kein Motiv?"

„Absurd", erklärte Mark, ohne zu zögern.

„Wieso?"

„Weil er nur noch –"

Und wütend auf sich selbst wegen seiner Unachtsamkeit und auf Sheadle, der ihn irregeführt hatte, verschluckte er den Rest des Satzes.

„Genau", sagte Sheadle.

Mark sagte herausfordernd: „Ich glaube nicht, daß Sie überhaupt einen Haftbefehl haben."

„Tut mir leid", antwortete Sheadle, zog ein Papier aus der Brusttasche und händigte es, unter Robbies aufmerksamen Blicken, Mark ein, der es sorgfältig durchlas.

„Ich möchte ein Geständnis ablegen", sagte Mark und gab den Haftbefehl zurück, den Sheadle zögernd einsteckte.

„Nicht jetzt", sagte Sheadle. „Auf keinen Fall hier."

„Jetzt und hier", sagte Mark nachdrücklich. „Ich will, daß mein Bruder die Tatsachen erfährt." Er brachte ein Lächeln zustande, das Robbie nicht erwiderte.

Der Sergeant, den Kugelschreiber gezückt, sah seinen Chef ausnahmsweise einmal fragend an, unsicher, wie es weitergehen sollte. „Schreiben Sie's auf", knurrte Sheadle.

„Großer Gott", stöhnte Robbie und rollte sich zur Terrassentür, wo er den anderen den Rücken kehrte.

„Ich, Marcus James Gifford", diktierte Mark, „wohnhaft Cornwall Crescent elf, London, Südwest fünf, im Vollbesitz meiner Geisteskräfte, gestehe hiermit freiwillig die Morde an vier Mädchen, begangen seit August vergangenen Jahres. Ich gestehe ebenfalls den Mordversuch an meinem Bruder am gestrigen Abend, Donnerstag, den – was haben wir für ein Datum?"

Robbie blickte sich amüsiert um. „Mark?"

„Ja?"

„Ich *wollte* sterben. Ich habe es dir Mittwoch zu verstehen gegeben."

„Ich weiß."

„Und gestern abend, als ich dich bat, mir einen Whisky einzugießen . . ."

„Das weiß ich auch."

„Ich habe nur die Nerven verloren."

„Du brauchst nichts zu erklären."

„Ihnen vielleicht nicht", verbesserte Sheadle, „aber mir. Warum wollten Sie, daß Ihr Bruder Sie umbringt, Mr Robert?"

Statt seiner antwortete Mark. „Er war Ihr einziger Zeuge. Er wollte das Zeugnis verweigern."

„Mark?" rief Robbie noch einmal.

„Ja?"

„Es tut mir leid, daß ich meine Tür verschlossen hatte."

Mark lächelte. „Ich hätte es auch nicht tun können, wenn du sie offengelassen hättest."

Zum erstenmal in zwölf Jahren waren sie einander wirklich nahe, ohne daß es sie verlegen machte. Robbie lachte, den Arm aufs Zwerchfell gedrückt.

„Ich konnte es auch nicht. Hab bloß mit meinem Säbel gefummelt und gequatscht, wie ich gelitten habe, ehe du geboren wurdest. Merkwürdig."

„Vergiß es, Robbie."

„Nein. Was auch geschieht, man vergißt es nicht." Er wandte sich ab.

Sheadle fand es an der Zeit, wieder mit dem Jonglieren zu beginnen. „Können wir nun, Mr. Mark, den letzten Teil Ihres Geständnisses hören? Es fehlen noch einige Details, zum Beispiel die Mordwaffe."

„Ach – ein alter Säbel von Robbie."

„Wo ist er?"

„In der Garage."

„Danke", sagte Sheadle höflich. Er zog den Haftbefehl aus der Tasche, räusperte sich und sagte feierlich: „*Robert Stephen* Gifford, ich habe hier einen Haftbefehl –"

„Aber ich habe ein Geständnis abgelegt!" rief Mark. Er sprang auf und stellte sich zwischen die Polizeibeamten und Robbie, die Hand auf dessen Schulter gelegt, als wolle er ihn beschützen.

„Daß Sie vier Mädchen mit einem Säbel ermordet haben?" fragte Sheadle.

„Ja."

„Das war nicht die Mordwaffe. Wir wissen zwar nicht genau, was es war, doch es war keine Klinge, und was es auch gewesen sein mag – wir sind sicher, daß es Ihr Bruder war, der es gebraucht hat.“

Robbie drehte sich anklagend in seinem Stuhl herum.

„Können Sie überhaupt Bridge spielen, Kommissar?“

„Nein. Aber in jungen Jahren habe ich jonglieren gelernt.“

„Großer Gott!“ rief Robbie aus. Und ihnen abermals den Rücken kehrend, ließ er den Kopf auf die Brust sinken.

Mark strich mit der Hand von seines Bruders Schulter zu seinem Nacken und massierte ihn sanft. Er bemühte sich nicht, seine Abneigung gegen Sheadle zu verhehlen.

„So wie wir es sehen“, sagte Sheadle zu Mark, „hat Ihr Bruder gehofft, wir würden jedesmal Sie verdächtigen, wenn ein Mädchen ermordet worden war. Er hat jede ungefähr eine Stunde vor dem Zeitpunkt aufgelesen, zu dem Sie Ihre Ankunft angemeldet hatten, und jede, außer der letzten, weggebracht, als Sie unterwegs waren, um Ihre Verwandten zu besuchen. Gegen ihn als Krüppel war ein Verdacht unwahrscheinlich –“

„Ist es noch“, betonte Mark.

„Unwahrscheinlich, aber nicht unmöglich. Sie hingegen kamen nicht in Betracht.“

„Bis zum Rex vielleicht doch.“

„Nicht einmal das Abenteuer im Rex hat Sie als den Autobahn-Unhold qualifiziert.“

„Warum nicht?“

„Von Ihrer Schiffahrtslinie erfuhr ich, daß Anatomie kein Lehrfach für Offiziere der Handelsmarine ist.“

„Ich sehe da keine Beziehung.“

„Die Beziehung besteht darin, daß nur jemand mit vorzüglichen Anatomiekenntnissen alle vier Mädchen mit dem gleichen Stich – genau unter der Mitte des Brustkorbes schräg nach oben – getötet haben konnte. Und die medizinische Fakultät der Universität von Middlesex hat uns bestätigt, daß Ihr Bruder ausgezeichnet in Anatomie war.“

„Und warum“, wandte Mark ein, „sollte einer mit so ausgezeichneten Kenntnissen seinen vierten Mord verpatzen, nachdem ihm drei gelungen sind?“

„Ihr Bruder wurde ungeduldig. Er mußte Sie diesmal oder nie einfangen, denn wie Sie selber vor einer Minute bemerken wollten, hat er kein Jahr mehr zu –“

„Bitte“, sagte Mark, „schweigen Sie!“

„Er weiß es", versicherte Sheadle. „Dr. Fairburn sagte uns, Ihr Bruder weiß, daß er an diesen Nackenschäden vor Ablauf des Jahres sterben wird." Er schüttelte den Kopf. „Sonderbare Ironie, nicht wahr? Er behauptet, er hat sie davon, daß er einen gemieteten Fernseher vom Tisch gehoben hat. Er hat aber niemals einen Fernseher gemietet. Wo hat er sie sich also geholt? Nun, er hat sie daher, daß er Leichen aus seinem Wagen geschoben hat." Sheadle blickte Mark mit geradezu wissenschaftlichem Vergnügen an, als wolle er ihn herausfordern zu entkräften, was er so logisch dargelegt hatte.

Mark massierte noch immer Robbies Nacken. Er war jetzt ganz ruhig, da er das Problem erkannt hatte, das vor ihm lag. „Ihre Fakten stimmen nicht ganz", sagte er. „Die einzige Leiche, zu der Sie Beweismaterial haben, war in *meinem* Wagen, nicht in seinem."

„Von ihm dort hingelegt", ergänzte Sheadle herablassend.

„Unmöglich."

„Die Radspuren seines Rollstuhls beweisen es. Der Rasen war vom Regen weich. Ihr Bruder hat überall Spuren hinterlassen; sie sind noch zu sehen. Die flacheren dort, wo er allein in seinem Stuhl fuhr, die tieferen, wo er eine zusätzliche Last von etwa hundertzehn Pfund bei sich hatte. Und Janine Talbot wog genau hundertundneun Pfund."

„Irgendein anderer könnte sie in meinen Wagen gelegt haben."

„Irgendein anderer in einem Rollstuhl? Irgendein anderer mit perfekten Anatomiekenntnissen? Irgendein anderer, der Sie so haßt, daß er Sie hineinlegen und ermorden und uns glauben machen wollte, es sei Selbstmord? Irgendein anderer, der Polizisten so verachtet, daß er in sein Spiel einen Zug einplante, der sie zum Gespött im ganzen Land machte?"

„Was für einen Zug?"

„Daß er drei seiner Opfer vor Polizeireviere gelegt hat. Ein Fressen für die Zeitungen!"

„Sie können nicht beweisen, daß er Polizisten verachtet."

„Und seine Haltung uns gegenüber seit Mittwoch?"

„Die Haltung eines unschuldigen Bürgers, in dessen Wohnung Sie eingedrungen sind."

Sheadle schüttelte den Kopf. „Er hat uns hierher dirigiert. Hat uns dieses ‚Rasierwasser' geradezu unter die Nase gehalten, wiederholt meine Aufmerksamkeit darauf gelenkt, indem er es Vanillepudding nannte."

„Das beweist noch nicht, daß er ein Mörder ist.“

„Und er hat einen besonderen Haß gegen Flittchen“, fuhr Sheadle fort.

„Mir sind sie auch nicht gerade sympathisch“, erwiderte Mark schneidend.

„Sie hatten keine zur Mutter.“

„Wollen Sie behaupten, alle Söhne von mannstollen Frauen sind Mörder?“

„Mr. Mark“ – seufzte Sheadle –, „wollen Sie immer noch behaupten, daß Sie der Autobahnmörder sind?“

„Haben Sie die Kleine vergessen, die *ich* aufgelesen habe?“

„Sie hat uns gestern aufgesucht und berichtet, sie ist zehn vor drei bei Ihnen eingestiegen, und Sie haben sie fünf nach drei abgesetzt. Hat uns eine treffende Beschreibung von Ihnen gegeben, ebenso ihre Tante, die vor dem Postamt in Aylesbury auf sie gewartet hat.“

Das war sein Alibi; er hatte die ganzen Tage gewußt, daß er sich darauf berufen konnte. Und da er es wußte, hatte er einen Prozeß riskieren können – um Robbie Zeit zu geben. Aber jetzt, wo dieses Alibi Robbie zum Mörder erklärte, wünschte er beinahe, er hätte nie eins gehabt. So wie Robbie ihm keins gewünscht hatte. Robbie war so aufgeregt von der Vorstellung gewesen, er hätte vielleicht ein Alibi, daß er immer wieder gefragt hatte, ob er von jemandem vor dem Postamt gesehen worden war, als er seine blonde Nymphomanin „ablud“.

Das war der Augenblick gewesen, grübelte Mark, in dem ihm mit Sicherheit klargeworden war, was er gefürchtet hatte, als er Janine Talbots Leiche auf dem Vordersitz seines Wagens sah: daß sein Bruder ein Mörder war, der ihn zornig angeschrien hatte, um zu verhindern, daß er eine Flasche Whisky aus einem Wagen holte, der neben seinem eigenen stand.

Und der geradezu grob geworden war, als er, Mark, den Bogen und die Pfeile in diesen, seinen eigenen Wagen bringen wollte, in dem sein letztes Opfer lag.

Mark ließ die Hand von seines Bruders Nacken fallen. Alles, was Sheadle sagte, stimmte; sogar, daß der Zweck jedes dieser Morde gewesen war, ihn zu belasten. Jetzt konnte auch er ermordet werden. Warum hätte Robbie ihn sonst in eine Lage gebracht, in der er gezwungen war, sich einer Leiche zu entledigen? Warum hatte er diesen

Dienst nicht mit Dankbarkeit angenommen? Warum darauf bestanden, daß sie noch einmal ins Rex fuhren?

Es konnte in jeder Hinsicht nur Robbie gewesen sein, doch er war außerstande, es zu fassen, zu begreifen, daß Robbie hatte morden *wollen*. „Er *kann* es nicht gewollt haben", murmelte er.

„Warum haben Sie dann seinen Arzt überreden wollen, ihn in die Klinik zurückzuholen?" bohrte Sheadle. „Weil er es nicht getan haben konnte? Oder weil Sie wußten, daß er es getan hatte und Sie ihn an einem Ort haben wollten, wo er es nicht wieder tun konnte?"

„Entschuldigen Sie", sagte Mark störrisch, „aber das sind doch alles nur Indizienbeweise."

„Durchaus nicht", widersprach Sheadle. „Und wenn ich Ihnen versichere, daß wir Spuren von Janine Talbots Blut auf dem Vordersitz seines Autos gefunden haben – was sagen Sie dann?"

Jetzt lachte Robbie kurz und höhnisch auf. Es war sein einziger Beitrag zu dem langen Dialog zwischen Mark und dem Kriminaldirektor.

Fast wohlwollend fragte Sheadle: „Können wir nun Ihr Geständnis als hinfällig betrachten, Mr. Mark?"

Mark, mit dem Rücken zu Robbies Stuhl, zuckte die Achseln. „Ich mußte ihm Zeit geben."

„Ich verstehe, Sir, aber seine Zeit ist abgelaufen, und er ist ein Mörder."

„Sie kennen ihn nicht."

„Genug, um in Rechnung zu stellen, daß er seine Mutter haßte, weil sie ihn verließ; daß er die Polizei haßte, weil sie nichts gegen seine Mutter unternahm; und daß er Sie haßte, weil Sie zwischen ihn und seine Adoptiveltern traten – eine grobe Vereinfachung selbstverständlich. Und nun, Sir" – er entfaltete wieder einmal seinen Haftbefehl –, „gestatten Sie wohl?"

Mark ging um Robbies Stuhl herum, um seinem Bruder ins Gesicht zu sehen und ihn zu trösten.

Sheadle las vor.

„Robert Stephen Gifford", hub er an. Hielt inne, als er sah, wie Marks Hand nach Robbies Brust fuhr, den Blick auf seinem Gesicht sah, ihn sagen hörte „Sparen Sie Ihre Worte, Herr Kriminaldirektor" und die Waffe zwischen Robbies Rippen sah, als der Rollstuhl schnell herumgedreht wurde.

Der Sergeant ließ sein Notizbuch fallen und sprang zu dem Stuhl.
„Tot?" fragte Sheadle lakonisch und kannte die Antwort.
Der Sergeant nickte.
„Armer Robbie", murmelte Mark und wandte sich ab.
Sheadle betrachtete aufmerksam den leinenumwickelten Schaft, der aus Robbies Brust ragte. „Das also ist die Mordwaffe. Eine Pfeilspitze. Wir hätten es uns denken können." Er schob den Haftbefehl in die Tasche zurück. „Bringen Sie bitte Mr. Gifford in sein Schlafzimmer, Sergeant. Er konnte es nicht leiden, angegafft zu werden."
„Wir müssen noch ein paar Kleinigkeiten besprechen", sagte Sheadle zu Mark, der seinem Bruder stumm nachsah. „Doch zuerst, glaube ich, sollten Sie eine Tasse Tee trinken. Sie erlauben doch?" Er zeigte zur Küche.
Mark nickte teilnahmslos, und Sheadle füllte den Kessel.

Freitag, siebzehn Uhr dreißig

Sheadle suchte nach Teetassen, als der Sergeant aus Robbies Schlafzimmer kam und ihm einen Briefumschlag überreichte. Der Kriminaldirektor sah ihn nachdenklich an und sagte zu Mark: „Ein Brief für Sie. Von Ihrem Bruder vermutlich. Ich werde ihn leider auch lesen müssen; aber wenn Sie zuerst allein ...?"
Mark schüttelte den Kopf und öffnete den Umschlag. Der erste Brief, den er mir geschrieben hat, dachte er. Und ich möchte ihn nicht lesen. Aber er las ihn doch, während der Sergeant nach einem Krankenwagen telefonierte.

> Brüderlein, wenn du dies zu lesen bekommst, werde ich statt deiner tot sein. Und wenn du nicht tot bist, so deshalb, weil ich die ganze Nacht aufgewesen bin und mich an alles erinnert habe, was du für mich getan hast, und zum erstenmal an meinem Haß auf dich gezweifelt habe.
> Ich habe sogar ein paar Stunden lang vergessen, daß ich nie ganz der elterlichen Liebe sicher war, die du nie in Frage gestellt hast.
> Ich habe sogar ein paar Stunden lang vergessen, daß du mich oft ins Badezimmer gerufen hast, um mit mir zu schwatzen, während du duschtest, und wie ich jedesmal, wenn ich kraftlos in meinem Stuhl saß und mit ansah, wie du deinen Körper strecktest und beugtest und einseiftest, dich wegen deiner prahlerischen Männlichkeit haßte.
> Ein paar Stunden lang kamen mir sogar Zweifel, ob das Ende, das ich mir für dich ausgedacht hatte, sinnvoll sein würde. Und so

bleiben, wenn du diesen Brief liest, ein paar Dinge, die du vielleicht gern wissen möchtest.

Erstens: Warum war ich so durcheinander, als du am Mittwoch früher kamst, als ich erwartet hatte? Weil es regnete, als ich mit dem Mädchen ankam, und da ich es mir nicht leisten kann, naß zu werden, konnte ich nicht fünf Minuten im Freien bleiben, um ihre klebrigen Fingerabdrücke von der Autotür und wo sie sonst angefaßt haben mochte, zu wischen. Ich mußte den Wagen draußen stehenlassen, um das Mädchen später in deinen Wagen transportieren zu können. Für solche Manipulationen ist in der Garage kein Platz.

So ging ich fürs erste hinein, aber kaum hatte der Regen aufgehört, kamst du! Das hat mich ganz schön aus der Fassung gebracht.

Wie ich es jedesmal gemacht habe? Ich bin ganz einfach die A 41 hinauf- und hinuntergefahren, bis ich auf ein Mädchen stieß, das in Frage kam, habe angehalten und die Tür aufgemacht. Wenn sie einstieg, hatte sie nur eine Chance, am Leben zu bleiben: sich zu wehren, wenn ich meine Hand auf ihr Sternum (schlag im Lexikon nach!) legte und sie küßte. Aber alle vier haben es sich gefallen lassen. Haben die Augen zugemacht und zurückgeküßt. Ich behielt die Stelle, wo ich meine Hand gehabt hatte, im Auge, holte ein Stück von einem alten Pfeil aus dem Handschuhfach und stach zu.

Und wie ich geplant habe, dich hineinzuziehen? Ganz einfach. Ich wollte dich von der Klinik aus anrufen, um dich zu bitten, das Gemüse zu kaufen, das ich zum Abendessen „vergessen" hatte. Dann wärst du zu deinem Wagen hinausgegangen, hättest das Mädchen gefunden und dich seiner entweder irgendwie entledigt oder die Polizei gerufen oder gewartet, um mich zu fragen. In jedem Fall hätte ich dich genügend belastet, um deinen darauffolgenden Selbstmord plausibel zu machen.

Aber als ich anrief, warst du schon fort, auf dem Weg zum Rex, und es kam alles ganz anders.

Mehr kann ich dir nicht sagen. Ich weiß, die allergrößte Frage bleibt unbeantwortet: Habe ich nur gemordet, um dir etwas anzuhängen oder auch um des Vergnügens des Tötens willen? Ich dachte, ich wüßte es, doch nun bin ich nicht mehr sicher. Wieder klopfst du an meine Tür. Wie dies auch enden mag, Brüderlein, wenigstens wirst du in Zukunft nichts mehr sehen

von deinem treulosen
Robbie Thomson

Mark legte den Brief nieder und starrte in den leeren Kamin. Sheadle reichte ihm eine Tasse Tee und überließ ihn seinen Gedanken, bis er ausgetrunken hatte.

„Fühlen Sie sich jetzt etwas besser?"

Mark nickte. „Brauchen Sie das?" Er streckte ihm den Brief hin.

„Leider ja." Sheadle nahm ihn und ließ sich in einem Sessel nieder. Nachdem er ihn gelesen hatte, starrte auch er in den Kamin. Dann sagte er: „Er war Ihnen mehr zugetan, als er sich eingestehen wollte."

„Wie kommen Sie darauf?"

„Er unterzeichnete mit Thomson, nicht mit Gifford. *Ihr* Name wird nicht erwähnt. Er redet Sie mit ‚Brüderlein' an. Kopf hoch, Mr. Gifford. Sie sind jung und leben."

„Ich fühle mich alt und tot."

„Das geht vorüber."

Ich weiß nicht, dachte Mark. Dann fragte er laut: „Ob er mich umgebracht hätte?"

„Er hatte Gelegenheit dazu, nicht wahr?"

Mark dachte an die langen Minuten seiner letzten Auseinandersetzung mit Robbie, fühlte wieder die Säbelspitze auf seiner Brust und sah wieder Sheadle plötzlich in der Diele auftauchen.

„Warum . . ., warum hat er diese Mädchen alle getötet?"

„Ich weiß nicht, Mr. Gifford. Unser Psychologe hat so seine Theorien – nun ja, die haben sie immer. Mr. Roberts Mutter war blond und ein Flittchen und dreiundzwanzig, als er sie zuletzt gesehen hat. Der Psychologe meint, er könnte jedesmal seine Mutter ermordet haben."

„Sie haben doch gesagt, er hätte es getan, um mich zu vernichten."

„Dazu sagt unser Psychologe, Mr. Robert hat sich eher eingeredet, er plane, Sie zu vernichten, mit dem er nicht blutsverwandt war, als sich zu einem Muttermord zu bekennen."

„Es ist aber ein himmelweiter Unterschied, einen Mord zu planen und ihn wirklich zu begehen."

„Sein Vater war XYY", sagte Sheadle, als sei damit alles erklärt.

„Was heißt das?"

„Eine Abnormität der Chromosomen, die man häufig bei sehr großen, sehr kräftigen und gewalttätigen Menschen findet. Manche, wie unser Psychologe, sind sogar der Ansicht, es ist eine Abnormität, die Gewalttätigkeit *bewirkt*."

„Ist Robbie . . ., war Robbie XYY?"

„Keine Ahnung. Aber sein Vater sitzt zur Zeit vierzehn Jahre ab wegen schwerer Körperverletzung – von siebenundzwanzig Jahren hat er nur zwei nicht im Gefängnis verbracht –, und so gab es für Ihren Bruder wahrscheinlich nicht viel Chancen."

Mark dachte an die letzte Chance, die seinem Bruder durch die Adoption geboten worden war, und murmelte: „Ich wollte, ich wäre nie geboren."

„Das war eine Angelegenheit", sagte Sheadle leicht vorwurfsvoll, „auf die Sie keinen Einfluß hatten."

„Ich hätte ihn natürlich nicht ins Badezimmer rufen sollen. Aber nach dem Internat und dem Leben auf See ..., ich habe mir nichts dabei gedacht. Wir haben uns immer im Badezimmer unterhalten."

„Ich glaube nicht, daß es einen Unterschied gemacht hätte. Tatsächlich bin ich geneigt, unserem Psychologen in einem Punkt beizustimmen: Ihr Bruder *wollte* erwischt werden. Daß er die Leichen vor die Polizeireviere legte, daß er Sie zum Rex zurückschleppte ... Wußten Sie nicht, daß Sie nach diesem Parfüm stanken?"

„Ich habe es nicht mehr gerochen."

„Und wie er uns geradezu mit der Nase darauf stieß, wie das Ding im Rex gedeichselt wurde. Tut einer, der mit heiler Haut davonkommen möchte, solche Sachen?"

„Vielleicht, wenn es eine Herausforderung sein soll."

„Nun, wenn er darauf aus war, so saß er in dem Augenblick in der Falle, als ich erfuhr, daß er nie einen Fernseher gemietet hatte; und als er mir versicherte, es würde keine Autobahnmorde mehr geben, wenn Sie tot wären, gab er uns das Motiv für die Verbrechen in die Hand: Sie zu belasten."

„Und was kommt nun? Dicke Schlagzeilen über Robert Gifford, den Mörder im Rollstuhl?"

Sheadle schüttelte den Kopf. „Nur eine gerichtliche Untersuchung des Todes eines Mr. X, der Selbstmord begangen hat und sich in einem Abschiedsbrief zu den Morden bekennt."

Mark runzelte die Stirn, sowohl überrascht als auch mißtrauisch. „Warum?"

„Die Giffords sind untadelig. Das hat er bestätigt, als er mit Thomson unterschrieb. Und dann will man natürlich auch den Ruf der Stoke-Mandeville-Klinik nicht schädigen. Da sind beachtliche Leute."

Wieder runzelte Mark die Stirn. Seine eigenen Bemühungen, Robbie zu schützen, waren weniger uneigennützig gewesen. „Darf ich hierbleiben, bis er abgeholt wird?"

„Sie können mitfahren, wenn Sie wollen. Aber ich halte es für besser, Sie verabschieden sich hier von ihm."

„Ja." Mark räusperte sich. „Wann werden Sie mich verhaften?"

„Wie bitte?" Sheadle machte ein betont verständnisloses Gesicht.

„Ich war ein Helfershelfer bei der Ermordung von Janine Talbot", gab Mark zu bedenken. „Habe Ihre Untersuchungen behindert – ein falsches Geständnis abgelegt. Wissen Sie das nicht mehr?"

„Nein, Sir, ich weiß nichts davon. Auch der Kriminalhauptwachtmeister nicht, nicht wahr, Sergeant? Wovon sprechen Sie? Der einzige Helfershelfer, an den wir uns erinnern können, ist ein langhaariger Jüngling aus Schottland. Er ist spurlos verschwunden. Vielleicht tot. Heroin, Pervitin – bei diesen Hippies ist alles drin."

Es klingelte.

„Das wird der Krankenwagen sein, Sergeant. Sagen Sie den Leuten, sie sollen Mr. Robert in seinem Zimmer auf eine Trage legen und dann draußen warten, ja?" Trotz der Genugtuung, das gejagte Wild zur Strecke gebracht zu haben, war Sheadle daran gelegen, daß der Tote friedlich und nicht gehetzt aussah.

Der Sergeant ging hinaus. Sheadle spülte die Tassen und stellte sie auf den Abwaschtisch. Der Sergeant kam zurück.

„Mr. Gifford", sagte Sheadle, „wenn Sie jetzt Ihren Bruder sehen möchten . . .?"

„Ja, danke." Mark ging langsam zu Robbies Zimmer, blieb am Eingang stehen und blickte auf die Bahre hinunter.

Auf dem Rücken liegend, mit einem Tuch bedeckt, das sein Gesicht frei ließ, verriet Robbie im Tode nichts von den Schrecken, die ihn zu Lebzeiten heimgesucht hatten. Seine Beine hätten die eines Gesunden sein können; sein Gesichtsausdruck war friedlich-heiter.

So heiter, daß Mark noch einmal hinschaute. Und da erkannte er keine Heiterkeit, sondern Leere. Eine Leere, die nichts erklärte, weil das, was er getan hatte, bedeutungslos war; die nichts verbarg, weil auch hinter seinen Augen nur Leere des Gefühls war.

Mark sah in das leere Gesicht und flüsterte: „Adieu, Robbie!" und kehrte zu Sheadle zurück.

„Wir werden uns auf den Weg machen, Mr. Gifford." Sheadle zögerte, dann reichte er ihm die Hand. „Wenn wir uns wiedersehen, dann hoffentlich unter glücklicheren Umständen."

„Ja." Mark drückte dem Jäger die Hand.

„Kommen Sie, Sergeant."

Stumm neigte der Sergeant den Kopf, wandte sich um und verließ das Zimmer.

Im Begriff, ihm zu folgen, hielt Sheadle noch einmal inne. „Hm ... sollte von mutmaßlichen Helfershelfern an der Ermordung von Janine Talbot die Rede sein – dann werden Sie nicht vergessen, was ich Ihnen gesagt habe, nicht wahr?"

„Nein." Er war beschämt und verzieh, was der Jäger getan hatte.

„Leben Sie wohl, Mr. Gifford."

„Leben Sie wohl."

Er stand ganz still. Hörte, wie die Haustür geschlossen wurde. Hörte Wagentüren zuschlagen. Hörte, wie Krankenwagen und Polizeiauto raus auf die Straße fuhren. Und als er sich langsam in dem komfortablen, ausdruckslosen Zimmer – so ausdruckslos wie Robbie – umsah, weinte er.

Freitag, siebzehn Uhr fünfundfünfzig

Als sie in die Straße nach Aylesbury einbogen, sah der Kriminalhauptwachtmeister seinen Chef von der Seite an – mit einem fragenden Blick, der Stellungnahme erheischte. Sheadle ignorierte es. Der Sergeant hustete.

„Sir?" sagte er.

Sheadle streckte sich auf dem Sitz aus, müde und unlustig. „Was ist los?" fragte er.

„Ich habe das Gefühl, Sir", antwortete der Sergeant – seine Aussprache war reinstes Oxford –, „daß in der Sache Robert Gifford – was dessen Tod angeht – sein Bruder Mark mit dem Entschluß, dem Verstorbenen – ich zitiere – ‚Zeit' zu geben, nicht alleinstand."

Sheadle rutschte auf dem Sitz höher. „Mann, ich bin müde! Vergessen Sie Ihre Universitätsbildung, und reden Sie, wie Ihnen der Schnabel gewachsen ist."

„Ja, Sir. Einfach ausgedrückt: Ich glaube seit zwei Tagen, daß Sie Robert Gifford Zeit gelassen haben, eine Wahl zu treffen?"

„Eine Wahl? Wozwischen?"

„Zwischen dem Leben in einer Heilanstalt und dem Tod durch eigene Hand", sagte der Sergeant mit bemerkenswertem Mut.

Sheadle richtete sich mit einem Ruck auf. „Halten Sie an!" Der Sergeant brachte den Wagen zum Stehen, er hielt den Blick auf die Straße gerichtet.

„Glauben Sie ernsthaft, ich wollte, daß Robert Thomson sich umbringt?“ fragte Sheadle.

„Ja, Sir.“ Der Sergeant sah immer noch starr geradeaus.

„Und angenommen, ich hätte es getan – würde die Öffentlichkeit ein großes Geschrei erheben, weil er mir den Gefallen getan hat?“

„Nein, Sir, die Öffentlichkeit würde nichts sagen; sie ist dankbar, daß er tot ist.“

Sheadle sank in den Sitz zurück. „Wir sind alle Heuchler, nicht wahr?“ Er starrte trübsinnig durch die Windschutzscheibe. „Soll ich Ihnen etwas verraten? Ich hatte Robert gern. Wußte, daß er ein Mörder war, aber hatte ihn gern. Hatte ihn gern, aber gab ihm Zeit, sich das Leben zu nehmen.“

„Es war eine barmherzige Lösung.“ Der Sergeant wußte, daß er log, daß Mitleid seinem Chef ebenso fremd war wie einem Mörder.

„Kaum. Wenn ich ihn nämlich verhaftet hätte, wäre er mit heiler Haut davongekommen. Das wußte er. Und das meinte er, als er sagte, er bietet auf einen Groß-Schlemm in Pik. Damit sagte er mir, er sei ein Mörder, den ich nicht überführen könne.“

„Wäre er *tatsächlich* davongekommen?“

„Bestimmt. Seine Verteidiger hätten seinen Bruder – tot oder lebendig – beschuldigt, der wahre Mörder zu sein. Sie hätten zum Beispiel nachgewiesen, daß der einzige Ort, wo Mark ein Stück von diesem Fellini-Film hätte sehen können, das Rex war. Der Streifen ist nie auf der *Canberra* vorgeführt worden. Sie hätten nachgewiesen, daß das einzige überzeugende Motiv Geld gewesen ist: Marks Geld, das Robert mit vollen Händen ausgab. Sie hätten das Mädchen, das Mark ein Alibi gegeben hatte, durch die Mangel gedreht. Sie hätten nachgewiesen, daß Mark die gleichen Gelegenheiten für die Verbrechen gehabt hatte und als Mörder auch mehr in Frage kommt als ein Krüppel und daß er der einzige war, der das tote Mädchen im Rex lassen konnte. Sie hätten die Geschworenen so konfus gemacht, daß sie unfähig gewesen wären, Robert trotz aller berechtigten Zweifel schuldig zu sprechen. O ja, er wäre tatsächlich davongekommen.“

„Warum hat er sich dann umgebracht?“

„Weil ihm das ganze schlaue Komplott aus den Händen fiel, als er merkte, daß er seinen Bruder nicht töten konnte. Ohne dieses Ende waren alle seine Morde keine Mittel zum Zweck mehr, sondern das scheußliche Werk eines Wahnsinnigen. Er wußte es natürlich, aber es mußte ihm vorbuchstabiert werden. Ich tat ihm den Gefallen.

Du bist ein kranker, wahnsinniger Mörder, habe ich ihm eingetrichtert. Und dann ließ ich ihm Zeit, sich umzubringen."

„Ja, Sir", sagte der Sergeant, doch sein Gesichtsausdruck blieb fragend.

„Aber –?" soufflierte Sheadle.

„Aber ich meine, *er* hat sich vielleicht doch nicht umgebracht. Er hätte es können, natürlich. Als Sie ihm gesagt haben, wir hätten Blutspuren auf dem Sitz seines Wagens gefunden, und er lachte." Der Sergeant schlug sich aufs Zwerchfell, um zu zeigen, wie Robbie sich hätte erstechen können. „Aber sein Bruder hätte es ebensogut tun können. Als Sie anfingen, den Haftbefehl vorzulesen, und seine Hand an Mr. Roberts Brust fuhr."

„Nur um die Pfeilspitze herauszuziehen – ohne Zweifel."

„Oder sie hineinzustoßen."

Sheadle nickte fatalistisch.

„Könnte natürlich jeder von beiden im Ärmel versteckt gehabt haben. Keine Fingerabdrücke."

„*War* es Selbstmord, Sir?" Der Sergeant war hartnäckig.

„Selbstmord, Brudermord! Wortklauberei, Sergeant. Es war meine Art von Todesstrafe."

„Wenn Sie es *so* hinstellen, *wird* die Öffentlichkeit allerdings ein Geschrei erheben."

„Aber ich werde es nicht so hinstellen. Sie sind der einzige Idealist, der es so hinstellen könnte."

„Ich, Sir?" Er sah Sheadle ins Gesicht.

„Sie sind der einzige, der weiß, daß wir *kein* Blut auf dem Sitz von Mr. Roberts Auto gefunden haben. Sie sind der einzige, der weiß, daß meine Behauptung, wir hätten welches gefunden, es war, die endlich Roberts Widerstand gebrochen hat. Wenn Sie also morgen vor dem Untersuchungsrichter aussagen sollen – wie werden Sie sich ausdrücken, mein gelehrter Freund?"

Der Sergeant starrte verwirrt durch die Windschutzscheibe und dachte an die Findigkeit, mit der Sheadle gesagt hatte: „Und was ist, *wenn ich Ihnen versichere,* daß wir Spuren von Janine Talbots Blut auf dem Sitz seines Wagens gefunden haben?" Und er dachte daran, daß *er,* nicht Sheadle, Janine Talbots Parfüm an Mark Gifford gerochen hatte, und er dachte an seine Beförderung, die ihm so wichtig war, und sagte mit Betonung:

„Ich sah, wie der Verstorbene etwas aus dem rechten Ärmel zog, es mit der rechten Hand fest umfaßte und aufwärts in seine Brust stieß. Ich eilte ihm zu Hilfe, doch er war schon tot."

Sheadle nickte beifällig. „Dann wird die Öffentlichkeit zufrieden sein, nicht wahr?"

„Ja, Sir. Aber ganz unter uns – hat er es getan, oder hat es sein Bruder getan?"

„Ganz unter uns, Sergeant", murmelte Sheadle mit geschlossenen Augen, „es kommt nicht mehr darauf an."

Russell Braddon

Russell Braddon wurde vor fünfundfünfzig Jahren in Australien geboren. Nach dem Studium an der Universität Sydney kamen der Zweite Weltkrieg und vier schreckliche Jahre in einem japanischen Gefangenenlager in Malaya. „Keiner", sagte er, als die Kriegsgefangenen aus Vietnam heimkehrten, „kommt wirklich darüber hinweg." Mit zerrütteter Gesundheit (Malaria, Enzephalitis, Meningitis) tauchte er aus dem Dschungel wieder auf, begann Jura zu studieren, fand es entsetzlich und erlitt einen Nervenzusammenbruch.

1949 verließ er Australien und ging nach England, entschlossen, es mit einer Laufbahn als Schriftsteller und Vortragsredner zu versuchen, obwohl ihm Psychologen bescheinigten, daß er für beides keine Begabung habe. Am ersten Tag in London traf er einen alten Freund namens Piddington, der zusammen mit einem Partner in einer telepathischen Nummer in Variétés auftrat und ihn als Texter engagierte. Sechs Monate später hatten sie einen Bombenerfolg im berühmten Londoner Palladium, und Braddon schrieb ihre Biographie. *Die Piddingtons* waren der Anfang von Braddons fruchtbarer schriftstellerischer Tätigkeit, von der acht Biographien und elf Romane Zeugnis ablegen. Nicht weniger zeichnet er sich im gesprochenen Wort aus; niemand ist in Großbritannien für Talk-Shows und Quiz-Programme mehr gefragt als dieser witzige, lebhafte und eigenwillige Mann.

Russell Braddon versteht es, jedes Erlebnis schriftstellerisch zu nutzen. Seine Kriegsgefangenenzeit schlug sich in zwei hervorragenden Büchern über den Krieg im Fernen Osten nieder, und in *Duell ohne Waffen* verwendet der leidenschaftliche Bridgespieler seinen Lieblingszeitvertreib als Rahmen für die Geschichte von Robbie und Mark. Das Modell für beide Brüder ist ein befreundeter Schiffsoffizier, der ebenfalls ein Adoptivkind war; und die Materialsammlung für einen Artikel über die Abteilung für Querschnittsgelähmte am Stoke Mandeville Hospital in Aylesbury verschaffte Braddon die Kenntnisse von Robbies Krankheit.

Braddon betrachtet sich als Berufsschriftsteller, der jeden Abend zweitausend Wörter schreibt und jeden Schub peinlich genau durchsieht, ehe er den nächsten in Angriff nimmt. Wenn die jeweilige Arbeit fertig ist, wendet er sich zur Entspannung seinem zweiten Beruf zu, der ihm viel Freude macht, dem Radio und Fernsehen. Bis ihn das nächste Buch packt und nicht mehr losläßt.

Die ungekürzten deutschen Ausgaben
von „Die Camerons“ und „Duell ohne Waffen“
sowie die ungekürzte Ausgabe von „Der Bastian“
sind im Buchhandel erhältlich.